武侯年鉴

Wuhou Yearbook 2013

成都市武侯区人民政府 主办

成都市武侯区地方志编纂委员会办公室 编

新 华 出 版 社

图书在版编目（CIP）数据

武侯年鉴.2013 / 成都市武侯区地方志编纂委员会办公室编.
—北京：新华出版社，2013.12
ISBN 978-7-5166-0756-5
Ⅰ.①武… Ⅱ.①成… Ⅲ.①区（城市）-成都市-2013-年鉴 Ⅳ.①Z527.11
中国版本图书馆CIP数据核字（2013）第283104号

武侯年鉴（2013）
Wuhou Yearbook

成都市武侯区人民政府　主办
成都市武侯区地方志编纂委员会办公室　编

出 版 人：张百新　　责任编辑：朱思明
封面设计：远 近

出版发行：新华出版社
地　　址：北京石景山区京原路8号　　邮　　编：100040
网　　址：http://www.xinhuapub.com　　http://www.press.xinhuanet.com
经　　销：新华书店
购书热线：010-63077122　　中国新闻书店购书热线：010-63072012

设计制作：四川远近文化有限公司
印　　刷：成都市新都华兴印务有限公司

成品尺寸：210mm×285mm　　印　　张：21.5
字　　数：710千字　　版　　次：2013年12月第一版
印　　次：2013年12月第一次印刷

书　　号：ISBN 978-7-5166-0756-5
定　　价：298.00元

领导视察

2012年4月，全国人大常委、卫生部原副部长王陇德（前排右二）考察武侯区脑卒中病人管理及高危人群筛查干预工作（区卫生局提供）

2012年6月，中央政法委副秘书长、中央综治办主任陈训秋（前排中）调研武侯区创新社会管理工作（区新闻中心提供）

2012年7月，中组部部务委员兼组织二局局长陈向群（前排右二）到玉林街道玉林东路社区调研　（区新闻中心提供）

2012年9月，监察部副部长郝明金（前排左三）率队检查武侯区安全生产工作　（簇锦街道提供）

2012年3月，省委副书记、省长蒋巨峰（前排左二）调研楠杆堰下河口排污整治工作　　（区新闻中心提供）

2012年6月，省委常委、市委书记黄新初（左三）到武侯区调研社会管理创新工作　　（区新闻中心提供）

2012年1月，省委常委、省政法委书记刘玉顺（右二）到武侯区基层派出所调研　（区新闻中心提供）

2012年6月，副省长黄彦蓉（前排左二）到武侯区调研招生考试工作　（区教育局提供）

2012年1月，市委副书记、市长葛红林（右二）到成都彩虹电器（集团）股份有限公司调研 （区新闻中心提供）

2012年5月，市人大常委会主任王东洲（前排中）率队督查武侯区城乡环境综合治理工作 （区新闻中心提供）

政治建设

2012年3月28日，武侯区六届二次党代会在区政务中心召开　（区新闻中心提供）

2012年2月29日~3月3日， 武侯区六届人大一次会议在区政务中心召开　（区新闻中心提供）

2012年2月23～25日，武侯区政协六届一次会议在区政务中心召开 （区新闻中心提供）

2012年2月21日，武侯区纪委六届二次全会在区机关礼堂召开 （区新闻中心提供）

2012年3月19日，武侯区传达全国"两会"精神大会在区机关礼堂召开 （区新闻中心提供）

2012年11月，保持党的先进性纯洁性为主题的干部作风教育实践活动总结大会在区机关礼堂召开（区新闻中心提供）

中共十八大代表、成都彩虹电器（集团）股份有限公司董事长刘荣富向武侯区“四大班子”成员传达中共十八大会议精神 （区新闻中心提供）

2012年8月，区委书记刘守成（正面右三）参加簇桥街道干部作风教育实践活动专题民主生活会 （簇桥街道提供）

武侯区召开“两新”组织防治腐败试点工作动员会　　　　（区新闻中心提供）

区委组织部党支部到社区“双报到”　　　　（区新闻中心提供）

武侯区政务微博获西部十省“十佳”称号　　　　（区新闻中心提供）

经济建设

2012年2月，全区经济工作总结暨纳税大户表彰大会在区政务中心召开 （区新闻中心提供）

2012年2月，武侯区举行“立城优城、产业倍增”项目集中启动仪式暨人南国际广场项目奠基典礼 （区新闻中心提供）

2012年6月20日，区委副书记、区长林丽（右二）到金凤街农贸市场调研　（区新闻中心提供）

武侯区与崇州市签订圈层融合战略合作框架协议　（区新闻中心提供）

韩国友利银行成都分行落户武侯区　（区新闻中心提供）

红牌楼商圈首个五星级酒店天邑华庭酒店开业　（区红牌楼商圈推进办提供）

位于南二环路上的王府井购物中心　（区新闻中心提供）

汽车销售卖场　（区新闻中心提供）

2012年7月，非洲国家工会组织领导人代表团到成都彩虹电器（集团）股份有限公司参观考察　（区新闻中心提供）

销往海外的武侯造女鞋　（鲍安华摄）

制药企业　（区新闻中心提供）

成都科技一条街 （区新闻中心提供）

西部智谷 （区工投公司提供）

中国女鞋之都 （区新闻中心提供）

武侯新城 （褚作远摄）

城市建设与管理

2012年5月28日，区人大常委会主任王力平（中）调研城乡环境治理工作　　（区人大办公室提供）

城乡环境综合治理　　（区新闻中心提供）

安顺廊桥　（区地志办提供）

合江亭音乐广场　（陈先敏摄）

俯瞰九眼桥（武侯段）

市民在锦绣巷留影　　（区新闻中心提供）

（鲍安华摄）

人民南路科技商务区 （区地志办提供）

远眺玉林

欧洲风情街

清水河公园 （陈先敏摄）

夜色下的双楠立交桥

（鲍安华摄）

（区新闻中心提供）

人南立交桥

（陈先敏摄）

（陈先敏摄）

三环路（武侯段）的健康绿道

（区新闻中心提供）

社会事业

2012年9月，区委书记刘守成（前排左二）调研教育工作　　（区新闻中心提供）

第八届亚洲教育论坛年会代表到川大附中参观　　（区新闻中心提供）

武侯区举办2012中英新校长论坛　　（区新闻中心提供）

成都市首届中小学生读书节启动仪式在磨子桥小学举行　　（区新闻中心提供）

形式多样的课堂生活　　（区新闻中心提供）

组织农民工子女参观武侯祠博物馆　　（区经科局提供）

2012全民终身学习活动周全国总开幕式在武侯区举行　　（区教育局提供）

三河小学承办四川省第十三届风筝比赛　（区新闻中心提供）

武侯区举办人才招聘会　　（区新闻中心提供）

武侯区举办科普宣传活动　　（区经科局提供）

2012年9月，区委副书记、区长林丽（右）到永丰敬老院调研　（区新闻中心提供）

百姓享受安详静谧的生活　（王晓龙摄）

社区邀请外国朋友包粽子　（区新闻中心提供）

坝坝筵　（周桂华摄）

武侯区举行社区（村）综合服务协管员培训会　　（区新闻中心提供）

武侯区开展关爱慰问困难群众活动　　（区新闻中心提供）

武侯区举行“关心交通先行、关爱特殊群体、关注文明创建活动”启动仪式　　（区新闻中心提供）

2012年3月，区政协主席伍勇（前排右）调研卫生工作　（区新闻中心提供）

区公安分局、四川大学华西医院联合成立全国首支医院应急处置中队　（区新闻中心提供）

武侯区召开创建全国社区先进中医药工作单位国家级检查评估通报会　（区卫生局提供）

武侯区获得“四川省全民健康生活方式行动优秀项目区”称号　（区卫生局提供）

区卫生局开展卫生知识宣传活动　（区新闻中心提供）

武侯区举行喜迎十八大群众文艺会演　　（区新闻中心提供）

四川音乐学院举办音乐节活动　　（四川音乐学院提供）

武侯区举行“百姓故事会”活动　　（区新闻中心提供）

武侯区举办“走进星期五”群众文艺活动（火车南站街道提供）

摸喜神　（王晓龙摄）

锦里古街　（区新闻中心提供）

具有三国蜀汉文化特色的“武侯闹春”活动　（区新闻中心提供）

皮影戏表演　（陈先敏 摄）

2012年成都大庙会　（区新闻中心提供）

华西坝老建筑群　（区地志办提供）

食在武侯 （刘声秋摄）

玩在武侯 （刘声秋摄）

标准化建设的旅游村益民菜市 （区新闻中心提供）

太极拳表演 （区经科局提供）

半边街新居 （区新闻中心提供）

宜居魅力

晨练　　（陈先敏摄）

（成都置信实业集团有限公司提供）

数字武侯

地区生产总值

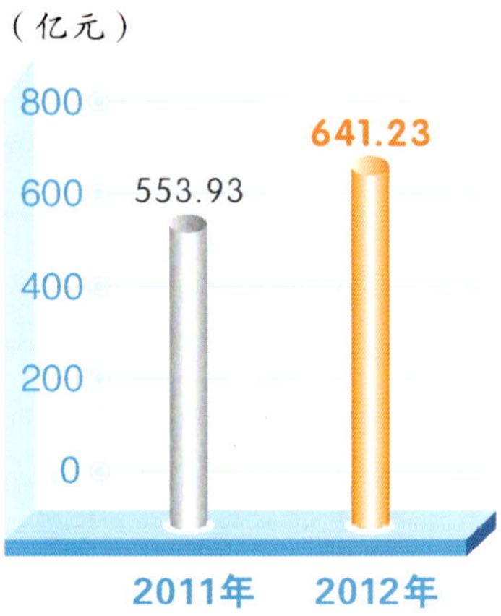

财政收入

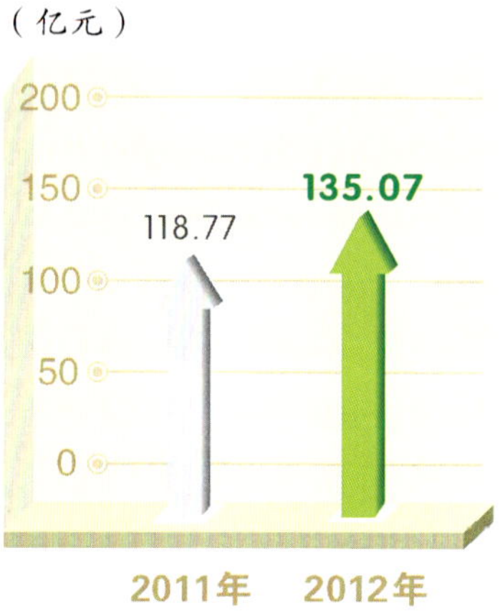

全口径财政收入

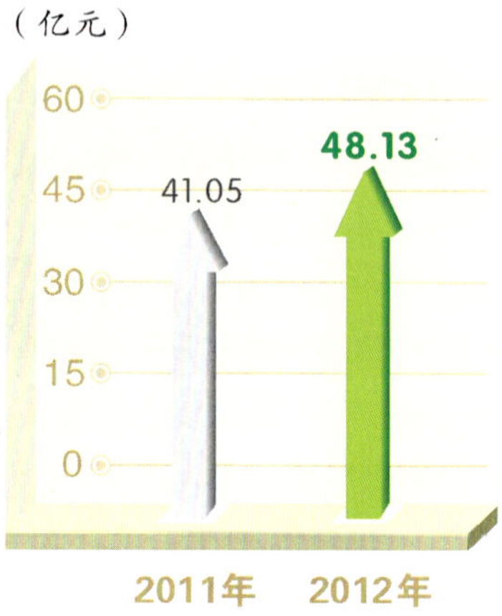

地方财政收入

三次产业比例关系

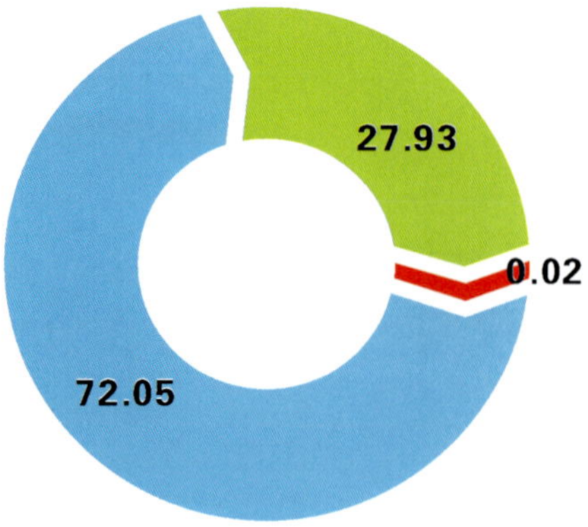

2011年三次产业比例关系

- 第一产业 0.02
- 第二产业 27.93
- 第三产业 72.05

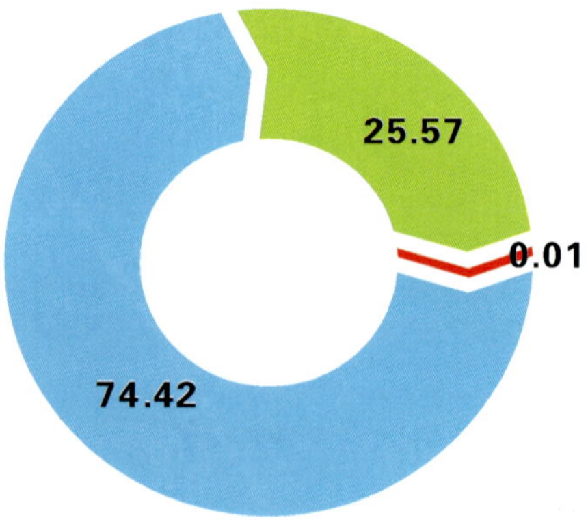

2012年三次产业比例关系

- 第一产业 0.01
- 第二产业 25.57
- 第三产业 74.42

全社会固定资产投资总额

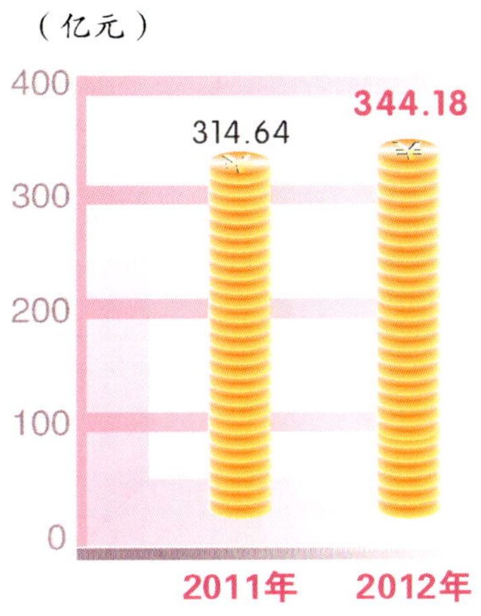

社会消费品零售总额

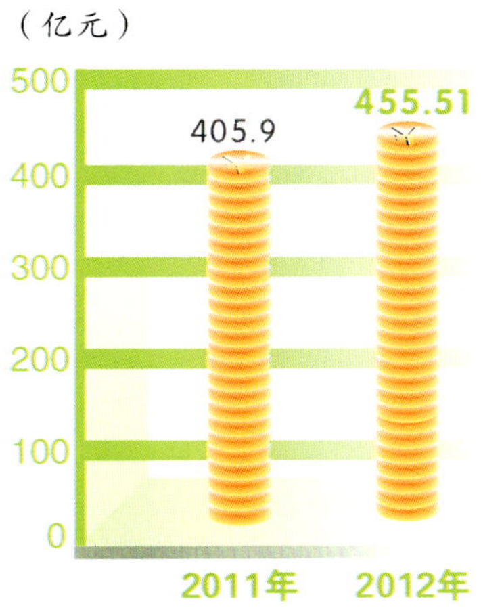

城镇居民人均可支配收入

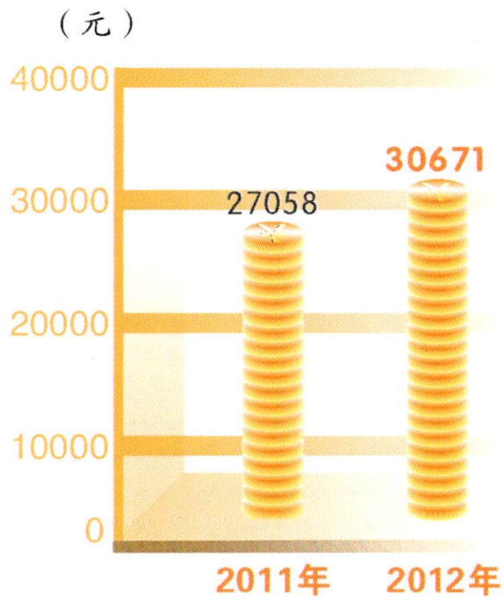

农民人均纯收入

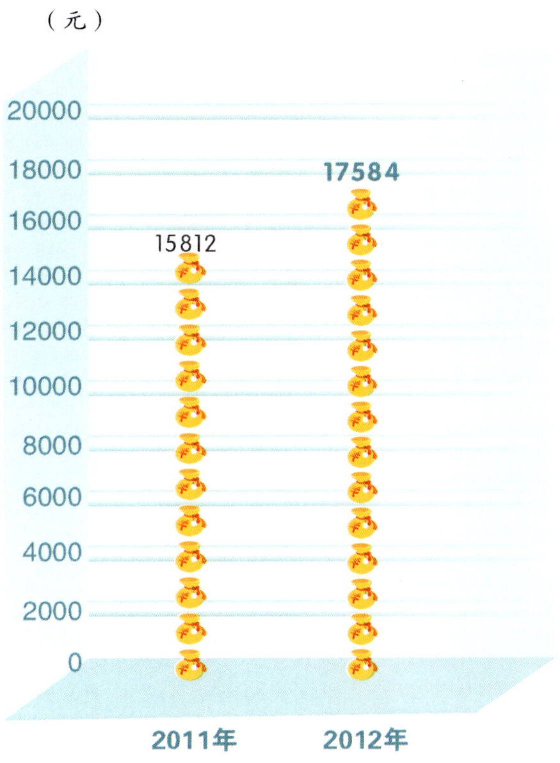

参加各类保险总人数

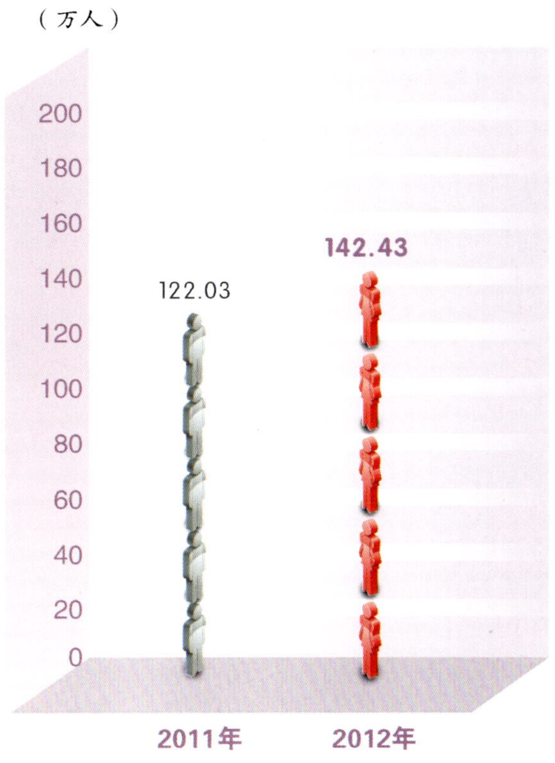

成都市武侯区地方志编纂委员会

顾　　问：刘守成　巫　敏　王力平　伍　勇
主　　任：林　丽
副 主 任：余　麟　李　旭　艾志秋　杨建德
委　　员：邓　旭　邓　远　王　梅　叶志豪　田　军　冯　湘
（按姓氏笔画为序）
刘　平　刘　纯　刘　疆　汤洪著　孙　辉　杨青林
杨海平　吴瑜聪　何　权　何　勇　张天劲　张瑞琴
范　鸿　卓　锋　罗毅青　周长玖　郭　伟　赵卫平
徐　涛　唐　凯　唐恭学　蒋　洪　游先伟　谢存亮
蒲天柱　雷　鸣　雷　禹　熊述明　潘　洁

《武侯年鉴》编辑部

主　　编：杨青林
责任编辑：邱　刚　杜　珊　周天菲　王翔谦　王伦平
编　　务：刘　佳

编辑说明

一、《武侯年鉴》是成都市武侯区人民政府主办的综合性地方年鉴，旨在按年度全面、系统记述武侯区自然、政治、经济、文化、社会等方面的情况，真实反映武侯区社会主义现代化建设的历史进程，为党政机关、研究部门、社会各界人士及中外投资者了解和研究武侯区提供基本资料。

二、《武侯年鉴》主要采取分类编辑法，按照类目、分目、条目的框架结构组成主体内容，以不同字体、字号区别不同层次。条目标题均加【 】表示。为方便读者查阅，配备了三重检索系统：文前有详细中英文目录，文中有书眉，文后有索引。

三、2013卷主要记载2012年度武侯区的基本情况、发展成就及年度大事要闻，并随书配送电子版。

四、2013卷设有综述、专文（2013年区“四大班子”主要领导撰写）、大事记、中共成都市武侯区委、城乡建设与管理、商贸与服务业、居民生活与社会保障、文献（含2013年“两会”文献）、人物、附录等31个类目，158个分目，703个条目，30个表，144幅内文图片，54页彩色图片。

五、文字、标点、数字、计量单位等按国家标准书写（农业生产涉及的计量单位除外）。在主体内容中，单位名称一般用规范简称（附录中有规范简称对照表）。

六、“省”“市”“区”分别指四川省、成都市、武侯区，“中心城区”指锦江区、青羊区、金牛区、武侯区、成华区及高新区，区“四大班子”指区委、区人大常委会、区政府、区政协班子。在表述年月日时，“2012年”可省去。涉及数据或职级时，凡写“以上”未括注的均包括本数（本级）。

七、本年鉴相关内容由区级各部门、各街道办事处以及驻区单位提供，综合性数据由区统计局提供。

八、本年鉴的组稿工作得到了区级各部门、各街道办事处及驻区单位的大力支持。在此，编辑部向所有关心、支持和直接参与《武侯年鉴（2013）》编纂工作的人员表示衷心的感谢。本年鉴虽经多次审核和校对，但难免有差错或疏漏之处，恳请广大读者批评指正。

《武侯年鉴（2013）》初稿撰写人员

区委办公室
黄　英　李勤勤　张　钟　谢　萍

区人大常委会办公室
潘　洁　马　骏

区政府办公室
汤洪著　王翔谦　周海涛　马　琍

区政协办公室
何　勇　刘忠志　张成坤　王茂毅

区纪委（区监察局）
刘　平　陈永单

区目督办
张礼康　吴　瑶　郭　济

区委组织部
龚　婧　普明初　马　扬　柯　伟

区政研室
何成果　彭　佩

区委老干局
杜丽萍　陈胜利

区委宣传部
罗毅青　马进朝　侯船利

区委保密办（区保密局）
冯　湘　张　念

区委统战部
吴瑜聪　刘　惠　林晓云　刘　静

区委政法委
蒲天柱　高建堂　吕敬东

区直机关工委
张远敏　李海梅

区委编办
李晓慧　谢　璐

区委党校（区行政干部学校）
刘益贵　俞　强

区新闻中心
张仕华　张智能　任　玲

区法院
郭　伟　尧　刚　李宏钦

区检察院
魏　斌　熊　浩

区发改局
杨剑龙　敖友军　邓　维　王大勇

区教育局
陈　兵　晏兴兵　郑清华

区经科局
黄宾佩　张忠山　桑文华　石春明

区民政局
唐　华　夏晓蓉

区司法局
林　惠　李　岭

区财政局

张　恒　顾　鹏　杨彦平

区国资办

刘　朴　范成明

区人社局

陈明毅　张建勇　蔡　敏

区建设局

陈定龙　孙剑辉

区交通局

廖　红　欧高峰　吴晓星

区统筹局

毛伟忠　郑　勇　周　园　刘莲英

区商务局

罗建勤　吴海燕　严　军　谢　坚

区投促局

陈浩宇　张　跃　陈蓉蓉

区文体旅游局

李晓林　曹　蓉　包光志

区卫生局

苏吉英　田　军　高　艳

区人口计生局

郑万明　吴晓玲

区行政审批局

邓赛男　令狐荣仲　李　昊

区审计局

甘　立　钱文智

区环保局

任　军　蔡　滨

区统计局

邬达超　王　军

区城管局

张政灵　罗富明

区房管局

邱晓东　张广跃

区机关事务局

李书建　李绍江

区供销联社

吴建明　陈　真

区档案局

李　蓉　杨庆梁

区信访局

谢　波　周　元

区安监局

张　勇　刘友贵　魏　芳

区五花办

朱　鹏　刘子言

武侯新城管委会

张细华　夏　耘

区城中村推进办

王晓东　曾翔玲

区红牌楼商圈推进办

段晓莉　魏　莹

区征后实施推进办

甘利痕　陈　浩

区环城生态区管委会

周海澜　王　波　周　驰

区城投公司

赵以军　汪　春

区人南商务区推进办

张宝天　刘盛泉　李　畅

区总工会

王　文　梁　辉　苏　谊

团区委

于海波　丁　雯

区妇联

陈　瑛　梁剑霞

区科协

李　坤　陈　军　高成建　付红萍

区工商联

苏咏梅　陈小民

区残联

凌　志　黄　宇

区社科联

罗毅青　李佳佳　彭明彪

区文联

罗毅青　曾水云　代晓春

区红十字会

薛　海　陈　文

浆洗街街道办事处

彭贤春　马忠健　陈小丽　胡　霆

望江路街道办事处

唐　毅　董晓玲　方　鹏　李　琼

火车南站街道办事处

徐　蓉　李利林　李泽科　易　文

跳伞塔街道办事处

叶峻岭　刘红雨

玉林街道办事处

王　希　周　平

双楠街道办事处

王红玉　李　贤　李　婷　王　伟

红牌楼街道办事处

穆文元　冉炳光

晋阳街道办事处

江　宁　李蓉蓉

机投桥街道办事处

文秀敏　唐　静

簇锦街道办事处

王　军　罗　静　张婉丽

华兴街道办事处

胡勤华　张　杰　袁文军　黄　旭

簇桥街道办事处

邬万颖　曹　笑　欧文彬　李　华

金花桥街道办事处

徐雪松　刘　鸿

区公安分局

杨　洪　赵　帆

武侯工商局

陈必章　何魁成

区国税局

韩可怡　焦　健

区地税局

丁家铭　冯　波

武侯质监局

杨全发　常继柏　冯小军

武侯食药监局

袁红琼　彭小衡

武侯粮食分局

庄利娟　李　欣　袁　珂

武侯国土分局

姜　潇　李　婧

武侯规划分局

刘　莉　苏　丽　陈　宏

区武装部

文怡才　林静湄

目 录

综 述
SUMMARY

专　　文

SPECIAL ARTICLES

专　　记

SPECIAL WRITTEN

媒体聚焦

MEDIA FOCUS

大 事 记

A CHRONICLE OF MAJOR EVENTS

中共成都市武侯区委

COMMUNIST PARTY OF CHINA CHENGDU WUHOU DISTRICT COMMITTEE

成都市武侯区人大常委会

PEOPLE'S CONGRESS OF CHENGDU WUHOU DISTRICT STANDING COMMITTEE

成都市武侯区人民政府

CHENGDU WUHOU DISTRICT PEOPLE'S GOVERNMENT

政协成都市武侯区委员会
POLITICAL CONSULTATIVE CONFERENCE OF CHENGDU WUHOU DISTRICT COMMITTEE

民主党派与工商业联合会
DEMOCRATIC PARTIES AND ASSOCIATION OF INDUSTRY AND COMMERCE

人民团体
MASS ORGANIZATIONS

军 事
MILITARY AFFAIRS

城乡建设与管理
URBAN AND RURAL CONSTRUCTION AND ADMINISTRATION

交通与能源

TRANSPORTATION AND ENERGY

工 业

INDUSTRY

城乡统筹与农业
URBAN AND RURAL AREAS INTEGRATION AND AGRICULTURE

商贸与服务业
COMMERCE AND SERVICE

招商引资

ATTRACT INVESTMENT

财政与税收

FINANCE AND TAXATION

资源与环境保护

RESOURCES AND ENVIRONMENTAL PROTECTION

综合管理

INTEGRATED MANAGEMENT

社会事业
SOCIAL UNDERTAKINGS

居民生活与社会保障
RESIDENTS LIFE AND SOCIAL SECURITY

街 道
STREET SCENE

文 献

LITERATURE

人 物

PEOPLE IN THE NEWS

统计资料

STATISTIC DATA

附 录

APPENDIX

索　　引

INDEX

综述

SUMMARY

概况

General Situation

【地理气候】 武侯区位于成都市城区西南部，土地面积75.36平方公里，东与锦江区隔河相望，北与青羊区毗邻，西南与双流县接壤，东南与成都高新技术产业开发区（以下简称高新区）相连。地理坐标介于北纬30° 34′ 31″ ~ 30° 39′ 49″，东经103° 56′ 45″ ~ 104° 05′ 33″。东西长约13公里，南北宽约10公里。武侯区地势平坦，由西北向东南略微倾斜，地形呈蝶状，平均海拔高度502.5米，以沙土为主，土地肥沃，属都江堰自流灌区，东、西、北三面被锦江（南河、府河）、江安河、清水河环抱。辖区内属亚热带温润季风气候，四季分明，春季气温回升快，但冷空气活动频繁，易出现倒春寒；夏季较热，多大雨、暴雨；秋季气温下降快，多连绵阴雨；冬季温暖，空气潮湿，少霜雪，多云雾，日照少，少数年份有积雪。

【建置沿革】 武侯区因区内蜚声中外的武侯祠而得名，所辖区域古为蜀国地域。秦时属蜀郡，三国时属蜀汉益州蜀郡成都县，唐时分属益州华阳县和双流县。宋、元、明、清、民国时分属成都府、华阳县和双流县。20世纪50年代分属成都市东城区、西城区、郊区及双流县、华阳县。60年代以后，分属成都市东城区、西城区、金牛区和双流县。

1990年9月，经国务院批准，成都市区划调整设立锦江、青羊、金牛、武侯、成华等5个城区。1991年1月1日，武侯区正式对外办公，辖小天竺、致民路、望江路、浆洗街、跳伞塔、玉林等6个城区街道办事处和桂溪、石羊场、永丰、簇桥等4个乡（分别增挂三瓦窑街道办事处、石羊场街道办事处、永丰场街道办事处、簇桥街道办事处牌子）。1994年4月，设立肖家河街道办事处。1995年6月，设立芳草街街道办事处。经四川省人民政府批准，1996年5月，高新区从武侯区划出；石羊场乡（含石羊场街道办事处）、桂溪乡（含三瓦窑街道办事处）、肖家河街道办事处和芳草街街道办事处划归高新区；另设立火车南站街道办事处，管辖原桂溪乡铁路以北、二环路以南区域；同时，双流县行政区划调整后的金花镇和机投镇划归武侯区管辖。1997年6月，设立双楠街道办事处。1999年1月，分别在金花镇和机投镇设立金花桥街道办事处、机投桥街道办事处。2000年12月设立晋阳街道办事处。2002年6月，永丰场街道办事处更名为红牌楼街道办事处。经四川省人民政府批准，2004年8月，撤销永丰乡、簇桥乡、机投镇和金花镇的乡镇建制，实行单一的街道办事处管理体制。2007年3月，经成都市人民政府批准，撤销小天竺、致民路两个街道办事处，将其管辖区域划归望江路、跳伞塔、玉林等3个街道办事处管辖；将原簇桥街道办事处管辖区域一分为三，分别由簇桥街道办事处和新设的簇锦街道办事处、华兴街道办事处管辖。2010年1月对金花桥、簇桥、机投桥和华兴等4个街道办事处管辖范围的九架车、花龙门、文昌、凉水井、新苗、马家河、七里、白佛、瓦房、双凤等10个村进行调整。2012年末，武侯区辖浆洗街、望江路、火车南站、跳伞塔、玉林、双楠、红牌楼、晋阳、机投桥、簇锦、华兴、簇桥、金花桥等13个街道办事处；全区有59个社区、27个村；户籍人口61.36万人，常住人口108.5万人。

【自然资源】 土地资源　区内土地资源较少，人口密度较大。1990年建区时全区总人口34.86万人，土地面积87.72平方公里，农业人口10.94万人，实有耕地6.74万亩，人均耕地0.62亩。2012年末武侯区户籍人口61.36万人，土地面积75.36平方公里，耕地2963亩。

水资源　武侯区属都江堰自流灌区，地域内有锦江、清水河、江安河水系。区内支渠有5条，其中清水河水系3条，江安河水系2条。

锦江为武侯区与青羊区、锦江区的界河，过境长度8.65公里，起于大石东路桥头，止于高攀铁路大桥。锦江古为成都的护城河，是成都重要的对外水路通道。“锦江春色来天地，玉垒浮云变古今”“濯锦清江万里流，云帆龙舸下扬州”，杜甫、李白等历代诗人吟诵锦江的优美诗句，折射出锦江悠久丰厚的文化底蕴。

清水河为武侯区与青羊区的界河，流经武侯区境内有6.85公里。起于机投桥街道万寿村，止于清水河大桥处。

江安河为武侯区与双流县界河，武侯区位于河东岸，境内河段长13.2公里，起于川西营村，止于与双流县文星镇交界处。这里历史上也可行驶舟船，鱼类资源十分丰富。

武侯区地下水埋藏较浅，水量较丰富，开采方便，增补迅速。地下水垂直分布为上下叠置的两个含水层。上部含水层由全新流及上更新流松散砂卵石岩组构成，统一含水层，属孔隙潜水类型；下部含水层是由中下更新流泥质砾卵石岩组成的弱含水层，埋藏较深（100～300米），厚度较大，储集能力强。地下水资源总量0.39亿立方米。

园林绿地　区域内林木资源丰富，近代以来以人工种植为主，主要为防护绿化林木、草坪，除苗圃外，果木等经济植物极少。在城区，特别是武侯祠、望江楼公园等公园内还生长着许多珍贵树种和竹种，其中有国家一级保护树种红豆树、国家二级保护树种银杏、国家三级保护树种楠木树等，2012年区内共有古树名木520株。全区园林绿地覆盖面积2389.17万平方米，园林绿地面积2110.76万平方米，公共绿地面积665.8万平方米。

动物资源　武侯区境内野生动物资源较少，仅在境内锦江、江安河、清水河有少量野生鱼及白鹭等水禽。20世纪90年代起，随着城市生态的好转，区内河流、公园中野生鱼和野生禽鸟数量不断增多，个别地方有野

表01　　2012年社区（村）分布情况

街道	社区
浆洗街街道	大石东路社区　洗面桥社区　洗面桥横街社区　蜀汉街社区　凉水井街社区
望江路街道	临江东路社区　老马路社区　郭家桥社区　共和路社区　新生路社区　棕东社区
火车南站街道	长寿苑社区　桐梓林社区　高攀桥社区　锦官新城社区　南站社区　得胜社区
跳伞塔街道	成科路社区　科分院社区　新南路社区　旅游村社区　南虹村社区　棕北社区　棕南社区
玉林街道	玉林北路社区　玉林东路社区　倪家桥社区　青春岛社区　黉门街社区　电信路社区　九如村社区　浆洗街社区
双楠街道	百花社区　楠欣社区　少陵社区　碧云路社区　七道堰社区　广福桥社区
红牌楼街道	长城社区　双丰社区　竹园社区　龙爪社区　太平社区　龙腾社区　丽都花园社区
晋阳街道	沙堰社区　晋吉社区　金雁社区　晋阳社区　吉福社区
机投桥街道	机投桥社区　半边街新居社区　万寿桥村　半边街村　潮音村　果堰村　机投村　白佛村
簇锦街道	团结社区　五七〇一厂社区　顺和社区　永兴社区　高碑村　铁佛村　顺江村
华兴街道	南桥村　沈家桥村　三河村
簇桥街道	簇锦社区　新城社区　龙井村　七里村　瓦房村　双凤村
金花桥街道	金花桥社区　江安河村　金花村　陆坝村　永康村　川西营村　马家河村　新苗村　凉水井村　文昌村　九架车村　花龙门村

生蛇类出现，特别在锦江边的望江楼公园一带又见“一行白鹭上青天”的美丽景象。

【交通状况】 武侯区道路宽阔、交通便捷，自古为成都城南交通要津。从万里桥、红牌楼、簇桥至金花桥，曾属南方丝绸之路的起点段。川藏公路至迟形成于唐代，该路在区域内与南方丝绸之路是重合的，历史上称为通藏大道或炉藏大道，是朝廷与吐蕃、藏汉同胞之间政治、经济交往的重要通道。成都锦江、清水河、江安河等河流，以及排列于锦江南岸的万里桥、安顺桥、九眼桥等码头，历史上曾为区域内重要的水路交通枢纽。

50 年代以后，区域内加快了道路建设，交通日趋便捷，特别是建区后规划建设和改扩建了武侯大道、西区大道、川藏公路、浆洗街等一批交通干道，建成完善“五环”（一环路、二环路、2.5 环路、三环路、武青路）“五射”（红星路南延线、人民南路、川藏公路、武侯大道、草金路）干道网络，形成连接区内外、四通八达的城南交通枢纽。2012 年全区公路密度为每平方公里 6.06 公里。过境公交线路有 1 路、10 路、16 路、27 路、52 路、72 路、334 路、904 路等 70 余条。位于新南门的成都旅游客运中心是西南地区最大的旅游汽车站，日发往九寨沟、峨眉山、乐山、青城山等旅游班车 500 余班次，并辐射省外景区，日均运送游客 1.3 万人次。

【历史文化】 坐落在锦江南岸的武侯祠，是中国唯一的君臣合祀祠庙和最负盛名的诸葛亮、刘备等三国蜀汉英雄纪念地，1961 年被国务院公布为全国第一批重点文物保护单位，享有“三国圣地”之美誉，现已是全世界影响最大的三国遗迹博物馆。坐落在锦江西岸的望江楼公园，以拥有望江楼（崇丽阁）古建筑群、唐代著名女诗人薛涛纪念馆等文物遗迹而闻名，2006 年被国务院公布为全国重点文物保护单位。华西坝老建筑群位于锦江南岸今四川大学华西校区，19 世纪末，英国、美国、加拿大等国的基督教会在此创建华西协合大学，建成中西合璧风格的 40 余座建筑，现存 8 处建筑被称为华西坝老建筑群，先后被列为市级、省级重点文物保护单位（2013 年 5 月被国务院公布为全国重点文物保护单位）。此外还有横跨锦江和江安河且文化底蕴深厚的万里桥、九眼桥、安顺桥、金花桥等古桥梁；还有曾作为南方丝绸之路源头的簇桥、机投、金花等古镇；还有四川省博物馆、四川大学博物馆、西南民族大学博物馆等一批著名博物馆，多方位展示出武侯区区域历史文化的神奇厚重，绚丽多彩。

在武侯区域的历史长河中，有璨若繁星的各类名人生活于此，游寓于此，建业于此，奉献于此，长眠于此，成为当今武侯人所敬仰、学习的楷模和人生镜鉴。汉代有曾寄寓于金花镇的蜀中才女卓文君，三国时期有刘备、诸葛亮、关羽、张飞等英雄人物；唐代有誉为朝廷校书郎的著名女诗人薛涛；五代时期有在清水河（浣花溪）南岸建置别苑的前蜀皇帝王建，有官至宰相宅于花林坊的著名词人韦庄；宋代有常游此地名园胜景题咏诗句的爱国诗人陆游；清代有身任广东副总兵率领军民抗击英军侵略战功卓著的刘汉章……民国至今，有长埋忠骨于此的刘湘、李家钰、潘文华等抗日名将，有吴虞、张凌高、宋诚之、阳友鹤、赵蕴玉等各类名家名流。他们的不凡人生和可贵精神均为武侯历史画卷增辉添彩。

武侯区建区后，文化建设进一步加强。先后建成武侯文化宫、月亮湾体育中心、武侯文化体育中心等大型文体场所。举办“武侯闹春”“武侯之春·校园文化艺术节”“文化武侯·魅力社区艺术节”等品牌文化活动，开展广场文化、社区文化、校园文化等群众文化活动，承办成都市“三国文化节”。文化创意产业是武侯区近年重点关注、优先发展的新兴产业。特别是软件开发和数字娱乐业的发展规模和速度，走在了成都市前列。

【科技教育】 区内聚集了中国科学院成都分院等 50 余所科研单位，科研实力雄厚，资源丰富，人才济济，科技成果丰硕，成为我国西南地区科技研究的重要基地。中国科学院成都分院为西南地区一流的综合性科学研究基地、高级人才培养基地和高新技术产业化基地。成都飞机设计研究所成功研制出歼 -10、歼 -20 等飞机，其中歼 -10 飞机获得“国家科学技术进步奖特等奖”。西南技术物理研究所是我国率先从事激光技术和光电系统工程应用研究的综合型研究所，已在本研究领域获得多项国内首创科技成果和近百项国家、部（省）级科技成果奖。此外还有核工业西南物理研究院、中国成达工程公司（原化工部第八研究院）、四川省中医药研究所、四川省化工研究设计院、中国民航总局第二研究所、四川省机械研究设计院等，都是走在各自研究领域前沿的科研院所。

武侯区建区后，相继建设打造

“成都科技一条街”、武侯科技园以及西部智谷等科技产业基地。科技产业占全区经济的比重和对全区经济发展的贡献率不断提高。武侯区被授予“国家科技进步示范县（市）”“全国科普示范区”“中国西部电子信息产业核心商务区”“中国西部电子商务核心产业区”等称号。

区内有四川大学等大中专院校 20 余所，在校大学生占区域总人口比例为全市最高。丰富的教育资源和雄厚的教育实力，使这里成为闻名全国的教育科研基地和各类高等人才的摇篮。四川大学是一所具有上百年历史的全国重点大学，由原四川大学与原成都科技大学、原华西医科大学合并而成。该校是国家“985”工程和“211”工程重点建设的高水平研究型综合大学，具有雄厚的科研、教学实力，并取得丰硕成果。创建于新中国成立之初的西南民族大学，主要为全国少数民族地区培养各类高级专门人才，近年共有 500 余项科研成果获国际、国内奖励。创建于 1939 年的四川音乐学院，近年完成多项国家重点科研项目，培养出大批优秀音乐艺术人才，有 1000 余人次获得国际国内各种重大比赛和评奖奖项。始建于 1942 年的成都体育学院，是西南地区唯一的以体为主、体医渗透、体文结合的著名体育高等学府，大批体育俊杰从这里输出，成为体育战线的中坚力量和国内外赛场的新星。此外还有四川省运动技术学院、成都航空职业技术学院等，都是在专科教育中卓有建树并培养了莘莘人才的知名院校。

区内的成都七中、成都十二中、成都十六中、成都西北中学、成都龙江路小学等省市重点中小学，它们有的历史悠久，有的软硬件设施和教育水平一流，成为武侯区基础教育的名片。建区后武侯区提出科教兴区战略，大力推进教育体制改革和教育教学改革实验，扎实抓好素质教育，实施高质量“普九”和普及高中教育，全区中小学教育质量不断提高。武侯区先后获得“全国计算机教育实验区”“基础教育国际化实验区”“全国区域教育均衡发展特色示范区”“全国教育改革示范区”等称号。

【商贸旅游】 成都平原栽桑养蚕已有 2700 余年的历史，织锦也于汉代开始，所产蜀锦驰名中外。簇桥和机投地区为养蚕、织锦之乡，簇桥亦为古南方丝绸之路的重镇。清代成都府在簇桥设劝业道，该地丝绸生产和集市交易久盛不衰。至民国初年，全国各地的丝绸客商在此修建有多家会馆，成立了太阳会等多个商会和公司，成都府在此设统捐局，足见当时丝绸商贸的繁荣。区域内鞋革业在清代即已兴盛。位于武侯祠的三义庙，是清代成都靴鞋业行会为纪念业内祖师刘备及结义兄弟所建，成为成都武侯鞋业发展的历史见证。位于万里桥（老南门大桥）南端的浆洗街，为清代中叶兴起制革专业街坊，生意兴旺发达，闻名遐迩。到民国年间，逐渐衰落。20 世纪 80 年代初，浆洗街皮革商贸得以复兴，在其带动影响下，红牌楼一带小型鞋厂如雨后春笋般兴起，为后来建设鞋都工业园、打造中国女鞋之都奠定了基础。区域内商旅之兴盛，还得益于水陆交通的发达。“濯锦清江万里流，云帆龙舸下扬州”。万里桥口岸，既是连接城南的重要陆路通道，更以锦江首个船舶码头闻名于世。陆路交通主要有在区域内重合的南方丝绸之路和川藏公路。古代商贸繁盛的历史沿袭至今，积淀成武侯区商贸持续繁荣的沃土。

“成都之俗，以游乐相尚”。武侯祠早在唐代就成为闻名全国的旅游胜地，如今每年接待海内外游客上百万人次。此外，武侯祠每逢春节都会举办成都大庙会等民间游乐活动。望江楼在古代曾为友人江边折柳送别之佳处，现今游乐项目更为丰富多彩，终年游人如织。锦江沿岸为老成都休闲娱乐佳处。其中万里桥、安顺桥、九眼桥水码头一带，更是充满了水文化元素的休闲娱乐之地。

建区后，承袭历代商贸的繁荣，商贸业发展更是突飞猛进。从建区之初西部汽车城、八益家具城、西南食品城、华达商城等大批专业市场和大型商厦的兴起，到仁和春天百货、王府井百货、伊藤洋华堂、人人乐购物广场、家乐福等新兴业态的聚集，再到武侯区“中国西部家具商贸之都”“成都科技一条街”“中国特色商业街”称号的获得，无不彰显武侯商贸业崛起的惊人速度和繁荣程度。近年来，人民南路科技商务区、红牌楼商圈建设如火如荼，力宝大厦、威斯顿联邦大厦、商鼎国际、国航世纪中心、丰德国际广场、汇日·央扩国际广场、来福士广场等大型商厦快速崛起，正在续写成都城南商贸辉煌的历史篇章。

旅游休闲娱乐业在历代繁荣基础上有了创新发展。在旅游休闲方面，除武侯祠、望江楼等历史景点外，还增添清水河公园、永康森林公园、江安河公园等。凯宾斯基饭店、富豪首座酒店、天邑华庭酒店、欧洲风情街、音乐特色街区、武侯广场等高档酒店、特色街区和游园广场纷纷亮相，旅游产业对全区经济的贡献逐年增加。在娱乐业方面，更呈现出大众化、多元化、时尚化发展的趋势。近年在音乐、舞蹈、电影等传统文化娱乐项目不断创新的基础上，数字娱乐、动漫游戏等新兴项目异军突起，正成为年轻一代喜好参与的新时尚。人民南路科技商务区、九眼桥西一带、双楠片区和各高校周边、交通商业口岸，聚集了众多KTV、电影院、数字娱乐体验中心等现代娱乐场所，形成成都城南繁荣兴旺、人气鼎盛的娱乐休闲区。

经济与社会发展
Economic and Social Development

【经济发展】 2012年，武侯区紧紧围绕“稳中快进、领先发展”的工作基调，强化投资拉动，突出产业支撑，着力夯实“稳增长”的现实基础，积极创造“快进”的有利条件，不断扩大“领先发展”的竞争优势，全力保持经济平稳向好发展态势。全年实现地区生产总值641.23亿元，同比增长10.1%；实现财政总收入135.07亿元，同比增长13.7%；实现地方公共财政收入48.13亿元，同比增长17.3%；实现地方税收收入31亿元，同比增长9.6%；实现社会消费品零售总额477.51亿元，同比增长17.7%；城镇居民人均可支配收入30671元，同比增长13.4%；农民人均纯收入达到17584万元，同比增长11.2%。

【对外开放】 武侯区坚持把招商引资作为扩大开放的第一要务，充分依托区域环境优势、资源优势和产业优势，紧盯重点企业、重点产业、重点区域，积极开展投资促进活动，着力推动产业领域和市域空间的全面开放。积极开展小分队招商，先后组团赴北京、上海、深圳等地开展投资促进活动；着力开展会展招商，利用“西博会”、中国女鞋之都博览会等平台加大区域营销力度；开展链条招商，积极为联想、仁宝等总部企业引进关联配套企业。全年共引进安邦保险等31个市级重大项目和韩国友利银行等6家世界500强企业。引进到位国内省外资金223.90亿元，实际利用外资8.64亿美元；第十三届“西博会”签约项目14个，签约总金额114.40亿元。

【项目建设】 武侯区坚持把抓项目、促投资作为“稳增长”的重要抓手，围绕“立城优城”“产业倍增”，加大项目引进和建设力度。举行重大项目集中启动仪式，提振社会投资信心；完善重大项目“一对一”跟踪服务机制，推动项目加快建设；强化合同约束，督促项目按时开工建设。全年完成固定资产投资344.18亿元，同比增长11.2%；132个重点项目当年完成投资177.08亿元，占全部投资额的51.4%。强化项目建设要素保障，全年上市土地20宗37.69万平方米，进一步增强了发展后劲。

【产业优化】 武侯区制定《关于促进产业倍增若干政策的意见（试行）》，强化服务业对加快发展的政策支撑；推动保利中心等项目竣工投入使用，加快莱蒙置业广场等在建项目建设进度，提升对高端服务业的承载能力。引进中信国安武侯投资总部等重大服务业项目，开工建设西部智谷电子信息产业园，增强服务业加快发展的活力。深入实施鞋业产业高端化、国际化发展战略，举办中国女鞋之都博览会、城市巡展等系列活动，女鞋基地被商务部认定为“国家外贸转型升级专业型示范基地”。加大对企业上市服务力度，2012年1月利君实业成功上市，环能德美、日机密封的上市申请已被证监会受理。加大对民营企业的帮扶力度，制定《关于支持企业稳增长促发展的政策措施》，积极协调解决企业在融资、市场拓展等方面的困难。民营经济综合实力连续9年位居全省第一。

【产业功能区建设】 武侯区进一步完善产业功能区发展规划，加大功能区配套建设力度，提升对产业、项目的承载功能，着力优化产业形态和城市形态。人民南路科技商务区：新增保利中心等6个竣工项目，建筑面积68.9万平方米；魏玛等6个项目加快建设，建筑面积85.9万平方米；顺利完成高攀片区整体城市设计。红牌楼商圈：新增莱蒙置地广场等13个竣工项目，建筑面积99.5万平方米；红牌楼广场二期等21个项目加快建设，建筑面积234万平方米。武侯新城：新增外贸鞋城等29个竣工项目，建筑面积125.95万平方米，一品天成等50个项目加快建设，建筑面积369.06万平方米。环城生态区：初步完成区域控规调整，积极推进陆坝新型社区建设。

【城乡就业】 武侯区加大职业技能培训力度，完善创业扶持政策体系，加大对高校毕业生、小微企业的创业支持力度，累计发放创业小额贷款5350万元，发放量、覆盖面均为全市第一。川大创业园和西部智谷创业园被评为全省首批省级创业示范园区。城乡充分就业水平进一步提升，全年城镇新增就业1.33万人，城镇登记失业率为2.9%，动态消除“零就业”家庭，农民集中居住区实现比较充分就业；首届藏区“9+3”学生就业率达96.3%。

【教育现代化建设】 教育投入和建设力度加大，教育现代化全面加强，城乡一体化推进义务教育均衡发展，“两基”工作获得省委、省政府表彰，通过国家义务教育基本均衡县检查验收，被授予“全国教育改革创新示范区”。全年教育总投入11.26亿元。区域教育国际化全面加强，在中西部地区率先确立了建设“教育国际化先导区”的发展目标，举办首届“大型教育国际交流月”活动。实施武侯教师全球招募计划，组建由32名国内外教育专家组成的“武侯教育全球智库”。31所学校分别与英美法德等国家的学校结为友好学校，高中出国留学人数创市第一。实施公办民办学校结对发展、一体管理，启动“复兴名西北”（西北中学）建设工程，教育均衡化水平进一步提升。新增11所公益性幼儿园。教育资助“不重不漏全覆盖”，全年落实各类教育惠民补贴和政策资金6750万元，成为全市接收民工子女规模最大的区县。

【卫生服务】 武侯区积极深化医药卫生体制改革，全力推动卫生事业跨越式发展。认真实施国家基本药物制度，居民享受到社区卫生服务机构药品“零差率”优惠139.65万人次，共计1595.21万元；积极推动全民健康体检，免费体检覆盖率89.7%；医疗美容等特色民营医疗机构蓬勃发展；基于健康档案的区级卫生信息平台建成并试运行；深化与华西医院卫生合作；积极开展门诊特殊疾病医保业务下沉、特殊医疗救助、门诊统筹等惠民工作；社区卫生服务水平大幅提升，社区卫生基本医疗门诊量160.3万人次；全面推行家庭医生式服务；“创建全国社区中医药工作先进单位”通过国家级验收；进一步巩固“全国慢性病综合防控示范区”建设成果，武侯区被卫生部评为“中西部地区儿童口腔疾病综合干预项目管理先进县（区）”。

【科技文体事业】 武侯区鼓励企业自主创新，扶持高新技术产业发展壮大，全年新增高新技术企业20家，高新技术企业总数达到104家，位居中心城区之首。组织企业申报立项国家和省、市科技计划项目56项，获得资助资金2812万元。组织企业申报上级科技进步奖，获省市科技进步奖19项；申请各类专利8160件，其中发明专利2065项。建成以区文化馆、区图书馆为骨干，13个街道综合文化活动中心为支撑，86个社区（村）综合文化室为基础的公共文化阵地网络。开展送图书、送文化、送服务的“书香飘武侯，文化三下乡”活动。举办“武侯闹春”“武侯百姓故事会”等大型文化活动10余场。强化文化出版物市场的监管，开展“扫黄打非”进社区和“版权进社区”示范工作。打造“运动成都·太极武侯”全民健身品牌，大力推进全民健身活动。

【社会保障】 武侯区以“提标”和“扩面”为重点，加大社会保障力度。社会保险覆盖面继续扩大，全年新增各类保险20.17万人次，征收保险基金24.32亿元；社会保障水平进一步提升，全年共发放最低生活保障金925.17万元，累计保障3.36万人次，发放医疗救助246.05万元；离退休人员养老金社会化发放率达到100%；在13个街道建立社区居家养老服务机构，积极探索社区低龄老年志愿者为高龄老人服务的居家养老模式；积极实施“阳光圆梦”工程，辖区无一名孩子因贫困而失学；建成全国首个政府主导、社会参与的善工家园助残中心，为残疾人提供量体裁衣式的个性化服务；在城区街道和流浪乞讨人员相对集中的社区建立救助管理工作站。

【社会管理】 武侯区社区管理创新不断深化。进一步深化推广簧门街社区、长寿苑社区、白佛村治理机制，积极探索院落居民自治激励办法，着力培育社区社会组织。建立社区工作人员薪酬待遇常态增长机制，实施社区（村）综合服务管理站工作人员资格认定、持证上岗制度。认真落实领导包案和定期接访制度，加大信访积案化解力度；加大对网络舆情的监督、引导，积极回应和解决社会关注的热点、难点问题。开展争创“最平安城区”活动。区法院获得“全国模范法院”荣誉称号、浆洗街洗面桥社区被命名为“全国民族进步创建活动示范社区”。

【城市建设】 城市建设加快推进。

光华8线（武侯段）、武侯大道电力隧道等重点工程顺利推进，武侯祠大街、二环路两侧立面整治和特色街道整治工程加快实施。洗面桥街等9个地下停车场竣工投入使用。积极做好成蒲铁路、成绵乐客运专线拆迁及建设相关工作。加大旧城改造力度，完成危旧房改造301户1.5万平方米，永盛南街9号棚户区改造搬迁工作完成。城中村改造稳步推进，新增协议拆迁面积1.92万平方米；机投桥农贸市场建设项目正式启动，簇桥农贸市场建设用地移交。

【城乡环境综合治理】 武侯区治理机制进一步完善，在全市率先编制并推行《城乡环境综合治理工作手册（试行）》，创新垃圾不落地收运办法，建立“四级巡查”机制，扩大社会有序参与，加大追究问责力度，整体联动、全域覆盖的城乡环境综合治理工作格局初步形成。专项治理深入开展，率先在全市开展机动车“两乱”专项整治，对锦江下河排污口、楠杆堰水环境进行重点整治，开展扬尘治理，规范户外广告设置，城市形象进一步提升。全国文明城市迎检测评工作获中心城区第一。

【城乡统筹】 武侯区深化落实“两化”互动、统筹城乡发展战略，城乡统筹制度体系进一步完善。农民集中居住稳步推进。建成南桥A区新居，完成新苗新居安置入住，加快推动吉福新苑等项目建设。农村产权制度改革不断深化。加强农村集体“三资”管理，获得“全国农村集体‘三资’管理示范区”称号。提高村级公共服务和社会管理专项资金标准，议定专项资金项目269个，专项资金管理使用进一步规范。

【区域合作】 武侯区大力实施“三圈一体”战略，加大圈层融合力度，立足原有合作基础，与新津、崇州签订《圈层融合战略合作协议》，加强双方在产业发展、人才队伍建设、社会事业等方面的深度合作，相互传输经济动能，相互提供发展支持。积极推动得益绿色食品等新津特色农产品进入伊藤洋华堂，促进京东商城等电子商务企业加大对新津、崇州农产品的直采力度。加强与白玉县的对口合作，制定《武侯区对口支援白玉县五年规划（2012～2016）》，严格按要求落实援助资金。武侯区获得“全省对口定点扶贫先进单位”称号。

政治文明与精神文明

Political and Spiritual Civilizations

【民主法制建设】 武侯区坚持科学执政、民主执政、依法执政，大力推进民主法制建设，为全区经济社会发展提供强有力的制度保障。加强对人大、政协工作的领导，支持区人大及其常委会依法行使职权，支持区政协履行政治协商、民主监督、参政议政职能。爱国统一战线不断巩固壮大，党的民族、宗教和侨台政策得到落实。加强对工会、共青团、妇联、科协、工商联、残联、社科联等人民团体的领导。积极开展“创建全国法治城市”活动，广泛开展“法治大讲堂”系列活动，大力推进“六五”普法教育。

【干部队伍建设】 武侯区坚持凭实绩用干部，调整优化全区局级领导班子。严格干部管理，制定《关于进一步加强干部队伍建设的八点意见》。强化干部培训，加大干部外训和网络在线学习力度，积极选派优秀年轻干部挂职锻炼。进一步健全高层次人才引进机制。干部队伍素质明显提高，服务发展、服务群众的能力和水平进一步提升，干部队伍建设进一步加强。

【干部作风教育实践活动】 武侯区按照市委的统一部署，集中两个月时间，在全区党员干部中开展以保持党的先进性和纯洁性为主题的干部作风教育实践活动。重点针对干部队伍中存在的不思进取、不在状态、不敢担当、执行不力等五个方面的突出问题，加大整改力度，建立长效机制，收到了促发展、正风纪、惠民生、强基础作用。

【基层组织建设】 武侯区以基层党组织“三分类三升级”活动为重要抓手，扎实推进基层组织建设年工作。探索建立“三化一体”城市基层党建工作新机制，着力构建区域化党建新格局。积极开展机关党组织和机关党员“挂包帮”“双报到”活动。创先争优取得阶段性成果，27个基层党组织、27名优秀共产党员受到中央和省委、市委表彰，1人当选为中共十八大代表。

【党风廉政建设】 武侯区认真落实党风廉政建设责任制，开展反腐倡廉宣传教育。惩治和预防腐败体系建设扎实推进，进一步强化对“三重一大”（即重大决策、重要干部任免、重要项目安排和大额度资金的使用）决策事项的监督。加大对区委重大决策执行、重点工作推进、重大项目建设的监督力度。强化违纪违规案件查处。在街道恢复成立纪工委，在社区（村）设纪委或纪检员，在全区32个非公有制经济组织和社会组织中试点建立纪检组织。

【规范化服务型机关建设】 武侯区全面实行行政审批“两集中两到位”，创新政务服务方式，推出3D实景政务大厅，打造全天候政务服务新模式，荣获“全国2012年电子政务创新应用奖”。政务服务标准化国家级试点通过验收。申报“相对集中行政许可权”国家级试点取得实质性进展。武侯区门户网站在全国绩效评估中名列西部区（县）级政府网站第一。政府信息公开深入推进，政务下沉力度加大，行政效能不断提升。

【精神文明建设】 武侯区不断深化文明城市建设工作，大力推进文明院落整治，广泛开展群众性精神文明创建活动，加强公民和未成年人思想道德建设，推进志愿者服务工作。高标准完成全国城市文明程度测评任务，综合文明指数测评居中心城区第一，城乡环境综合测评居中心城区第二。

2012年区级领导名单

District Leaders List in 2012

中共成都市武侯区委员会

书　记：刘守成
副书记：林　丽
　　　　余　麟
常　委：王高德
　　　　刘印勇
　　　　李　旭
　　　　张　斌
　　　　罗文川
　　　　艾志秋
　　　　李长文
　　　　文怡才

成都市武侯区人大常委会

党组书记：王力平
主　　任：彭光辉（3月离任）
　　　　　王力平（3月任职）
副 主 任：于嘉川（3月任职）
　　　　　陶小平
　　　　　曾锦戈（3月任职）
　　　　　钟　鸣（3月任职）
　　　　　金　怡（3月任职）
　　　　　荣　刚（3月离任）
　　　　　谢惠祥（3月离任）
　　　　　高红兵（3月离任）
　　　　　陈昌华（3月离任）
　　　　　董德寿（不驻会，3月离任）

成都市武侯区人民政府

党组书记：林　丽
区　　长：林　丽（3月任职，之前任代区长）
副 区 长：李　旭
　　　　　张　斌
　　　　　杨建德
　　　　　郭　波
　　　　　潘永革
　　　　　张吉广
　　　　　安雪松（3月离任）
　　　　　李长文（3月离任）

政协成都市武侯区委员会

党组书记：伍　勇
主　　席：王正文（2月离任）
　　　　　伍　勇（2月任职）
副 主 席：白兴玉
　　　　　许　强
　　　　　安雪松（2月任职）
　　　　　蔡振雄
　　　　　蔡　健
　　　　　苟绍全（2月任职）
　　　　　黄正国（2月离任）
　　　　　余懋群（2月离任）

其他区级领导

成都市武侯区人民法院

党组书记：唐　卫
院　　长：唐　卫（3月任职，之前任代院长）

成都市武侯区人民检察院

党组书记：邓贵杰
检 察 长：邓贵杰（5月任职，之前任代检察长）

区级正职非领导职务

彭光辉　王正文　万素蓉
王永华（5月退休）　荣　刚
谢惠祥　高红兵　陈昌华
赖正才（5月退休）　黄正国
刘雄川

区级副职非领导职务

武聿宝　罗洪凯　费从德
杨中频　张文泉
熊柱举（1月退休）　李树成
王玉珍　高　乔

高端发展　提质转型　勇当“首位城市”建设排头兵

中共成都市武侯区委书记　巫　敏

做强“核心极”，发挥好首位城市“带头带动引领示范辐射”作用，是市委贯彻落实省委“多点多极支撑”发展战略提出的重大要求。武侯区作为全市发展的“头雁”，必须带头落实好市委的发展要求，主动担当、积极作为，高点起步、高位求进，努力当好“首位城市”建设排头兵。

一、坚持高点起步，在新的坐标中谋划发展

新形势赋予新任务，新使命决定新担当。在新的历史时期，武侯区要实现科学发展、领先发展，必须自觉摒弃传统落后的发展方式，坚持高端发展方向，高点起步、高位求进，在新的历史坐标中谋求更大的发展。

勇担“首位城市”新责任，必须坚持高端发展。实现“首位一马当先”，筑牢底部基础是关键。武侯区要提升“首位度”，当好“首位城市”建设“极核”，必须在发展转型上快人一步，在发展品质上高人一筹。走高端发展之路，契合了这一发展要求，切合未来发展之需，也是夯实底部基础、提升核心竞争力的重要路径。

落实“头雁高飞”新要求，必须坚持高端发展。“头雁高飞”是市委对中心城区提出的重大发展要求。武侯区要当好“头雁”、实现“高飞”，必须告别粗放发展的老路，走内涵式发展的新路。坚持高端发展，就是要摆脱经济发展对资源、环境的过度依赖，走创新驱动、现代产业支撑的新型发展道路。通过积极推动产业结构向“高端化”升级，城市形态向“高层次”转型，抢占未来发展的制高点，把握科学发展、领先发展的主动权。

实现“高位求进”新突破，必须坚持高端发展。建区20多年来，武侯区保持了快速发展的良好势头，奠定了领先发展的坚实基础。但产业层次较低、发展空间受限等深层次问题逐步显现，已成为制约发展的瓶颈。要在现有“高位”基础上实现“快进”，巩固和扩大领先态势，必须突破资源环境的束缚，破除低端业态的困扰，敢于牺牲眼前利益以换得长远发展。坚持走高端发展之路，是突出发展“重围”，实现“高位突破”的有力支撑。

二、突出高端引领，在重点突破中转型发展

推动武侯科学发展、领先发展，关键是要加快转型发展步伐，不断提升发展的质量和效益，确保稳中快

进、稳中提质，进一步夯实可持续发展的基础。

以高端规划引领转型发展。要跳出武侯看武侯，把武侯的发展放在全球、全国发展的大格局中来审视，以国际视野和全球眼光来谋划武侯未来的发展。要加强对国际、国内现代产业发展的分析、研究，积极顺应和把握产业转移最新趋势，深度调整优化区域产业布局。要按照“西部领先、国内一流”的要求，进一步完善人民南路商务总部区、红牌楼商圈、武侯新城、环城生态区等重点区域的空间规划和产业规划，积极发展楼宇经济、总部经济和旅游经济，着力构建产业业态高端化、城市形态现代化的新型发展形态。要紧盯国际国内前沿，加强对现代服务业的前瞻分析和比较研究，进一步优化服务业的发展规划，强化政策支持，积极推动现代服务业高端发展、聚集发展，加快建成现代服务业“千亿强区”。

以高端产业支撑转型发展。以“高端化、集约化，总部型、创新型”为特征，大力发展“3主导＋1特色”现代产业。大力发展现代商务商贸业。积极推动电子商务、新兴金融、新兴交易服务、高端城市配送等现代商务商贸业聚集发展。力争到2016年，现代商务商贸业增加值突破450亿元，占地区生产总值比重达到50%以上，建成人民南路商务总部区、红牌楼商圈、武侯新城三个“百亿商圈”。加快发展科技研发服务业。大力引进和发展以电子信息产业企业运营管理为主的总部经济，大力发展数字新媒体、移动互联网等创新型科技研发服务业，大力引进国内外知名服务外包企业，力争到2016年，科技研发服务业增加值达到120亿元，占地区生产总值比重力争达到15%以上。提升发展新兴房地产业。依托武侯新城产城一体发展、棚户区（危旧房）改造、红牌楼旧商业市场调迁等带来的机会空间供给，积极引进商业广场、酒店、写字楼、商务楼宇等商务商贸地产，加大区域复合型地产和住宅地产的开发力度。力争到2016年，新兴房地产增加值达到85亿元，占地区生产总值比重达到10%以上。创新发展都市休闲旅游业。以环城生态区优质生态资源为依托，立足区域三国文化、诗竹文化等文化“本底”，重点发展生态体验、休闲度假、文化娱乐等特色都市休闲旅游业。力争到2016年，全区旅游总收入达到150亿元，旅游接待总人次达880万人次。

以高端形态推动转型发展。以建设现代化的城市形态、优美化的城市生态为目标，大力推动城市建设、管理转型升级。全力推动“棚改”工程，拟用三年时间，投入资金150亿元，对全区现有36个、近90万平方米的棚户区（危旧房）进行全面改造，力争一年有变化，两年见成效，三年大变样，在全市率先消除棚户区，使城市形象、群众居住环境有明显改善。大力推动红牌楼商圈旧商业改造，拟用三到五年时间，完成红牌楼商圈内的18个旧商业市场调迁工作，腾出空间打造高端商贸综合体，彻底改变该区域落后的城市形态和产业业态。稳步推进城中村改造，加大对簇桥、金花、机投等3个城中村的改造力度，完善配套设施，培育现代产业，切实增强该区域的发展后劲。积极创新城市管理，充分运用先进科学技术提高城市运行效率和智慧化程度，提升城市管理精细化、规范化、科学化水平。

三、强化高效保障，在优化环境中服务发展

环境就是生产力、竞争力，优化环境就是发展生产力、提升竞争力。推动高端发展，必须加大环境改善力度，切实把环境优势转变成竞争优势、发展优势，为科学发展、领先发展提供坚实的保障。

狠抓落实，强化作风保障。把不折不扣抓落实作为检验干部工作能力、工作态度的重要标准，进一步强化抓落实的意识，提升抓落实的本领，言必责实、行必责实、功必责实，努力形成人人重落实、事事抓落实的工作格局。要大力发扬敢于碰硬、勇于担当的精神，不回避矛盾、不害怕困难，敢于负责、敢于“亮剑”，以跑起来干事、跳起来摸高的状态，以踏石留印、抓铁有痕的作风狠抓各项工作落实。

创新机制，强化制度保障。大力发扬改革创新的进取精神，敢为人先、敢破陈规，敢走新路、敢下“深水”，大胆试、勇敢闯、智慧工作，积极推动思维创新、机制创新、方法创新，通过创新破解发展难题，通过创新实现更大发展。当前，要重点加大在投资融资、政务服务、新兴产业培育、总部经济发展、扩大开放合作等方面的创新力度，集聚更多发展“正能量”。

提升效能，强化服务保障。要以简政放权为突破口，大力推动政府职能转变，努力建设责任政府、服务型政府。不断深化行政审批事项“一窗受理、综合审批、审管分离”的审批模式，积极推行并联审批、网上审批、服务事项代办等方式，进一

步推动行政审批、服务事项提速、提质。大力推动行政服务“下沉”，深入开展政务服务进企业、进商务楼宇、进园区工作，为加快发展提供良好的政务环境。进一步放宽市场准入限制，加大政策引导力度，积极培育和发展社会组织，切实为群众提供更规范、更专业、更多样的公共服务。

关于深化行政审批制度改革的实践与思考

成都市武侯区人民政府区长　林　丽

深化行政审批制度改革，对于完善行政管理体制，促进政府职能转变，推进规范化服务型政府建设具有十分重要的意义。2008 年以来，武侯区以成都市被国务院确立为城乡统筹综合配套改革试验区为契机，在全国成立了第一个专司行政审批事项的工作机构——武侯区行政审批局，着力推进以“行政许可权相对集中”为主要内容的行政审批制度改革，初步构建起结构合理、配置科学、程序严密、制约有效的运行机制，有力推动了政府职能向创造良好发展环境、提供优质公共服务的转变。

一、武侯区创新行政审批制度改革的主要做法

武侯区在推进行政审批制度改革的过程中，始终坚持思路创新和工作创新，在大胆破除体制机制障碍的同时，着力精简审批事项，规范审批行为，再造审批流程，提高审批效率，为加快推进“商务高地·宜居武侯”建设营造了公开透明、便捷高效的政务环境。

（一）实行职能划转，建立审管分离的运行机制

一是科学划转审批事项。把区发改局等 20 个区级职能部门所承担的 190 项行政审批事项划转到区行政审批局，创新实施“联审联办”审批模式，办件效率平均提高 56%，办件用时平均减少 43 个工作日。二是合理配置专业人员。按照“编随事走、人随编走”的原则，通过从部门整体划入，部分调入等办法，合理配置专业人员，并实行“一岗多能、一人多专”运行模式，办件人员由 70 余人减少到 25 人。三是互通共享审管信息。制定《行政审批信息通报制度》，开发“行政审批信息共享系统”，实现了审管信息同步录入、动态跟踪、自动流转、互通共享，确保了审管部门既各司其职、各负其责，又有效衔接、分工协作。

（二）建立标准化体系，推动政务服务规范运行

一是规范服务平台。率先在全省建立“区—街道—社区”三级政务服务平台，并投入 5000 多万元，对街道社会事务服务中心和社区综合服务站进行规范化建设，确保对外形象、基本设施、网络标准、管理制度、行为规范、考核评比“六统一”。二是注重质量管理。先后制定《行政审批项目办件规则》、《行政审批事项办理服务规范》、《服务对象满意度测量程序》等规章制度，细化和完善首问责任制、限时办结制、绩效考核制、责任追究制等标准和办法，获得了德国汉德认证公司 ISO9001 国际质量管理体系认证。三是推动标准化建设。以武侯区行政审批局被国家标准化委员会确定为全省首家“行政服务标准化国家级试点单位”为契机，完成了通用基础标准体系、服务保障标准体系、服务提供标准体系 23 个功能模块，共 415 项具体标准的编写和修订，并通过国家标准委验收，标准覆盖率达到 90% 以上，实现了武侯区政务服务从管理制度化向管理标准化转型。

（三）建设 3D 实景政务大厅，构建“立体化”服务平台

一是提供在线服务。运用 3D 虚拟技术建立网上政务大厅，及时更新审批事项的最新政策、办理要件、申办材料等信息，方便企业和群众在线查询。同时，提供 24 小时在线咨询服务，及时解答群众疑问，提供“一对一”服务。二是实行网上预审。对工商营业执照核发等 510 项审批事项实行网上预审，确保其转入实体大厅后实现“一次性审核”“一站式办结”，构建起实体政务大厅与网上政务大厅“双轨”并行、无缝对接的新型政务服务模式。截止目前，3D 实景政务大厅共办理事项 3226 件，一次性办结率达 82.5%，群众满意率达 95% 以上，无一例投诉。

（四）强化监督制约，确保行政

审批公开透明

一是加强内部监督。出台《机关行政效能责任追究办法》《月绩效考核办法》等配套制度，开发行政审批通用软件系统，逐部门、逐岗位、逐环节建立起抽查、复核、跟踪及问责机制。同时，加大区纪检监察部门的监督考核力度，把行政审批的时限、过程、结果作为监督检查的重点，严格效能问责。二是强化公众监督。率先在全国政务服务系统引入以“公众满意度”为标准的第三方测评，切实增强评价的客观性、公正性和及时性，并将测评结果作为考核行政服务质量和效果的重要依据。2012年，公众满意度测评结果为91.6%，连续三年公众满意度指数在90%以上，达到“很满意”水平。

二、武侯区行政审批制度改革面临的困难和问题

近年来，武侯区推进行政审批制度改革大胆实践，虽然在许多领域探索出了一些成功的做法，取得了较好的成效，但在实践中仍然面临着诸多困难和问题。

一是在主体资格上，武侯区成立行政审批局，划转行政审批职能，授权办理行政许可事项，其依据是《行政许可法》第二十五条“经国务院批准，省、自治区、直辖市人民政府根据精简、统一、效能的原则，可以决定一个行政机关行使有关行政机关的行政许可权”的规定，且各级领导和相关部门在多次调研中对武侯区的改革探索给予了充分肯定，但报经国务院批准这一程序一直尚未完成，区行政审批局合法行使行政许可权的主体资格尚待明确。

二是在法律依据上，我国行政许可法、地方行政法规、部门规章制度等多是基于“审管一体”的体制而制定，并明确授权由相关职能部门依法行使，对专门设定一个行政审批部门集中行使行政许可权的主体、权限、程序和监督等没有明确界定，因此缺乏相应的法律支撑，也存在一定的法律风险。

三是在体制机制上，由于武侯区的行政审批改革模式在全国都是“先例”，因此，行政审批局尚无对应的上级部门或机构，且原有的“条块”管理体制也没有相应调整，与省、市相关职能部门的沟通联系、业务指导、协调配合等还不够顺畅。

四是在具体运行上，一方面，审批事项区内划转办理的长效机制还不够完善，对中央、省、市逐步下放的审批事项，还不能及时从区级相关职能部门规范、有序划转。另一方面，3D实景政务平台只提供办事咨询、资料下载、结果查询、办件预审等功能，网上全程审批业务还未启动；政务服务系统与电子监察系统没有完全实现互通对接。同时，政务服务标准化体系的运用、评估和改进制度还不健全，标准化服务意识和理念还需进一步强化。

三、深化武侯区行政审批制度改革的对策

中共十八届三中全会提出，必须切实转变政府职能，深化行政体制改革，创新行政管理方式，增强政府公信力和执行力，建设法治政府和服务型政府。因此，为努力建设职能科学、结构优化、廉洁高效、人民满意的规范化服务型政府，武侯区还需进一步深化行政审批制度改革，全面构建以“相对集中行政许可权”为核心，以“便民利民”为目的，以“审管分离”为特色，以“联审联办”为手段的新型行政审批模式。

（一）以转变职能为抓手推动改革深化

深化行政审批制度改革、继续简政放权、推动政府职能转变，是推进行政体制改革的核心任务。武侯区深化行政审批制度改革，要以转变政府职能为抓手，在力争获批国务院“相对集中行政许可权国家级试点”并依法取得行使行政许可权主体资格的同时，把行政审批制度改革与建设“法制政府”“效能政府”“廉洁政府”有机结合起来，优化政府组织机构和行政运行机制，加强对社会组织的培育和管理，推进政企分开、政事分开、政社分开，着力转变政府职能，切实提高行政效能，力争把武侯区建设成为“行政效率最高、行政成本最低、行政过程最透明”的先行区，为推动全区科学发展、领先发展奠定坚实的基础。

（二）以规范有序为重点完善标准体系

一是推进行政服务标准化建设向街道、社区服务窗口和各职能部门行政服务分中心拓展和延伸，实现武侯区行政服务标准化全覆盖。同时，认真总结、提炼标准化试点工作的经验和成果，力争将标准体系中的部分标准提升为地方标准和国家标准，从而树立行政服务标准化典范，打造武侯行政服务品牌。二是全面实施标准体系，加强标准实施管理，建立行政服务标准化工作持续改进工作机制，用标准规范服务，靠服务完善标准，实现武侯区行政服务的规范化、便民化、高效化和精细化。

（三）以便捷高效为目标提升服务水平

一是进一步完善3D网络实景

政务大厅建设，对程序简单、内容单一的审批事项实施“网上直审”，切实方便群众办理；对规范经营、诚信度高的重点企业提供网上全程服务，通过运用电子认证系统（数字证书）技术，实现网上受理、办结、取件、查询及统计等功能，着力打造一站式、智能化、便捷化的政务服务模式。二是在重点商务楼宇和产业功能区，不断完善建立政务服务工作站、设立政务服务专员、开展流动上门服务等方式，推行人性化、亲情式“一站式”服务，为企业周到、快捷地办理年检、变更、申报等审批事项，切实高政务服务的水平、质量和效率，全面优化和提升武侯的发展环境。

（四）以强化监督为关键保障审批效果

一是加快行政审批电子监察系统建设，推动网上政务服务系统与电子监察系统互通并用，对行政审批项目从受理到办结的每一个环节进行全程监督，实时纠正违法违规行为，确保内部监督的科学化、常态化。二是建立行政审批网上举报投诉系统，对审批机关、审批内容、审批依据、审批条件、审批程序、审批时限、收费标准和审批责任人等全面公开并主动接受群众监督，健全行政审批网上投诉受理、督办处理和结果公示制度。同时，对已经取消或者弱化的审批事项，明确监管责任，强化工作衔接，建立横向到边、纵向到底的监管网络，避免出现“监管真空”，推动政府管理由“重审批、轻监管”向“宽准入、严监管”转变。

关于深化城乡环境综合治理的实践与思考

成都市武侯区人大常委会主任　王力平

深入推进城乡环境综合治理既是落实科学发展观的全新实践，又是加快推进“商务高地·宜居武侯”建设的有效途径。近年来，得益于科学的建设理念和发展举措，我区坚持从实际出发，出台了一系列举措，城乡环境综合治理工作不断深化。

一、工作开展的基本情况

（一）加强领导，营造良好工作氛围

2012年初，市委就城乡环境综合治理提出了“大城市、细管理”的工作理念，我区在治理工作中认真贯彻、积极响应，及时安排部署，确保工作落实。充分利用新闻媒体，采取多种宣传形式，营造良好舆论氛围。全区先后召开各级城乡环境综合治理动员会20余次，发放宣传资料20000余份，制作简报100余期、各类标语800余幅，媒体宣传100余次。先后数次在各街道辖区开展现场培训，多次召开现场会对正面和反面典型进行深刻剖析，形成了良好的工作氛围。

（二）创新机制，夯实工作基础

1、推进治理工作的规范化、制度化、常态化建设。一是编印了《武侯区城乡环境综合治理工作手册》并付诸试行。量化和细化了城乡环境综合治理的工作要求和具体内容，从工作标准、人员编制、运行方式、工作流程、考核依据等方面作出了明确阐述。二是将环卫作业网格和执法巡查网格进行整合，实现了“人在格中，事在网中”的工作局面。三是建立了区级督查考评“周公示”制度，以环境卫生、市容秩序、景观立面等3项常态工作为内容，每周对各街办进行1次考核，并将公示结果作为年终目标考核的重要依据之一。

2、不断完善社会参与机制。一是充分发挥志愿者和热心群众的示范引领作用，聘请了453名城乡环境文明监督员，配合“下沉”网格的城管执法人员对不文明行为进行现场劝导和处罚；二是在全区中、小学校开展“争当文明守法小公民”活动和“三包”教育；三是完善服务热线，设立公开电话和投诉信箱，并开展群众接待日活动，切实增强了群众参与城乡环境综合治理的主动性。

3、逐步健全激励约束机制。一是奖优罚劣，加强对环卫公司的激励约束。二是加强对商家的诚信约束，严格落实“门前三包”责任。三是加强对建筑工地的监督管理。把落实城乡环境综合治理承诺作为施工许可证发放的前置条件。

（三）加强监督，严肃追究问责

我区建立了“自查整改、属地管理、部门监督、随机巡查”的四级监督机制。环卫作业公司和社会单位增强责任感，严格按照作业标准和管

理标准开展全面自查和整改；属地街办严格落实管理责任，确保问题在第一时间发现并整改；区级相关部门强化对街办治理工作的指导监督，协调解决难点问题；区纪委、区目督办、区新闻中心等部门组成随机巡查组，加强明察暗访和监督检查，构建起“各尽其责、协调配合、整体联动、共同推进”的工作格局。根据市纪委要求，对“七乱”问题，进一步加大效能监察和问责力度，严格落实整改，严肃追究问责，2012年以来，共有3个街道办事处及相关责任单位的8名领导干部因治理效能被启动问责程序。

通过一系列行之有效的措施，广大人民群众环境卫生意识逐步增强，广大干部的作风得到了切实转变，城乡环境综合治理的各项体制机制逐步健全，城乡环境和城市容貌明显改观，为推进“两个加快”作出了积极贡献。

二、当前工作中存在的问题

（一）全面参与的社会氛围还需要进一步营造。我区开展的一系列群众性文明创建活动，虽然取得了一定成效，但居民环卫意识淡薄、群众的自觉参与意识还不够强等问题仍不同程度存在，社会参与度还有待提高。

（二）整治工作推进还不平衡。由于思想认识、经济条件、方法措施等的差异，造成治理工作的进展不平衡，个别街道辖区的工作措施还需要进一步强化。

（三）行政执法工作依然是治理工作中的薄弱环节。受“限权”理念的影响，尤其是《行政强制法》出台以后，实施行政强制措施的程序要求更多，更严格，面对及时快速处置环境问题的工作需求，行政执法工作将面临新的挑战。

（四）科学的工作机制尚需进一步积极探索。目前的治理工作取得了一定效果，但行政手段和突击性整治的痕迹还存在。对经济、法律、教育等手段的综合运用，还需要结合实际进一步加强研究，以期形成长效的投入、保障、监督和管理机制。

三、几点思考

根据区委的安排，区人大常委会坚持围绕中心、服务大局，充分发挥人大职能作用，切实做好调研、监督工作，推动了我区城乡环境综合治理工作有力有序有效开展。结合各个方面的实际情况，我认为还要做好以下几个方面的工作；

（一）加强宣传，进一步强化全民参与良好氛围

城乡环境综合治理，是一场涉及改变城乡群众生活习惯和思维方式的文化变革，需要全民共同参与、共同行动，实现共创共享。一是要大力营造全民重视环境卫生、全民动手抓环境卫生的良好氛围。要在创新宣传形式、丰富活动内容上下工夫，不断增强广大群众的环境意识、文明意识，使环境卫生清洁工作实现由行政推动为主向群众自我管理、自我约束为主转变；由依靠少数人管理的被动接受型向全社会齐抓共管的主动参与型转变。二是努力培养文明风气。要教育和引导广大群众革除陈规陋习，培养社会公德，养成文明、健康的生活习惯。三是抓好典型宣传，加强舆论引导。要加强正面宣传报道，及时介绍和推广各地在整治活动中的新经验、新成效，注重选树先进典型，通过示范带动，巩固和提高整治成效，努力形成全民参与、共建共享的工作格局。

（二）破解难题，积极探索多元化路径

从监督检查的情况来看，涉农区域、盲点死角的治理工作和后续监管仍有较大难度，要持续推进，再添举措，再求深化。要进一步狠抓城乡公用设施建设，夯实环境卫生管理基础。要以治理城乡结合部、打造特色街区为重点，狠抓规划建设和规范管理。要着力倡导“除陋习、树新风”。要进一步积极探索城乡环境综合治理资金投入多元化发展路径，逐步建立政府保障、项目带动、居民尽责、市场运作、社会参与的投入机制。针对《行政强制法》的新要求，要及时转变观念，要既要依法执行城市管理职责，又要结合区域和发展的实际情况，切实处理好城乡环境问题的工作需求。

（三）标本兼治，建立和完善长效管理机制

要坚持标本兼治，切实建立和不断完善城乡环境综合治理的长效机制，努力实现城乡环境建设“西部领先、全国一流”的目标。一是完善管理机制。以全面落实《武侯区城乡环境综合治理工作手册》为抓手，广泛、深入、持续推进各项治理工作，对应各项重点问题、难点问题和治理工作的前景，健全城乡环境综合治理各细分领域的长效管理机制。二是完善保障机制。加大资金投入，加强业务培训，进一步提高执法人员业务水平，特别是现场危机处置能力，促进全区城乡环境综合治理执法水平得到有效提高。三是完善监督机制。建立群众监督机制，完善投诉举报电话、投诉信箱等机制。建立舆论监督机制，通过报刊、广

播、电视、互联网等媒体，广泛接受社会舆论监督。四是完善考核机制。要修订健全考核办法，坚持督查通报制度，严格追究责任。把工作实绩纳入年终考核。

四、主动作为，积极发挥人大职能作用

城乡环境综合治理是一次全面的社会变革，牵涉范围广，社会压力大，工作任务重。除了政府职能部门进一步查找差距，加强薄弱环节，再添举措，持续推进外。人大在这项工作中也可以有所作为。

区人大常委在工作中，我们不仅通过听取专项工作报告、视察和调研等工作手段，推动城乡环境综合治理工作有序开展。还健全巡查机制，构建整体联动工作格局，大力开展城乡环境综合治理监督检查工作，针对现场检查中发现的问题组织跟踪监督，积极促进政府相关职能部门增添工作措施，解决实际问题。

我们围绕增强监督实效，不断拓宽监督思路，切实发挥代表作用，收到了积极效果。我们向全区各级人大代表发放了《城乡环境综合治理倡议书》，组织驻区省市人大代表开展了专项视察调研活动，结合“我为武侯发展献一策”活动，引导代表积极为推进环境治理献智出力。驻区的各级人大代表积极行动，主动参与，将城乡环境综合治理和自身工作紧密结合起来，做好表率，当好环境治理的监督员、劝导员，有力地推动了城乡环境综合治理深入开展。同时，代表与群众的良性互动进一步深入，人大代表的履职能力也得到群众的充分认可，对于基层民主政治建设也起到了促进作用。

关于盘活武侯区工业用地的思考

成都市武侯区政协主席　伍　勇

随着城市化进程的深入推进，武侯未来发展面临新挑战，尤其在天府新区和“北改”建设推进过程中，“土地瓶颈”将严重制约武侯未来的发展。按照成都市“优二强三”“产城融合”及园区内以总部经济和研发性企业取代生产型企业的总体要求，盘活工业用地是解决这一难题的重要途径之一，对提高武侯核心竞争力和未来可持续发展有着十分重要的作用。

一、现有工业用地基本情况

目前，武侯新城入驻企业113家，规划工业用地539.13万平方米，企业净用地244.87万平方米，占比45%，空闲置土地294.27万平方米，占比55%（其中含少量在建面积尚无统计数据）。2012年，武侯新城纳税大户约30家，规划用地149.73万平方米，净用地71.33万平方米，空闲置78.40万平方米；其他企业83家，规划用地389.47万平方米，净用地173.53万平方米，空闲置215.93万平方米。规划用地空闲一半以上，土地利用率较低。

二、存在的主要问题

（一）产城融合不协调，夜晚成空城

随着城市化进程的加快，中心城区原来规划的工业园区，主要以引进生产型制造业为主，商业、商务配套设施严重缺乏，极大地影响了产城融合发展。武侯科技园建成园区约3平方公里，整个区域内无配套商业和社会服务设施，最基本的中低档餐饮配套十分不足，下班过后便是一片空城。

（二）主业不凸显，效率、效益差

周边的青羊工业园以航天工业为主业，龙泉工业园以汽车工业为主业，锦江工业园以传媒业为主业，而武侯工业园没有凸显我区的优势产业，发展效益与效率较低。

（三）土地空闲置占比大，有效利用低

除46.67万平方米的待征地外，园区内共有规划用地539.13万平方米，113户企业办理了用地手续，其中，空闲置率近55%，土地使用效率相当低下；有的虽然修了厂房，没有进行生产，没有产生效益。尤其是西部智谷写字楼出租量不大，空置率高，利用率低。

（四）成片调整，难以推动实施

工业用地调规变性受政策影响大。若政府（规划）主导，应将工业园区内符合相关规划、环境指数的部分区域先行调整为经营性用地，企业不进行改造更新的，可继续从事现有业务，进行改造的则需按“双评估”

和补差进行，转为经营性开发，此做法与企业法定土地使用权可能相矛盾。若企业自愿为主，一家自愿调规变性，相邻企业不愿意，就难以实现成片调整的政策规定，难以实施土地调规变性。

（五）地价差异大，企业参加调规不积极

经营性用地和工业用地的建筑物使用性质趋同，土地价格差异巨大。按现行中心城区工业用地建筑标准要求，只能用于建设科研、结算、总部办公等非生产性用房，其实质与经营性用地建设的写字楼在使用性质上基本一致。因此，工业企业宁可在用地上建设非生产性用房，也不愿意因调规变性增加投资建设成本。“双评估”补差收益全归政府，不利于调动企业积极性。

三、对盘活工业用地的几点建议

未来武侯经济发展，在太平寺机场搬迁不确定的情况下，盘活现有工业用地，发挥其极大的作用，显得十分重要和必要。为此，我们要以省市抓“天府新区”建设的劲头和市“北改”的做法，搞好工业用地的盘活。

（一）政府主导，部门联动，企业参与，摸清掌握存量土地情况

盘活工业用地工作政策性强，牵涉面广，必须由政府主导，相关部门协调配合，积极引导企业参与进行。摸清存量工业用地基本情况，包括其业态分布和地域现状，认真整理，并按照成都市新的发展战略，结合本届政府中心工作和对工业园区的发展思路，重新规划整合，力争用两年左右的时间，把“产城一体”的目标落到实处。同时，加大新城内城市功能配套设施建设，突出园区优势产业、龙头产业，逐步完善新城市功能，与主城区实现无缝对接，形成旺盛的居住人气、浓厚的商业氛围，让“武侯新城”名副其实。

（二）调整原工业用地布局和产业规划，重新定位项目功能

由于生产性企业绝大部分外迁，厂房闲置较多，对闲置厂房向总部经济、产品研发、职工培训的功能转变，保障税源留在武侯。重新规划时，可以武青路为轴线，武青路以东企业用地91.53万平方米和鞋都除10余家知名品牌企业用地外的34.87万平方米，以及武青路与武兴三路之间的部分企业用地13.33万平方米，共计约140万平方米的土地规划为商住用地；武青路以西引进工业总部经济和研发、培训；双流机场航线下区域保留扩建无污染、无高能耗、符合环保要求和具有税收收入优势的生产企业和物流、货运等企业；利用城南宜居环境优势，向南辐射至新城，和环城生态建设区域连为一体，打造真正意义上的宜产宜居新城。

（三）合理利用园区现有闲置工业用地，使其物尽其用

充分利用未作变性的空闲置土地。可从五方面着手：一是合理规划政府平台公司新建项目（如西部智谷、鞋都工业园）的现有利用情况和企业自建总部经济用房情况；二是结合新规划，合理利用园区已建成商场、写字楼、酒店，防止重复建设而造成资源浪费；三是合理利用已建成的总部经济项目，将区政府部分机关迁入西部智谷等租（卖）困难的项目内（如第二办公区，区检察院、区公安分局、区政务中心等）提升园区人气；四是开创新型“腾笼换鸟”方式，修缮从主城区迁出的机关用房，使之变成优质商业口岸后，再面对世界500强企业、中央和国内知名企业招商，推进招商引资工作快速上位。五是新增设城市基础配套设施，植入更多的城市功能（如学校、医院和农贸市场）。

积极争取政策对现有空闲置工业用地变性。对空闲置工业用地拿出部分指标改变其用地性质应当说是有政策依据可循。市国土局印发《关于划拨土地补办出让和土地用途改变出让金收取有关问题的通知》（成国土发〔2007〕338号）后，由于补差收入全归政府，变性工作推进缓慢。但市政府办公厅《关于中心城区“两轴四片”旧城改造有关土地政策的意见》（成办发〔2008〕131号）和《关于进一步推进城北改造有关政策的意见》（成办发〔2012〕20号）对政府收益部分进行调整，大幅度让给企业。现青羊工业园、新都工业园、龙潭寺工业园等区（市）县在工业园用地指数的变性上均争取到相应政策。因此，武侯区应当利用好这个契机，党政主要领导高度重视，尽快着手研究实施，积极向市上争取政策，对部分现有空闲置工业用地作变性处理。

坚持高位求进　务求领先发展
奋力开创武侯人力资源和社会保障事业新局面

区人社局

近年来，武侯区紧紧围绕建设“中西部地区就业创业先导区、社会保障首善区、和谐劳动关系样板区及人力资源服务示范区”，坚持以“民生为本、人才优先”为工作主线，以“高位快进、领先发展”为工作基调，以“破解民生难题、做优做强服务”为工作抓手，在创建惠民利民制度机制上主动攻坚破难、在推进重点领域关键环节改革中大胆务实探索，努力做到“常规业务出特色、重点工作求突破、民生服务创一流”，全区人力资源和社会保障工作走在成都市前列。

一、破解就业难题，推进就业创业先导区建设

（一）为从源头破解就业难题，武侯区率先在成都市提出“三个同步”就业促进思路，即企业改制与分流人员培训再就业同步、土地征用与农民培训就业同步、项目引进与扩大就业同步，确保区域内失地农民、企业改制下岗职工就业率在95%以上。

（二）近年来，为着力解决辖区内失地农民、返乡农民工、下岗职工再就业压力日趋加大的普遍性难题，武侯区在全国率先创新探索出“十五分钟就业圈”转移就业工作模式，通过建立用工求职信息库、召开现场招聘会，使辖区内的城乡居民能就近就地实现再就业。2009年以来，1万余人实现就近就业，武侯区的做法得到人社部的充分肯定，并向全国推广。

（三）探索建立以“直补方式”为主导的中高级技能培训新模式。一是打造武侯特色的品牌技能培训，结合辖区重点优势企业用人需求，探索建立区级重点企业劳动力提升性培训补贴“直补模式”，加强企业在岗职工提升性中高级技能培训，促进职业技能培训由数量规模型向质量型转变。二是通过引才引智“项目资助＋培训直补”的方式，引进法国、意大利及鞋业专家，针对有培训意向的制鞋企业，开展在岗人员鞋业设计、制造方面的中高级培训，发挥培训促就业的引导作用。2012年，武侯区完成技能培训1.13万人，其中在岗培训2922人，品牌培训1681人，农村劳动力技能培训6699人。

（四）创新完善小额贷款工作、创业促就业长效机制。为解决辖区中小企业和创业者融资难的瓶颈问题，武侯区率先在全国启动小额贷款无抵押、无担保的社区金融互保

联保模式，健全“创业培训 + 小额贷款”联动机制，实现创业培训、小额贷款二者良性互动。2012 年，全区累计发放创业小额担保贷款 5350 万元，为 23 家企业、76 家个体工商户解决资金难题，吸纳 2000 余人实现就业，到期贷款实际回收率 95% 以上，小贷发放量为全市第一。

二、破解社保医保机制难题，推进社会保障首善区建设

（一）创新社会保障公共服务模式，构建社会保险三级公共服务平台。2009 年，武侯区财政一次性投入 175 万元，在各街道办事处、工业园区和 28 个社区建立社保业务经办点，面向群众办理社保业务，建立以区社保服务大厅、街道社会事务服务中心、社区（村）综合服务管理站为载体的社会保险三级公共服务平台，满足参保单位和个人不同的社会保险业务需求。

（二）创新公共服务供给机制，建立以基层医疗机构为主体的医疗保险公共服务平台。自 2011 年起，武侯区每年投入 75 万元，以购买“公共服务”的方式，将基本医疗保险门诊特殊疾病业务委托区属公立医疗机构办理，通过前移办理窗口、优化业务流程、缩短结算时限，实现基本医疗保险门诊特殊疾病业务在区属公立医疗机构“一站式”办结，方便辖区基本医疗保险参保病人就近办理门诊特殊疾病业务。

（三）创新医疗救助机制，解决困难家庭人员住院医疗保障问题，强化对重点群体的服务保障。为解决低保人员和困难家庭重度残疾人住院医疗费用负担偏重的问题，对上述人群参加城乡居民基本医疗保险和大病医疗互助补充保险实行全额资助。同时，将市、区原有救助的政策进行整合，按照基本医疗保险和大病医疗互助补充保险先行报销，再按一般救助政策予以救助，剩余由个人负担在 5000 元以下的费用，区级财政再给予特殊救助。

（四）探索建立定点医疗机构监管机制。通过引入定点医疗机构监管“第三方监管”机制，探索、建立医疗行为专家定期会审、医疗机构及参保个人诚信监控、社保骗保有奖举报等制度，采取社会监督、专家独立评审、定点医疗机构交叉检查 3 种方式，多措并举、组合“出拳”，形成定点医疗机构监管的网络体系，确保医保基金合理、安全运行。2011 来以来，武侯区加大对定点医疗机构检查和医疗费用稽核的力度，确保定点医疗机构监督检查覆盖率 100%，基本医疗保险费用稽核面占全部定点医疗机构的 50%。

三、破解和谐劳动关系创建难题，推进和谐劳动关系样板区建设

（一）建立劳动监察预警和群体性事件应急机制，妥善化解有效处置劳动纠纷。一是建立涉及劳动保障方面群体性事件应急预案；建立区级相关部门劳动监察预防联席会议制度，加强预防、预警和督查。二是通过在涉农社区（村）综合服务管理站设立劳动关系调解室，力争将因劳动用工引发的劳资矛盾纠纷和群体性事件，最大限度地及时化解在街道和社区（村）。近年来，全区劳动关系调处与和谐劳动关系创建成果突出。2007 年，武侯工业园被评为国家级“劳动和谐工业园”，截至 2012 年，全区所有街道先后通过省级、市级关于“和谐劳动关系街道”的评审。

（二）健全工伤预防预控联动机制，切实预防和减少工伤事故。一是加强工伤保险政策法规宣传教育，强化企业与个人工伤预防管理主体责任；建立区级相关部门定期工伤预防工作联席会议制度，分析工伤事故动态，研究协商应对措施。二是建立用工单位重大安全生产（工伤事故）信息披露机制，对重大安全生产事故（工伤事故）进行通报，协助安监部门做好相关调查处理。

（三）积极推动社区“两网融合”社会管理创新试点。依托劳动保障监察“网格化”成熟的工作网格和信息管理系统，在金花桥街道陆坝村探索建立“两网融合”社会管理创新平台。该平台利用平板电脑、手机等通用设备，通过劳动保障信息实时传输，前后台互联互通等信息技术手段，将劳动监察网格有效嵌入村级综合服务网格，整合服务力量，促进劳动保障监察业务与其他社会管理事务整合互补，实现管理精细化、服务全覆盖，探索出一条创新公共服务、提升社会管理水平、保障民生的新路子。

四、破解人力资源开发难题，推进人力资源服务示范区建设

（一）实施人才国际化战略，加快促进产业急需人才培养聚集。一是通过加强与意大利鞋业协会、法国青年鞋业设计师协会、法中科技创新网络等专业机构合作，采取“引进来与走出去”相结合的方式，加快中国女鞋之都重点企业高端鞋业设计师的培养。近年来先后为中国女鞋之都重点企业培训高端鞋业设计师近 100 名。二是以主导产业重点优势企业和教育卫生重点公共事业人才需求为导向，加大国际人才智力

交流项目资助力度，加快促进产业和事业人才国际化交流，为建设全面现代化、充分国际化中心城区提供人才智力保障。2012 年，全区引进急需海外高层次人才 16 人、国外专家 16 人，全区共资助人才智力交流项目 6 个，累计资助金额 100 万元。三是实施专业技术人才知识更新培训，在教育、卫生等领域培训 5400 余名专业技术人才。

（二）加强与专业机构战略合作，加快发展人力资源服务业。通过加强与专业人力资源机构开展战略合作，加快推进实施产业人才培训、人才测评、人才招聘、猎头服务、人才派遣和人力资源管理外包等服务项目，积极探索政府与企业、网络与实体一体化人才资源开发运作的新模式；密切关注新兴产业发展对人才的需求，通过建立专业的人力资源服务平台，及时摸清武侯区重点产业和新兴产业人才需求状况；在武侯新城建立“一站式人力资源服务站”，为加快辖区产业急需人才有效聚集，提供现代化专业化人力资源服务。

近年来，武侯区努力保持奋发有为的工作状态、永争一流的工作情怀，在城乡充分就业、统筹城乡社会保险、和谐劳动关系、人事人才等重点领域、关键环节的探索改革中不断取得突破和发展。2012 年，区人社局被人社部评为“全国人力资源和社会保障系统先进集体”。武侯区人力资源和社会保障事业在全市保持领先优势，率先步入领先发展、科学发展、又好又快发展的良性轨道。

打造中西部一流社区教育高地　构建完善的终身教育体系

区教育局

当今世界终身教育思想日益深入人心，建设学习型社会已成为国际教育改革和发展的时代潮流，我国正处在改革发展的关键阶段，经济发展方式加快转变，产业结构调整升级，工业化、城镇化步伐加快，都凸现加快学习型社会建设的重要性和紧迫性。

武侯区在把终身教育推向纵深发展的过程中，紧紧抓住社区作为驱动终身教育的抓手和着力点，创造性地将居民生活、学校教育、社区服务融合贯通，逐步实现学校教育社区化、社区活动教育化、教育参与群众化，社区教育日益成为武侯区文化不可或缺的组成部分，成为武侯人日常生活的真实图景和鲜活写照，成为武侯教育整合、优化教育资源，推动实现高位均衡的一条极富生命力的路径。

2010 年，武侯区被教育部确定为“全国社区教育示范区”，特别是作为 2012 年全民终身学习活动周全国总开幕式的承办方，所取得的成绩得到与会各界的高度肯定。其主要做法是：

一、创新“三三”发展模式，立体式构筑终身教育平台

（一）构建完善“区、街、居”三级管理机制

成立社区教育工作领导小组，组织协调全区社区教育工作；在街道设立社区教育委员会，负责辖区成人教育和社区教育工作；在社区构建“两委一站一校”网格化管理机制，即在一个网格内，在社区党组织统筹下，社区居委会充分发挥群众优势，中小学校发挥教育文化优势，协助社区综合服务管理站开展丰富多彩的社区教育活动。

（二）构建完善“学院、学校、工作站”三级运作机制

设立社区教育学院，作为统筹社区教育具体工作与业务指导的单位，并建立西部社区教育发展研究中心、武侯区家长学校总校、现代社区教育编辑部等机构开展社区教育工作；设立社区学院街道分校，负责协助社区综合服务管理站开展各项社区教育工作；在社区积极推进“居校共建”工程，社区居民出具“市民终身学习卡”便能在辖区学校进行体育锻炼和享受学校教育资源，同时，辖区学校派专职教师参与社区网格化管理服务。

（三）构建“政府、社会、个人”多层次经费保障机制

确立人均社区教育经费为 2 元以上，每个社区划拨 20 万元经费用于社区公共服务和社会管理项目补助，并建立社区教育基金满足教育培训需求；安排部分体育彩票收益专项用于全民健身等活动投入，并大力鼓励社会教育力量积极投身社区教育事业；各企（事）业单位按照不低于职工工资总额 1.5% 的标准足

额配备职工教育专项经费，用于开展职工培训工作。

二、实施“六大创新工程”，让社区居民融入终身学习圈

（一）实施家庭细胞建设工程，广泛开展家庭国学教育

武侯区以家庭国学教育为社区教育的重要抓手，开展学习型家庭系列教育活动。2010 年 10 月，区教育局、区妇联联合成立家长学校总校，设在社区教育学院内，校长由学院院长兼任。总校成立家长行动团和小记者团，创办杂志《武侯家长》，建立起 6 个家长 QQ 群，并举办公益国学讲座 50 余次，家长沙龙，参加学习的家长近 2 万人次，满意率为 99.8%。

（二）实施居校共建工程，居民共享校园教育资源

一方面，把办理“市民终身学习卡”和社区教育活动纳入社区政务“下沉”到社区综合服务管理站，社区居民凭借“市民终身学习卡”就能在学校进行体育锻炼和使用教育资源；另一方面，由区教育局和各街道办事处牵头，建立“居校共建”制度，开展“教师进社区”和“送教进社区”等系列讲座活动。

（三）实施科研课程建设工程，自主开发武侯特色社区教育课程

武侯区以课题研究和课程开发为突破口，先后开展国家级课题“区域性推进社区教育发展的特色模式研究”、中国社区教育西部协作会课题“西部社区教育发展报告”子课题“武侯发展报告（1999 ~ 2010）”等的研究。2011 年，中国成人教育协会公布的全国社区教育第二批特色课程名单中，武侯区参评的“川剧”“话三国说蜀将”“四川少数民族风土人情简介”“航模基础知识”“鞋文化”等 5 门课程全部榜上有名，四川省仅有 15 门入选，武侯区占据三分之一的份额。

（四）实施学习型组织建设工程，营造终身学习社会好氛围

武侯区重点抓好学习型家庭、学习型企业、学习型单位（机关）的创建工作。全区累计评选学习型家庭 1.58 万个、学习型先进街道 4 个、学习型先进社区（村）50 个、学习型先进企业（单位）24 个，优秀群众社团 8 个，逐步形成人人学习、处处学习、时时学习、事事学习的良好氛围，营造出文明、和谐、健康的社会环境。2011 年 12 月，在中国成人教育协会年会暨全国终身学习活动周表彰会中，武侯区两人分获“全国成人教育杰出贡献奖”和“全国成人教育优秀工作者”称号。

（五）实施数字化学习建设工程，构建全天候数字化学习网络

利用现代网络优势，加强“社区教育网”建设，网站访问量突破 12 万人次，武侯区被确定为全国城乡社区数字化学习实验基地。通过网络论坛、QQ 群、博客与微博等多种渠道，将学校、社区、居民连成一片，形成一个能够充分互动的特色化武侯社区教育部落。

（六）实施国际化平台构建工程，加强与国外教育机构交流

武侯区作为全国社区教育示范区，高度重视教育国际化进社区工作。社区教育学院先后与加拿大、新加坡、澳大利亚等国的相关教育机构建立友好关系，并首选四川大学附属实验小学等 9 所学校作为武侯社区教育国际交流基地学校，在社区教育学院设立武侯社区教育国际交流管理中心，依托基地学校的特色以及武侯百花艺术团的力量，广泛开展国际教育文化交流活动，为争创充分国际化的先导区打下坚实的基础。

2012 年，在教育部公布的全国社区教育发展成果展示活动评选名单中，武侯区参评的社区教育专题片获得全国一等奖。承办由教育部、中国教科文全委会、市政府等单位主办的 2012 年全民终身学习活动周全国总开幕式，教育部副部长鲁昕、副省长黄彦蓉等出席开幕式，全国各地 1000 余名专家学者参会。武侯区荣获全国“全民终身学习活动周突出贡献奖”等 3 个最高等级殊荣，是全国唯一同时获得 3 个奖项的区县。武侯区已建成全国社区教育示范区，累计建成全国社区教育示范街（镇）2 个、国家级示范社区学校 1 个、市级示范社区学校 3 个、市级示范社区工作站 19 个，国家级示范课程 7 门，武侯因此被誉为中国西部社区教育一张响亮的名片，社区教育先进经验在全国推广。

下一步，武侯区将以科学发展观和中共十八大精神为指导，逐步实施以终身教育为职能和导向的教育体制机制改革，促进教育行政机关组织机构的管理职能改革试点，完善终身教育培训体系改革试点，推进与终身教育相适应的人事机构编制设置改革试点。建立健全管理体制和目标督导考核机制，重组构建“三院三中心”即“武侯区教育科学研究院”“武侯区社区学院”“礼仪公关和社会管理职业技术学院”“教师管理中心”“终身教育发展中心”和“教育资助中心”，打造示范性社区学校，努力构建完善的终身教育体系，打造中西部一流社区的教育高地。

严把"四关" 构建文明城市目标管理长效机制

区委宣传部

近年来，武侯区坚持把文明城市目标管理督查工作作为强力推进城乡环境综合治理、提升城市品质的重要手段和方式方法，作为提高群众生活质量、共创共享文明成果的重要目标和共同意愿，武侯区从创新机制入手，从责任落实着力，构建有序、有力、高效的工作机制，实现目标管理督查工作常态化。

一、严把工作机制关，构建目标管理网络

工作推进是否有力、有序，科学的工作机制是基础。武侯区将综合文明指数测评、城乡环境综合测评与全国城市文明程度指数测评和未成年人思想道德建设工作测评进行"捆绑"，并统筹推进。形成由书记、区长总负责并直接指挥，区委常委会、区政府常务会专题研究部署，区人大、区政协充分发挥监督作用，代表委员现场督查的迎检推进机制；区委宣传部、区文明办抽调工作骨干成立测评迎检工作协调办公室；各街道、区级相关部门、社区（村）均成立测评工作领导小组，全区形成纵向到底、横向到边、全面包干的测评工作领导体系。为进一步提高工作效率，建立武侯迎检工作QQ群和测评迎检飞信群，利用区应急办公开热线平台，第一时间将测评迎检工作信息、任务下达给相关责任单位，确保各项工作高效、有序地进行。

二、严把目标分解关，明确目标任务责任

工作任务完成好坏，明确责任是关键。为确保测评迎检工作指标全部达标，区委宣传部制定测评迎检方案，明确测评迎检标准，并按照责任分工逐项分解下达到相关单位。2012年，区委宣传部先后牵头制定下发《2012年成都综合文明指数测评目标任务分解表》《2012年成都综合文明指数测评考核办法》《2012年成都城乡环境综合测评目标任务分解表》《2012年成都城乡环境综合测评考核办法》等文件，确保测评迎检目标内容、标准、时间、效果四落实。

三、严把目标督查关，逗硬激励约束手段

目标任务能否取得实效，重点在于是否敢于逗硬。针对综合文明指数测评和城乡环境综合测评中存在的市容市貌、公共设施、社区建设、志愿服务、道德讲堂等重点、难点问题，采取多种形式强势推进。

（一）实施专项督查

采取区级、街道、社区三级联动督查的工作模式，对实地考察、问卷调查等所涵盖的测评标准点位进行全方位、全覆盖的摸排督查。全年开展专项督查112次，涉及385条街道、86个社区（村）、1105个院落、22个市场、883家餐饮店、130家网吧等，发放《督办通知》73期，形成督查通报和专报27期。

（二）热线跟踪督办

制定《武侯区"96110"文明热线处置工作管理办法》《关于进一步规范和强化"96110"文明热线处置工作的通知》《关于强化"96110"文明热线反弹案件处置工作的通知》等制度文件，规范办理流程并安排专人对其进行办理。全年共受理件1244件，直接退回174件，派发到各单位1070件，群众反映强烈的交通问题、噪音污染、随意排污、车辆乱停乱放、卫生死角、违章搭建、油烟扰民、路面破损等问题得到及时整改。

（三）媒体曝光督查

组织区级新闻媒体对市容市貌、公共设施、"五小"行业、农贸市场、网吧游戏经营场所、"窗口"行业服务、市民文明行为、社区建设、志愿服务、道德讲堂等进行舆论监督，推出一批较有影响的新闻报道。制作6期《深化文明城市暗访片》，为测评迎检提供强有力的舆论支持，有效促进问题的发现和整改，推动测评迎检工作的顺利开展。根据督查情况，武侯区对整改不力的单位的主要领导进行诫勉谈话，对分管领导给予纪律处分。通过"逗硬"激励约束手段，有效促进问题的整改和落实。

四、严把群众参与关，做实共创共享成效

测评迎检的最终目的，是提升

城市品质和市民的综合素养，实现文明城市共创共享。一是加大宣传力度，激发广大群众的参与热情。2012年以来，共制作大型平面公益广告88幅、《深化文明城市》宣传栏980个、张贴画7032张，投放LED广告26处、灯箱广告14个；组织文明劝导队、“城管妈妈”、党(团)员巡逻队、流动宣传车等各种宣传活动1000余场(次)；区、街道、社区、院落组织入户宣传队，发放文明城市宣传折页、环保袋等入户宣传品58.25万张(个)；全面发动媒体宣传，协调市级媒体报道武侯区深化文明城市新闻200余篇(条)、区级媒体报道600余篇(条)。二是开展各种主题活动，提升文明素养。以窗口行业为重点，加强职业道德建设；组织开展学雷锋活动，征集“道德模范成都好人”候选人80人，有4人荣登“中国好人榜”，10人荣登“四川好人榜”，30余人荣登“成都好人榜”；建成道德讲堂14个，开展道德模范巡讲活动60余场；组织开展文明单位、文明小区、文明楼院、文明家庭的创建活动；向市文明办申报市级文明单位、文明社区(村)8个，评选区级文明单位、文明社区(村)40个；深入开展“文明交通从我做起”“迎接十八大讲文明树新风”“我们的节日”等主题活动。三是积极推进关爱未成年人工作。以联合执法为主要形式，教育、公安、工商、食药等部门通力协作，摸索出一套以校园周边环境整治为内容，学校、家庭、社会“三结合”的法制教育新体系；开展以打击“黑网吧”为重点的整治行动，为学生营造安全、家长放心的育人环境；在武顺街小学、太平园小学、簇桥小学等15所小学先后开展“文化进校园直通车之木偶进校园”活动，近两万余名学生欣赏经典童话剧目；组织开展优秀童谣征集传唱、“节日小报”系列创评、“美德少年”评选等活动，深受中小学生欢迎；加大对农民工子女和留守儿童的关爱力度，区文明办制发《关于开展关爱农民工子女和留守儿童行动的方案》，区教育局、区建设局、团区委、区妇联等部门和各街道主动关心农民工子女和留守儿童的健康成长。四是完善志愿者队伍，真真切切为群众服务。2012年，武侯区志愿者队伍为755支10余万人；完善、规范、总结长寿苑社区、龙锦社区志愿服务站的建设经验，在全区新建8个标准化社区志愿服务站，有效推动各类志愿服务活动的广泛开展。五是扎实抓好文明院落建设工程。投入整治经费1700余万元，对13个街道100个老旧院落进行综合整台，惠及近5万余名群众。

在全国城市文明程度指数测评工作中，中央文明委测评组在武侯区下榻，武侯区承担全市任务最重、点位最关键的迎检工作，为成都市位列省会、副省级城市第二名做出一定贡献。在成都综合文明指数测评中，武侯区全年排名中心城区第一；在城乡环境测评中，全年排名中心城区第二。接下来，武侯区将继续坚持科学发展观，做到物质文明、政治文明、精神文明与生态文明建设的协调发展，构建和谐美好的家园。

深入推进环境综合治理　改善武侯城乡发展

区城管局

2012年，武侯区紧紧围绕市委、市政府城乡环境综合治理的工作要求，认真落实市委、市政府有关“大城市、细管理”的工作部署，按照建设“商务高地.宜居武侯”的工作思路，大力推进城乡市容环境整治、市政和交通设施建设，进一步完善城乡环境综合治理长效管理机制，完成全区城乡“七乱”治理和大气、交通、市容等专项治理工作，使全区城乡环境面貌得到明显改善。

一、立城优城，治理“七乱”

按照市委市政府统一部署，全区城乡环境综合治理，以整治“垃圾乱扔、摊位乱摆、广告乱贴、车辆乱停、工地乱象、河道乱污、乱搭乱建”现象为重点，全力以赴做好城乡环境各项专项整治工作。

（一）积极动员群众，清理卫生死角

区城乡环境综合治理办公室组织13个街道辖区及武侯新城管委会，出动人员1.2万人次，清理涉农社区卫生死角积存垃圾320处，清理区内铁道沿线卫生死角积存垃圾25.44吨，落实专人日常保洁，巩固清理成果。

（二）全覆盖，全时段，加强市容秩序管理

针对小商小贩流动性强，整治后反复性大的顽疾，强化市容秩序管理，出动区级、街道两级执法人员21.12万人次，取缔流动商贩4.10万处，纠正违章占道经营行为4.64万起。

（三）严格规划布局，治理广告乱设现象

采取定期整治与专项治理相结合的方式，大力加强户外广告、招牌及各类小广告的治理工作。全年清除城区“牛皮癣”、乱张贴、乱书写及涂鸦22.47万处，收缴小卡片4.92万张，教育、处理乱发小广告、小传单人员3490人次，报停“违规呼”90部，拆除新增违规户外广告16块、道旗广告698块、灯箱广告1789块、伸出式破损招牌628块，清理破损发光招牌712处，拆除占用道路、绿带违规标志牌、导示牌179块。

（四）实施综合执法，整治车辆乱停行为

进一步整合全区行政执法资源，强化涉农区域交通秩序“两乱”管理，现场执法1256件，非现场执法1230件，教育、纠正违规乱停乱放车辆3.51万台次，清理非法营运电动（人力）三轮车2196车辆，暂扣无牌无证三轮车72辆。在治理交通秩序“两乱”活动中，还组织开展征集“我当一日交警”志愿者活动，动员市民参与交通秩序治理，摄录交通违法行为631条。

（五）重点堵源，强化建设工地管理

区扬尘办组织区级、街道两级城管执法队伍加强工地乱象的治理，全年检查处罚施工工地扬尘污染问题125件，督促施工方进行规范化管理，教育、处罚违规运输建渣车主470人次。

（六）落实责任，改善河道脏、乱、差面貌

以排涝防洪为重点，治理河道乱污现象。结合大气水环境专项治理工作，细致排查区内22条中小河道的环境状况，清淘河道污物25吨，完成高攀河等44个中小河道沿河排污口的整治。

（七）依法拆违，人性操作，治理乱搭乱建现象

以遏制新增违法建设为目标，治理城乡乱搭乱建现象。区治违办组织区级、街道两级综合执法队伍拆除城乡违法建设36.33万平方米和违法建设点位119个，其中“198”区域违法建设面积20.24万平方米。

二、深入开展“七进”活动

开展城乡环境综合治理，发动群众广泛参与，深入开展环境治理宣传进社区、进村社、进院落、进家庭、进机关、进企业、进学校的活动。在《今日武侯》和武侯电视台分别开设专栏《大力推进城乡环境综合整治》进行专题宣传报道，播放城乡环境综合治理主题新闻240条，引导市民主动参与城乡环境综合治理活动。针对城乡环境综合治理中人民群众关注的热点、难点问题，制定实施《武侯区城乡环境综合治理工作手册》，以《曝光台》《回音壁》《论坛》等专栏，通报存在的问题，督促区级有关部门和街道，对城乡环境实施长效管理。通过开展“七进”活动，广泛宣传城市环境综合治理工作，充分调动全区群众参与此项活动的积极性，给城乡环境综合治理工作打下扎实的群众基础，保证城乡环境的优美整洁。

三、市政设施改造

加强市政公用基础设施建设，改善群众居住、出行条件。一是完成改造机动车道路3.47万平方米，人行道整治3300平方米，整治盲道178处；二是拆换雨水进水井盖120套，拆换雨水进水口水篦子261个，清掏雨水、污水32处；三是完成道路标线5024平方米，特殊标线2816平方米，非机动车停放点标线300处；四是投资983万元，组织江安河村二组、三组、四组、五组和文昌村自来水改造工程进场施工。

四、扬尘治理

加大扬尘治理工作力度，从治理尘源和解决工地乱象入手，采取“专职、专责、专管”和动态监控相结合的方式，强化对区内各建设施工工地建渣运输扬尘治理的监督。区扬尘办会同建设、城管、国土、交通、环保、房管、街道办事处等相关部门，对各类施工、待建工地开展“禁扬尘、禁燃煤、禁围墙破损、禁垃圾积存”的专项治理工作。全年下达工地限期整改通知书190份，开展运渣车专项整治活动160次，出动执法人员3.2万人次，处罚污染街面的运渣车主470人次，处罚制尘工地125个，行政罚款70万元；出动大中型洒水车对城区主街干道、出入城通道及扬尘较重的区域进行洒水降尘循环覆盖，重点街道实行白天、夜晚循环冲洗；完成街道绿带露土软覆盖8.52万平方米，修补武侯大道等主干道地被植物2.5万平方米，补植乔木1500株，安装行道树池盖板299套，确保街面整洁卫生。通过建立长效治尘机制，狠抓扬尘治理措施

的落实，实现区域内空气质量优良天数达标。

五、户外广告及招牌整治

加强户外广告和招牌设置的规范管理，组织力量对户外广告和招牌设置情况进行摸底调查登记，对设置的违规户外广告和招牌制定出整治方案。坚持标准，严格把关，做好新设户外广告、招牌的初审工作。组织执法力量对区内主街干道、进出城通道、商业繁华地段、餐饮娱乐地区的违规户外广告进行拆除，对不规范的招牌责令业主整改。全年共拆除各类违规户外广告招牌16块、道旗广告698块、灯箱广告1789块，面积7461平方米；清除破损招牌628块，改造规范各类违规招牌2952块，规范整改破损霓虹灯设施712处，完成一、二环路（武侯段）沿线的夜景光彩改造工作。

六、院落和楼顶环境治理

针对城区老式院落基础设施不配套，通过加强居民自治组织建设和基础设施建设的方式，实施全区居民院落治理。投入专项资金1859万元，完成城区100个无专业化物管管理的老式院落改造。通过整治院落道路，改造下水化粪池，提升院落绿化档次，增添环卫设施等措施，使老式院落面貌一新，上万户居民的生活环境得到明显改善，受到市民肯定。投入专项经费990万元，组织浆洗街、玉林等7个街道辖区，对区域内22座高层建筑楼顶及周边环境进行整治。一是完成治理点位255处，清运垃圾440吨；二是整修隔热板1.25万平方米，整修楼顶管线86处，净化、粉刷楼宇墙面2228平方米，拆除楼顶广告249处，规范招牌122个，维修楼宇生活设施14处，绿化楼宇环境62处。

武侯区不断创新工作方法，充实工作内容，以更高的标准、更大的力度推进城乡环境综合治理，与实施“两化”互动、统筹城乡总体战略紧密结合，使辖区城乡面貌得以不断改观，风貌品位不断提升，人民群众得到实惠。

大力开展特色群众文化生活　全面建成小康社会示范区

区文体旅游局

武侯区以学习和践行社会主义核心价值体系为主题，以“商务高地·宜居武侯”建设发展为目标，以“民俗闹春、音乐消夏、欢歌庆秋、劲舞暖冬”为主题，传承和弘扬中华优秀传统文化，充分调动各界群众的积极性，大力开展群众广泛参与、健康向上、喜闻乐见的文化活动，打造特色文化活动品牌，提升特色文化活动品牌影响力，全面推进文化强区建设，赢得广大群众认可。

一、围绕中心工作开展群众性文化活动

一是完善基层文化阵地建设。完成区文化馆、区图书馆新馆的选址、设计，并于2012年底启动建设工程。二是完善基层文化队伍建设。设立市民文化艺术学校武侯分校、市民文化艺术辅导站，构建覆盖全区的公共文化教育辅导网络体系。2012年在玉林街道综合文化活动中心建立武侯区市民文化艺术学校分校，并组织开展舞蹈和音乐类免费市民培训课程，极大地丰富群众文化生活；在华兴街道打造一支名为“知青艺术团”的特色文化队伍，使全区人才队伍不断壮大，服务质量和效果不断增强，文化活动丰富多彩；组建1100人的文化志愿者服务队伍，并于同年11月组织各街道志愿者参与成都市文化馆举办的声乐、舞蹈业务骨干培训活动，进一步提高作为文化志愿者的专业水平和志愿服务能力。三是打造群众文化活动品牌。以“武侯闹春”“武侯故事会”为载体打造文化惠民的品牌活动，各街道文化中心分别打造一项品牌文化活动。加强对机投桥街道文化活动中心建设的指导力度，结合街道定期的“和谐机投精彩秀”特色品牌文化活动，扩大群众文化活动影响面，提高节目水平，使群众更广泛地参与到辖区文化生活中来。举办第二十二届“武侯闹春”“武侯百姓故事会”“喜迎十八大·颂歌献给党”文艺会演等20余场大型文化活动、街道文化活动150余场、基层现场故事会700余场、群众歌咏活动100余场次，直接参与群众40余万人次，活动在规模、档次、特色和专业性等方面都取得新突破。放映电影468场次，覆盖率100%。在“百姓故事会”全市PK大赛中，武侯区选手李志进入成都市“十佳故事王”，并同成都电视台签约。

“武侯闹春”活动从城乡大交流相互拜年游动表演的活动方式，发展到由街道办事处承办、社区参与；从单一的唱歌、跳舞、舞龙灯，发展到集历史文化、民间文化、校园文化、企业文化为一体的各种表演形式的有机组合，五彩斑斓的文化大餐充分彰显武侯文化特色和我国传统节日“闹、乐、趣、新、和”的特点，如“武侯闹春”民间板块活动围绕主题“热土春韵”既展示浓浓的乡土气息及质朴、纯粹、溢满乡村生活的原味，又表现出推进城乡一体化后的飞速蜕变，节目内容贴近生活、积极向上，受到广大群众的欢迎。除节目本身之外，还安排各种民间艺人在现场展示他们的手艺，表现民间文化艺术的精妙之处。从中涌现出不少先进文化社区、优秀节目和优秀人才。

二、文艺作品创作取得新突破

加强对文化产品创作的引导和扶持，坚持“贴近群众、贴近实际、贴近生活”的原则，鼓励引导创作展现全区人民开拓创新、奋发有为的精神风貌和建设“商务高地·宜居武侯”生动实践的优秀艺术作品。武侯区狠抓文艺作品的打造，结合“百姓故事会”工作的开展，印制“武侯百姓故事会”画册；联合成都市艺术剧院，选送文艺原创作品“多彩家园”进京展演；火车南站街道打造“红楼梦音诗画”等一系列文艺原创作品；为庆祝中共十八大的召开，晋阳街道打造“五星红旗”等系列舞蹈节目。

三、文体队伍进一步壮大

加强基层文化工作队伍建设，大力开展业务培训，为推动文化发展提供组织保障。支持成立各类群众文化团体，发挥群众文化团体在推进文化发展中的作用，形成一批与全区文化事业发展相适应的优秀文化团体。重视发现和培养贴近群众、扎根基层的文化能人、民族民间文化传承人特别是非物质文化遗产项目传承人，鼓励和扶植群众中涌现出的各类文化人才和文化活动积极分子参加各类文化活动。依托辖区高校等丰富的高品质社会文化人才资源，打造水平高、能力强、热情高、可持续的文化志愿者队伍，并精心进行制度设计，为武侯区用好、用活基层公共文化服务阵地，加强公共文化设施内涵建设提供有力队伍支持，破解难题，提升群众文化活动的品质化，成为具有全国影响力的示范性的文化志愿者服务品牌。

武侯区逐步建立起区、街道和社区（村）三级文化人才队伍，全区13个街道共有文化辅导员200余人、280支文艺队伍，共同构成文体人才队伍，确保各项文化活动在基层的落实。同时，区文体旅游局每年还定期组织2～3次文体骨干技能培训和多次不定期培训指导，近几年共培训文化辅导员2300余人次，为丰富全区文化活动提供必要的人才保障。2012年，结合创建国家公共文化服务体系示范区工作目标，在玉林街道的市民文化艺术学校分校，开办两期免费群众艺术培训，对全区文化辅导员及“百姓故事会”故事骨干进行业务培训，培训人次600人以上。

近年来，武侯区不断提升文化服务和管理水平，着力完善公共文化服务体系，保障人民群众的文化权益，筹划和加快文体惠民工程建设，不断繁荣文化艺术创造，用文化引导群众，着力打造一批具有较高艺术的文艺精品，极大地满足群众的精神需求，大力发展文化产业，提升文化软实力，打造文化强区。

创新工作载体　提升非公党建工作水平

武侯新城管委会

作为武侯区委、区政府重点打造的功能区之一，武侯新城形成以总部经济为主体的非公有制经济组织聚集态势，非公有制企业成为推动新城经济社会健康发展的重要力量。近年来，武侯区采取建立保障机制、抓好典型示范、打造特色亮点等有效手段，不断提升非公党建工作水平。

一、创新制度保障载体，优化非公党建工作环境

为加强区域非公党建工作，近年来，武侯区研究出台《关于进一步加强非公企业党建工作的实施意见》，并先后建立《党工委成员联系重点企业制度》《党建工作联络员制度》《党建工作联席会议制度》等一系列规章制度。在组织、经费、阵

地等各个方面提供保证，为优化非公党建工作环境搭建良好的保障平台。

建立武侯新城管委会班子成员联系重点企业制度，通过“一对一”“一帮二”的模式，班子成员经常到企业，了解其党建工作的具体情况和困难，通过成员定点、定期深入调研与座谈等方式，指导、帮助企业提出改进措施和工作建议，推动非公企业党建工作的进一步深化。在各部门设立1～2名党建工作联络员，经常与企业协调沟通、了解掌握其生产经营和党员队伍情况，指导企业党组织开展党建工作活动并通过定期召开党建工作联席会议，共同研讨与探索非公企业党建工作的新思路、新办法，引导企业党组织结合生产经营实际积极开展党组织活动。

建立党建经费补助推优评先制度，2012年投入非公党建专项经费21万余元，推动新城非公党建工作的深入开展，在解决企业党组织基础设施建设和活动开展资金不足难题的同时，将企业党组织建立和党建工作开展情况作为推荐业主为各级党代表、人大代表、政协委员，企业评优评强、评审企业信誉等级等方面的重要依据，以此强化企业主的党建意识。近年来，新城非公有制企业先后产生中央和省、市、区“两代表一委员”30余名，其中彩虹集团党委委员、董事长刘荣富当选中共十八大代表，科创集团党委书记、董事长何俊明当选第十二届全国人大代表。

加强回顾检查和工作指导力度，防止出现“软散支部”“家族支部”，规范党组织在企业发展中的政治核心与引领作用，真正实现党组织与企业“目标同向、作用互补、相互监督、共同发展”。

二、强化示范带动作用，提高非公党建规范化水平

按照“典型带动、规范提高、分类指导、整体推进”的思路，指导督促基层党组织完善党建配套设施，健全相关工作制度，建立党员活动室、电教室、党员议事室等活动场所，打造出一批看得见、摸得着、效果好的示范点，起到典型示范、以点带面的作用，从而推动非公企业党建工作向纵深发展。近年来，在成功打造出彩虹集团党委和东方凯特瑞党总支部“五有五服务”规范化服务型党组织建设示范点的基础上，2012年进一步加大科创集团党委、日机密封党总支和川大智胜党支部等示范点的建设力度，采取召开党建联席会议、组织参观学习示范点党建工作经验、共同研讨非公党建新途径、开展“创先创优”活动竞赛评比等有效办法，有效推进新城区域非公有制企业党建工作的整体健康发展。2012年，新建立非公企业党委1个、党总支1个、党支部5个，发展党员17名，预备党员转正23名，培训入党积极分子35名。

通过打造远程教育示范站点，指导和帮助企业党组织探索和完善各项制度和机制。在东方凯瑞特党总支初步推行党员干部现代远程教育试点工作，采取邀请专家教授讲课、组织专题培训、指导制定教育计划等方式，引导企业党组织推进远程教育站点工作，依托“蓉城先锋家园网”积极开展党组织和党员学习教育活动，以党员干部现代远程教育网络为平台，远程教育试点工作取得初步成效，被评为党员干部现代远程教育示范站点。注重引导企业党组织强化防治腐败建设工作，通过引导非公企业党组织建立目标考核制度、班子成员“双向述职”制度，开展“廉洁自律，廉洁经营”等活动，强化企业高管廉洁意识，主动接受企业员工监督。充分运用经验交流会、现场观摩会等方式，总结推广示范点的创新创造，把点上的经验转化为面上的做法，把点上的探索转化为面上的成果，充分发挥示范点的示范、引导、辐射和带动作用。

三、创新组织活动载体，提升非公党建引领作用

一是创新活动内容。注重深化“三心一推进”主题活动，指导企业党组织深入开展“争当优秀党员，创建一流形象，争做优秀人才，创造一流业绩”的活动，通过设立党员示范岗、党员责任区，实行党员挂牌上岗，给党员定目标、压担子等方式，激励党员在企业的重点工程和科技攻关项目中发挥模范作用，激发党员干事创业的热情。注重开展献策促发展活动，通过开展“岗位做贡献、行业当模范”“我为企业发展献金点子”等活动，不断强化广大党员服务员工、服务企业、促进发展的意识，勇担推进企业科学发展的主力军。注重“三向培养”，借助主题活动的开展，加大“把生产骨干培养成党员、把党员培养成生产技术骨干、把党员技术骨干培养成企业管理干部”的“三向培养”力度，引导企业党组织在公司业务骨干、技术能手中培养发展党员，并通过生产、管理、技术、营销等关键岗位，为广大党员和入党积极分子提供平台。二是创新活动载体。针对非公有制企业党员队伍中存在的党组织监督管理较难、少

数党员党性观念淡薄等问题，通过开展给党员过“政治生日”和对不作为党员进行告诫活动，在党员入党纪念日给党员送一份省身励志的生日贺卡，组织党员重温入党誓词、汇报思想学习工作情况，并与党员进行一次谈话；对存在执行党组织的决议不力、参加组织活动不积极、党员作用发挥不明显等问题的党员，由党组织提出口头告诫，明确告诫期限，并落实专人帮教；坚持针对职工思想波动、工作出差错、生活有困难开展“三谈心”活动，帮助职工理顺情绪和解决困难，进一步增强广大党员的责任意识，提升党员干部在企业和职工心中的影响力和威信度。三是创新发挥作用的途径和方法。广泛开展创建党员“先锋岗”“责任区”和“党员志愿者”“党员亮身份”“党员三有三无”（重要岗位有党员、困难面前有党员、突击攻关有党员，党员身边无事故、党员身边无违纪、党员身边无次品）等活动，把党员的先锋模范作用与促进企业生产经营有机结合起来，有效地体现党组织的力量与作用，塑造党组织和党员的新形象。激励广大党员以身作则，勇挑重担，充分发挥模范带头作用。结合“七一”和迎中共十八大等重要节庆，组织开展献礼活动。通过学党史、唱红歌、重温入党誓词等活动，回顾党的历史，讴歌党的光辉业绩，传承红色经典文化，弘扬革命优良传统，增强非公有制企业党建工作的生命力。

在抓非公有制经济快速发展的同时，武侯区非公有制企业党建工作同样与时俱进，今后将不断展开对非公有制经济党建工作的新探索，积极利用互联网等科技手段，不断创新党建工作办法，进一步建立健全非公有制企业中党的组织体系，密切党与非公有制企业广大职工群众的血肉联系，使非公有制企业党组织在改革、发展、稳定等各方面工作中发挥更加积极的作用。

多轮驱动　充分实现国际化

区人南商务区推进办

成都市人民南路科技商务区以人民南路为主轴，以科华路、浆洗街为两翼（覆盖跳伞塔、玉林、火车南站、望江路、浆洗街等5个街道办事处），总面积约15平方公里（其中核心聚集区2.28平方公里），是成都市“两轴四片”建设目标中的一轴，也是武侯区实现“商务高地·宜居武侯”战略发展目标的重要产业集聚区，总体发展定位为国际商务区，业态主要以高档写字楼、酒店为主，具有商务、金融、咨询、科技、信息、展演等现代服务业核心功能。人民南路科技商务区现有商用面积约190万平方米，云集汇日央扩、国航世纪中心、力宝大厦、威斯顿联邦、来福士广场等国际甲级写字楼；凯宾斯基、富豪首座、明宇尚雅等五星级酒店；美国、德国、泰国等外国领事馆坐落其中；汇集宝洁、戴尔、安盟保险等34家世界500强企业。武侯区凭借独特的资源禀赋优势，致力于打造“最友好最便利的国际示范区”，成为成都市充分国际化的典范区。

一、强化规划引领，助推区域发展

（一）全面掌握产业发展状况

区人南商务区推进办会同国土、规划、房管等相关部门，对人民南路沿线（武侯段）和高攀片区的城市基础信息进行调查摸底。该区域人民南路与机场高速相连，汇集部分金融机构、外资企业、外事机构和领事馆；坐拥四川大学、中科院成都分院、华西医院等高校与科研院所，对推动产业转型升级发展，实现产业高端化、集聚化，具有较好的基础条件和区位优势；但同时，该区域主导产业不明，高端产业不多，聚集度不高，用地功能布局较乱，欠缺整体研究及规划，旧城改造难度大，搬迁安置周期长，基础设施承载能力还需较大提升。

（二）科学制定产业发展规划

区人南商务区推进办相继研究、编制出台《人南科技商务区产业功能总体规划》《“十二五”发展规划》和《现代服务业集聚区产业发展规划》。规划重点为建设国际总部商务区、高端商务商贸区、国际金融及新兴金融产业区、医疗健康产业区，以现代商务服务为主导产业，配套发展高端商贸、电子信息服务等产业，全力打造现代化国际商务区。

二、建立联动机制，加快地块推进

对区域内中国成达工程有限公

司、四川省机械研究设计院、成都信息工程学院等有意向搬迁的部属、省属单位及西南食品城、海蓉绸厂等专业市场,区人南商务区推进办采取主动联系、提前介入的方式,帮助其寻找搬迁的地块或方案,然后由区级相关部门与业主单位成立专门的地块搬迁工作小组。区人民南路商务区推进办与房管、国土、规划、土地储备中心等市级相关部门及时协调沟通,全程跟踪土地变性、航空限高、红线划拨、文物勘察、出让金缴纳等搬迁改造中涉及的各个环节,专题分析、联动解决各种问题,力促相关企事业单位早搬离、地块早拆迁、早上市,加快推动区域的旧城改造,实现"腾笼换鸟",为调整产业结构,实现产业转型升级奠定坚实基础。几年来,共拆迁整理地块18宗共计47.47万平方米,涉及重要机构和企事业单位16家。

三、完善项目机制,促进项目建设

(一)全程跟踪、重点突破

从项目前期方案审查、报规、报建到项目竣工验收,进行全程跟踪、全面服务。及时帮助协调解决来福士广场、大陆国际等大型项目建设中遇到的有关问题。同时,针对上善国际、人南国际、汇日央扩国际广场等项目建设中的规划及施工许可证等问题,进行一事一议、特事特办,重点突破难题,大大缩短项目建设周期。为做好高攀片区规划调整及后续工作,区人南商务区推进办配合区规划分局和相关设计单位,做好规划调整涉及农商银行地块、成都军区桂溪加油站地块的协调工作;配合专业部门和项目业主,结合地铁三号线的建设,利用跳伞塔路口、省运动技术学院、人南国际等区域地块的地上地下空间,优化区域规划设计,提升城市形象;对具有搬迁改造可能和区域优势、地块价值较为突出的地块,进行地块策划包装设计,为下一步的地块推动和招商工作打好基础。

(二)分批验收、示范带动

对来福士等项目的商业部分进行提前验收,实现提前开业,起到示范带动作用,推动项目及周边项目加快建设。大型项目建设竣工18个,建筑面积共170.01万平方米,其中商业面积97万平方米;在建项目21个,建筑面积168.5万平方米,其中商业面积126万平方米;储备项目29个。

四、营造商务氛围,提升发展环境

(一)营造国际化商务环境

汇编《成都市人民南路科技商务区商务与生活手册》,并发放到甲级写字楼、五星级酒店和高档餐厅等,丰富区域商务文化生活,方便商务人士的沟通交流。组织开展"人民南路科技商务区主题访谈""国际人士交流座谈""外籍人士在成都问卷调查"等系列活动,积极创建"最便利最友好的国际示范区",推进区域国际化发展。同时,邀请专家学者开展外汇管理政策、物业管理等方面的专题培训,组织物业公司共同发表《人南国际化物管联盟宣言》,着力推行写字楼、酒店等物管的国际标准服务,营造浓厚的国际化商务氛围。

(二)塑造现代化城市风貌

投入上亿元资金,对人民南路(武侯段)沿线建筑风貌进行深度打造,为助推"全域开放",实现产业倍增营造良好的环境。

五、协助楼宇招商,促进区域发展

一是充分发挥政策对产业发展的导向、引领作用。武侯区先后出台相关政策,鼓励招大引强,促进企业做大做强,加快实现产业倍增发展。同时区人南商务区推进办加强与驻蓉机构、社会中介机构和相关部门的衔接,发布楼宇招商信息,捕捉商机,并且与项目业主对接,根据楼盘具体信息,制定相应的招商方案。通过网站、报纸等渠道,利用区投促局组织的招商活动平台,多形式推介区域内的商业楼盘信息,强化与区域内各街道的联系互动,实现招商信息的互通共享,全力推动楼宇二次招商,促进楼宇经济的发展。二是实施超前招商。在项目图纸设计、预售等环节,提前介入锦江国际、中汇广场、大陆国际等项目,开展广泛推介、超前招商,吸引企业能在项目建成后及时入驻、开业运营;组织凯德置地、保利地产等国内外30余家知名开发企业考察拟上市地块,开展土地超前招商;建立与各建成楼宇业主的联席会议制度,组织召开二次招商推介会,协助建成楼宇引进法国安盟保险、韩国斗山、瑞士罗氏制药等重大项目。几年来,共引进重大项目逾50家,新引进世界500强10余家。

武侯区以规划引导项目,人民南路科技商务区逐步形成集旅游、商业、文化、现代传媒、高科技研发协调发展的现代服务体系,累计已有34家世界500强企业、42家金融保险机构汇聚于此。今后,武侯区将加速人民南路商务区的国际化步伐,建成现代服务业集聚地、人才高地、总部经济基地,积极参与全球产业分工,力争成为"全国一流、西部第一"的现代化国际商务区。

深化社会管理创新 加强保障改善民生

区民政局

2012年以来，武侯区以把保障和改善民生作为社会建设的重点来部署和推进，以“民生为本，服务为先”作为社会管理创新的工作核心，进一步创新社会管理，加强社区建设。

一、深化创新，增强激励，夯实社区建设工作基础

（一）建立院落居民自治激励机制，大力提升管理水平

近年来，武侯区在社区以院落为单元建立党组织，由居民选举组成院落民情议事会、院落自治管理小组，对院落事务实行民主决策、实施和监督，形成社区建设由政府单向推动变群众主动参与的良好局面。2012年以来，武侯区出台《关于建立健全院落居民自治激励机制的意见》，定期对院落自治组织规范运行情况、服务居民情况、院落环境卫生管理等进行考核、评比，根据考核评比结果，每年按照2000～10000元的标准，对院落自治组织及其成员给予奖励，从而激发院落自治组织服务居民群众的积极性、主动性。

（二）全面推进社区（村）综合服务协管员上岗工作

2012年，武侯区相继出台《武侯区社区（村）综合服务协管员考试制度（试行）》《武侯区提高社区（村）工作人员待遇方案》，在全市率先实行社区（村）工作人员的资格认定、持证上岗制度。规定自2012年起，在岗的社区（村）综合服务协管员必须通过考试，取得“武侯区社区（村）综合服务协管员资格合格证”后方能上岗。上岗后每年还须接受30个学时以上的培训，由区民政局审核确认并验证后方可继续持证上岗。资格考试由区民政局牵头，区级相关部门共同参与实施，每年10月组织一次闭卷考试。考试不合格者，可以参加一次补考，补考不合格者，可以继续工作至第二年的10月再参加一次考试；若仍不合格，则取消在社区（村）综合服务管理站的上岗资格。2012年10月举行的全区社区（村）综合服务协管员上岗资格考试，通过率为75%。进一步完善区、街道、社区三级培训体系，每年定期开展社区（村）综合服务协管员的集中培训工作。培训重点围绕社区（村）综合服务协管员“做什么”和“怎么做”，确定培训内容，选择授课老师，确保培训内容的针对性、实效性。全年分三批实施对全区社区的工作人员的培训，培训1000余人，做到全员覆盖。

二、立足社区，整合资源，促进社会组织健康发展

武侯区积极搭建社会组织参与社区管理、提供社会服务的新平台，将加快社会组织培育发展建设作为创新基层社区治理的切入点，以社会组织发展引领社会管理创新。

（一）深入调研，分类指导，重点培育，积极引进

对各个街道、社区广泛开展实地调研，了解社会组织发展概况，掌握居民需求。先后成立“夕阳红”爱心互助协会、“美好明天”社区儿童关爱中心和黉门生命关爱协会，分别开展为老服务、儿童关爱和生命关爱等项目。尤其是“夕阳红”爱心互助协会在短短的两个月内，分别在沙堰社区和晋吉社区建立分站，扩大服务范围、增加受益人群。“夕阳红”爱心互助协会自成立以来共通过电话问候老人6000余人次，并为老人提供精神慰藉等各种服务2000余人次、上门服务1500余次。通过提供政策、场地等支持，使成都朗力居家养老服务中心总部成功落户武侯，并成立玉林北路社区朗力居家养老服务中心，为老年人提供全托、临托、日间照料等社会化养老服务。

（二）整合资源，创新举措，建立社区社会组织居民服务中心

在积极培育发展社会组织的实践中，坚持以人为本，充分汲取民情民意，整合社区资源，利用社区闲置办公室，加大财力、物力的投入，在凉水井街社区、共和路社区、黉门街社区成立成都市首批社区社会组织居民服务中心，搭建起社会组织参与社区管理、提供社会服务的新平台。截至2012年末，累计已引进30余家社会组织和专业机构，针对不同的服务对象，采取不同的收费标准，对有偿的服务项目采取微利和规模化发展的运作机制，集中为居民提供多样

化、个性化、专业化的服务。

（三）精选项目，整体设计，打造社区社会组织孵化中心

成立成都市首家以社区社会组织为对象的孵化基地——晋阳社区社会组织孵化中心。社区社会组织孵化中心通过“申请—评估—入驻—孵化—出壳—跟踪”等6个流程，为初创期的中小型社区民间公益组织，特别是“草根”社会组织提供办公场地、设备、信息资源等方面的共享设施，对愿意为社会提供公益服务的社区社会组织开展系统的培训和指导，通过政策导向、资金与技术支持、能力建设等全方位的服务，降低社区社会组织创业风险，以达到提高其成活率和成功率的目的，打造“一社一品”的社区社会组织发展格局。

三、创新机制，完善网络，提升流浪乞讨救助管理实效

为进一步做好流浪乞讨人员救助管理工作，武侯区着力构建“分工明确、责任落实、联动推进、动态管理”的工作格局，初步实现救助管理工作的常态化、长效化。

（一）建立平台，整体联动，完善工作网络

一是下移工作重心。在城区街道以及流浪乞讨人员相对集中区域所在的社区，分别建立流浪乞讨人员救助管理工作站，作为区域的综合性工作平台和指挥中心。武侯区对公安、城管、卫生、民政等区级相关部门工作进行协调、督促，确保相关部门既各司其职又整体联动，进一步提高救助管理工作的及时性、实效性。二是创新工作机制。由街道综合执法大队负责人、社区居委会负责人分别担任街道和社区救助管理工作站站长，进一步促进救助管理工作与街道、社区其他工作的整体协同推进。同时，依托覆盖全域的数字化城管网络、完善的社区网格化服务管理体系，将流浪乞讨人员救助管理落实到网格、细化到街巷，实现对流浪乞讨人员的及时发现、劝助、劝离、救助、救治。

（二）健全机制，严格管理，强化工作保障

一是完善发现机制。街道（社区）救助管理工作站依托完善的工作网格，切实加强对辖区的动态监管，确保及时发现。区流浪乞讨人员救助管理小组办公室（区救助管理分站）每周不少于两次对重点区域进行巡查、检查。将救助管理电话告知辖区企业（事业）单位和沿街商铺，向辖区居民印发宣传单。通过不断完善发现机制和广泛发动群众，有效解决流浪乞讨人员不能及时发现、及时处置的难题。二是优化工作流程。制定《关于进一步做好流浪乞讨人员救助管理工作的意见》，明确把过去分散在各部门的发现、救助、处置、组织协调等职责整合到街道（社区）救助管理工作站，避免部门、街道之间职责不清、推诿扯皮的现象。对发现的流浪乞讨人员进行细化分类，根据不同的救助对象，采取不同的救助流程和方式，强化工作步骤的严格到位，形成上下衔接、环环相扣的工作格局。在巡查、发现、处置、移交每个工作环节进行登记，完善签字手续，强化管理工作的责任、要求，确保救助管理工作有章有据，规范合理。

（三）加强考核，完善激励，提升工作效能

区救助管理分站对各街道（社区）救助管理工作站日常工作开展情况、特别是重点工作完成情况进行严格、规范的监督考核，并依据考核结果，采取“以奖代补”的方式，给予一定的工作经费补助，有力地保障救助管理工作的正常开展。

武侯区紧紧围绕加强社会建设和管理创新的主题，按照“干在实处、走在前列”的要求，加快发展社会事业，推进基本公共服务均等化，扎实办好改善民生实事，全面提升社会管理科学化水平，为开创“商务高地·宜居武侯”的局面奠定坚实的基础。

媒体聚焦

MEDIA FOCUS

经济发展

Economic Development

2月1日,《成都日报》在《关注区(市)县新年新气象》专栏对武侯区全面启动新一年经济工作进行深度报道。2月16～17日,《华西都市报》、《天府早报》、《成都日报》、《成都晚报》、《成都商报》、四川卫视《四川新闻》栏目、SCTV-4、CDTV-1、CDTV-2、联合早报网、香港文汇网、凤凰网、新华网、人民网、中国日报网、中国经济新闻网、新浪网、腾讯网、四川新闻网、成都全搜索等媒体对武侯区25个项目集中启动,助推现代化、国际化进程进行重点报道。2月20日,《四川日报》以《成都地铁经济驶入快车道》为题,对武侯区25个项目集中启动,人南国际广场项目宣布开工建设进行报道。3月4日,《成都日报》以《人民南路将建成全市商务核心区》为题,报道武侯区部署五大产业功能区建设。3月6日,《四川日报》以《成都速度影响西部经济版图高度》为题,报道武侯区经济高位快进提速发展。3月26日,《四川日报》以《武侯区确定2016年GDP破千亿目标》为题,报道武侯区2016年地区生产总值确保翻一番达到1000亿元。3月27日,《成都日报》以《龙头企业总部"抢滩"城南》为题,报道武侯区招商"一盘棋",吸引逾200亿投资。3月28日,《四川日报》《四川经济日报》《成都日报》分别以《武侯新城将建大型产城一体项目》《武侯新城开建产业园配套商业综合体》为题,报道武侯区世纪百合商业广场奠基。

5月22～23日,《华西都市报》、《天府早报》、《成都日报》、《成都晚报》、《成都商报》、SCTV-4《全天报道》栏目、CDTV-1《成视新闻》栏目、《成视夜新闻》栏目、四川新闻网等媒体,报道武侯区举行"立城优城·产业倍增"重大项目集中签约仪式,23个项目签约落户,总投资133.7亿元。5月29日,《成都日报》《成都晚报》《成都商报》分别以《成都来福士广场9月开业》《来福士携国际品牌入蓉》《成都来福士广场入驻品牌揭幕》等为题,报道武侯区来福士广场将于9月开幕,其入驻商家超过70%为国际品牌;凤凰网、新浪、搜狐、新民网、腾讯等网络媒体转载报道。

7月12～18日,《四川日报》《成都日报》《成都商报》分别以《日本食材企业落户武侯区成都人可吃上地道的异国美食》《日本知名食材企业落户武侯》《异国食材漂洋过海来到舌尖上的成都》为题,报道日本知名食材企业久世集团落户武侯区。7月23日,《华西都市报》《天府早报》《成都日报》分别以《"意大利名品工厂直营店”有望落户四川外销鞋城》《意大利名品工厂店即将进成都》《成都鞋业开启“进军”意大利之旅》为题，报道四川外销鞋城与意大利西北部工商联合会签订合作协议；人民网、中国经济网、新民网、搜狐、四川新闻网等网络媒体转载报道。

9月1～28日，《四川日报》、《天府早报》、《成都日报》、《成都晚报》、《成都商报》、SCTV-1、SCTV-4、CDTV-1、CDTV-2、CDTV-5等媒体纷纷对人民南路沿线最大的城市综合体——成都来福士广场落成开业进行报道。9月14～25日，《天府早报》、《成都日报》、《成都商报》、CDTV-1等媒体报道武侯区出台《关于支持企业稳增长促发展的政策措施》，切实落实28项措施帮扶企业渡难关谋发展，政企同心奋力建设西部经济核心增长极。9月29～30日，《四川日报》、《华西都市报》、《天府早报》、《成都日报》、《成都商报》、CDTV-1报道武侯区在西博会引进14个现代服务业优势项目，签约总额114亿；搜狐、新浪、四川在线等网络媒体转载报道。

城乡环境综合治理

Urban and Rural Environment Comprehensive Treatment

1月，《成都日报》分别以《行动迅速院落卫生死角被清除》《高升桥北街、电信路修补工作已完成》《修补完毕“石子路”回到平坦路》《武侯区自上而下与自下而上双重推力》为题，聚焦武侯区关注民生，深入推进城乡环境治理工作。5月，《成都日报》、《成都商报》、《天府早报》、CDTV-1《新闻18点》栏目、CDTV-5《成都全接触》栏目聚焦武侯区“深化城乡环境综合治理进院落”、印制《武侯区城乡环境综合治理工作手册》等工作。6月，《成都日报》《成都商报》《成都晚报》纷纷报道武侯区在加大城乡环境综合治理力度的同时，在城区街道无物管居民院落中开展院落自治管理和集中治理工作，收到积极效果。7月，《成都日报》、《成都商报》、《华西都市报》、《成都晚报》、CDTV-1、CDTV-2集中报道武侯区拆除违建、开展文明志愿服务活动情况。8月，《四川日报》《成都日报》《天府早报》《成都商报》报道武侯区加强机动车乱停乱放整治，推进“门前三包”工作。11月，《新华每日电讯》、《四川日报》、《华西都市报》、《天府早报》、《成都日报》、《成都晚报》、《成都商报》、SCTV-4《新闻现场》栏目、CDTV-1《成视新闻》栏目、《成视夜新闻》栏目、中央人民广播电台、成都人民广播电台《成都早班车》栏目报道武侯区在全市率先开展机动车“乱抛洒、乱丢弃”专项整治行动；新浪、搜狐、成都全搜索等网络媒体转载报道。

武侯教育

Wuhou Education

4月9～10日，SCTV-4《全天报道》栏目、CDTV-1《成视新闻》栏目、《华西都市报》、《天府早报》、《成都日报》、《成都晚报》、《成都商报》、中国新闻网、新浪、四川在线、成都全搜索纷纷报道“2012年成都市武侯区教育国际交流月”活动情况，武侯区成为全国首个“基础教育国际化研究实验区”。4月19日，《天府早报》以《建国际学校吸引外国小朋友来读书》为题，《成都日报》以《教育部试点武侯区启动建设教育国际化先导区》《武侯区全面加快建设教育国际化先导区》为题，《成都晚报》以《武侯投入2.5亿建教育国际先导区》为题，报道武侯区将投入2.5亿元，加快区域教育国际化发展，努力建成教育国际化先导区。10月12日，《成都日报》报道《打造中西部一流社区教育高地构建完善的终身教育体系——解析社区教育武侯范本》。10月17～30日，《四川日报》、《华西都市报》、《天府早报》、《成都日报》、《成都晚报》纷纷报道《成都华西小学举行心理健康运动会》《650名特长生组团参赛》《昨天，他搞清了一个问题：法院不是关犯人的地方》《武侯区：纵深推进国际友好学校建设》《武侯区30名“影子校长”赴美研修》《石室双楠实验学校学子学科知识竞赛展视野》；凤凰网、新浪、搜狐、成都全搜索等网络媒体转载报道。

行政服务标准化

Administrative Service Standardization

3月6～12日，《四川日报》、《华西都市报》、《天府早报》、《成都日报》、《成都晚报》、《成都商报》、SCTV-4《全天报道》栏目、CDTV-5《成都全接触》栏目、CNC中国电视网《时政新闻》栏目、新华网、成都全搜索纷纷报道区行政审批局打造的全国首个3D实景政务大厅上线试运行，将实体政务大厅在网上全景再现，为办事群众搭建起24小时办事平台。9月11～13日，《成都商报》、《成都日报》、SCTV-1《四川新闻》栏目、SCTV-4《全天报道》栏目、CDTV-1《成视夜新闻》栏目纷纷报道武侯区行政服务标准化项目以98分的高分，通过国家级服务业标准化试点项目验收，成为四川省政务服务系统唯一一个获国家级标准化试点的项目；新华网、搜狐等网络媒体转载报道。

干部作风教育实践活动
Cadre's Work-style Education Practical Activity

6月28日，《成都日报》、《成都晚报》、《成都商报》、CDTV-1分别以《武侯区解决突出问题确保作风教育实践活动取得实效》《武侯区：切实解决五个方面问题》《结合实际立说立行》为题，报道武侯区召开以保持党的先进性纯洁性为主题的干部作风教育实践活动动员大会，深入推进干部作风教育实践活动。6月30日～7月4日，《四川日报》、《成都日报》、《华西都市报》、《成都晚报》、CDTV-1《成视新闻》栏目、《成视夜新闻》栏目报道成都市首个村党校在华兴街道沈家桥村挂牌成立，并开始授课。7月1～6日，《成都日报》、《成都商报》、《成都晚报》、四川新闻网分别以《电子监察重大项目超期未完成亮红灯》《重大项目建设监督有了"电子眼"——武侯区启动电子监察平台督促重点建设项目》《监督重点建设项目武侯区启动电子监察平台》《成都武侯启动建设项目电子监察平台进度滞后领导将被问责》为题，报道武侯区通过技术手段实时监控辖区内199个重大项目的建设进度、资金使用、分工情况、项目形象等，是武侯区推进干部作风教育实践活动的一项创新举措。7月12日，《成都日报》《成都晚报》《成都商报》分别以《武侯区：查找五大问题营造八种环境》《武侯区以工作成绩检验作风建设实效》《武侯区：重点突破不思进取等五大问题》为题，报道武侯区举行干部作风教育实践活动学习动员阶段总结会。8月4日，《成都日报》《成都商报》分别以《武侯区推行承诺事项"挂号"登记——群众满意就销号不满意就"留号"督办》《武侯区推行党员承诺事项"挂号"登记制》为题，报道在干部作风教育实践活动中，簇桥街道七里村党总支创新推行实施党员承诺"挂、对、销、留"账制度和党务公开网格化管理，搜狐等网络媒体转载报道。8月21日，《成都日报》《成都晚报》分别以《查漏补缺建章立制——武侯区部署干部作风教育实践活动总结提高阶段工作》《总结提高阶段武侯区查漏补缺建章立制》为题，报道武侯区召开作风教育实践活动转段部署工作会；新浪、搜狐、成都全搜索新闻网等网络媒体转载报道。

传达学习中共十八大精神
Communicate Learning Party Eighteen Big Spirit

11月10～25，《华西都市报》、《天府早报》、《成都日报》、《成都晚报》、CDTV-1《成视新闻》栏目纷纷报道武侯区召开传达学习中共十八大精神大会，号召全区要开创"商务高地·宜居武侯"建设新局面，争当全面建成小康社会示范区，四川新闻网、成都全搜索网等网络媒体转载报道。11月10～27日，《中华工商时报》、《四川日报》、《天府早报》、《成都日报》、CDTV-1分别报道中共十八大代表、成都彩虹电器（集团）股份有限公司董事长刘荣富，为武侯区"四大班子"领导作专题辅导报告；新浪、搜狐、四川新闻网等网络媒体转载报道。

文化建设
Cultural Development

1月，《成都日报》、《成都晚报》、《华西都市报》、SCTV-4《新闻现场》栏目、CDTV-1《成视深夜报道》栏目等媒体报道武侯区举办"武侯闹春"社区文艺展演、2012成都大庙会等庆新春群众性文化活动开展情况；搜狐、凤凰网、新华网、新民网、四川在线等网络媒体转载报道。

1月12日，《成都日报》以《推动"文化改革发展率先突破"》为题，《华西都市报》以《武侯区建成三级文化网络体系公共文化阵地城乡全覆盖》为题，1月13日，《华西都市报》以《提升文化产业竞争力武侯区力推七大文化旅游产业》为题，1月29日，《天府早报》《成都日报》《成都商报》和《成都晚报》分别以《三国新演义武侯区再出招打造三国文化名区》《借力"三国"建三国文化名区》《打造三国文化名区 武侯计划年内启动》和《武侯区将打造三国文化名区》为题，报道武侯区实施文化加快发展、特色发展、融合发展，力争把武侯建设成为全国一流的文化强区和国内外极具影响力的三国文化名区相关新闻；搜狐、新民网、大众网等网络媒体转载报道。

中国女鞋之都
Capital of Women's Shoes in China

3月19日，《四川日报》《华西都市报》《成都日报》《成都晚报》分别以《武侯女鞋之都打造城市综合体》《投资10亿武侯区打造女鞋之都大型产业配套区》《将生产厂房外迁升级打造鞋业配套城市综合体》《汇金国际广场动工完善成都女鞋产业链》为题，报道武侯区位于中国女鞋之都的汇金国际广场项目启动。该项目将打造中国女鞋之都的又一大型产业配套区，掀起成都鞋企实施“产业倍增”发展战略的新高潮。4月5日，《成都商报》以《三圈一体崇州做规模武侯打品牌》为题，报道武侯区积极推进鞋业产业转型升级，以举办中国女鞋之都国际采购节、参加国际鞋类专业展会、打造国家AAA级旅游景区等活动为平台，突出发展鞋业产业高端，培育本土知名品牌。4月17～18日，SCTV-4《新闻现场》栏目、CDTV-1《新闻18：00》栏目以《超模走进女鞋之都展示女性之美》为题，《华西都市报》《天府早报》《成都日报》《成都商报》分别以《世界超模获赠成都女鞋》《穿起成都女鞋世界超模大赞“巴适”》《2012世界超模走近中国女鞋之都》《世界超模将穿“成都造”女鞋参加全球总决赛》为题，报道2012世界超模大赛全球总决赛超模脚踏“成都造”女鞋登台走秀，点亮中国女鞋之都。5月14日，《华西都市报》《天府早报》《成都日报》《成都晚报》《成都商报》报道武侯区与新疆外贸领军企业野马集团达成成都女鞋出口中亚战略合作协议，打通成都女鞋销往中亚的丝绸之路；5月16日，《四川日报》以《携手新疆成都女鞋走进中亚》为题深入报道。9月5～10日，《四川日报》《华西都市报》《天府早报》《成都日报》《成都晚报》等媒体对中国女鞋之都在新疆乌鲁木齐开幕的“第二届中国亚欧博览会”上亮相相关情况进行报道。9月17～27日，《四川日报》、《华西都市报》、《成都商报》、《成都日报》、《成都晚报》、SCTV-1、SCTV-4、CDTV-1、CDTV-2、CDTV-5等媒体高度关注“2012第七届中国女鞋之都博览会”，对博览会开幕、中国女鞋之都城市旅游合作集体签约仪式暨创建国家AAAA级旅游景区启动仪式等活动进行报道；中国新闻网、搜狐、新浪、四川在线等网络媒体转载报道。

养老工作
Old-age Work

10月11日，《华西都市报》《成都日报》《成都晚报》分别报道武侯区社区居家养老服务机构的启用，开展“上门送温暖，重阳显真情”志愿者服务活动；新浪、四川新闻网、成都全搜索等网络媒体转载报道。

大事记

A CHRONICLE OF MAJOR EVENTS

1月
January

4日　世界500强之一的法国施耐德电气集团旗下的施耐德电气信息技术（中国）有限公司成都分公司入驻人民南路科技商务区。

6日　成都利君实业股份有限公司在深圳A股市场上市。

9日　区委书记刘守成主持召开武侯区加快项目建设推进会，听取区发改局等部门关于2012年项目发展建设工作情况汇报。

11日　成都市2012年新春就业社保送温暖活动在武侯区启动。

▲　区委六届二次全会暨中心组（扩大）学习会在太成宾馆召开。会议听取市委宣讲团关于学习贯彻中共十七届六中全会、省委九届九次全会和市委十一届九次全会精神的宣讲报告，传达市委经济工作会议精神，讨论《中共成都市武侯区委关于推进文化大发展大繁荣加快建设文化强区的实施意见》。

12日　市红十字会系统2012年博爱送万家活动暨"红标·成都"关爱空巢老人项目在武侯区启动。

12日　武侯区举行第二十二届"武侯闹春"活动。此次活动由社区艺术活动和民间民俗文艺展演两个板块组成，分别在浆洗街街道和簇桥街道举行。

13日　武侯区开展2012年春节送温暖区级领导集中走访慰问活动。

16日　市长葛红林到武侯区检查安全工作。

▲　韩国友利银行成都分行在人民南路科技商务区开业。

19日　区人大常委会主任彭光辉主持召开区五届人大常委会第三十五次会议，审议通过武侯区选举委员会成员名单。

20日　武侯区召开2011年低收入群体临时价格补贴专题工作会，研究确定困难群众发放临时价格补贴分类标准。具体分类标准为：一类人员1200元/人，二类人员1000元/人，三类人员400元/人。

20日～2月6日　2012成都大庙会暨壬辰龙年游喜神方活动在武侯祠博物馆举行。

29日　市长葛红林一行到成都彩虹电器（集团）股份有限公司调研，副市长白刚等陪同。

▲　区委副书记、代区长林丽主持召开区长工作会，总结春节期间的维稳、城管等工作，安排部署近期工作。

30日　市人大常委会主任王东洲率队到武侯区调研"198"区域规划管理工作。

▲　区委书记刘守成主持召开武侯区"立城优城·产业倍增"项目研究会，研究集中签约和启动项目的相关事宜。

31日　市委常委徐季桢到武侯区调研社区建设工作。

2月
February

1日　省长蒋巨峰到武侯区调研川大智胜软件股份有限公司发展建设情况。

2日　区委书记刘守成在区电视电话会议室主持召开区委六届三次全体会议，传达市纪委十一届七次全会精神，审议并通过武侯区推荐提名四川省出席中共十八大代表和推选省第十次党代会代表建议名单。

3日　全省法院知识产权审判“服务大局促发展”工作座谈会在武侯区召开，省高级人民法院副院长谢商华出席会议。

7日　区委副书记、代区长林丽主持召开区政府第114次常务会议，审议关于撤销双楠村等4个村建制事项。

8日　区政协党组书记伍勇主持召开区政协换届工作会，安排部署换届工作。

▲　红牌楼商圈首个准五星级酒店成都天邑华庭酒店开业，市人大常委会副主任童若春等出席开业仪式。

13日　区法院在全国模范法院全国模范法官表彰大会上被最高人民法院授予“全国模范法院”称号。

▲　国家发改委社会事业体制改革调研组到武侯区调研社区管理创新工作。

▲　市长葛红林到簇锦街道铁佛养老院调研。

14日　省高级人民法院院长王海萍到区法院调研诉讼服务中心和科技法庭建设情况。

▲　区政府第九次全体会议在区机关礼堂召开，总结2011年全区工作并安排部署2012年工作。

▲　武侯区被确定为国家技术创新工程四川省示范活动创建单位。

16日　区委书记刘守成主持召开区委常委会第三次会议，审议关于召开区六届人大一次会议请示、召开区政协六届一次会议请示、“一府两院”工作报告。民情专递员、民情代表、村民议事会成员等列席会议。

▲　武侯区“立城优城·产业倍增”项目集中启动仪式暨人南国际广场项目奠基典礼在人南国际广场举行。人南国际广场等25个高端产业和产业高端项目集中开工，总投资估算217.89亿元，涉及工业及生产型服务业、高端现代服务业、基础设施建设安居工程、社会事业等方面。

17日　武侯区2011年度经济工作总结暨纳税大户表彰大会在区政务中心召开。

▲　市委常委、市总工会主席包惠率队到武侯区调研青年创业工作。

▲　全市地方志工作汇报会在武侯区召开，副市长傅勇林出席会议，并在会前到区地志办调研。

21日　区纪委六届二次全会在区机关礼堂召开，传达上级纪委会议精神，听取区纪委常委会关于党风廉政建设和反腐败斗争的工作报告，并通过《中共武侯区第六届纪律检查委员会第二次全体会议决议》。

▲　区政协主席王正文主持召开区政协五届二十二次常委会议，审议区政协五届常委会工作报告、提案工作报告和区政协六届一次会议议程等事项，并通过有关人事任免事项。

▲　市纪委副书记、市委重大决策部署落实情况监督检查组第四组组长刘忠宪率队到武侯区检查工作。

23日　成都市新一轮地铁建设动员大会在武侯区召开，市委书记黄新初、市长葛红林出席并讲话。

▲　区检察院会同区法院全面启用圆桌审判模式审理未成年人犯罪案件，全区未成年人刑事案件公诉、审判工作进入新的庭审模式。

23～25日　区政协六届一次会议在区政务中心礼堂召开。大会选举伍勇为区政协主席，白兴玉、许强、安雪松、蔡振雄、蔡健、苟绍全为副主席，何勇为秘书长。听取并审议通过区政协五届常委会工作报告和“一府两院”工作报告、提案工作报告，协商讨论区计划报告和区财政报告。

27日　武侯区举行区人大代表选举，全区共设立103个选举投票点，共选举出213名区六届人大代表。

▲　区委副书记、代理区长林丽主持召开电网建设工作会，对武侯大道电力通道建设和南一环110KV变电站选址等工作进行专题研究。

28日　区人大常委会主任彭光辉主持召开区五届人大常委会第三十六次会议，听取和审议区人大常委会代表资格审查委员会关于区六届人大代表资格审查的报告，审议区人大常委会机关和区政府相关人事任免事项。

▲　区委书记刘守成主持召开区委六届四次全体会，确定武侯区出席成都市第十二次党代会代表候选

人预备人选。

29日　司法部调研组到武侯区调研社区矫正工作。

▲　区六届人大一次会议在区政务中心礼堂开幕。

3月
March

1日　省长蒋巨峰到武侯区调研楠杆堰下河口排污整治工作。

2日　区政协主席伍勇主持召开区政协六届第1次主席会议，部署2012年工作。

▲　红牌楼商圈重点项目“丽都世家”开工建设，项目占地面积3.3万平方米，规划建筑面积17万平方米。

3日　区六届人大一次会议在区政务中心礼堂闭幕，200名区人大代表出席会议。大会选举王力平为区人大常委会主任，于嘉川、陶小平、曾锦戈、钟鸣、金怡为副主任；选举林丽为区长，李旭、张斌、杨建德、郭波、潘永革、张吉广为副区长；选举唐卫为区法院院长；选举邓贵杰为区检察院检察长。大会通过关于区人大常委会、区“一府两院”工作报告、区计划报告和区财政报告的决议。

5日　区委召开中心组（扩大）学习会，听取西南财经大学副校长、中国经济规律研究会副会长丁任重教授关于《成都经济发展与国际化城市建设》的专题辅导报告。

▲　四川省暨成都市学雷锋集中行动日活动在武侯区长寿苑文化广场举行。

6日　提供24小时全天候政务服务的武侯区3D实景政务大厅上线试运行。

8日　副市长苟正礼到武侯区调研安置小区管理工作。

9日　成都八益家具股份有限公司被授予“全国文明单位”荣誉称号。

13日　绵阳市涪城区区长廖凯、区政协主席张晓丰率团到武侯新城参观考察。

15日　武侯区召开社会组织评估授牌大会，对区青少年犯罪预防研究中心等39家获得AAA以上等级的社会组织进行授牌并颁发证书。

▲　武侯区召开创建全国法治城市暨依法治区领导小组会议，审议通过《成都市武侯区人民政府关于深化法治城市创建工作实施意见》《成都市武侯区法制宣传教育第六个五年规划（2011～2015年）》。

16日　“走进四季·太极武侯”大型特色文化体育活动启动仪式在簇锦街道举行，副市长傅勇林等出席。

▲　区作家协会成立仪式暨第一次代表大会召开。

▲　英格玛武侯人力资源服务平台在西部智谷启动。

17日　成都数码广场被国家电子信息产品交易市场资质评审委员会评为全国第七家“五星级电子信息产品交易市场”。

19日　武侯区传达贯彻全国“两会”精神大会在区机关礼堂召开。区领导及区级各部门、各人民团体、各街道主要负责人等出席。

19～21日　区委书记刘守成相继主持召开全区街道工作会、武侯新城建设工作专题会、五大花园地区整治工作专题会议，传达贯彻市委、市政府召开的区（市）县党委、政府主要负责人座谈会精神；研究制约武侯新城建设的机制等方面问题；听取五大花园地区整治情况汇报并对下一步整治工作提出要求。

21日　人民南路科技商务区重点现代服务业项目“大陆国际”甲级写字楼完成竣工验收，该项建筑面积5万平方米，总投资3亿元。

23日　成都名优产品巡回展暨第一届成都女鞋节在武侯区开幕。

27日　区长林丽主持召开区政府第一次常务会议，讨论并原则通过关于2012年专业停车场建设实施建议、法制宣传教育第六个五年规划、区政府工作规则等事项。

▲　武侯区城乡环境综合治理工作大会在区机关礼堂召开。

▲　世纪百合商业广场项目在武侯新城奠基开工。

▲　全区领导干部经济责任审计联席会议在太成宾馆召开。

▲　市委常委黄建发到武侯区益民菜市十街坊店调研。

▲　市委副书记、市纪委书记邓修明到武侯区调研。

28日　区六届二次党代会在区政务中心召开，区委书记刘守成主持会议，285名党员代表出席。会议选举产生出席市十二次党代会代表14名。

▲　区委书记刘守成主持召开区委常委会第四次会议，审议并原则通过《关于进一步加强区委政法委建设的实施意见（审议稿）》等事项。社区民情专递员、社区民情代表基层党组织负责人等应邀列席。

▲　区政协主席伍勇主持召开区政协六届第2次主席会议，确定2012年主席会成员督办的重点提案，安排部署近期工作。

30日　由成都八益家具集团子公司——成都八益文化产业投资有限公司独家投资，湖南潇湘电影集团联合拍摄的重大革命历史题材电影《决战前夜》新闻发布会在成都明宇尚雅酒店举行。

31日　全国人大常委会县乡人大换届选举工作调研座谈会在武侯区召开。

▲　市政协常务副主席何绍华率队到武侯区调研少数民族流动人口管理服务工作。

▲　武侯区召开政法工作暨政法干警核心价值观教育实践活动动员大会。

4月
April

1日　2012年四川省消费促进月活动启动仪式在王府井科华店购物中心广场举行。

5日　市委常委、副市长赵小维率队到武侯区调研网格化实名制智能指挥平台建设情况。

6日　市委常委黄建发到武侯区调研商贸企业消费进展情况。

▲　区长林丽主持召开2012年重点项目建设专题工作会，听取区发改局关于武侯区重点项目建设情况汇报。

7日　由环保部宣教司和省环保厅联合举办、区环保局协办的“2012清洁节水中国行”活动启动仪式在合江亭音乐广场举行。

10日　武侯区和新津县签订圈层融合战略合作协议。

▲　武侯教育国际交流月暨“中英课堂碰撞·课程共建共享”活动启动仪式在龙江路小学分校举行。

▲　省卫生厅厅长沈骥到武侯区调研医改工作。

11日　自贡市贡井区人大常委会主任林勇率党政代表团，到武侯区考察社会事业服务管理工作。

13日　全国人大常委、卫生部原副部长王陇德率队到武侯区调研脑卒中病人管理及高危人群筛查和干预工作。

▲　位于红牌楼商圈的成都通凯公司与欧洲知名豪华游艇公司德国Sun Rise（日初公司）举行签约仪式，成为Sun Rise在中国的总代理。

17日　武侯区传达学习市第十二次党代会精神大会在区机关礼堂召开。

▲　汇弘小额贷款有限公司在跳伞塔街道新希望大厦开业，该公司注册资金1.5亿元。

18日　武侯区召开土地矿产卫生执法检查工作动员大会，通报土地矿产卫片的基本情况，制定对违法用地的整改措施。

19日　区委书记刘守成主持召开区委常委会第五次会议，审议通过电力通道建设、法制宣传教育第六个五年计划等事项。

▲　武侯区2012年人口计生暨卫生工作会在区机关礼堂召开。

▲　成都市首届中小学生读书节启动仪式在磨子桥小学举行。

20日　中国劳动保障科学研究院院长田小宝到武侯区调研和谐劳动关系构建及社区管理创新工作平台。

▲　武侯区获得成都市中心城区2010年第四批城市建设用地实施方案的批复及征地实施任务书，拟征收集体土地面积122万平方米，其中农用地13.83万平方米。

21日　成都王府井购物中心（科华店）开始营业。

23日　区委书记刘守成在区政务服务中心礼堂主持召开区委中心组（扩大）学习会议，听取市委宣讲团宣讲市第十二次党代会精神。

▲　第三届“中国四川——新加坡中小学校长论坛”在龙江路小学举行。

24日　区长林丽主持召开区政府第二次常务会议，听取第一季度行政效能督查督办工作情况的报告。

▲　红牌楼商圈被市统计局等4家单位联合发布的《2011年成都零售业发展报告》列为成都六大商圈之一。

25日　武侯区推进教育国际化先导区建设动员大会在区政务中心召开。

▲　武侯区推进教育国际化先导区建设动员大会在区政务中心召开。

▲　CCTV-1、CCTV-13《新闻联播》栏目以《创新形式做好十八大代表候选人初步推荐提名工作》为题，报道玉林街道簧门街社区创新形式做好中共十八大代表初步人选推荐提名工作。

26日　四川省党员团员社区志愿服务活动启动仪式在武侯区举行，团省委书记张彤等出席。

▲　成都卡美多鞋业有限公司和成都艾民儿皮制品有限公司获得由中国轻工业联合会和中国皮革协会授予的“中国真皮鞋王”称号。

26～27日　武侯区在太成宾馆召开区委中心组（扩大）学习会，听取各街道、区级经济部门和社会事业部门的工作汇报，安排部署全区重点工作，确保实现“双过半”目标。

27日　四川省、成都市学校安全应急大演练启动仪式暨武侯区学校防灾救灾应急演练在棕北中学西区实验学校举行。

▲　四川省暨成都市2012年侵权盗版及非法出版物集中销毁活动在武侯区举行，此次活动共销毁盗版和非法出版物20余万件（盘）。

▲　武侯区被卫生部评为“全国慢性病综合防控示范区”。

28日　区委书记刘守成主持召开城乡环境综合治理工作专题会议，对城乡环境综合治理工作进行安排部署。

▲　区人大常委会主任王力平主持召开区六届人大常委会第一次会议，审议通过《区人大常委会代表资格审查委员会组成人员名单》《区人大常委会2012年工作要点》及有关人事任免等事项。

▲　以“唐风竹韵·生态成都”为主题的第19届成都竹文化节在望江楼公园开幕。

5月
May

3日　武侯区庆祝建团90周年暨“五四”运动93周年青年文艺大赛在区政务中心举行。

7日　市人大常委会副主任李小新、副市长傅勇林到成都市第三人民医院双楠医院调研。

▲　武侯区被国家开发银行列为四川省首家社区金融类贷款系统试点区。

8日　市人大常委会主任王东洲率队督查武侯区贯彻《四川省城乡环境综合治理条例》及开展城乡环境综合治理工作的情况。

▲　区委书记刘守成在武侯新城主持召开武侯新城建设发展专题会。

▲　区政协主席伍勇主持召开区政协六届第3次主席会议，讨论区政协2012年工作要点和2012年调研视察课题，通过《关于进一步加强政协领导和机关干部联系基层与委员工作的意见》。

9日　省政府法制办主任张渝田到武侯区调研行政审批制度改革工作。

▲　全市铁路项目建设协调工作会在武侯区召开，会议就成绵乐铁路建设对辖区城乡环境综合治理、防汛安全、居民出行等带来的影响进行协调。

10日　市政协常务副主席何绍华率队到武侯区调研垃圾分类收集试点工作。

13日　省委常委、省政法委书记刘玉顺率队到武侯区督导检查省第十次党代会代表驻地安保工作。

14日　武侯区召开全区街道工作会议。

▲　区人大常委会主任王力平主持召开区六届人大常委会第二次主任会议，听取并审议关于加强慢性病防治工作的报告和关于城乡环境综合治理工作情况的汇报。

▲　全国职业健康工作领导小组到武侯区检查职业健康工作开展情况。

15日　市政协主席唐川平到晋阳街道调研小区安置工作。

▲　区长林丽主持召开全区2012年度重点项目建设专题会。

▲　区长林丽主持召开区政府第四次常务会议，讨论并原则通过关于进一步推进小额贷款的实施意见。

▲　区公安分局在华西医院成立应急处置大队“华西中队”并在华西医院门诊广场举办大型平安医院建设宣传活动。

18日　区人大常委会主任王力平主持召开2012年全区街道人大工委工作会。

19日　成都彩虹电器集团股份有限公司董事长刘荣富在省第十次党代会上当选为四川省出席中共十八大代表。

21日　武侯区在区机关礼堂召开全区领导干部大会，传达贯彻省第十次党代会精神。

▲　人民南路科技商务区重点项目保利中心完成竣工验收，项目总建筑面积39.6万平方米，总投资约30亿元。

22日　武侯区2012年“立城优城·产业倍增”重大项目集中签约仪式在明宇尚雅饭店举行，共签约项目23个，总投资133.7亿元。

▲　《武侯区文明院落建设工程实施标准》出台。

23日　区委书记刘守成主持召开城乡环境综合治理专题工作会。

▲　市政协副主席、市建委主任黄平到武侯区调研小游园地下停车场建设工作。

24日　区政协主席伍勇主持召开区政协六届第4次主席会议，专题研究城乡环境综合治理专项督查工作。

▲　省高级人民法院院长王海平到区法院调研“打造一流队伍、争创一流业绩”工作。

▲　武侯区召开“两新”组织防治腐败试点工作动员会，将32家

企业确定为“两新”组织防治腐败工作联系点。

25日 召开2012年全区对外开放专题工作会，研究审议关于进一步完善投资促进工作机制的试行意见及相关实施细则、区领导联系投资促进重大项目制度等议题。

27日 西部六省一区名师培训高峰论坛在武侯区举行，副市长傅勇林等出席。

28日 成都来福士广场在香格里拉酒店举行入驻品牌揭幕仪式。

▲ 位于人民南路四段长寿村的中国工商银行四川省分行营业部现金营运中心开建，项目占地0.87万平方米，建筑面积1.60万平方米。

29日 区委书记刘守成主持召开区委常委会第七次会议，审议并原则通过《进一步完善投资促进工作机制的试行意见及配套实施细则》《中共成都市武侯区委工作细则》《区领导联系投资促进重大项目制度》《调整区与街道办事处财政管理体制的意见》等事项。会议邀请民情专递员、基层党组织负责人、党代表等列席。

30日 共建“最便利最友好国际示范区”启动仪式暨人民南路科技商务区国际人士交流座谈会在凯宾斯基饭店举行。

▲ 区残联被四川大学全国干部教育培训基地确定为残疾人工作现场教学示范点。

▲ 机投桥辖区首座四星级酒店寅生国际酒店开业，酒店建筑面积1.7万平方米，总投资1亿元。

31日 武侯区与成都商物投集团签署联合推进社区综合服务体战略合作框架协议和推进社区综合服务体土地移交协议。

6月
June

2日 中央政法委副秘书长、中央综治办主任陈训秋到武侯区调研加强和创新社会管理工作。

4日 市长葛红林、副市长刘仆到武侯区视察下河排水口污水治理工作。

▲ 武侯区连续第九年获得全省区（市）县民营经济发展综合实力评比第一名。

5日 区长林丽主持召开区政府第六次常务会议，讨论并原则通过拆迁安置房户表改造惠民工程、应用技术研究与开发资金管理等相关事项。

▲ 团省委书记张彤率队到武侯区调研创新社会管理工作和公益性服务载体建设情况。

▲《成都市武侯区“十二五”发展规划汇编》编制完成，该书收录了全区“十二五”期间发展规划总体纲要、主导产业发展功能区建设、社会事业等各类规划19个。

6日 中粮·成都大悦城项目在红牌楼商圈举行奠基仪式。

7日 副省长、省招考委主任黄彦蓉到武侯区视察高考组织工作。

▲ 区政协主席伍勇主持召开区政协六届一次常委会议，听取全区城乡环境综合治理情况的通报。

8日 区委书记刘守成主持召开城乡环境综合治理工作会。

13日 区长林丽率武侯区党政代表团考察白玉县援建项目并与白玉县签订新一轮对口支援框架协议。

15日 省委常委、市委书记黄新初到武侯区调研社会管理创新工作。

▲ 武侯区出台《关于进一步完善投资促进工作机制的意见（试行）》。

16日 成都市“关爱他人、关爱社会、关爱自然”志愿服务活动启动仪式暨成都市“三关爱”志愿项目发布及志愿者招募会在火车南站街道长寿苑社区广场举行，王朝彬、包惠等领导出席。

18日 区委书记刘守成主持召开对口支援藏区工作座谈会，听取对白玉县对口支援项目落实情况汇报，安排部署对口支援白玉县的相关工作。

▲ 最高人民法院司法改革联系点法院座谈会在武侯区召开。

▲ 第十九届成都竹文化节在望江楼公园闭幕。

19日 全球500强企业之一的美国康德乐公司在四川投资的首家企业——成都康德乐大药房有限公司在火车南站街道开业。

21日 全区廉政工作暨纠风工作会在区政务服务中心召开。

27日 全区干部作风教育实践活动动员大会在区政务服务中心召开。

▲ 浆洗街街道洗面桥社区被中宣部、中央统战部、国家民委命名为“全国民族团结进步创建活动示范社区”。

28日 区人大常委会主任王力平主持召开区六届人大常委会第二次会议，表决通过关于开展法制宣传教育第六个五年规划的决议、区人大常委会任免国家机关工作人员参照《成都市人民代表大会常务委员会任免国家机关工作人员条例》执行的决定，审议通过区人大常委会议事规则及相关人事任免等议题。

▲ 成华区委书记刘玉泉、区长夏先义率党政代表团到武侯区考察社会管理创新工作。

29日 成都市首个村级党校在华兴街道沈家桥村成立。

7月
July

2日 武侯区、崇州市赴白玉县援藏干部欢送仪式在武侯区举行。

▲ 市政协副主席李铀率队到武侯区调研社区标准化志愿者服务站点建设工作。

4日 四川检验检疫局与市商务局关于促进成都鞋类产品扩大出口合作备忘录签约仪式在武侯区举行。

▲ 武侯区在全省对口定点扶贫暨干部挂职工作总结动员大会上被评为“2008～2011年度全省定点扶贫工作先进单位”。

6日 省委组织部副部长周国庆到玉林街道调研基层组织建设工作开展情况。

10日 区委书记刘守成主持召开区委常委会第11次会议，总结前一阶段全区开展以保持党的先进性纯洁性为主题的干部作风教育实践活动，并对下一阶段工作提出要求。

11日 国家信访局来访接待司副司长张艳明到武侯区调研创新社会管理工作。

▲ 武侯区学雷锋文体志愿者服务活动启动仪式在区图书馆举行，100余名学雷锋文体志愿者参加启动仪式并宣誓。

12日 中组部部务委员、组织二局局长陈向群率西南五省片区会代表到武侯区调研基层组织建设年党建工作。

▲ 区献血办在全省无偿献血先进集体和先进个人表彰会上被评为“四川省无偿献血先进集体”。

▲ 非洲国家工会组织领导人代表团到成都彩虹电器（集团）股份有限公司考察。

13日 武侯区召开查处违纪违法案件工作联席会，传达全市查办案件工作会议精神，通报2010年以来各成员单位违纪违法案件查办情况。

▲ 武侯区召开干部作风教育实践活动转段工作部署会，总结全区干部作风教育实践活动学习动员阶段工作，安排部署下一步工作。

14日 中共中央政治局常委、国务院总理温家宝视察成都彩虹电器（集团）股份有限公司。

17日 区委书记刘守成主持召开区委常委会第12次会议，审议通过《关于党风廉政建设责任制检查考核的实施办法》《特色街道、重要节点整治方案》《关于开展“千名领导挂点、万名领导包户”活动深入开展机关干部直接联系服务群众工作的实施意见》等议题，3名市民代表应邀列席。

▲ 省台侨办副主任张军到武侯区调研社区服务和“第三届两岸县市双百论坛”筹备工作。

▲ 区人大常委会主任王力平主持召开区六届人大常委会第四次主任会议，听取并审议《武侯区征地拆迁安置工作情况汇报》，审议通过《区人大常委会主任会议议事规则》和《武侯区人大常委会驻会成员与人大代表联系办法》。

18日 世界银行南南合作研究项目课题专家组到武侯区调研轻工业发展工作。

▲ 武侯区被卫生部评为全国口腔卫生“项目管理先进县（区）”。

20日 市委常委、副市长赵小维到武侯区调研关爱进城务工人员子女志愿服务工作。

▲ 武侯区巡防警务试点工作启动仪式分别在火车南站街道和红牌楼街道举行。

23日 区长林丽主持召开区政府第一次全体会议，总结全区上半年工作，安排部署下半年工作。

24日 成都市流动人口双向服务管理试点工作总结暨推进工作部署会在武侯区召开。

26日 省长助理、省公安厅厅长侍俊到武侯区调研。

▲ 区人大常委会组织驻区市人大代表就“成都市形象与文化符号建设”召开专题调研会，区人大常委会主任王力平主持会议。

27日 “同唱连心曲 共续鱼水情”——武侯区庆祝建军85周年军民联欢文艺演出在611所大礼堂举行。

▲ 人民南路科技商务区科华中路新6号地块成功拍卖，总成交价8.9亿元。

▲ 成都IT市场信息官方发布平台——成都IT市场指数官网上线试运营。

30日 区委书记刘守成主持召开区委常委会第13次会议，审议并原则同意《成都市武侯区文化产业发展专项资金管理办法》《关于建立健全院落居民自治激励机制的意见》《关于促进产业倍增若干政策的意见》等议题。

31日 华兴街道沈家桥村的华星奔驰生态园开业，是国内首个地下汽车4S店。

8月
August

1日　区委六届七次全体（扩大）会暨区委中心组（扩大）学习会在太成宾馆召开。

▲　国台办交流局局长程金中到武侯区考察基层社区建设工作。

▲　意大利 Studio Cacace 商务咨询法律公司签约进驻武侯区。

▲　武侯区创建“全国社区中医药工作先进单位”通过省级评估。

▲　区公安分局被省公安厅评为全省优秀公安局。

2日　武侯区召开大会表彰区法院获得“全国模范法院”称号。

6日　西部智谷在由中国电信公司主办的成都市网络信息化最佳单位评选活动中被评为“武侯区网络信息化最佳单位”。

7日　市政协副主席杨兴平到武侯区调研文明院落建设工作。

▲　河南团省委书记侯红率考察团到武侯区考察基层团组织建设和志愿服务工作。

8日　由武侯区政府承办的成都市第四届“全民健身日”太极系列健身大型展示活动在成都音乐广场举行。

13日　成都警备区政委竹中强到区武装部调研。

▲　川大智胜软件股份有限公司、彩虹电器集团有限公司、八益家具股份有限公司等41家驻区企业的49个产品获第十届“四川名牌产品”称号。

14日　区委书记刘守成主持召开区委六届八次全体（扩大）会，传达贯彻全市贯彻落实党风廉政建设责任制暨推进惩防体系建设工作座谈会主要精神。

▲　由成都彩虹集团赞助的成都市关爱留守学生——“彩虹计划·幸福游成都”活动在邛崃市启动。

15日　副省长曲木史哈到武侯区调研基层司法所建设和人民调解工作。

▲　省公安厅副厅长张光华到武侯区调研维稳工作。

▲　武侯区“关心交通先行、关爱特殊群体、关注文明创建”活动启动仪式在火车南站街道长寿苑社区举行。

▲　武侯区分别在新浪网、腾讯网开通武侯微博政务厅，直面网民微博问政。

16日　武侯区—崇州市圈层融合战略合作协议签约仪式在成都惠丰酒店举行。

▲　央视《新闻直播间》栏目对武侯区未成年人刑事案件圆桌审判机制进行专题报道。

▲　斗山工程机械（中国）有限公司成都分公司落户望江路街道，该公司由世界500强企业之一的韩国斗山集团投资设立。

▲　四川奥尔特投资有限公司落户双楠街道，公司总投资1.2亿元。

18日　参加“第三届两岸县市双百论坛”的台湾22个县市“议员”和大陆10个省区市人大代表、政协委员分别到玉林街道黉门街社区、玉林东路社区参观考察。

▲　武侯区在由华西都市报、川商杂志社主办的“第三届C21四川城市发展（2012）峰会”上被评为“2012四川最具投资价值城市”。

20日　云南省曲靖市委常委、麒麟区委书记傅学宾率考察团到武侯区考察教育工作。

22日　区委书记刘守成主持召开区委常委会第15次会议，审议通过关于提高社区（村）工作人员待遇方案、武侯妇女儿童发展纲要、“三重一大”决策事项监督管理办法等议题。

23日　成都昊昇三农实业有限公司落户双楠街道，公司注册资金1亿元。

24日　区工商联召开第五次会员代表大会。

28日　区人大常委会主任王力平主持召开区六届人大常委会第三次会议，审议通过《关于武侯区2011年财政决算和2012年上半年财政预算执行情况的报告》《关于武侯区2011年财政预算执行和其他财政收支情况的审计报告》和《中华人民共和国食品安全法》执法检查报告，表决通过区人大常委会、区法院相关人事任免事项。

31日　武侯区与重庆市璧山县签订流动人口计划生育双向协作协议。

▲　武侯区在四川省2012年全民健康生活方式行动日宣传暨五周年庆祝活动会上，被评为“四川省全民健康生活方式行动优秀项目区”。

▲　市委常委、宣传部部长包惠到武侯区检查深化文明城市建设工作。

9月
September

3日　中央文明委测评组到红

牌楼街道龙爪社区开展全国城市文明程度测评入户问卷调查。

▲ 成都来福士广场举行落成典礼，该项目由新加坡凯德置地投资兴建，总投资约48亿元，总建筑面积31万平方米，集购物中心、甲级写字楼、酒店以及国际高端服务公寓为一体。新加坡总理李显龙及夫人，常务副省长魏宏，副市长王忠林等出席。

4日 最高人民法院到区法院督查庭审和裁判文书评查活动运行情况。

▲ 省人社厅检查组到武侯区检查劳动人事争议仲裁工作。

▲ 省商务厅厅长谢开华率队到武侯区调研商务工作。

5日 最高人民检察院到武侯区调研未成年犯罪教育挽救工作。

6日 中国残联党组成员、人事部主任相自成率“十二五”基本公共服务体系规划课题调研组到武侯区考察残疾人量体裁衣式个性化服务工作。

▲ 成都博瑞小额贷款有限公司落户武侯区，该公司注册资金5亿元。

7日 最高人民法院携人民网、新华网等14家主流网络媒体对区法院立案管理、人民陪审、量刑规范化、未成年人审判等特色工作进行集中采访报道。

▲ 武侯区在区政务中心举行2012年教师节庆祝大会暨全区教师岗位大练兵活动启动仪式。

8日 中共中央政治局常委李长春视察川大智胜软件股份有限公司。

▲ 俄罗斯联邦委员会主席瓦莲京娜·伊万诺夫·马特维延科访问成都并在四川大学演讲。

11日 区政协主席伍勇主持召开区政协六届二次常委会议，听取2012年全区经济社会发展、区政协常委会工作情况以及全区党风廉政建设和反腐败工作情况通报。

11～12日 武侯区组织重点优势企业在富豪首座酒店分别召开工业、服务业企业、建筑地产企业座谈会，通报全区经济总体运行情况，听取企业发展情况并帮助企业解决发展中的困难。

12日 武侯区行政服务标准化国家级试点工作通过国家标准委员会评估验收。

▲ 省人口和计划生育综合改革示范区暨“三结合”工作考核评估组对武侯区创建省人口计划生育综合改革示范区工作进行考核评估。

14日 全区流动人口双向服务管理工作在金花桥街道启动。

16日 人民南路科技商务区核心区域项目人南国际广场开工建设。

18日 全市城乡科技信息服务站（社区）现场会在跳伞塔街道成科路社区召开。

19日 武侯区在2012海外高新科技暨高端人才洽谈会上，分别与澳门中博卫视成都总部、香港正通汽车中国西南区总部签订投资合作协议，引进投资共计4600万美元。

20日 最高人民法院司法巡查组到区法院检查工作。

▲ 四川迦南矿业投资有限公司落户双楠街道，该公司注册资本1亿元。

21日 武侯区召开民族宗教工作联席会，并与西藏自治区政府、甘孜州政府、凉山州政府、阿坝州政府等4个驻成都办事处，以及四川大学、西南民族大学等签订《武侯区“6+1”民族宗教工作共建协议》。

▲ 河南省林业厅、农业厅、机关事务管理局联合考察组到武侯区参观考察。

22日 监察部副部长郝明金率队到武侯区检查安全生产工作。

24日 区人大常委会主任王力平主持召开区六届人大常委会第八次主任会议，听取并审议《关于2012年1～8月人民南路科技商务区建设推进情况汇报》。

25日 2012年第七届中国女鞋之都博览会在中国女鞋之都开幕。本届博览会共举办“品牌城市巡展”“西部设计中心剪彩仪式”“论道·2012——品牌发展与创新论坛”“电子商务平台运营签约仪式”等系列活动。

▲ 武侯区成为全省基本公共卫生服务项目示范区创建试点单位。

20～25日 武侯区在第十三届西部博览会上实现项目签约14个，签约总金额114亿元，签约数目及签约总金额均创历届最高。

26日 集女鞋现场设计、现场评定奖项的“艾民儿杯”国际青年女鞋设计师大赛在中国女鞋之都举行。

27日 市人大常委会副主任敖锡贵率队到武侯区调研非公企业党建工作。

▲ 2012年区科普日活动暨区第六届社区科普文艺会演在红牌楼街道龙爪社区广场举行。

▲ 武侯区与中国水利水电建设股份有限公司签订《中国水利水电公司成都大型商业综合体项目投资合作协议》。

28日　武侯区“喜迎十八大 颂歌献给党”群众文艺会演活动在火车南站街道十街坊广场举行。

29日　武侯区在区政务中心召开“创先争优”活动总结表彰大会。

10月
October

1日　武侯区重点项目建设电子监察平台上线运行。

9日　由中央美术学院、中国美术家协会、市文化局、市旅游局、成都文旅集团主办，成都武侯祠博物馆、成都域中文耕文化传播有限公司承办的成都三国文化旅游系列国际营销活动在台北市启动。

10日　副市长田蓉到武侯区检查校园周边环境和食品安全专项整治工作。

▲　武侯区第一家社区居家养老服务机构——玉林北路社区朗力养老服务中心在玉林横街和苑小区内挂牌。

11日　武侯区街道纪工委成立大会暨授牌仪式在区机关礼堂举行。

▲　2012年全民终身学习活动周全国总开幕式在西南民族大学老校区举行。联合国教科文组织终身学习研究所主任沃纳·莫赫，教育部副部长鲁昕、省市相关领导及来自全国各地的800余名代表出席。

12日　成都市交管局在武侯区、金牛区、锦江区新增3个轻微道路交通事故“三快服务中心”。

▲　“红领巾心向党——感受你的爱”纪念建队63周年主题队会暨四川省少先队优秀个人及集体表彰大会在武侯区棕北小学举行。

▲　科技一条街管委会被工信部授予“中国IT市场指数建设与运行工作突出贡献”奖。

15日　晋阳街道晋阳社区被全国妇联、教育部和中央文明办命名为“全国家庭教育工作示范社区”。

17日　2012中英新校长论坛在武侯区教师继续教育中心开幕，区委常委、副区长张斌，英国韦克菲尔德地区教育局局长苏珊，新加坡智能教育学院常务副院长陈实及来自中国、英国、新加坡等地的200余名教育官员和校长出席。

▲　副市长田蓉到武侯区调研工商行政管理工作。

23日　渠县县委书记、县人大常委会主任王善平率党政代表团到武侯区考察投资软环境建设、社会管理和社区服务等工作。

▲　市委常委、市总工会主席赵小维到武侯区看望慰问老人并调研社区养老服务中心运行情况。

▲　区内有川大附中、棕北中学等9所学校入选中英校际连线2012～2013年度“梦想与团队”项目学校。

24日　武侯区被农业部认定为“全国农村集体‘三资’管理示范县”。

▲　浙江省嘉兴市秀洲区区委书记朱海平率党政代表团到武侯区参观考察。

▲　四川石化电气有限公司落户跳伞塔街道，投资金额1亿元。

25日　建发（成都）有限公司落户跳伞塔街道，投资金额1亿元。

26日　区人大常委会主任王力平主持召开区六届人大常委会第四次会议，审议通过《关于区六届人大第一次会议区人大代表议案、建议、批评和意见办理情况的报告》及相关人事任免事项。

▲　摩尔汽车用品广场开业，该广场建筑面积约11万平方米，总投资6亿元，是集购物、娱乐、文化、酒店等多功能于一体的城市综合体项目。

27日　成都体育学院举行建校70周年庆祝大会。

▲　金昌源小额贷款有限公司落户华兴街道，该公司注册资金1.5亿元。

29日　诺贝尔化学奖获得者、筑波大学教授白川英树访问四川大学。

30日　草金立交改造工程完工并通车，此次改造工程在桥上新建4条左转匝道，桥下新增4条右转辅道。

31日　省长助理、省公安厅厅长侍俊到武侯区督查“雷霆—3”统一集中清查整治行动、“平安四川”行动开展情况。

11月
November

1日　武侯区在省体育馆广场举行征兵宣传报名活动，叶万勇、凌峰、刘继承、赵苗等军地领导到场宣讲征兵政策。

▲　省委常委、省政法委书记刘玉顺到武侯区调研治安防范工作。

▲　武侯区城乡居民最低生活保障标准家庭月人均收入由330元提高到380元。

▲　成都2013《财富》全球论坛综合整治项目——机场路（武侯段）绿化带改造工程动工。

▲　全国首家“罗氏诊断技术

合作与示范基地”落户四川大学华西医院。

2日　全市境外人员纳入流动人口服务管理工作推进会在武侯区召开。

▲　区人才中心在全省人才系统率先全面开通预约服务。

▲　四川恒裕欣实业有限公司落户簇锦街道，该公司注册资金1亿元。

4日　武侯区在全市率先开展整治机动车“两乱”（乱抛洒、乱丢弃）行为百日行动，并出台政策对违规者予以处罚。

5日　武侯区在区机关礼堂召开保持党的先进性纯洁性为主题的干部作风教育实践活动总结大会。

6日　武侯祠大街立面整治工程开始施工，此次整治主要对建筑外立面、店招、夜景光彩等进行改造，改造面积5.9万平方米。

▲　四川聚宝鸿翔实业有限公司落户簇桥街道，该公司注册资金1亿元。

7日　武侯区社区社会组织居民服务中心和孵化中心授牌仪式在晋阳社区举行。

8日　全市基层法院法官业绩记录评价系统建设工作推进会在区法院召开。

9日　武侯区与省委政研室、四川发展（控股）有限公司在锦江宾馆签订对口支援白玉县三方共援框架协议。

11日　市委常委、政法委书记王忠林到武侯区督查维稳工作。

12日　内蒙古自治区党委组织部副部长、人社厅厅长萨仁一行到武侯区考察劳动就业培训工作。

▲　四川亿田德润实业有限公司落户红牌楼街道，该公司注册资本1亿元。

13日　成都飞机设计研究所研制的中低空军民两用、长航时多用途无人机——“翼龙”现身珠海航展。

14日　国务院法制办社会管理法制司司长李岳德、民政部政策法规司司长许立群率队到武侯区调研流浪乞讨人员救助管理工作。

▲　武侯区“创建全国社区中医药工作先进单位”通过国家中医药管理局专家组验收。

15日　副省长曲木史哈、省政协副主席解洪到武侯区调研民政灾后恢复重建项目建设情况。

16日　成都鼎通融资担保有限公司落户红牌楼街道，该公司注册资金1亿元。

19日　国家开发银行四川省分行和《光明日报》总社到武侯区调研社区金融小额贷款工作开展情况。

20日　武侯区在区机关礼堂召开传达中共十八大精神大会。

21日　副市长赵苗到武侯区调研旅游、文化、商贸等工作。

22日　位于武侯新城的首信城市综合体项目开工建设，该项目占地13.6万平方米，总建筑面积54万平方米。

24日　西南民族大学在老校区维舟广场举行国家级人才培养基地“西部基层法律人才教育培养基地”建设启动仪式。

▲　华西医院被复旦大学医院管理研究所评选为“中国医院排行榜”第二名。

25日　武侯区太极拳代表队获得成都市“体彩杯2012太极蓉城系列健身活动”区（市）县太极拳总决赛第一名。

26日　簇锦社区卫生服务中心被卫生部授予“全国示范社区卫生服务中心”称号。

▲　区卫生局被省重大传染病防治工作委员会评为“四川省艾滋病防治工作先进集体”。

▲　武侯区召开贯彻落实市委传达省委书记王东明来蓉视察重要精神会。

27日　区人大常委会主任王力平主持召开区六届人大常委会第10次主任会议，听取并审议《2012年武侯区环境监测执法工作汇报》和《2012年武侯区深化城乡环境综合治理工作汇报》。

▲　武侯区政府门户网站《3D实景政务大厅》栏目被电子政务理事会评为“2012年中国政府网站网上办事精品栏目”。

▲　四川省高晟投资有限公司落户簇桥街道，该公司注册资金1亿元。

29日　区公安分局消防大队、区公安分局消防大队棕树南路中队被公安部授予“党的十八大消防保卫战消防部队突出集体”称号。

▲　武侯区召开2013成都《财富》全球论坛和第十二届世界华商大会区域筹备工作领导小组会议。

30日　由中央文明办主办、中国文明网承办的“我推荐、我评议身边好人”活动揭晓2012年11月“中国好人榜”名单，多年坚持捐资助学的区地税局干部邓学江入选。

▲　在天使宾馆举行的四川省民族团结进步创建活动暨四川省民族团结进步教育基地授牌仪式上，省委常委、省委宣传部部长吴靖平等向浆洗街街道、洗面桥社区、西南民族大学民族博览中心授牌。

▲　跳伞塔街道举行创建“全国安全社区”启动仪式。

12月
December

2日　由教育部语文出版社、《教育》杂志社联合主办的第三届全国中学语文教学论坛在武侯实验中学举行。

3日　区委书记刘守成、区长林丽、区人大常委会主任王力平会见阿坝州州委常委、组织部部长杨程富，金川县县委书记张海清、县长卞思发等一行。

4日　全国十一届政协常委、中国人民解放军原副总参谋长张黎上将参观武侯祠博物馆。

6日　世界500强企业、全球最大的生物技术公司罗氏制药在武侯区举行中国西部运营中心成立仪式。

▲　由区委宣传部主办，区文体旅游局和跳伞塔街道联合承办的第三届文化艺术节开幕式在跳伞塔街道锦绣街举行。

10日　市委常委、宣传部部长白刚率市委宣讲团区（市）县宣讲四分团到武侯区宣讲十八大精神。

▲　区政协主席伍勇主持召开六届第10次主席会议。讨论修改了区政协常委会工作报告，提案工作报告和委员履职管理与服务办法。

▲　区工商联与香港物流商会结为“友好商会”。

11日　区政协主席伍勇主持召开区政协六届三次常委会议，审议通过区政协常委会工作报告、政协提案报告等事项。

▲　武侯新城在2012成都商业地产行业发展论坛暨颁奖盛典上，被评选为“2012成都商业地产最具投资潜力城区”。

12日　省委常委、市委书记黄新初到金花桥陆坝村调研劳动与社会保障工作。

▲　省委统战部部长崔保华到四川大学调研统战工作。

▲　市党风廉政建设工作第七检查组组长、市委常委、总工会主席赵小维率队到武侯区检查党风廉政建设及反腐败工作。

▲　武侯区政务微博——“武侯发布”被新浪网评为“2012年度西部十省政务微博十佳应用奖”。

13日　四川天予浩实业有限公司落户西部智谷，该公司注册资金1亿元。

14日　市委常委、政法委书记王忠林到武侯区调研社会管理创新工作。

▲　国务院民间投资发展督查组到武侯区调研民间投资发展工作。

▲　区委书记刘守成主持召开区委六届九次全体会议，审议通过关于召开中共成都市武侯区第六届代表大会第三次会议的决议。

15日　武侯区在第十届中国教育改革论坛暨2012中国教育总评榜颁奖盛典上被授予“全国教育改革创新示范区”称号。

16～17日　在北京和上海举办的成都市投资说明会暨项目签约仪式上，武侯区签约联想集团区域结算中心、台湾新光国际百货公司武侯卖场、京东全国研究院、水晶石成都研发中心及培训基地等4个项目，共引进投资8.4亿元。

18日　区人社局被人社部授予“全国人力资源社会保障系统先进集体”荣誉称号。

19日　中国女鞋之都·渝成制鞋产业园项目举行签约仪式，武侯新城管委会与安岳县龙台发展区管委会签订鞋业产业转移战略合作协议。

▲　四川大学入选国家首批卓越法律人才教育培养基地名单。

▲　武侯新城管委会与安岳县龙台发展区管委会签署鞋业产业转移战略合作协议。

20日　四川国发融资担保有限公司落户西部智谷，该公司注册资金3亿元。

21日　武侯区—新津县圈层融合工作总结会在武侯区举行。

22日　省政府教育督导评估组认定，武侯区义务教育均衡发展全面达标。

26日　市委常委、总工会主席赵小维到晋阳街道慰问困难劳模。

27日　市委副书记、市纪委书记邓修明率市民代表到武侯区检查验收“二环路两快工程”实施情况。

31日　市委常委、政法委书记王忠林到武侯区慰问公安民警。

▲　市政协副主席、市建委主任黄平到武侯区检查民生工程建设工作。

▲　西部智谷公交首末站动工建设。

（注：▲表示与前一条同日）

中共成都市武侯区委

COMMUNIST PARTY OF CHINA CHENGDU WUHOU DISTRICT COMMITTEE

重要会议

Important Meetings

【区六届二次党代会】 3月28日，区六届二次党代会在区政务中心召开。会议由区委书记刘守成主持，317名党代表出席，以无记名投票方式选举邓修明、艾志秋、刘印勇、刘守成、刘荣富、李俊霞、杨金惠、吴海宁、余麟、林丽、周长玖、敖锡贵、曾咏梅、廖吉明为武侯区出席市十二次党代会代表。

【区委六届二次全体会议暨中心组（扩大）学习会】 1月11日，区委六届二次全体会议暨中心组（扩大）学习会在太成宾馆召开。会议听取市委宣讲团宣讲报告会，传达市委经济工作会议精神，审议通过《中共成都市武侯区委关于推进文化大发展大繁荣加快建设文化强区的实施意见》。区委委员、候补委员出席会议，不是区委委员、候补委员的区级领导以及各街道、区级各部门、各人民团

图001　区委六届三次全体会议召开　（区新闻中心提供）

体主要负责人列席会议。

【区委六届三次全体会议】 2月2日，区委六届三次全体会议在第一办公区电视电话会议室召开。会议审议通过武侯区提名四川省出席中共十八大代表和推选出席省第十次党代会代表建议名单。区委委员、区委候补委员出席会议。

【区委六届四次全体会议】 2月28日，区委六届四次全体会议在区委常委会议室召开，会议确定了武侯区出席市第十二次党代会代表候选人预备人选；审议通过召开区六届二次党代会有关事项。区委委员、区委候补委员出席会议。

【区委六届五次全体（扩大）会议】 3月28日，区委六届五次全体（扩大）会议在区政务中心召开。会议审议通过《武侯区出台成都市第十二次党员代表选举办法（草案）》，审议通过区六届二次党代会分团预选和大会选举总监票人、监票人建议名单。区委委员、区委候补委员出席会议，不是区委委员、区委候补委员的区六届二次党代会各代表团团长列席会议。

【区委六届六次全体会议】 3月28日，区委六届六次全体会议在区政务中心召开。会议听取总监票人关于武侯区出席市第十二次党代会代表预选结果的报告；审议通过武侯区出席市第十二次党代会代表正式候选人名单。区委委员、区委候补委员出席会议。

【区委六届七次全体会议暨中心组（扩大）学习会】 8月1日，区委六届七次全体会议暨中心组（扩大）学习会在太成宾馆召开。会议传达省市深入实施“两化”互动、统筹城乡发展战略工作会精神，通报全区保持党的先进性纯洁性为主题的干部作风教育实践活动开展情况，总结全区2012年上半年工作，研究部署2012年下半年工作。区委委员、区委候补委员出席会议，不是区委委员、区委候补委员的区级领导以及各街道、区级各部门、各人民团体主要负责人列席会议。

【区委六届八次全体（扩大）会议】 8月14日，区委六届八次全体（扩大）会议在第一办公区电视电话会议室召开。会议主要内容是贯彻落实省市落实党风廉政建设责任制暨推进惩防体系建设工作座谈会精神，总结全区落实党风廉政建设责任制和推进惩防体系建设工作，安排部署下一步工作。区委委员、区委候补委员出席会议，区人大常委会主任、区政协主席、区人大常委会副主任、区政府非党员副区长、区政协副主席列席会议。

【区委六届九次全体会议】 12月14日，区委六届九次全体会议在第一办公区电视电话会议室召开，会议审议通过区六届三次党代会有关事项。区委委员、区委候补委员出席会议。

【区委常委会议】 全年召开区委常委会议21次，审议议题184项，24名基层党组织负责人、民情专递员、社区民情代表、村民议事会成员列席会议。会议研究了区人大、区政协换届工作方案，区级财政专项资金、基本建设支出预算、政府投资工程建设项目审批、干部人事管理的暂行办法、决策事项监督管理办法、企业稳增长促发展的措施、院落居民自治激励机制和棚户区改造等工作。

【区委中心组（扩大）学习会议】 4月26～27日，区委中心组（扩大）学习会议在太成宾馆召开。会议主要内容是贯彻落实市第十二次党代会精神，安排部署2012年全区重点、特色亮点工作。区级领导以及各街道、区级各部门、各人民团体主要负责人参加会议。

【经济工作总结暨纳税大户表彰大会】 2月17日，武侯区2011年度经济工作总结暨纳税大户表彰大会在区政务中心召开。全年纳税100万元以上的769家企业，房地产业、工

图002　召开区委常委会第11次会议　　（区新闻中心提供）

业、服务业纳税十强企业及5家成长型企业，成都农村商业银行股份有限公司、保利（成都）实业有限公司、成都利君实业股份有限公司、成都城市燃气有限公司等4家纳税过亿元的企业，成都市路桥工程股份有限公司和成都利君实业股份有限公司等2家2011年上市企业，成都卡美多鞋业有限公司技术中心等10家获省市认定企业技术中心和省工程技术研究中心企业，火车南站街道、武侯新城管委会等2家财政总收入过20亿元的单位和簇锦街道等经济工作先进单位受到表彰。大会还公布了2012年度重点优势企业。

（李勤勤　张　钟　谢　萍）

办公室工作

Office Work

【文件办理】 区委办公室按照中办、国办《党政机关公文处理工作条例》的要求，注重文件办理的规范化、制度化、程序化。组织全区各单位办公室主任和业务骨干参加公文格式规范化培训活动。全年印发区委文件37份，区委办公室文件77份，常委会会议纪要27件；办理各类密级文件175份，区内各类制文309份，接收中央、省、市三级文件164份，登记各类文件2000余份。

【会务办理】 区委办公室完成区六届二次党代会、区委全体（扩大）会议、武侯区领导干部大会、武侯区开展保持党员先进性纯洁性为主题的干部作风教育实践活动动员大会等30余个全区性会议以及区委书记、区委副书记主持召开的城乡环境综合治理工作会、争当小康社会示范区专题会、全区经济工作专题会等20余个专题会议的会场布置、会务协调、会务保障工作。

【接待工作】 区委办公室坚持“优质、规范、文明、高效”的原则，全年完成接待任务648批次，其中二级以上接待任务和市接待办交办的接待任务31批次；各地到武侯区考察参观访问的接待91批次；上级到武侯区视察、检查的工作组以及招商引资的商务接待119批次；协助其他单位，指导各部门完成接待任务407批次。

（李勤勤　张　钟　谢　萍）

目标管理督查

Management and Supervision by Objectives

【目标管理】 围绕市委、市政府“五大兴市战略”，下达经济建设、政治建设、文化建设、社会建设、民生保障等各类目标182项。设置“交通先行”“文化建设与发展”“城乡环境综合治理”“全域开放”等9项重大工作目标。坚持召开目标运行分析会，实行定期专报和通报制度；通过运行调研、动态分析等方式，掌握目标运行真实情况；将过程考核纳入年度绩效考评。区目督办全年共召开目标分解联系会、专题运行分析会等会议57次，研究解决办法238条，报送专报35期、通报4期，263项市级目标运行得到有效监控。区目督办分片区召开各街道和部门分管领导以及目标管理督查工作人员培训会4次，按照“按需培训、突出重点”的原则，到7个街道和部门有针对性地开展交流培训。在调查研究的基础上，不断总结提炼，发挥示范效应，全年发出《目标管理督查通报》4期，向市目督办报送特色亮点工作和经验20余条。

【督查督办】 区目督办着重对区委、区政府民主生活会征求意见的办理和重点项目推进存在的问题等160余个事项实施重点督办。通过网络、社区宣传栏等多途径收集群众在生产生活中急需解决的问题，并经过研究论证纳入全年民生工程目标，实施监控和管理。区目督办抽派专人与区发改局、武侯国土分局等单位组成联合督查组，开展卫片执法检查、重点项目推进等专项督查。认真办理市委、市政府督办事项，优化办理流程、提高办理质量，全年共办理市委、市政府督办件130项。修订并完善督查督办考评办法，重减分，轻加分，着重加强对办理效果和质量等指标的考核。进一步创新督查督办工作方式，坚持“常规督查和重点督查相结合、书面督查和现场督查相结合、明查和暗访相结合、督查督办和协调服务相结合、督查和调研相结合”的督查方式，综合运用督查手段，提高督查督办的效果和水平。

（吴　瑶　郭　济）

保密工作

Secrecy Work

【宣传培训】 以学习贯彻《保密法》为主题，以领导干部和涉密人员为重点对象，以信息化条件下的保密防范知识为主要内容，开展宣传培训。结合全区实际制定《武侯区“六五”保密法制宣传教育实施规划》。对全区重点单位分管保密工作的领导和保密专（兼）职干部进行保密培训，开展保密知识答卷活动，全区各单位60% 的工作人员参加。各单位利用政治学习时间集中组织学习新修订的《保密法》《手机使用保密管理规定》；各街道办事处和社区利用法制宣传栏进行《保密法》宣传，设立《保密法》宣传点，散发相关资料。

【日常管理】 区委保密办针对近年来保密工作对象和领域发生的变化，加强指导和管理，认真落实《武侯区政府信息公开保密审查暂行办法》，明确制文、发文单位的责任和承办、审核、签批责任人，规范政府信息保密审查程序，防止涉密信息上网，针对机关单位内部资料电子文档网上传递渠道多的情况，督促各单位按照《关于规范区级机关内部资料网上传递和电子文件存储的通知》要求，禁止通过QQ、邮箱等途径传递内部资料。加强对涉密文件资料的管理，规范涉密文件的制作、收发、传递、清退、归档、销毁等环节及涉密载体的管理。加强涉密人员的管理，换届后重新对领导干部和涉密人员签订保密承诺书，对涉密人员进行登记备案。

【技术防范】 继续加强保密技术基础建设，完成互联网出口检查检测平台建设和违规外联报警系统升级工作，增配恶意程序辅助检测系统、手机屏蔽柜等设备，全区涉密计算机和政务内网终端实行定点维护管理。4 个技术平台建设基本完成，实现全区涉密计算机违规外联报警、端口管理；完善保密综合业务管理平台数据录入工作；政府门户网站敏感信息搜索系统使用情况较好，保密技术防范能力大大提高。加强对涉密计算机的安全防护，统一为全区涉密计算机进行维护和安全评估，定期进行硬盘检测、漏洞扫描和补丁安装；安装单向导入系统，有效控制 U 盘交叉使用现象，使涉密计算机的安全系数大幅提高。

【督促检查】 加强对区政府公众信息网和区级各部门门户网站的保密检查，对敏感信息进行筛查，保证政府信息公开的安全和顺利实施。做好涉密计算机违规外联监控平台的使用和管理工作，对涉密计算机上互联网情况进行监测，有效阻断涉密计算机与互联网连接。对重点单位的涉密文件、涉密计算机和非密计算机进行保密检查，发现安全隐患限期整改、定期复查，消除安全隐患。认真做好各类统一考试保密管理的指导和督促，定期对区招办试卷保密室进行全方位检查，区委保密办派专人参与考卷的押送、保管、启封和分发等环节。成立专项检查小组，开展各种专项保密检查，如涉密计算机检查、安奈特产品的清查、网络清理检查、涉密通信录保密管理检查、再生资源集散市场检查、保密普查等，以检查来促进宣传教育和保密管理工作，坚持检查与督导相结合、检查与教育相结合、检查与调研相结合，探索做好保密工作的新途径、新方法。

（张　念）

纪检监察

Discipline Inspection and Supervision

【党风廉政建设责任制】 区纪委协助区委发挥党风廉政建设牵头作用，整合各方面力量，形成“党委抓全面，纪委抓组织协调，街道抓联动，部门抓深入，社区（村）抓延伸”的工作格局。全年区委、区政府主要领导对党风廉政建设做出批示 28 次，区委常委会和区政府常务会有 23 次对全区反腐倡廉工作进行专题研究，下发文件规定及相关要求 35 件次。下发《武侯区 2012 年党风廉政建设和反腐败任务分工》，由 15 位区委、区政府领导分工牵头主抓，将 10 大类 109 项任务分解落实到 35 个牵头单位，对反腐倡廉各项工作目标提出明确要求。下发《关于党风廉政建设责任制检查考核的实施办法》，将考核纳入区委、区政府绩效目标考核体系，并增加责任制考核分值权重，考核结果以区委、区政府名义通报。

【惩防体系建设】 2012 年是贯彻落实中央关于惩防体系建设第一个五年规划的最后一年，按照“分层设计、分类实施、点面结合、突出重点、整体推进”的总体要求，在区级部门和街道分别建立以反腐倡廉教育机制、权力运行监控机制、改革创新治本机制、纠风治乱匡正机制、案件查办惩戒机制、工作保障机制、社会评价和参与机制等“七大机制”为支撑的基本框架。全区街道、机关、社区（村）、学校、医院、政府投资性公司、“两新”组织等共 166 家单位，结合自身实际，绘制出本单位惩防体系框架图和制度目录。在对已有制度进行梳理的基础上，围绕教育、制度、监督、改革、纠风、惩处、社会评价等 7 个方面，制定和完善相关制度。全年共新增和修订相关制度 11 项，进一步完善区级惩防体系的基本框架。区级惩防体系建设的 57 项目标任务基本完成48项，继续深化4项，持续开展5项。惩防体系建设第一个五年规划目标任务基本完成。

【执法纠风】 区纪委开展专项治理，纠正损害群众利益的不正之风。加强对“小金库”专项治理的日常监管，防止违规违纪行为发生；加强对公务员津贴补贴规范管理工作的监督检查；开展治理商业贿赂专项活动，共查办商业贿赂案件9件。对征收征用农村集体土地、城镇房屋拆迁、拖欠工程款和劳动者工资等损害群众利益的突出问题进行清理；对全区评比达标表彰活动进行清理和规范；严格控制一般性支出，削减公务接待费用支出，压缩行政机关日常公用、会议等经费开支。推进政府采购监管制度建设，全程监控政府采购59批次，节省资金683.45万元。

【源头预防和治理】 区纪委做好省预防腐败联系点工作，在全区确定32个“两新”组织为社会领域预防腐败工作试点单位，分类建立纪检组织，实现预防工作关口前移。严格执行领导干部个人重大事项报告、述职述廉、民主评议、诫勉谈话等制度，对29名局级领导干部进行了经济责任审计。全年有767名区管干部集中报告了个人有关事项。制定出台《武侯区“三重一大”决策事项监督管理办法》，全区83个单位制定出本单位“三重一大”决策事项实施细则。认真查找岗位风险，对已查找出的权力风险点进行再审查，评定风险等级，制定预防措施，全区共查找单位岗位风险点2573个，领导岗位个人风险点3423个，制定针对性防控措施1823条。2012年，武侯区被中央党务公开工作领导小组授予“全国县委权力公开透明运行试点工作先进单位”称号。

【行政效能和软环境建设】 区纪委积极做好政府投资项目建设全程监管，建成“武侯区重点项目建设电子监察平台”，全区199个涉及“五大兴市战略”的重大项目被纳入该平台进行实时监督。通过随机明察暗访、发放信函调查表、拦截调查办事群众满意度、召开座谈会等方式收集意见建议并严格督办；邀请企业、群众、人大代表、政协委员等对区级部门实施“开门评议”420余人次。规范党员干部从政行为，进一步完善政风行风热线网络、电话管理制度，公开行政效能投诉电话，畅通渠道，落实诉求，全年共受理网络和热线电话诉求182件，全部办结。制定《武侯区2012年行政效能暨经济发展软环境建设实施意见》《行政效能督查督办目标考核扣分细则》等文件，加大对各项目标任务的效能督查力度，围绕财政收入目标、18项重要信访事项、城乡环境综合治理、文明城市建设、机关作风建设等工作开展督查。对城乡环境综合整治工作排名靠后、或信访初访化解率不高、或未完成税收基本目标、或未完成固定资产投资目标的9个单位进行提醒式约谈；对城乡环境综合治理工作开展不力的相关责任人员进行效能问责，给予行政警告2人、党内严重警告2人。2012年，区监察局被市委、市政府授予“全市机关行政效能建设先进集体”称号。

图003 2012年6月，武侯区重点建设项目电子监察平台开通运行 （区纪委提供）

【查办案件】 武侯区将网上举报、绿色邮政和阳光政务等渠道有机结合，进一步畅通群众诉求渠道，全年共受理群众来信来访121件次，按期办结率100%。纪检部门加强与公检法和审计部门的协作，建立健全查处违纪违法案件工作的组织协调、日常沟通、案件移送、共同办案、案件反馈等制度，多渠道挖掘案件线索。对违纪违法案件，发现一起查处一起，立案数同比增长114.3%。2012年共查办案件15件19人，其中党纪处分11人、政纪处分8人，涉及副处级以上干部6人。发挥查办案件在教育、源头预防等方面的治本功能，通过查处案件，帮助发案单位举一反三、总结教训、完善制度。

图004　市委副书记、纪委书记邓修明（左二）到区行政审批局调研　　（区新闻中心提供）

【队伍建设】大力推进纪检监察机关"三项建设"（能力素质建设、思想作风建设、基层组织建设），下发《关于加强街道纪检监察组织建设的实施意见》，对基层纪检监察组织的主要职责、工作重点、考核机制及人员选配等方面予以明确。在各街道恢复成立街道纪工委，各配备委员3～7名，同时在各社区（村）党组织设立纪检委员，设党委的社区（村）设纪委，在每个居（村）民小组设立廉情监督员，全区共有廉情监督员520名，全区基层纪检监察组织"八有一落实""六有一保障"落实到位。组织专题学习班，安排全区新进纪检监察系统的43名干部到清华大学培训，提升工作能力、思维创新能力和综合工作能力。在全区纪检监察干部中开展"学办文、学办会、学礼仪、学英语"的"四学"活动，有计划地选派干部，参加各种层次和类别的业务培训35次。"县委权力公开透明运行工作"调研课题获得成都市第十届哲学社会科学优秀科研成果优秀奖。

【六届纪委第二次全体会议】2月21日，区纪委召开六届二次全体会议，总结2011年工作，安排部署2012年任务。会上，区委书记刘守成要求全区各级各单位要认真贯彻各级纪委全会精神，把思想行动统一到中央和省、市、区委的部署要求上来，正确认清形势，深入推进党风廉政建设和反腐败斗争；提升执行效能，确保上级决策部署落实到位；保持党性纯洁，不断巩固党的执政之基；坚持齐抓共管，为开创"商务高地·宜居武侯"建设新局面提供有力保障。区委常委、区纪委书记刘印勇主持会议，他传达上级纪委会议精神，并代表区纪委常委会作题为《牢记使命忠诚履职深入开展党风廉政建设和反腐败斗争为建设"商务高地·宜居武侯"营造良好环境》的工作报告。会议全票通过《中共武侯区第六届纪律检查委员第二次全体会议决议》。区"四大班子"领导，各街道党政主要负责人，区级各部门、各人民团体主要领导及分管领导，区纪委常委、委员，各派出纪工委负责人和内设各室主任参加会议。

（陈永单）

组织建设

Organization Construction

【党员发展管理】武侯区全年发展新党员388名，培养入党积极分子597名。2012年底，全区共有党员24916名，其中女党员9332人、少数民族党员324人。不断深化党员服务管理，划拨区管党费76.45万元，用于规范党员服务中心（站、点）建设；认真落实流动党员登记制度，做好流动党员信息采集工作；实行《党员证》制度、党员和党组织基本信息动态管理制度；坚持在重大节日走访慰问困难党员、老党员，共划拨区管党费22.67万元用于帮扶和慰问700余名困难党员和老党员。

【党员教育】坚持社区（村）干部轮训制度，实行分层培训、分类施教，举办社区（村）干部培训班1期，培训社区（村）干部460余名。加强远程教育站点建设，搭建远程教育"三级网络平台"，实行"学时制"管理，全区建立远程教育网络平台222个，发放远程教育管理卡222张、学习卡10000余张。开展远程教育进"两新"组织活动，推进"两新"组织远教示范站点建设，深化"两新"组织党员教育工作。全区有6家非公企业被评为省市级远教示范站点。

【基层党组织建设】全区共有党组织1149个，其中基层党委72个、党总支部47个、党支部1030个。建立"书记抓、抓书记"的党建工作责任制，层层签订党建责任书，实行党建工作半年专题述职制度。强化党建工作保障，在街道配备1名组织员，符合条件的社区（村）改设党委，增配党务副书记。分街道和社区（村）两个层面，建立区域党员代表会议、区域党委和区域党建办公室，实行“双党委”同步运行、项目联动工作机制，完善共建共享网格化功能服务。分“巩固深化”“重点打造”“着力培养”3个类型，建立社区（村）、“两新”组织党建示范点31个。采取单独建、联合建、挂靠建等方式，全区新建“两新”党组织99个。突出“青年、岗位一线、骨干”发展重点，全区新发展“两新”组织党员69名。通过选派党建指导员、联络员，开展“党建示范行动”等主题实践活动，促进“两新”党组织和党员作用发挥。四川科创药业集团党委、成都八益家具股份有限公司党委被中央组织部评为“全国创先争优先进基层党组织”，5个单位和个人受到省委表彰，17个单位和个人受到市委表彰。

【基层民主政治建设】 深化“三务”公开，坚持社区（村）“两委”（支委、村委）及成员民主评议制度，评议面100%，社区（村）“两委”优秀率为90%。加大会议开放力度，做到会议开放规范化、制度化，区委常委会（全委会）、区人大常委会、区政府常务会“三会”开放率为100%。印发《村民议事会规范化建设工作手册》，对村民议事会的有关制度、工作流程及相关文书表格样式进行统一和规范，积极推行村级经济职能与自治职能分离，实现村民议事会工作规范化、制度化、常态化运行。深化民情专递工作，加强院落自治管理小组建设，规范院落民情代表议事会常态化运行，全年共收集、办理各类民情民意建议、意见2836件，全区民情专递工作规范化、制度化覆盖面100%。

【党代会常任制和党代表任期制】 深化党代会常任制和党代表任期制工作，落实区党代表提案、区党代表与区委委员“双向约见”、学习培训和调研视察等制度。加大工作推进力度，将其纳入社会管理创新范畴，并将提案（意见、建议）办理情况纳入区级目标考核。全年开展“双向约见”活动50余次，开展基层党代表调研视察重点项目活动20余次，收集党代表提案、基层党员意见、建议85条，办结率、满意率100%。

图005 举办入党积极分子培训会 （区新闻中心提供）

【领导班子建设】 立足“三个突出”，选好配强局级领导班子。突出人岗相适，开展任职满意度调查，书面征询447名局级实职领导干部对现职岗位的满意程度。向基层倾斜，注重在基层、重点工作和经济工作主战场发现、选拔干部。2012年换届，共从街道和经济工作主战场提拔干部57名，占提拔总数的64%。结合实际，研究出台换届政策，选拔一批德才兼备、群众公认、实绩突出的优秀年轻干部到局级领导岗位。

【干部队伍建设】 出台《关于进一步加强干部队伍建设的八点意见》《武侯区加强街道干部队伍考核管理办法（试行）》及《关于深入开展谈心谈话活动的实施意见》等制度，进一步明确干部管理、考核、使用的相关要求。选派年轻干部到国家部委、省市有关部门、藏区、新津县等地挂职锻炼，帮助年轻干部丰富阅历、磨炼意志、增强才干。坚持日常考察和年度考核相结合，着重考察干部在抓好城乡环境综合治理、维护社会稳定、推进经济发展、落实民生项目等重点工作中的表现和工作成效，根据日常考察和年度考核有关情况，分别采取组织约谈、诫勉谈话、问责、调整岗位等方式，进一步增强各级干部的执行力。

【干部监督管理】 区委组织部加强对干部选任工作的监督，认真做好科级干部任免备案工作。加强换届纪律学习培训，畅通举报渠道，通过电视、报纸等载体公布换届举报电话，让广大干部群众对换届工作进行监督。加强干部因私出境工作的管理，印发《中共成都市武侯区委组织部

图006　召开推荐提名四川省出席中共十八大代表和推选出席四川省第十次党代会代表工作会议

（区新闻中心提供）

关于加强领导干部因私出国（境）证件管理的通知》，对全区市管干部和区管干部的因私出国（境）证件进行集中统一管理。出台《武侯区区管干部因私出国（境）审批办法（试行）》，进一步规范区管干部因私出国（境）的审批程序。

【人才工作】　出台《成都市武侯区重大人才工程实施办法（试行）》，建立覆盖全区经济社会发展重点领域的人才发展政策体系；开展高层次创新创业人才队伍建设，制定《成都市武侯区引进高层次创新创业人才实施办法（试行）》，设立高层次人才专项资金6000万元，用于高层次创新创业人才培养引进项目；积极做好省、市人才评选申报工作，两名高层次人才成功入选"成都人才计划"；以武侯新城为主阵地，围绕产业园区内主导产业和重点行业，积极推进"人才小高地"建设。不断优化人才创新创业环境，出台《关于健全和完善领导干部直接联系高层次领军人才制度的意见》，每位区委常委直接联系1名高层次人才，协调解决生产生活等方面的困难和问题，畅通建言献策的渠道。

【创先争优】　开展党组织、党员"公开承诺""三亮四比五评""六有六服务"等规范化服务型党组织创建主题实践活动，促进党组织、党员作用发挥常态化、长效化。全区建立医疗救助、爱心帮扶等党员志愿者服务队279支，全年服务群众近4万人次。统筹推进基层组织建设年工作，开展基层党组织运行现状大调查和群众工作薄弱环节大排查，实施"三分类三升级"活动，分基层党组织自评、党员群众评议、上级党组织评定等3个步骤，综合评定先进党组织289个、一般党组织687个、后进党组织73个。对应晋位升级目标，区委推进"聚力""活力""动力"3大工程，确定基层党组织设置、党员教育管理等重点整改项目24个，解决了一批党员群众反映突出的问题。

（普明初　马　扬　柯　伟）

宣传工作

Publicity

【概况】　2012年，武侯区宣传思想工作认真落实全国、全省、全市宣传部长会议部署，紧紧围绕"一个主题"（经济社会发展主题），着力夯实"两大阵地"（基层宣传思想阵地、公共文化服务阵地），大力推进"五项任务"（加强理论创新、提升舆论引导能力、推动文化产业发展、深化精神文明建设、推进文化人才队伍建设），为建设"宜人新城区、创业新天地、幸福新家园"，全面开创"商务高地·宜居武侯"建设新局面提供强大思想保证、精神动力、舆论支持和文化条件。在全市设立的13项宣传思想工作特色创新事项评比中，武侯区获文明城市建设工作创新、舆论引导工作创新、基层宣传工作创新、网络建设创新等4项创新奖，各项工作均位居中心城区第一名。

【理论学习与教育】　做好以学习中共十八大精神为重点的理论教育工作。制定下发相关学习文件，成立以区委主要领导任团长的中共十八大精神宣讲团，邀请中共十八大代表为区委中心组成员和副局级以上领导干部解读中共十八大精神，举办局级以上领导干部学习贯彻中共十八大精神专题培训。做好区委中心组理论学习服务工作，组织学习专题10个，时间共13天，编印、发放学习辅导资料2800余册，收集上报区委中心组成员调研文章18篇，其中3篇被《成都日报》刊登。加强实践理论研究，收集上报省市哲学社会科学优秀成果5份，组织撰写的《实施积极的社会管理，建设美好的幸福家园——成都市武侯区社会建设与管理新探索》被《红旗文稿》（2012年第2期）刊载。

【社会宣传】　区委宣传部以中共十八

大和省、市、区党代会精神为主题，围绕发展主题和民生工程两大重点，通过大型公益广告、墙体广告、新闻媒体、公益活动等形式，推进基层宣传工作。开展学雷锋活动，制定下发《关于深入开展学雷锋活动的实施意见》，以志愿者服务、帮扶活动、主题宣传为载体，扎实开展各类学雷锋活动 86 次。开展“百姓故事会”活动，全区社区（村）举办各类“百姓故事会”活动 800 余场，实现每月在社区（村）的全覆盖。做好思想政治工作，在全区开展“加快国际化进程思想再解放大讨论活动”等思想政治教育活动。

【对外宣传】 区委宣传部围绕区委、区政府中心工作，组织策划“稳增长促发展喜迎十八大”、推进现代化国际化进程、实施“立城优城、产业倍增”战略、创建一流政务环境和投资环境、加强文化建设、关注民生、城乡环境综合治理、干部作风教育实践活动等主题宣传活动。《人民日报》、中央电视台、新华社、《红旗文稿》等中央级媒体对武侯区特色亮点工作进行了宣传报道，共计 25 篇。中央、省、市各级各类媒体对武侯区新闻报道共 7000 余篇（条），其中报刊新闻 1500 余篇、电视电台新闻 160 余条、网络新闻 5500 余条。完善新闻发布工作机制，通过召开新闻发布会、媒体通气会、发布新闻通稿等形式做好全区重大政策、重大举措、重大项目等新闻发布工作。加强对突发事件新闻应急处置工作。

【对内宣传】 开展产业高端化、文化特色化、环境品质化、充分国际化、民生幸福化等系列主题宣传活动。《今日武侯》新策划《首席观察》和《武侯论坛》栏目，《武侯新闻》开辟“记者在一线”，《关注新武侯》制作了“走转改”专题。围绕文明城市建设工作，推出专栏节目《小苏打街》，制作暗访片 7 部；开设《法治大讲堂》，用身边的事讲法理；在每周末的武侯电视新闻节目中推出手语播报系统。举办《武侯大讲堂》6 期，培训新闻从业人员。全年制作《今日武侯》报型 51 期、《今日武侯》刊型 12 期、《武侯现代服务业》特刊 12 期，编发《舆情专报》366 期，制作播出《武侯新闻》260 期 2180 条，《关注新武侯》专题、访谈节目 28 组 135 期。电视覆盖突破 40 万户。

【网络宣传】 区委宣传部健全网络舆情管理机制，加强网评员队伍建设，举办“新媒体与危机公关”等培训 5 期 700 余人。组织舆情处置演习 3 次，化解突发网络舆情 70 余次。认真做好政务微博工作，建立的中心城区首家“武侯微博政务厅”初见成效，“武侯发布”获得“2012 四川十大优秀政务微博”称号和“2012 新浪网成都市十大影响力政务微博奖”。

（马进朝　侯船利）

精神文明建设

Spiritual Civilization Construction

【概况】 2012 年，武侯区精神文明建设工作坚持以群众利益为出发点和落脚点，以全面深化文明城市建设、提升文明城市形象为主线，不断深化文明城市建设工作，大力推进文明院落整治，广泛开展群众性精神文明创建活动，加强公民和未成年人思想道德建设，推进志愿者服务工作。高标准完成全国城市文明程度测评任务，综合文明指数测评列中心城区第一，城乡环境综合测评列中心城区第二。

【文明城市督查】 积极做好深化文明城市督察工作，瞄准市容市貌、公共设施、社区建设、志愿者服务、道德讲堂等重点问题，采取区、街、社区三级联动督查的工作模式，对实地考察、问卷调查、整体观察涉及的测评标准的点位进行全方位、全覆盖摸排督查 100 余次，涉及 385 条街道、84 个社区（村）、1105 个院落、22 个市场、883 家餐饮店、130 家网吧等，下发督办通知 73 期、督查通报和专

图007　召开学习宣传贯彻中共十八大精神武侯区委宣讲团报告会　（区新闻中心提供）

报27期。区委宣传部会同区纪委、区委组织部，通过诫勉谈话方式，对工作整改不力的单位主要领导实施问责。组织媒体监督，推出一批较有影响的新闻监督报道，制作深化文明城市暗访片6期。做好文明热线“96110”反映问题的处置工作，制定《武侯区“96110”文明热线处置工作管理办法》《关于进一步规范和强化“96110”文明热线处置工作的通知》《关于强化“96110”文明热线反弹案件处置工作的通知》，规范办理流程。全年受理1244件，直接退回174件，派发到各单位1070件，办结率逐月提升。

图008　召开深化文明城市建设工作会　（区新闻中心提供）

【文明指数复查测评】 做好全国城市文明程度指数测评工作，完成130个申报点位、30个重点点位整改任务和79条材料审核报送工作。全区10个点位以最高标准和最佳状态接受中央测评组测评，总体迎检数量居中心城区前列。2012年成都综合文明指数测评武侯区上半年列中心城区第一，下半年列中心城区第二，全年列中心城区第一。2012年成都城乡环境综合测评武侯区排名中心城区第二。

【公民思想道德建设】 组织开展社会主义核心价值体系教育活动，编写武侯区学校文明公约系列读本《校园周边环境管理知识》（教师版、小学生版、中学生版、幼儿版）。征集“道德模范成都好人”候选人80人，向市文明办推荐60人，其中谢仁贵、刘秀芳、钟素兰等3人登上“中国好人榜”，10人登上“四川好人榜”，30余人登上“成都好人榜”，并制作10部宣传片在本地媒体滚动播放。建成道德讲堂14个，开展“道德模范与身边好人现场交流”“道德模范事迹巡演”等活动60余场。开展“迎接十八大讲文明树新风”“做文明有礼的武侯人”“爱国歌曲大家唱”“公民道德宣传月”“四进社区”等活动。引导市民在旅游时遵守旅游文明公约，自觉爱护景区环境；在宾馆饭店、学校餐厅、机关食堂倡导文明就餐，厉行节约、反对浪费；结合城乡环境综合治理和爱国卫生运动，重点在城市社区和农民集中居住区治理脏乱差，提升城乡环境清洁水平；下发《关于开展文明社区（村）、文明单位创建评比活动的通知》等文件，对300余家创建单位进行指导，全区评选出40余个区级文明单位、文明社区（村），向市文明办申报8个市级文明单位、文明社区（村）。投入整治经费1795.42万元，对40个社区的100个老旧院落进行综合整治，惠及5万余名群众；开展“文明交通从我做起”活动，发放宣传资料22.48万份，制作横幅或喷绘118幅。区文明办与6422家单位、企业签订“文明交通从我做起”承诺书，组织100余名志愿者在重要路段、路口对不文明交通行为进行劝导和制止；开展“五小文明门店”创建活动，各街道和各责任单位对存在问题的600余家门店进行督查整改；以诚信建设为重点，全面加强职业道德建设，推动窗口行业（企业）诚信建设，树立行业（企业）文明新风；以“我们的节日”主题活动为抓手，在春节、元宵节等传统节日期间举办并开展群众文化活动；组建由32名网络文明传播志愿者组成的网络文明志愿者服务队，利用中国文明网、人民网、新华网、新浪网、腾讯网等网站和博客、微博等网络载体，开展网络文明传播志愿者活动，传播志愿服务精神。

【未成年人思想道德建设】 开展净化社会文化环境工作，以联合执法为主要形式，教育、公安、工商、食药等部门通力协作，摸索出一套以校园周边环境整治为内容，学校、家庭、社会“三结合”的法制教育新体系。以打击“黑网吧”和网络淫秽色情信息、屏蔽手机不良信息、整治不合法的

"歪三轮"、查处违规餐饮店为重点，开展8次联合执法，检查网吧及电脑软件经营户100余户，营造出学生安全、家长放心的育人环境，编写发布《校园周边环境管理知识》四类读本。开展学雷锋主题实践活动，启动"传承雷锋精神，参与志愿服务"学雷锋活动集中行动日。开展"文化进校园直通车"活动，在武顺小学、太平园小学、簇桥小学等15所小学开展"文化进校园直通车之木偶进校园"活动，近2万名学生欣赏经典童话剧目。组织优秀童谣征集传唱活动，中小学利用社区道德讲堂、班会、朝会等积极开展征集和传唱优秀童谣活动500余次，征集优秀童谣40余首，推荐优秀童谣10余首，制作各类宣传海报1000余幅。开展"节日小报"系列创评活动，全区中小学结合"我们的节日"系列活动，开展主题教育活动，创作节日小报超过2万余幅，征集优秀作品50余幅。建成健康生活体验馆，与市疾病控制中心在龙祥路小学共同铸造社区健康教育生活体验基地，通过专业性、普及性资源建设，提高社区居民健康生活科普意识，并为区域健康生活体验、自我保健体验提供条件和可能。开展"美德少年"评选活动，区文明办和区教育局联合在全区中小学生中开展武侯区"美德少年"推荐活动，共评选出校级"美德少年"700余人，区级"美德少年"20人，并向市文明办推荐一批成都市"美德少年"候选人。区文明办印发《关于开展关爱农民工子女和留守儿童行动的方案》，实施关爱农民工子女和留守儿童行动。

【志愿者服务工作】 完善志愿服务工作协调机制，组建以区委常委、宣传部部长为组长，相关单位为成员单位的区志愿服务联席会，新注册志愿者10.45万人。建设标准化社区志愿服务站，在浆洗街、望江路、火车南站、跳伞塔、玉林、双楠、红牌楼、晋阳等8个街道分别建立标准化社区志愿服务站，在每个街道每个社区建立1个志愿服务站，统一发放志愿服务标志标牌，配齐基本办公设施，指导社区完善各类规章制度，规范各类文字档案。开展系列志愿服务活动，以弘扬雷锋精神为主线，紧紧围绕中心工作，深入开展关爱他人、关爱自然、关爱社会的"三关爱"志愿服务活动。开展优秀志愿服务组织、志愿者推荐活动，向市文明办推荐簇桥街道龙锦社区志愿服务站、晋阳社区党总支部书记李含荣参加成都市十佳志愿服务组织和十佳志愿者评选。

（马进朝　侯船利）

统一战线工作

United Front Work

【概况】 2012年，区委统战部认真贯彻落实区委、区政府决策部署，围绕推进"商务高地·宜居武侯"建设，发挥统一战线独特优势，不断创新工作举措，各项工作稳步推进。民营经济综合实力评价获全省181个县（市、区）第一名，荣居"九连冠"；承办第三届两岸县市"双百论坛"在武侯区的参观活动；协助省委宣传部、省委统战部、省民委举办四川省民族团结进步创建活动暨四川省民族团结进步教育基地授牌会，武侯区政府、西南民族大学民族团结教育示范基地被授予"四川省民族团结进步教育基地"，浆洗街街道办事处被授予"四川省民族团结进步示范单位"称号。

【民主党派和党外人士工作】 支持各民主党派积极履职尽责，鼓励各民主党派中的政协委员、人大代表提出提案、建议150余件。区委统战部组织各民主党派武侯支部、区工商联围绕区委、区政府中心工作完成较高质量的调研成果7篇。召开全区各界人士中秋茶话会，代区政府草拟《关于进一步做好政府部门同民主党派对口联系工作的意见》。组织各民主党派成员和党外人士等50余人召开中共十八大精神学习会，协助民革、民盟、民进等支部完成换届工作。制定下发《关于在武侯区统一战线开展"同心行动"的实施意见》，举办"同心行动·情系未来"启动仪式，组织新阶层人士代表为对口联系社区贫困家庭子女捐赠价值3万余元的学习卡、学习用品。合理制定年度党外干部培训计划，推荐3名党外干部参加市社会主义学院专题培训。全年组织召开了3次专题培训，有30余名党外干部参训；2名局级党外领导干部和2名科级党外干部得到提拔，多名党外干部进行轮岗交流。

【非公统战】 深入贯彻中央、省委、市委《关于进一步加强和改进新形势下工商联工作的实施意见》，区委统战部围绕非公有制经济发展开展深入调研，为区政府出台《武侯区关于支持企业稳增长促发展的政策措施》提供依据。指导区工商联搞好换届工作和荣县商会、酒类经销商行业商会的成立，加强对三台等异地商

图009　召开民族宗教工作联席会　（区新闻中心提供）

会的管理，通过商会引导非公有制企业诚实守信、合法经营。

【新阶层人士工作】　区委统战部加强“武侯新阶层”网站建设，继续深化新阶层人士与社区（村）“双服务”活动，推荐了两名新阶层人士到北京大学参与全省“明日之星”培训班。

【民族宗教】　整合区域内各类民族宗教工作资源，在现有的“三办一校”民族工作联席会议机制基础上，发挥西藏自治区驻成都办事处、四川大学等驻区单位在民族宗教工作上的资源优势，构建“6+1”区域民族宗教工作平台。加强对民族宗教教育、宣传、培训工作，赠阅《中国民族报》140余份；推荐7名民族宗教界代表担任区第六届政协委员；启动武侯区民族宗教工作信息化平台建设。加大对少数民族代表人士的走访慰问力度，推进社区民族宗教工作，聘请志愿者为少数民族提供翻译和咨询等服务。开展“和谐宗教活动场所”创建活动，促进铁佛寺规范性建设，依法取缔3处非法传教点。修订完善《武侯区涉及民族宗教因素群体性突发事件应急预案》，妥善协调处理好涉及民族宗教领域的矛盾纠纷10余起，认真做好各类信访工作。

【海外统战】　开展对台暨侨务工作基本资源调查，重点做好全区台、侨资企业基本情况、归侨侨眷、新华侨、台侨属基本情况的调查摸底工作。制定和完善社区台侨工作标准。指导有条件的街道和社区开展对台暨侨务工作，不断深化和推进全区基层台侨工作向纵深发展。牵头做好涉及武侯区世界华商大会环境治理、点位打造、投资促进等工作。加强对外联系，充分利用武侯海外联谊会等社团组织的优势，广泛联络、吸引港澳台及海外社团、企业和知名人士到武侯区参观考察、投资兴业，全年共接待5个台资企业的考察或咨询项目。协助省、市台办举办“第三届两岸县市双百论坛”，300余名两岸县市议员、政协委员参观玉林街道黉门街社区、玉林东路社区利用社区资源为居民服务情况，国台办交流局局长程金中及省、市台办领导出席活动。

（刘　惠　林晓云　刘　静）

政策研究
Policy Research

【信息报送】　区委政研室发挥党委、政府信息机构主要渠道作用，广泛收集、及时报送信息，全年上报市委、市政府信息460余条、发布公众信息网信息3700余条，编辑《每日要情》247期，《武侯要情专报》上报市委、市政府各12期，《今日汇报》25期，做到重大信息不漏报，突发事件信息不迟报。

【重要文稿撰写】　全年共完成《党代会报告》《政府工作报告》等130余篇文稿。区政研室紧紧围绕区委、区政府关切、群众关心、社会关注的重大问题、热点问题，深入开展调查研究，全年共组织开展并完成调研课题34个。其中，《关于深入推进城乡环境综合治理的工作研究》等两篇文章得到市委书记黄新初的批示，调研成果《关于我区全面推行<城乡环境综合治理工作手册（试行）>并启动人大、政协督查城乡环境综合治理的情况专报》得到市长葛红林的批示，多篇调研报告得到区委、区政府主要领导的批示，为党委、政府指导工作、科学决策起到参考作用。密切关注全区经济建设和社会发展中出现的困难和问题，深入了解、认真分析，学习和借鉴兄弟区（市）县的经验和做法，撰写有关参阅材料。深入挖掘、及时提炼总结全区各单位在工作中取得的好的做法，形成经验交流材料，供相关单位参考。全年共编辑《领导参阅》10期、《工作研究》20期、

《政策信息》39 期。2012 年，区政研室首次被评为“四川省党委政研系统先进单位”。

（彭　佩）

编制管理
Agency and staffing administration

【行政管理体制改革】 武侯区推进街道综合管理体制改革，在全面总结前期改革成功经验的基础上，出台《关于深化街道综合管理体制改革的实施意见》，从深化街道职能转变、构建民生服务体系、创新社会管理模式、完善考核评价体系等 4 个方面进行深化，对区人社局、区审批局、区投促局、区司法局等 4 个部门改革后的运行情况进行调研跟踪，对其职能职责进行优化，新设立区投资服务中心。进一步理顺区审批局的运行机制，不断完善区审批局和各职能部门的沟通协调及制约机制。区委编办会同区审批局申报相对集中行政许可权国家级试点。

【机构编制动态管理】 出台《中共成都市武侯区机构编制委员会工作规则》。接受市委编办对全区近年来相关文件和法律法规的执行情况、机构编制管理“四个不准”的落实情况以及消化超编人员情况进行监督检查。加快机构编制信息化建设，全面完成机关事业单位机构信息、机构台账信息、人员信息采集整理工作，编制建立机构编制管理台账。充实保障涉及民生的公共服务部门的编制配备。成立区社会保障基金管理中心、第十二中学初中部、西北中学初中部和第二十一幼儿园等 3 所幼儿园，撤销《今日武侯》刊社和武侯电视台 2 家事业单位，将其职能整合到区新闻中心。规范全区临聘人员管理，出台《武侯区机关事业单位临聘人员核定规模控制数和规范临聘人员薪酬待遇的方案》《武侯区机关事业单位临聘人员管理办法》，通过规范管理，精简全区临聘人员 1105 名。

【分类推进事业单位改革】 扎实开展法人治理结构试点工作，将成都市第十一幼儿园确定为武侯区事业单位法人治理结构改革试点单位，出台《成都市第十一幼儿园法人治理结构工作实施方案》，明确试点工作的具体分工、职责任务、操作步骤、时间节点等。完成对全区 119 家事业单位的网上登记和 141 个政务和公益中文域名注册工作。

（谢　璐）

干部教育培训
Cadre Education and Training

【教育培训】 武侯区建立“三位一体”的分类培训机制。开设主体班培训，把培训班办在改革前沿和经济发达地区，组织 6 期局级干部培训班，安排 267 名局级领导干部到浦东干部学院、清华大学、深圳经理进修学院等外训基地学习。邀请省内外高校相关专业知名专家，有针对性地开设国际经济与国际惯例、突发事件的应急处理、社会管理创新等 1400 余个学时专题讲座，共培训 3000 余人次。依托浦东干部学院、成都市公务员培训在线等网络平台，组织各类干部参加“提升领导干部现代化国际化素质”等网络学习。区委党校以省、市委党校专家教授为主体，以大专院校专家教授和市、区相关部门领导为补充，充实师资力量，搭建全方位干部教育平台，教学水平稳步提高。全年共培训 2300 人次：局级干部培训班 3 期 130 人（副局级），副局级领导干部专题培训班 1 期 214 人，中青年干部培训班 1 期 36 人，社区（村）两委干部培训班 1 期 485 人，武侯区、崇州市援藏干部人才培训班 1 期 30 人，党务工作者培训班 1 期 80 余人，入党积极分子培训班 1 期 110 人，区总工会工会干部培训班 3 期 148 人，年度社区（村）综合服务

图010　局级领导干部培训　　（区委党校）

协管员培训班 3 期 900 余人。

【科研工作】 武侯区认真贯彻落实《中国共产党党校工作条例》，紧紧围绕武侯区建设"商务高地·宜居武侯"的战略目标开展调查研究，积极申报省、市委党校科研课题并成功立项，发挥党校在党委、政府决策中的积极作用。《武侯区实施专利战略思考》获得年度市委党校优秀课题。

（俞 强）

图011 召开党务工作者培训会 （区新闻中心提供）

机关党建
Party Building in Organs

【思想建设】 区直机关工委以中共十八大、各级党代会会议精神的学习和科学发展观教育为重点，加大党员思想政治教育力度，开展党员宗旨意识教育和干部道德修养教育。重点开展"八个一"十八大主题学习教育活动；建立 30 个道德讲堂，开展"百姓故事会""百姓故事会·道德故事讲堂"活动；开展以"学习身边人，喜迎十八大""转作风，树形象""做文明成都人"等为主题的宣讲活动。

【组织建设】 区直机关工委深化创先争优活动，通过开展机关各支部班子述职和"感动武侯·榜样的力量"活动，选树创先争优先进党组织 11 个和先进个人 31 名。开展党员示范行动，建立党员示范岗，培训党员志愿者和党员突击队员，机关党员注册志愿者 1725 人，全年开展全区性志愿活动 3 次。开展基层组织建设年活动，实施党组织"三分类三升级"。结合建党 91 周年，以"强组织，增活力，喜迎十八大，争创新业绩"为主题，组织引导机关党组织和党员开展"三争三创三为"活动。贯彻落实《中国共产党党和国家机关基层组织工作条例》，创新机制，规范运行，建立健全党组织"联述联评联考"制度、党内关怀机制、党建工作述职制度和基层党建项目管理制度。实施党务工作者和入党积极分子培训"双百计划"，开展 3 个层面的培训，全年培训 205 人。以立足岗位、围绕中心、联系群众为主开展承诺践诺"三亮三比三评"活动，进一步强化机关党员、窗口部门服务意识，提升服务能力。

【机关廉政与作风建设】 区直机关工委抓住开展保持党的先进性纯洁性为主题的干部作风教育实践活动的契机，加大作风督查、整改力度，继续开展评选机关优质服务明星活动。抓廉政文化进机关工作，开展廉政书画展、廉政课堂及"清风武侯，服务群众"主题讲堂活动。深化"领导挂点、部门包村、干部帮户"活动，开展"万千工程"和党组织、党员"双报到"工作。全区落实帮扶项目 119 个，慰问困难群众工作 994 户，资助贫困学生 480 名，共投入资金 52.45 万元。开展"整治城乡环境，共建美好家园"活动，区级机关成立机关城乡环境综合治理巡查队、义务劳动队、文明劝导队和党员志愿者服务队共 64 支队伍，投入社区（村）城乡环境综合治理和文明城市巩固工作中，参与义务劳动 3248 人次，开展"送法惠民进万家" 16740 人次，协助解决信访问题 1936 个，化解矛盾纠纷 3197 起。各党组织开展党务知识竞赛、过组织生活、上党课等活动 684 次，阵地建设投入 17.45 万元，培训干部 573 人次。为群众办好事、实事 1149 件，解决制约发展问题 135 件、民生问题 636 件、作风问题 242 件。

【和谐机关建设】 区直机关工委开展植树爱绿护绿、清明节纪念革命烈士、团员志愿者"五四"志愿服务活动和干部太极拳学习培训，相关部门联合举办机关文艺大赛、趣味运动会、广场群众文艺会演等活动。开展文明单位创建评比活动，共有 38 家区直机关单位参加市、区级文明单位及标兵的申报。认真抓好区人代会区级机关选区选举工作。

（李海梅）

成都市武侯区人大常委会

PEOPLE'S CONGRESS OF CHENGDU WUHOU DISTRICT STANDING COMMITTEE

重要会议

Important Meetings

【区六届人大一次会议】 2012年,2月28日~3月3日,区六届人大一次会议在区政务中心召开。会议听取并审议区人大常委会、区政府、区法院、区检察院的工作报告,作出批准上述报告的决议,审查并批准《武侯区2011年国民经济和社会发展计划执行情况及2012年国民经济和社会发展计划草案的决议》《武侯区2011年财政预算执行情况和2012年财政预算草案的决议》。会议选举出区六届人大常委会组成人员:王力平为常委会主任,于嘉川、陶小平、曾锦戈、钟鸣、金怡为副主任,王杭、申民辉、史江、刘卫、刘佚、孙波、张友、张瑞琴、陈增林、周琳、赵联忠、胡永清、聂良岗、徐树明、席盘林、黄泽沛、黄晓颖、彭显宏、蒲天柱、雷鸣、潘洁等为委员;选举林丽为区政府区长,李旭、张斌、杨建德、郭波、潘永革、张吉广等为副区长;选举唐卫为区法院院长;选举邓贵杰为区检察院检察长。会议共收到区人大代表提出的建议、批评和意见91件(含高新区)。

【区人大常委会会议】 全年共召开区人大常委会会议5次,听取和审议"一府两院"专题汇报7项,作出决议2项,决定5项。区人大常委会以宪法和法律法规为依据,把涉及、影响和制约全区改革发展稳定的重要问题,带有全局性、关键性的重点工作以及涉及群众切身利益或群众普遍关心、关注的热点、难点问题列为常委会会议审议议题。坚持审议与视察相结合、审议与询问相结合、审议人事任免与任前考察、法律考试和任后监督相结合,先后听取审议《区人大常委会2012年工作要点》、区政府《关于区六届人大第一次会议区人大代表议案、建议、批评和意见办理情况的报告》《关于"六五"普法规划启动及开展工作的情况汇报》,表决通过《成都市武侯区人民代表大会常务委员会关于开展法制宣传教育第六个五年规划的决议》,听取《区六届人大常委会资格审查委员会关于暂停曹晓明区人大代表职务的报告》。按照《预算法》和《审计法》的要求,常委会听取和审议区政府《关于2011年财政决算和2012年1~6月财政预算执行情况的报告》和《关于2012年财政预算调整的报告》,以及区政府《关于2011年预算执行和其他财政收支审计工作报告》,并依法作出决议。先后依法任免地方国家机关工作人员109人次。

【区人大常委会主任会议】 全年组织召开区人大常委会主任会议12次,审议"一府两院"相关工作报

图012　召开武侯区第六届人大常委会第一次会议

（区人大办公室提供）

告和专题报告11项，先后审议区政府《关于加强慢性病防治工作、提高公共卫生服务水平的报告》《关于全区城乡环境综合治理工作情况的报告》《关于全区征地拆迁安置工作情况汇报》《关于强化社区治安防范工作情况的报告》《关于人民南路科技商务区建设推进情况汇报》《关于全区环境监测执法工作情况的报告》，区法院《关于刑事审判工作的情况汇报》和区检察院《关于青少年预防犯罪工作的情况报告》，及时听取和审议区政府关于相关项目债权情况的若干工作汇报。

（马　骏）

人大工作

Work of People's Congress

【依法监督】 2012年，区人大常委会认真贯彻实施《中华人民共和国各级人民代表大会常务委员会监督法》，在依法监督中，极力维护社会的公平与正义、维护法律的尊严、维护人民群众的根本利益，积极推动和谐武侯的建设。听取和审议区政府《关于计划和预算执行、财政收支审计等工作情况的汇报》，促进区政府增强预算执行科学性、加强管理、依法审计的实效性和信贷资金的安全性，加强对经济运行的监督。听取和审议区政府《关于加强慢性病防治工作报告》《关于城乡环境综合治理工作情况的报告》《关于征地拆迁安置工作情况汇报》《关于强化社区治安防范工作情况的报告》《关于人民南路科技商务区建设推进情况汇报》《关于全区环境监测执法工作情况的报告的报告》。针对民生工作中凸现的历史遗留问题和发展中的新问题，支持区政府继续加强政策宣传，加大政府投入，加强队伍建设，不断提高服务水平和工作质量，更多地造福人民群众。针对征地拆迁安置和社区治安防范工作，支持区政府高度关注民生，坚持科学规划，统筹安排，落实责任，加强长效管理。积极探索社区院落整治及管理的有效方式，推动全区城市基础设施建设和社区院落整治工作不断深入，为广大人民群众营造更加良好的居住环境。积极开展水环境综合治理和总量减排监督检查工作。按照市人大常委会的统一部署，全面做好区人大常委会与市人大常委会联动开展水环境综合治理和总量减排监督检查的服务保障工作。经区政府的密切配合、共同努力，全区水环境综合治理和总量减排工作取得明显效果，完成了市人大常委会下达的专项目标任务，促进《中华人民共和国水污染防治法》在全区的贯彻落实。

【执法检查】 区人大常委会开展《中华人民共和国食品安全法》执法检查，认真组织学习相关法律，搞好检查前的培训并深入开展检查调研；将实地检查和集中审议相结合、法律检查与普法宣传相结合，认真听取基层单位、部门及群众的意见和建议，对食品生产、流通、产品预包装、餐饮废油的处理情况进行实地检查。开展环境监察执法检查，积极与市人大常

图013　人大代表检查食品安全　（区人大办公室提供）

委会联动，就水环境综合治理和主要污染物总量减排进行 3 次监督检查，进一步提高全区的环境质量。区人大常委会还结合对专项工作的审议、检查，加强对《刑法》《民法》《刑事诉讼法》《未成年人保护法》等法律实施情况的调研，法律监督中坚持以增强实效为核心，既保证法律法规的有效实施，维护法律尊严，又营造浓厚的法治氛围。

【人事任免】 区人大常委会坚持党管干部和人大依法任免相结合的原则，按照《中华人民共和国地方各级人民代表大会和地方各级人民政府组织法》及区人大常委会人事任免工作相关规定，全年依法任命区人大常委会机关、人大街道工委和“一府两院”干部共 92 人次，免职 17 人次。任命中，认真把握任职提请、任前法律知识考试、主任会议初审和区人大常委会议见面、表决、颁发任命书等环节。向被任职人员提出希望和要求，增强被任命人员情系人民、依法行政的责任感和接受监督的公仆意识。使党组织推荐的人选经过法定程序成为国家政权机关的领导人员，为全区经济社会发展提供组织保障。

【代表培训】 区人大常委会组织召开区人大常委会学习培训会，邀请市人大常委会人事代表工委副主任杨长寿讲解《中华人民共和国全国人民代表大会和地方各级人民代表大会选举法》和《中华人民共和国地方各级人民代表大会和地方各级人民政府组织法》，邀请市人大常委会原副秘书长陈雪林讲解人大常委会《议事规则》，区六届人大常委会委员、各人大街道工委负责人和工委工作人员，以及区人大机关各办公室干部参加学习培训会。各人大街道工委也分别组织代表进行专题学习辅导和知识讲座。全体代表结合工作实际，注重加强自身学习，积极认真参加代表活动，代表当家作主的意识进一步增强，管理国家事务的能力进一步提高。

【代表活动】 区人大常委会结合武侯区建立“商务高地·宜居武侯”的改革和发展的实际以及城乡环境综合整治工作，分别组织 40 余名驻区省、市人大代表和区人大代表参加全区城乡环境综合治理视察活动，对玉林街道、红牌楼街道院落整治、地埋式垃圾收集及街道立面整治和商招、店招整治情况进行专题视察，听取并审议区城管局所作的《关于全区深入开展城乡环境综合治理的情况汇报》。先后组织区人大代表 120 余人次参加《四川省〈道路交通安全法〉实施办法（修订草案）》立法调研成都片区座谈会、全区教育国际化推进情况视察以及区法院、区检察院的庭审观摩活动和市、区各级机关作风整顿、民主测评。组织市人大代表积极

图014　召开区人大常委会学习培训会　（区新闻中心提供）

参加“我为成都发展献一策活动”，并做好组织服务保障工作，全年驻区5名市人大代表提交建议6件。为进一步拓宽人大代表的知情权、监督权，区人大常委会完善人大代表网上沟通平台，在武侯公众信息网建立人大代表“献计献策”网络系统，并与中国电信运营商合作建立短信群发平台。区人大常委会把调研、视察、走访紧密结合起来，保持同代表和选民的密切联系，为代表征订发送《中国人大》《人民权力报》《民主与法制建设》《成都人大》等报刊杂志，寄送各类简报，通报全区改革发展的有关情况，保证代表知情知政，有效履职。区人大常委会获得省人大常委会办公厅选的2012年度“宣传人民代表大会制度”特等奖和“宣传民主法制建设”特等奖。

【代表建议办理】 区第六届人大一次会议期间，区人大常委会收到代表建议共91件，无议案，转交区政府及其职能部门办理的70件；因不属武侯区职权范围转高新区管委会办理21件。采取通报办理进度、专题听取办理情况的汇报、走访代表、组织评议等方式，采取区人大常委会交办、工作机构督办、常委会会议审议落实情况等措施。由区政府及其职能部门承办的70件代表建议中，城市建设和管理方面的有34件，占48.6%；经济建设和发展方面的有5件，占7.1%；社会事业发展方面的有27件，占38.6%；其他方面的有4件，占5.7%。代表对办理工作满意的68件，基本满意的2件，满意和基本满意率100%。

【人大信访】 区人大信访办公室由区人大常委会一名副主任直接领导，常年保持两名专职工作人员。信访办以维护社会稳定为己任，积极宣传贯彻国务院颁布的《信访条例》，及时将来信来访进行归纳分析，根据不同情况分类处理，加强同区相关单位联系，并及时向区政府通报有关情况。有针对性地宣传国家法律政策，指导群众寻找解决问题的途径和办法，通过督促有关部门综合运用政策、法律、行政手段和教育、协调、调解等办法，解决部分群众的合理诉求，维护社会和谐与稳定。全年共受理人民群众来信34件次，接待来访46批次72人次，办理上级人大交办转办件23件。

【人大调研】 区人大常委会领导和各专门办公室在明确人大调研的课题和任务重点后，注重调研工作的计划性、针对性和实效性，针对群众关注和社会反映的热点、难点问题，坚持贴近群众，问计于民。区人大常委会领导先后到财政、审计、建设、交通、人事、商务等部门和部分街道及社区开展工作调研。深入的调查研究，增强区人大常委会审议的针对性和决策的科学性，较好地反映人民群众的意愿。全年就慢性病防治、食品安全、社会治安等课题共形成调研报告18份。组织驻区省、市人大代表专题调研组分别到跳伞塔街道、金花桥街道调研银杏文化街区开展银杏文化活动情况和画家村、鞋都工作开展情况。组织部分驻区省、市人大代表召开成都市形象与文化符号建设专题调研会，邀请市委宣传部、市教育局、市科技局、团市委、市妇联、成都文旅集团等相关部门代表汇报全市文化产业发展情况，并听取代表的意见和建议。通过历时3个月的调研、座谈、讨论，武侯区专题调研组最后形成《成都市文化产业化的调查与建议》《成都东区音乐公园发展的几点建议》等2篇调研文章。

【换届选举】 区选举委员会在区委人大换届领导小组和区人大常委会领导下，在全区（含高新区）设立17个选举指导办公室，划分101个选区，各选区设立选举工作领导小组和选举指导站，具体负责组织选举工作。经过反复讨论、酝酿、协商，公布正式代表候选人319名。各选举指导办公室利用宣传媒体、校园网、宣传橱窗等宣传媒体介绍代表候选人情况，组织代表与选民见面，就如何依法履行职务、反映群众呼声等问题回答选民提问。2月27日是全区第六届区人大代表法定选举日，通过核查，全区共有选民66.90万人，58.27万人参加投票选举，参选率87%。经过选举，选出代表213名，其中中共党员154名，占72.3%；民主党派及非党人士代表59名，占27.7%；妇女代表60名，占28.1%；连任代表61名，占28.6%；少数民族代表6名，占2.8%。年龄结构上，平均年龄比上届下降2岁左右，其中35岁以下5人，占2.3%；36～55岁的189人，占88.7%；56岁以上的19人，占8.9%。从文化结构看，文化素质比上届有较大幅度提高，大学本科以上162人（研究生以上54人），占76.1%，比上届提高7个百分点；大专文化38名，占17.8%，与上届持平；高中9人，占8.9%；初中4人，占2.8%。少数民族代表6人，占代表总数的2.8%；解放军代表8人，占3.8%。

（马　骏）

成都市武侯区人民政府

CHENGDU WUHOU DISTRICT PEOPLE'S GOVERNMENT

重要政务会议

Important Government Affairs Meeting

【区政府全体会议】 2012年召开两次区政府全体会议。2月14日，区政府第九次全体会议在区机关礼堂召开，会议总结2011年全区工作并安排部署2012年工作，书面审议《政府工作报告（送审稿）》《政府工作报告的说明（送审稿）》《关于武侯区2011年国民经济和社会发展计划执行情况及2012年国民经济和社会发展计划（草案）的报告》《关于成都市武侯区2011年财政预算执行情况和2012年财政预算（草案）的报告》。区政府区长、副区长，区政府办公室主任和区政府组成部门主要负责人出席会议；区政府巡视员、副巡视员，区武装部部长，区政府办公室副主任，区政府其他部

图015 召开区政府第二次全体会议

（区新闻中心提供）

门、市直属部门主要负责人，各街道办事处主任列席会议；邀请区人民团体有关负责人，区人大代表、区政协委员（各2名），浆洗街街道、晋阳街道、金花桥街道市民代表（各2名），各民主党派武侯支部主委参加会议。7月23日，新一届政府第一次全体会议在区机关礼堂召开，会议总结区政府2012年上半年工作，安排部署2012年下半年工作。区政府区长、副区长，区政府办公室主任和区政府组成部门主要负责人出席会议；区政府巡视员、副巡视员，区武装部部长，区政府办公室副主任，区政府其他部门、市直属部门主要负责人，各街道办事处主任列席会议；邀请区人民团体有关负责人，区人大代表、区政协委员（各2名），望江路街道、火车南站街道、机投桥街道市民代表（各2名），各民主党派武侯支部主委参加会议。

【区政府常务会议】 2012年共召开区政府常务会议21次，审议议定事项主要有：2012年专业停车场建设实施建议、法制宣传教育第六个五年规划、区政府工作规则、拆迁安置房户表改造惠民工程、应用技术研究与开发资金管理，残疾人事业“十二五”发展规划、便民果蔬店建设、见义勇为奖励暂行办法等。

（杜　珊）

办公室工作
Office Work

【政务服务】 区政府办公室会同相关部门成功举办全区第七届中国女鞋之都国际采购节及鞋文化旅游节、“走进四季·太极武侯”大型特色文化体育活动、“百姓故事会”等重大节会40余次。

【公文会议办理】 提出办会流程清晰化、办文流程制度化、办事流程规范化，区政府办公室全年共接收上三级文件1700余件，接收部门报送各类请示、报告950余件，接收各类信访300余件，收发各类会议通知680余件；打印收文阅办单3000余份；转发各级领导签批件1万余次，处理密级文件200余件；自制区政府和区政府办文件编号560余份。

图016　召开区政府第七次常务会　（区新闻中心提供）

完成区政府领导督办件500余件次，办结率100%；办理省、市、区各级人大代表建议、政协委员提案213件，办结率100%，满意率100%。

（蓝　崧　任俊霞）

应急管理
Emergency Management

【应急管理】 严格落实应急管理“一岗双责”责任制，建立比较完备的应急管理目标考核体系，通过拓宽信息获取渠道、规范信息报送流程、强化信息研判和通报机制，实行“日报告”制度，各级各部门预防、应对突发事件的应急管理意识显著增强，指挥、联动、配合机制高效运转，做到对突发事件的早发现、早报告、早介入、早处置。全年妥善处置各类突发事件329件次，无较大以上突发事件发生。针对换届后各单位分管领导和负责人调整变化大的情况，下发《关于重申突发事件信息报送有关工作的通知》，召开应急管理工作培训会，汇集下发应急管理相关规范性文件，增强相关人员应急管理意识和能力。结合省、市开展的应急预案体系建设情况调查，区应急办认真梳理应急预案建设情况，启动应急预案修订工作，各街道和区级相关部门对各自牵头的区级专项应急预案、部门应急预案和各街道应急预案进行修订。组织参与省、市组织的“5·12”防灾救灾大演练活动，采取“点面结合”的形式，精心组织全区防灾救灾大演练工作，全区12.8万人次参加各类避险应急演练160余次，达到增强全社会防灾减灾意识、健全应急联动机制、磨炼应急队伍、普及防灾避险知

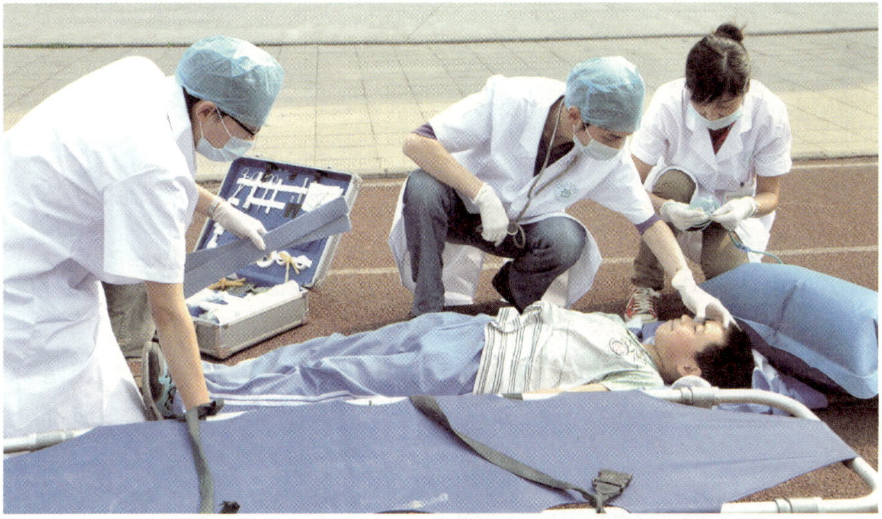

图017　在棕北中学西区实验学校开展防震减灾应急演练　（区新闻中心提供）

识、提高群众自救互救能力、提升政府防灾减灾能力的目的。全区3个单位和6名个人受到市委、市政府的表彰。强化应急值守，实行双岗值班制度，严格履行24小时值守职责，办理紧急通知80件次，抽查各街道值班和全区领导干部通信畅通情况6814次，杜绝全区科级以上领导干部非工作时间通信不畅现象，确保政务值守渠道畅通。

【公开电话】 区长公开电话办公室全年受理各类群众诉求3634件次，其中市长公开电话转办件777件、市长信箱转办件1071件，区长公开电话1786件，回复率100%，回访率100%，满意率98.7%。办理舆情专报交办件117件，编印《武侯应急管理》和《一周主要情况》51期，区委、区政府主要领导、分管领导签批意见81件次。

（邱　刚）

规范化服务型政府（机关）建设
Canonical Service Government (Organ) Construction

【行政审批制度改革】 继续深化行政审批制度改革，重点是创新政务服务机制建设，利用月末培训时间邀请专家，举办《依法行政与行政许可》法律知识专题培训会。“相对集中行政许可权”国家级试点项目由省政府上报国务院待审批，武侯区行政审批体制改革影响力进一步提升。省、市政府相关领导和相关部门领导分别带队到区行政审批局调研，并对武侯区行政审批改革取得的成效及政务服务标准化试点工作给予充分肯定。区行政审批局调整部分审批职能，协助区政府法制办对划转区行政审批局的行政审批事项（含许可类、非许可类、备案类）和保留在区级各职能部门的行政审批事项进行全面清理，重新建立工作台账，使审批事项的归属问题和电子监察系统上的审批事项更加清晰明了。整合审批事项办理程序，武侯区外商投资企业批准证书及财政登记证两项年检工作，两个服务事项依托成都市政务审批服务平台、外商投资企业联合年检网及报表数据管理系统实现网上审批，企业只需提交一套资料即可完成。创新“联审联办”方式，对在区行政审批局由两个或两个以上科室分别受理的审批事项，形成“一窗对外统一受理、一套资料内部流转、同步审批限时办结”的“联审联办”。

【政府信息公开】 区规服办贯彻落实《中华人民共和国政府信息公开条例》，按照《成都市政府信息公开规定》的要求，深入开展政府信息公开工作。及时更新政府信息公开目录，按时报送各类报表和年度报告，2012年组织业务培训4次，培训区级相关部门、街道、社区（村）平台系统管理员320人次，通过政府信息管理系统公开各类信息7684条，其中区级部门主动公开政府信息4115条，街道主动公开政府信息3569条。通过基层公开综合服务平台公开各类信息19052条；通过网络、书面等方式收到依申请公开和意见投诉37件，办结37件，办结率100%。

【政务服务】 区政务服务大厅全年共受理行政审批事项和服务事项18.14万件，办结18.13万件，承诺期限内办结率100%。其中，即办件17.17万件，占办结总数的94.7%；新办各类企业1.16万家，注册资金134.71亿。政务中心新城分中心共受理行政审批事项1.80万件，承诺期限内办结率100%，其中即办件1.76万件，占办结总数的98.3%。

【惠民服务】 为进一步践行行政审批制度改革高效便民的改革宗旨，区行政审批局主动进入辖区大型城市综合体，为其入驻商家提供审批业务办理事前服务。先后开展王府井百货、来福士广场、鹭岛国际商业步

图018　为企业集中办理年检手续　（区行政审批局提供）

行街等城市综合体现场办证服务，为百余家企业现场办理开业所具备各类证照。为已入驻企业数码广场、东华电脑城、百脑汇、新世纪电脑城、@世界数码广场、朗漫书刊有限责任公司、红旗连锁、WOWO连锁、华丰市场，以及西南食品城等大型专业市场和连锁销售企业开展出版物经营许可证和酒类产销许可证现场集中年检，把审批服务延伸到经营现场，变传统的坐等企业申报年检为主动上门为企业集中办理年检，既方便企业，又提升行政审批服务效能。

【联审联办】 区行政审批局根据内设社会类、经济类、建设类等3个审批科的业务特点，结合同类型企业的共性，度身定制，将两个或两个以上科室分别受理的审批事项，突破互为前置的约束，取消原有流水线式的审批流程，按照“专人受理、集中现勘、精简资料、同步审批、限时办结”的原则联合办理，形成“无前置”“多线程”的新型审批方式。促使监管部门相对同步现勘，便于企业的项目建设和整改一次性到位，提高验收达标通过率，改变现有单线程审批模式，推进其向多线程并行处理，有效节约行政成本。实行“联审联办”后，办件效率平均提高56%，办件用时平均减少43个工作日，效能提升显著。区行政审批局利用审批权相对集中的优势，把原先分散在3个审批科且在不同时段分别开展的年检项目，如事业单位登记证书、民办学校办学许可证、收费许可证等证照的年检，集中在同一时段开展现场联合年检，使企业先前需要跑多个窗口分别办理的事项，现在一次就能全部完成。

【3D实景政务大厅】 区政务中心利用先进的虚拟渲染技术开发3D实景政务大厅，借助其实现网上快捷办事，将实体大厅和网上虚拟大厅无缝对接，弥补实体大厅在地域、时间上的不足，为办事群众提供无节假日24小时全天候办事服务。办事群众可在系统里了解到所办事项需要的资料及办事流程，通过网上提交资料，实现预审，让办事群众不多跑路、不走弯路。3D政务大厅通过“三步一站式”为在线办事人员提供服务。“三步”：第一步，登录3D网上实景政务大厅；第二步，通过三维场景的智能引导顺利地找到大厅办事部门及办事窗口和事项；第三步，根据办事流程的要求，将资料提交网上，等待预审。“一站式”：预审通过后，带上资料原件按约定时间到指定窗口接受资料审核，领取批准文件（证件），实现一站式办结。

（令狐荣仲　周海涛　李　昊）

对外交往
Diplomacy Activity

【因公出国（境）】 严格管理和规范全区领导干部因公出国（境）出访，科学合理地制定副区级以上领导干部带队出访计划。落实外事专办员制度，按程序规范办理相关人员因公出国（境）手续；对回国后的团组及时催缴护照，建立定期检查制度；严格执行出访报告和出访总结制度。全年，共审批办理因公出国（境）手续、APCE商务卡和邀请外国人来华等事项33批，100余人次，其中为企业办理出访、邀请外国人来华和APCE商务卡13批40余人次。全年未发生违规事件。

【出访】 切实推进对外开放、招商引资和交流学习工作，开展针对性、实效性较强的出访活动。全年区政府领导先后组团带队到北京、上海、深圳、重庆等地开展招商引资、项目推介、拜访企业等活动5次。

【接待】在对外交往中，热情接待到访和参观的省、市、区（县）相关单位，全年接待外地代表团学习、考察90余批次，增进了友好区（市）县交往、交流和友谊，树立武侯区良好的对外形象。

（邬晓雷　张　玲）

表02　　2012年武侯区政府领导重要出访统计表

姓名	出访地点	出访时间	事项
张吉广	重庆	2月10日	拜访美国利宝保险有限公司，并与中国区总经理邓伟祥进行招商洽谈。
林　丽	深圳	3月29～30日	拜访亚太国际深圳科聚新材料有限公司副董事长贺永，双方就在成都武侯投资建设西部区域性总部和研发中心等相关事宜进行洽谈。区委常委、区委统战部部长李长文，区政府副区长张吉广陪同。
林　丽	广州	6月18日	陪同省市领导会见深圳科聚新材料有限公司董事长。
林　丽	上海	9月9～10日	拜访上海力方国际数字科技有限公司董事长程小波、上海拉夏贝尔服饰股份有限公司总裁邢加兴、万得城中国公司董事兼首席策略官杨兆伦博士，就公司投资武侯项目相关事宜进行洽谈；区政府副区长张吉广陪同。
张吉广	北京	12月11～12日	参加由商务部举办的第二批"国家外贸转型升级专业型示范基地"答辩会，并拜访中国中化集团公司下属的房地产旗舰企业——方兴地产（中国）有限公司，双方就房地产领域的开发运营以及寻求交流合作等事宜进行探讨与研究。

表03　　2012年武侯区接待部分考察团（组）情况

序号	接待时间	接待对象	带队领导	考察内容	地点	人数
1	2月9日	辽宁省抚顺市考察团	副市长赵乐韬	社区规范化建设、社区服务管理、社区自治等工作	簧门街社区	13
2	2月17日	四川省资阳市政府考察团	副市长蒋林	农贸市场规划建设及运营管理工作	龙湾农贸市场	8
3	3月7日	联想集团	高级副总裁乔松	投　资		6
4	3月8日	香港新鸿基集团	全国政协常委郭炳湘	投　资		6
5	4月8日	宁夏回族自治区银川市党政代表团	市委副书记杜银杰	统筹城乡环境综合整治	首座楼顶屋面治理	31
6	4月10日	中办调研室调研组	中办调研室副局长邓小清	维权工作	火车南站街道、长寿苑社区	3
7	5月10日	黑龙江省绥化市党政代表团	市委书记、市人大常委会主任朱清文	城乡一体化、城市建设	长寿苑社区	16
8	5月26日	新疆伊犁州代表团	州党委书记李学军	旅游及城市建设	武侯祠、锦里	17
9	6月9日	中央文明办	中央文明办专职副主任王世明	调研精神文明建设工作	武侯祠	2
10	7月2日	青岛市委考察团	市委副书记王伟	创新社会管理工作	玉林街道簧门街社区	13
11	7月12日	中组部考察团		党建工作	玉林街道、玉林东路社区、东方凯特瑞公司	
12	7月25日	内蒙古自治区巴彦淖尔市考察团	市委常委、市政府常务副市长王建平	政务服务中心、公共资源交易管理及平台建设	区政务中心	13
13	9月8日		中共中央政治局常委李长春	川大智胜	川大智胜	27
14	12月3日	阿坝州及金川县代表团	州委常委、组织部长杨程富	友好访问		11

人事管理
Personnel Administration

【公务员管理】 对《公务员法》的执行情况进行全面自查，分析全区公务员队伍现状，查找公务员队伍建设中的薄弱环节。完成2011年度公务员考核工作，共计考核2136人，其中优秀425人，称职1655人，不确定等次56人。对优秀公务员予以奖励，记三等功48人，嘉奖375人。按照干部管理权限，完成任免科级公务员73名，确定非领导职务公务员39名。组织开展全区公务员（参公人员）职业道德在线培训和课堂培训。制定并实施《人事调配工作领导小组议事规则》和《武侯区机关、事业单位人事调配工作暂行规定》，规范人事调配的程序、条件。

【事业单位人员管理】 积极推进事业单位岗位设置及按岗聘用工作，稳步推进事业单位人事制度改革。全区132家事业单位，已实施岗位设置单位100家。规范事业单位公开招聘制度，探索优化招聘办法。全年公招优秀教师及其他专业技术人员217名，首次通过考核招聘方式公招急需短缺卫生专业技术人员3名，进一步优化全区事业单位人才队伍。选派教育、卫生系统35名专业技术人员支援基层服务，制定并实施《武侯区临时聘用人员管理办法》，规范全区临聘人员的管理和薪酬待遇。

【人才开发】 为全面推进“五大兴市战略”的“全域开放战略”，组织209名国内外专家，以专题授课、技术培训等多种形式深入基层、服务一线，开展各种智力咨询、技术指导和讲座。认真做好2012年高校毕业生服务城乡基层项目的组织实施工作，招募39名志愿者，其中“一村（涉农社区）两名大学生计划”37人，“乡镇公立卫生院大学生支医计划”2人。全年资助人才智力交流项目6个，引进国外专家16人，累计资助资额100万元，为社会事业和产业发展提供有效的智力支撑。

【工资福利】 建立健全全区其他事业单位绩效考核制度，规范其他事业单位收入分配秩序。完成其他事业单位在职人员绩效工资的基础绩效工资和退休人员的生活补贴审核，其他事业单位2010年1月～2011年12月绩效工资补发金额审核，公务员正常晋升级别工资、级别档次工资审核和事业单位人员正常晋升薪级工资审核，2012年度机关事业单位工人考工定级考试报名工作，全区机关事业单位工勤人员共232名参加报名考试等工作。对全区20家企业进行薪酬调查，完成全区机关事业单位目标奖审核工作。2012年共办理342人供给关系，办理148名机关事业单位科级以下工作人员退休审批工作。

【军转干部安置】 组织45名计划安置军转干部参加培训，完成2012年计划安置军转干部“双选”和安置任务，接收计划安置军转干部51名，完成37名新增自主择业军转干部接收安置和退役金套改。走访慰问困难企业军转干部74人，为265人足额兑现困难补助和代缴两项社保430.66万元。区人社局被评为“四川省军队转业干部安置工作先进集体”。

（张建勇　蔡　敏）

图019　举办公务员（科级领导干部）职业道德培训班　（区新闻中心提供）

信访接待
Petition Letter Reception

【风险评估】 区法律和信访稳定风险评估领导小组按照《武侯区涉及群众利益重大事项法律和信访稳定风险评估试行办法》，组织相关部门和街道对全区36个拟推进、拟实施的重大项目和矛盾隐患进行社会稳

图020　区领导接待来访群众　　（区信访局提供）

定风险评估，征求面达到涉事群众的93%，群众对评估事项的满意率85%，备案率100%，回访率18%，评估报告规范完整，项目进展顺利。

【领导接访】 全区各级领导严格按照《武侯区领导干部定期接访、约访、下访工作实施意见》的规定，定期接访、约访和下访。先后接待群众来访6962人次，约访群众226批478人次，到基层下访460次，其中区级领导接访95次131批433人次，到基层下访258人次。

【办信接访】 区信访办全年共受理群众来信来访7076件次，其中传统来信来访1829件次，网上信访5247件次，初信初访的息诉息访率95%。

【督查督办】 按照区委、区政府统一领导，区信访局组织实施，各职能部门共同参与的“多元督查”机制，区信访局共对22件上级批交办案，16件区级领导批示件进行立案督办，到期办结率100%；全年化解信访积案15件，化解率100%。

【领导包案】 按照“五定”（定领导、定方案、定专人、定质量、定时限）要求，区信访局先后协调区级领导，对全区38件群众反映突出和各级领导批示交办件，进行领导督办，包案率100%，到期办结率100%，息诉息访率100%。

【网上信访】 区信访办完善以区长信箱、部门主要负责人信箱、街道办事处主任信箱和社区（村）网上信访代理点为主要内容的“两公开”四级网络，实现网上信访的全域覆盖。全年共受理网上信访5247件，公开受理和公开回复5142件，“两公开”率98%，群众满意率97%。

【复查复核】 区信访问题复查复核委员会共对全区10件信访事项进行复查，复查意见书备案率100%，处理意见书、答复意见书撤销率5%，经复查的信访事项息诉息访率90%。

（谢　波　周　元）

机关事务管理

Authority Affairs Management

【公车管理】 区机关事务管理局抓好车辆档案管理，建立健全公务用车使用登记和统计报告制度。坚持机关公务车辆实行“定点保险、定点加油、定点维修”制度，严格实行集中结算管理。成立公务用车专项治理领导小组，牵头完成全区公务用车问题专项治理和纯电动公务用车推广两大市级目标工作，完成全区干部职工交通费调整调研任务。强化驾乘人员安全意识，落实安全制度，定人定车，全年共出车次数1750余次，安全行驶8万余公里，约8500小时，没有发生重大责任事故。全区报表单位132家，新增编制5台，报废19台；现有公务用车315辆，其中公务用小轿车76辆，大客车3辆，执法执勤56辆，所属事业单位一般公务用车180辆。车辆的登记填报达到车辆登记信息准确率100%，逐车审核甄别率100%，数据准确率100%。无违规借用、换用、租用车辆现象，无加配、豪装行为。

【机关国有资产管理】 做好区机关一、二办公区配电房配电、设备、仪表、线路的安全检查，完成区“四大班子”新增办公用房、机关二办公区维修改造后部门安置和晋阳综合楼入驻部门安置工作。完成机关二办公区配电房和区信访大厅的改造，对区机关二办区配电房高低压设施设备进行整体更换，同时对机关各用电设施、设备和聘用人员寝室进行用电安全检查，对私拉乱接线路进行坚决取缔，确保机关一、二办公区的各项用电安全。全年进行用电设备维修780次，用水设备维修173次，用气设备维修12次，门窗、门锁、电话、空调等维修479次，与相关公司签订办公区电梯、空调的维护保养协议，确保机电设备的正常使用。

【政府采购】 完善政府采购管理制度，规范政府采购程序，提升政府采购的综合水平，进一步规范全区政府采购行为，促进政府采购综合效益的提高。针对政府采购工作现状，撰写《廉政建设是政府采购工作的重要保证》的调研文章；加大政府采购的宣传力度，对全区67个部门及13个街道办事处进行政府采购培训。全年完成集中采购项目69批次，执行采购预算金额1.28亿元，实际成交金额1.20亿元；完成单位自行组织协议供货、定点采购项目267批次，预算金额554.44万元，成交金额为506.54万元。

【机关膳食管理】 加强机关食堂管理，健全食品来源溯源机制，由当值厨师和库管员共同严保菜品进货质量和安全关。提升膳食服务人员业务水平，通过抓厨师、服务员的业务培训和高标准新聘厨师，整体提升从业人员的业务水平。完善运行机制，责任落实到个人，各个岗位得到有效监督和指导。全年为机关一、二办公区干部职工提供52万余人次早、午餐，承办接待餐6次（宴席），各类会议送餐944人次。在区级机关食堂开展"文明餐桌"活动，通过提高服务员服务素质，宣传勤俭节约，劝导文明用餐，增设部分设施，实行"少打多加"方式，"文明餐桌"活动得到干部职工的积极响应和大力配合。

【机关会议服务】 健全会议室使用管理制度，做好会议室使用登记，科学合理地调配会议室的使用。每周定期进行服务员业务培训和会议室统一清洁，克服服务人员流动大的困难，高标准招聘服务人员，服务队伍整体素质有所提升。全年保障各类会议服务共计2000余次，全力保障全区各类重大会议的如期顺利召开。

【安全保卫】 加强机关安全保卫业务、技能培训，全年开展内保、执勤、巡查培训会100余次。细化安全、消防的常规检查，全年更新消防水袋50根、消防水枪17个，定期充灌灭火器110余个，组织消防、紧急疏散演练各1次。强化车辆、人员出入管理，全年安全引导停放机动车、自行车无损失和坚持登记机关外来办事人员制度无失窃。协助有关部门做好信访工作，全年接待260余次（其中30人以上的大型上访40余次）群众上访。区机关事务管理获得市公安局"内保平安先进集体"和市人防办"人防先进单位"表彰。

【环境维护】 保证机关的盆栽植物配置和绿地维护工作，完成清运生活垃圾20余吨，建筑垃圾20余车。加强爱国卫生工作力度，共进行除"四害"消杀60余次，使用各类消杀药物800余公斤，有效控制"四害"密度，确保机关公共区域的整洁卫生。

【办公用房调整】 结合全区换届工作，在充分调研的基础上统筹协调，利用现有机关一、二办公区的有限资源，对办公用房进行合理安排和有序调整。调整单位11个，调整办公用房107间，节约维改资金46万元，有效缓解区机关办公用房紧张状况，确保各单位办公秩序正常运行。

（李书建　李绍江）

图021　培训机关安保人员　（区机关事务局提供）

政协成都市武侯区委员会

POLITICAL CONSULTATIVE CONFERENCE OF CHENGDU WUHOU DISTRICT COMMITTEE

重要会议

Important Meetings

【区政协全体会议】 2012年，2月23～25日，武侯区政协第六届委员会第一次全体会议在区政务服务中心礼堂举行，206名委员出席会议。会议听取和审议第五届区政协常委会工作报告和提案工作报告；协商讨论区政府代区长林丽关于《政府工作报告》的说明以及法院、检察院、计划、财政等方面的工作报告；表彰提案工作先进单位和先进个人；选举产生新一届区政协主席、副主席、秘书长和常委；区委书记刘守成讲话。会议认为，过去五年，区政协深入贯彻落实科学发展观，紧紧围绕全区中心工作，牢牢把握团结和民主两大主题，认真履行政治协商、民主监督、参政议政职能，切实发挥协调关系、汇聚力量、建言献策、服务大局的作用，在服务大局中彰显特色，在继承发展中探索创新，各项工作取得突出进展。此后五年工作的总体要求和具体部署，体现区第六次党代会精神，符合区政协工作实际，区政协将认真组织实施。会议号召，全区政协委员和各界人士要高举中国特色社会主义伟大旗帜，深入贯彻十七届六中全会精神和区第六次党代会以及区委政协工作会议精神，全面贯彻落实科学发展观，同心同德、开拓创新、认真履职，努力推动政协工作再上新台阶，为建设世界生态田园城市、全面开创“商务高地·宜居武侯”建设新局面而努力奋斗。

【区政协常委会议】 全年共召开4次常委会议。区政协五届二十二次常委会议于2月21日召开，会议审议通过并决定于2月23～25日召开区政协六届一次会议；审议通过五届区政协常委会工作报告和提案工作情况报告；听取区委常委、副区长、统战部部长李长文《关于区政协六届政协委员和常委会组成人员建议名单的有关说明》；协商讨论区政协六届一次会议日程、议程（草案）等有关事项；审议通过《关于表彰2011年提案工作先进单位和先进个人建议名单》；审议通过有关人事任免事项。区政协六届一次常委会议于6月7日召开，会议学习传达省第十次党代会和市第十二次党代会精神，书面学习《政协成都市武侯区委员会常务委员会工作规则》，听取副区长张吉广《关于武侯区1～5月城乡环境综合治理工作情况的通报》，听取区委统战部有关负责人关于委员调整情况的说明，审议通过《政协成都市武侯区委员会2012年工作要点》，审议通过《区政协第六届委员会工作机构设置事宜和副秘书长、工作机构负责人建议名单》。区政协六届二次常委会议于9月11日

图022　召开区政协六届一次常委会议　　（区政协办公室提供）

召开，会议听取区委常委、副区长李旭《关于全年全区经济社会发展有关情况的通报》，听取区纪委《关于2012年全区党风廉政建设和反腐败工作情况通报》，听取区政协主席伍勇《关于区政协常委会工作情况的通报》，审议通过有关委员调整事项。会议认为，区政协常委会认真学习贯彻省、市、区党代会精神和区政协六届一次会议精神，把推动领先发展、科学发展、又好又快发展作为政协履职的第一要务，乘势而上、主动作为、务实创新，各项工作有条不紊地推进，科学化工作水平不断提升。会议强调，在本年度剩余时间里，区政协常委会应认真抓好中共十八大报告和会议精神的学习贯彻，主动搞好协商议政，深入开展调研视察，深化城乡环境综合治理监督检查工作，努力加强自身建设，推动政协工作再上新的台阶。区政协六届三次常委会议于12月11日召开，会议传达学习中共十八大精神，认真听取区委统战部有关负责人关于委员调整的情况说明，审议通过关于召开区政协六届二次会议的决定（草案），决定于2013年1月23～25日在区政务服务中心召开区政协六届二次会议。审议通过区政协六届二次会议议程、日程（草案）和大会执行主席、秘书长、副秘书长、小组召集人建议名单以及提案工作表彰建议名单和第六届区政协常委会工作报告和提案工作报告，审议通过《政协成都市武侯区委员履职考核办法（试行）》。会议认为，两个报告思路清晰、总结全面、文字朴实，2012年工作重点突出了政治协商整体推进、专题调研成果突出、提案作用有效发挥、专项督查成效明显；2013年工作安排与时俱进，突出深化协商民主认识和加强“委员之家”平台建设。

【区政协主席会议】 全年共召开主席会议10次，主要研究和部署中共十八大精神学习贯彻、新一届区政协领导分工、区政协2013年工作要点、城乡环境综合治理专项督查、作风教育实践活动开展、委员调整、区政协六届二次会议筹备等工作。其中，六届第1次主席会议明确了新一届区政协领导班子成员分工，建立AB角机制；六届第3次主席会传达学习市第十二次党代会和区委中心组（扩大）学习会精神，讨论区政协2012年工作要点，确定区政协2012年调研视察课题；六届第6次主席会议听取区委统战部有关委员调整的情况说明，审议区政协工作或办事机构设置和有关人事任免事宜，通过各专委会组成人员名单；六届第7次主席会议安排部署区政协机关干部作风教育实践活动；六届第9次主席会议学习传达中共十八大精神，安排推进协商民主工作的有关事宜，明确区政协领导列席区政府常务会议办法；六届第10次主席会议审议召开区政协六届二次会议的有关事宜，讨论修改区政协常委会工作报告、提案工作报告和委员履职管理与服务暂行办法。

（刘忠志　张成坤　王茂毅）

政协工作
Political Consultative Conference Work

【学习培训】 区政协采取召开机关干部职工大会，传达上级会议和领导讲话精神，组织收看中共十八大直播、开展学习讨论、聆听专题报告、印发学习资料等形式，帮助机关干部深刻领会中共十八大的基本精神，自觉把思想和行动统一到中共十八大确定的目标任务上来，进一步增强做好政协工作的自觉性和主动性。结合区政协换届后，新委员亟待掌握政协基本理论知识，学会如何履职，老委员需要不断适应新形势、新任务要求，与时俱进提高履职能力的实际，先后开展两期政协委员的学习培训。一期采取以会代训方式，邀请省政协相关领导对全区政协委员，就政协基本理论，从政协的创立发展、性质、地位、作用，政协委员的权利、义务、职责，政协委员如何履行职责等三个方面进行专题培训；二期采取召开各街道委员小组长会议和向17名新进委员颁发委员证和《政协委员手册》等形式，对新进委员开展政协知识培训。

图023 委员与局长面对面协商议政 （区新闻中心 提供）

【协商议政】 全年召开区政协全体会议1次，常委会议4次，主席会议10次，对口会议12次。区政协六届一次会议期间，邀请党政领导参加委员小组讨论，与委员面对面协商互动；认真组织委员对区政协两个报告和“一府两院”工作报告及其他报告进行协商讨论，将“解决微小企业融资难”“大力发展地铁节点经济”等56条委员意见建议报送给区委、区政府作为决策参考。常委会议专门听取《区政府经济运行和城乡环境综合治理情况通报》以及《区纪委工作通报》，提出的部分建议被转化为工作措施。主席会议协商区委重要人事安排，听取有关部门专题汇报。各专委会加强与区级有关部门的沟通联系，强化工作指导，提出意见建议。

图024 召开区政协提案委员会工作会 （区政协办公室提供）

【专题调研】 区政协围绕全区发展大局和党政中心工作，以政协委员为主体，开展专题调研活动26次，形成调研报告9篇。其中，8篇被政研究室刊发在《领导参阅》《工作研究》上，区委、区政府主要领导做出肯定性批示4次，《着力加强委员培训切实提高履职能力》还在全国副省级城市城区政协研讨会第14次会议上交流。

【提案工作】 区政协六届一次会议之后，共收到政协委员提案189件，经审查立案157件，对不予立案的32件提案作为委员的意见建议转至省、市、区有关部门研究、参阅。区政

图025 区政协调研公安工作 （区新闻中心提供）

协会同区政府将136件提案交给区级相关部门和有关街道办理，21件交给高新区办理，明确办理标准、要求、时限。坚持区政府和区政协领导督办重点提案制度，采取视察督办、汇报进展情况、“回头看”等方式加强督办，提案办结率100%，委员满意率98.7%，提案工作作用得到充分发挥。

【民主监督】 区政协启动城乡环境综合治理和全国文明城市复查迎检监督检查工作，坚持每周3次由区政协领导带队深入主街干道、背街小巷、各类市场，查看问题、交换意见、督促整改，并形成专报，报送区委、区政府领导和有关部门参阅、研究。区政协介入区委、区政府重点工作督查活动的做法，受到市委主要领导的肯定，多个区（市）县到武侯区交流学习。同时，还根据把握适度的原则，确定政协委员担任司法机关监督员实施方案，稳妥推进民主监督。

【社情民意】 区政协坚持把社情民意作为促进民生改善的重要手段，通过摘录委员提案、开展委员进社区活动、接待群众来访、接收委员或群众来信、接受电话咨询等形式，收集社情民意信息65条。收到关于整治红牌楼片区社会治安的委员建议后，及时协调区政府有关部门及时解决，促进该片区社会治安明显好转，受到群众好评。结合开展“挂帮包”“双报到”等活动，深入对口联系街道、社区（村）走访慰问，听取群众诉求，帮助对口联系的长寿苑社区协调处置原桐梓林村八组危旧楼房问题，并形成专题报告。

【自身建设】 区政协把加强自身建设作为政协工作的重点，注重规范有序、探索创新，不断提高政协工作科学化水平。认真抓好班子建设，在选举产生区政协六届领导班子后，随即完善领导班子议事决策程序，建立领导分工AB角机制，促进领导之间相互补台、团结协作。班子成员以身作则，勇当勤学善思、履职尽责、亲民为民、民主共事的表率，起到引导示范作用，促进委员和干部队伍建设。在武侯区公众信息网政协子站建立“委员之家”网络平台，制定委员履职考核办法，提高委员履职的主动性和积极性。坚持安排和邀请委员列席区政府常务会和区政协常委会，鼓励委员撰写提案、参加调研视察、提出意见建议。要求委员发挥来自各阶层、联系面广泛的优势，做好做强自身事业，促进招商引资引税，投身社会公益事业。邀请新闻媒体全程参与政协各类重要会议和调研视察活动形成制度性规定，充分发挥《武侯政协》的自身宣传载体作用，及时反映政协工作。借助《四川政协报》《成都政协》《每日要情》等外部载体及内外网络，征集民意信息、公布委员提案、反映工作动态，全年报送工作信息、新闻稿件115条（篇）。制定联系基层和委员制度，修订完善岗位职责、会议制度和内部管理制度，推动政协工作更加规范有序。深入开展干部作风教育实践活动和创先争优活动，严格落实首问责任制、限时办结制、责任追究制，着力杜绝“庸、懒、散”等不良现象。

（刘忠志 张成坤 王茂毅）

民主党派与工商业联合会

DEMOCRATIC PARTIES AND
ASSOCIATION OF INDUSTRY AND COMMERCE

民主党派
Democratic Parties

【民革武侯支部】 民革武侯支部按照民革市委会总体部署完成支部换届工作。支部共有党员68人，到会52人，经过民主投票选举出支部新支委。支部党员通过各种形式履行参政议政、民主监督职能。支部现有市人大代表2人，区政协委员5人，行风政风监督员6人。在区政协六届一次会议上提出7份提案，涉及文化、教育、科技、市政建设等领域。支部撰写的《成都市武侯区学前教育现状调查及发展策略研究》调研报告获得区委统战部表彰一等奖。支部党员多人分别担任成都市规范化服务型政府监督员、区法院人民陪审员、省检察院人民监督员、区执法局行风监督员、区机关作风暨投资软环境监督员、区审计局特约审计员、区监察局特约监察员等工作。支部利用民革党员大多与原国民党有历史渊源的特点，加强与民革市委会祖统办的联系和沟通，做好“三胞”亲属的思想工作，共同遏制“台独”势力，推进祖国和平统一。搞好支部基础建设，开好支部组织生活会，广泛引导和发动党员就熟悉的领域或热点时事进行讲座交流，提高议政积极性和参政能力。全年共开展4次专题讲座，邀请吴峨主讲时政“南海风云战争分析”，李盛介绍“健康健身”，马仕弘讲“抗战回忆”，张可佳介绍物业管理法律法规等知识培训。通报全区社会经济发展情况，包括《2012年武侯区国民经济发展计划执行情况》和《2013年国民经济和社会发展计划（草案）的报告》，并为70岁以上老同志参加组织生活给予经费补助。完成《关于进一步突出特色促进公平不断推进全区教育均衡化现代化国际化的建议》调研报告。支部1名市人大代表撰写的《关于大慈寺扩建的建议》受到市委书记黄新初重视；1人被聘为区审计局特约审计员、区监察局特约监察员并担任簇桥街道双凤村法律顾问；1人当选成都市民办教育协会常务理事。

【民盟武侯支部】 按照“重学习、讲政治、抓自建、有作为”的工作思路，积极开发各项主题学习教育活动。组织盟员到崇州市学习参观，了解新农村建设和灾后重建的情况，参观成都市城乡一体化建设的成果。同时组织盟员参加盟市委和区委统战部组织的各项培训。完成支部的换届选举工作，选出第五届支部委员7名。全年新发展盟员5名。推荐支部盟员李旋到盟市委参加市委组织部组织的干部挂职锻炼培训，支部紧紧围绕中心工作，充分发展盟员社会联系面广、知识层次高的优势，积极开展调研活动，为当地发展提供宝贵意见。撰写《尽快修订〈成都市物业管理条例〉有关条款、有力推动小区业主委员会建设》《提高餐饮食品安全监管效能推动餐饮行业自律》《规范教育市场秩序提升优质教育均衡化》《加强民营企业评价制度建设》《恢复和继承传统文化促进我区乡村文化建设》和《在我区设立专职法律援助律师》等6篇文章。支部各盟员积极服务民生，在环境提升、就业促进、扶贫解困、教育助学等方面做贡献，有1名盟员在荣县义务植树500余株，投入12万余元资助困难大学生5名，安置工人100余人；有1名盟员资助成都中医药大学学生社团杏林阳光星辉小队开展社会实践活动，看望空巢老人5户，为群众义诊，组织300余名群众体检，发放宣传手册200余份，发放解暑药品500份，关爱留守儿童40名，资助德格县藏族小学2000余元，为青羊区等单位提供义务法律讲座200余人次，免费开展法律咨询100余人次，发放法律宣传手册100余册；有1名盟员开办的企业招收应届大学毕业生41人，招收残疾人6人，解决其他人员就业16人。

【民建武侯支部】 民建武侯支部积极投身于武侯区的经济社会建设，深入基层，开展调查研究，了解社情民意，反映难点和热点问题，为武侯区的经济社会发展积极建言献策。组织会员认真学习中共十八大以及省第十次党代会、市第十二次党代会、区第六次党代会精神，努力让广大会员在思想和行动上与中国共产党保持同心同德、同心同向和同心同行。安排部分骨干会员参加市委统战部和市委会组织的培训班。认真加强班子的内部团结，经常召开支委会，就工作安排、支部活动和组织发展广泛征求各位支委会成员意见，充分发挥各支委的工作热情，内部形成凝聚力。经民建成都市委批准，支部新增会员8名，平均年龄39岁，全部大学以上学历，其中博士研究生2名。支部提交的建议、意见、调研报告以及会员发表的学术论文共23份。西南民族大学两位会员，就当前的经济社会发展中针对城市发展、管理以及少数民族地区基层人才发展和农民工工作等提出的学术观点、学术论文分别发表在多家学术刊物上。支部和高新总支、华西支部和卫生支部联合，参加民建市委会组织的“关爱相伴 健康同行”为高新公安分局“送温暖”义诊活动。

【民进武侯支部】 民进武侯支部以换届为契机，加强支部“程序化、制度化、规范化”建设。支部按程序进行了委换届选举，产生新一届支委会班子。在已有的部分制度基础上，进一步完善《民进武侯支部组织生活制度》《民进武侯支部议事规则》《民进武侯支部新会员发展办法》等规章制度。设立教育文化和参政议政2个专门委员会，分别由2名支部副主任主抓，不仅整合支部资源，调动广大会员的积极性，而且突出工作重点，提升参政议政质量和社会服务效果。以各级人大代表、政协委员为依托，以广大会员为基础，紧紧围绕经济社会发展做好调查研究工作，积极建言献策，全面提升参政议政水平，充分发挥参政党的作用。支部坚持调研课题责任制，围绕社会重点、难点、热点问题，深入学校、企业、工厂、机关、社区开展调研。完成支部调研文章1篇，会员个人撰写调研文章2篇；围绕教育国际化，举办1场研讨会和1场座谈会。支部完善人才储备机制，建立分门别类的人才储备库（会务工作人才库、基础教育人才库、新阶层人才库），实行常态和动态管理相结合方式。全年15名会员被省、市专委会续聘或新聘为专委会委员，多渠道锻炼。武侯区新一届“两会”武侯支部共有13名会员参会，“两会”期间，共提交人大建议1件、政协提案18件（其中支部集体提案1件，个人提案17件），支部2人获政协提案工作先进个人。支部组织会员律师走进企业、社区、学校开展法律宣讲，参与信访接待和职工维权等。参与“同心行动、情系未来”等服务社会活动，与华兴街道南桥村建立手牵手帮扶联系，为下岗家庭子女、贫困家庭子女优惠学费300余万元，为学生捐赠4000余套学习用书和学习用具，为崇州隆兴中学捐赠230套课桌。

【农工民主党武侯支部】 农工武侯支部非常重视组织建设与发展，全年发展新党员3人；支部现有党员36人，其中22人在职，分布在20个单位；退休14人，分别属于9个单位。支委经过民主改选，产生新支委班子。全年支部共开展7次组织生活，组织党员在双流参观学习，组织党员到天府新区万亩观光果园参观新农村建设，并召开座谈会传达学习市第十二次党代会精神。支部重视学习各项方针政策，积极参加各项学习与调研活动。支部组织党员到区第五人民医院进行参观考察，组织5人到都江堰参加市委会举办的基层干部培训班学习。支部调研小组成员先后到机投桥、晋阳、跳伞塔、双楠等卫生服务中心进行实地走访调研，听取社区卫生服务中心负责人关于社区卫生中心的机构建设、人员配套、运作流程的详细介绍。面对新医改形势下社区卫生服务发展中的困难与问题，并针对此情况写出对应的调研报告《进一步提升社区卫生服务水平的建议》，上报农工市委会和区委统战部。

【致公党武侯支部】 致公党武侯支部加强自身建设，特别是加强党员的素质建设，并且注重党员的政治素养培训。成员中大学以上占90%，有高级职称11名、各级人大代表、政协委员8人。支部的老党员，参政议政能力强，支部采用“以老带新”方式，每月组织1次活动，主题根据该时期国内外大事、社会的热点问题、政府关心的问题而定，活动的形式有茶话会、讨论会、座谈会、调研参观、与其他支部交流等。支部中的政协委员和人大代表认真履职，积极参加每年度的政协、人大会议和相关活动，认真撰写提案及调研报告，反映社情民意。支部党员的《关于支持失地农民生存发展的建议》《关于支持企业引进高端人才的建议》《关于如何加快发展我区现代服务业的建议》《关于改进语言服务环境提升武侯区国际化形象的建议》等议案得到区委、区政府的高度重视，并立案逐一受理。支部根据区委统战部的“我为‘商务高地·宜居武侯’献一策”活动，紧密结合全区经济社会发展面临的实际，提出《武侯区五大功能区体制改革的设想》《打造武侯黄金大道等建议》。春节，支部组织开展向农村困难群众送温暖、献爱心活动，组织支部成员中的书画家给群众写春联，并向群众送慰问品、慰问金。重阳节支部代表去老党员家看望、慰问。为更好地做好灾后建设服务工作，支部成员中的企业家多次深入灾区，与灾区困难社区、家庭、群众结成帮扶对子、捐款捐物，向灾区群众提供就业机会。

（刘　惠　林晓云　刘　静）

图026　召开武侯区工商联第五次会员代表大会　（区新闻中心提供）

工商业联合会
Association of Industry and Commerce

【民营经济工作】 武侯区实现民营经济增加值445.52亿元，同比增长12.6%，民营经济增加值占GDP的69.5%。举办“商业模式与企业纳税管理”“当前经济环境和企业发展”“企业税收公益培训”以及法律服务、商会工作等方面5期短期培训，着力提升会员企业的经营管理水平和民营企业家的综合素质，培训300余人次。在2011年全省民营经济发展实力综合评价中居榜首，实现“九连冠”。

【商会建设】 区工商联召开第五次会员代表大会，审议通过区工商联第四届执委会工作报告，选举产生区工商联新一届的执委会委员、主席、副主席、秘书长、常务委员以及区总商会会长、副会长。一批政治上追求进步、代表性和影响力强的非公有制经济代表人士进入工商联（总商会）领导班子。全年区工商联发展会员322名，会员总数1900余名。加强对基层商会的联系和指导，在与每个基层商会都签订工作目标责任书的同时，不定期到街道商会了解商会工作开展情况，全年区工商联共召开街道商会例会4次。积极加强同民营企业家的联系，区工商联通过生日祝贺、生病看望、荣誉祝贺、节日慰问等形式，走访企业200余家。全年，区工商联共处理维权、协助解决纠纷10余次，受到会员企业和基层商会的好评。行业商会、异地商会建设取得

图027 召开武侯区2012年各民主党派工商联党外干部调研工作会 （区新闻中心提供）

新突破，成立1家异地商会——（武侯区总商会荣县商会）和1家行业商会——（武侯区总商会酒类经销商商会），行业商会和异地商会数达到7家；区总商会与香港五大商会之一的香港物流商会建立友好商会，省内外友好商会数25家。招商引资作用明显，通过区总商会和街道商会引进的企业数占到街道办事处引进企业数总数的50%。

【服务经济建设】 区工商联拓展省内外交流空间，积极开展考察交流。区总商会与香港物流商会建立友好商会，开拓商会交流的新领域。接待来自全国工商联、安徽省马鞍山市花山区、广西北海市海城区、河南省巩义市、温江区、新津县等10批外地工商联（总商会）到武侯区调研考察，加强与各地友好商会的交流。积极落实圈层融合战略，促进武侯、新津两地民营经济的交流和发展，就“武侯—新津圈层融合战略合作”事宜与新津县工商联达成合作协议。区工商联与新津县工商联联合邀请省委党校教授文大会举行题为“当前经济环境和企业发展”的讲座。

【参政议政】 区工商联通过会长会、执委会、短期培训等多种形式，组织代表、委员认真学习贯彻落实中共十八大精神、学习全国工商联章程等知识。区工商联界政协委员在区政协六届一次会议共提出提案19件。面对宏观经济形势带来的不利影响，采取走访和问卷调查等方式，对全区90余家民营企业进行调查，形成《我区民营企业发展运行情况的现状分析及发展建议》等调研文章，提出加快全区民营经济发展的意见建议，及时报送给区委、区政府作为决策的参考依据，全文在《领导参阅》上刊发，受到区委书记刘守成等领导的批示。区工商联共办理政协提案3件，其中“关于加强我区民营经济健康发展”提案被列为重点提案。办理结果均得到委员的满意答复，委员满意率100%。

（陈小民）

图028 缔结友好商会签约仪式 （区新闻中心提供）

人民团体

MASS ORGANIZATIONS

工会

Trade Union

【组织建设】 为健全机构和工作制度，区总工会与市总工会签订《2012年普遍建会工作目标责任书》，将该项工作纳入年度工作目标，成立武侯区总工会2012年工会组织建设工作领导小组。制定《2012年各街道总工会、武侯新城工会工委专项目标考核奖励办法》《2012年工会专职工作者专项工作考核奖励办法》。2012年，市上划拨给武侯区的非公企业法人数据库企业有7787家，为推进企业建会、了解企业需求，招聘专职人员从事建会工作。通过电话、实地走访、建立企业工会主席QQ群等形式进行政策法规的宣传与服务。每周召开工会组建和会员发展目标专题工作例会。坚持推进基层工会组织规范化建设，以“双亮双促”（企业工会亮牌子促活力、工会主席亮身份促履职）活动和创建“职工之间”“工人先锋号”等创建活动为主要内容，对160余个工会组织统一定制企业工会、工会主席挂（吊）牌，实现企业工会的规范化管理，“双亮”的覆盖面70%。全区共有工会工作委员会10家，街道总工会13家，教育系统工会1家；有基层工会组织2985个（新增778个），涵盖企业17550家（8家世界500强企业建立工会组织），会员188071人（新增52510人）。

【维权工作】 开展“工资集体协商要约月”活动，形成“工会主动要约—企业积极应约—上级工会整改建议—劳动保障部门监督检查”的工资集体协商要约完整工作链。截至年底，全区共有2675家工会与企业签订集体协议，覆盖企业15844家，签订比例92%。扎实推动“面对面、心贴心、实打实服务职工在基层”活动，按照全区单位类型、企业行业特点进行分类，发放问卷420份，对部分企（事）业单位和职工开展走访调查，实现“四个在一线”（企业和职工情况在一线掌握、政策宣传和维权帮扶在一线开展、劳动关系矛盾在一线化解、工会干部作风在一线转变），形成5篇调研报告。调整职工维权领导小组成员，将职工维权工作纳入区委、区政府目标进行考核。在街道、社区（村）和工业园区建立劳动争议调解组织和工会劳动法律监督组织，及时调解劳动纠纷。全年受理上访、信访事件和劳动争议18件，调解率100%，办结率100%；区企（事）业单位职代会建制率、召开率规范化96%以上，厂务公开及时率95%。

【和谐劳动关系创建】 继续抓好和谐劳动关系企业创建活动，围绕大

图029　区总工会发放职工互助保障“爱心救助金”　　（区新闻中心提供）

力推进工资集体协商工作，深入开展劳动关系和谐企业创建活动。督促指导已建职代会、厂务公开制度的企事业单位完善《职工（代表）大会实施细则》《厂务公开民主管理工作实施细则》，提高职代会厂务公开民主管理运行质量和实效。申报四川盛唐建设工程有限公司等7家单位为成都市厂务公开示范单位，成都谭鱼头投资有限公司等8家单位为成都市厂务公开创建单位。截至年底，全区国有及其控股企业厂务公开民主管理实现全覆盖，学校、医院、科研院所等事业单位健全厂务公开制度率100%。在成都市厂务公开联席会议检查中，检查组对武侯区15家被抽查的企（事）业单位给予高度评价；在全省深化创新厂务公开民主管理工作经验交流会上，武侯区作为成都市唯一区（市）县代表作经验交流。已建工会的非公有制企业覆盖面99%。

【工会活动】　继续深入开展“当好主力军、建功‘十二五’”劳动竞赛活动，组织1949家企业（4542个班组、75085人）参加2012年度“安康杯”竞赛，组织24名技术能手参加成都市百万职工技能大赛和青年技能大赛，承办2012年百万职工技能大赛二类大赛——武侯区IT行业职工技能大赛，参赛职工1万余人。开展职业技能带头人选拔活动，作好职工技能素质提升工作，申报四川申蓉汽车股份有限公司员工张兵为职业技能带头人。以“党工共建”为主题，广泛开展创先争优和以保持党的先进性和纯洁性为主题的干部作风实践活动。积极组织推荐“五一劳动奖状”“五一劳动奖章”和“工人先锋号”评选。投入专项经费，为全区122名劳模进行健康检查，组织3批劳模疗（休）养和8批优秀公务员、工会积极分子外出考察学习。分层次对各街道总工会干部和专职工会工作者等举办9期专题培训班，对324名新当选的基层工会干部进行岗位培训。积极配合上级工会调训任务，参加清华、北大、省总工会干部学校和市总工会培训54人次。举办职工摄影知识讲座、职工演讲大赛、职工歌手比赛、职工运动会、“太极成都”等文化体育活动。为机关、企业、社区放映主旋律电影20余场，投入经费60万元购买电影票2万张，分送到机关、企业工会会员手中，新建5家职工书屋，丰富职工的文化娱乐生活。

图030　举行职工技能比赛　　（区总工会提供）

【惠民帮扶】　区总工会努力提高困难帮扶实效，全年投入经费近40万元，对区属14家企业的3188名环卫职工、困难职工及困难劳模进行送温暖慰问活动；投入经费70万元开展“关爱特殊群体、关注文明创建”活动，为8779名夏季奋战在工作一线的交（巡）警、环卫工人、建筑工人送清凉；投入经费10万元组织8338名建档困难职工、环卫职工和从事有毒有害工作的职工参加全省健康体检；提供135万元贷款，帮助13名失业人员成功创业，并带动就业63人；开展对困难职工、下岗失业人员就业援助、帮扶救助工作，就业培训509名，实现就业317名，通过多种渠道提供1013个就业岗位。继续开展“金秋助学”和“春风行动”，投入经费7万余元，资助应届大学生9名，跟踪帮扶往届大学生17名，发放宣传资料2100份，为1300人提供免费服务，接待农民工咨询800人次。

【工会工作创新】 积极探索新形势下做好工会工作的新途径、新方法，围绕“企业工会亮牌子、工会主席亮身份”活动，深入推进“一平台三机制”建设。在社区（村）建立工会服务站，创新职工劳动保障平台，将工会服务作为创新社会管理的重要内容，社会管理网络与劳动保障网络实现有机融洽。在街道、社区（村）服务管理站设立工会窗口，将劳动争议调解与预警预防、困难职工与互助保障、帮扶救助等各项内容纳入窗口，直接面对企业和职工，实现阵地前移，使网格化政务服务下沉到社区（村）及企业。中央办公厅调研室副局长邓小清一行对长寿苑社区工会工作给予充分肯定。

（梁　辉　苏　谊）

共青团
Communist Youth League

【基层团组织建设】 团区委在街道深入开展团组织格局创新工作，逐步形成科学发展的基层团建新格局。组织团干部参加各类培训和拓展训练500余人次，进一步提高团干部服务青少年群体和参与社会建设的工作能力。加大基层团建力度，扩大团组织覆盖面。通过党建带团建、规模企业带动建团、新社会组织依托建团、园区建团（大工业园和创业园）等形式，抓好“两新”团建工作，全年新建“两新”团组织135家。

【青年志愿服务活动】 团区委围绕城乡环境综合治理，组织青年志愿者开展“城乡环境综合治理，绿标在行动”“志愿服务你我他，交通文明靠大家”文明交通劝导志愿服务活动；围绕“缓堵保畅工程”，集中开展“志愿服务在身边·共创和谐新家园”“给二环路建设者送温暖”系列活动。全年新建“学雷锋”志愿服务队78支，新招募青年志愿者1937人，组建494支志愿服务队，共组织青年志愿者5000余人次，开展活动150余次。强化对志愿服务的评价和激励，表彰志愿服务明星团队和个人。

【创业园建设】 新增1600平方米创业园，累计建成7900平方米创业园。积极探索“园企合作”，与天骄公司合作建立武侯区青年大学生创业预孵化基地。西部智谷和川大科

图031　青少年“科技成都一日游”活动　（团区委提供）

图032 向创业企业发放小额贷款 （团区委提供）

技园两个创业园均被命名为首批四川省高校毕业生创业园区（孵化基地）。全年新征集创业项目77个，新增入园项目18个，培育重点创业项目5个，提供小额贷款90万元。累计引进创业项目114个，实现产值9266.34万元，实现税收147.84万元，创业人数293人，带动就业731人。落实各类扶持政策，发放补贴125.3万元，减免各类费用20.4万元，累计帮助创业企业融资210万元。

【青少年社会服务】 继续完善“玉林青少年空间”功能，拓展“空间”服务能力，开辟“科普天地”功能区，完善服务对象反馈机制。全年新增会员993人，开放项目185个，开展活动837人次，服务青少年7384人次；累计注册管理会员5531人，开展活动3601人次，服务青少年4.27万人次。创新重点青少年群体关爱帮扶工作机制，深入推进社区青少年事务“网格化”管理平台建设，以簧门街社区为网络平台试点，进一步完善重点青少年群体管理服务试点工作。开展送法律进校园、进社区、进万家的法律“三进”活动及暑期法制夏令营等宣传教育活动100余次，受教育的青少年1万余人次。加大对留守学生、进城务工人员子女、家庭困难学生等青少年群体的关爱力度，开展各种惠民帮扶关爱活动300余次。

【青少年思想道德建设】 开展“讲团史、知团情、爱党团”“我与祖国共奋进”“红领巾心向党”等主题活动，召开全区共青团系统学习中共十八大专题辅导会。组织“我秀我青春”青年文艺大赛、“六一”文艺会演、少儿书画大赛等全区性青少年文化活动，承办四川省少先队优秀个人及集体表彰大会暨纪念少先队建队63周年主题队会活动。

（丁 雯）

妇女联合会
Women's Federation

【组织建设】 区妇联在社会管理、公共服务和“党政所急、妇女所需、妇联所能”的结合点中找准工作定位，进一步发挥优势，推进妇联组织参与社会管理创新。重视妇女干部培训工作，举办第17期妇女干部培训班，110余人参加培训。在成都市妇联社会管理创新工作经验交流会上区妇联作经验交流。

【妇女儿童维权】 充分发挥妇联三级信访网络的作用，积极为来访群众提供法律咨询服务，做好调解、疏导和协调处理工作。全年接待群众信访218件，调处率100%。妇联干部陪审员积极依法维护妇女儿童的合法权益，参与陪审案件252件；进一步加强妇儿工委成员单位间的统筹协调，结合全区实际，编制《武侯区妇女发展纲要（2011～2020）》和《武侯区儿童发展纲要（2011～2020）》，并颁布实施。配合成都市儿童现状调查课题组开展成都市流动儿童教育及就业现状调查。在抓好统筹协调、监测评估的同时，采取多种措施，多渠道、多方位开展信息调研，撰写的《创新载体强化管理开创流动妇女服务工作新局面》《探索儿童成长新环境开辟预防未成年人犯罪新思路》等文章在《成都妇女儿童发展特色亮点工作文集》上发表。

【妇女就业】 以帮助妇女创业就业为目标，重视妇女小额担保贷款工作，加大宣传力度，发放宣传资料4000余份。及时主动与区劳动局、区财政局、银行等沟通协调，全年共办理妇女小额贷款900万元，提高妇女创业就业的积极性，全区小额贷款工作在市妇联十三届四次执委会上作经验交流。在成都市磨子桥小学分校开设成都新市民学校培训点，面向650名农民工家长免费开展新市民素质教育培训。

【妇联活动】 通过开展内容丰富、形

式多样的特色活动，团结动员全区妇女为建设“宜人新城区、创业新天地、幸福新家园”做出贡献。“三八”节，在新津老君山举办“健康女性快乐生活”登山活动，举办庆“三八”女性领导干部联谊会。联合市级巾帼文明岗单位兴业银行成都武侯祠支行，举办“为群众服务，展巾帼风采”行业技能大比拼。为庆祝母亲节，在浆洗街街道洗面桥社区开展“关爱母亲健康，共享幸福生活”义诊活动。开展各类主题讲座、宣传活动8次。在长寿苑社区广场开展“走基层进万家·法治武侯惠民行”宣传活动和禁毒“流动课堂”宣传教育活动。举办《成都市妇女权益保障条例》宣传讲座，全区各级妇联干部及妇女群众200余人参加。

【创建活动】 继续开展“巾帼文明岗”创建活动，通过树立窗口行业“巾帼文明岗”标兵形象，全面提升窗口行业的整体素质，让广大女职工立足岗位，发挥优势，为社会提供热情、文明、便捷、周到的优质服务。成都市棕北小学荣获省级“巾帼文明岗”称号，6家单位荣获市级“巾帼文明岗”称号。

【扶贫济困】 区妇联春节前夕开展“扶贫济困送温暖”活动，向全区104名贫困妇女，送去慰问金和慰问品。“六一”儿童节看望慰问区特教中心全校师生，向全校学生赠送书包等礼品。举办贫困（留守）儿童“六一”电影专场活动，65名贫困儿童和留守儿童观看电影，并向贫困儿童和留守儿童赠送书包和食品。暑期在晋阳社区举办“我们一起读书吧”暑期青少年读书活动，为贫困儿童赠送书籍和文具。中秋节开展留守儿童和贫困儿童慰问活动，看望慰问留守儿童和贫困儿童35人。开展“粉红十月”乳腺癌防治公益活动，为150余名贫困妇女免费提供“两癌”筛查。

【家庭教育】 围绕《2012年家庭教育工作思路》，引导家长重视家庭教育，积极营造有利于未成年人健康成长的良好环境。全区各级妇联组织、各家长学校共举办各类家教知识讲座80余场。进一步加大未成年人思想道德建设工作力度，形成未成年人思想道德建设工作的长效机制，努力构建起学校教育、家庭教育和社会教育相互协调、积极配合的立体育人网络。晋阳社区获“全国家庭教育工作示范社区”，区妇联获“全省未成年人思想道德建设工作先进单位”，是全市妇联系统唯一一家。

【廉政文化进家庭】 区妇联扎实推进廉政文化进家庭工作，以家庭为阵地，以廉政为主题，以文化为载体，创作出品廉政文化进家庭微电影《我们的陈书记》。组织参加“廉政文化进家庭”知识竞赛，发放竞赛试卷1000份。

（梁剑霞）

图033 进社区开展妇女维权宣传 （区妇联提供）

科学技术协会
Association of Science and Technology

【全民科学素质建设】 出台《武侯区全民科学素质行动计划纲要实施方案》，明确到2015年全民科学素质的工作目标、重点任务和保障措施，按照成员单位分工负责，落实各项具体工作。区级部门、区级协（学）会、各街道办事处围绕科普活动月、科技活动周和全国科普日等主题，开展多种群众性科普活动。针对社区居民、城镇劳动人口、青少年、公务员和领导干部的科普教育、培训和宣传活动贯穿全年。狠抓校内外科技科普教育工作，举办武侯区首届“小诸葛”青少年科技创意设计大赛、科技创新大赛活动。累计发放《品味科普》等科普宣传资料30余万册（份），科普活动受众30余万人次。全区科普设施和组织网络健全完善，科普网络横向到边、纵向到底，协（学）会和科普志愿者活动经常开展。

【科普活动月】 区科协围绕“开展

图034 举办科普宣传文艺表演 （区新闻中心提供）

民生科普共建田园城市，提升科学素质服务领先发展”主题组织全区科普活动。在簇锦公园举办科技游园暨科普文艺社区行活动，区级有关部门、协（学）会、各街道地区科协、成都黄再军医院等单位的科技科普工作者、志愿者200余人参加。开展“四进社区”大型科普宣传、咨询、义务服务、知识有奖问答等活动，区大学生科普志愿者文艺宣传队演出精彩的科普文艺节目，3000余名社区群众参与互动，发放资料宣传品1万份，接受咨询1000人次，义务诊病400人次。区全民科学素质领导小组成员单位、各街道和社区（村）紧紧围绕家庭、维权、健康、关爱、文化、计生、医疗卫生、法律、劳动就业、食品安全等主题开展科普宣传、志愿者学雷锋、进社区服务、技能培训等活动，举办食品安全与健康讲座和青少年科学之旅特色活动。

【科技活动周】 开展以“携手共建创新型城市”为主题的科技活动周活动，举办武侯区首届“小诸葛”青少年科技创意设计大赛，在全区中小学开展科技创意和科技制作活动，500名选手参加比赛。开展青少年学生科普基地行活动，开放科普基地，让青少年体验科学知识、科普基地魅力和高新科技企业风采。各街道各部门也结合进行环境、能源、安全、健康等方面的宣传、培训、服务活动。

【全国科普日】 围绕“开展民生科普共建田园城市，提升科学素质服务领先发展”主题开展全国科普日活动。9月27日，全国科普日武侯区活动暨武侯区第六届社区科普文艺会演活动在红牌楼街道龙爪社区广场举行，200余名科技科普工作者、志愿者、演职人员参加。此次活动还为2012年度武侯区科普示范社区和科普示范家庭授牌，为第六届武侯区社区科普文艺会演优秀节目颁奖，获奖节目进行汇报表演，现场还举办科普展板巡展、科普小知识有奖问答、义务诊疗等活动，近千名社区群众观看演出并参与互动。各街道各部门也围绕传统文化、环境资源、安全健康等进行科普宣传和服务。

【社区科普文艺会演】 会演活动从4月份开始布置，各街道、社区和群众踊跃参与，创作排练出一批科普作品和节目参加评演。在2012年成都市第七届社区科普文艺会演中，双人舞《志向》、小品《织网巧匠》等19个节目分获一、二、三等奖和优秀奖。情景剧《科学生活就是好》、四川车灯快板说唱《低碳生活知多少》等22个节目获第六届武侯区社区科普文艺会演优秀节目奖。9月27日，在红牌楼街道龙爪社区广场进行汇报表演，200余名科技科普工作者、志愿者、演职人员参加活动，望江路、玉林街道和四川大学科普文艺宣传队表演获奖节目，近千名社区群众观看演出并参与互动，展示科普文艺的群众艺术风采。

【科普示范】 下发《关于组织申报2012年度武侯区科普示范社区和科普示范家庭的通知》，按照创建标准和程序，共有100余户家庭、7个社区、1个街道申请示范创建，其中3个社区、1个街道申请创建市级科普示范。经区科协审核和检查验收，在全国科普日活动期间，对110户家庭、4个社区进行科普示范命名表彰。双楠街道百花社区等3个社区被命名市级科普示范社区，机投桥街道被命名市级科普示范街道；火车南站街道长寿苑社区获得全国科普示范社区、全国2012年基层科普行动计划先进单位、四川省科普示范社区等表彰。

【科普基地】 根据民生工程工作安排，按照科普基地建设标准，通过实地考察调查研究，筛选出四川大学轻纺与食品学院、武侯区玉林青少年空间为建设点位，报送科普基地建设点位推荐表、联络表、实施方案及工作经费预算等相关材料。市科技局实地考察后同意建设，签订委托任务书，下拨每个点位建设经费10万元。两处点位围绕“完善硬件设施、开展科普活动、提升科普能力、加强对外宣传”四个方面完善科普基地建设，被命名为市级科普基地。全区共有市级科普基地5处，常年接纳万余名群众参观学习。

【青少年科普假日学校】 暑假期间充分利用社会科普资源为提高青少年科学素质服务，开展武侯区青少年科普假日学校活动，举办暑期活动50余场，参与学生3000余人次。各街道结合关工委、团区委和暑期青教工作，利用各种科普载体和平台开展活动，组织青少年学生参与听科普讲座、看科普电影、开展读书和体育活动、参观科技企业和科普展馆、接受爱国教育、参加文明创建等活动。区科协、团区委联合组织“心连心手牵手共游科技海洋”青少年科技成都一日游科普体验活动，机投桥街道组织青少年参观川大智胜科普基地活动等。

【企业科技服务】 组织上报金桥工程项目9项，其中“防火漏电保护器Ⅲ系”项目获市科协金桥工程优秀项目三等奖。通过加强对企业调研，组织四川川大华西药业股份有限公司建立院士专家创新工作站，协助引进院士专家2人，协助落实建站工作补助及项目经费30余万元。指导四川川大华西药业股份有限公司成立企业科协1家。

（陈　军　高成建　付红萍）

残疾人联合会
Federation of the Disabled

【组织建设】 深入推进权力公开透明运行工作，岗位廉政风险防控工作，开展以“服务发展、服务稳定、服务残疾人”为主要内容的创先争优活动，区、街道两级残联和社区残协均达到规范化服务型组织建设要求。加强专干、专委、联络员和区残疾人综合服务中心聘用人员的管理，建立科学的绩效考核制度。全区残疾人工作者不断深化量体裁衣式个性化服务工作，变要我服务为我要服务，变坐等服务为上门服务。全年共为1.77万名办证（疑似）残疾人提供“量体裁衣”式个性化服务，服务落实率和满意率均为100%。加强对专门协会工作的指导，做到专门协会经费、场地、人员三落实。各专门协会组织开展形式多样的活动，既丰富各类残疾人的生活，为残疾人搭建交流和沟通的平台，又增强各专门协会的凝聚力和号召力。

【惠民行动】 区残联全年为1615户贫困残疾人家庭发放专项补助金132.54万元；春节、助残日、中秋节走访慰问残疾人6401户次，发放慰问品、慰问金166.06万元；为2885名残疾人购买城乡居民基本医疗保险、大病医疗互助补充保险、团体人身意外伤害保险；为803名残疾人提供“甘露医疗卡”、免费供药、助听器配戴、人工耳蜗、假肢安装、用品用具配发、免费白内障复明手术等服务。为363名贫困残疾学生发放“自强助学金”33.65万元，为25名学龄前残疾儿童提供免费学前

图035　志愿者组织残疾人体验地铁　（区残联提供）

教育康复，为422户残疾人家庭进行无障碍改造，为200名残疾人配发“引路人”手持接收机，为337名智力、精神和重度残疾人发放29.82万元居家安养补贴，对善工家园、爱慧自闭症康复中心两家社会组织在场地、器材、资金方面进行扶持和资助。2347名残疾人实现就业，在有能力、有愿望的残疾人中，稳定就业率保持在95%以上，征收残疾人就业保障金7659万元。

【个性化服务工作】 武侯区被省残联命名为首批“两个体系”建设暨量体裁衣式个性化服务工作示范区、全省残联系统干部培训教学基地，区残疾人工作被四川大学全国干部教育培训基地确定为残疾人工作现场教学示范点。武侯区为残疾人提供量体裁衣式个性化服务工作稳步推进，“四步工作法”（入户调研、制定方案、组织实施、监督检查）、“五个延伸”（由帮助扶持向扶持发展延伸、由关注贫困残疾人向服务于广大残疾人延伸、由满足残疾人的基本需求向提供高层次需求服务延伸、由帮助残疾人个人向扶持残疾人家庭延伸、由公益性服务向市场化服务延伸）、“六零服务”（服务方式零距离、服务受理零推托、服务事项零积压、服务质量零差错、服务项目零收费、服务标准零投诉）等多项量体裁衣式个性化服务经验在全省推广。全年接待全省残联系统干部培训班、中办调研组、中残联调研组、浙江省残联等单位的现场教学和学习考察34批700余人次。《西南商报》、四川电视台等媒体对武侯区量体裁衣式个性化服务进行宣传报道，省残联转载《武侯区不断完善“量服”工作督查机制》的工作经验，并得到省残联党组书记、理事长毛大付的批示。

【助残社会组织培育和引入】 区残联引进四川仁爱医疗基金会，成立全国首个政府主导、社会公益性参与的武侯区善工家园助残中心。该中心职业化助残服务模式填补政府助残服务的空白，引起社会和各级残联的广泛关注，受到残疾人及家属的好评。受省、市残联委托，先后接待云南省、上海市等残联的参观考察。中残联理事杨洋、省残联副理事长齐乐生先后到武侯区进行专题调研，对职业化助残服务运营模式给予充分肯定。《成都日报》以《政府主导、社会公益性组织参与——成都建成全国首个善工家园助残中心》为题进行专题报道。

【宣传教育】 利用电视、报刊、网站、微博等媒体，加强对残疾人事业的宣传，武侯电视台、《成都日报》、《西南商报》、《今日武侯》等媒体对武侯区残疾人工作和残疾人的先进事迹进行专题报道。做好残疾人特殊读物宣传发行工作，印制《服务指南》发放到各社区、街道，组织3300名残疾人开展社会主义核心价值观宣传教育活动和“知识改变命运”读书及知识竞赛活动。组队参加成都市第七届残疾人运动会，获得10金9银3铜和“体育道德风尚奖”。举办武侯区手语比赛，选拔8名优秀选手参加成都市第二届市民手语大赛，获得二等奖和优秀奖。在玉林街道综合文化活动中心和簇桥街道龙锦社区建立基层残疾人群众文体活动示范点。

（黄　宇）

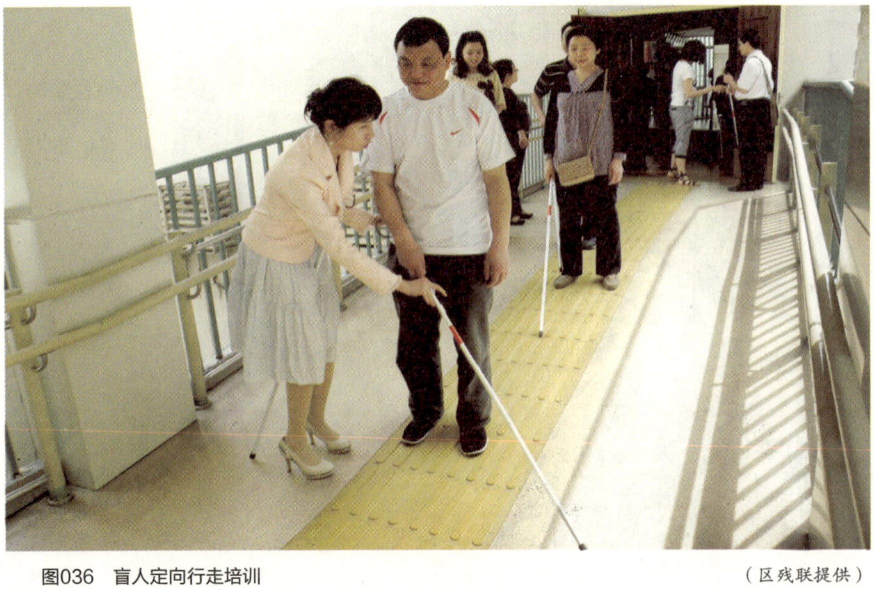

图036　盲人定向行走培训　（区残联提供）

红十字会
Red Cross Society

【组织建设】 进一步加强红十字基层服务平台规范化建设，以社区为平台，建立红十字基层组织，发展团体会员和个人会员，建立志愿者队伍开展志愿服务活动。全年新增志愿者121名，其中注册志愿者72名，遗体捐献志愿者13人；举办志愿者培训4期，团体会员稳定率100%，个人会员稳定率85%。

图037 向西昌越西县大营盘学校捐资 （区红十字会提供）

【惠民救助】 区红十字会承办全市红十字会系统博爱送万家活动暨“红标·成都”关爱空巢老人项目启动仪式。组织全区开展红十字博爱送万家活动，慰问生活困难家庭67户，发放慰问款物价值1.25万元；开展红十字关爱空巢老人入户慰问活动，慰问271人次，发放慰问款物价值4.08万元。实施“红标·成都”爱心助学接力、脊柱畸形患者医疗救助公益项目，救助人员3人；申报先心病患儿3人，白内障患者3人。通过对口帮扶等活动，为簇锦街道顺和社区40户生活困难家庭送去大米、食用油、现金等慰问品价值2万元。区红十字会会同嘉里置业（成都）有限公司、成都好百年家居经营管理有限公司设立6万元爱心基金，为凉山州西昌市大营盘麻风村小学建设生态树林。在6个街道辖区建立7所慈善爱心超市，为全区1000名低保人员和生活困难群众发放近10万元的生活救助物资。《天府早报》、《人道》、省市红十字会网站、武侯电视台对慈善爱心超市工作进行报道。

【卫生救护培训】 在全区12个社区卫生服务中心设立红十字会卫生救护培训基地，实行师资、场地、目标、范围、教材、内容、考核、发证“八统一”的规范化管理，面向全区开展家庭救护知识“四进”（进校园、进社区、进机关、进企业）活动。开展卫生救护宣传64次，参加人数4.7万人次；卫生救护普及培训54班次，参加人数3712人次；开展急救员培训27班次，培训人数1332人次。发放宣传单7.7万张，应急救护培训宣传册1万本，为各卫生救护培训基地配备项目手册120本、绷带纱布1400套。在社区卫生服务中心设置家庭救护知识学习室和家庭救护技能实训室。

【救灾工作】 区红十字会探索红十字社区防灾救灾体系建设，以社区居委会为社区防灾减灾组织核心建立防灾减灾组织机构，以社区卫生服务中心为防灾减灾技术核心建立防灾减灾培训室，组建由医护人员组成的专业志愿者队伍。以建设3个区级应急避险点（晋阳小学、磨子桥小学分校、沙堰社区博爱园）为基础，以完善社区防灾救灾预案、开展社区防灾减灾培训和演练、完善社区逃生路径为手段覆盖整个街道。修订《成都市武侯区红十字会自然灾害与突发公共事件应急预案》。

图038 成都市红十字会2012年博爱送万家活动暨“红标·成都”关爱空巢老人项目启动仪式在武侯区举行 （区红十字会提供）

【项目管理】 区红十字会在晋阳街道沙堰社区推进中国红十字会博爱家园项目，形成“3+X”工作模式（一个基层组织、一个活动阵地、一个生计基金以及防灾减灾体系），开展宣传、志愿服务、困难救助工作，普及防灾减灾、自救互救、逃生避险、卫生健康等知识，建设红十字博爱园、社区应急避险点、救灾备灾培训室、爱心超市等便民利民设施，设立千盛购物中心公益金项目发展社区生计。

完善红十字基层组织“四个体系”（基层组织体系、防灾救灾体系、应急救护培训体系、人道救助体系），提升“三项能力”（综合服务能力、社区可持续性发展能力、志愿者自我管理、自我组织、自我发展能力），探索红十字“全域武侯”工作模式。

【宣传工作】 围绕世界红十字日、世界献血日、世界急救日、世界艾滋病日等主题纪念日开展红十字会的宣传活动。通过武侯区人民政府门户网站、武侯区红十字会网站、武侯区红十字会官方微博等多种渠道，增强红十字会宣传力度，提高红十字会的透明度。

（陈　文）

社会科学界联合会
Federation of Social Sciences

【普及社科知识】 区社科联围绕中共十八大精神、“五大兴市战略”、健康养生等干部群众感兴趣的主题，全年共举办“金沙讲坛武侯分坛”6期，平均每场参加人数100余人。积极开展2012年社科年度论坛的相关工作，与区图书馆联合举办讲座，邀请彭祖养生专家王世伟主讲《如何打造你的健康资产》、四川大学食品与轻纺学院教授何强主讲《食品添加剂和食品安全》，各街道、社区（村）干部群众参与人数200余人。发放《2012年成都问答》《中外文化精粹》《2012年理论热点面对面》《十八大报告辅导读本》等各类理论书籍2500余本。

【应用性研究】 区社科联调查研究全区社会建设现状，组织社科力量撰写《实施积极的社会管理建设美好的幸福家园——成都市武侯区社会建设与管理新探索》，文章被求是杂志社主办的综合性政治理论半月刊《红旗文稿》刊登。完成调研报告《自媒体时代如何发挥政务微博的作用》《武侯区政务微博存在的主要问题及建议》2篇；完成武侯区2012年成都市社会科学界第六次优秀科研成果评奖申报工作，区纪委课题组《推进县委权力公开透明运行的路径选择》、区委党校课题组《城市职业流浪乞讨人员管理的困境及出路》获得成都市社会科学界第六次优秀科研成果奖。

（李佳佳　彭明彪）

文学艺术界联合会
Federation of Literary and Arts Circles

【组织建设】 区文联组织召开区文联一届三次会议，大会改选区文联主席，增补调整文联委员；2012年3月，召开区作家协会成立暨第一次代表大会。建立日常工作联系机制，完善和实施工作考勤制度、加强目标管理，做好对区美术家协会、区作家协会日常工作联系机制。

【文化艺术活动】 区文联开展“廉政文化进社区春联送吉祥”活动，组织10余名书法家免费为群众书写春联近200幅。开展“精神文明建设五个一工程”作品创作推荐评选活动，共收到图书5册，歌曲3首，推荐歌曲《花舞》获成都市第八届精神文明建设“五个一工程”入选作品奖。组织开展“弘扬主旋律，放歌新生活——社会主义核心价值体系歌曲创作演唱活动，共收到歌曲5首。完成优秀童谣创作和征集评选报送工作，选送的童谣《萤火虫》获2012年度成都市优秀童谣作品三等奖。由区文联自行设立的《武侯文艺网》（网址 www.whqwl.com）正式开通，武侯文艺网是武侯区唯一的官方文艺网站。创办《武侯文艺》期刊，组织开展《新津—武侯金秋笔会》活动、关爱白玉县中小学生文化暖冬“书漂”活动，先后出版个人文学专集8部、音乐专辑2张。

（曾水云　代晓春）

图039　区领导向区作家协会授牌　（区新闻中心提供）

法　制

LEGAL INSTITUTIONS

人大法制
Legislative Affairs of People's Congress

【法律监督】 区人大常委会加强对刑法、民法、刑事诉讼法、未成年人保护法、食品安全法等专门法律、法规的实施情况调查和执法检查，为营造有法必依，执法必严、违法必究的法治氛围，构建和谐武侯提供强有力的法律保障。按照区“六五”普法规划和区人大常委会的“六五”普法决议，开展普法工作情况的检查，督促区政府及相关职能部门按计划完成2012年的普法任务，并积极参与法治城市建设，加大了督促相关部门继续加强执法力度、加强司法工作人员素质的力度。督促区法院、区司法局加强对人民陪审员的培训，不断提高其综合素质和陪审水平、认真履行职责，促进法院的审判工作，维护司法公正，推动“阳光司法”的进程。继续按照区人大常委会对提请任命人员任前法律知识考试办法的规定，组织拟任命人员进行法律考试，保障区人大常委会任命权的行使，全年对“一府两院”33名干部进行任前法律考试，促进干部学法用法，依法行政。

【工作监督】 区人大常委会对常委会会议、主任会议实施的工作监督做大量准备工作，保证常委会的工作监督顺利进行，对全区财政工作、审计工作、慢性病防治工作、城市建设和管理工作、刑事审判工作等进行检查和监督，并提出一系列整改意见和建议。根据常委会会议、主任会议重点审议议题，提供相关的调查报告和参阅材料，承办各项决议、决定的实施、解释工作。继续按照区人大常委会对提请任命人员任前法律知识考试办法的规定，组织拟任命人员进行法律考试。

（马　骏）

行政法制
Administrative Legality

【队伍建设】 区法制办认真落实行政执法人员资格认证制度，加强对行政执法人员的教育管理。组织全区8个部门共59名行政执法人员进行行政执法证换证公共法律知识集中统一考试，行政执法人员考试合格率95%。对全区17个部门150名行政执法人员的行政执法证件进行严格审查，通过由市政府法制办组织的年审，完成2012年度的行政执法证件验证工作。新增59名获取执法证的执法人员，各部门对新上岗行政执法人员用不同的方式进行岗前基础法律培训，现共有持证人数209人（不含行业归口和市直管的人员）。由11家具有行政执法职责的部门推荐行政调解人员，在此基础上建立调解员库和行政调解指导组成员库。

【法制宣传】为增强区政府各部门依法行政的能力，进一步推动司法公开实现“阳光审判”，启动“走进法庭听审判”活动，组织全区行政机关人员参加旁听区法院行政案件的审理两次。积极推进法制宣传教育形式与载体创新，以武侯区公众信息网为依托，新建“武侯普法网”，提高全区法制宣传教育的实效性和覆盖面。广泛开展以《行政许可法》《行政强制法》《行政复议法》《物权法》《政府信息公开条例》等法律、法规为主要内容的法制宣传教育活动，增强行政人员的依法行政意识。积极创新法制宣传教育形式，大力开展“法治大讲堂”“法治大家谈——环境治理人人参与”、法治文艺会演等系列活动。调整、充实武侯区“六五”普法宣讲团、法制宣传志愿者和法治文艺演出队人员，完成簇桥街道簇锦公园法治园地、火车南站街道高攀路法治游园建设，提高法制宣传实效。

【规范行政执法】按照国务院《全面推进依法行政实施纲要》（简称《纲要》）、《成都市依法行政五年规划》（简称《五年规划》）的要求和《成都市2012年度依法行政工作计划》的部署，结合武侯区实际，制定《武侯区2012年全面推进依法行政工作计划》，对全区各部门年度依法行政工作的目标、任务以及行政审批事项、行政权力事项、规范性文件的清理等重点工作进行细致周密的安排部署。制定《成都市武侯区行政机关工作人员依法行政知识学习培训工作规划》，对全区年度行政机关工作人员依法行政知识学习培训工作进行统一安排，并将培训工作纳入目标管理和公务员年度培训管理考核体系。组织全区各街道办事处、区政府部门副局级以上领导干部依法行政专题培训2期；各街道办事处、区政府各部门密切联系自身工作实际，采取举办法律知识讲座、实用业务技能短训班等形式抓培训；区行政学院将《纲要》《五年规划》和依法行政相关知识纳入主体班次的教学课程之中，将其作为公务员录用、初任培训、任职培训的重要内容之一。

【行政执法监督】以《武侯区重大行政决策事项公示和听证暂行办法》《武侯区重大行政决策事项专家咨询论证管理暂行办法》和《武侯区科技顾问团制度》等制度为核心，进一步完善和规范决策机构、决策程序、决策评价、决策公开等工作机制，初步构建起科学化、民主化和法制化的行政决策运行体系。利用武侯区重大行政决策咨询专家库、武侯区政府法律顾问团咨询论证平台以及社科院、科协等群团社会力量，深入开展基础调研，充分借脑引智，提高决策质量。严格按照有关制度规定，对重大行政决策事项进行充分公示和听证，广泛收集、听取社会各界的意见和建议，做好决策跟踪和结果反馈工作，及时对重大行政决策进行调整和补充，规范政府重大决策行为，增强决策的民主性、科学性和透明度。强化行政监督，完善行政监督制度和机制，认真落实巡查、绩效考评、责任追究等制度，制定出台《武侯区涉及群众利益重大事项法律和信访稳定风险评估试行办法》，从源头上减少和消除影响社会稳定的重大信访问题和群体性事件的发生。认真贯彻落实《政府信息公开条例》，按照《成都市政府信息公开规定》的要求，在市政府法制办的指导下，认真开展深化政务信息公开各项工作。区法制办针对“城中村”改造、城乡统筹、商圈建设、招商引资等重点工作推进中出现的具体问题，认真做好法律论证和法制调研工作，全年作出书面法律审核意见书（函）18篇，为基层和区级机关有关部门提供法律咨询服务130余件次。

【行政复议应诉】认真贯彻执行《行政复议法》，依法受理各类行政复议申请，按照重依据、重证据、重程序的原则，公正作出行政复议决定，坚决纠正违法或者不当的具体行政行为，切实保护了行政相对人的合法权益。健全完善行政复议相关工作制度，对行政复议调解的方法进行探索。全年区政府共接待审查和审理行政复议案件59件，审查率100%，其中依法受理1件、作其他处理58件。

【规范行政调解】按照省、市要求，结合实际，区行政调解中心从建立工作制度、健全工作体系、建立区行政调解指导中心等开展行政调解工作。为建立健全与人民调解、司法调解组织的协调联系机制、信息沟通机制和效力衔接机制，优化、整合调解资源，实现“三大调解”优势互补，区法制办与区法院、区司法局共同研究、协调、配合，先后制定并出台《关于完善司法调解与行政调解衔接工作意见（试行）》《关于加强人民调解与行政调解工作衔接配合的实施意见（试行）》，解决行政调解与人民调解和司法调解相互协调配合中涉及具体的程序问题，避免久调不决或因行政调解不成功而转换其他解决矛盾途径无实际可操作的方式。为做到所调解案件有案可查，调解案件资料规范保存管理，针对不同政府部门调解工作涉及的业务范围，从启动到结案的整个工作流程中所涉及的文书、档案等方面对不同的业务部门逐一进行指导。对区房管局、区工商分局、区建设局、区人社局等涉及矛盾较多的部门，首先从案件所涉及的各类文书的规范制作上对其进行指导；其次从案件档案文书的归档要求进行指导，规范案件档案的管理和保存，如案件的卷宗、案件文本中需保存的文书类别、装订的顺序等。截至年底，全区各行政部门共排查消费者权益纠纷、物业纠纷、劳动工资纠纷、工程费纠纷等具有民事争议内容的行政调解案件886件，调解554件，调解成功499件，调解成功率90%。把行政调解工作延伸到社区，在黉门街等社区成立行政调解联络点，专人负责，公布联络员及其联系电话、工作职责。把医患、物业等当前突出的纠纷作为着力重点化解的矛盾代表，分别配置专门的办公室和设备，落实经费和人员，成立相应的调解室，集中解决纠纷。建立调解室相关工作制度、明确工作职责，并分别规定标志、标牌、上墙内容。严格按照《成都市国家公务员行政过错行为行政处分暂行规定》的要求，落实行政投诉举报办理结果公开制度，对实名投诉举报反映的问题，办理结果全部给予公开答复，并将投诉及处理情况纳入公务员绩效考核评估体系，及时把投诉及其处理情况反馈给相关职能部门，落实在对公务员和相关部门的年度考核之中。

（王翔谦　马　琍）

公安
Public Security

【打击犯罪】 区公安局牢固树立“快速、准确、彻底打击违法犯罪就是最大的亲民爱民”的工作理念，以“保平安护民生”“冬季战役”“压发案降警情捕现行”“打击经济犯罪破案会战”“集中整治突出区域警情”“平安四川”“三十天打防竞赛”等专项行动为契机，始终将打击重点放在影响群众安全感的“两抢两盗”等突出方面性犯罪和严重暴力犯罪。全年共破获各类刑事案件3215起，同比上升5.6%；破获“两抢两盗”等方面案件900起，打击处理1724人（逮捕、劳教）。破获现行命案19起，破案率100%；打掉恶势力犯罪团伙8个（省公安厅挂牌1个），打击处理55人；破获毒品案件143起（市公安局规划案6起），破获各类经济案件201起（公安部挂牌案3起），挽回经济损失7000余万元。在打击经济犯罪破案会战中，成绩名列全市第二。

【维稳工作】 健全情报信息收集、研判机制，进一步完善情报信息网络，在重点小区院落和重点单位物建一批信息员，严格落实信息员奖励机制。健全联动调处机制，充分发挥公安接访调处中心、派出所、社区警务室三级调解平台作用，加强对重大、疑难问题的调处，将矛盾纠纷化解在基层，解决在萌芽状态。健全突发事件备勤处突机制，针对因征地、拆迁、改制、医患纠纷和涉及少数民族敏感人群等各类涉稳重点群体可能发生的各类群体性事件分别制定了详细的应急处置预案，全年共处置各类群体性事件80余起，未发生1起因公安机关处置不当而引发更大规模的群体性事件。

【治安防控】 坚持树立情报信息主导警务的工作理念，建立完善运用警情状态指导打防管控的工作机制，积极构建各警种之间、各巡控力量之间、人防物防技防之间“无缝衔接”

图040　举行巡防警务启动仪式　（区新闻中心提供）

的安全网络。牢固树立“警力跟着警情走”的工作理念，依托“大情报”平台，结合研判结果适时调整网格化布警线路、区域和治安卡点设置，统筹确定全区警力投向及投量，全面强化各警种联动巡控，提高街面巡控警力快速反应能力，强化派出所警力、巡警和机关警力联动巡控，提高重点部位和重点时段的“见警率”和“管事率”。扎实推进巡防警务改革，在反复调研的基础上，在南站地区和红牌楼辖区进行巡防警务改革试点工作，通过改革，两个辖区警情同比稳中有降，接处警效率、街面见警率、群众满意率得到大幅提升。不断提升小区院落“三防”工作效能，全力深化小区院落“135”防控工作模式，进一步加大对社区民警发现防范隐患和漏洞情况的考核力度，督促社区民警对责任区内“三防”工作情况开展日常排查，做好案件高发时段的各类保卫力量履职情况和物防、技防设施运行情况检查记录；印制各类防范宣传资料120余万份，深入辖区广泛张贴、散发，并通过“相约警务室”民警温馨提示栏、召开坝坝会以及依托微博、QQ群互动、手机群发短信等传统与现代方式普及安全防范知识。为有效解决物业管理小区入室盗窃发案突出的问题，在全市率先出台《住宅小区治安防范工作规范》，推出责任明确、部门协同、齐抓共管的物管小区治防新模式，进一步提升物管小区防范水平。

【人口管理】 牢固树立“管住了人口就管住了治安”的理念，围绕对辖区人口“底数清、情况明、信息灵”的目标，在建立完善综合服务管理员队伍以及用工单位负责人、房屋中介人员、出租房业主的流动人口协管网格化责任体系的基础上，创新流入地和流出地“两头抓、双向管”以及将境外人员纳入流动人口管理等工作机制，加强流动人口信息采集和维护。认真吸取成都市“5·7”火灾事故的教训，对全区出租房屋再次进行全面清理，并组织出租房屋主与承租人逐一签订《出租房屋消防安全责任书》，派出所与出租房屋主逐一签订《出租房屋治安管理责任书》，进一步提升出租房屋、流动人口动态管控能力。

图041 采集境外人员流动人口信息 （区新闻中心提供）

【规范化服务】 牢固树立服务中心意识和“在服务中实施管理，在管理中体现服务”的理念，增添便民、利民措施。贯彻落实信息公开规定，健全工作机构，落实工作职责，规范办事流程，全年主动公开政务信息208条。在区公安分局办证中心、各派出所和社区警务室构建“4S”服务窗口，开展延伸服务，提高办证效率和群众满意率。联合市交警一分局在全市率先开展涉农街道交通秩序整治，开展遵守交通法规宣传、静态交通管理规划和交通秩序管理执法等工作。积极推进城市文明程度指数测评消防达标工作，进一步加强经常性消防监督检查管理工作及消防宣传教育和培训工作。

（杨 洪 赵 帆）

检察
Procuratorial Works

【打击刑事犯罪】 区检察院全年共审查逮捕各类犯罪嫌疑人1635人，审查起诉1725人。积极维护市场经济秩序，全年共批准逮捕破坏社会主义市场经济秩序犯罪51人，起诉68人。在办案中，正确运用“宽严相济”的刑事司法政策，在严厉打击各类严重刑事犯罪的同时，根据犯罪情节从宽对167名犯罪嫌疑人做出不逮捕决定、对38名犯罪嫌疑人做出不起诉决定。完善行政执法与刑事司法相衔接工作机制，建议行政执法机关移送涉案金额巨大的生产销售伪劣产品案件7宗。全年共办理刑事和解36件，化解涉检信访153件，对符合条件的4人实施被害人救助，共发放救助金2.8万元。

图042 开展“9+3”学校法制宣传教育活动 （区检察院提供）

【职务犯罪查办和预防】 区检察院加大查办职务犯罪力度，全年共办理贪污贿赂案20件。其中，查办贪贿犯罪案件大案8件，大案要案比例89%，查办的贪贿犯罪案件侦结率95%，起诉率100%，有罪判决率100%，积极追赃挽损，追赃挽损34.84万元；渎职侵权案件立案3件5人，其中2件4人是在与区检察院侦查监督部门建立了线索信息联系机制下搜集到的案件线索，两案正在进一步侦查之中。深入开展职务犯罪预防工作，推动预防职务犯罪教育课程进党校，开展预防警示教育11次，参加人数1000余人次。提出有针对性的检察建议5篇，提供预防咨询20次，个案预防3件；完成预防宣传5篇，4篇被《检察日报》采用，1篇被四川新闻网采用。开展行贿档案查询210次，并按照市院要求更新了相关行贿犯罪信息。

【法律监督】 区检察院加强立案监督和侦查监督，督促侦查机关立案23件、撤案6件、追加逮捕48人、追加起诉34人；对侦查中的违法情况提出纠正意见27件次，发出检察建议20件次。加强审判监督，对认为确有错误的刑事裁判提出抗诉4件；加强刑罚执行和监管活动监督，纠正监管场所违法7件次，发出检察建议3件次，纠正不当减刑1人、不当假释7人；加强对监外罪犯执行检察监督，口头纠正漏管1人，纠正社区矫正违法行为5件次。加大民事行政案件的督办力度，全年共受理各类民事行政申诉案件线索42件，其中办理提请抗诉和再审检察建议7件，民事和解3件，息诉3件，刑事附带民事诉讼6件，被法院采纳5件；违法行为调查2件，纠正诉讼过程中违法情形案件2件；发现并移送审判人员和执行人员犯罪案件线索2件；支持起诉10件，均被法院采纳；经审查不受理、不立案2件。继续开展量刑建议制度改革工作，在提起公诉时，提出幅度相对确定的量刑建议，并制作专门的量刑建议书。落实轻罪案件适当从宽处理机制，依法运用检察权做出不起诉决定，在法律允许的范围内，加大不起诉的适用力度；立足量刑建议，对于犯罪行为较轻，达成和解的案件，依法提出从轻处罚的量刑建议。

【预防青少年犯罪】 区检察院坚持贯彻“教育、感化、挽救”的方针和“教育为主、惩罚为辅”的原则，不断探索和完善“捕诉监防一体化”工作模式，努力构建适合未成年人刑事案件特点的办案机制和社会化预防犯罪机制。创新未成年人轻罪记录封存制度，主动对接新刑事诉讼法，区检察院与区公安分局、区教育局共同会签《未成年人轻罪记录封存制度实施办法（试行）》，通过明确扩大

图043 青少年法制夏令营活动 （区检察院提供）

轻罪记录封存制度适用对象、规范前科封存的考察程序、规定考察期限、明确前科封存办法等措施，进一步落实新修订的刑事诉讼法，保障未成年人合法权益，避免未成年人因实施轻微刑事犯罪所造成的“标签”效应。创新未成年人公诉模式，加强对涉罪未成年人在庭审环节的感化教育工作，截至年底，区检察院向区法院提出《适用圆桌审判案件建议书》82份，采纳率100%，90余名未成年人通过圆桌审判被提起公诉，并得到法院的从轻处理。开展“检校共建”活动，深入辖区内成都市礼仪职业中学等藏族学生聚集较为集中的“9+3”学校进行法制宣传教育。继续开展法制夏令营活动，在区检察院主办的第七届武侯区青少年法制夏令营活动中，紧扣“法治伴我成长、共建文明城市”的主题，通过强化中学生法制宣传教育，让孩子们亲身参与到创建活动中，并带动身边的人广泛参与，进而有效提高市民的法律素养。

【检察改革与创新】 打造“案前预防—案中管控—案后监督”三位一体案件监督管理模式，强化办案环节管理。全年共对55起可能引起信访、舆情风险及社会负面影响的刑事案件提前预警提示，工作受到最高检察院、省检察院充分肯定和推广。积极对接新刑诉法，首创圆桌审判公诉模式，创新未成年人刑事案件圆桌公诉模式，首创“青少年关爱之家”，被中央电视台、《检察日报》、《法制日报》等多家媒体专题报道。首创刑事案件通报机制，强化侦查活动监督，加强检警协作，进一步加强对公安机关立案、撤案、追漏和纠正违法的监督力度，获得省检察院领导肯定，并在全省推广。

（熊　浩）

审判

Trial Works

【刑事审判】 区法院坚持宽严相济的刑事政策，依法严厉打击故意伤害、绑架等严重暴力犯罪，着力惩治抢劫、盗窃等多发、常发犯罪，妥善审理涉食品安全、危险驾驶等社会广泛关注的案件。全年共审结各类刑事案件1133件，判处罪犯1594人。坚持以教育为主、惩罚为辅的工作原则创新未成年人审判机制，于省内首创圆桌法庭审理未成年人案件，开创未成年人案件审理新模式，全年共审结各类未成年人犯罪案件110件，对其中67名未成年犯判处非监禁刑。区法院与团区委、区检察院及街道社区联合举办青少年暑期夏令营，邀请在校学生走进法院旁听案件审理，开展模拟法庭等活动。深入楠欣社区，开展未成年人暑期安全防范警示教育普法讲座，普及未成年人犯罪预防及自我保护知识，有效维护未成年人合法权益，提升未成年人法制意识。

【民商事审判】 坚持“调解优先、调判结合”，慎重办理关系人身权利的婚姻家庭、人身损害纠纷案件，认真审理关系基础民生的房屋买卖、物业服务纠纷案件，稳妥处理关系经济发展的公司运营、商事合同纠纷案件，全年共审结各类民商事案件6236件，标的金额11.43亿元。加强知识产权保护，促进自主创新，全年共审结各类知识产权案件212件。开展民商事案件小额速裁试点工作，为新民事诉讼法的顺利实施积累经验。开展形式多样、方法灵活、涉及面广的审判延伸工作，全年区法院分批分次走访神州数码、彩虹电器、川大智胜、卡美多鞋业、成都农商银行、凯宾斯基、西南食品城等20余家重点企业，了解企业生产经营状况和司法需求，听取企业对法院工作的意见和建议，并就相关司法保障问题与企业代表进行交流。同期，区法院法官走进日资企业伊藤洋华堂，同该公司的法务

图044　区法院与西南财经大学法学院就共建国家大学生校外实践基地举行签约仪式　（区法院提供）

图045 区法院开展“家属开放日”活动 （区法院提供）

人员就商家如何规范经营行为，预防与避免不必要的知识产权法律风险及纠纷出现后的合法合理应对等问题进行座谈交流，在普及法律知识的同时，提升企业的识法、守法意识。

【行政审判】 坚持以合法性审查为基础，依法保护行政相对人合法权益，以“一案三建议”为抓手，强化风险控制，注重协调优先，确保行政争议妥善解决。支持行政机关依法行政，全年共审结各类行政案件34件，促进行政争议的有效化解。开展行政诉讼简易程序改革试点工作，试点成果受到最高人民法院领导的肯定。

【执行工作】 坚持“公正规范、注重效率”原则，依法加大对可供执行财产的查控力度和对恶意规避执行行为的制裁力度，先后推行限制高消费、限制出境、曝光不良信誉等举措，对27人次采取训诫、罚款及司法拘留措施，全年共执结各类案件2811件，执结标的金额6.36亿元。召开全区法院执行工作联席会议，推动法院执行工作长效机制的建设。加强执行联动，开展“春季执行风暴”，邀请区人大代表参与敏感、重大个案执行程序，全程监督法院执行工作，有力提升法院执行工作的公信力和质效水平。系统把握质效评估体系各项指标，完善以节点控制为核心的流程管理制度，着重抓好涉民生、群体性和大标的等3类案件的执行，通过层级管理、局务会议、质量评查等形式，严把涉案财产查控关、处置关、强制措施实施关和法律适用关，共审核审批案件4556件次，确保执行的公正与效率，推进积案清理，全年380余件积案全部限期办理完毕。

【大调解工作】 区法院以“全省立案调解工作基层示范法院”为契机，结合自身实际，积极发挥优势，不断深化新机制、构建新平台、展示新形象、实现新突破、创设新方法、畅通新渠道，将“大调解”工作提升到新的水平。全年调撤案件6112件，同比增加1508件，调撤率73.0%，同比上升2%。以诉讼服务中心建设为契机，精心设置立案调解场所，科学设置特邀调解、司法确认窗口和人民调解室、行政调解室，安排专人负责调解工作。同时，根据各类案件的特点，区法院专设特色调解室调解疑难、复杂案件。化解民事纠纷的“温馨调解室”通过精心营造温馨的调解氛围，有效突出“和为贵”的和谐调解理念；化解商事纠纷的“诚信调解室”通过张贴关于诚信的图片和文字，营造“诚实守信”的调解理念。设置人民调解联络处、行政调解联络处，加强立案调解的配套衔接，邀请区内经验丰富的特邀调解员定期坐班，协助窗口人员开展调解工作。同时，发放《立案调解建议书》《人民调解解决纠纷建议书》《行政调解解决纠纷建议书》等调解建议书，引导当事人就地就近到所在社区开展人民调解工作，在有效节约司法资源的同时，将矛盾纠纷化解在诉前，全年通过此类途径成功调解纠纷433件。同时，加强13个调解联系点和20个调解指导站建设，对法院调解方式、成功案例进行宣传，选派法官前往指导调解工作，采取“以案代训”“观摩调解”等方式对人民调解员、行政调解员开展培训。

【立案信访】 以“从官本走向民本、从后台走向前台、从分散走向集中”为设计理念，在区法院新办公大楼设立诉讼服务中心。该中心对诉讼流程进行再造，把大量诉讼事务性工作从后台推向前台，通过对原有按部门、分节点的分段式诉讼流程进行压缩，实行“扁平化”处理，实现由后台隐形办理向前台公开服务、由多头分散办理向集约集中办理的双重转变。诉讼服务中心占地1300余平方米，分为4个服务平台，设置16个服务窗口，涵盖9种服务类型，囊括89项服务内容，实现“走进一个厅，诉讼事务一站清”为民服务，降低当事人前往法院诉讼的成本。全年审查立案1.08万件，处理来信22件、来访56件次，处理申诉、申请再审2件，立案调解及补位速裁案件497件；适用速裁民商事案件28件，采取诉前保全案件4件，适用公示催告和督促程序案件73件，案件结案率98.2%。此外向市中级人民法院申报重大疑难案件4件，上诉案件、上级法院调卷移送1010件，裁定不予受理案件8件。区法院共受理各类投诉、涉诉信访纠纷78件，同比下降12.4%；受理78件信访案件，其中来信案件22件，来访案件56件，初信初访案件65件，已办结65件，初信初访息诉率100%。办理重信重访案件13件，其中12件已实现息诉止纷，占重信重访件总数的92.3%。为保证当事人信访问题的上传下达，提高涉诉信访工作的具体质效，将区法院领导每周三的定期接访与区法院领导对重大、疑难个案信访人员的不定期接访有效对接，建立兼具灵活性与时效性的接访规程。全年共开展院领导信访接访工作69次，其中区法院领导和庭室负责人每周三定期接访工作47次，开展院领导预约接访22次，实现案件息诉息访率100%。严格按照申诉、申请再审处理程序，依法办理申诉、再审申请或者经报请审委会讨论决定再审立案，对部分争议较大案件进行听证，做到讨论案件记录完整，驳回通知说理充分，并积极按照逐级处理原则做好息诉息访工作。全年共办理民事申诉复查案件1件和行政申诉复查案件1件，其中民事申诉复查案件因程序错误已进入再审程序。

【司法公开及人民陪审员工作】 围绕抓好审判执行主业，健全审判运行机制，严格程序审批，把好裁判关口，强化队伍司法公正意识。继续完善院长“四公开”平台，开辟互联网《审务公开》栏目，开展“走进法庭听审判”，推进司法审判公开。探索采用随机抽取人民陪审员参加审判活动，实现人民陪审员高质、高效履职，全区共配备人民陪审员60人，全年共陪审各类案件1823件。

（尧 刚 李宏钦）

司法行政

Judicial administration

【普法依法治理】 武侯区“六五”普法规划经区政府常务会、区人大常委会和区委常委会审议通过颁布执行。召开全区“六五”普法和法治城市创建工作会，印发《2012年成都市武侯区创建全国法治城市工作目标任务》，组建武侯区法治宣讲团，推进“六五”普法的实施。实施“争做依法办事好干部”大教育，全区各单位开展干部教育活动培训180余场次。实施“争做文明守法好市民”大讨论，各单位开展主题法制宣传教育活动共300余场次。实施“法治文化聚民心”大行动，在《今日武侯》报上开设《法治在线》和《法治大讲堂》专栏，在武侯电视台开设《法治大讲堂》专题栏目，刊登稿件128条，播出28期。全年开展群众性文化活动120余场次，举办3场法治大讲堂“群众法治文艺会演”大型活动。

【人民调解工作】 区司法局开展以“创平安春节、创平安五会”（全国、全省、全市两会和省第十次党代会、市第十二次党代）为主要内容的“双创”活动，全区各人民调解组织分别在春节和“五会”召开前后，集中力量对涉及征地拆迁、建筑领域、企业改制、医患纠纷和物业管理等重点行业、重点部位、重点群体、重点人员进行排查340余次。开展“综合治理·共创平安”专题活动，通过大走

图046 召开“六五”普法会议 （区司法局提供）

图047　开展法律宣传活动　　（区司法局提供）

访集中排查行动和矛盾纠纷专项化解行动，保障了节日期间辖区稳定。开展矛盾纠纷排查化解“攻坚破难”专项行动，组织动员全区各人民调解组织和人民调解员集中排查化解涉及群众利益、影响社会稳定的各类突出矛盾和问题。指导区医患、区消协、区物业管理等专业性、行业性人民调解组织，化解社会关注的医患关系、消费者权益保护等方面的矛盾纠纷。全年各人民调解组织共调解各类矛盾纠纷532件，调解成功513件，调解成功率96%。

【帮教安置】 健全完善刑释解教人员安置帮教衔接机制，认真落实刑释解教人员出监必接必送措施，重点人员接回率100%；做好服刑在教人员基本信息核查，核查率95%。开展社区矫正、刑释解教人员元旦、春节期间上门帮教“送温暖”专项活动，累计走访服刑人员家属94人次，回访假释、保外人员40人次，慰问经济困难家庭24人次。与监狱和派出所合作做好武侯籍服刑在教人员狱内劳动技能培训，提升驻区监狱服刑在教人员出狱后的就业能力。全年接收刑释解教人员122人，帮教116人，帮教率95%；安置112人，安置率92%；重新违法犯罪率控制在3%以内。

【社区矫正】 完成社区矫正人员移交工作，人员、档案齐全。全年共291人接受社区矫正，其中新接收128人，解除矫正105人，在册186人，无一人重新犯罪，无脱管、漏管情况发生。学习贯彻《社区矫正实施办法》，集中培训8期160人次，各街道培训社区矫正人员13期150人次，建立3个社区服务基地，对社区矫正人员集中开展社区服务。

【律师管理和服务】 制定《武侯区社区（村）法律服务工作室建设实施方案》，全区设立社区（村）法律服务工作室35个，聘请专兼职法律工作者建立固定接待日，每周两个半天为群众和特殊人群提供免费法律咨询，为困难群众提供法律援助，并结合实际情况开展法律宣传。组织律师开展法律服务志愿活动，为群众提供法律咨询3000余人次，散发宣传资料5000余份。全年共办理各类法律事务2035件，担任政府、企事业单位法律顾问205家，参与区领导信访接待34次，接待信访群众法律咨询220人次。

【法律援助服务】 区司法局进一步完善区法律援助中心、街道法律援助工作站、社区（村）法律援助联系点三级法律援助网络，规范在区妇联、区残联、区总工会、区人社局、武侯新城等部门设立的法律援助工作站。建立法律援助案件质量评估机制，进一步规范内部管理规章制度，法律援助案件质量、律师办案的责任意识和服务意识得到有效提升，此项工作荣获全市司法行政“优秀成果奖”第四名。区司法局与区劳动仲裁委建立外来民工援裁对接工作制度。采取开通绿色通道，优先受理、优先指派、优先调解、优先解决的方式，深化外来民工依法维权工作。通过明确产权维护法律援助范围、简化援助申请程序、加强应急处置、完善调援对接等措施，与区统筹局进一步做好农村产权维护法律援助工作，切实维护农民的合法权益。全年区法律援助中心共为受援人群提供法律援助1488人次，其中办理法律援助案件187件（民事案件65件，刑事案件122件，涉案金额300余万元），接待法律咨询1301人次，援助率100%。

【公证法律服务】 通过涉外涉台公证清查、疑难公证案件评查、公证当事人回访等工作开展，强化公证案卷质量管理。积极发挥公证职能作用，为武侯新城管委会等办理证据保全、现场监督公证100余件，办理合同（协议）类公证30件。全年武侯公证处办理公证5747件，其中国内4309件，涉外1438件，为老年人、残疾人、病人办理上门公证20余次，免费公证咨询1000余起，完成公证法律援助203件。

（李　岭）

社会治安综合治理
Comprehensive Treatment of Social Security

【治安防控】 武侯区围绕创建“平安武侯”的总体目标，制定《关于开展争创“最平安城区”活动的实施意见》及《目标任务分解表》，提出“发案少、秩序好、社会稳定、群众满意”的目标。做好中共十八大前后社会治安防范工作，探索“围绕四化抓防范，分类管控促平安”的城市基层治安防范模式，得到上级领导肯定并推广。深化军地共建、“天网”工程、“红袖套”等治安防范措施。完善“一三三”工作模式（抓住“隐患排查”一个关键，通过风险评估确定“高风险、中风险、低风险”三种类别，分别通过“物管整治、单位整治、社区自治”三种模式，落实隐患整治措施），组织力量深入居民小区，对全区1532个小区的“三防”建设进行排查，并通报首批22个治安高风险小区院落。区综治办建立台账进行动态跟踪督查，为全区331个小区安装技防设施，覆盖率96%；344个居民小区纳入规范化服务管理及保安服务范围，覆盖率89%。全年全区警情明显下降，特别是“两抢、两盗”等刑事案件得到有效遏制，社会治安满意度大幅提高。

【平安创建】 广泛开展平安小区、平安学校、平安单位、平安市场的创建活动，全年全区11个街道被命名为“二星级平安街道”。在省综治办关于2012年上半年平安建设群众满意度测评调查中，武侯区群众满意度名列成都市中心城区第一。加强重点人群的服务管理，结合“6·26国际禁毒日”宣传活动，下发《戒毒康复人员就业安置目标的通知》，并与各街道签订《就业安置目标责任书》，促进对戒毒康复人员的帮扶安置。完成对重点青少年的第二轮摸底调查工作，为预防青少年犯罪提供的信息基础，落实刑释解教人员出狱出所必接必送和安置帮教政策，加强刑释人员社区矫正工作。

【社会管理创新综合试点】 武侯区被确定为全省社会管理创新综合试点9个重点单位之一。科学编制《武侯区社会管理创新十二五发展规划》和《2012年度实施计划》，强化组织保障、项目带动、营造氛围，细化试点方案及“时间表”和“路线图”，推进社会管理创新综合试点工作健康有序开展。完成年度社会管理创新试点项目74个，继续推广和创新“三个模式”，即在城市社区推广普及“两委一站一室”网格化管理的“簧门街模式”，在涉农社区（村）推广普及“两委两站、首席接待”的村级公共服务管理“白佛村模式”，在农转非小区院落推广普及“三化合一”的院落居民自治“长寿苑模式”。按照“政府主导、社会参与、市场运作”的工作思路，探索成立社区社会组织孵化中心，着力引入20余家服务性、公益性、慈善类社会组织，为其提供场所、办公经费及智力支持，共同参与社区建设和管理，放大社会组织在政府与居民之间的服务优势，既减少政府的社会管理成本，又保证社会公益目标的实现。

【大调解工作】 继续开展矛盾纠纷大调解“五进”（进小区、进车站、进景区、进市场、进企业）专项促进活动，在1217个小区和院落、39个市场、3个景区、35个企业、1个车站设立调解组织和调解员，“五进”调解网络覆盖面100%。全年全区共排查调解矛盾纠纷14271件，调解成功11589件，调解成功率81%。其中，人民调解489件，调解成功460件，调解成功率94%；行政调解643件，调解成功583件，调解成功率91%；司法调解8376件，调解成功6103件，调解成功率73%；公安接访调解4763件，调解成功4443件，调解成功率93%。

（高建堂　吕敬东）

军　事

MILITARY AFFAIRS

人民武装
People's Armed Forces

【党管武装】 区委、区政府认真落实党管武装各项制度，区委书记、区武装部党委第一书记刘守成参加武装部党委会，督促学习党管武装各项制度和工作职责，并落实工作措施。调整充实区人民武装委员会暨国防动员委员会、国防教育领导小组、征兵工作领导小组等机构，组织召开2012年武装工作会，传达学习成都警备区党委全体（扩大）会议精神，总结部署年度武装工作，表彰武装工作先进单位及个人，为年度武装工作的有效落实打下了坚实的基础。同时，深入学习贯彻成都警备区“两个经常性”工作培训精神，采取业务培训、蹲点帮带、以会代训等形式，利用外出学习考察、战备执勤等时机，着力加强专武干部业务素质的培养和能力的提高。组织专武干部进行为期15天的集训，集训紧紧围绕当前军事斗争准备工作任务的新特点，突出“狠抓‘结合’创造性地开展武装工作”，深入探讨城市化进程中城市民兵组织建设、民兵预备役和征兵工作中遇到的新问题和解决问题的新思路，创造性的搞好“参建”“参治”等各项工作，提高基层专武干部工作能力。

【思想政治建设】 区武装部深入开展“赞颂科学发展成就，忠实履行历史使命”教育、“讲政治、顾大局、守纪律”教育和“知职责、感党恩、比贡献”专题教育，广泛开展“三互”和谈心交心活动，用心把教育做深做细做实。按照覆盖全员抓普及、区分

图048　召开专武干部、民兵预备役人员学习贯彻中共十八大精神任务部署会议　（区武装部提供）

层次抓重点、破解疑难求深入的思路，扎实推进对中共十八大精神的学习理解。同时，利用专武干部会议、民兵骨干集训，认真学习《民兵政治工作规定》；结合战备执勤对专武干部、应急民兵进行使命任务、战斗精神教育；结合地方精神文明建设，组织民兵预备役人员参与社区文化活动，参观先进文化文明成果，净化思想道德品质，有效纯洁民兵队伍的思想。

【全民国防教育】 围绕《国防教育法》颁布11周年纪念日、“八一”建军节和国防教育日等活动，依托报刊、地方网络、媒体和社区文化载体，组织各街道进行多种形式的爱国拥军宣传。组织开展习武日活动，进一步增强全民国防意识。全年集中组织15次军事日活动，5次利用地方会议为党政干部宣讲国防形势，完成201名报考军队院校的普通高中毕业生的政审面试工作。

【征兵工作】 积极抓好宣传动员工作，采取任务分解到社区，明确责任和奖惩等办法，发动街道武装部和社区人员主动上门宣传动员，激发应征适龄青年报名热情。协调组织征兵工作人员法规政策学习和政审、体检等业务培训，严格落实廉洁征兵规定要求，开展廉洁征兵、依法征兵教育整顿，签订《征兵责任书》《廉洁征接兵保证书》，严把征兵体检、政审、定兵关，有效提高群众对征兵工作的公信度。2012年冬季征兵首日宣传报名活动在成都体育学院举行，完成216名（女兵13名）新兵征集任务。

（林静湄）

民兵·预备役
Militia and Reserve Forces

【民兵组织建设】 围绕应急动员、应急维稳、应急救援、应急作战等需求，以大中型企业、大中专院校、科研机构和新经济体为依托，采取以条为主、条块结合、整合队伍、联建合建的办法，将民兵组织积极向企事业单位拓展。新建扩建改建27支应急分队，8支专业救援分队，7支支援分队，解决民兵分队编兵不实、分布不合理、科技含量不高、结构单一的问题，民兵结构进一步优化。同时，对各街道、企事业单位武装部的基本建设、民兵装备器材做出统一规范，并在红牌楼街道进行试点示范，各街道武装部自身建设和民兵装备器材均落实到位。

【民兵战备训练】 采取“基层武装部具体组织实施、区武装部抓好指导检查考核”的方式，认真抓好新入队民兵基础训练。采取“集中组织、分批实施”的方式，组织新任专武干部集训和以民兵防空分队、应急分队为重点的集中训练和轮训。采取“走出去、请进来”的办法，扎实抓好专业分队的补差训练和预编兵员的回营训练，同时，结合敏感期应急维稳，组织民兵拉动训练、执勤训练；结合防汛救灾准备、情报信息侦知，组织民兵防疫分队、防汛分队、网络分队的专业训练和应用训练等。在成都警备区组织的民兵军事3项比武竞赛中获得团体第二名，并高标准完成全省“5·11”防灾救灾大演练警戒执勤任务。

【武器装备管理】 落实《民兵武器装备管理条例》和《民兵武器装备安全管理规定》，加强区民兵武器装备仓库和武器存放点的安全管理工作。积极开展武器装备管理“四无”活动，重点抓好民兵装备的技术管理，不断提高武器装备的完好率和配套率。注重加强武器装备经常性的安全检查，坚持做到区武装部领导每月、科长和分管参谋每周检查一次仓

图049 征兵宣传现场 （区武装部提供）

图050　组织民兵军事训练　（区武装部提供）

库，节假日和战备时间重点检查。落实“三铁一器”（铁窗、铁门、铁锁、警报器）、“双人双锁”、“人员、物资出入库登记”和擦拭保养等制度，确保武器弹药安全和装备性能完好率达到规定标准。

【民兵参建参治】 针对涉藏维稳、涉外警卫、涉访稳定、涉军稳控以及“两会”“糖酒会”和扼制非法聚集活动等需要，健全应急指挥机构、完善应急处突方案、组织民兵集结出动维稳防暴应急预案演练、融入应急体系、积极搞好战备物资器材准备、加强重点区域执勤巡逻、落实情报信息通报共享机制、强化情报信息搜集和研判等具体办法及措施，不断强化应急处突能力，较好地满足了涉藏维稳、涉外警卫、涉访稳定、涉军稳控和扼制非法聚集活动等需要。先后组织2万余人次参与城乡环境综合整治和文明城市创建，积极协调部队和民兵参与地方安保执勤、涉访稳控、治安管理等工作，深化军警民共建“平安驻地、平安军营”活动，进一步巩固密切军政军民关系，为武装工作的推进和落实营造良好的外部环境。

（林静湄）

人民防空
People's Air Defense

【在建人防工程管理】 区人防办坚持以《人防法》为准绳，以省、市相关规定为依据，加强在建工程质量监督检查和验收工作，全年检查在建工程20个次，完成在建工程竣工验收7个，完成6处区人防直管工程日常安全运行及维护管理工作。按照地铁兼顾人防功能和人防工程质量监督要求，参与完成成都地铁2号线、4号线兼顾人防工程施工质量监督，保证地铁建设的顺利进行。完成人防综合实力统计、信息录入工作，完成10处人防工程标示工作。

【警报系统建设管理】 根据《武侯区警报建设规划》，巩固警报台社会化管理成果，抓好警报设备日常维护管理，积极配合市人防办加强警报系统建设，新建警报2台和警报移址3台。签订警报维护管理“三级责任书”，警报社会化管理为100%，坚持对警报维护管理进行季度检查和日常维管工作，确保警报设备设施完好率100%。完成“5·11”全省防灾救灾大演练和“9·18”全市警报试鸣演练任务，警报鸣响率100%。

【人防组织指挥】 修订完善本级防空袭预案，完成全区街道社区与对口温江区街道社区战时（应急）人口疏散的对接工作与疏散方案的制定，组织开展掩蔽演练，完成重要经济目标防护方案制定。加强人防专业队伍建设，完成道路抢险抢修应急专业队整组工作，完成人防专业队伍整组100人，训练60人。

【宣传教育工作】 开展人防宣传教育工作，组织开展“防灾减灾”及“人防与国防”宣传教育活动，发放各种宣传资料5700余册。在全区中学初中二年级开展“安全应急与防空知识”教育活动，受教育5200人。发放《安全应急与防空知识》教材5300本，完成报刊组稿13篇，制作人防专栏橱窗2期，市级以上广播、电视、报刊用稿5篇，完成全区各社区（村）应急器材管理和教育训练工作。

（孙剑辉）

双拥工作
Double Support Works

【双拥宣传】 投入16万元对区爱国主义教育基地——李家钰烈士陵园进行改扩建，在陵园周边打造红色文化墙。双楠街道以此为契机，启动“祭英烈慰忠魂红色文化凝聚发展力量”爱国主义教育活动，全区各界群众、大中小学学生踊跃参加。全区122个双拥宣传小组，除通过设咨询点、墙报板报和召开座谈会等传统形式外，还采用微博、QQ群、论坛等网络工具宣传报道双拥工作，全年在各级报刊、电视和网络发表双拥题材稿件70余篇。

图051 武侯区庆祝建军85周年军民联欢文艺演出 （区新闻中心提供）

【双拥共建】 积极开展各种节日慰问活动，春节前夕，区四大班子领导组成6个新春拥军慰问团，为成都军区空军司令部、四川省军区等驻区部队送去慰问金和慰问品；“八一”前夕，举行“同唱连心曲共续鱼水情”大型军民联欢文艺演出，800余名干部群众和驻区官兵观看演出；全年区双拥成员单位共慰问驻区部队46批次，走访慰问优抚对象1800人次，赠送慰问品、慰问金90余万元。广泛开展科技文化拥军，积极开展“阅读进军营活动”，区双拥办共为29家驻区部队送去政治、军事、文学、科普类图书3000余册，以及彩电、电脑等用品；武侯祠博物馆坚持现役军人免票政策，全年免票金额40万元；省红十字肿瘤医院、省骨科医院等医疗机构免费为区困难优抚对象体检、免收门诊挂号费。为解决官兵后顾之忧，武侯区将义务兵家属优待金标准调整为1.3万元，位居中心城区之首；协调解决23名军人子女入学入托问题，解决12名军人家属就业问题。驻区部队积极支持地方经济建设，驻区部队参加驻地环境综合整治、创建全国文明城市等活动共出动大小车辆900余人次；驻区部队48个学雷锋小组共300余人利用节假日休息时间，义务为群众看病500余人次，修理电器80余台件、自行车200余辆，受到群众热烈欢迎。

【优抚安置】 严格执行优抚安置政策，及时落实优抚待遇，全年为1319名优抚对象发放优待抚恤金900余万元，医疗补助金80余万元，为52名军人家属发放死亡抚恤金1100余万元，发放无军籍职工生活补贴2700余万元（含2010年、2011年补发部分）。全年共接收退役士兵266名，发放士兵待安置期间生活补贴76万余元，继续开展“关爱功臣，永葆光荣”活动，落实军休干部“两个待遇”。

（夏晓蓉 林静湄）

城乡建设与管理

URBAN AND RURAL CONSTRUCTION AND ADMINISTRATION

城乡规划

Urban and Rural Planning

【重点项目规划保障】 武侯规划分局配合做好二环路快速路、2.5环道路工程规划，加强地铁3号线高升桥站点（富临集团用地）、红牌楼站点规划协调工作，配合开展二环路外立面整治、武侯祠大街外立面整治工作。配合做好现代服务业重点集聚区布局规划、中心城区公共文化基础设施布点规划、中心城区15分钟公共服务圈规划，做好地铁1、3号线省体育馆站（跳伞塔区域）及地铁3、7、10号线红牌楼南站区域地上地下空间利用研究，推动区域形成最具现代化、国际化水准的城市综合体，为发展高端服务集聚提供高品质的空间载体。积极落实土地上市工作，同时为确保城市形态和城市业态同步优化，积极做好上市土地的包装研究，论证建筑空间形态与规划指标的对应关系，合理确定规划指标，出具14宗土地的拍卖规划条件。结合二环路改造、锦江的打造，做好二环路南一段区域高攀片区（科华片区）城市设计工作，并纳入规划管理；配合完成对武侯区旧城改造更新项目进行梳理和研究，做好十一街、十四巷棚户区有关规划容积率调整工作；配合做好环城生态区规划编制工作。配合做好违法建设查处工作。完成对成都市城乡规划实施情况遥感监测变化56个图斑信息的核实工作，完成11项违法建设核实工作，移交市规划执法监督局处理。

图052 召开武侯区拆迁及上市工作专题会　（区征后实施推进办提供）

【规划编制】 完成金花桥“城中村”、武侯农投公司以及中粮·大悦城等产业化项目有关规划用地性质调整工作，做好高攀片区城市设计落实控规工作。

【规划审批】 完成“一书两证”（建设项目选址意见书、建设用地规划许可证、建设工程规划许可证）的审批工作，全年共办理规划咨询51件，建设项目选址意见书15件，规划条件68件，建设用地规划许可证63件，建筑方案审查71件，施工图审查56件，建设工程规划许可证71件，发证面积488.8万平方米，其中住宅105.6万平方米、商业53.8万平方米、办公48.6万平方米、非生产性工业106.8万平方米。指导完成汇日央扩城市综合体、四川大学国际学术交流中心、西部智谷、龙湖金楠天街城市综合体、上善国际、首信公司204亩综合体、世纪百合等市、区重点项目的方案设计和规划审批工作。

【规划管理】 加强对城市建筑空间形态和建筑品质的研究及控制，对重要地段、重要节点的建筑方案进行专家咨询论证，实现对报建项目的建筑形态、体量、屋顶处理、色调、材质、天际轮廓线等内容严格把关，组织对24个项目的规划方案进行专家咨询评审，对15个项目进行交通影响评价。强化对公共服务配套设施的建设标准和建设时序的管理，探索促进公建配套设施同步实施的办法途径，完善居民生活配套，创造宜居生活环境，提高土地价值。

（苏　丽　陈　宏）

市政建设
Municipal Construction

【光华8线（武侯段）道路排水工程】

该工程是2012年市级重点工程之一，位于武侯区与青羊区交界位置，起点接货运大道，终点至片区内规划道路，长680米，宽40米，计划投资约4800万元。工程于2012年完成小三线施工和全线污水干管埋设工作。

【武侯大道段电力隧道工程】 该工程为新建电力隧道，全长约4800米，结构尺寸为2.5×3米，预算投资2.60亿元。工程于6月开工，截至年底隧道主体结构完成约3600米。

【凉水井变电站配套电力通道工程】

该工程为110KV沈家桥变电站—220KV武侯变电站电力通道，全长约6300米，预算投资8000万元。工程于8月开工，截至年底完成电力排管铺设6000米。

图053　武侯大道电力隧道工程

（区建设局提供）

【路灯安装工程】 为解决市民出行安全，对文昌南路、金履路、少陵横街等9条无路灯道路实施路灯安装工程，总投资约200万元。该工程为2012年民生目标工程，于10月开工建设，截至年底全部完工并亮灯。

【高新武侯档案、文化、图书综合馆工程】 该工程总建筑面积4.08万平方米，预算投资2.11亿元。该综合馆的工程方案设计、项目可行性批复、施工图设计、招标控制价评审、施工单位招标等前期工作已完成，并于12月开工建设。

【洗面桥小游园地下停车场】 该工程总建筑面积2400平方米，地下停车位48个，总投资1500万元。工程于8月竣工，10月投入使用。

【公共绿地建设工程】 该工程是2012年的民生工程，含晋康街小游园和武青西四路带状绿地。其中，晋康街小游园植绿面积6100平方米，投资约300万元，工程于1月开工建设，3月底建成；武青西四路带状绿地植绿面积1.5万平方米，投资600万元，工程于3月开工建设，12月底建成。

【绿道建设工程】 该工程位于府河右岸，起于二环路，止于2.5环，长1.6公里。工程于5月进场施工，12月完成。

【建国巷综合整治工程】 该工程整治项目包括车行道、人行道、绿化、围墙和店面等，工程于12月开始施工。

【重要节点建筑综合整治工程】 该工程是对一环路武侯段高升桥等重

图054　武青西四路小游园　　（区建设局提供）

要节点建筑进行整治，预计投资约3000万元。其中，高升桥节点于12月开始施工。

【武侯祠大街综合整治工程】 该工程是对武侯祠大街两侧建筑外立面、光彩、店招及道路进行综合整治。工程于11月开始施工，建筑外立面整治共涉及33栋建筑。

【成都《财富》全球论坛综合整治工程】 该工程对二环路（武侯段）及锦绣路和领事馆路两侧建筑外立面进行综合整治，整治项目包括店招、夜景、人行道和绿化等。工程于12月开始施工。

【机场路（武侯段）整治工程】 该工程为机场路（武侯段）整治绿化项目，绿化整治面积约8300平方米。工程于11月开工，12月底完工。

【跳伞塔派出所改造工程】 该工程含拆除、新建和改造等项目，总投资约600万元。工程于6月开工，12月工程完工并交付使用。

（孙剑辉）

市政设施维护
Municipal Facilities Maintenance

【道路日常维护】 全区市政设施维护工作按“建设、维护、管理”三分离原则全面实现市场化，将全区市政设施工程分5个标段，统一招标确定养护单位和监理单位。全区管养道路1001条（总里程496.42公里），污雨水管道504.66公里。制定市场设施日常维护计划，全年共投入养护资金2380万元，完成车行道路面修补8.88万平方米，整治维护人行道8.45万平方米，完成348条道路排水设施整治、清淘管道11万米，管道改造244.5米，清淘检查井4631座，进水井1.01万座，清运淤泥1.97万立方米。

【交安设施养护】 区交通局通过对辖区交安设施摸底调查，制定年度交安设施养护计划，按季度分月重点安排工作，投入108万元，为金兴北路、金兴南路、武青东二路、武青东四路、机九路、金履路、桂花路、新苗东街、新苗西街、浓园艺术村路、万寿四路、小学路、簇马路、九金街、万寿路、万福东二街、机投东街（北顺街）、万盛路、机投东街、万福东三街、万福西三街、机投正街、机投北顺街等道路施划普通标线4.1万平方米、特殊标线8633平方米，安装标志标牌48套，维护信号灯18套。

【桥梁日常维护】 区交通局加强桥梁管理，制定安全管理责任制度，按规范要求在规定年限内进行桥梁结构定期检测及常规定期检测，根据桥梁检测结果，采取相应维护措施。武侯区负责管养桥梁91座，全年对50座桥梁进行灌缝检测，完善32座管养桥梁的专业技术档案。

（欧高峰　吴晓星）

园林绿化
Landscaping

【概况】 2012年，武侯区结合全区绿化工作实际，按政府主导、社会单位参与、市场化作业的原则，做好园林绿化管理工作。全年完成义务植树85万株（折合乔木），“破墙透绿”2100米，新增屋顶绿化8400平方米，完成道路绿带改造工程。继续强化绿地的管护工作，绿地管护市场化改革工作取得实效，巩固省、市、区级园林单位、居住区活动成效明显，群众植绿护绿积极性显著提高。全区园林绿地面积2082万平方米，园林绿地覆盖面积2360万平方米，公共绿地面积645万平方米。

【义务植树】 3月中旬，武侯区开展春季义务植树活动，区绿委办协调各街道办事处组织辖区内单位、群众参加全民义务植树活动。区"四大班子"领导和区级机关干部300余人，在川藏立交桥至武侯立交桥沿线的3.5公里健康绿道开展植树、护树活动。各街道围绕"植树造林、从我做起""植树造林、美化家园"等主题，组织辖区单位义务植树500株。全区在植树节期间设立宣传站点14个，悬挂宣传标语148幅，散发宣传资料1.5万份，宣传群众30万人次。驻区单位和社区群众参与义务植树活动40万余人次，全年义务植树折合乔木85万株，护树13万株。

【破墙透绿与屋顶绿化】 武侯区按照成都市林业和园林局对全市立体绿化工作要求，将城区"破墙透绿""屋顶绿化"列为年度民生工程。全年完成"破墙透绿"2100米，栽植有藤本植物三角梅、油麻藤、蔷薇等花木。完成新安大道33号、潮音大道1号等5处屋顶绿化8400平方米。

【花树上街】 武侯区结合城乡环境综合治理，组织开展花树上街工程。在川藏路沿线等多条街道种植观赏性较强的海棠等花乔木1200株，在盛世路等中小街道种植樱花、白玉兰等行道树3200株。

【小游园维护】 武侯区组织绿化施工队伍，维护区内小游园及绿化广场，补植花灌木及地被植物3.35万平方米，配置完善全民健身器材及休闲座椅等设施。

【街头景点建设】 武侯区采取见缝插绿的方式，在大石西路等中小街道的分车带上补植补栽乔木878株，灌木2.39万株，金叶女贞、麦冬等地被植物3.35万平方米。

【院落绿地改造】 武侯区针对拆迁安置房和老居民院落绿化环境差等现象，组织开展居民院落绿地改造工程，全区改造老式居民院落100个，涉及绿地美化改造62处。

【绿化管护】 武侯区组织绿化队伍做好区内道路绿化的维护工作，利用春季全面开展行道树剪板工作，全年完成区内273条中小街道的1.24万株行道树修剪工作。完成200条街道行道树和绿地的病虫害防治，喷洒农药195车次。加强绿带扬尘治理工作，全年冲洗街道绿带380条，出动水车270台次，冲洗街道行道树绿带面积52万平方米，补栽露土覆盖植被3.35万平方米，安装树池盖板299套。完成区内铁路沿线防护林的环境整治，清理卫生死角320处，清运杂草、建渣等垃圾25吨，拆除直排式厕所6座。按照道路"敞、透、亮"要求，完成试点中小街道分车绿带的改造。继续推行绿化管护市场化改革，完成415条路段，50.1万平方米绿地招标段的监管，区城管局根据不同的标段制定绿化管护标准，实施考核，确保招标绿地质量维护达标。

（罗富明）

图055 为行道树修枝 （区新闻中心提供）

环境卫生
Environmental Sanitation

【概况】 2012年，武侯区环境卫生管理工作坚持以环境卫生社会效益为中心，不断创新工作方式，加大对各环卫公司日常作业的检查考核，在强化城乡环境一体化管理上狠下工夫，取得显著效果。全区垃圾清运达到日产日清，街道清扫保洁和公厕

图056　清运垃圾　　（区新闻中心提供）

管理实现长效管理，继续巩固街道属地化管理为重点的环卫作业市场化改革成果，环卫设备更新、改造力度加大，环境卫生管理工作实现社会效益，环境效益和服务质量的同步增长，城乡环境卫生面貌明显改善。

【街道清扫】 武侯区街道清扫保洁工作由各街道办事处实行属地化管理，按环卫作业市场化运作方式，通过招标全部承包给高建、友乐等环卫公司进行日常清扫保洁。根据街道地理位置、繁华程度、人流量大小及污染程度，区、街两级城管部门督促环卫公司对全区街道实行定人、定量、定段、定时保洁，中心城区街道实行24小时巡回保洁制度。全区街道清扫面积1326.22万平方米，同比增长0.9%。其中，主街干道464.11万平方米，中小街道483.11万平方米，农村道路379万平方米。全区主街干道机械化清扫率69%，组织洒水车每日冲洗街道面积687.7万平方米。清扫保洁作业实现招标制度化、作业标准化、环卫工人工资发放规范化。

【垃圾清运】 武侯区完成各街道辖区（含新城管委会区域）39.62万吨垃圾清运任务，日清运量1085吨，同比增长6.5%。在垃圾收运方式上，采取三环路内实行生活垃圾袋装化，三环路外实行生活垃圾集装化。全区巩固垃圾清运新模式成果，继续在涉农辖区推行“户集、村收、街道运、区处理”的垃圾清运新模式，建立一批景观化垃圾池，将涉农辖区每天产生的生活垃圾全部运至压缩站集中处理，再转运至龙泉驿区长安垃圾处理场，城乡生活垃圾实现日产日清。结合城乡环境综合治理工作，全年清除卫生管理盲点320余处，清运积存混合垃圾25.44吨。

【环卫设施】 武侯区结合城乡环境综合治理，对全区54座直管公厕进行整治，重点维修12座，继续实施专人管理，免费服务，达到“七无七净”的公厕卫生标准。全年新增环卫专用车辆18台，报废陈旧车辆1台。在金花桥街道等涉农辖区更换和新增垃圾桶3000个、果屑箱1500个，在试点推行垃圾分类工作中，新增600个地埋式垃圾投放器。

【城市生活垃圾处理费征收】 武侯区根据《成都市城市生活垃圾处理收费管理办法》，对辖区内1.38万个生产经营单位，153个行政事业单位，160个学校、医院、部队，242个小区物管公司、30.8万户居民征收城市生活垃圾处理费。全年全区累计征收生活垃圾处理费3392.51万元。

（罗富明）

城乡环境综合治理
Urban and Rural Environment Comprehensive Treatment

【“七乱”治理】 区城管局以整治“垃圾乱扔、摊位乱摆、广告乱贴、车辆乱停、工地乱象、河道乱污、乱搭乱建”现象为重点，全力做好城乡环境各项专项整治工作。组织辖区各街道（含新城管委会）人员1.2万人次，清理社区卫生死角积存垃圾320处；强化市容秩序管理，出动执法人员21.12万人次，取缔流动商贩4.10万处，纠正违章占道经营行为4.64万起。清除城区牛皮癣、乱张贴、乱书写及涂鸦22.47万处，收缴小卡片4.92万张，教育处理乱发小广告及小传单人员3490人次，报停“违规呼”90部，拆除新增违规户外广告16块、道旗广告698块、灯箱广告1789块，拆除伸出式破损招牌628块，清理破损发光招牌712处，拆除占用道路、绿带违规标志牌、导示牌179块。强化涉农区域交通秩序管理，全年纠正违规乱停乱放车辆3.51万台次，清理非法营运电动（人力）三轮车2196车辆。加强工地乱象的治理，督促施工方进行规范化管理，检查处罚施工工地扬尘污染问题125件，教育、处罚违规运输建渣车主470人次。以排涝防洪为重点，治理河道乱污现象，细致排查区内22条中小河道的环境状况，清淘河道污物25吨，完成高攀河等44个中小河道沿河排污口整治。以遏制新增违法建设为目标，治理城乡乱搭乱建现象，拆除城乡违法建设36.33万平方米和违法建设点位119个，其中“198”区域违法建设面积20.24万平方米。

图057　召开全区城乡环境综合治理工作专题会　（区新闻中心提供）

【“七进”活动】 武侯区继续开展城乡环境综合治理，发动群众广泛参与，深入开展环境治理宣传进社区、进村社、进院落、进家庭，进机关、进企业、进学校的活动。全年，在《今日武侯》和武侯电视台分别开设专栏《大力推进城乡环境综合整治》进行专题宣传报道，引导市民主动参与城乡环境结合治理活动。针对城乡环境综合治理人民群众关注的热点、难点问题，制定实施《武侯区城乡环境综合治理工作手册》，督促区级有关部门和街道对城乡环境实施长效管理。

【城乡市政设施改造】 武侯区加强全区市政公用基础设施建设，改善群众居住、出行的生活条件。完成改造机动车道路3.47万平方米，人行道整治3300平方米，整治盲道178处；拆换雨水进水井盖120套，拆换水篦子261个，清淘雨水管、污水管32处；完成道路标线5024平方米，特殊标线2816平方米，非机动车停放点标线300处；完成江安河村二、三、四、五组和文昌村自来水改造工程。

【扬尘治理】 武侯区从治理“尘源”和解决工地乱象入手，采取“专职、专责、专管”和动态监控相结合的方式，强化对区内各建设施工工地建渣运输扬尘治理的监督。区扬尘办组织建设、城管、国土、交通、环保、房管等部门和各街道办事处，对各类施工、待建工地开展“禁扬尘、禁燃煤、禁围墙破损、禁垃圾积存”的专项治理工作。全年下达工地限期整改通知书190份，开展运渣车专项整治活动160次，出动执法人员3.2万人次，处罚污染街面的运渣车主470人次，处罚制尘工地125个，行政罚款70万元。全年出动大中型洒水车对城区主街干道、出入城通道及扬尘较重的区域进行洒水降尘循环覆盖，重点街道实行白天、夜晚循环冲洗。完成街道绿带露土软覆盖8.52万平方米，修补武侯大道等主干道地被植物2.5万平方米，补植乔木1500株，安装行道树池盖板299套，确保街面整洁卫生。

【户外广告与招牌整治】 武侯区组织力量对户外广告及招牌设置情况进行摸底调查登记，对设置的违规户外广告和招牌制定出整治方案。坚持标准，严格把关，做好新设户外广告、招牌的初审工作。组织执法力量对区内主街干道、进出城通道、商业繁华地段、餐饮娱乐区的违规户外广告进行拆除，对不规范的招牌责令业主整改。全年拆除各类违规户外广告招牌16块，道旗广告698块，灯箱广告1789块，面积7461平方米；清除破损招牌628块，改造规范各类违规招牌2952块，规范整改破损霓虹灯设施712处，完成一、二环路（武侯段）沿线的光彩改造工作。

【院落治理】 武侯区针对城区老式

院落基础设施不配套，通过加强居民自治组织建设和基础设施建设的方式，实施全区居民院落治理。全年投入专项资金1859万元，完成城区100个无专业化物管管理的老式院落改造。通过整治院落道路，改造下水道化粪池，提升院落绿化档次，增添环卫设施等措施，使老式院落面貌一新，上万户居民的生活环境得到明显改善。

（罗富明）

城管行政执法

Urban Management Administrative Law Enforcement

【概况】 2012年，武侯区按照市政府城市管理工作总体要求，围绕开展城乡环境综合治理目标，按照“大城市、细管理”工作思路，充分整合城市管理行政资源，充实基层执法队伍，创新城管执法工作机制。开展内强素质，外塑形象的队伍建设，坚持“以人为本，文明执法”全面履行各项执法职能。全年以整治市容秩序为重点的市容市貌专项整治活动取得实效，数字化城市管理网络体系有效运行，积极探索城管综合执法长效机制，城乡环境不断改善，市容秩序不断好转，城市管理工作取得实效。

【队伍建设】 全区共有城管执法队员129人，其中区城管局直属大队31人，街道城管中队98人，另聘城市管理协管员1100余名。加强区城管执法队伍建设，以内强素质，外塑形象为目标，强化“全局、服务、创新”三个意识。全年组织城管执法培训8次，培训执法队员1067人次，培训合格率100%；组织全区126名执法骨干队员开展法规知识竞赛，获奖20人；选拔5名队员参加市城管局组织法规知识竞赛，获2012年度优胜集体奖；在全市行政执法案卷评查中，获优秀单位称号。区城管局加强对区、街两级执法队伍管理，督促执法队员落实“敬礼、告知、执法”和执法“三步走”的规定，坚持文明执法和严格执法。荣获全市城管系统依法行政和法制工作先进单位称号。

图058　志愿者清扫院落垃圾　　（区新闻中心提供）

【数字化城市管理】 武侯区按照“整合资源、覆盖全区、综合利用、发挥效能”的思路，强化区数字化城市管理平台建设，认真执行市政府数字化城市管理标准，在数字化城市管理及时发现问题和快速处置两个能力上下工夫。全年区城市管理监督指挥中心完善市政公用、道路交通、市容环卫及园林设施的网格化管理，按区域分为3495个网格20.75万个部件，通过数字化区城市管理平台的监督和指挥两个轴心，覆盖城乡全部街道辖区，新增的数字化城管监督员，全部经培训后上岗。全年共受理各类投诉案件8147件，所有案件均已办结，交办、结办率100%。

【市容市貌综合执法】 武侯区严格按照《成都市市容和环境卫生管理条例》规定，不断创新城市管理模式，实现城管执法“全覆盖、全方位、全时段”的精细化管理，进一步充实街道城管执法力量，实施综合执法，重点对区域内城郊结合部、学校周边、繁华街道和出入城通道出现的商家店铺出摊占道、乱拉广告、流动摊贩“鬼饮食”及农贸市场“暴市”等违规行为进行纠正。全年出动执法人员21.12万人次，出动执法车辆6.28万台次，纠正出摊占道4.64万起，取缔流动摊点4.10万处，清除“牛皮癣”22.47万张，收缴乱发小卡片4.92万张，收缴盗版光碟及书籍1800张（本），挡获、教育乱贴“牛皮癣”及散发小卡片者3490人次。大力整治城乡市容交通秩序，开展机动车“两乱”行为百日专项整治工作，摄录机动车违法行为631条，取缔影响交通占道经营摊点1025个，规范机动车停放点664处。全年组织城管执法人员560人次，出动执法车辆380台次，对区域内流浪狗进行清理，查处街面占道售犬行为15起，教育违章人员90人次。

【违法建设拆除】 武侯区以遏制新增违法建设，持续减少违建面积为目标，强力推进违法建设治理工作。全区治理违法建设引入网络化管理模式，制定出《武侯区违法建设预防、发现、报告制度》和《武侯区违法建设治理奖惩制度》，建立一套全时段、全方位、全覆盖的长效管理机制。坚持“依法拆违，人性操作”原则，最大限度地做好违建户的思想工作，实现违法建设户主自拆为主，消除不稳定因素。在拆违过程中，力避执法人员与违建户主发生冲突事件。全年共拆除违法建设点位119处，面积36.33万平方米，其中“198”区域违法建设20.24万平方米。

图059 城管巡逻执法 （区新闻中心提供）

图060 扬尘治理执法检查 （区城管局提供）

【完善城管长效机制】 武侯区针对城市管理工作任务重，难度大，易反复的特点，继续在中心城区开展城管作业物业化试点工作。通过将城管日常项目服务外包的形式，采取“劝导＋整治”的方式，全区实施“门前双五包”工作，推行“专群结合”的方式，引导市民以志愿者身份参加城市管理，建立由社区（村）工作人员、热心群众和商家代表组成的群众联勤小组，开展“门前双五包”工作，完善城市管理的长效机制。

（罗富明）

建筑与房地产业

BUILDING AND REAL ESTATE INDUSTRY

建筑业管理

Building Industry Management

【建筑企业管理】 加强整顿和规范建筑市场工作，加强对建设工程招投标工作的行政监督，做好建设项目的网上公示工作，确保全区建筑市场公开、公平、公正的竞争机制。在武侯区注册的建筑类施工企业共609家，其中建筑一级资质等级7家，二级资质等级53家，三级资质等级143家，各种专业承包255家，劳务分包151家。做好区内四川远近建筑工程公司、四川民政建筑工程公司等15家建筑企业加入市政府投资项目承包商名录库工作。落实《成都市建设领域防范拖欠农民工工资管理办法》，结合建筑市场主体信用系统的建设和运行，确保农民工工资支付制度的建立健全，预防拖欠行为的发生，全年受理建筑领域拖欠工程款及农民工工资的投诉63起，涉及金额1841.7万元。配合市建委发放农民工实名“双卡”2.74万张，从源头上做好清欠防控工作。

图061　举办写字楼物管国际标准服务培训交流会　（区新闻中心提供）

【建设工程安全监管】 严格履行建筑工地安全生产监管职责，落实建筑工地的安全生产责任制，突出重点专项治理，加大安全监督管理力度。加强对建筑工地的管理，帮助建筑工地提高现场管理水平和效率，创建文明工地。区属安监备案管理的工程中有6个项目被评为“成都市建设工程安全文明工地”。层层落实安全生产责任制，区管项目全面实施建筑施工安全报监制度，监督率100%。做好建筑工地防汛工作，制定防汛预案，召开防汛工作会议，确保建筑工地安全度汛。做好全区散装水泥推广工作和全区建筑工地流动人口法制、防艾、消防和医疗救护等宣传教育培训工作。加强建筑工地日常管理，全年累计检查建筑工地2972个次，出动执法人员2856人次，下达责令限期改正决定书60份、调查通知书54份，对7家有严重安全隐患的单位给予扣分，对54家违法违规责任单位给予经济处罚。区属建筑企业和区安全监督备案的在建工地未发生重大机械设备事故和三级以上安全事故。区建设局行政执法工作获省住建厅表彰。

【建设工程质量备案监管】 加强全区建筑工程质量备案监督管理，提高监督管理效能，建立健全工程质量监督信息网络，强化工程质量动态监督和质量行为监管。加大“创优工程”政策扶持力度，优化以涉及公众利益项目为核心的监管体系。开展主动服务工作，全面推进前置引导服务建设实施工程竣工备案制度和住宅工程分户验收制度，对报监工程严格按照国家、省、市有关规定对工程的重要部位和关键工序进行检查，对竣工验收环节进行严格监督检查，确保工程质量报监率100%。全年新办房屋建筑工程质量监督手续22个，面积74.59万平方米，建筑工程竣工验收36个，面积70.7万平方米。

【建设项目促建服务】 建立重点项目贴身机制，为重点工程做好服务工作。全年共办理施工图设计文件审查27项，招标备案79项，发放施工许可证21项，办理5个建设项目的并联验收，按时办结率100%。

（孙剑辉）

房地产开发与管理
Real Estate Development and Management

【房地产业发展】 武侯区全年房地产开发施工项目77个，完成投资156.4亿元，同比增长7.2%，占全社会固定资产投资的45%，同比下降1个百分点，房地产税收占全区税收的20%，同比下降3个百分点。全年实现商品房销售面积156.9万平方米，同比增长4.6%，其中住宅销售面积125.8万平方米，同比增长18.1%，商业营业用房销售面积7.8万平方米，同比下降34.1%。商品房实现销售额131.8亿元，同比下降4.5%，其中住宅销售额96亿元，同比增长4.4%，商业营业用房销售额18.1亿元，同比下降3.9%，商品房均价8550元/平方米，同比下降8.7%。

图062 中粮·大悦城奠基仪式 （区新闻中心提供）

【房地产开发企业管理】 全年在武侯区注册的房地产企业223家，其中开发资质为一级企业4家、二级企业34家、三级企业108家、四级企业14家、暂定资质及其他企业63家。

【旧城改造与棚户区改造】 制定“完成一批，实施一批，启动一批，准备一批”的旧城改造工作思路，确保旧城改造民生目标的完成。十一街、十四巷为重点的棚户区改造现已完成返迁安置房的总平设计；完成草金立交顺苑小区的拆迁和草金立交桥改造三环路内侧住户的搬迁工作；抓好土地上市工作，完成太平巷地块的上市工作；在永盛南街9号棚户区改造中，探索棚户区改造“协商搬迁”新模式。对永盛南街9号地块（原成都市星火皮件厂宿舍区，总户数为219户，拆除总面积1.05万平方米）启动协商搬迁改造工作，与住户签订《永盛南街9号棚户改造协商搬迁安置补偿合同》。

【住房保障】 按照“应保尽保”的住房保障工作要求，区房管局在全区逐步建立区、街道、社区三级工作网络。在全市率先试点住房保障工作网格化服务管理，以玉林街道黉门街社区为试点，将社区4800余户划分成8个网格，实行“定人、定责、定岗、包片区”的社区住房保障工作责任制，实现住房保障工作服务前置。全年受理最低收入家庭住房租金补贴申请780户，受理经济适用房申请1556户，受理限价商品房423户。

【物业管理】 认真宣传贯彻《四川省物业管理条例》，做好物业管理的指导工作。共指导业主大会新设立备案36个，业主委员会换届选举备案10个，业主委员会委员培训260人，发放资料55套，办理建筑区划8个，招投标备案8个。召开《成都市房屋专项维修资金紧急使用预案》培训会8次，培训人数500余人次，建立维修资金紧急使用预案50件，一般使用备案89件。在老旧小区进一步推广创新自治管理机制，使老旧小区居民自治管理和物业管理有机结合。在新居物管上发挥村级党支部的作用，初步构建起物业管理和自治管理新机制。做到农民集中居住区基础设施和公共设施配套，业主权利、义务明确，物业服务专业化、规范化、品牌化，全年补建信报箱32532户。

图063　永盛南路棚户区改造100%签约后，居民欢呼　（区新闻中心 提供）

【房政监察】 全年共接到群众投诉70件，物业公司违规1件。对权限内的投诉件进行调查，发出责令限期整改通知书62份，对权限外的8件投诉件进行转交。对长益东一路91、93号业主商铺违规装修进行行政处罚。认真做好国有土地上房屋拆除工地的扬尘治理，对火车南站西路18号（原四川锦鑫酒店）在旧房拆除施工过程中存在不规范行为责令限期整改，对存在严重扬尘现象的一环路南四段19号（原川汽综合大楼）拆除工地实施行政处罚。积极做好房屋室内装修监管工作、房屋租赁登记备案工作。开展“综合治理·共创平安”专题活动，对全市房地产经纪机构进行督查检查；对两起房屋租赁投诉举报按照《成都市房屋租赁管理办法》进行处理。

（张广跃　孙剑辉）

五大花园地区综合整治
Comprehensive improvement of the five big garden area

【拆迁安置】 果堰村四组、十组7号地块已签协议52户，共拆出土地6159平方米；怡安花园共安置房屋

428 套，192 户 591 人，完成对顺江村十组人员安置工作。

【整改工程建设】 怡泰花园和吉福新苑建设已按目标完成，晋阳中学二期和晋阳小学完成新设计方案，沙堰小学准备前期报建手续，果堰街 A 段污水管道铺设全面完成。吉顺农贸市场已开工建设，果堰农贸市场主体已完工，现正在装修及招商。吉顺路、果堰路和武晋路 B 段已完工，晋阳 A 线已开工建设。园中苑、吉静苑大产权办理完成，高压线旧架空线路已拆除完毕，完成 12 个小区 1.8 万户居民的自来水庭院管网改造和 7 个小区（约 7000 户）电改造。成功拍卖土地 9.97 万平方米，整合土地 2.59 万平方米，实现收益 16.55 亿元，到位资金 6.84 亿元，调借区内有关平台公司 2.24 亿元。投资 500 余万元对已安置小区进行院落整治。

（刘子言）

图064 召开城中村区域城市设计概念性策划研讨会 （区新闻中心提供）

城中村改造
"Villages in City" Reconstruction

【项目包装策划】 随着三大片区改造工作的深入，不断提升用地项目的内在价值，增强用地项目的市场竞争力已显得尤为重要。区城中村推进办按照省、市、区的各项要求积极推进改造工作，对改造片区的地块进行深度策划及包装。长期开展地块打造方案的研究论证和宣传推介工作，以真正将区域综合资源转化为市场竞争优势。在新的形势下，及时调整思路，围绕生态文明建设，放眼长远，实施科学规划和统筹建设，改善区域生态环境。为切实提升"城中村"改造区域形象，区城中村推进办加强协调和研究，加大与区级相关部门和街道的合作，敏锐洞察和超前把握区域未来发展机遇，大力促进改造区域社会经济快速提档升级。

【拆迁安置】 区城中村推进办完成改造区域内 22 户及市重点工程草金立交桥改造工程涉及的 4 户拆迁户的拆迁工作。启动金花桥片区派出所、街道办事处、金花桥供销社和金花桥信用社的拆迁工作。机投桥片区拆迁安置房约 12 万平方米已竣工，将安置居民约 870 人。稳步开展簇锦家园 B 区 1170 套房屋的处置工作。

【土地整理与上市】 金花桥片区成功推出上市土地 3 宗，面积 4.48 万平方米，成交总价 4.7 亿元。金花桥片区 1 宗（3.93 万平方米）土地及机投桥片区 2 宗（2.48 万平方米）土地，正积极开展上市前期准备工作。

【规划建设】 完成金花桥片区派出所、街道办事处及 B2、B5 地块规划调整工作，启动机投桥农贸市场建设项目。完成簇桥农贸市场建设项目的移交，该项目业主成都商物投集团正按要求开展开工前期各项准备工作。

（曾翔玲　黄　珍　彭　璐）

交通与能源

TRANSPORTATION AND ENERGY

交通运输管理

International Traffic Management

【概况】 2012年，武侯区创新工作方法，落实工作责任，强化对全区道路运输市场经营行为监督管理，维护道路运输市场经营秩序。2012年底，全区共注册各型货运车辆1.36万辆，运输业户1.23万户，汽车维修企业328家。其中，一类汽修厂26家，二类汽修厂125家，三类汽修厂177家，货运企业238家。

【道路运输行业管理】 区交通局严格按照质量信誉考核实施细则，抓好汽车维修企业的质量信誉考评工作。全年考评汽车维修企业182家，其中一、二类汽车维修企业考核率100%。针对三类维修业户考评中发现的占道经营、超范围经营等现象，下达《安全生产隐患整改通知书》11份，并全部督促完成整改。根据《四川省道路旅客运输管理办法》做好对辖区内25家客车租赁企业备案管理工作。加强道路运输车辆技术管理，严格按照《四川省道路运输车辆技术管理规范》和《关于进一步加强道路运输车辆二级维护工作的通知》要求，做好道路货物运输车辆档案管理、车辆年度审验和二级维护执行情况的监督检查，确保车辆技术状况良好。落实《道路运输车辆燃料消耗量检测和监督管理办法》，严格按照《燃料消耗量达标车型表》所列范围办理车辆道路运输证，

图065 改造后的草金立交桥 （区新闻中心提供）

严把车辆准入关,凡不在达标车型内的车辆,不予办理道路运输许可证。

【道路运输行业安全监管】 进一步健全和落实行业源头监管职责,强化安全管理机构(人员)、职责、措施"三落实",加强源头管理。开展对维修、货运企业安全生产监督检查,重点加强道路危险品运输企业的安全生产监督,检查企业安全生产责任制落实情况,安全生产学习制度执行情况,事故隐患排查及整改情况等。全年共出动执法人员750余人次,车辆320余台次,对维修企业、货运企业、危险品运输企业开展安全生产检查,取缔无证经营维修店6家,处理占用公共道路进行机动车维修和超范围经营8家。在行业内广泛开展安全生产法律法规宣传活动,督促企业履行安全生产主体责任。

(欧高峰　吴晓星)

西南物流中心
Southwest Logistics Center

【园区道路建设】 物流控规区内规划道路10条,建设完工7条,其中5条分别与三环路和武侯大道形成互通,园区内部路网已基本形成。

【仓储区建设】 仓储区一期(星狮无埠·大合仓)占地面积5.67万平方米,建筑面积约20万平方米,总投资7.6亿元,已建成并投入营运。仓储区二期(4号地块)占地面积3.87万平方米,建筑面积约16万平方米,计划投资7亿元,项目为物流信息、管理、培训服务中心、后勤服务中心和物流结算调配中心,年底完成基础工程。仓储区三期(2号地块)占地4.37万平方米,建筑面积约10万平方米,计划投资3亿元,项目为进口汽车展示及物流配送中心,其中1、2幢建筑主体工程已完工并投入使用。

【中粮成都大悦城】 该项目为西南物流中心交易区,总占地面积6.80万平方米,总建筑面积33.5万平方米,已于6月举行奠基仪式。

【中粮祥云国际生活区】 该项目为西南物流中心配套住宅区,总占地面积8.87万平方米,总建筑面积约33万平方米,一期工程已竣工,二期工程主体已封顶,三期工程已启动建设。

(欧高峰)

火车南站
South Railway Station

【概况】 火车南站位于成昆铁路24公里384.76米处,即人民南路四段南端,为成都第二客运站。1958年由铁道部第二工程局新线管理处承建,1962年竣工,1969年投入运营,是成都市以货运为主的火车站。初建时为五级站,2005年升级为三级站,2008年对火车南站进行全方位改造扩能,站内设两站台5轨道,有新老两处货场和货运部,面积分别为1万平方米、5000平方米和1500平方米。

【车站改造】 2012年,火车南站再次进行封闭升级改造,按照计划方案,新火车南站将建成集公交、出租、火车、地铁为一体的城市"零换乘"综合交通枢纽。

(李泽科)

成都市旅游客运中心
Chengdu Tourism Passenger Transportation Center

【概况】 成都市旅游客运中心(原新南门汽车客运站)是西南地区最大的旅游汽车站,位于成都市新南门临江路57号,占地面积1.82万平方米,建筑面积7939平方米,候车大厅面积1100平方米,站内售票厅、发车台、停车泊位设施先进,配有双语标志,该站员工佩证上岗,实行双语服务。

【旅游线路】 2012年,成都市旅游客运中心有参营单位53家,推出45条旅游线路,日发往九寨沟、峨眉山、乐山、蜀南竹海、青城山、碧峰峡等旅游班车520班次,并辐射省外景区,日运旅客1.3万人次。

(刘红雨)

电力供应保障
Power Supply Security

晋阳(核桃村)110KV变电站按期完工投运,投资2.7亿元建设武侯大道电力隧道及相关配套设施。完成拆迁安置房户表改造7000余户。

(张忠山)

工 业

INDUSTRY

工业经济

Industrial Economy

【概况】2012年，武侯区按照“三个集中”的要求，积极引导企业向工业园区集中，坚持产业高端、高端产业的发展方向，重点发展总部经济、电子信息服务、商务服务、新兴房地产、以鞋业产业高端为重点的轻工研发设计、相关生产性服务业等产业。鼓励和扶持企业增强自主创新能力，促进产业转型升级。全年实现全口径工业增加值126亿元，同比增长5.3%，工业集中度46.9%。

【规模以上工业企业】着力推进工业企业集约集群发展，全区规模以上工业企业113户，实现增加值52.81亿元，同比增长4.8%，占全口径工业增加值的41.9%，实现利税总额20.51亿元。（详见表04、表05）

【工业自主创新】截至年底，全区共有国家、省、市级企业技术中心32家。区经科局积极组织企业申报西部大开发优惠政策，为104家企业争取国家、省、市扶持资金1.17亿元。

【工业投资】全区完成工业投资46.72亿元，技改投资54.46亿元。

【工业重大产业化项目】全区有4个重大产业化项目。利君实业有限责任公司的利君辊压机技术改造和产业升级项目，科陆洲软件有限公司的科陆洲智能网络电表生产线项目，武侯工业园投资开发有限公司的西部智谷信息产业园配套服务设施（C7组团）项目，华日通讯技术有限公司的华日无线电接收设备研发和产业化基地项目，全年完成投资5.11亿元，为年计划的139.2%。

（张忠山　桑文华　许　焰）

表04　　2012年武侯区重点规模企业产值一览表

序　号	名　　称	产值（万元）
1	成都城市燃气有限责任公司	218215
2	成都彩虹电器（集团）股份有限公司	104560
3	沈阳远大铝业工程有限公司	95825
4	成都市利君实业有限责任公司	74129

续表

序 号	名 称	产值（万元）
5	四川科创制药有限公司	58803
6	成都艾民尔鞋业有限责任公司	50167
7	成都旭耀鞋业有限公司	49096
8	成都市武骏鞋业有限公司	45210
9	成都市古奇鞋业有限公司	41261
10	成都多米尼鞋业有限公司	38940
11	成都东方凯特瑞环保催化剂有限责任公司	38233
12	成都电力机械厂	36605
13	费希尔久安输配设备（成都）有限公司	34396
14	四川日机密封件有限公司	31481
15	中国人民解放军第 5701 工厂（国营锦江机器）	30563
16	成都卡美多鞋业有限公司	29974
17	成都多联建材有限责任公司	25805
18	四川合信药业有限责任公司	23366
19	四川德美环境技术有限责任公司	22780
20	成都三电电缆厂	22069
21	成都永发印务有限公司	20983
22	成都雪娇鞋业有限责任公司	20837
23	成都新蓝盾鞋业有限公司	20759
24	四川联发天然气有限责任公司	20205
25	成都八益家具股份有限公司	19408
26	四川中成混凝土有限公司	18824
27	成都阳光雨鞋业有限公司	18557
28	成都市恒进鞋业有限公司	18210
29	四川川大华西药业股份有限公司	17997
30	天伦食品（成都）有限公司	16406
31	成都楚北混凝土有限公司	15916
32	成都市派中派鞋业有限公司	15645
33	成都带钢厂	15530
34	成都龙庆饲料实业有限公司	15469
35	成都奥罗拉皮制品有限公司	14272
36	成都府天新材料科技有限公司	13723
37	成都国福龙凤食品有限公司	13347
38	成都华泰燃气设备有限公司	12713
39	成都华日通讯技术有限公司	11861
40	成都亮点女人鞋业有限公司	11193
41	成都藤艺干坊家具有限公司	11019
42	成都博高科技有限责任公司	10471
43	成都华远电器设备有限公司	10426
44	成都弘焕鞋业有限责任公司	10133

表 05　　2012 年武侯区规模企业产值行业分布情况

序号	行业名称	产值（亿元）	比重（%）
1	皮革、毛皮、羽毛及其制品和制鞋业	46.95	28.0
2	燃气生产和供应业	25.33	15.1
3	黑色金属冶炼和压延加工业	14.03	8.4
4	汽车制造业	13.97	8.3
5	医药制造业	11.26	6.7
6	通用设备制造业	10.3	6.1
7	专用设备制造业	7.5	4.5
8	化学原料和化学制品制造业	6.36	3.8
9	计算机、通信和其他电子设备制造业	6.03	3.6
10	家具制造业	4.33	2.6
11	食品制造业	3.58	2.1
12	其他制造业	3.06	1.8
13	铁路、船舶、航空航天和其他运输设备制造业	3.06	1.8
14	仪器仪表制造业	2.65	1.6
15	非金属矿物制品业	2.58	1.5
16	印刷和记录媒介复制业	2.1	1.3
17	有色金属冶炼和压延加工业	1.55	0.9
18	农副食品加工业	1.55	0.9
19	木材加工和木、竹、藤、棕、草制品业	0.8	0.5
20	造纸和纸制品业	0.7	0.4

主导产业
Leading Industry

【电子信息产业】 武侯区电子信息企业正逐渐形成以人民南路科技商务区、科技一条街、武侯新城为依托，IT 总部经济、信息产品服务业和信息技术服务业为重点的完备的产业发展体系。全年共实现产值 270 亿元，税收 8 亿元，同比增长分别为 15%、16%。全区认证双软企业 122 家，高新技术企业 81 家，系统集成企业 42 家（其中一级资质 2 家，全市共 6 家），纳入国家规划布局内重点软件企业 1 家（全市 7 家）。由工信部授权的中国 IT 市场（成都）指数，作为整个西部地区唯一的全国 IT 市场指数平台，被授予“中国 IT 市场指数建设与运行工作突出贡献”荣誉证书，并推广扩大到全省民生生活领域。

（桑文华　许　焰）

武侯新城
Wuhou New City

【概况】 2012 年，武侯区按照建设“商务高地·宜居武侯”的总体要求，高起点、高标准、高水平加快推进武侯新城规划和建设工作。全年武侯新城实现财政总收入 19.64 亿元，完成规模以上工业总产值 82.68 亿元，完成固定资产投资 87 亿元，引进省外资金 17.6 亿元，实际利用外资 6400 万美元，引进重大项目（市级）3 个。

【招商引资】 编制和完善区域规划，成功获批“武侯新城现代服务业集聚区”。广辟招商引资信息来源，筹建精明强干的招商队伍，重点引进国内省外、进出口贸易、外资等方面的龙头企业。全年引进 1000 万元以上项目 18 个，市级重大企业 3 个，包括博朗服务外包、三柴科技、正通汽车等重点企业。完成工业用地挂牌上市 6 宗共 8.4 万平方米，商业用地 1 宗 8000 平方米。

【项目建设】 加大促建力度，加强跟踪服务，解决施工过程中的困难问题，开竣工面积创近年新高。全年共有大地世纪、亚中科技、外销鞋城等

20 个项目竣工，竣工面积 71.89 万平方米；波尔力拓、世纪百合、首信城市综合体等 13 个项目顺利开工，开工面积 118 万平方米。

图066 武侯新城世纪百合商业广场奠基 （区新闻中心提供）

【鞋业转型】 注重规划政策宣传引导，推动鞋业转型高端发展。促进鞋都片区商贸氛围的浓厚和商圈的逐渐成形，带动世纪百合、古奇、美丽点的开工和转型。鼓励鞋都公司积极深化国家 AAA 级旅游景区建设，逐步完善商业配套区招商，积极申报国家 AAAA 级旅游景区。“西部设计中心”正式投入使用，以“四川省成都市武侯区女鞋基地”的名义申报国家第二批“国家外贸转型升级专业型示范基地”获得授牌。成功举办第七届中国女鞋之都博览会及女鞋之都城市巡展系列活动，参与“成都女鞋节”“2012 超模全球总决赛”等活动，有效扩大“中国女鞋之都”影响力。

【智谷项目建设】 西部智谷 A 地块 IT 动漫创意产业园 A1 组团及 A2 组团、D 地块中小企业孵化基地一期已经交付使用；西部智谷二组团 5、6 号楼一层装修改造工程、出口产品设计及贸易促进中心装修工程、城市湿地公园工程、西部智谷 C7 组团主体工程验收工作均已完成；完成 B 地块中小企业孵化基地二期（B4、B5 及 B6 组团）地下室工程。全年成功引进企业 94 家，涵盖企业总部、电子商务、服务外包、新技术研发等多种业态，租售面积 5.12 万平方米，实现租售收入 1.03 亿元。

【服务企业】 注重优化环境，助推区域经济整体发展。新城经济运行平台于上半年正式投入运行，成为武侯区首个部门内部管理服务平台。全年共有 110 余个申报获得各级各类立项，共获得无偿资助 8100 万元。武侯工业园获得首批“四川省中小企业创业示范基地”称号。

图067 武侯新城举行企业安全生产标准化建设启动仪式 （武侯新城提供）

【基础设施配套】 武兴四路、三吏堰电力通道工程全面竣工，完成潮音大道及龙井片区 6 条道路长 4215 米移交工作；完成利君集团等 4 个开关站建设，6 个开关站定点布局建设工作开始启动；武新花园社区服务中心及社区用房、1 所小学、3 所幼儿园，全部按期完成主体验收工作。

【拆迁安置】 推进鞋都农迁房的安置准备工作，办理团结小区、潮音小区和武新花园国土证、房产证的相关手续。完成全年报征土地的勘测定界工作，完成 07、09、10 批次 128.33 万平方米报征土地的储备工作。

（张细华 夏 耘）

城乡统筹与农业

URBAN AND RURAL AREAS INTEGRATION AND AGRICULTURE

城乡统筹

Integration of Urban and Rural Areas

【概况】 2012年，武侯区继续发展好“六个一体化”的城乡统筹基本经验，深入实施好农村工作“四大基础工程”。进一步在重点领域和关键环节取得新的突破，有序引导农民向新型社区加快集中，加快推进农村户籍制度改革和社保体系建设，深入推进农村产权制改革，完善农民财产权利保护体系，为推动统筹城乡综合配套改革在重点领域和关键环节取得新的突破。

【深化农村产权制度改革】 建立农村集体土地所有权、使用权、农村房屋所有权、农村土地承包经营权台账，明晰农村各类权属。出台《农村集体资产股权证管理办法》《农村土地承包经营权证管理办法》等制度。建立农村产权纠纷调处机制和法律援助制度，畅通政策咨询、信访投诉渠道，开通法律援助热线，援助率100%。在白佛村建立武侯区农村产权制度改革陈列室。

【村级公共服务和社会管理】 村级专项资金按每村30万元的标准，将810万元足额划拨到27个村。按照“六步工作法”（估计形势、确定目标、确定公众、选择媒介、编制预算和评价结果）要求确定专项资金项目，发放征求意见表1.8万份，议定并落实村改项目271项。加强对各村村改工作的监督和指导，村改资金审计评估未发现违规、违纪使用专项资金现象。

【农村集体“三资”管理】 开展全区农村集体经济组织重大事项清理，全区所有集体经济组织对近3年农村集体经济重大事项进行自查。推行农村集体“三资”信息化建设，涉农街道各村实现“三资”网上监管，公开查询等功能。完成全区农村委派会计和农村集体“三资”管理人员培训和委派会计述职。积极开展全国农村集体“三资”管理示范县创建工作，武侯区被农业部认定为“全国农村集体‘三资’管理示范区”。

【“一线一品”打造】 按照成都市现代农业“一线一品”打造的实施要求，武侯区编制了都市现代农业“一线一品”打造规划方案，利用现代景观设计方法，结合区情并考虑示范线的特色定位，对大件路示范线起点路段和三环路内侧高新区界至武侯立交桥的健康绿道进行美化、亮化。

【新居工程建设】 继续推进农民集中安置点位及配套基础设施建设。

图068　召开农村新型治理机制建设工作会　（区新闻中心提供）

陆坝新型社区一期1组团（8.4万平方米）于年底完成竣工验收，移交后可安置863人。做好九花新型社区建设的总平规划、施工图设计等前期准备，继续推进光华8线武侯段及陆坝新型社区配套道路建设。继续实施龙井、铁佛、半边街、江安河、南桥、新苗共6个新居工程点位。完成铁佛、半边街新居配套社区服务中心建设：铁佛社区服务中心净用地面积2133.33平方米，建筑面积5635平方米；半边街社区服务中心用地面积5540平方米，建筑面积12963平方米。南桥新居二期（A区）年底已全面竣工待移交，新竣工红线内配套道路铁佛Ⅰ线、半边街西F线，总长度367米。

【土地上市】　完成铁佛村二组、四级45.07万平方米拆迁，拍卖铁佛村配置地12.07万平方米，其中铁佛村四组加油站土地6813.33平方米，成交价5250元/平方米，成交总额3576.83万元；铁佛村四组土地3.21万平方米，成交价2947元/平方米，成交总额2.65亿元。

【新居产权办理及安置】　龙井、半边街、铁佛B组团、南桥B区及江安河一期产权初始登记已办理完毕。完成南桥新居农贸市场、铁佛新居北片区、A组团及新苗新居一期产权初始登记，完成龙井新居、半边街新居、南桥新居农贸市场房屋由集体土地变为国有土地的转性登记。积极配合街道办事处实施新苗、江安河和铁佛新居安置工作，截至年底新居工程共安置12755人。

（王　波　汪　春）

农业经济
Agricultural Economy

【概况】　2012年，武侯区实现农业增加值377万元，实现农业总产值872万元，同比下降51.8%。其中，种植业261万元，畜牧业447万元，林业56万元，副业108万元。农业在农村经济的比重逐年递减，农业生产的结构已发生根本性变，全区现状耕地2963亩，其中粮油60亩，蔬菜1050亩。

【现代农业】　随着城市化进程的加快，农业在全区呈现功能性变化。随着生态湿地功能区建设，传统农业转变为生态农业，充分发挥都市农业净化、美化、绿化环境的生态屏障功能，为城市输送新鲜的空气，建立人与自然、城市与农业和谐的生态环境。发挥都市农业生活服务功能，发展景观绿地、观光农园、休闲农庄等，为城市创造高质量的生活服务功能，让市民体验农耕与收获的喜悦，进一步促进第一产业向第二、三产业融合。

（郑　勇　周　园　刘莲英）

农业综合管理与服务
Comprehensive Agricultural Management And Service

【农产品安全监管】　加强农业投入品监管，促进农药、兽药、饲料等规范生产经营使用，严厉打击违法生产经营“瘦肉精”等禁用兽药、高毒农药行为。督促生产企业建立执行生产管理、检化验、质量保证、产品留样等制度，做好进货、生产、检验、药物和饲料添加剂使用等记录；开展兽药经营清理和规范行动，督促兽药经营企业按照《兽药经营质量管理规范》规范经营条件，累计验收合格14家兽药经营企业，对7家兽药经营许可证过期或逾期未按相关规定办理GSP认证申请的企业及时抄告武侯工商局。开展饲料生产企业年度备案及免税监督抽检工作，并对兽医、养殖户兽药使用情况进行检查指导。定期对农产品、畜禽产品、水产品开展质量安全抽检，进行农药、兽药残留检测。督促指导养殖户规范建立养殖档案，对畜禽养殖户饲料、兽药使用情况进行逐户检查指导，集中开展3次养殖环节的“瘦肉精”检测工作，对存栏20头以上养殖户饲养的生猪、羊实施“瘦肉精”的尿液快检。区内农资生产经营企业、养殖户无违法添加“瘦肉精”等违禁物质，无禁用农药、兽药上市销售，“瘦肉精”尿液筛查全为阴性。累计检查饲料、兽药、农药生产经营企业82家，检查畜禽养殖户84户，签订承诺书83份，发放宣传资料4000余份。累计抽检样品2988个，其中抽检蔬菜、水果2305个，合格率99.2%；猪肉、禽蛋等畜禽产品80个（其中28个尚未出结果），生猪、羊尿液459头份，饲料及饲料添加剂34个（其中6个尚未出结果），合格率100%；水产品110个，合格率96.4%。

【动物重大疫病防控】 认真抓好猪瘟、牲畜口蹄疫、猪蓝耳病、高致病性禽流感、狂犬病等动物重大疫病防疫工作，确保免疫密度、免疫质量达到国家规定标准。统一开展春季、秋季集中免疫工作，加强畜禽养殖场所、圈舍、交易市场的消毒灭源，并做好新出生、补栏畜禽平时的补免工作。全年累计免疫牲畜口蹄疫6690头，猪瘟6729头，猪蓝耳病7477头，禽流感、新城疫41095羽，应免率100%，实施消毒184.7万平方米。将犬只狂犬病免疫纳入强制免疫范畴，春防期间防疫人员采用上门免疫和设点免疫的方式，到社区（村）、养犬户家中为犬只免费注射狂犬单苗，并规范出具免疫证明，建立免疫记录。对错过集中免疫的犬只，则可到区畜牧兽医技术服务中心等25个被犬只狂犬病指定免疫点实施免疫。全年共免疫狂犬病23298只，免疫率98.1%。建立应急预备队，做好应急物资准备，构建武侯区动物疫病监测预报网络体系，由分布于不同区域的动物诊疗机构、区畜牧兽医技术服务中心30个动物疫病监测点及全区12位村防疫员（兼疫情观察员）组成，做到“早发现、早报告、快反应、严处置”。

【动物卫生监督】 加强畜禽养殖环节的监管，对养殖户的生产、免疫、饲料、兽药使用等情况进行逐户检查指导，针对养殖情况，设置金花、簇桥两个检疫报检点，公示检疫程序、报检方式、收费标准，并向养殖户逐户开展产地检疫宣传，要求养殖户畜禽出栏前主动报检，并印制友情提示将报检方式、电话张贴在养殖户家中。签订承诺书67份，明确养殖户的质量安全主体责任。加大对农贸市场、大型超市检查监管频率和力度，全年累计监督检查动物产品1.24万吨，禽类31.02万羽。开展监督检查102次，检查市场、超市211家，动物、动物产品经营户1818户。

【动物诊疗管理】 加强动物诊疗场所整治，做好诊疗许可办证条件的审核和犬只定点免疫委托工作。对全区30个动物诊疗场所进行检查，将具备条件的动物诊疗场所委托为犬只狂犬病免疫定点单位。做好执业兽医资格考试的组织宣传工作，通过QQ群、执法检查、发放宣传资料等形式向区内兽医院校、动物诊疗机构、防疫检疫人员及兽医广泛宣传执业兽医资格考试的要求、内容等。加强执业兽医的管理和注册工作，监督诊疗场所对执业兽医信息进行公示。共检查动物诊疗场所74个，实施定点委托25个，注册备案执业兽医36个、助理执业兽医7个。

【秸秆禁烧和综合利用】 统一开展大小春农作物秸秆综合利用和禁烧工作，强化组织领导，层层落实禁烧工作责任到街村组及每个农户。通过各种渠道、手段，强化禁烧宣传，出动执法人员12013人次，引导村民自觉参与和支持“禁烧”工作。建立和落实禁烧工作巡查制度，发现问题及时依法处理。禁烧期间，全区未出现违规焚烧秸秆现象。采取科学办法，实施秸秆综合利用21.16万平方米，综合利用率100%。

【农机安全监理】 开展农机集中年检工作。加强对农机维修点的检查，要求各维修点完善维修记录，严禁超范围维修汽车，并加强农机安全宣传。全年共办理农机驾驶证1份，年检合格拖拉机6台，签订安全责任卡6份。积极引导机手参加机动车强制保险，发放宣传材料100份，年检车辆参保率100%。

【防汛】 编制全区防汛预案，全面摸排防汛重点及低洼易淹点位，确定重点点位15个（重点地段3个，重点片区3个，低洼易淹区9个）。制定各重点点位的防汛应急预案，落实抢险措施，建立防汛应急物资储备库，认真做好防汛值班工作。现购汽油抽水机4台，存放橡皮舟2艘、铅丝5吨（已加工铅丝笼200余条）、编织袋7000根、救生衣130余件。参与全市山洪灾害预测预警系统的建设，完成野外站点的现场调研和资料收集，为下一步设备安装做准备。

图069　召开2012年防汛工作会　（区统筹局提供）

【水产品质量监管】　在春季禁渔工作中采取在人口集中的市场、重要河段张挂禁渔宣传横幅，印制发放《致广大钓鱼爱好者的一封信》《致广大水产品经营户的一封信》。利用会议、科技下乡和电视、报纸等多种形式，宣传《渔业法》《野生动物保护法》和《关于长江流域四川境内春季禁渔的通告》，组织渔政执法人员对辖区部分野生鱼餐馆、活鱼经营户、天然水域的游钓行为进行检查和取缔，共查处违法销售渔获物 2.2 公斤并放生。对境内的水产品进行例行抽样检测，共抽检 4 次 110 个水产品样品，完成 110 个样品的检测工作。全年对辖区内的经营水产品的超市（商场）及农贸市场进行 9 次检查，在好又多高升桥店、人人乐双楠店、百花农贸市场、千盛百货晋阳店等市场水产品样品质量安全例行抽样检测中，有 4 个样品不合格，已责成相关部门进行整改。

【水利普查】　完成水利普查数据汇总，编写水利普查初步成果，并将普查初步成果报区级各部门确认审核。上交水利普查空间数据标绘成果，按照市水普办给出的审核意见进行修改，并已通过省市普查办内业验收。完成武侯区水土保持野外调查成果审定，编写各专项数据分析成果，收集整理上报区域内大型水利工程资料。

【林业综合管理与服务】　开展林业政务服务体系建设，依托林业政务服务中心，加强窗口管理，提升服务水平，规范市场交易，促进市场发展。全年林业政务中心共办理省内植物检疫证书 841 份，省内木材运输证 841 份，省外植物检疫证 4567 份，省外木材运输证 4567 份，检疫要求书 78 份。

（郑　勇　周　园　刘莲英）

商贸与服务业

COMMERCE AND SERVICE

商贸
Commerce

【社会消费品零售总额】 武侯区全年商贸经济目标运行平稳，全区社会消费品零售总额实现477.5亿元，其中批发零售贸易业实现421.8亿元、住宿餐饮业实现55.7亿元，增幅17.7%。限额以上社会消费品零售总额累计实现411.1亿元，同比增长19.3%。全区纳入统计口径的限额以上批零贸易餐饮住宿企业共计605家。

【民生服务】 大力开展再生资源回收网点清理整治工作。进一步加快建设全区完整先进的回收、运输、处理、利用废旧商品回收体系。全年共清理整治再生资源回收网点35家。开展便民果蔬店及蔬菜直通车的布点工作。通过市场调研，制定《武侯区便民果蔬店建设工作实施方案》，并与成都市壹绿鲜食品有限公司、成都康田农产品发展有限公司等蔬菜连锁店合作，建立起全区便民果蔬店体系。推动并协调菜市场规划建设工作。全年新建（改建）2家民生性标准化菜市场，分别是格外京鑫农贸市场和益民菜市旅游村店。

【商贸企业培育】 为推动区内商贸企业做大做强，组织辖区内商贸企业申报省市各级项目补助资金。涉及商贸类扶持资金共计431万元，其中成都巴国布衣餐馆发展有限公司和成都谭鱼头投资股份有限公司分别获得2012年度川菜产业发展项目补助资金；四川老邻居商贸连锁有限责任公司、成都美好家园商业经营管理有限公司、成都市壹绿鲜农产品有限责任公司分别获得2012年度促进农产品流通体系建设支持资金及2011年度商业连锁零售企业做大做强补助资金；四川创业融资担保有限公司、成都武侯中小企业融资担保有限责任公司、成都市现代农业融资担保有限公司获2012年中小商贸企业融资担保费用补助资金；四川西部鞋都有限责任公司获2012年品牌促进体系项目补助资金；成都万家福再生资源有限公司获得2012年度再生资源回收体系建设及运营项目支持资金。

（吴海燕　严　军　谢　坚）

电子商务
Electronic Commerce

【移动电子商务应用示范街打造】 武侯区以锦里一条街为试点，打造具有安全支付、新型销售渠道、便捷消费模式、旅游客服体系等功能的旅游移动电子商务应用示范街，并且通过市商务局验收。锦里移动电子商务特色街区成为成都市首批电子商务示范街区之一，带动了全区移动电子商务的发展，也为电子商务街区商家拓展无限商业空间。

【电子商务企业扶持】 武侯区全年共有33家电子商务服务和应用企业申报省、市扶持资金，共获得补助资金253.02万元。对符合要求的16家电子商务企业实行房租补贴，补贴金额共计704.90万元。

【电子商务应用普及商务化试点】 着力引导彩虹集团、摩尔汽配等区内传统重点企业加入知名电子商务平台，积极鼓励和引导伊藤洋华堂、红旗连锁等重点传统商贸企业、大型卖场自建网上超市。全年对840家企业进行抽样调查，有472家中小企业采取自建网站发布供求信息、加入第三方交易平台等方式开展电子商务应用，普及率56.2%。截至年底，全区已有18家电子商务企业信息录入至成都市电子商务企业信息管理系统，顺利实现运行并及时准确更新数据。

（吴海燕　严　军　谢　坚）

现代服务业

Modern Service

【服务业重大项目促建】 全年全区成都市服务业重大项目共有10个，总投资为130.68亿元，年度计划投资（不含前期储备项目）18.86亿元。截至年底，全区市级服务业重大项目完成投资29.54亿元，占年度计划投资的156.6%。其中，竣工投运项目投入使用3个；加快建设项目计划投资4.6亿元，全年累计完成8.7亿元，占年度计划的192.6%；促进开工项目计划投资5亿元，全年累计完成3.9亿元，占年度计划的78.4%。

【商务楼宇】 对区内1万平方米以上写字楼进行调查摸底，经过调查，全区1万平方米以上写字楼共32栋，其中投入运营29栋，在建写字楼3栋。形成关于武侯区楼宇经济健康发展的工作意见，并提出促进全区楼宇经济快速发展若干政策的建议意见和建立武侯区楼宇经济信息综合管理平台的建议报告。

【西博会】 第十二届“西博会”武侯区签约项目履约率100%，开工率100%，投产率56%，资金到位率62.5%。9月26~30日，第十三届“西博会”在成都世纪城新国际会展中心举行，武侯区签约项目14个，签约总金额114.4亿元，签约项目个数及资金量均创历届新高。

（吴海燕　严　军　谢　坚）

人民南路科技商务区建设

Renmin South Road of Science and Technology Business District Construction

【地块推进】 高攀片区现代商务中心整体规划已具雏形，航校二期地块已完成地面构建筑物拆除、场地平整、打围。目前航校一期、二期土地以及华丰公司地块（总计面积13.03万平方米）已统一完成城市设计。

【重点项目建设】 保利中心、大陆国际、华宇·蓉国府、三度空间、派都、洗面桥小游园停车场等6个项目竣工，完成建筑面积68.9万平方米，其中商用面积35.15万平方米，使人民南路科技商务区商用面积达到190万平方米。来福士广场、民航二所综合楼、金色海蓉、魏玛、上善国际、火车南站A栋（中建公司项目）等6个加快建设项目进展顺利，建筑面积合计85.85万平方米，其中商用面积55.59万平方米。新加坡总理李显龙及省、市、区领导出席来福士广

图070　人南科技商务区打造国际示范区　（区新闻中心提供）

场的商场部分开业典礼。西部国际学术交流中心、川大科技宏业大厦、人南国际广场、锦江春色、工商银行现金营运中心、首航欣程等11个项目实现开工建设，总占地面积10.69万平方米，总建筑面积约80万平方米。

【区域影响力提升】 区人南推进办与成都市外商协会联合在凯宾斯基饭店，举行“最便利最友好的国际示范区”启动仪式和人南科技商务区国际人士交流座谈会，提出在人民南路科技商务区创建“最便利最友好的国际示范区”，提升人民南路区域国际知名度，不断推进区域的国际化发展程度。部分成都外国领事馆总领事、各地商会会长、外资企业负责人、本土知名企业负责人等100余名嘉宾出席启动仪式。邀请中国人民银行成都分行的领导在力宝大厦国际会议厅举办外汇管理政策专题知识讲座，增强外资企业对外汇管理政策的了解。组织区域重点项目参加在人南国际举行的集中开工典礼及重大项目集中签约仪式，形成项目聚集、区域高速发展的带动效应。邀请五大银行的专家举办物业管理培训，并发表“人南国际化物管联盟宣言”，推行区域内写字楼物管国际标准服务。

【楼宇经济】 梳理载体资源，加强统筹协调服务，积极主动介入楼宇的二次招商，引导产业聚集。引进友利银行、罗氏制药、LG CNS等3家世界500强企业和金融保险机构。截至年底，累计已有34家世界五百强、42家金融保险机构入驻人南科技商务区。全年实际到位内资114亿元，同比增长38.3%；实际到位外资34741万美元，同比增长31.5%；重点建设项目投资完成48.71亿元，同比增长51.3%；完成重大招商项目15个。

（张宝天　刘盛泉　李　畅）

图071　红牌楼商圈莱蒙都会项目　　（区红牌楼商圈推进办提供）

红牌楼商圈建设

Hongpailou Business Circle Construction

【重点项目建设】 莱蒙置业广场、武侯富临广场一期、红牌楼广场二期1、2号楼等13个项目竣工，占地24.29万平方米，总建筑面积99.5万平方米，其中商业建筑面积26.5万平方米。红牌楼广场二期3、4号楼、金楠府等13个项目加快建设，占地42.43万平方米，总建筑面积157.5万平方米，其中商业建筑面积84.4万平方米。下一站都市、丽都世家、中铁瑞城新界五期等16个促进开工项目，占地32.66万平方米，总建筑面积124万平方米，其中商业建筑面积66.8万平方米。置信丽都商业区、同辉武侯商业广场等8个项目正加紧前期准备工作，占地31.09万平方米，总建筑面积147.9万平方米，商业建筑面积80.8万平方米。

【土地拍卖】 全年成功上市四宗土地。晋阳二、六组地块，位于晋阳路与晋吉北路交叉口处，面积9.7万平方米，由成都龙湖锦华置业有限公司以884万元/亩，总价12.86亿元拍得；晋阳街道晋阳村六组地块，位于晋阳路北侧，晋吉北路北延线西侧，面积为2749.02平方米，由成都瑞银能源开发有限公司以1183.25万元/亩，总价4879.12万元竞得；永丰乡太平村五、八组地块，位于武阳大道三段220KV变电站旁，面积为1.39万平方米，由成都晟茂投资集团有限公司以912万元/亩，总价1.89亿元竞得；永丰乡太平村武阳大道二段地块，位于武阳大道二段与永盛路交汇处，面积为1.83万平方米，由盛阳集团有限公司以1020万元/

亩，总价 2.8 亿元竞得。

【旧城改造】 对三九佛兰汽配城进行房屋征收工程资金概算及土地使用权价格咨询评估；对红牌楼商业广场和广福汽配城进行了项目包装；积极协调推进区市容卫生管理所地块上市工作。

【红牌楼集聚区产业发展规划】 确定 2.11 平方公里的红牌楼集聚区的商圈核心区域。规划区域北至二环路，南至铁路西环线，东至佳灵路（老川藏路）东侧约 300 米，西至武侯大道西侧约 200 米。委托四川省社会科学研究院编制的《武侯红牌楼集聚区产业发展规划》已通过市商务局组织的专家评审。

（魏　莹）

图072　2012年10月，摩尔汽车用品广场开业　（区新闻中心）

专业市场与大型商场
Specialized Market and Large-scale Shopping Center

【概况】 2012 年，武侯区共有专业市场 59 家，包括电脑市场 12 家，汽车汽配市场 16 家，家具建材市场 11 家，皮鞋皮革市场 2 家，其他市场 10 家。全区专业市场呈现出专业市场数量较多、门类齐全，区域性分布突出，投资主体多元化等特点。

【电脑市场】 全区电脑市场共 12 家，经营面积 9.73 万平方米。具代表性的电脑市场有世纪电脑城、成都电脑城、东华电脑城、新世纪电脑城、百脑汇电脑城、磨子桥电脑城、新东华电脑城、成都数码广场、成都世纪登峰数码广场等。

【汽车汽配市场】 全区汽车汽配市场有 16 家，经营面积 55. 46 万平方米，主要集聚在红牌楼至簇桥一线。主要有西部汽车城，广福汽配城、西部汽车汽配市场、鸿达汽配市场、西南汽配商城、三九佛兰汽配商城、永丰汽配城、红牌楼汽车装饰市场、西南摩托车市场、莱克汽车汽配广场、21 世纪汽车会展中心、九峰汽车汽配市场和九兴华西汽车展场等十余个商城和专业化市场。

【家具建材市场】 全区家具市场集中在川藏路两侧，建辅建材市场主要集中于红牌楼、浆洗街、火车南站、簇桥等周边地区，家具建材市场全区共计 11 家，经营面积 347.35 万平方米。

【皮鞋皮革市场】 全区皮革鞋材市场共有 2 家，经营面积 5.4 万平方米，分别为万隆皮革市场和金花鞋材市场。其中万隆皮革市场位于簇桥双星大道路口，面积 2.6 万平方米，商家 450 户；金花鞋材市场位于武兴路沿线，面积 2.8 万平方米，商家 350 户。

图073　世华国际灯饰广场　（区新闻中心提供）

【酒类商品市场管理】 对辖区内的酒类专业批发市场、大型商场、超市进行专项检查和整治，严厉打击制售假冒伪劣酒类商品违法行为，维护广大消费者的利益和合法权益。全年共出动检查人员186人次，出动执法车辆56车次，检查酒类经营户178户，收缴各类假冒国家名优白酒、进口酒480余瓶，处罚酒类经营户6户。加强酒类产品追溯制度的建设和督查，共向酒类经营户出售《酒类流通随附单》1500本。

【大型商场】 全区共有大型商场、超市13家，经营面积20万平方米。其中，有代表性的商场、超市分别为：成都王府井购物中心有限公司，经营面积为5.60万平方米；伊藤洋华堂双楠店，经营面积为1.50万平方米；仁和春天百货棕北店，经营面积为7000平方米。

（吴海燕　严　军　谢　坚）

对外经济贸易与合作

Foreign Economic Trade and Cooperation

【外贸出口】 武侯区主要出口鞋、家具、食品、家具、机电等行业的产品。鞋类产品出口受到利率、关税、政策等相关因素影响，出口有所下降。其他类型出口企业如大型综合出口企业、农产品加工企业克服劳动力成本上升、原材料价格上涨、人民币升值压力等不利因素影响，以优势特色产业为重点，推动企业国际化为主线，开拓国际市场需求，把受国际市场波动影响降至最小。全年累计出口20.59亿美元。

【对外经济贸易】 武侯区在境外投资的公司有两个项目，中方共投资410万美元，项目分别为成都淞海商贸有限公司在斯里兰卡独资设立科伦坡松林商贸有限公司，从事矿产能源贸易及投资咨询服务；成都百乐科技有限公司在美国独资设立百乐国际有限公司，从事国际贸易及物流服务。对外承包工程项目中，中国成达工程公司在东南亚的项目合同额1419万美元、营业额1.66亿美元。

【服务外包】 武侯区做大服务外包产业，培育壮大现有的服务外包企业，全年新引入的中国成达工程有限公司完成服务外包离岸执行金额500万美元。同时加大对现有的服务外包企业的培育扶持力度，积极协助企业通过CMMI认证和ISO2700认证，并帮助企业在商务部服务外包业务管理和统计系统注册，让企业了解服务外包扶持政策的法律法规。全年离岸合同执行金额1570万美元。

（吴海燕　严　军　谢　坚）

供销合作经营

Supply and Marketing Cooperative Management

【资产管理和处置】 完善系统管理工作制度，建立和形成系统资产公开、透明、公正的管理机制和严密的资产处置操作程序，确保社有资产的保值、增值。明确当前区供销联社理事会资金使用的主要方向，坚持用在系统企业职工生活、退管服务和困难帮扶上；用在加强广大职工团结，开展积极向上、有利身心健康的老协活动上；用在维护系统安全稳定工作上。继续处理好有关“城中村”改造拆迁工作牵涉系统企业资产处置的各项工作，严格依法、按政策和程序处置。

【农资供应与服务】 继续通过参股企业成都邦绿达农资有限公司做好农资储备和供应工作，进一步加强农资“放心店”的管理，全年农资销售130万元。以农资“放心店”为平台，

图074　召开全区对外开放专题工作会　（区投促局提供）

图075 召开“创先争优”基层组织建设年活动表彰会 （区供销社提供）

做好放心农资下乡和农技知识宣传服务工作。

（陈 真）

旅游
Tourism

【旅游行业管理】 完成社会旅馆备案年审414家，新成立旅行社11家，服务网点备案11家。加强旅游投诉处理体系建设，积极处理旅游投诉及信访案件，全年共收到各类旅游投诉及信件投诉49件，其中“五一”“十一”假日期间共接投诉23件，投诉结案率98%，满意率100%，无重大旅游安全责任事故发生。

【旅游服务】 全区有星级酒店14家、农家乐28家、旅行社71家、旅行社分社38家、旅行社服务网点201家。全年旅游接待总人数666.48万人次，实现旅游总收入114.74亿元，入境游客3.8万人次，外汇收入271.08万美元。（详见表06、表07）

【旅游活动】 举办2012年成都大庙会，在中国女鞋之都先后举办“2012第七届中国女鞋之都博览会”“第六届艾民儿杯国际青年女鞋设计师大赛”“中国女鞋之都·城市旅游合作集体签约仪式暨创建国家AAAA级旅游景区启动仪式”等活动。望江楼公园举办第十九届成都市竹文化节暨薛涛诗歌文化活动。

【旅游景点】 武侯祠 武侯祠位于武侯祠大街231号，始建于5世纪，唐代为成都名胜。宋、元时期均加以修葺，明初与毗邻的刘备墓、刘备庙并为一处，成为纪念三国蜀汉君臣的祠堂。明末毁于战火，清康熙十一年（1672年）重建，形成现在君臣合庙的格局，成为全国唯一的君臣合祀祠庙，也是全国最大的诸葛亮和刘备、关羽、张飞等纪念地，是国务院1961年公布的第一批全国重点文物保护单位，祠内建有国内影响最大的三国遗迹博物馆。武侯祠又称武侯祠博物馆，它分为文物区、园林区和锦里民俗休闲街三部分，总占地面积13.99万平方米。文物区由惠陵、汉昭烈庙、武侯祠等建筑和部分绿化地组成。现存祠庙主体建筑为清康熙十一年（1672年）修复，坐北朝南，排列在一条中轴线上。武侯祠坐北向南，占地面积3.70万平方米，总建筑面积1.25万平方米。在中轴线上依次分布着大门、二门、刘备殿、过厅、诸葛亮殿五重建筑，旁另有桂荷楼、船舫、桂荷池、听鹂苑等附属建筑。文臣廊、武将廊位于二门与刘备殿之间两侧，东面为文臣廊，西面为武将廊，东廊、西廊造像各14尊。碑刻50余通，尤以唐《蜀丞相诸葛武侯祠堂碑》最为知名，人称“三绝碑”。武侯祠内供奉着刘备、诸葛亮、关羽、张飞等蜀汉人物塑像50尊，有匾额楹联

图076 召开武侯区旅游行业迎接全国城市文明工作测评工作会 （区文体旅游局提供）

70余块（副），其中清人赵藩撰书的“能攻心则反侧自消，从古知兵非好战；不审势即宽严皆误，后来治蜀要深思”楹联四海闻名。馆内还藏有蜀汉“直百五铢钱”等高等级文物及字画近千件，三国典籍上万册。刘备墓位于武侯祠中轴线西侧，史称惠陵。现存封土高12米，有砖墙围护，墙周长180米。陵墓向南，占地约2000平方米。陵前有“汉昭烈皇帝之陵”碑1通，清乾隆五十三年（1788年）立。围墙上嵌康熙七年（1668年）刻石“汉昭烈之陵”横额。墓前50米处，有照壁1座，中有过厅式建筑。寝殿面阔三间，进深二间，紧接围墙。殿内存匾、联各1副，诗碑两通。一条石砌道路，联通陵墓、寝殿、过厅和照壁。该墓应是3人合葬墓。园林区原为1940年在馆西侧建成的抗日将领刘湘陵园，是西南地区唯一的北方园林建筑群，新中国建立后辟为南郊公园，2001年园内建成茗华苑并新增部分绿地，2003年12月与武侯祠合并成为武侯祠的园林区。锦里本西蜀第一街，兴于秦汉，是西蜀历史上最古老的街道之一，诸葛亮治蜀时，将蜀锦生产作坊集中于锦江南岸，并设立专职官员管理生产和销售，后来锦里街几经兴废，成都武侯祠博物馆投资上千万元修复的锦里古街，是原遗址区域的浓缩，于2004年10月对外开放，与武侯祠融为一体（参见【锦里民俗休闲街】 ）。

图077　惠陵　　（区文体旅游局提供）

望江楼公园　以望江楼为代表的清代建筑群唐代女诗人薛涛的纪念遗迹及品种繁多的竹子而闻名。公园坐落于城东锦江河畔，面积1.25万平方米，是国务院1961年公布的第一批国家级文物保护单位。园内有由望江楼（又名崇丽阁）、濯锦楼、吟诗楼、浣笺亭、五云仙馆等楼阁亭台组成的宏大的古建筑群。崇丽阁、吟诗楼、濯锦楼均依江而建，并可登临其高层以观江景。崇丽阁建成于清光绪十五年（1889年），全木结构，高27.90米，共4层，阁名取自晋代文学家左思《蜀都赋》中“既丽且崇，实号成都”之句，楼阁典雅宏丽，雄屹濯锦江边，是成都历史文化名城的标志。公园内有薛涛汉白玉塑像、碧鸡坊、薛涛墓、薛涛井和薛涛纪念馆。薛涛字洪度，长安人，据载薛涛作诗500首，流传至今90余首，她与同时代的著名诗人元稹、白居易、王建、刘禹锡等都有诗唱和，其创制的“薛涛笺”风行千载，至今不衰。薛涛一生爱竹，望江楼公园以竹造园，经过以苏东坡、郭沫若等为代表的几十辈人千百年培护，特别是近20年来在全世界广搜珍奇竹种并加以种植，全园现有竹30个属270个品种4296丛，是全国种属最多、面积最大的竹类公园。

锦里民俗休闲街　紧邻武侯祠东侧，建成于2004年，现建筑总面积1.57万平方米（含一、二期工程）。锦里虽单独成街，却实为武侯祠的一个组成部分，以三国文化为灵魂，川西民风民俗为内容，明、清古镇风貌为载体，将历史与现代有机结合。锦里街成“9”字形，占地1.07万平方米，全长340余米，集吃、住、行、游、购、娱于一体，主要包括酒吧娱乐区、餐饮名小吃区、府第客栈区、工艺品展销区等几大部分，集中展示和推销昔日三国宴、四川中草药、四川名小吃、蜀锦、蜀绣、漆器、竹编、川酒、川茶、川戏等，并定期举行丰富多彩的民俗文化活动，再现西蜀地方民俗民风，使人们充分体验蜀汉文化和古成都的独特魅力。新建的二期工程，以“亲水性”为主题，着力再现川西民居四合院的独特风貌。无论是白天的茶道休闲，还是夜晚的酒道时尚，锦里休闲街都能让疲惫的旅人驻足小憩，满足中外游客吃、住、行、游、购、娱等各项需求。锦里既扩大了三国文化的外延，又给古老的武侯祠注入了新的活力，成为成都又一旅游亮点和具有三国文化个性的城市名片，被评为全国十大步行街之一。

中国女鞋之都　位于川藏公路成双大道中段，距天府广场约12公里，距双流国际机场约3公里，距成都火车西站和火车南站约7公里，周边交通便捷，配套设施完善。景区占地面积约15万平方米，建筑面积约26万平方米。集工业、文化、购物、餐饮、娱乐、住宿等多种功能于一体。中国女鞋之都旅游景区以近1000家鞋厂为基础，以“鞋”文化为核心文化主题，集中展示成都制鞋工业新形象，在景区内的鞋文化馆、制鞋技艺展示、中国首家工家乐、T台秀和情景购物中心直销鞋城等景点都充分融入了鞋文化元素。游客不仅可以在景区内欣赏到成都特色女鞋产品以及国内外著名鞋业品牌产品的研发、设计、制作等工艺流程，更能了解中国鞋业的历史变迁和成都鞋业的发展变革。景区通过打造系统化的鞋业服务平台，内联外引，不仅汇集了成都本土品牌企业，更吸引包括来自意大利等国家和地区的著名鞋业品牌，同时，完整的配套服务形成宜业、宜居、宜商的综合体模式。该景区是中国西部地区目前规模最大的鞋文化主题景区，集中展示成都制鞋工业的新形象，是工业遗产旅游的代表之作。

“耍都”休闲娱乐街　位于三国文化旅游圈内，距武侯祠500米，紧邻锦江，建成于2004年，总建筑面积3万余平方米。“耍都”建筑风格极具四川特色，其中蜀居建筑为青瓦、白壁、红柱，时尚的中国牌坊、神秘的图腾戏楼、古朴的中式庭堂及面积3000平方米的红牌坊广场，烘托出浓郁的古蜀文化氛围。广场上各类民俗景观、历史典故演绎和定期推出的文娱杂耍、绝技表演等令人流连忘返。这里的正宗川菜、名牌火锅、个性酒吧、特色小吃、娱乐茶楼、民俗工艺品、原创手工艺能满足中外游客的食欲和购买欲，既饱口福，又饱眼福。“耍都”与武侯祠、锦里共同形成一条“探访古祠”“感受锦里”“品味春江”的黄金旅游线路。

欧洲风情街　坐落在桐梓林北路和桐梓林东路，是成都市区最大的仿欧建筑休闲街区，也是成都市休闲娱乐的知名场所。街区有汉英双语门牌、汉、英、日、韩四语街道标志及350米风雨长廊，高低错落的柱式结构和镀铜店招体现出浓郁的欧洲风情，沿街围墙装饰着多幅文艺复兴时代的浮雕油画，镶嵌着大量欧式窗花，有欧式游园、欧式广场、欧式绿化，书报亭、花架、花车，露天酒吧、露天咖啡吧、各种精致高雅的欧式购物店等。

老成都民俗公园　位于人民南路立交桥下，2002年建成开放，占地面积30万平方米，其中绿地面积20万平方米，是全国第一个利用城市立交桥下空间修建以民风民俗为主题的公园。它集风土民俗、景观雕塑、休闲活动为一体，共分六大区域：老桥老街艺术复原区、街坊邻居休闲活动区、传统手工艺作坊区、民俗文化雕塑区、老园艺景观区及全民健身活动区。

民族用品一条街　坐落于以西藏自治区政府驻川办事处和甘孜藏族自治州政府驻蓉办事处为中心，十字辐射的武侯祠横街、武侯祠东街、洗面桥横街区域，北接武侯祠、南靠西南民族大学老校区。此街是以藏族为主的少数民族来往频繁、聚居较多的街区，因不少民族商人在这一带经营以藏传佛教用品为主的民族用品而形成。2002年省、市民委和区政府联合授予武侯祠横街为民族用品一条街，各地众多民族商人慕名前来经商办企业，形成在全国各大都市中独具特色的街区。在这里，带有民族特色的工艺品、宗教用品、生活用品和土特产品琳琅满目，深受少数民族的欢迎，吸引大批国外游客前来观光购物。

江安河生态公园　位于簇桥街道凉水井村和马家河村，占地100万平方米，沿江安河东岸依势成菱角形，河岸通道全长2470米，是利用江安河天然资源，结合城市河道整治，以生态绿化为主线，以三国蜀汉文化、水文化和民俗文化为主题建成的开放式生态公园。

永康森林公园　位于城区西南江安河东岸，覆盖金花桥街道永康村和川西营村，占地面积144.4万平方米，距三环路1.5公里。公园因毗邻江安河而有丰富的水资源、广阔的湿地和成片的苗圃，呈自然、原始的田园风貌，生态环境良好。

清水河公园　位于西三环路内侧，清水河南岸武青桥旁，覆盖机投桥街道万寿桥村，紧邻清水河，据考证此地为前蜀皇家花园，后名故蜀别苑，宋时陆游曾在此作诸多咏梅诗。该园占地33.33万平方米，其中农民居住区1.20万平方米，人工湖3.33万平方米，商业街区6200平方米，配套服务区1.53万平方米。公园将历史文化与自然景观、现代园林与古民居园林式建筑有机结合，以名贵花木风光、川西民居风貌和风光为特色。

（曹　蓉　包光志）

表 06　　2012 年武侯区主要旅行社名录

旅行社名称	详细地址	联系电话
四川省中国旅行社	一环路南三段 15 号	85562986
成都光大国际旅行社	成腾东路 2 号杜甫花园商务楼 3 楼	66050909
四川和平国际旅行社	武侯祠大街 266 号华达商城 D-0602	85552062
成都山水国际旅行社	人民南路三段 17 号华西美庐 A 幢 21 楼 1 号	85457123
成都海外旅游有限责任公司	高升桥东路 6 号罗马假日广场 A4 ~ W7	85108957
成都国际旅行社	武阳大道二段 680 号	85534128
成都神州国际旅行社	一环路南四段 9 号	85155962
成都天府国际旅行社	新南路 77 号附 9 号	85451139
四川海派国际旅行社	科华北路 151 号棕南苑 B 座 15 楼 E2	66280592
四川华龙国际旅行社	望江路 1 号中海格林威治城商务楼 21 楼 4 号	85356588
四川川航假期国际旅行社	航空路 6 号丰德万瑞中心 A 座 9 楼	13980971128
四川蓉之旅国际旅行社	科华北路 47 号	85235582
四川祥云国际旅行社	新南路 3 号地税瑞丰苑宾馆 8 楼	85448072
四川鼎龙国际旅行社有限公司	二环路西二段 290 号	62819611
成都飞霖福瑞国际旅行社有限公司	中央花园二期	68226688
成都童话假期国际旅行社有限公司	七道堰街 38 号附 7 号	13880838886
四川易飞易旅行社	一环路南四段 12 号	85573119
四川永兴商务旅行社	浆洗街 6 号阳城大厦 1 单元 604 号	85545003
成都世纪风行旅行社	洗面桥街 33 号艺墅花乡 701 ~ 702 室	85589801
成都友好旅行社	人民南路四段 10 号 B 座 4 楼	85563191
四川科技旅行社	人民南路四段 11 号 5 楼	85250833
四川欢泰旅行社	一环路西一段 4 号 1 楼 306 号	87338088
成都心诺旅行社	一环路西一段 30 号兵工大厦 7 楼	85078578
成都水上旅行社	武侯祠大街 180 号	85526367
四川川通旅行社	武侯祠大街 180 号	85574488
四川航空旅行社	一环路西一段 61 号	68185808
四川环球假期旅游公司	林荫街 5 号华西大厦 H-1702 号	85250841
四川金鑫旅行社	领事馆路 1 号	85247817
四川通天国际旅行社	洗面桥街 21 号	85512588
四川恒翔旅行社	科华北路 151 号棕南苑 B-3-C2	85223222
成都风光旅行社	浆洗街 69 号 B 座 14F-A、C	85512590
四川精典旅行社	洗面桥街 9 号	86082123
四川省新边界旅行社	一环路南一段 20 号普利大厦 B 座 506	85481813
成都丽阳旅行社	高升桥南街 2 号	66919045
成都兴业旅行社	致民东路 6 号	85394269
成都全景旅行社	一环路南三段 15 号华侨大厦 7 楼	85543220
成都新旅程旅行社	人民南路三段 22 号	85067474
成都锦川旅行社	人民南路四段 22 号四川有色大厦 3 楼	85555336
成都中联旅行社	大石西路 153 号	66633375
四川春天旅行社	武侯祠横街 1 号 2 楼	85535577
成都港捷国际旅行社	高升桥东路罗马假日广场海外楼 506 室	85108032
四川高盛旅行社	高升桥东路 2 号 1 栋 1 单元 3 楼 13 号	88877760
成都云帆旅行社	武侯祠大街 266 号 15 层 1501 号	89738855

续表

旅行社名称	详细地址	联系电话
四川创辉国际旅行社	人民南路四段 27 号商鼎国际 1 栋 1 单元 1605 号	85221777
成都商众旅行社	洗面桥街 33 号	85535570
成都市枫客旅行社	临江东路 33 号	15378078682
成都顺达旅行社	双楠路 166 号卫居苑内	85081578
成都途乐国际旅行社	玉林北街 1 号 1 栋 3 单元 706 号	13628046784
成都原自在旅行社	高升桥路 9 号 5 栋 13 层 1312 房	13924224678
成都市四海国际旅行社有限责任公司	致民路 36 号锦江新园 707 室	13908173030
成都喜之悦假期国际旅行社有限公司	二环路南三段 1 号	13908081638
成都勇闯旅行社	人民南路三段 24 号	13880523622
四川樱之旅国际旅行社	友谊路 9 号	13980672381
成都轩辕旅行社	一环路西一段 21 号健康大厦	18982228488
成都雅竹国际旅行社	武阳大道 288 号	18780146345
成都一起飞国际旅行社	洗面桥街 39 号 507 室	13808211404
成都快捷通国际旅行社	科华北路磨子桥街 7 号新棕北大厦	18980088044
成都神韵旅行社	浆洗街 27 号 A 座 902 室	13308081318
成都安逸国际旅行社	一环路西一段 130 号 1816 室	13880769115
成都郎朗天旅行社	桐梓林北路 2 号凯莱帝景 2 栋	13402836057
成都神游国际旅行社	高升桥东路 2 号 B3-3 层 12 号	13684076373
成都嘉逸旅行社有限公司	高阳路 62 号 3 层附 309 号	15902876424
成都一起飞国际旅行社有限公司	洗面桥街 39 号 507 室	13808211404
成都悠长假期旅行社有限公司	洗面桥街 35 号	13558614500
四川晴宇国际旅行社有限公司	武侯大道铁佛段 1 号优博国际	18628979988
四川新西华旅游有限责任公司	洗面桥横街 8 号	13808083135
成都鹏游国际旅行社有限责任公司	人民南路四段 49 号 1-10-03	13881905500
成都富临旅游有限公司	佳灵路 75 号	13684007050
四川锦天国际旅行社	洗面桥街 35 号	13708083012
四川东晟旅行社	领事馆路 12 号 1 栋 B 单元 3 楼 4 号	13880819771
四川省怡途旅行社有限责任公司	武兴二路 17 号	13808071449
四川省中国国际旅行社华川分社	人民南路四段 10 号	85586505
四川省中国国际旅行社武侯分社	一环路南四段 18 号 4 楼	85124600
新疆春之旅国际旅行社有限公司成都分公司	浆洗街 69 号 B 幢 17 层 C 号	86066689
成都光大国际旅行社大洋分社	浆洗街联亿大厦五楼 501 室	85592211
四川省中国青年旅行社外商中心分社	洗面桥街 22 号	85586491
四川长运国际旅游华西分社	一环路南二段 13 号附 1 号	85560457
四川省中国青年旅行社顺腾分社	洗面桥下街 28 号金茂礼都 11 楼（1110 ~ 1114 室）	85510680
重庆多多旅游有限公司成都分社	人民南路四段 21 号 4 栋 2 单元 8 层 1 号	66009761
四川省中国国际旅行社南桥分社	浆洗街 27 号 1-507 室	86062628
四川省中国青年旅行社锦城分社	浆洗街 69 号天亿大厦 B 座 8 楼	85551733
成都中国青年旅行社国内旅游分社	洗面桥横街 6 号 16-3 室	85511449
四川省中国国际旅行社华西分社	人民南路三段 22 号 505 室	66344457
四川省中国青年旅行社长顺分社	一环路南四段 14 号 4 楼	85512541
四川恒信国际旅行社丰德分社	航空路 6 号丰德国际广场 E1-501	86677772
四川省中国青年旅行社顺城分社	人民南路二段 65 号	85224831

续表

旅行社名称	详细地址	联系电话
北京凤凰假期国际旅行社成都分社	科华北路 58 号亚太广场 C 座 9F-911 室	85216733
西藏中国青年旅行社成都分社	洗面桥街 35 号 1 栋 9 楼 910 号	85588650
四川省中国青年旅行社天悦分社	一环路西一段 2 号瑞金广场	85056617
上海驴妈妈兴旅国际旅行社成都分社	七道堰街 1 号 707 室	85056700
成都中国青年旅行社武侯分公司	洗面桥街 33 号	68330006
长沙景致旅行社成都分社	二环路西一段 59 号	85585972 85585971
重庆阳光国际旅行社成都分公司	林荫街 5 号 1 栋 2 单元 13 层 1304 号	85256280
上海悠哉国际旅行社有限公司成都分公司	人民南路三段 1 号 2 栋 6 楼 3 号	65957666
成都海外旅游高升桥南街分社	碧云路 1 号碧云路 302 室	85119011
成都环球国旅旅行社有限公司武侯分社	人民南路四段 53 号 1 楼 1 单元 8 楼 1 号	85254466
四川恒信国际旅行社责任公司望江分社	郭家桥南街	85218901
辽宁招商国际旅行社有限公司成都分社	人民南路四段 17 号附 27 号	85235515
成都海外旅游有限责任公司玉林分社	人民南路四段 10 号	68101732
深圳世纪风行国际会展旅游集团有限公司四川分公司	领事馆路保利中心大厦 1 幢 1706	85289898
成都海外锦绣分社	锦绣路 1 号 1 栋 7 楼 717 号	85562884

表 07　　2012 年武侯区辖区内主要宾馆酒店

名称	星级	地址	电话
成都凯宾斯基饭店	五星	人民南路四段 42 号	85269999
成都富豪首座酒店		人民南路四段 48 号	88878888
成都向阳大厦	四星	二环路南二段 23 号	86481212
太成宾馆		武侯祠大街 83 号	85556688
成都心族宾馆	三星	人民南路四段 34 号	85520808
四川锦鑫酒店		火车南站西路 18 号	85187970
天友国际酒店		二环路西一段 100 号	85065555
康定酒店	三星	武侯祠横街 2 号	85562106
川音爱乐酒店	三星	一环路南一段 47 号	85490999
华西天使宾馆	三星	电信南路 10 号	85422808
峨眉山饭店	三星	洗面桥街 10 号	85510988
成都和润商务酒店	三星	二环路南四段 42 号	85093333
蜀峰花园酒店	三星	武侯祠大街 232 号	85530606
雷剑宾馆	二星	武侯祠大街 87 号	85571108
四川地税瑞丰苑宾馆	二星	新南路 3 号	85459958
滴水琴大酒店	二星	武侯大道 18 号	85080445
成都交通饭店	二星	临江路 6 号	85451017
圣地阳光酒店	二星	洗面桥横街 19 号	85533380
汉易酒店		新希望路 2 号	85217777
千禧大酒店		一环路西一段 119 号	66022222
锦里客栈		武侯祠大街 231 号	66311333
成都凤凰城酒店		桐梓林中路 6 号	85144555
成都雅仕莱酒店		浆洗街 18 号	85511222

续表

名称	星级	地址	电话
昌都宾馆		一环路西一段 8 号	85081403
海美伦酒店		二环路西一段 92 号	85057766
蓉城印象国际酒店		龙腾西路 1 号	66777999
格林普兰特酒店		太平南新街 6 号	85356188
蓝色好望角商务酒店		好望角 2 栋	85257523
四川三鑫商务酒店		铁佛路 123 号	85367654
文翰宾馆		一环路南四段 20 号	85528888
成都华西宾馆		一环路南三段 13 号	85581722
西御紫荆酒店		二环路南三段 9 号	82862006
南城酒店		黉门街 4 号	85553678
四川大学北苑宾馆		望江路 29 号	85406106
玉林宾馆		一环路南三段 9 号	85578839
如家连锁酒店		科华北路 18 号	85287878
锦江之星磨子桥店		科华北路 36 号	85216536
锦江之星体育学院店		一环路西一段 115 号	66898000
锦江之星玉林店		倪家桥路 2 号附 44 号	66326666
成都安逸 158 连锁酒店玉林店		玉林北路 5 号	
百年商务酒店		科华北路 68 号附 11 号	85232588
冀果酒店		南台路 8 号	68666866
七斗星商务酒楼		南台路 8 号	66771777
友谊宾馆		领事馆路 2 号	85246650
四川大统宾馆		新南路 40 号	86310858
瑞丰苑宾馆		新南路 3 号	85459958—80918
橡树林酒店		龙江路 20 号	85455333
福娃商务酒店		致民路 31 号附 3 号	85438553
小憩驿站酒店		科华北路 60 号	85355777
紫会酒店		林荫街 19 号附 1 号	85435222
蓝城酒店		林荫街 8 号附 2 号	66277755
海云商务宾馆		林荫街 21 号 7 栋	85582588
高攀商务酒店		高攀路 22 号	66531088
成都科华宜必思酒店		航空路 10 号	85355999
凉山州宾馆		人民南路三段 11 号	66808588
爱客酒店		人民南路四段 13 号附 1 号	66466666
成都山合酒店		火车南站西路 25 号	85144444
成都山水时尚酒店（科华南路店）		科华南路 10 号	65051222
瑞熙酒店		科华中路 2 号	85219888
朋来宾馆		红牌楼北街 14 号附 20 号	85051071
滨河酒店		红牌楼北街 13 号附 2 号	85062555
同时达宾馆		文盛路 10 号	85034777
成都市金江海宾馆		武阳大道龙安街口 12 号	87023050
成都西蜀森林酒店		永康村五组	85374666

招商引资

ATTRACT INVESTMENT

资金引进与利用
Capital Introduction and Utilization

全年引进500万元以上省外内资项目1139个，到位资金223.90亿元，同比增长24.1%。实际使用外资8.64亿美元，同比增长27.6%；引进外资来源地排名前四位的国家和地区分别是中国香港、中国台湾、韩国、美国。

（张　跃　陈蓉蓉）

重大产业化项目
Major Industrialization Projects

全年新签约引进市级重大项目31个，其中引进市级特别重大项目12个。新增世界500强企业6家，其中新进入世界500强企业3家，分别是韩国友利银行、韩国斗山、韩国起亚汽车；已在蓉世界500强企业在武侯区设立分支机构或新增投资3家，分别是瑞士罗氏制药、韩国LG电子、香港华润燃气。截至年底，落户武侯区世界500强企业总数已达51家，含境内企业12家，境外企业39家，

图078　召开重点优势企业座谈会　（区新闻中心提供）

图079 德国游艇公司中国游艇总代理落户武侯区　（区新闻中心提供）

成为中心城区境外世界500强企业集聚度较高区域之一。

（张　跃　陈蓉蓉）

招商引资活动

Attract Investment Activities

坚持把招商引资作为增强区域核心竞争力的重要抓手，充分依托区域环境优势、资源优势和产业优势，紧盯重点企业、重点产业、重点区域，积极开展各类形式的招商引资活动，成功推进一批重大项目及世界500强项目落户武侯区。成功举办“2012武侯区‘立城优城·产业倍增’重大项目集中签约仪式”，集中签约24个项目，总投资133.7亿元。根据“四个一批”投资促进项目工作需要，区领导率队赴北京、上海、深圳、厦门等地开展小分队招商9次，相继拜访北京京东商城、水晶石数字科技、深圳天虹商场、陶氏化学等17家重点目标企业，新增香港新鸿基地产、美国希马克资本、澳大利亚澳新银行、新加坡吉宝集团等一批在谈跟踪重点项目，促进瑞士罗氏制药、中航三星人寿保险、深圳天虹商场、水晶石数字科技等一批重大项目落户。先后参加日韩“四川周”活动、第十三届“西部国际博览会”、第十六届“中国国际投资贸易洽谈会”、“投资成都——财富之城·成功之都”投资说明会等省、市重大投资促进活动，有效捕获招商信息，开展项目对接。

（张　跃　陈蓉蓉）

图080 召开2012年重点项目专题工作会　（区新闻中心提供）

财政与税收

FINANCE AND TAXATION

财政
Finance

【财政收入】 全年全区财政总收入135.07亿元，同比增长13.7%。全区地方公共财政收入48.13亿元，同比增长17.3%。其中，税收收入实际完成31亿元，同比增长9.6%；国有资产经营收益、行政事业性收费收入、罚没收入、专项收入等非税收入实际完成17.13亿元，同比增长34.3%；基金收入5729万元，同比增长108%。

【财政支出】 全年全区财政支出为58.31亿元（地方公共财政支出52.86亿元，基金预算支出5.45亿元）。其中，一般公共服务支出6.52亿元，国防支出1683万元，公共安全支出2.81亿元，教育支出11.19亿元，科学技术支出8322万元，文化体育与传媒支出2498万元，社会保障和就业支出5.10亿元，医疗卫生支出2.74亿元，节能环保（环境保护）支出1870万元，城乡社区事务支出11.67亿元，农林水事务支出4345万元，交通运输支出1403万元，资源勘探电力信息等事务支出3.49亿元，商业服务业等事务支出8548万元，国土资源气象等事务支出1939万元，住房保障支出7544万元，国债还本付息支出5.50亿元，其他支出97万元。

【民生投入】 区财政全年共安排涉及民生的资金35.84亿元，占地方财政总支出的67.8%。加大教育投入，推进城乡教育均衡发展，全年教育投入11.19亿元，比上年增加4.39亿元。加快公共卫生体系建设，促进城镇居民基本医疗保险、城乡医疗救助等制度进一步完善，切实保障医药卫生体制改革工作经费，全年卫生投入2.74亿元，比上年增加1432万元。加大就业扶持、社会保障投入力度，全年共投入5.10亿元，比上年增加4985万元。加大社会建设投入力度，推进社会管理创新不断深化，全年社会事务投入11.67亿元。

【财政支出管理】 全年全区地方公共财政支出完成52.86亿元，同比增长11%。预算安排上，继续厉行节约机制，严格控制一般性支出，除区委、区政府确定的重大项目以及教育、科技、医疗卫生、就业和社会保障等重点支出外，其他项目支出预算原则上按零增长控制。发挥财政保障职能，集中财力办大事，大力支持产业发展，推进产业转型升级，区财政全年安排对企业的财政扶持及纳税大户表彰资金2.02亿元，第三产业发展支出2000万元，科技支出8322万元。加大城乡建设投入力度，区财政全年用于交通运输支出1403万元，用于住房保障支出7544万元，用于节能环保1870万元，有力支持农民新居、城乡道路、城乡污水处理、垃圾处理等城乡基础设施建设，逐步缩小城乡基础设施建设差距，加快推进城乡统筹发展。

【财政监管】 完善部门预算管理办法，推进预算编制科学化、精细化管理，细化专项支出预算编制，完善部门基础信息数据库、强化项目和定额标准建设。进一步深化国库集中支付制度改革，在前期改革试点的基础上，研究制定《进一步推进国库集中支付改革实施方案》和《加快推进国库集中支付改革相关措施》，全区所有预算单位全部纳入集中支付“大平台”系统管理。利用“大平台”管理系统进行预算资金的申请及拨付共1.92万笔，涉及资金11.17亿元。完善政府非税收入管理体系，制定下发《成都市武侯区财政局关于进一步加强非税收入管理的通知》，明确非税收入项目、征收标准、征收范围等内容。及时总结“公务卡”消费改革试点经验，结合实际情况制定《武侯区预算单位公务卡管理暂行办法》和《区级公务卡强制结算目录制度》，全区所有预算单位在2013年1月1日起推行公务卡结算制度。

（顾　鹏　杨彦平）

国税征收

State Taxation

【税收收入】 区国税局全年累计完成税收收入56.36亿元（含免抵调增增值税收入9370万元），同比增长17.1%，增收8.23亿元；完成区全口径财政收入54.90亿元，同比增长17.9%，增收8.34亿元；实现区地方公共财政收入9.32亿元，同比增长20%，增收1.55亿元。区全口径财政收入和区地方公共财政收入总额均位列中心城区第一。

图081　区国税局领导与网友进行在线互动　（区国税局提供）

【税收征管】 区国税局对全区管户进行重新划分，设立专司年纳税额100万以上企业的大企业管理服务团队和按照属地化划分的基础性税源管理服务团队；在办税大厅设立审核审批团队和综合服务办公室；建立由区国税局分管局领导主持，征管、政策、评估组、信息中心和各税源管理单位参加的风险监控团队，每月定时对税收风险数据分析、纠改；成立两个专业化纳税评估团队，负责纳税评估工作。积极推行多元化申报方式，全年个体批量扣税签订协议7393户，占个体达起征点“双定户”的91.4%；小规模纳税人网上申报签订协议1.76万户，占小规模纳税户数的91.0%；一般纳税人网上申报签订协议8841户，占一般纳税人户数的91.8%。开展征管质量竞赛活动，建立健全区国税局和税源管理部门两级征管数据分析例会制度，税收风险管理全面加强。加强纳税评估力度和税收日常检查力度，集中开展电力行业、成品油、增值税低税负及企业所得税低贡献率专项核查和欠税清理等工作，全年共评估检查987户，查补税款及滞纳金1.57亿元，清理欠税35.76万元。同时，区国税局配合省、市国税局，对175户企业进行稽查，查补税款及滞纳金3020万元。

【依法治税】 强化所得税管理，对干部职工及企业进行所得税法的培训，完成核定征收企业9537户，占税种鉴定总户数的30.2%，强化非居民企业所得税管理，全年共出具征税税务证明110份。加强增值税一般纳税人认定管理，全年新增一般纳税人1886户，取消增值税一般纳税人资格166户。严格按照专票管理的相关规定，及时审批专票版位申请和版位变更税务行政许可事项。同时对走逃企业专票按规定及时进行失控处理和注销防伪税控档案信息，全年上报走逃户121户，处理非正常失控增值税专用发票1147份，确保专票存根联采集率100%。对专票审核检查系统生成的异常专票抵扣信息，督促专管员及时作进项税转出，防止税款流失。对涉嫌取得虚开专票企业按规定及时移交稽查处理，移交稽查13户。

【税收优惠】 全年共审核备案类减免税企业139户，审批西部大开发优惠减免税55户，减免企业所得税1.23亿元。研发费加计扣除备案24户，加计扣除5168万元；残疾人工资加计扣除备案11户，加计扣除93万元；软件企业"两免三减半"备案12户，减免税额667万元；高新技术企业备案20户，减免税额4313万元；投资收益免税备案21户，免税收入9747万元。

【纳税服务】 按照税源专业化管理要求，推进全职能办税大厅建设，全面落实办税服务厅的整、转、改工作，整合优化服务窗口，完成业务流的梳理和承接，实现全部业务前台受理服务模式，"一站式"服务基本形成。对办税服务厅的基础设施和内部环境进一步完善，办税大厅的功能性、结构性和区域性更趋合理。开展纳税服务岗位技能竞赛，切实在办税服务厅形成比服务规范、比服务效率、比服务质量、比业务技能的服务氛围和竞赛氛围，进一步提高工作人员的服务水平。

【税法宣传】 利用税收宣传月、"12·4"法制宣传日等开展税法宣传，巩固校园税收宣传基地，利用报刊、网站、微博、QQ群和短信等进行税法宣传，全面强化依法治税，全年在各级公开媒体发布税收信息600余条，税收短信2万余条。在《成都商报》和《华西都市报》等报刊上开辟专栏，按月发布纳税风险遵从提示。制作发放全年申报期月历，对纳税人进行温馨提示，提醒其按时申报，共发放1万余份。

（焦 健）

地税征收
Local Taxation

【税收收入】 区地税局全年累计组织各项收入72.90亿元，较上年同期增收4.93亿元，同比增长8.9%。其中，组织税收收入66.51亿元，较上年同期增收4.74亿元，同比增长7.7%；组织基金附加收入6.39亿元，较上年同期增收0.22亿元，同比增长23.8%。

【税收征管】 全年共征收个人出租房税收7174.83万元，同比增长958.59万元，增幅15.4%，连续4年全市第一。抽调15人成立土地增

图082 税收宣传进校园

（区国税局提供）

图083　税务人员向消费者宣传税法　（区国税局提供）

值税清算检查组，对区内符合清算条件的房地产项目进行清算检查，全年共清算房地产开发项目8个，清算应补缴土地增值税3.74亿元。对纳税人注销税务登记及跨区变更进行严格审批，全年共审批注销个体1890户，注销及跨区变更企业1221户，共对121家企业进行注销重点检查，共补缴税款346.92万元。加强所得税征管，坚持纳税人自行汇算清缴、税务机关开展纳税评估及重点检查相结合的企业所得税汇缴工作方向，汇算清缴查补税款2.31亿元。组织年所得12万以上个人所得税自行纳税申报，完成申报5896户，查补税款148.84万元。加强所得税分析比对。将个人所得税比对与企业所得税汇算清缴相结合，对企业在税前扣除的工资薪金进行分析比对，共查补企业所得税332万元、个人所得税100.61万元。开展税收专项检查清理，对政府平台公司的城镇土地使用税和耕地占用税进行清理，查补土地使用税1760万元，耕地占用税1413.80万元。开展机动车停车场使用发票情况检查，规范企业用票行为。

【纳税服务创新】 做好国税、地税联合办证工作，优化办证流程，全年共办理税务登记28939户，比去年同期增加2318户。严把减免税审核关的同时，从简化申请审核审批手续和限定审核审批时间入手，提高工作效率，全年共审批各类企业和个体减免117户，减免税款8862.38万元。纳税人学校武侯分校继续加大宣传力度，拓宽宣传渠道，丰富学习内容，截至年底共授课47期，注册学员5000余名。结合全员全额申报软件的推行，对2012年已上线并正常使用个税软件申报的2674户企业开展培训30场。开通绿色服务通道，为近200家成都红旗连锁超市办理变更和300户红星美凯龙商户的新证办理提供上门服务。同时在办税服务厅提供英语服务，有484户纳税人通过网上领购发票3229次，133户个体工商户在超市领取到购买的发票。

（冯　波）

资源与环境保护

RESOURCES AND ENVIRONMENTAL PROTECTION

国土资源管理

Land and Resources Administration

【土地供应与收益】 全年共推出上市土地37.69万平方米，成交金额38.55亿元。其中，经营性土地14宗29.28万平方米，成交金额37.54亿元；挂牌出让工业用地6宗8.41万平方米，成交金额1.01亿元。

【“国土分户年”发证】 为解决武侯区住宅“双证不全”的问题，武侯国土分局采取扩建办证大厅、配置电脑、抽调业务骨干、增加办证人员，开辟绿色通道上门服务、开展延时及周末办证服务等措施保障“国土分户年”发证工作的顺利开展。共受理分户发证业务42629户。

【耕地保护】 利用“4·22”世界地球日、“6·25”全国土地日和全国法制宣传日，宣传土地基本国策国情和法律法规，增强依法保护耕地的

图084 武侯区拆迁及上市工作专题会 （区征后实施推进办提供）

图085 工作人员到社区为市民办理国土证 （区国土局提供）

自觉性；加大执法力度，实行联合执法和动态巡查，限期整改破坏耕地、违法占用耕地的行为；完成2011年度耕保基金台账及数据的变更、公示及发放工作，共涉及农户696户、731个耕保地块，耕地面积176.72万平方米，发放耕保基金71.57万元。

【土地报征】 全年共取得成都市中心城区2010年第四批、2011年第四批、2012年第八批城市建设用地等3个批次的征地批文，征收集体土地总面积230.76万平方米，其中农用地转用51.57万平方米，用于解决“城中村”改造、农民安置、工业园区开发等重点项目的需要。同时启动28.33万平方米土地的报征工作。

【土地利用规划】 完成《武侯区土地利用总体规划(2006～2020年)》《武侯区土地整治规划(2011～2020年)》和《武侯区“198”生态及现代服务业综合功能区土地利用规划(2010～2017年)》等基础规划的编制上报工作，并报省国土资源厅备案。结合《武侯环城生态区城市控制性规划》完成9个《武侯城乡建设用地增减挂钩试点项目实施规划》（以下简称“挂钩”项目）的编制上报工作，其中已有6个“挂钩”项目通过省国土资源厅立项审查并入库。

【环城生态功能区域建设】 完成环城生态功能区控规调整工作，完成长5.6公里蓝线宽度15米的锦城湖水源供给渠武侯段的规划工作。配合环城生态区湿地规划，把三国文化融入到湿地公园规划设计中。加强土地监管，完成区域内119个违法建设点位的调查和拆除工作，拆除违建总面积20.25万平方米。完成绕城生态带两侧200米内拆迁4万平方米，绕城生态带两侧200米外拆迁55.3万平方米。继续推进三河新居等已拆迁项目的土地流转工作，完成武侯环城生态功能区集体土地流转292.33万平方米。完成土地整理立项及土地利用规划上报工作，有7个土地增减挂钩项目完成省国土资源厅立项审查并已入库。完善武侯环城生态功能区5公里健康绿道体系，并与成都绿大地公司签订植绿项目养护协议，定期对已竣工植绿项目进行维护。

【征地补偿安置】 严格按照“两公告一登记”法定程序，推动征地拆迁工作进度，全年在12个社区（村）召开征地动员大会，启动12个组的征地补偿安置工作。加快安置房的建设，推动过渡人员的住房安置工作，并通过市目督办和市国土局的检查验收。完成西南物流农迁房、中汽物流农迁房的建设、移交工作。

【土地执法监察】 在动态巡查工作中制止25宗涉及土地面积4.45万平方米的土地违法行为，并发出2期《违法用地通报》进行通报，制定整改措施并要求限期整改。完成11宗闲置地块清理工作，涉及土地面积46.19万平方米，其中工业用地4万平方米，经营性用地42.19万平方米。

【土地卫片执法】 针对2011年卫片执法检查涉及的21宗12.83万平方米（其中耕地11.55万平方米）违法用地的查处和整改工作已全部到位，所有档案已全部组卷归档并填入土地卫片信息系统。其中，拆除复耕12宗新增违法用地，依法进行行政处罚的3宗，按照违法用地处置程序将立案查处的6宗地移交区法院。通过采取拆除复耕、补办完善手续等方式，落实整改措施。

【土地征后实施】 做好全区项目拆迁和土地上市工作，全年完成土地上市11宗25.72万平方米，择机上市3

宗 10.32 万平方米，完成工业用地上市 8.4 万平方米。完成项目拆迁 4 宗 3.88 万平方米，清理闲置土地 8 宗，督促 46.19 万平方米地块开工建设。

（李 婧 王 波 陈 浩）

林业管理
Forestry Management

【林木病虫害防治和森林植物检疫】 武侯区森林病虫害防治工作以林业工作人员监测为主，广大群众参与。对农房四周树木病虫害的防控工作，坚持“谁受益，谁负担，谁经营，谁防治”原则的同时，积极协调相关单位指导业主选用高效、低毒、低残留农药，采用物理或生物防治的方法，对全区种苗生产户、道路绿化管护业主、小区绿化管护单位等开展林业有害生物防治，有效控制林业有害生物灾害，全区林业有害生物成灾率为零。结合检疫执法检查，加强林业产品调运的现场检疫和苗木产地检疫工作。对“加拿大一支黄花”“美国白蛾”“松材线虫”等检疫对象加大监控力度。

【野生动植物保护】 进一步加强相关法律法规的宣传和执法工作，区统筹局会同工商、公安等部门，对涉嫌经营野生动植物的餐馆加强监督，杜绝倒卖、经营、加工国家重点保护的野生动植物和有益动植物的行为，全年开展野生动物集中执法行动 3 次。利用永康公园、彩乐园等地的野生禽鸟疫源疫病监测点，加强对野生禽鸟的保护和监测，全年未发现疫情。

（郑 勇 周 园 刘莲英）

环境保护
Environmental Protection

【污染物减排】 武侯区新增削减化学需氧量 607.15 吨、氨氮 214.87 吨、二氧化硫 62.61 吨，氮氧化物排放量持平，超额完成市政府下达的年度减排目标任务。武侯区被市政府评为全市“十一五”节能减排工作成绩突出单位，区环保局获得“全国减排工作先进集体”称号。

【水务管理】 全区纳入长效管理的河道共计 43 条，总长度 146 公里。其中，干渠 2 条，支渠 8 条，中小河道及排水渠 33 条（市管河道 1 条）。全年出动人员 960 人次对河道定时或不定时巡查监督，对发现的问题督促各管理责任单位在规定时间内及时完成整改。针对查出以 20 处新增污染源（4 处属高新区），区防汛办会同相关部门共同制定《高攀河新增下河排污口治理方案》，对高攀河沿线不按要求排放污水的企业强制修建“隔油池”“滤碴池”等初级净化设施。针对楠杆堰河道较为严重的污染，区政府投资 100 万，沿河边修建长 290 米、宽 1.2 米、高 1 米的引水方沟，将清水河水直接引入楠杆堰；对楠杆堰沿线进行全面清淤，清除污泥 6000 立方米，对河道狭窄地段进行拓宽及河堤加固；对鸿运花园围墙边、双丰中路桥下、董家湾南街等 5 处排污口从源头进行截污整治，共计埋设地下管道 383 米。为提高农村饮水质量，保证村民饮水安全，实施江安河村二、三、四、五组自来水改造工程，工程总投资 982.79 万元，将解决 950 户居民、181 家企业、1800 户商铺的饮水难问题。全区建成污水处理站共 6 座，年处理总量 659.01 万吨，污水处理率 91.6%，日平均污水处理量为 2.70 万吨，COD 减排量 1892 吨，BOD5 减排量 998 吨，NH3-N 减排量为 176 吨。

【环境督查整治】 按照强化城乡环境综合治理的工作要求，推进大气

图086 市民代表视察我区下河排水口 （区统筹局提供）

环境整治，加大巡查频次和执法力度，抓扬尘污染治理，深化燃煤、油烟污染控制，做好秸秆禁烧工作，全区空气质量优良率在中心城区排名第一。完成3983户居民的清洁能源改造，发放补贴382万元，投入46.7万元开展油气回收工作。开展水环境整治，坚持以抓小流域水环境整治和工业企业废水排放治理为重点，采取有效措施促进水质改善，污染物浓度逐年下降。全年整治下河排污口44个，7个污水处理厂（站）共处理污水4987万吨。在全区开展整治违法排污企业保障群众健康环保专项行动，共检查排污企业340余家次，处罚26家，关停2家。全区未发生环境污染突发事件。全年共处理环境信访投诉810件，办理人大代表建议1件、政协委员提案3件，重点对川大花园周边、少陵路88号、望江路街道酒吧一条街的娱乐噪声扰民问题进行多次联合整治。

图087　开展环境污染事故应急演练　（区环保局）

【环保管理】　全年受理审批建设项目920件，环境影响评价和“三同时”制度执行率100%，并积极参与省、市级审批验收。配合市环保局开展全市核技术利用辐射安全综合检查专项行动，参与辖区内辐射污染防治“三同时”项目的监管，得到环保部领导的充分肯定。加强对大气和水环境综合整治工作的宣传，并利用报纸、电视等新闻媒体及时跟进各街道办事处整治动态；在“4·22”地球日、“6·5”世界环境日，协助省、市举行规模盛大的环保公益宣传活动，营造出爱护环境、支持环保的良好社会舆论氛围；建立环保志愿者队伍，聘请86名特邀环保监督员。每月对29个断面地表水质进行区级例行监测分析，全年开展例行监测区域噪声点位75个、监督性监测省市控重点工业污染源19家，纠纷监测100余次，出具各类监测报告1400余份，并在全市率先通过监测站标准化建设达标验收。

（郑　勇　蔡　滨）

综合管理

INTEGRATED MANAGEMENT

宏观经济指导

Macro Economic Guidance

【发展研究】 区发改局积极探索区域发展新的经济增长极，深入开展调查研究，密切跟踪经济发展过程中的热点、难点问题，有针对性地提出对策建议，撰写《加快实施“三圈一体”战略全力构筑“头雁高飞”新优势》《天府新区对武侯区产业发展的影响及对策》《抢抓地铁建设机遇助力武侯经济发展》等调研文章，均在市级刊物《服务经济》上刊登。加强全区经济态势的动态监控、预测和分析，完成《全区一季度经济运行分析》《全区上半年经济运行分析》等分析材料。

【资产投资和项目建设】 坚持区领导联系制，加大协调服务和督查力度，第二产业实现投资 46 亿元，增长 2.8%；第三产业实现投资 294 亿元，增长 8.9%。重点项目的支撑作用不断增强，199 个区重点项目实现投资 197.56 亿元，占全社会固定资产投资总额的 58%。蓉国府等 16 个市重点项目实现投资 45.22 亿元。功能区建设进展顺利，人民南路科技商务区保利中心等 6 个项目竣工，来福士广场等 6 个项目加快建设；红牌楼商圈莱蒙置业等 13 个项目竣工，红牌楼广场等 21 个项目加快建设；武侯新城 IT 动漫产业园一期等 18 个项目竣工，摩尔国际交流文化商贸城等 43 个项目加快建设；环城生态功能区陆坝新型社区一期一组团等 3 个项目竣工，土地“增减挂钩”等 3 个项目加快建设。

【政府投资管理】 认真执行国家、省、市招投标有关规定，严格政府投资项目的管理程序，提高资金使用效率。立项审批 52 项，总投资 16.9 亿元，办理项目备案 11 项，总投资 738 万元。对 52 个拟招标（比选）项目进行预算审核，送审金额 4 亿元，审定金额 3.5 亿元，通过预算审核环节为政府节省资金 5000 万元，节省率 13%。完成 22 个项目招标工作，公招率 100%，招标控制价 11.66 亿元，中标价 9.88 亿元，节省率 15%；完成 24 个项目比选，控制价为 2509 万元，中标价 2224 万元，节省率 11.4%。通过公开招标和比选节余资金 1.8 亿元。严格工程变更程序管理，6 个项目送审金额 6878.05 万元，审定控制金额 4991.15 万元，节余资金 1886.9 万元。

（杨剑龙　邓　维）

国有资产管理

State-Owned Assets Management

【国有资产管理】 区国资办组织国

图088　召开武侯区国有资产管理工作培训会　（区国资办提供）

有资产转让收入入库，全年实现国资收入5.01亿元。加大债权清收力度，清理收回债权0.63亿元。继续做好全区行政事业单位国有资产报废、调拨、报损等工作，收回资产残值收入10.73万元。出台《武侯区行政事业单位国有资产管理暂行办法》。

【清产核资工作】 通过现场检查区属各类行政事业单位、社会团体和政府投资性公司共计183家，编制《武侯区国有资产清产核资资料汇编》3册，开展全区国有资产管理工作培训，建立全区国资台账、实行动态管理，进一步摸清全区国有资产家底，规范基础数据管理，优化资源配置，提高资产使用效率。

【政府投资性公司管理】 完成对各公司2011年度目标工作情况的考核，并制定各公司2012年的工作目标任务和年度费用控制预算，并加强薪酬管理。共计核拨预算资金1652.7万元，通过采取预算控制的方式，进一步推进精细化管理。向9家政府投资性公司派驻监事，督促公司按照党风廉政建设责任制任务目标及要求不断推进惩防体系建设，提高公司惩防体系建设的整体水平。完成对政府工程和使用国有资金工程项目中挂靠、借用资质违规投标问题的专项清理工作。

【国资品牌管理】 推进武侯国资品牌化发展，已申报6个商标、注册3个商标。

【贷款项目管理】 对全区政府投资性公司2012年所需贷款资金各项目进行核实、整理，完成各政府投资性公司（平台）贷款计划表，为加强全区贷款资金管理、控制贷款规模与财政风险及领导决策提供参考数据。做好全区政府投资性公司（含事业单位融资平台）还款计划落实及资产统筹调度的目标管理，对全区2012年到期应还贷款下达专项目标任务，随时进行跟踪，督促落实，按期还款。

（范成明）

金融工作
Financial Works

【融资性担保公司】 武侯区共有融资性担保公司39家，注册资本金合计53亿元。其中，注册资本金10亿元以上的有1家，1亿～10亿元的有20家，1亿元以下的有18家。融资性担保公司在保余额186.15亿元，在保户数4.06万户，累计提供融资性担保170.04亿元，担保户数累计2.23万户。

【小额贷款公司】 稳步推进小额贷款公司、金融仓储公司试点工作。全区小额贷款公司有14家（新开业8家），注册资本金34.27亿元。贷款余额为32.57亿元（1418笔），累计发放贷款87.04亿元（3453笔）。全年累计实现税收8239.61万元，有2家金融仓储公司取得省金融办的筹建批复。

【金融风险防范】 严格按照省、市金融办的相关要求对进行股权变更、增资扩股的24家公司上报材料进行初审。促进融资性担保公司健康发展，全年两次对融资性担保机构担保保证金管理情况进行调查与清理工作。要求融资性担保公司按文件规定开设“客户担保保证金”账户并实行专户管理。对17家融资性担保公司进行现场风险排查，与15家企业高管进行约谈，对辖区内36家融资性担保公司、13家小贷公司进行现场检查，针对检查中发现的问题，现场提出整改意见，并要求在规定的时间内完成整改。

【金融生态环境建设】 建立预防和打击非法集资领导小组，维护金融稳定。开展融资性担保公司和小额贷款公司的合规经营专项检查，推动金融生态环境的改善。全年无因非法集资引起的重大群体性事件发生。出台《关于进一步推进小额贷款的实施意见》《关于支持企业稳增长促发展的政策措施》《关于促进产业倍增若干政策的意见》，引导全区金融业发展，支持企业资本市场融资。

【资本市场建设】 区金融办会同新城管委会、区经科局等部门对企业进行梳理，将10家企业纳入上市培育后备库，积极跟进上市申报工作。四川环能德美科技股份有限公司、四川日机密封件股份有限公司已上报证监会，并取得中国证监会行政许可申请受理通知书。

（范成明）

审计
Audit

【概况】 2012年，武侯区强化重点部位、重点资金的审计监督，从制度、从领导决策层面，揭示、分析和反映问题，提出审计建议，促进各级党委、政府各项政策措施的贯彻落实，成效显著。全年完成审计项目155个，延伸审计单位32个，查出违规资金2496万元，核减工程投资9836万元，为区财政增收节支1.23亿元。

【财政一体化审计】 区审计局按照"揭露问题、规范管理、促进改革、制约权力、提高效益"的工作思路，开展区财政局、区地税局2011年度预算执行情况审计，区卫生局部门预算审计，簇桥街道办事处和火南街道办事处2011年度财政预（决）算审计。在审计工作中，注重检查和反映预算执行的整体情况及存在的突出问题，关注财税政策和改革措施落实到位情况，将全部财政资金纳入审计范围，加大对预算编制的科学性、财政支出的效率性，以及财政资金使用总体效果等情况的审计力度，将预算执行结果情况、非税收入征缴管理情况和"三公"经费控制情况纳入重点审计，深入揭示问题，提出有针对性的意见和建议，向主管部门出具《移送处理书》1份。年度预算执行审计工作报告得到区人大常委会的充分肯定。

【领导干部经济责任审计】 坚持将体现民生的财政性资金的使用情况作为审计重点和评价领导干部经济责任的重要指标，强化各种专项资金的追踪监督，突出审计财政资金的使用效益，深化审计内容，促进领导干部依法行政、科学管理，规范权力运行。加强审计整改，狠抓经济责任审计跟踪回访工作，建立健全审计查出问题的整改机制及相关责任追究机制。全年完成领导干部的经济责任审计29个，查出违规资金1044万元（被审计领导干部负有主管责任的295万元，负有领导责任的749万元），管理不规范资金9359万元（被审计领导干部负有直接责任的1395万元，主管责任2397万元，领导责任5567万元）。

【固定资产投资审计】 加强对重点工程的审计，对部分安置小区安装电梯门套和电梯厅装修应急工程、清沙苑农迁工程、武侯大道（三环路—绕城高速段）电力隧道工程、凉水井变电站配套电力通道工程、武侯区市政道路设施日常维护工程（三环路内区域）等19个重点工程项目进行跟踪审计，及时提出审计建议，促进建设单位加强管理、完善制度。按照《关于进一步加强固定资产投资审计的意见》要求，对全区政府投资20万元以上，以及以国有资金投资为主、国有资金投资20万元以上的所有项目进行审计监督。开展固定资产竣工财务决算审计，根据财政部《关于印发〈基本建设财务管理规定〉的通知》要求，在完成竣工结算审计的武科研发楼工程、武侯区残疾人教育基地特殊学校教育用房工程进行竣工财务决算审计。全年完成审计项目120个，送审14.17亿元，审减9836万元，审减率6.9%。

【专项资金审计和审计调查】 重点开展基层公益性医疗卫生服务综合补偿基金审计、2011年8月～2012年7月全区村级公共服务和社会管理专项资金审计调查、2010～2011年区城市社区公共服务和社会管理专项资金专项审计调查。通过审计，揭示这些资金在管理和使用中存在的问题，促进社会保障政策落实和相关制度完善。

【其他审计】 根据区政府的安排以及有关部门的委托，区审计局对武侯区糖酒公司、祺达商场从成立至2010年5月资产状况，对簇锦社区卫生服务中心和铁佛养老院2007年4月～2012年7月财政收支情况进行审计，审计结果为区政府及有关部门妥善处理历史遗留问题以及群众反映的问题，化解群众纠纷，提供有价值的参考。

【审计建议】 区审计局全年提出审计建议75条，区委、区政府、区级各部门以及各被审计单位采纳审计建议64条，各被审计单位制定整改措施23项，建立规章制度3项。区委、区政府采纳审计建议，对区委各部门、区级各部门、各人民团体主要负责人及负责财务工作的科（室）长，各街道办事主任及财务科科长，进行财经法规方面的专题培训。先后两次召开会议研究部署国有资产清理登记工作，并在全区范围内对行政事业单位的国有资产进行大规模清理，对国有资产进行登记造册，建立台账，堵塞管理中存在的漏洞，消除国有资产流失的风险，出台《武侯区行政事业单位国有资产管理暂行办法》。

（钱文智）

图089　召开全区国民经济统计核算培训会　（区统计局提供）

统计
Statistics

【普查与抽样调查】 按照《全国经济普查条例》贯彻落实第三次全国经济普查的各项部署，开展第三次经济普查工作。搞好第六次全国人口普查资料的开发利用。开展武侯区行政效能暨投资软环境调查测评工作和成都市创建文明城市调查工作，协助成都市调查队完成成都市政务服务、社会治安、城市管理、城乡环境综合治理、基层民主满意度调查工作，开展人口变动、劳动力、群众安全感、服务业、物流业个体户、城市住户基本情况、工业规模以下和批发零售贸易业餐饮业限额以下企业、民生民意等多项抽样调查工作。

【目标监测管理】 研究全区经济指标考核体系，区统计局定期公布街道和部门主要经济指标完成情况，指导各单位分阶段落实全年工作任务。

【资料开发利用】 区统计局加强全区经济运行情况的监测、分析和研究，及时提供准确的统计数据和分析资料，为区委、区政府掌握社会发展动态提供可靠的基础资料。增强经济社会发展的预见性、科学性和针对性分析，发挥统计信息、咨询和监督功能，对经济运行过程中的热点、难点问题开展专题调查研究。

【统计信息网络建设】 进一步完善网络安全管理，推行电子政务，开展信息化培训，及时更新和发布日常政务信息，加强统计法规宣传力度，不断提高信息化意识和网络运用能力。大力推行企事业单位的统计报表联网直报，探索在新技术条件下的统计数据生产方式和生产流程，逐步实现统计业务的标准化管理，减轻基层负担，实现统计资源共享，提高统计工作效率、数据质量和服务水平，巩固国家、省、市、区、街道和企事业单位的统计系统联网，建立上下贯通、安全可靠的统计专网、局域网、统计信息内外网网络体系，进一步推动全区统计信息化的建设步伐。

【统计法治建设】 以提高统计数据质量和深化统计优质服务为重点，依照《统计法》全面深入推进统计依法行政工作，强化统计执法监督，加强统计法律制度建设，依法保障各项统计工作顺利开展。组织召开各类统计知识培训会，利用统计人员上岗培训、继续教育培训和业务会议等形式开展《统计法》《统计违法违纪行为处分规定》等法律、法规知识的宣传和培训，增强统计人员依法统计的意识。开展经济普查执法工作，开展经常性的统计执法检查，坚持“严格、公正、文明”的执法原则，对设计工业、房地产业、劳动工资、建筑业等专业的报表单位进行执法检查。

（王　军）

安全生产监督管理
Supervision and Management of Production Safety

【安全生产监管责任落实】 区政府与各街道办事处、区级相关部门签订《成都市武侯区安全生产工作目标责任书》，区安监局督促指导各街道与社区(村),街道、部门与企业,部门与科室之间逐级签订安全生产责任书,使安全生产责任制层层得到落实。着力健全安全生产监管长效机制,完善隐患举报奖励制度,狠抓安全生产专项整治和隐患排查治理。督促各街道办事处在社区(村)成立安全生产监督管理办公室,配备1~2名专职安监人员对所辖区域实施全面安全监管。《中国安全生产报》以《第一指节触摸安全生产最前沿》为题,对武侯区开展基层安全生产监管工作进行全面报道。

【危险化学品专项监管】 区安监局加强对危险化学品等重点行业、重点领域的安全监管工作,加大隐患排查整治力度。每月组织开展对危险化学品生产经营企业的安全检查,重点是检查危险化学品生产企业、经营单位、加油加气站,全年共查出隐患7处,并立即整改。全区5家危险化学品生产企业全部通过危险化学品标准化达标工作的验收。进一步规范4个专业市场危险化学品的经营行为,加强对市场80余家油漆、粘合剂经营企业的检查指导。全年共组织全区危险化学品从业人员1000余人参加危险化学品安全知识的培训。要求企业认真学习《安全生产法》等法律法规,建立健全安全生产管理制度和应急预案;要求有危险化学品生产企业的街道办事处每月必须进行两次专项检查,特别是在炎热干燥的季节里,每周都要到生产企业进行检查,发现不规范操作行为和存在的安全隐患一律责令停止生产,待整改完毕验收合格后方可恢复生产。在机投桥街道危化品生产企业举办全区危化品生产企业应急疏散演练活动,参演单位8个,参演人员120余人,参演车辆20余台、观摩人员200余人。各街道办事处督促辖区内的加油加气站分别进行消防灭火演练和人员疏散演练,检验危化品应急救援预案的可操作性和实用性。

【烟花爆竹监管】 春节期间共办理烟花爆竹零售经营点119个(临时销售点93个、固定销售点26个),培训烟花爆竹从业人员260余人。春节期间组织相关部门共同开展执法检查5次,各街道办事处自行组织执法检查共220余次,出动执法人员3000余人,取缔非法烟花爆竹经营点10余处、收缴查获烟花爆竹近300余件(烟花200余件、爆竹100余件),价值5万余元。另外,还发放各种烟花爆竹安全宣传资料15万余份,张贴烟花爆竹燃放安全通告和禁止燃放孔明灯通告3万余份,接受群众咨询2000余次。

【职业卫生专项监管】 开展《职业病防治法》的普法教育,提高职业病防治的法制意识。组织开展对生产经营单位负责人和职业卫生专(兼)职管理人员的培训工作,培训人数193人。完成80家职业危害因素检测民生工程任务。专项整治规模以上皮革箱包企业247家、汽修企业370家。组织区内4100名接触有毒有害工作人员参加健康体检,提高职业病危害防治水平,切实保护劳动者身体健康和合法权益。按时完成兴奔达汽修厂、四川翔汇汽车贸易有限公司等15家企业职业危害专项整治检查验收工作。

【安全生产管理标准化建设】 在全区工商贸、危化品经营企业、大型商场、卖场、电脑城、网吧等行业领域中开展安全生产标准化建设工作,先后召开各种形势动员会、工作部署会、培训会、座谈会12次,下发《关于下达2012年安全生产标准目标任务的通知》,对企业开展安全生产标准化创建进行安排部署。通过开展广泛、深入、细致的工作,积极引导生产、经营企业开展创建工作,同时加强与企

图090 销毁收缴的非法烟花爆竹 (区安监局提供)

业的沟通和各街道的联络、分析、研究，推动此项工作有序开展，按时完成76家企业标准化建设和创建1家安全文化示范企业的目标任务。

【安全生产执法监督】 加强安全生产法律、法规宣传、教育和培训的力度，提高生产经营单位和广大从业人员的安全生产意识。加强对重点行业、重点领域的日常安全检查，全年共检查指导各类企业8756家，查出安全隐患1.31万处，现场整改4561处，限期整改8573处，整改率100%，接到群众举报131起，结案131起。并有针对性地开展各类安全生产专项检查，开展液化气经营、储存、使用专项整治行动，及时发现隐患，消除存在的安全隐患、有效地杜绝较大以上安全生产事故的发生。

【安全生产宣传培训】 以"安全生产年"活动为载体，以"打非治违""专家查隐患""执法监察""应急处置""职业健康"等为重点，开展安全生产宣传培训活动。区安监局会同市安监局对全区200余家涉及职业危害的生产企业的管理人员进行集中培训，组织辖区内40余家危险化学品生产、经营企业以及加油、加气站的安全管理人员和危化品从业人员400余人进行安全教育培训和急救知识培训。组织街道办事处分管领导、安监人员及企业负责人108人学习加强企业安全监管法律法规知识；举办街道办事处安监站站长参加的企业安全文化和标准化知识培训会；安全生产日期间在八益家具广场进行安全生产事故警示教育图片宣传展览，共有6000余名群众参观。《中国安全生产报》、新华网、四川在线等媒体对武侯区的安全生产监管工作经验进行专题报道。

（刘友贵　魏　芳）

工商行政管理
Industrial and Commercial Administration

【企业注册登记】 武侯区工商局全年新注册登记内资企业11008户、新增注册资本210.97亿元，同比增长分别为7.3%、24.1%。全年内资企业总数47978户、注册资本累计992.8亿元，同比增长分别为6.4%、25.7%。个体工商户累计54935户（新登记7425户）、注册资金22.97亿元。全年受理设立、变更、注销登记业务33328件，同比增长11.4%，办结率100%；办理"零首付"企业6787户，债转股登记1户，区重大项目登记4户；动产抵押63户，为企业融资11.95亿元；办理股权出质166户，为企业融资32.44亿元。全年为2129户微型企业减免登记费用16.3万元。撰写的《2011年度武侯区市场主体发展情况分析报告》，受到区委、区政府的肯定与高度评价。对来福士广场商家的登记注册开通"绿色通道"，用"三个确保"（确保专人办理、确保当场办理、确保当日办结），在资料齐全、程序合法的情况下，广场商家在半小时内即可领取营业执照。成都来福士实业有限公司还专程赠送"务实高效，服务优质"的锦旗。通过会审的机制，对"住改商"项目进行探讨，通过区重点项目"四川他她食食商贸有限公司"的设立登记，对区域招商引资工作予以支持。各工商所均印制个体工商户藏文办事指南，设立"少数民族服务绿色通道"，资料齐全的当场办结、当场发照。

【市场监管】 加强城乡环境综合治理，分阶段开展农贸市场专项整治活动，强化市场管理方"第一责任人"义务，对市场管理方实行行政约谈。整治期间对农贸市场管理工作信息、存在问题以《武侯区农贸市场管理工作专报》进行通报，督促及时整改。在全国城市文明指数测评迎检工作期间，启动应急机制，针对

图091　开展食品安全检查　　（武侯工商局提供）

重点的9个菜市场、6所校园周边，抽调干部40名，成立工作组15个，负责对菜市场的驻场管理和日常巡查，确保迎检复查各项工作不失位、不缺位。开展规范经营性无证无照行为工作，清理整治的监管面90%以上，查处无照经营案件41件，罚没金额35.1万元，通过整治主要街道、农贸市场的亮照率90%以上，遏制无照经营行为蔓延的趋势。开展为期3个月的“黑网吧”专项整治行动，以簇桥、机投桥、金花桥、晋阳、簇锦等城乡结合部和校园周边为重点地段，对“黑网吧”展开摸底排查，做到“户口清、状况明、检查实”，执法人员现场取证、完善文书、依法扣押物品，专项整治期间出动执法人员169人次，依法取缔“黑网吧”经营户19户，关停35户，暂扣从事非法经营活动的电脑主机339台、显示器271台。开展整治利用合同格式条款侵害消费者合法权益专项行动工作，加大对利用合同格式条款侵害消费者合法权益违法行为的打击力度，遏制消费领域“霸王条款”现象。继续开展“守合同重信用”企业的发展工作，全年新发展市AA级企业2家、市A级企业2家。开展商品房、水电气公用企业等重点行业的合同备案工作，完成合同备案5份。开展合同争议调解工作，切实维护合同当事人合法权益。

图092　外资企业代表赠牌答谢　（武侯工商局提供）

【食品安全监管】　全年办理食品流通许可证2697户，其中企业1359户、个体1338户。加强对大型食品经营企业、商场、超市、批发市场、农贸市场经营者和管理人员食品安全法工作的教育培训，共开展26次、2100人次的教育培训，提高食品经营者的自律意识和自律水平。充分利用食品质量抽检和快速检测方式，集中对市场粮油、肉、乳制品等重点食品进行监测，共抽检食品127批次，实施快速检测1010批次，责令不合格食品全部停止销售。开展校园周边食品安全专项整治，出动执法人员120人次，检查各类食品经营户352户，共查处7家销售“三无”食品店，收缴“三无”食品78件，对6家食杂店销售的面包、糕点生产日期标志不规范行为予以查处，取缔23家无证无照经营户。全年开展对重点区域、重点食品和重点时段食品安全专项整治58次，查处食品安全案件9件，罚没金额11.8万元。及时妥善处置区域内的“问题奶粉”“问题馒头”“假冒牛肉”“垃圾盒饭”等食品安全问题。对群众举报、媒体关注的西南食品城等出现的食品质量安全问题，执法人员快速反应，严格执法，及时查处，受到媒体和群众好评。指导各街道办事处制定流通领域食品安全应急预案。全面推进蔬菜流通追溯体系建设工作，加大对市场管理方的宣传、培训，积极与负责技术保障的九洲公司、博宇公司联系，推进工作技术保障，全区22个农贸市场的溯源秤的发放和经营户信息录入工作已全面完成，除1个沿街占道市场的系统安装未到位外，其余21个农贸市场已全面推行蔬菜追溯体系工作。

【商标管理】　新申报“中国驰名商标”1件，新增“省著名商标”5件、“市著名商标”11件。全区有注册商标17400余件，其中“中国驰名商标”13件（行政认定6件、司法认定7件）、“省著名商标”42件、“市著名商标”35件。确定2012年驰名商标和省、市著名商标申报企业和品牌培育对象，增补新的重点企业品牌培育档案，已建立76家重点企业品牌培育档案。加强行政指导，实施监管与服务统一，多次到冶金环能工程公司、置信精典汽车、道洋电脑、中国女鞋之都等企业走访，引导企业树立品牌发展战略。配合市工商局对全市驰名、著名商标进行管理，完成品牌战略工作年度报告，对区驰名商标、省市著名商标企业66件商标的经济信息进行收集、整理、汇总，完成区省、市著名商标企业

2008～2011年品牌战略年度效益评估基础数据。利用"3·15"国际消费者权益日、"4·26"世界知识产权日等活动加强宣传，提升武侯品牌影响力，向企业发放"大众知识产权普及丛书"，利用报刊、电视、广播、互联网等媒体，培育品牌、保护品牌、宣传武侯品牌。开展品牌战略进工业园区的工作，武侯工商局加强与武侯新城管委会的联系，与园区实施商标战略工作站对接，确定园区品牌培育重点，制定园区品牌发展规划。举办中国女鞋之都"成都鞋业十大品牌发展与创新论坛"，组织鞋业企业前往绵阳、乐山、德阳等6个城市进行品牌巡展。挖掘和提升城市历史文化公共品牌的价值，筛选确定历史文化品牌注册、保护名录，运用品牌战略助推文化产业发展，对武侯祠博物馆"锦里"商标的注册、管理、运用、保护等工作给予指导。加大知识产权保护力度，开展打击侵犯知识产权和制售假冒伪劣商标专项整治工作，开展对白酒和葡萄酒等酒类市场的专项整治、"红盾护农"以及"九牧王"等注册商标专用权的专项执法行动。全年出动执法次数131次，出动执法人员525人次，检查经营主体1507户，检查批发零售市场、集贸市场155个，重点整治区域3处（食品城），查处商标侵权案件71件，罚没金额61.72万元。商标侵权行为整治成果得到日本株式会社小松制作所、三菱重工业株式会社等多家著名跨国公司高度评价。

【广告监管】 开展各项广告专项整治12次，对辖区民办教育培训机构广告开展专项检查，出动执法人员42人次，检查全区各类民办教育培训机构共30家，检查民办教育培训机构通过户外、媒体、印刷品及店堂等媒介发布的各类广告100个，未发现有违反法律法规的广告行为。开展2012年春季全国糖酒商品交易会期间广告监管工作，对辖区内重点地段发布户外广告情况进行巡查，发现山西汾酒公司、北京卡琳罗葡萄酒公司涉嫌虚假广告宣传，并进行现场检查。市第十二次党代会召开期间，加强对区内商业繁华区域和主要街巷发布的食品（保健品）、药品、化妆品、医疗、医疗器材、房地产等类户外广告内容的规范，未发现有广告违法违规行为。开展"诚信兴商宣传月"活动，共检查各类市场经营主体750余户、广告经营户200余户，监测广告32条。开展医疗广告专项整治工作，出动检查人员136人次，重点检查辖区医疗机构142家，查处涉及医疗广告案件9件，罚没金额37.9万元。治理非法乱张贴书写广告、食品广告、房地产广告。开展涉农广告、大众传播媒介广告发布等专项整治行动。继续保持对省、市下放的媒体单位及辖区电视台进行日常监管，广告监测共58条。

【违法违章行为查处】 全年查处商业贿赂案件11件，罚没金额297.14万元，其中成功查获成都某电子公司在电子销售行业商业贿赂案件，罚没金额210万元。开展"打假治劣保民生"专项整治行动，出动执法人员244人次，检查大型商场（超市）69个次，检查食品批发市场、农贸市场102个次，检查食品经营户1021户，纠正24户不规范亮证亮照经营的行为，取缔9户无照经营，依法扣留假冒"丰谷"酒30件，暂扣涉嫌假冒韩国现代汽车配件1000余件，集中销毁打印机、酒类、洗衣粉、乳胶漆等各种假冒伪劣罚没物资9790公斤。全年开展各类专项整治行为70余次，开展扫黄打非、禁毒工作，加强对网吧、酒吧、电子游戏厅等场所的监管，依法查处无照经营娱乐场所的违法行为。依法打击违法违规印刷企业、非法销售"一锅双星"

图093 开展"3·15"消费者维权活动 （区新闻中心提供）

等卫星地面接收设施，坚决封堵和查缴淫秽色情、政治类等非法出版物，加大对出版物非法集散地的打击力度。加强对歌舞娱乐等公共服务场所的禁毒工作检查，严厉查处无照经营、超范围经营危险化学品、易制毒化学品的单位和个人，查处相关案件6件，罚没金额18万元。开展对区内冠以“省政府定点”“省政府指定”字样的加油站、宾馆的检查，检查中对不能出示其相关授权文件的，责令其停止违法行为，并依法进行调查处理。加大对医疗诊所虚假宣传专项整治行动，立案查处违法医疗机构8家，罚没金额40万元。对涉嫌不正当竞争的“苹果”店进行统一检查，对引人误解或虚假宣传的行为进行立案查处。对区内6家涉及销售假冒泸州老窖股份有限公司产品的行为进行查处。全年立案查处各类违法违规案件254件，其中万元以上大要案件100件，罚没金额599.89万元。

【消费者权益保护】 以“消费与安全”年主题为主线，开展一年4个季度的“3·15”宣传活动，第一、二季度“网购消费与安全”，第三季度“倡导绿色‘IT’保障消费安全”，第四季度“树立品牌意识、诚信守法经营、保障消费安全”，多家电视台和报社作了报道。应《成都商报》邀请，到成都商报热线窗口，现场解答消费纠纷问题。与武侯高中、龙江路小学、华西小学、太平寺西区小学等中小学建立联系，到学校进行食品安全、消费常识、法律法规宣传，引导中小学生消费者树立科学的消费观，保障未成年人的合法权益。全年涉及少数民族消费投诉4起、涉外消费投诉1起，妥善处理1起藏族同胞与四川华美紫馨医学美容医院关于“胶原蛋白”的消费纠纷，及时处置1起德国人因购买手机引起的消费纠纷事件。为畅通少数民族消费者投诉渠道，制定《关于涉及少数民族消费纠纷的处置程序》，增强对涉及少数民族消费投诉的协调处置能力。全区“12315消费维权服务站”已建立78个，其中新建4个。在成都王府井购物中心、红星美凯龙双楠商场、成都好百年家居店分别设立投诉站，为广大消费者维护合法权益提供更快捷服务。全年“12315”消费维权网络受理申诉、举报4444件，其中申诉3915件、举报529件，为消费者挽回经济损失438万元。区消费者协会受理投诉528件，受理查询735人次，为消费者挽回经济损失32万元。在《成都日报》《成都商报》《华西都市报》《消费质量报》《商品与质量》等报纸杂志媒体发布“消费与警示”“典型案例”“披露案件”等9条信息。

（何魁成）

价格管理

Price Control

【行政事业收费管理】 加强对区内行政事业单位收费行为的监管，规范全区涉企收费公示工作，使涉企收费公示工作达到全覆盖，全区涉企收费部门减少至14个。全年规范民办学历学校教育收费21家，各类幼儿园教育收费110所。核准全区范围内2402个临时占道停车位收费标准，其中一类523个，二类1241个，三类638个。审核公办中小学教育收费政策及教育收费“银行代收”银行网点57家。

【价格监督检查】 开展市场价格专项整治行动，区物价局价格监督检查的经验做法在绵阳召开的省发改委推进会议上作交流推广。加强节假日及重大会展期间市场监管，认真开展价格和收费专项检查。对农贸市场明码标价情况进行整治，对区内23家农贸市场价格标牌、标志进行逐一规范。“12358”价格投诉服务平台高效运转，价格投诉反馈机制趋于完善，全年办理不同来源投诉、咨询625件，办结率、回访率100%，回访群众满意率100%。价格监督检查执法规范，全年共出动检查人员490余人次，查处各类价格违法案件19件，查实13家存在价格违法行为的企业处罚金8.92万元，未发生一起行政复议案件。

【市场价格监测预警】 落实“社会救助和保障标准与物价上涨挂钩联动机制”，春节期间对低收入群体发放补助金2550余万元，惠及困难群众5万余人。落实市、区两级政府对低收入群体及困难家庭学生发放价格补贴105.71万元，惠及困难群众32023人次。完成国家、省、市各类价格监测任务和17个价格监测点的管理工作，其中日报4类，周报3类，旬报7类，月报2类，收集监测点报表1400余份，报送监测报告650份（民生监测报告166期），特别是省级日用工业品价格监测和市区两级民生商品价格监测及发布工作。创新的《价格监测日志》受到四川省价格监测局、成都市价格监测局表彰，省价格监测局在《四川价格监测》

上以《深化认识拓展领域推进价格监测工作跃上新台阶》为题，出专刊推广武侯区价格监测工作经验。区物价局与省、市上级部门联动，启动科技一条街成都 IT 市场价格行情监测和发布工作，每周在四川价格网《特色商品价格行情》栏目公布成都数码广场等商家的五大类电子 IT 产品价格行情和监测数据，完成周报 30 期，省、市发改委官网发布 30 期。

【完善价格监督网络】 加强对 47 名价格监督（监测）员的业务培训，使价格监督（监测）员掌握政策法规知识，确保履行价格监督职责。发挥价格监督员的日常监督作用，开展价格法律、法规和政策的宣传，协调解决价格矛盾和纠纷。全年协调价格纠纷 330 起，接受价格咨询 2400 余人次，反映商场、农贸市场价格、物管、停车场收费等价格和收费问题 33 件。

【涉案物品价格鉴定】 加强内部管理，规范价格认证程序，提高人员素质，提升签证水平，把工作质量当成价格认证工作的生命线，提高服务意识，树立良好的执业形象。全年共受理公、检、法部门委托的涉案物品价格鉴定 720 件，鉴定价值标的 1300 余万元，无一起复核裁定案件发生。

（敖友军　王大勇）

质量技术监督管理
Quality and Technical Supervision and Management

【质量监督管理】 武侯区多措并举，抓好国务院《质量发展纲要（2011 ~ 2020 年）》的宣传。采取强化领导、制定规划、宣传造势、政策激励、定期召开质量兴区领导小组成员联席会议等方式，着力推动质量兴区战略扎实有效开展，做到工作制度化、组织网络化、活动社会化。全区生产企业质量档案建档率 100%，全年产品质量监督抽查合格率 97%，产品质量等级品率 93%，产品质量损失率 0.9%，产品标准覆盖率 100%，大中型工程和区重点工程建设项目综合试车和验收一次合格，其他工程一次验收合格率 100%，交通建设工程质量优良率 100%，获得国家鲁班奖 1 个，优质工程奖 12 个。在 45 家规模以上企业开展“质量监管质量提升”推广示范活动，落实企业质量安全主体责任，不断强化企业的质量、标准、计量等基础工作。组织开展“好家具成都造”质量提升行动，扶持 10 家标杆企业，打造 20 个拳头产品；全年培育四川省质量信用 AAA 等级企业 3 家，AA 等级企业 4 家。截至年底，全区 AAA 质量信用等级企业 8 家，AA 质量信用等级企业 4 家，A 质量信用等级企业 1 家。培育扶植一批能够积极参与国内外市场竞争的名牌企业群体，品牌总数居全市前列，全区 5 个产品获得“中国名牌”称号，41 个产品获得“四川名牌”称号。

图094　评估验收专家组检查行政服务标准化国家级试点工作　（武侯质监局提供）

【食品生产企业监管】 落实企业主体责任，完善网络化监管、部门联动、投诉举报、内部督查四个机制。加大对食品生产企业监督抽查力度，定期监督抽查食品 95 批，合格 89 批次，合格率 94%；配合市质监局开展为民办实事抽查 10 次，共 34 批次产品，合格率 100%。加大日常巡查频次和重点食品监督检查力度，处理投诉举报 9 件，发出责令改正通知书 18 份，立案查处食品案件 9 件，结案率 100%。强化专项治理，对饮料、调味剂、食用油、塑料包装容器、涉及明胶产品和学校及学校周边食品安全等开展专项检查。

【特种设备安全监察】 明确监管责任、健全监管网络、强化隐患处置和加大考核，不断强化特种设备安全监察。全年组织开展特种设备安全专项检查2次，组织应急演练2次，在望江路、红牌楼等8个街道办事处组织开展特种设备使用单位、维保公司负责人和使用单位安全管理员安全培训8次，培训人员1000余人次。加强隐患排查治理力度，排查特种设备使用单位1100余家，下达特种设备安全监察指令书1100余份，发现并整改消除在用特种设备安全隐患580起，处理涉及特种设备安全投诉举报64起，立案查处特种设备违法案件13件。加强特种设备监察的做法和创新住宅小区电梯安全管理机制工作分别受到副市长田蓉、区委书记刘守成书面肯定。

【标准化工作】 通过两年来加强行政服务标准实施监督管理、积极做好持续改进等工作，武侯区行政服务标准化国家级试点工作通过专家组评估，以98分的成绩顺利验收，被国家标准化管理委员会授予全国行政服务标准化示范单位。全年年检代码3.8万家，新办、换证、变更、注销代码2.6万家，代码延时办理和集中预约服务100余家，年检率68.7%，数据质量合格率98%，电子档案扫描率98%。

【认证认可工作】 开展体系认证企业检查，全年认证监督现场检查41家。对7家列入工业产品生产许可证的生产企业、12家眼镜制配行业、37家列入3C管理的生产企业全部建档，建档率100%。

【计量监督管理】 强化集贸市场计量监督、宣传培训和日常监管机制，进一步巩固固定集贸市场诚信计量建设成果，建设诚信计量保障体系，对固定集贸市场计量器具免费检定2次共4200余台，对20家诚信计量集贸市场组织巡查180余次，督查3次，并组织对红牌楼海鲜市场开展专项整治2次。强化能源计量，充分发挥计量在节能降耗中的积极作用，对成都君臣科技有限公司等3家耗能企业开展能源计量器具配备使用情况及检定合格率检查，建立重点耗能企业计量档案。对32家区级（民营、社区）医院964台（件）强制检定计量器具进行专项检查，确保量值传递正确，周期受检率100%。对区内大型超市、加油（气）站和配镜企业开展计量专项检查，大型超市贸易结算用计量器具受检率100%，加油机受检率100%，配镜企业计量器具受检率100%。

【依法行政】 武侯区质监局落实行政执法责任制，执法人员全部持证上岗，执法行为合法有效。采取多种形式加强法律法规知识培训，提高行政执法水平。加大对无证生产、使用非食品原料、特种设备安全、认证认可、掺杂使假等违法行为打击力度，重点查处涉及人民群众生命健康安全的违法行为，确保人民群众生命健康安全。全年办理行政案件40件，开门审案15件，制作说理式行政处罚决定书24件。

（常继柏　冯小军）

粮食行政监督管理

Grain Administrative Supervision and Management

【粮食流通监管】 武侯区粮食分局开展粮食行政执法和粮油食品“打假治劣”专项整治行动，整顿和规范粮食市场经济秩序，保证全区粮食流通市场平稳。采用日常监管和专项检查相结合的方式开展粮食行政执法工作，加强重大节日期间的专项检查力度，全年集中开展5次粮食行政专项执法检查。重点检查农贸市场、连锁超市经营的大米、面粉、食用油的质量卫生情况，有无哄抬粮价、乱涨价、变相涨价的行为，有无断档脱销、以次充好等行为，统计报表、台账、质检报告是否符合国家规范。坚持贯彻落实《食品安全法》，积极开展以“打假治劣”为主题的粮油质量专项监督检查，重点检查粮油生产企业、食品加工企业和饲料企业有无违法添加非食用物质和滥用食品添加剂的行为，确保“放心粮油”的生产、加工和销售。开展粮食行业安全生产领域“打非治违”专项整治行动，成立“打非治违”工作领导小组，确定成都市武侯鑫南粮油购销有限责任公司和辖区内的粮油加工企业、转化用粮企业为重点单位，以“危仓险库”、储粮化学药剂以及企业安全生产规章制度不健全，操作规程不完善，现场管理混乱，违章指挥和违反安全生产劳动纪律的行为为专项整治行动重点内容。通过强化组织、制定方案、周密部署、全面整治，打防结合，教育引导，专项整治取得一定成果，确保辖区内粮食行业安全生产形势稳定，有效防范各种事故的发生，保护人民群众生命财产安全。建立清仓查库联席会议制度，成立检查组，落实人员和经费，结合实际，制定《武侯区2012年粮食库存检查工作实施方案》，明确检查的范围、内容、时点、方式方法和工作要求，对28户非国有粮食经营企业及转化用粮企业商品粮库存情况、统计制度执行情况进行普查，并顺利通过市普查组的

图095　粮食执法检查　（武侯粮食分局提供）

验收，全面完成粮食清仓查库工作。

【粮食安全】 强化社会粮食流通统计工作，加大对纳入监管的29户粮食经营企业、转化用粮企业粮食统计制度执行情况的指导监督工作。通过定期检查和抽查，确保上报数据真实、准确。做好粮油市场价格采集、价格监测和价格分析工作。设立11个粮油价格监测点，通过监测点及与批发、零售企业进行座谈等方式，及时掌握市场粮油价格动态和供求情况。非常时期及时启动粮情专报制度。全年完成12篇粮油价格分析，上报粮油价格周报53次，为政府调控市场提供有效信息。为确保新增区级储备粮任务2.4万吨此项工作的落实，区粮食分局与崇州市政府、崇州市粮食局多次沟通协调，确定四川崇州粮油储备有限责任公司作为武侯区此批区级储备粮的承储企业。为加强对储备粮的监督管理，制定《成都市武侯区区级储备粮管理办法》，保证储备粮储得好，调得动，用得上，实现低成本，高效率。制定和完善《武侯区粮食应急预案》，合理布局粮食应急加工、储藏、供应网点，以应对自然灾害或突发事件时粮油应急保障的需要。加强协调和沟通，构建政府牵头，部门、街道（社区）协调配合的社会粮食平衡调查长效工作机制。通过制定社会粮食和食用植物油供需平衡调查方案明确责任、方式、方法，保证调查工作顺利有序的开展。利用区发改局的价格监督网络平台，组建粮情调查队伍，在每个街道聘请1名社区书记或主任作为粮情调查员，负责各街道城镇居民口粮、口油和餐饮企业、单位食堂的调查，对固定粮情调查户进行集中培训和上门辅导，确保数据真实、准确。调查国有粮食经营企业、非国有粮食经营企业、大型连锁超市、转化用粮企业、大米加工企业、食用油加工企业及个体经营企业共计29户，抽样调查城镇居民250户；餐饮企业、单位食堂100户，基本摸清全年社会粮食、食用油产、供、销（消）和年终库存的基本情况。建立社会粮食和食用植物油供需平衡调查工作表彰激励机制，对浆洗街街道洗面桥社区等13个先进单位进行表彰。利用《粮食流通管理条例》颁布实施8周年、“12·4”全国法制宣传日等活动，通过宣传咨询、悬挂横幅、发放资料、送法进企业、接受群众咨询等方式，对《粮食流通管理条例》中的国家粮食收购制度、宏观调控、质量和卫生制度、库存检查制度、应急制度等进行广泛地宣传。

【国有粮食企业监管】 武侯区粮食分局与市粮食局签订委托监管责任书，明确对国有独资的武侯鑫南粮油购销有限责任公司监管的权利和义务。认真履行委托监管职责，突出重点，把握细节，对企业实行标准化、规范化管理。以推进金花桥地区土地开发项目（简称楠郡项目）和自留物业的招商为工作重点，强化服务意识，切实履行监督职能。及时落实《关于加强国有独资企业财务管理的意见》《成都市武侯鑫南粮油购销有限责任公司“三重一大”决策制度》《成都市武侯鑫南粮油购销有限责任公司楠郡项目自留物业招商租赁实施办法》等各项规章制度，进一步规范公司在重点项目建设、重大事项中和经营决策过程中的行为。楠郡项目自留物业通过公开招标方式引进成都光大国际大酒店承租1.3万平方米的商业物业。

（李　欣　袁　珂）

食品药品监督管理
Food and Drug Supervision and Management

【食品安全监管】 继续巩固、深化肉

类蔬菜流通追溯体系建设，完成新增78家餐饮服务单位和22家农贸市场蔬菜追溯体系建设，基本实现肉类蔬菜从流通源头到餐桌的信息化监管。对实行食品生产许可制度（QS）的27类食品和检疫检验的6大类食用农产品以及豆芽、豆腐实行市场准入制度，涵盖市民日常消费的主要食品品种。继续推行食品原材料来源及餐厨垃圾处理信息公示制度，全区餐饮单位信息公示率95%。开展食品安全集中整治，组织开展元旦、春节、"五一"、中秋、国庆等节假日的食品安全专项检查。针对重点产品、重点环节、重点区域深入开展食品安全专项整治工作。深化食品非法添加专项治理以及乳制品、食用油、肉类、酒类、保健食品、食品添加剂等重点品种综合治理。全区食品安全行政监管部门共查处食品安全违法案件286起，罚没金额共计57.16万元。食品质量安全监督性、评价性抽检和食品快速检测平均合格率99%，全年无重大食品安全事故发生。强化基层食品安全管理责任，完善区、街道、社区（村）三级食品安全监管网络，覆盖面100%；继续完善街道、社区（村）食品安全发现、报告和处置机制，及时排查和消除辖区内食品安全隐患，食品安全风险预警机制和食品安全应急处置能力进一步提高。加强食品安全监管综合信息和资料报送工作，及时报送食品安全重大事项信息和重要工作信息，妥善处理食品安全问题引起的社会舆论。按时完成市食安办和上级交办的督查事项，做到件件均有结果，办结率100%。采取多种形式，通过食品安全宣传"五进"活动，发动全社会广泛参与食品安全监督，构建社会监督体系。利用"12·4"全国法制宣传日、"3·15"消费者权益保护日、食品安全宣传周等，分别在武侯祠大街、晋阳千盛百货广场、晋阳街道金雁社区等场所进行食品药品法律法规宣传、咨询，发放《食品安全常识》等各种宣传资料2万余份。加强对食品安全监管人员的培训力度，累计培训执法人员、协管员和食品管理人员共计2688人次，提高食品安全监管工作的能力和服务水平。

图096　市领导检查武侯区校园及周边食品安全工作　（武侯食药监局提供）

【餐饮食品保健品化妆品监管】　加强对小餐饮的专项整治，重点检查小餐饮服务单位是否持证经营，食品从业人员是否持健康证上岗，食品及食品原料采购索证制度，生产加工场所的环境卫生，餐饮用具洗刷、消毒、保洁，动植物食品及生熟食品是否分开存放、且有明显标志，食品的制作等。开展食品添加剂、小餐饮和无证餐饮等多项专项整治，全年立案查处违法餐饮企业（店）23户，罚没款26.1万元。对全区67所中小学校食堂、123所托幼机构食堂进行食品安全专项检查，重点检查餐饮食品卫生状况、食品采购索票索证及查验、台账记录、食品原材料公示、食品添加剂公示、餐厨垃圾处理及公示、食品加工过程是否规范等重点环节。推进餐饮服务食品安全诚信管理、量化分级管理，加强对旅游景区餐饮服务食品安全监管，已将旅游景区14家餐饮服务单位纳入量化分级管理，完成餐饮服务食品安全信用信息档案基础数据库建设。规范保健食品经营行为，严格执行索证索票等规定。加强对保健食品化妆品日常监管，对有不良记录的生产经营企业增加监督检查频次，对存在安全隐患的产品将采取下架、暂停生产销售等措施，对涉嫌制假、售假，严重损害消费者利益的行为按照《国务院关于加强食品等产品安全监督管理的特别规定》和有关法律法规予以严肃处理。全年共抽检保健食品29批次，监督抽样合格率96.6%；抽检化妆品34批次，监督抽样合格率100%。皇城坝小吃店代表成都市接受国家食药监局食品安全专项检查的迎检工作，该

图097　开展全国安全用药科普宣传活动　（武侯食药监局提供）

店持证亮证经营，各项食品安全制度落实到位，食品操作流程规范合理，受到国家食药监局领导的好评。在全国肉类蔬菜流通追溯体系建设工作会上，四川大学华西校区东苑餐厅为实地考察点，接受商务部组织的专家组的考察，专家组对四川大学华西校区东苑餐厅肉类蔬菜流通追溯体系建设工作落实到位给予高度评价。完成省“两会”、第86届全国糖酒商品交易会、市第十二次党代会、省第十次党代会、第二十一届国际木偶联会大会暨国际木偶节和西博会等重大会议餐饮服务食品安全保障工作，无重大食品安全事故发生。

【药品监管】 加强药品生产流通质量监管，推进基本药物制度实施，进一步强化对全区药品市场的专项整治工作。继续开展对药品的研制、生产、流通、使用等4个环节，医疗器械生产、经营、使用等3个环节和特殊药品、生物制品（含疫苗）的专项检查。加强对药品市场的日常监管，全年检查药品生产企业7家，医疗机构制剂室7家，检查覆盖面100%，对全区61家药品批发企业、544家药品零售及连锁门店进行监管，检查覆盖面100%。对零售药店药品经营质量规范（GSP）跟踪检查覆盖面30%以上，对新开办药品零售企业药品经营质量规范（GSP）跟踪检查覆盖面100%，对疫苗经营企业监管检查覆盖面100%，完成各类药品抽检共计80个批次，无药品流通监管责任事故。加强对特殊药品批发企业、使用特殊药品的生产企业及研究单位、辖区内滥用阿片类物质成瘾者社区药物维持治疗试点门诊的日常监管，全年检查2次。对特殊药品零售企业、持有麻醉药品、第一类精神药品印鉴卡的医疗机构监管，全年检查2次，监管覆盖面100%，无特殊药品安全监管责任事故。对辖区内所有在产的制剂类药品生产企业实施远程监控，加强药物不良反应（ADR）监测工作，二级以上医疗机构ADR报告覆盖率80%以上。ADR报告数量和质量，符合市食药监局工作要求。对全区31家Ⅱ类、Ⅰ类医疗器械生产企业现场检查均在1次以上，对高风险医疗器械产品的经营企业现场检查每家在1次以上，检查覆盖面100%。对391家医疗器械经营企业、98家医疗机构进行监督检查。对医疗器械生产、经营企业均建立监管档案，建档率100%。完成新办医疗器械经营企业的跟踪检查20%以上。做好辖区内医疗机构使用医疗器械的监管工作，覆盖率100%。开展铬超标胶囊、中药材、含麻黄碱复方制剂等药品生产流通领域专项整治，全年共出动执法人员8520人次，出动车辆2870台次，查处违法案件17件，罚款18.37万元。受理群众来访、电话投诉34件，办结34件，办结率100%。办理市食药监局、区长公开电话转办、指定、移送案件72件，办结72件，办结回复率100%，投诉举报回复率100%。

【民生工程】 加强社区惠民药店的监管，武侯食药监局会同民政、社保部门对社区惠民药店进行2次检查，对辖区内低保对象的覆盖率100%，确保城市低保对象通过社区惠民药店每人每月可购买200元的“零利润”药品。全年在惠民药店购药的低保户共计20221人次，低保人群购药额为20.92万元，让利15.04万元。

（彭小衡）

社会事业

SOCIAL UNDERTAKINGS

科学技术

Science and Technology

【成都市自主创新产品认定】 区经科局组织企业申报自主创新产品，经专家评审推荐并经成都市自主创新产品认定工作小组审核，全区申报的35种产品列入成都市自主创新产品目录（详见表08）。

【科技计划】 全区共组织企业申报上级各类科技计划项目158项，获得立项56项，其中国家级立项11项（详见表09），省市立项45项。

【科技投入】 区级财政安排应用技术研究与开发资金3687万元，重点支持全区科技企业的新产品开发、成果转化、专利补助及其他科技工作。进一步加大帮助企业争取上级计划资金的工作力度，全区获得上级科技项目资助资金2812万元，其中国家级资金992万元，省市级资金1820万元。

【科技成果】 全区共有13项科技成果通过上级部门组织的鉴定，其中技术水平处于国际先进水平4项、国内领先水平8项、国内先进水平1项（详见表10）。

【科技奖励】 全区企业共获得省市科学技术奖19项，其中省科技进步一等奖1项、三等奖2项，市科技进步一等奖3项、二等奖5项、三等奖6项，市专利奖银奖1项、优秀奖1项（详见表11）。

【知识产权试点园区】 由省知识产权局、省经济和信息化委员会联合发文，确定武侯区新城管委会通过省级知识产权试点园区验收。经过3年的创建，武侯新城成为全省6个首批省级知识产权试点园区之一，为全区各类企业创造良好的知识产权环境。

【知识产权保护】 积极组织专利行政执法工作人员及企业相关人员参加各项专利保护活动。组织相关人员参加成都市知识产权局组织的专利案件庭审观摩学习，承办成都市知识产权保护执法活动，联合高新区、新津县等7个区县在伊藤洋华堂（双楠店）进行专利行政执法，共检查专利商品2000余件，登记专利标志商品19件。

【知识产权宣传培训】 配合省、市组织的“3·15”“4·26”和区内各项活动，宣传《专利法》《专利法实施细则》《知识产权基础知识》等知识产权相关法律和知识。“4·26”宣传周活动期间，区知识产权局负责人及工作人员调研区内重点企业专利申请、拥有及知识产权工作开展情况。向各街道办事处、相关区级单位发放

图098　举行武侯区第十七届"科技之春"科普活动月科技游园暨社区科普文艺表演（区经科局提供）

《全民科学素质行动计划——大众知识产权普及丛书》《知识产权基本常识》等宣传资料，组织各街道开展"4·26"现场知识产权宣传咨询活动。活动期间共发放宣传资料4000余份、悬挂宣传标语、宣传挂图100余幅、科普展板80余个。

【企业知识产权能力培育】　全面贯彻实施《国家知识产权战略纲要》，营造良好的知识产权保护环境，提升企业知识产权创造、运用、保护和管理能力，引导企业转变发展方式，加快其自主创新，形成具有自主知识产权的产品和品牌，提高企业核心竞争力。组织企业参加省、市、区各级各类项目和奖项的申请和评选，组织推荐企业申报四川省专利实施转化项目，组织企业参加2012年度国家、成都市专利奖评选。

【专利资助扶持】　组织区内企业申报省专利实施与促进专项资金项目、中国专利奖、中国外观设计专利大赛、区级专利奖等项目，为企业争取各项专利扶持资金。2012年全区共申请专利8160件，同比增长31%，获得授权的专利6865件，占成都市2012年度专利授权总量的21.1%，位居全市各区（市）县第一名。申请发明专利2065件，同比增长33.3%，企业专利3353件，同比增长56.8%，专利申请的结构和质量进一步提高。

（桑文华　石春明）

表08　　2012年武侯区申报成都市自主创新产品目录

序号	产品名称	项目单位
1	电视墙服务器	成都佳发安泰科技有限公司
2	德芯 NDS3542 编码调制一体机	成都德芯数字科技有限公司
3	德芯 NDS3101 单输出复用器	成都德芯数字科技有限公司
4	德芯 NDS397X 系列 DVB-C/S/S2/T 高清大卡接收机	成都德芯数字科技有限公司
5	德芯 NDS2405 ISDB-T 调制器	成都德芯数字科技有限公司
6	德芯 NDS3303 QAM 调制器	成都德芯数字科技有限公司
7	德芯 NDS3340 4 合 1 QAM 调制器	成都德芯数字科技有限公司
8	国标信号解调调制一体机	成都德芯数字科技有限公司
9	德芯 NDS3313A QAM 调制器	成都德芯数字科技有限公司
10	德芯 NDS3402A DVB-S2 IF 调制器	成都德芯数字科技有限公司
11	德芯 NDS2401 DVB-T 调制器	成都德芯数字科技有限公司
12	德芯 NDS2403 ATSC-T 调制器	成都德芯数字科技有限公司
13	德芯 NDS3701 单输出加扰机	成都德芯数字科技有限公司
14	德芯 NDS3901T QAM（DVB-C）接收机（带 TS 输出）	成都德芯数字科技有限公司
15	德芯 NDS3201I 单路 MPEG-2 编码器（带 IP 输出）	成都德芯数字科技有限公司
16	德芯 NDS3702 单输出加扰机（双网口）	成都德芯数字科技有限公司
17	德芯 NDS3507Tx Tuner to IP 千兆网关	成都德芯数字科技有限公司

续表

序号	产品名称	项目单位
18	G51 基建财务管理专用软件	成都大峰软件有限公司
19	DSrecord 自动收录系统	成都东方盛行电子有限责任公司
20	医星电子病历系统	成都成电医星数字健康软件有限公司
21	医星区域医疗信息共享平台系统	成都成电医星数字健康软件有限公司
22	医星临床路径信息管理系统	成都成电医星数字健康软件有限公司
23	知用泥石流灾害防治系统	成都市知用科技有限公司
24	无源超高频 RFID 大容量电子标签	成都兴同达微电子科技有限公司
25	网上巡查系统	成都佳发安泰科技有限公司
26	出租汽车税控计价器及管理系统软件	四川广宏科技有限公司
27	多功能数字式 SF6 气体参数智能综合在线监测系统	四川菲博斯科技有限责任公司
28	用于智能电表电量采集的载波集中器终端	成都博高科技有限责任公司
29	道路运输车辆卫星定位车载终端及监控管理平台	四川科泰智能电子有限公司
30	卫星定位集装箱安全智能检测装置及监控管理平台	四川科泰智能电子有限公司
31	办公椅	成都市更新家具有限公司
32	TJWC 系列接触网检测装置	成都唐源电气有限责任公司
33	接触网关键悬挂自动巡查（成像检测）装置	成都唐源电气有限责任公司
34	HS10 型吊拉式附着整体升降脚手架	四川华山建筑有限公司
35	LEAD-7000 多道生理记录仪	四川锦江电子科技有限公司

表 09　　2012 年度武侯区国家计划立项项目

序号	项目名称	项目单位	计划类型
1	面向动态场景感知应用示范	四川川大智胜软件股份有限公司	国家 863 计划
2	MONET3G 无线网络规划与优化平台	四川省那科通信有限责任公司	国家创新基金
3	基于北斗卫星定位系统的双模实时动态汽车行驶记录仪及监控管理平台	四川科泰智能电子有限公司	国家创新基金
4	用于特殊工况的梭式防水锤、抗腐蚀止回阀	四川孚辂技术开发有限公司	国家创新基金
5	自动热脱附—解析仪	成都科林分析技术有限公司	国家创新基金
6	机械式旋转顶出机构产业化集成系统	四川科思精密模具有限公司	国家创新基金
7	多元分立式压电变形反射镜制备技术及产业化	成都迈科高技术开发有限责任公司	国家创新基金
8	超大功率光纤数字电视直放站	成都康特数字广播电视设备有限公司	国家创新基金
9	具有版权保护及版权分拆功能的新媒体分销系统	成都万网数码科技有限公司	国家创新基金
10	商业健康险服务平台	成都捷创科技有限公司	国家创新基金
11	3Ding 心脏三维标测系统	四川锦江电子科技有限公司	国家创新基金

表 10　　2012 年度武侯区科技成果鉴定

序号	项目名称	项目单位	技术水平
1	大节距、超长度火电厂烟气脱硝催化剂的研发及应用	成都东方凯特瑞环保催化剂有限责任公司	国际先进
2	自动热脱附—解吸仪	成都科林分析技术有限公司	国际先进

续表

序号	项目名称	项目单位	技术水平
3	中低水头水轮机用剖析分式受油器	四川日机密封件股份有限公司	国际先进
4	INCONEL718 液压波纹管机械密封研究及开发	四川日机密封件股份有限公司	国际先进
5	ZGH/8 系列铁路区间光通信系统	成都华铁电子技术发展有限公司	国内领先
6	磁铁矿用大型系列辊压机	成都利君实业股份有限公司	国内领先
7	TJWC 系统接触网检测装置	成都唐源电气有限责任公司	国内领先
8	牵引供电运营辅助管理系统	成都唐源电气有限责任公司	国内领先
9	TJJC 系列电气化铁路综合在线检测系统	成都唐源电气有限责任公司	国内领先
10	关节式分相过电压（OPU）治理装置	成都唐源电气有限责任公司	国内领先
11	500kv 同塔双回路“VIV”直线塔设计研究	四川电力设计咨询有限责任公司	国内领先
12	HS10 型吊拉式附着整体升降脚手架	四川华山建筑有限公司	国内领先
13	TDJ-6 型接触网参数激光测量仪	成都唐源电气有限责任公司	国内先进

表 11　　2012 年度武侯区省、市科学技术奖获奖项目

序号	项目名称	完成单位（专利权人）	奖励类别
1	智能变电站研究及工程应用	四川电力设计咨询有限责任公司（第三项目承担单位）	省科技进步一等奖
2	中低水头水轮机用剖分式受油器	四川日机密封件股份有限公司	省科技进步三等奖
3	大节距、超长度火电厂烟气脱硝催化剂的研发及应用	成都东方凯特瑞环保催化剂有限责任公司	省科技进步三等奖
4	磁铁矿用大型系列辊压机	成都利君实业股份有限公司	市科技进步一等奖
5	新型管制自动化系统核心技术	成都民航空管科技发展有限公司（第二项目承担单位）	市科技进步一等奖
6	超磁分离水体净化技术	四川环能德美科技股份有限公司	市科技进步一等奖
7	INCONEL718 液压金属波纹管机械密封产品开发与应用	四川日机密封件股份有限公司	市科技进步二等奖
8	HRS41 宽带数字接收机	成都华日通讯技术有限公司	市科技进步二等奖
9	智能抄表系统自动寻址技术	成都博高科技有限责任公司	市科技进步二等奖
10	大节距、超长度火电厂烟气脱硝催化剂的研发及应用	成都东方凯特瑞环保催化剂有限责任公司	市科技进步二等奖
11	有机酸强化粗颗粒石灰石新型烟气脱硫技术	成都信息工程学院	市科技进步二等奖
12	HTP-42 铁路信号电缆接头盒（GDJH-01B42 电缆接头盒）	成都华铁电子技术发展有限公司、成都华铁信息技术有限公司	市科技进步三等奖
13	前颅底区解剖学基础与相关沟通性疾病临床应用研究	四川省人民医院、四川大学基因与法医学院、成都中医药大学附属医院	市科技进步三等奖
14	TJJC 系列电气化铁路综合在线检测系统	成都唐源电气有限责任公司	市科技进步三等奖
15	腰椎退变性疾病微创外科治疗及相关研究	三六三医院	市科技进步三等奖
16	JZ1-H 型计轴单线自动闭塞应用技术	成都铁路通信设备有限责任公司	市科技进步三等奖
17	JJ.GD-1 型站内计轴道电路	成都铁路通信设备有限责任公司	市科技进步三等奖
18	一种治疗高血压和高血脂的中药及其制备方法	成都康弘制药有限公司	市专利银奖
19	一种催化剂煅烧盒	成都东方凯特瑞环保催化剂有限责任公司	市专利优秀奖

教育
Education

【区属教育资源】 全区有普通中小学 69 所，在校学生 9.8 万人。其中，公办学校 47 所，在校学生 6.7 万人；民办中小学 22 所，在校学生 3.1 万人；共接纳农民工子女 5.3 万人就读，占到学生总数的 54.3%。全区幼儿园 142 所，其中公办幼儿园 24 所、民办幼儿园 118 所。确定了 24 所公益性幼儿园，幼儿在园人数总计 2.98 万人。全区在编在职教职工 4245 人，退休教师 2626 人。公办幼儿园、小学取得专科及以上学历的教师比例分别为 93.9%、98.5%；初中、高中取得本科及以上学历教师比例分别为 94.8%、97.7%。

【教育均衡化】 区教育局印发《成立武侯区学区联盟促进基础教育优质提升的实施意见》，将全区学校划分成三大学区，实现管理职能下沉、教育资源共享、学术研讨繁荣和生源互动联动。实施公办、民办学校一体化管理，将 23 所民办学校与区内优质公办学校进行结对，建立联体考评、干部互派、资源共享等结对发展机制，形成《关于名校教育集团工作的 20 条意见》。加快建设武侯—新津教育互动发展联盟，全年两地统筹开展组团式支教、观摩课、听评课、教科研活动等 261 次，两地开展网络研究活动 1500 余次，1900 余名教师受益。《义务教育高位均衡的武侯模式》经验文章，入选“2010 ~ 2012 全国教育均衡发展”丛书并出版发行。国家教育咨询委员会专家组认为武侯区均衡教育“敢于作为、善于创新，均衡发展富有成效”。

【教育现代化】 全区全年教育总投入 11.26 亿元，同比增长 62.48%；生均教育事业费 12760.4 元，同比增长 51.4%；生均公用经费 3033.4 元，同比增长 39.0%。完成龙江路小学武侯新城校区、棕北中学图书阅览室改造工程、礼仪职中实训综合楼工程和川大附小分校综合楼扩建工程。科技园小学与川大附小江安河分校扩建工程均已完成主体工程。投入 5000 余万元完成对区内 49 个学校运动场、基建维修及部分校园文化建设，投入 700 余万元完成 1600 余间教室的光环境改造。投入 4486.2 万元，建设校园电视台 12 个，采购计算机 2848 台，装配电子白板多媒体 614 套，网络教室 20 间，装备图书 22 万册。棕北小学被评为“成都市现代教育技术示范校”，川大附小成为“全市首个校舍规范管理示范校”。

【教育国际化】 武侯区成立加快推进教育国际化先导区建设领导小组，将“实现全域国际化”作为教育战略主题，围绕教育理念、队伍建设等六大领域，确立 30 项核心指标推动实现教育全域国际化，确保教育国际化经费投入按每年 10%递增。举办首届大型教育国际交流月活动，30 余所学校、6 个国家百余位教师学者、千余名市民和 4 万师生参加活动。启动国际理解教育进课堂系列活动，全国率先系统设计汇编国际理解教育系列教材 15 本推广使用，全区 80%中小学开展国际理解教育。启动中小学生国际化基本能力培养工程，通过深化英语课堂教学改革，推进双语教学，举办中小学外语口语比赛、外语情景剧比赛和英语艺术节，培养学生外语综合运用、国际理解、交往和文化融入能力。实施“世界课堂”进社区工程，汇编社区居民国际礼仪读本，举办“外教课堂”家长开放日，让居民感受中西方教育融合。举办中小学“送教进社区”公益讲座、文化共享活动 200 余场次，培训居民近 4 万人次。举办“中新英

图099 成都石室锦城外国语学校与美国班克罗夫特学校缔结为姊妹学校 （区新闻中心提供）

校长论坛”“中美校长论坛”。全区学校参与的国际合作、交流活动300余次，1700余名师生参与国际交流与互访，31所学校分别与英、美、法、德等国家的学校结为友好学校。高中生出国留学人数位居全市第一。

【教师队伍建设】 区教育局承办“西部六省一区”名师培养高峰论坛，遴选学员190余名，启动三年一轮的未来教育家奠基工程，397位名师与947名城乡教师签订师徒结对和帮扶协议，设立19个名师工作室，启动名校长、名师、名教导主任、名德育主任、名教研员“五名巡讲”。广泛开展教师“岗位大练兵”，组织16个外地班和成都班，1000余名干部、教师参加集中培训。深入开展“教师岗位大练兵”教师技能大赛40余场次，展示了全区教师优良的专业知识与职业技能，表彰近1000优秀教师。840名教师参加心理辅导员C级资格培训，公开招聘应届大学生、在职教师208人，启动教师国际交流能力提升工程，100%中小学英语教师参加暑期外语培训，2200余人次干部教师参加各级教育国际化培训。在美国、英国等地建立海外校长、教师培训基地，选派60余位干部、教师赴美国教师基地研修。10名教师经过省教育厅等单位选拔赴美、英等国担任汉语助教。组织197人次校级干部、170余名教师赴境外出访交流，选派31名教师赴海外任教。实施武侯教师全球招募计划，建立起由国内外32名教育专家组成的“武侯教育全球智库”，96%的中小学引入外籍教师或助教。形成《成都市武侯区外派华文教师暂行办法》《武侯区外籍教师、助教引入指导建议》等文件。

【教学科研】 确立“西部领先、全国一流”发展标准和加快“城乡教育高位均衡化、高端优质化、全面现代化、全域国际化和教育终身化”的总体取向。形成武侯教育16个分项规划，形成全区57所中小学幼儿园五年发展规划。创办《武侯教育》杂志，形成凝聚区域教育思想新平台，引领区域教育文化。全区学校积极创新科研教研工作方式，推动教研方向转型、理念转型和方法转型，努力为行政决策和学校发展提供智力服务，组织推荐教师参加省、市教育科研优秀成果评比，荣获各类成果奖46项。认真组织国家级课题《区域推进基础教育国际化理论与实践研究》子课题发布招标会，发布四大类子课题选题指南，组织50所学校开展子课题答辩。承办区域高位均衡与学校特色发展高峰论坛，进一步拓展区域教育发展改革新思路。

【教学质量】 建设起西南唯一的空军飞行员早期培训基地，区招办、成都十二中被空军政治部、省招委和省公安厅授予“招飞工作先进单位”。武侯高中“志远班”一本升学率从50%提高到98%。全区高考本科升学率由2011年全市排位第四位提升到第二位，本科升学率64.8%。在全市2012年高中教育工作会上，武侯区被授予“优秀等级奖”和全市唯一的“进步最快奖”。

【教育惠民】 全年落实各类教育惠民补贴和政策资金6750万余元，成为全市民工子女规模最大的区县。免除义务教育段公办、民办学校农民工子女等学生学杂费4.7万、课本、作业本费3063万元。全年资助中职农村学生和城区经济困难学生国家助学金发放、价格补助、免学费等9.40万人次共计2962万元。对普通高中家庭经济困难学生2100余人按平均1500元的标准给予国家助学金共计331.6万元。对全市符合条件的学前教育、义务教育阶段及两类高中教育阶段城乡低保家庭学生和低

图100 积极开展国际学术交流 （区新闻中心提供）

图101 培训新进教师 （区新闻中心提供）

保边缘困难家庭学生实施教育资助，共资助学生743人次，资助金额为24万元。全年共下拨公益性幼儿园、城乡低保家庭幼儿补助369.94万元。

【素质教育】 大力推动10万学生参加各类科技、艺术和体育实践活动，全面提升学生综合素养，评选“新三好”1575名、“好家长”469名、优秀班集体240个。开展区域德育特色研究，提炼德育精品课程、案例，繁荣学校社团建设，拟定“校园文化建设示范校”“中小学德育典范学校、德育特色学校”评选标准，推行学校食堂“三级巡视”制度。37名教师获得成都市优秀德育工作者、优秀班主任称号，6名教师获市班主任技能大赛决赛一、二等奖，9个艺术节目和作品获得四川省第七届中小学生艺术节一等奖。在参加全省中小学生科技艺术活动中，区教育局两次获得省教育厅表彰的“县级优秀组织奖”。承办“四川省、成都市学校安全应急大演练启动仪式暨学校防灾救灾应急演练”活动，受到省教育厅充分肯定。18项成果获第五届全国新媒体应用赛课活动、第七届省校园电视台节目评选和第七届多媒体软件大赛金银奖。区教育局被省文明委授予“全省未成年人思想道德建设工作先进单位”称号，龙江路小学分校两支代表队参加第六届亚洲太平洋地区机器人锦标赛夺得VEX小学组金奖，并获大赛唯一最佳创意奖。

【学前教育】 完成第一轮全区所有幼儿园的督导评估，全区共有24所公益性幼儿园，新增11所，累计学位7000余个。全年新增等级园38所，进入等级园入托的在园幼儿1.6万名，占总人数的54.8%。新增公办园成都市第二十幼儿园，新建成公办园成都市第二十一幼、第二十二幼、第二十三幼。承办第三届中国幼儿园园长大会武侯分会场活动，“武侯经验”再次为全国幼教学习、研究、交流的范本。

【义务教育】 对全区公民办小学6年级1.1万名学生进行综合素质监测。龙江路小学分校、锦官新城小学、桐梓林小学、太平寺西区小学等4所学校成功创建省级和市级语言文字示范校，市十二中、机投中学、磨子桥小学、锦官新城小学、龙江路小学（南区）等5所学校成为市级国学经典诵读示范校，礼仪职中、金花中学、锦官新城小学等参加市级国学经典诵读大赛获3个特等奖，占全市各区（市）县的四分之一。磨子桥小学分校承办“第四届全国小学语文教学论坛”，电教馆承办全国中小学信息技术研讨会，龙江路小学承办第三届四川新加坡中小学校长论坛，武侯实验中学承办第三届全国中学语文教学论坛。在全市义务教育工作会上，武侯区成为4个交流发言代表之一。《中国教育报》以《“因材施教”实验：对抗“一刀切”》为题整版报道武侯实验中学统筹城乡教育综合改革试验的改革举措。经过近半年的筹备工作，武侯区高质量通过国家义务教育基本均衡县评估。

【社区教育与职业教育】 启动和实施以终身教育为职能和导向的教育体制机制改革，逐步制定和探索相关改革办法。在教育部公布的全国社区教育发展成果展示活动评选名单中，武侯区参评的社区教育专题片获得全国一等奖。承办由教育部、中国教科文全委会、市政府等单位主办的2012年全民终身学习活动周全国总开幕式，全国各地1000余名专家学者参会。武侯区是全国唯一获得“全民终身学习活动周突出贡献奖”等3大奖项的区县。已建成“全国社区教育示范区”，累计建成“全国社区教育示范街道（镇）”2个、国家级示范社区学校1个、市级示范社区学校3个、市级示范社区工作站19个，国家级示范课程7门，社区教育先进经验在全国推广。投入573万元建成电子实训中心，并投入使用，中职学校共招生4836人。藏区“9+3”

免费中职教育工作成绩突出。

【学校安全及周边管理】 深入开展“文明城市有我，小手拉大手”校园环境治理月活动，编写教师版、中学生版、小学生版、幼儿版《校园周边环境管理知识》系列读本。建立由1151名教师组成的55支志愿服务队伍，建立中小学志愿服务队52个，积极推动爱幼、助残等公共服务。进一步落实“一岗双责”的岗位责任制和责任追究制，健全和完善学校安全教育长效机制，增设平安校园视频监控点位200余个，全年按时回复办结信访1099件，确保教育系统稳定。

（晏兴兵　郑清华）

【四川大学】 *教育教学* 学校全面推进精英教育、个性化教育、全面发展教育，并着重提出实施强化基础学科教育、加强课程数量质量建设、扩大实施交叉培养专业试点工程等六项计划或工程，进一步打造具有国际竞争力的人才培养体系。新增80门校级“创新探索型、实践应用型”课程，开设小班课5926门次，开设学术前沿及创新创业系列讲座150余场、短期课程/国际课程109门，开展创新创业和科研训练项目1096项，参与学生4500余人，举办40余场海外留学经验交流活动。启动“交叉培养专业试点工程”，实施“工程—管理”“生物—计算机”等8个交叉培养专业改革；选拔7名“双特生”（校内选拔4名、自主招生3名），逐步形成“双特生”培养的创新模式和特色。本科教育教学成果丰硕，4门课程获批教育部精品视频公开课程，2门课程在中国大学视频公开课官方网站上线，4个专业获准国家“专业综合改革试点”项目，新增国家大学生校外实践教育基地4个，获批国家级工程实践教育中心19个。学校教师教学发展中心获批国家级教师教学发展示范中心，全年获得中央财政本科教学专项资金4180万元。近9000名学生参加国内外各级各类竞赛，获奖学生超过1100人次，其中国际一等奖4项、国际二等奖6项、全国特等奖13项、全国一等奖29项。研究生教育继续实施“3+2+3”本硕博连读计划，选留92名优秀本科生提前进入硕士研究生阶段的学习，来自“985工程”和“211工程”建设高校的推免生较2011年分别增长123%、75%。大力营造研究生拔尖创新人才培养的良好校园文化氛围，全年举办各类讲座论坛100余场，“口腔医学博士论坛”获准全国研究生学术交流平台项目建设，1950余名研究生赴120余家知名企事业单位挂职锻炼，新增博士后科研流动站5个，获“全国工程硕士研究生教育创新院校”称号，水利工程、化学工程、项目管理领域获得“全国工程硕士研究生教育特色工程领域”称号。丰富招生宣传方式，实施招生宣传学院责任制，吸引更多优质生源。全年录取本科生9500名，在有招生计划的全国31个省（自治区、直辖市）中，平均录取分高出当地重点线50分以上的文科有18个、理科27个。2012届毕业生1.62万人，就业率95.5%，到基层就业2586人、西部就业7932人、预征入伍119人。成人教育和网络教育稳步发展，录取各类成教新生1.15万人，自考助学生新生1.44万人，网络教育本科、专科学生1.70万人；举办各类教育专题培训班700余个，培训学员3万余人次。

科学研究与学科建设 全校科研总经费18.41亿元，其中理工医科研经费16.97亿元，社科科研经费1.44亿元。获准科技部各类项目180项、专项经费4.27亿元，其中“973”及重大科学研究计划课题13项，国家重大科技专项2项，“863”课题5项；获准国家自然科学基金各类项目394项、经费2.45亿元；获准国防军工各类项目139项、经费6728万元，其中首次获批国防基础科研重点项目和总装探索重点项目各1项；获教育部人文社科重大攻关项目1项、国家社科基金项目45项，其中国家社科基金重大招标项目2项。新获国家自然科学基金委创新群体1个，新增国家自然科学基金委优秀青年基金获得者7人、“杰出青年科学基金”获得者3人、教育部创新团队2个、教育部新世纪优秀人才获得者17人。口腔再生医学国家地方联合工程实验室获准建设国家级基地，制革清洁技术国家工程实验室顺利通过验收，“皮革化学与工程”教育部重点实验室顺利通过评估。获国家科技奖4项，其中自然科学奖1项、科技进步奖2项、技术发明奖1项。SCI收录论文数2448篇，列全国高校第5位；EI收录论文1489篇，列全国高校第18位；MEDLINE收录论文1592篇，列全国高校第5位。国内期刊论文3923篇，列全国高校第7位；国际论文被引篇数2942篇，列全国高校第8位。申请专利810项，其中专利合作条约（PCT）申请3项，发明专利690项，实用新型115项，国防专利2项。获得专利授权476项，其中国外专利2项，发明专利366项，实用新型100项，外观设计专利5项，国防专利2

项。获教育部第六届高等学校科学研究优秀成果奖15项。完成新一轮"985工程"阶段检查工作,强化"大师+团队"的建设模式,支持学术大师和国际水准领军人才进入平台和基地,平台基地已聘任首席科学家(召集人)20人、学术带头人120人、学术骨干227人。启动首批9个协同创新中心建设,学校牵头组建的3个协同创新中心中,"生物治疗协同创新中心""生物材料科技协同创新中心"已推荐申报国家级协同创新中心。同时参加"三峡库区效益农业与生态环境保护协同创新中心"等6个协同创新中心建设。

师资队伍　出台《四川大学教职工岗位考核管理办法》《四川大学外籍教师聘任管理办法》等管理办法。"海纳人才工程"七大计划正式启动实施,通过"高端外籍教师计划"新引进耶鲁大学Garen院士等8位高端外籍教师。新增长江学者特聘教授2人,总数34人;新入选四川省百人计划15人;新增"青年千人计划"3人,总数11人;新增定向引智计划和卓越学者6人,文科优秀青年百人计划12人,海外名校博士(博士后)30余位。出台《四川大学青年教师国际名校联合培养博士暂行管理办法》《〈四川大学优秀青年教师国家名校、名师深造计划〉补充规定》。67名青年教师被录取为博士研究生,5名青年教师赴国际名校攻读博士学位,近200名青年教师赴斯坦福大学等海外著名高校深造或交流培训。全校青年教师拥有博士学位和海外交流经历的比例分别超过60%和30%。

对外交流　学校共招收来自80个国家和地区的留学生1956名,其中学历生人数比例55%。"成都美国海外留学中心"项目顺利推进。与美国匹兹堡大学、法国图卢兹大学等31所国外著名院校签署校际交流合作协议。聘请长期外国专家和外籍教师共计95人。112名学生被录取为国家公派出国留学研究生,其中博士生55名,联合培养博士57名;派出各类学生赴境外学习共计575人。成功接待俄罗斯联邦委员会主席马特维延科,法国、瑞典等国政要,以及巴里·马歇尔等4位诺贝尔奖得主到校访问或讲学。举办高水平双边会议和国际会议40次,特别是成功举办中国化学会第28届学术年会和第九次世界生物材料大会。全年共接待来访团组210批次,来访总人数3000余人次。参与签署《香港与内地高等学校关于进一步深化交流与合作的意见书》,与香港中文大学等3所学校续签合作协议。承办"2012海峡两岸儒学交流研讨会""中华文化研习营"等重要学术活动9次,接待来访港澳台团组38批694人,赴港澳台地区进行各种形式交流活动共457人次。完成教育部公派留学人员培训322人,培训基金委师资班出国人员752人,组织国家级外语考试和海外考试394场。

产学研工作和公共服务体系建设　科学产业管理不断规范,完成13家全民(集体)所有制企业清产核资工作,初步建立学校所属企业的现代企业管理框架。学校产业工作荣获全省高校校办产业年度考评一等奖,并在教育部评审中首次跃入B(良好)级。四川大学科技园被科技部、教育部评为A类,列全国高校第7位。全年共举办各类教育专题培训班92个,培训各类干部4527人次,培训范围涉及辽宁、吉林等24个省市自治区。新签产学研科技合作项目1308项,合同总经费8.15亿元。与中石化共建中国石化—四川大学CCUS及CO2矿化利用研究院,联合承担国家科技支撑计划项目;与贵州省、宁波市等省市签订战略合作协议;创建四川大学产业技术研究院和四川大学德阳产业技术研究院,与德阳企业签订13个科技成果转化和科研合作项目,项目经费超过1亿元。"十一五"期间获准的7个国家级实验教学示范中心顺利通过教育部专家组评估验收。新增仪器设备1.11万台件,共计2.54亿元,400余台大型仪器设备面向全校开放共享。引进中外文数据库36个,图书馆电子文献数据库216个,电子期刊6.47万种,电子图书242.9万册,全年到馆读者约300万人次,借还纸本图书171万册次。组织编纂《四川大学馆藏珍稀方志(续编)》《四川大学图书馆珍稀书影集刊》和《建国前四川大学毕业论文》等书目,《楚简帛逐字索引》获2013年国家出版基金资助。出版社出版图书1109种,总印数723万册,总生产码洋1.38亿元,总发行册数517万册,总发行码洋1.23亿元。全面启动档案数字化工程,实施"档案馆数字化、信息化建设项目"建设,完成第二专业学生成绩查询系统开发等工作。举办《辛亥川大:辛亥革命时期的四川大学师生》专题校史展览活动,成功开展老校长张澜诞辰140周年纪念活动。

(四川大学校办)

【成都体育学院】 学校不断强化实践教学体系建设,提高"一专多能"

高素质应用型人才的培养质量，完成教学课题改革立项工作，资助27个教学改革项目开展研究。中医学专业被批准为四川省专业综合改革试点项目，体育教育专业被四川省推荐为国家级专业综合改革项目。做好本科现设专业的对照整理和新专业的申报，现设16个本科专业通过更名、拆分已获教育部审批通过，申报的体育经济与管理、康复治疗学等2个新专业正待批复。开展理论研究和探索，涌现一批高质量教学成果，10个项目已推荐参评四川省第七届高等教育教学成果奖。开发优质教材和特色校本教材，全年共有12部教材入选省级质量工程教材建设项目，6部教材立项为四川省“十二五”规划教材。学校首次获得四川省哲学社会科学优秀成果一等奖，获国家自然科学基金项目立项3项。全年共获得国家级科研立项7项，省部级科研立项31项，厅局级、院级科研立项89项，获得省部级以上科研奖励6项、厅级奖项1项。科研经费首次突破600万，新增运动健康社科普及基地，出版专著17部。正式启动科研创新团队建设工作，首批确立6个科研创新团队。选派20余人参加伦敦奥科会。全年共举办各类学术论坛、讲座50余场次，进一步规范系部学术讲座，组织师生参加国际、国内学术会议16次，校园学术氛围更加浓厚。竞技体育工作以备战第十二届全运会为主要目标，全年在国内外锦标赛、冠军赛中，共获得金牌13枚、银牌17枚、铜牌18枚。学校自主培养的水球运动员孙惠子代表国家水球队参赛伦敦奥运会，取得第五名的成绩。组织学生参加校内外竞训任务，共完成62项校内比赛，培养近万人次等级裁判员和千余名等级运动员；完成12支校代表队训练参赛任务，承办国家体育总局的相关赛事工作。学校被国家体育总局评为“2008 ~ 2011年度全国体育院校竞赛突出贡献奖”先进单位。全年共有台湾体育大学、爱尔兰科克大学、澳大利亚南十字星大学等18个代表团共计120余人次来访。初步建立起中青年教师派出体系，积极为教师国际交流创造条件，组织教师参加国家留学基金委西部项目，有2名教师获批前往美国和德国进修学习。全年接收爱尔兰科克大学等短期国外留学生15名，学校派送教师、教练、运动员等50余人，来访出访共涉及10个国家和地区。全年共录取本科新生2278人、硕士研究生323人，成人、函授、自考1074人。探索学生就业服务工作新路径，全年共有各类毕业生2455人，全校总就业率95.1%。支持中青年教师攻读博士学位，加强中青年教师的培训，选送20余位教师到国内外高等院校和科研院所进修培训，落实青年教师培养导师制。参加四川省第一届高校青年教师教学竞赛，分获工科和理科第二名。做好省学术技术带头人、后备人员和突出贡献专家的推荐工作，全年新进教职工35人，组建社会实践队伍55支，1500余名学生分别参加教育帮扶、医疗服务、文艺演出等社会实践活动；组织指导学生参加第七届“挑战杯”四川省大学生创业计划竞赛，获得一等奖1项、二等奖3项、三等奖6项，其中新闻系《“朝花夕拾”老年体育会所》被推荐参加全国竞赛获铜奖；近400人次参加各级各类志愿活动，学生参与艺术节人数6000余人，32个学生社团基本实现“周周有活动”，520余名学生参与学校师生自编自导的校庆文艺演出。学校依托自身优势，在体育经济、产业和人才培养等方面积极实践，服务社会，获得教育部、财政部“国培计划”的培训任务。受国家体育总局和伦敦奥运会中国体育代表团委托，在伦敦奥运会期间制作境外舆情分析报告，得到国家体育总局和代表团充分肯定和高度评价。承担竞技体育优势项目科研攻关和国家体育总局“援藏”任务，挖掘西南地区少数民族传统运动的特色和潜力，开展多种形式的学术研讨和合作。发挥教代会、工会在积极推动学校管理、民主监督中的作用，继续做好校务公开、信息公开工作。继续做好贫困师生资助工作，全年学生受助总金额1012.17万元，受助学生3707人次，占在校学生比例为28.4%。首次向浆洗街道办事处争取政府物价补贴资金10余万元，补贴在职、离退休人员困难职工30余人以及200余名家庭困难的优秀学生。不断推进校园信息化建设，学校网络教学平台、网络课程建设、图书馆资源建设取得新成效。完成学生宿舍、食堂、国际交流中心等100余项维修改造任务，给全校师生员工提供了更加舒适的学习生活工作环境。

（成都体育学院办公室）

【四川音乐学院】 学院继续以提高教学质量为中心，推进质量工程建设，围绕“申博”和“申大”两大任务开展工作，修订研究生及本专科各专业的教学大纲和培养方案。研究生管理继续加强，出台科研奖励及奖贷助勤方面的激励措施。开展第二届院级教学观摩课活动26场次，激

图102 川音师生参加全国文艺汇演 （四川音乐学院提供）

发学院青年教师的热情。加强外语和体育教学工作，顺利举办全院运动会。各级各类教学展演、交流活动丰富，师资队伍建设逐步提升，学院继续做好职称评审、师资培训及教师资格认定等相关工作。有6人评审通过正高专业技术职务晋升，19人评审通过副高专业技术职务晋升，37人评审通过中级专业技术职务晋升；有3人被评为省学术技术带头人，有1人被推荐享受国务院政府特殊津贴；12人参加省高校哲学社会科学教学科研骨干研修班学习，1人作为访问学者，1人作为中央财政支持西部基金学习；青年教师业务考核有40人考核优秀。学院继续积极拓宽人才引进渠道，制定《四川音乐学院引进高端人才奖励办法》。学院师生在科研、创作、表演及其他相关方面共387人次、14个集体取得361项获奖成果，其中国际奖项87项、国内奖项274项。全年全院获批准立项的各类科研项目共计87项，其中有2项获得2012年度教育部人文社会科学研究项目立项。强化内部管理，继续做好全院应急疏散演练等大型活动的组织协调工作，完善成立钢琴艺术研究院、小提琴艺术研究院、王光祈学术研究中心等学术研究机构。全年共招收新生4068人，举办各类音乐会上百场，毕业生一次性就业率83.2%，其中本科毕业生就业率89.5%，专科毕业生就业率61.4%，研究生就业率72.6%，高职生就业率90%。继续加强社会实践、艺术实践活动，党员师生社会实践活动精彩纷呈，涌现出多支社会实践优秀队伍。学院毕业生谢晓君与其丈夫胡忠获得中央电视台2011年度感动中国十大人物奖项，学院师生参加中央电视台“五月的鲜花——心中的歌儿唱给党”大型文艺会演，获得CCTV《毕业歌》大赛总冠军，舞蹈学院获文化部主办的第十届“桃李杯”舞蹈大赛原创教学剧目一等奖，成功举办“秋之韵——2012成都国际当代新音乐节”，举行“为祖国歌唱 向十八大献礼——四川音乐学院师生获奖作品展演季”活动；在文化部主办的第四届“文化艺术院校奖”比赛中，学院获得4项“文化奖”大奖。

（四川音乐学院办公室）

【西南民族大学】 *教学改革* 出台《西南民族大学关于进一步加强学科建设的若干意见》《西南民族大学学科建设目标管理办法》等文件；启动新增博士学科培育计划，确定畜牧学、中国语言文学、应用经济学和哲学等4个学科作为申博培育学科；启动学科建设的分层分类管理、目标管理和项目管理的相关工作，研究制定《西南民族大学关于全面提高本科教育教学质量的若干意见》和《西南民族大学关于进一步加强实践育人的若干意见》。新增本科专业2个，1门课程被列为教育部精品视频课程选题，新增省本科专业综合改革项目1项。将校级教改项目由原来每两年立项1次调整为每年立项1次，并新增青年项目和自筹项目，全年共立项校级教改项目78项，新增校级教学实践基地9个。开设“王维舟少数民族创新人才班”，4个专业被确定为2012年度四川省卓越工程师教育培养计划立项项目，入选为全国首批卓越法律人才教育培养基地之西部基层法律人才教育培养基地，法学教育实践基地获批为部属高校国家大学生校外实践教育基地，获批为教育部2012年“本科教学质量与教学改革工程”建设单位。截至年底，学生在各类学科竞赛和创新活动中获得国际区域级奖励1项，国家级奖励30项，省部级以上学科竞赛奖励45项。

人文科研 学校获得国家级项目立项37项，其中国家社科基金项目24项、国家自然科学基金项目13项、获省部级项目立项106项，争取到科研项目立项经费6314余万元，创建校以来的历史新高。全年共发表学术论文1383篇，出版学

术著作81部，获省部级科研成果奖励55项，召开繁荣发展哲学社会科学大会，制定“818计划”，举办“第五届中国民族研究西南论坛”、第六届国际彝缅语学术研讨会等一系列学术会议，邀请美国最高科学成就奖获得者、国际著名化学家彼德，中国科学院院士张景中等多位国内外知名专家学者到校举办系列学术讲座。学校获批为全国人文社会科学普及基地，学报办刊质量不断提高，人文社会学科版刊载的文章转载量比往年又有新的突破，自然科学版新进入美国《乌利希国际期刊指南》，《民族学刊》获第二届全国民族地区优秀学报（期刊）评选优秀期刊特别奖。

研究生教育与招生就业　全年学校共录取硕士研究生813人、博士研究生25人，研究生招生创历史新高。有15人获得博士学位，681人获得硕士学位，博士研究生就业率100%，硕士研究生就业率93.9%。研究生参加校级及以上级别科研项目数比去年增长108%，评选出校极优秀博士论文1篇，硕士论文14篇。根据学校研究生教育发展的实际，成立研究生院。全年招收本科及预科生7287名，是学校建校以来招生计划最多的一年。首次招收香港特别行政区考生1名，应届本专科毕业生5058名，其中有595名学生考上研究生。继续完善就业指导服务体系，大力开拓毕业生就业市场，举办专场招聘会160余场，就业率保持在90%以上。

“两翼”建设　青藏高原生态保护与畜牧业高科技研究示范基地现已承担40余项省部级以上科研项目，不断加强与阿坝州红原县、若尔盖县、成都菊乐公司等的科技合作，基地二期建设规划完成，已开展部分建设前期工作。四川省青藏高原草食家畜工程技术中心获四川省科技厅批准组建，成为学校唯一的一个省级工程技术中心。学校已研究决定成立青藏高原研究院。民族文化艺术创新实践研究基地在建设方面，与美国藏传佛教资料信息中心签署深度合作协议，建立民族文献研究专家人才库，并获批为国家民委民汉双语人才培养基地，接收金·史密斯第四批捐赠文献5000余函，成功承办第四届文化部“文华艺术院校奖——全国青少年民族乐器演奏比赛”，师生作品获“文华奖演奏奖”等5项大奖，参演第四届全国少数民族文艺会演开幕式、第十三届西博会开幕式文艺演出，获社会各界充分肯定。

人才队伍建设和对外交流　实施人才引领计划，制定《西南民族大学关于进一步加强人才队伍建设的实施意见》，推动人才工作全面发展。1名教师获批为国务院政府特殊津贴专家，1名教师入选教育部新世纪优秀人才支持计划，评选出第三届校优秀青年骨干教师29名；新进教职工93人，其中博士40人。有51名青年教师考取在职攻读博士学位、到境内外博士后科研流动站从事研究工作及境外重点大学作访问学者，选派35名教师到国内高水平大学访学，8名教授受聘为湖南大学兼职博导。学校派出访问团组和学习团队10个，共106人次赴澳洲、欧洲等国家交流学习。教学科研人员赴国外、港澳台地区参会、讲学共计14人次，接待台湾来访团组94人。在校留学生440人次，获“海外高层次人才交流基金——社会管理专项”项目立项1项，与美国俄亥俄州立大学等国外高校或科研机构签署合作协议，与意大利托斯卡纳州语言与艺术交流协会共建四川省意大利语考试培训中心及艺术中心。

（西南民族大学办公室）

【成都七中】　综合培养　以“课程改革和创新人才基础培养工程”为契机，细化德育过程，注重量化管理，强化常规诊断。坚持每月反馈班级常规量化考评结果，督促和检查班主任“一日常规”和“一周常规”的执行情况，落实对班级晨扫、值周工作的检查和考评，定期检查每周各班班会开展情况，作好记录和信息反馈，强化班级常规的检查，及时反馈相关信息，并在此过程中培养学生从他律走向自律，培养学生主体参与、自主管理的能力。积极开展德育课题研究，提升育人水平，各年级组班主任全员参与，研究《年级德育课程纲要》。承担的德育课题有“班级文化及艺术管理”“成都七中青少年科技创新早期人才培养模式研究及平台构建”“中国科协青少年科技创新人才培养项目研究”，研究和撰写《学校德育课程纲要》，并指导《年级德育课程纲要》的制定。开展一系列特色鲜明、具有影响的德育活动，如新生入学教育活动、军训、立志成才教育活动、值周班级学校值周活动（晨扫、校园纪律执勤）、学生业余党校、学生干部学校、墨池论坛、校园艺术节、科技活动月、排球活动月、高三成人宣誓以及各类社会实践志愿者活动等。在第三届全国中学生领导力大赛上，3位学生获得“2012年度中学生领袖奖”，并且包揽全国第1名和第3名。在“安生中国创新英才特训营”活动中1位学生入选参加中美青年高峰论坛，并被评为优秀营员，获个人风采奖。成都模联活动中，学校14人参赛，12人得奖。第27届全国青少年科技创新大赛中，学校获得一等奖2项、二等奖2项、专项奖3项，获奖项目和学生人数在全国领先，居四川省第一；美国举办的“FIRST机器人科技挑战赛”世界锦标赛上，学校“银杏之光”队代表中国参赛，获得FTC项目季军，为亚洲国家在本届比赛该项目中的最好成绩；有1位同学荣获第62届国际科学工程大奖赛二等奖，有2位同学参加VEX机器人竞赛，获四川省第九届创新实践活动足球机器人竞赛三等奖。学校组织参加第十届成都市中小学艺术节，合唱、管乐均获第一名，朗诵获一等奖（第二名），8件作品获一等奖、20件作品获二等奖；参加第二届四川省中小学艺术节器乐展演获特等奖；参加第七届四川省中小学生艺术节器乐比赛获一等奖，学校获最佳组织奖；参加四川省中学生排球联赛获第一名；参加四川省青少年排球锦标赛获第一名。

改进教学　学校通过并执行新的《成都七中竞赛管理及奖励条例》《成都七中高考奖励方案》《成都七中创新实验班方案》，半期考试和期末考试均采用网阅的方式，试用华鑫公司软件进行考试分析。组建创新班，单独选拔和设置课程，在课程实施上既有校内导师也有校外专家的讲座。不断优化选修课，增设书法、陶艺、通用技术、驾驶、烹饪等课程。在高一、高二开设英国教师执教的经济、辩论课程，培养具有国际视野的学生。把教育科研纳入学校的办学常规，全年学校教师在公开刊物发表论文17篇，教师论文获国家级一等奖2篇，省市级一等奖5篇、二等奖23篇，参与出版专著5部，教学科研课题结题2项，教师参与各级赛课获得国家一等奖4项，市级一等奖15项。参加全市教师以赛代培的活动，8人获得一等奖，2人获二等奖。2012年高考中，学校各项指标以明显优势位列同类学校第一，特高分650分以上9人，进入四川省前100名21人，居全省第一，理科重本率81.4%，文科重本率61.5%。共有30人考入北大、清华，有6人考入香港城市大学、香港中文大学和香港大学，有109人考取美国、英国、加拿大等国际一流高校，有7人公派新加坡留学。学校获得成都市2011～2012学年度普通高中教育教学工作优秀学校表彰。

教师队伍建设　稳步推进教师队伍建设，以教研组为单位，抓思想作风建设和业务水平，重视教研组长的榜样示范作用。组织系列“教学研讨沙龙”“教师论坛”活动，提出教学中的问题及新课改的挑战，集大家智慧，达成共识，讨论解决的方案。以《教师职业规划》为契机，引导老师们规划教师生涯，明确职业追求。组织教师参加在江苏天一中学、西安举行的“同课异构”优质课展示。校内以高三年级教师为主在教育研讨会进行献课，促进高三复习课课型的研究。配合市教育局组织教师到北京、宁夏、南京、山东等课改先行地区进行学习、考察，全年先后组织100余人次外出考察学习，20余人次到美国、英国等学习和考察。

国际合作　加强国际交流合作，培养师生的国际视野，全年派出11批次，共计师生200余人次出国交流访问。继续加强与友好学校的交流，全年接待美国金克斯高中、新加坡培雅中学、德国黑森州法兰克福阿尔伯特—爱因斯坦文理学校、香港科技大学理学等到访交流，马来西亚驻华大使馆教育参赞林佑穰一行参观学校新校区，美国趣味科普电视栏目《科学先生》主创暨主持人“科学先生”提姆·帕金斯（Mr. Tim Perkins）应邀到学校为高一年级300余名学生作“科学教育中的创造性体验”的讲座。

（成都七中办公室）

卫生
Health

【概　况】武侯区卫生资源丰富，既有四川大学华西医学中心、四川省肿瘤医院、四川省骨科医院等知名综合医疗机构，又有覆盖全区、方便快捷的社区卫生服务机构。2012年武侯区持续推进医药卫生体制改革，大力发展社区卫生事业，认真落实公共卫生服务职能，努力提高医疗服务水平，在社区卫生服务、医政管理、疾病防制、卫生监督、妇幼卫生、爱国卫生、行风建设等方面均取得新成效。

【社区卫生】继续组织社区卫生服务机构开展“全国示范社区卫生服务中心”创建活动，簇锦社区卫生服务中心获得“全国示范社区卫生服务中心”称号。全区已有4家国家级“示范中心”、3家中国社区卫生服务协会培训基地，是全国拥有国家级“示范中心”和“培训基地”最多

图103　社区卫生服务中心为小学生体检　　（区卫生局提供）

的区（市）县。深入推进基本公共卫生服务均等化，积极开展“促进基本公共卫生服务均等化指导中心”建设试点工作。通过整合资源，规范化培训，开展过程与效果相结合的考核，引导各社区卫生服务机构扩大基本公共卫生服务覆盖范围。武侯区“发挥指导中心作用、加强精细化管理”的工作模式得到市卫生局肯定并在全市推广。社区卫生服务机构业务量稳步攀升，全年完成基本医疗门诊量159.61万人次，公共卫生服务量186.55万人次；全民免费健康体检应检人数覆盖率89.7%；家庭医生式服务签约率16.0%。巩固提升国家基本药物制度实施效果，全区社区卫生服务机构配备国家基本药物和省、市补充药物，全部实行“零差率”销售，并按要求基本药物实行省网采购，所有社区卫生服务机构采购“阳光积分”均为满分，全年基本药物惠民139.65万人次，惠民金额1595.21万元。区域卫生协作进一步深化，拓展与四川大学华西医院区域卫生协作的广度和深度，全年开展集中会诊、查房带教、专题指导、健康沙龙等活动100余次。拓宽人才培养途径，华西医院通过免费接收社区医务人员进修、免费开放继续教育培训课程、定期举办“社区卫生专业技术人员讲座”等方式，帮助社区卫生工作人员提高专业技术水平；继续开展全科医师规范化培训，首批13名学员已结业，分配至各社区卫生服务机构；完善双向转诊机制，华西医院社区预约挂号系统在玉林、晋阳、机投桥等3家中心试运行，开设华西医院日间手术病人社区康复服务，启动4个专业的手术后病人回归社区康复服务工作。建立委托检验渠道，社区卫生服务机构可将538项实验室检查项目委托华西医院检验，实现检验报告的电子化传递。深化科研项目合作，合作开展“脑卒中社区康复研究”“社区护理发展项目”等8个科研项目。发挥社区卫生便民惠民功效，承担市、区两级门诊特殊疾病医保业务“下沉”和“可选择”门诊统筹业务，管理门诊特殊疾病病人9100人，办理申请、审核、报销业务8.12万人次，提供医疗服务22.23万人次；对低保对象和困难家庭重度残疾人等群众就医实行“无门槛”服务。开展群众初级急救技能培训和知识宣传，开展计划生育、残疾人康复、精神病人管理等服务。

【医政管理】　继续开展“以病人为中心提高医疗质量”为主题的医疗质量万里行活动，以医疗技术、合理用药、血液安全、医院感染、病原微生物实验室生物安全管理、医院后勤治安保卫和消防安全等工作为重点，加大对医疗机构主要负责人、质量安全管理人员和全体工作人员的管理、教育力度，提高质量管理理论水平和实际操作能力，建立推动医疗质量持续改进的长效管理机制，严厉打击医疗违法违规行为。组织开展“服务好、质量好、医德好、群众满意”活动，重点在医疗机构推广预约诊疗服务、便民门诊服务，优化医院环境和诊疗流程，规范诊疗服务行为，加强医疗技术和大型设备临床应用管理。组织医疗机构开展优质护理服务试点工作，督促医疗机构按照《四川省医疗机构“优质护理服务示范工程”活动评价标准（试行）》进行自查和积极改进，并严格按照工作进度和评价标准对医院进行督导评估。加强对已实行股份制改革的3家区级医院的行业管理，区属医院保持健康发展势头，区人民医院、区三医院、区五医院门诊总量为114.68万人次，住院总量为3.88万人次，增幅分别为7%和26.8/%；3家医院药品收入比重分别为23.3%、36.3%、29.7%，医疗收费低于同类医院平均水平。进一步规范医疗事故处理程序，做好接待、调解、指导和处理工作，缓解医患矛盾，全年接待处理各类咨询及投诉925件，其中咨询804件、医疗投诉121件、受理医疗事故鉴定19起，现场处置医疗争议事件41次。按照行政审批"两集中、两到位"的要求，不断改进卫生行政审批工作，进行职能整合，减少不必要的审批环节，完成审批事项现场勘查共计1492件（含换证），其中公共场所1366件，生活饮用水卫生（二次供水）63件，放射诊疗33件，建设项目并联审批30件，按时结办率100%。加强医疗机构及医务人员的准入管理，对医疗机构名称、标志标牌、诊疗科目、医务人员的执业范围、执业地点进行随时监控，依照《执业医师法》《医疗机构管理条例》和《护士管理办法》等规定，通过校验、换证对医疗机构场所、设施设备、诊疗科目、医护人员资格及注册、射线装置许可、污水排放、医疗废物处置、药品管理等进行审查，对达不到医疗基本标准的要求停业整改，对科室设置与人员执业岗位不符或达不到相关设置条件的科室予以取消，全年共完成各类涉医审批事项4051件。积极落实健康产业发展规划，完善配套措施，全年新引进健康产业项目18个，引进资金2.5亿元。开展全国社区中医药工作先进单位创建活动，在社区卫生服务机构大力推广中医药适宜技术，引进高素质人才，改善中医就医条件，提高社区中医药服务能力和质量，武侯区被国家中医药管理局评为"全国社区中医药工作先进单位"。

【无偿献血】 建立政府主导、部门协作、社会共同参与的无偿献血工作机制，建成固定献血者、成分献血者、稀有血型献血者、应急献血者和无偿献血志愿服务者队伍5支，无偿献血人数较上年有一定增加。开展无偿献血宣传活动，发放无偿献血资料5620份，张贴无偿献血公益海报和其他宣传画860张，组织2次无偿应急献血，其中春夏两季献血1123人次。加强血液监督管理，对辖区用血单位进行全覆盖检查督导，规范医疗用血行为，确保血液安全有效。区卫生局被省人社厅、省卫生厅、成都军区联勤部卫生部等部门表彰为"四川省无偿献血工作先进集体"，是成都市唯一获此荣誉的单位。

【疾病预防控制】 传染病防控 认真落实各项传染病防控措施，坚持24小时应急值班制度，加强疫情监测与分析，严格落实报告管理制度。开展学校、托幼机构等重点机构防控知识宣传，组织突发公共卫生应急演练及技术培训，储备消毒药品及车辆、通信、设备等应急物资，提高公共卫生应急处置能力。全年无甲类传染病发生，乙类传染病共计发病1539例，发病率114.10/10万，成功处置一起外来儿童疑似脊髓灰质炎疫情，处置学校和幼儿园手足口病、水痘、流腮聚集性疫情48起。开展麻疹及脊灰疫苗查漏补种工作，全区补种脊灰疫苗2953剂次，接种率99.8%；接种麻疹疫苗2411剂次，接种率99.8%。完成全区16家预防接种门诊复评审工作，举办全区接种人员上岗培训班，常规免疫接种率99.9%，扩大免疫规划接种率99.8%。

艾滋病防治 全区19个艾滋病初筛实验室完成艾滋病初筛检测46万余人，初筛数量居成都市第一，阳性1011人；对599名HIV感染者和病人进行管理，免费抗病毒治疗318名；武侯区二医院药物维持治疗（美沙酮）门诊、武侯区药物维持治疗（美沙酮）望江路延伸服务点及新开设的武侯区药物维持治疗（美沙酮）航空港开发区学府路延伸服务点累计治疗病人1267人；继续实施中国—默沙东艾滋病合作项目，开展艾滋病健康教育和特殊群体的干预活动。

狂犬病防制 开展犬只免疫接种、犬只管理、健康教育、犬伤处置和人用狂犬疫苗接种工作，确保全年未发生狂犬病疫情。全区共有犬只2.45万只，其中免疫犬只2.33万只，免疫率95%；全年处置犬伤人数1.1万人次，犬伤就诊者规范处理率100%，人用狂犬疫苗接种率100%，接种狂犬免疫球蛋白1282人份，犬伤患者享受医保报销人数为732人。全年设立狂犬病防制宣传点90余处，发放各种宣传资料3万余份，报刊宣传9次，电视媒体报道4次。

慢性病防控 巩固全国慢性病综合防控示范区工作，开展"武侯区慢性病高危人群发现和干预研究项目"，完善社区慢性病高危人群发现和干预工作机制，获得"四川省全民健康生活方式行动优秀项目县（区）"称号；推进脑卒中高危人群筛查和干预试点项目，筛查目标对象2万余名，筛查出脑卒中高危人群2424人、脑卒中患者93人。继续实施中西部地区儿童口腔疾病综合干预项目，完成窝沟封闭牙数4052颗。武侯区被卫生部疾控局评为全国口腔卫生"项目管理先进县（区）"。

重性精神疾病管理 坚持以家庭医生团队为核心，以全面排查、摸清底数为基础，通过完善工作制度、健全工作机制，精神卫生工作稳步发展。全年累计检出重性精神疾病患者2855人，检出率达户籍人口数的4.7‰；录入国家网2008人，网络录入率70.4%；建立档案2657人，随访2599人，社区管理率97.8%；发放50张阳光救助卡，对其中33名患者实施住院救助。

【卫生监督】 公共场所卫生监督　结合开展经营性无证无照公共场所整治、饭馆类公共场所专项整治和成都市综合文明指数测评等工作，加大对公共场所的监督力度。全年监督检查饭馆、游泳场所、沐浴场所、三星级以上宾馆等各类公共场所1.87万家次，责令整改1360家次，实施行政处罚57件，监督检查公共场所艾滋病防控131家，集中空调通风系统抽检10家，商场（店）空气质量监测抽检2家。继续开展公共场所卫生监督量化分级管理，提高评级率，住宿业评级率100%、游泳场所评级率100%；理发美容业评级率60.7%，同比增长20.5%；沐浴业评级率91.1%，同比增长28.6%。

饮用水卫生监督　监督检查二次供水单位527家次，责令整改16家次，实施行政处罚1件；召开3次二次供水卫生管理工作会，积极开展二次供水专项整治工作，督促未办证单位及时办理二次供水卫生许可证，办证率95%；继续开展二次供水卫生监督量化分级管理工作，评级率100%；完成饮用水水质基线调查工作；开展涉水产品专项检查；做好饮用水卫生监督监测工作，认真落实监督监测结果网络直报。对纳入全国饮用水卫生监测网络的两家二次供水单位，8家市政水厂的末梢水，每季度开展一次监督检查和水质监测，并及时通过“全国卫生监督信息报告系统”上报监督监测数据，按照权限查询、统计监测结果，分析报告辖区饮用水卫生状况。

学校卫生监督　进一步加强学校卫生安全工作，认真开展全区235所学校、托幼机构的春季、秋季开学前卫生安全专项检查，保障广大师生的生命安全和身体健康。在4所试点学校切实开展实施学校卫生监督量化评价工作，经综合评价，4所学校均达到卫生示范学校要求。

图104　对成都体育学院游泳馆开展卫生监督检查　（区卫生局提供）

职业卫生防治监管　积极开展职业病防治宣传，全年开展送法进工厂宣传活动3次，发放宣传资料6600余份，受益劳动者2700余人。

放射卫生监督　全年受理医疗机构放射诊疗预评价审核12家、控制效果评价审核10家、放射诊疗许可（变更）申请14家，办结率100%。对94家放射诊疗机构及165名放射工作人员的放射基础档案、个人健康监护及个人剂量监测情况进行重点检查，放射工作人员个人剂量监测率95.8%，健康体检率97%、基础档案完善率90.4%。对两家非医用辐射单位的《放射工作人员证》办理情况及放射工作人员职业健康监护情况进行监督检查，均符合规定。联合省、市卫生监督部门，开展高校大学生入学体检医疗机构放射防护监督检查，涉及3家医疗机构，发放宣传资料200余份。对全区39家口腔诊所放射卫生档案化工作进行覆盖化专项检查，放射卫生工作档案化合格率100%，有效控制与解决部分诊所在新上岗放射工作人员接受放射防护和有关法律知识培训方面个人防护意识差、未佩戴个人剂量牌等问题，规范诊所执业行为。

医疗服务监管　监督检查全区医疗机构、采供血机构、消毒产品生产、销售企业等共计2060家次，实施行政处罚36件。大力开展打击非法行医专项行动，全年共组织12次打击非法行医及宣传活动，检查农贸市场6个、社区街道16个、药店68家，取缔非法诊所32家次，清理非法医疗广告500余张，发放打击非法行医、违规医疗广告、医托等宣传资料

6900余份，净化、规范医疗市场。开展诊所量化分级管理，全年评定125家诊所，并对评定的诊所卫生信息进行公示。开展医疗机构“不良执业行为”专项检查，检查65家医疗机构，对17家存在不良执业行为的医疗机构下达《医疗机构不良执业行为记分通知书》，并督促整改。

【妇幼保健】 扎实推进全区妇幼卫生工作，城乡待孕妇女增补叶酸10535人，叶酸服用率99.6%，服用依从率80.35%；高危孕产妇管理率100%，孕产妇住院分娩率100%；255人享受城乡孕产妇住院分娩补助。进一步强化流动孕产妇管理，拓宽孕情搜索渠道，提高孕期保健、产后访视工作质量。区内产科医院通过有效控制影响剖宫产率的医源因素和社会因素降低剖宫产率，全区剖宫产率为56.32%（其中区属产科医院剖宫产率仅为49.5%），全年孕产妇死亡率为8.9/10万，婴儿死亡率5.6‰。

【爱国卫生】 根据市爱卫办制定的院落环境卫生测评标准，指导和督促院落环境卫生管理工作，组织开展“清洁家园·从我做起”和“星级院落”评定活动，印发《院落环境卫生公约》2000余份，《“清洁家园·从我做起”倡议书》30万份，控烟、灭鼠宣传资料5000余份，对申报星级的156个院落组织进行评定。认真开展除“四害”活动，在控制蚊蝇密度方面，重点加强对居民社区、小游园、绿化带、垃圾桶点等场所的消杀力度；免费向全区发放鼠药，灭鼠工作侧重科学灭鼠、合理用药，在特种行业和场所采取完善防鼠设施、断绝鼠粮、清理卫生死角等措施；灭蟑与

图105 健康教育讲座 （区卫生局提供）

治脏、治乱有机结合，免费向困难群众发放灭蟑毒饵。加强健康教育，全年开展健康教育直通车和下街乡活动38次，发放各类宣传资料36万余份。持续深入开展控烟工作，在无烟医疗卫生单位创建活动中，省级单位达标9家，市级7家，其他19家。

【卫生信息化建设】 区域卫生信息平台完成建设并投入试运行，实现与成都市健康卫生信息大平台联网运行，新增人口计生服务、社保病人特殊疾病门诊和困难群众医疗救助等功能模块，初步实现与相关部门的信息共享、业务协同。

【行风建设】 坚持对医疗系统干部职工进行廉洁从政、廉洁行医教育，重点治理医药购销领域的商业贿赂，通过多种渠道主动接受社会和群众监督。构建“审管分离、权责统一”和“审批一条龙、服务一站式”的行政审批机制，医疗机构、母婴保健技术服务审批事项承诺办结时限均减少10个工作日，各类审批事项按时办结率100%。严格落实信访工作逐级负责制和领导干部“一岗双责”制，坚持开展领导干部定期下访和接访，共接到群众来信来访103件次，及时处理率100%，案件办结率100%，未发生群体性事件、集体上访事件，全年被中央电视台等中央、省、市级主要媒体正面报道19次。

（田 军 苏吉英 高 艳）

【四川大学华西临床医学院/华西医院】 医院积极探索符合国情的多种医疗服务新模式，按照相关政策和规定，全面托管成都上锦南府医院，于2012年4月5日投入社会服务。上锦南府医院全年共完成门急诊12.48万人次，出院1.08万人次，手术5112台次，收入2.27亿。医院出台、修订人才培养的系列制度，每年设立人才培养基金2000万助力人才成长。实施院杰青制度，8人申报，7人获批，创新高端人才培养孵化机制；修订完善《人才培养专项（出国〈境〉）基金管理办法》《青年员工国际会议资助制度》《专业小组短期出国（境）

学习资助制度》及《职工在职提升学位暂行管理办法》，全年资助20人次专项出国（境）交流、55人次参加国际会议、30人次专业小组短期出国学习、23人次在职提升学历；解决编制问题，留住优秀中青年人才，153人申报，61人入编；完善职称评聘制度，优化校内职称评聘的组织推荐工作，全年校聘正高34人、副高50人，院内资格职称评聘正高10名、副高10名。落实援外、援疆、支边、支农、对口支援人员的待遇政策，按前一年平均薪酬的120%～125%标准单列发放；创新用工模式，实施劳务派遣用工试点，全年劳务派遣用工488人。医院继续深入整合学科发展资源，全年8个专科新获批国家临床重点专科建设项目，总数24个，位居全国医院第一名。在复旦大学医院管理研究所“2011年度中国最佳医院排行榜”上医院以综合得分89.42连续3年排名第二，其中专科声誉得分69.42排名第二、科研学术得分20（满分）排名第一。医院从学科发展高度抓区域发展，全年新增11家医疗机构加入华西远程医学网络，远程网络医院总数532家，全年参加远程教学培训的基层医务人员33.81万人次，完成远程疑难病例会诊1862例次，同比增长16%。区域协同医疗平台项目新增5个试点科室，试点科室总数11个，共完成327例科室“桌面对桌面”会诊查房。远程医院转诊的门诊病人37例，转诊住院12例。逐步构建起具有华西特色的全科医学人才培养模式，积极推进与社区卫生服务中心的合作。举办首届“华西—社区卫生服务管理学术论坛”，成都市26家社区卫生服务中心及相关单位的80余位管理者和医务工作者参会；与加拿大西安大略大学舒利希医牙学院合作，开展“中加基层全科医生远程教育”培训课程，150余名基层全科医生接受远程培训；区卫生局选派5名应届医学生参加医院全科住院医师规范化培训，第二批6家社区卫生服务中心确定辅导导师。继续深入开展单病种管理和临床路径管理，全面开展卫生部第一、二批单病种质控指标的网络直报工作，累计网报1.30万例；现有22个科、75个病种实现临床路径管理，累计完成路径病例2.73万例，其中17个病种19个路径实现信息智能化管理；卫生部要求的7个病种患者入组率均大于50%。深入开展抗菌药物专项整治活动，全院抗菌药物使用强度逐月递减，由整治前79.27降至41.34；抗菌药物使用率逐月递减，由61.3%降至45.5%；使用特殊类抗菌药物患者的病原微生物送检率由58.1%升至85.7%。继续改进输血管理工作，推动合理、安全用血目标，较2010年同期相比，全院手术量上升24%，用血量下降30%，管理成效明显。深入推动医院感染管理工作，在13个护理单元进行兼职感控护士试点，组织培训50余次；开展医院感染目标监测；加强手卫生管理，作为大陆唯一一家医院入围“亚太区优秀手卫生奖”。全年病人总体满意度保持在97%以上，患者知晓率98.7%，加强对跌倒／坠床、压疮等风险评估并强化安全管理，开展护理类技术革新获专利授权24项，59个护理类品管圈在全院78个护理单元推广应用；复杂疑难危重患者出院较2011年增长23.1%，但出院病人次均费用同比仅增加7.5%。继续加强医院资源调度与优化的科学研究与管理实践，提高效率，主要医疗指标较上年均有一定增长。全年完成日间手术1.41万台次，同比增长51.8%，日间手术台次达到全院择期手术台次的20.6%；全年完成各种伤口治疗3.81万人次，同比增长29.8%；全年完成穿刺诊疗3.31万人次，同比增长12.9%。全年预约挂号占额定号源的56.4%；开展疑难会诊1848人次，多科会诊241人次；开设通科初诊门诊，完成诊疗10.88万人次；入院服务中心全年办理病人入院10.67万人次；患者满意度98%。全年新增全科医学硕士学位点，新增重症医学和再生医学两个目录外二级学科；新增博导26人，硕导25人。接受海南省等地区14家医疗机构委培118名住院医师；临床技能中心完成华西—唐氏虚拟现实临床技能实验室一期工程和华西—爱尔博电外科临床培训中心建设，开展GME、CME以及公益技能等对外培训项目3.76万人学时，服务社会公众2567人。在第三届全国高校大学生临床技能竞赛中获一等奖；首次获全国大学生“外研社杯”英语演讲比赛特等奖；获教育部博士研究生学术新人奖。获批国家级视频公开课1门，主编、副主编全国高等院校第八轮5年制规划教材10本、教育部“十二五”普通高等教育规划教材9本。研究生以第一作者发表SCI论文388篇；本科生出国出境学术交流45人次，研究生参加国际交流97人次，住院医师参加国际交流16人次，均创新高。重大项目获得突破，获准“973”计划首席科学家1名、国家自然科学基金杰出青年基金1名、优秀青年基金3名、教育部创新群体1个、牵头国家科技重大专项2项、牵头卫生部行业专项基金1项；在国家自然科学基金各种类型项目获准全覆盖。成立西部医药技术转移中心，搭建产业转化开放平台。西部医药技术转移中心现有会员联盟单位85家，到账经费1100万，收集、优选有转化前景的项目和技术信息721项。中国科学技术信息研究所公布“2011年中国科技论文统计结果”，医院SCI学科影响因子前1/10的期刊论文、科学引文索引扩展版（SCIE）收录论文、作为第一作者国际合著论文、即年被引用论文、工程索引核心部分（EI）收录论文等指标在全国医疗机构排名中名列第一。

（华西医院院办）

【三六三医院】 三六三医院开展预约诊疗服务，修订或新增门诊工作制度、岗位职责、应急预案、服务流程18个；建立门诊医生坐诊更换告假登记制度，加强门诊医生坐诊管理；新增复印服务，将服务中心总台位置前移，增设候诊区、地标图、提示牌及两台就医查询机；开展门诊患者满意度调查1次，综合满意率93.4%。全年门诊20.52万人次，同比增长27.0%，平均每工作日门诊820人次，同比增加172人次。入院2.13万人次，出院2.13万人次，均为历史新高。住院手术6928台次，较上年的5984台次增长15.8%，平均每工作日手术27.7台次，同比增加1.8台次。加上流动医院、急诊手术、介入手术，全年全院共行手术8171台次，同比增长10.8%。全年“120”救护车出诊2367趟次，同比增长5.4%。医保患者数量创历史新高，异地联网结算患者首次达千人，完成新住院大楼病房床位费收费标准调整及报批工作。抽查病人费用清单1059份，修正不合理收费164项，为临床科室设置耗材收费代码30余项，调整基本医疗保险药品谈判团购价格，核实10种药品价格。为临床科室进行收费记账培训2次，召开工作会议2次，接受物价检查1次，对存在的问题进行整改。按照等级评审要求，患者投诉实行“归口管理，分工负责”，确定纪检监察审计部为投诉管理归口部门，认真接待医疗投诉，妥善处理医疗纠纷。全年共接待医疗纠纷投诉22起近百人次，完善纠纷接待处理记录、流程及相关制度，及时总结分析，督促改进，使绝大多数纠纷得到解决。制定医疗纠纷经济赔偿责任追究制度，成立专家库，组织专家对相关案例进行讨论，明确责任科室、个人及分担比例，初步建立较为合理的医疗纠纷经济赔偿责任追究机制。根据省卫生厅部署，与阿坝州茂县人民医院建立对口支援关系，共选派16人次前往茂县开展支援工作。医务人员在基层工作时间累计958天，参与诊疗患者9711人次，参加手术近60台次，临床带教54批次，示范查房60余次，业务讲课近80次，组织疑难病例讨论30余例，院内会诊100余人次，开展新技术3项，帮助茂县人民医院开展大骨结病的研究，接收茂县人民医院8名医师来院进修。此外，与5家社区服务中心及华西医院急诊科建立双向转诊关系，共接收华西医院转诊病人2079人次、收入院378人次；组织高年资医师深入社区举行义诊、健康教育等公益活动10余次；组织医务人员参加成都市科协等部门主办的卫生“三下乡”、科技下乡等活动45次；组织流动医疗队外出45趟次，参加人员268人；组织医务人员赴若尔盖开展妇女“二癌”普查，并举行讲座、义诊8次；承担2012年春节武侯祠博物馆大庙会、国资委大型活动、成都市万人太极活动医疗保障任务。开展院级培训215次，同比增长76%，累计参与7630人次，同比增长150%；外派进修27人，短期培训345人次，年人均接受培训93学时，其中分批组织50名中层干部赴华西医院、北大医院和301医院、361医院短期培训及参观学习；科室每月组织集中业务学习、每季组织“三基”考试；年内获批科研课题5项，共获科研经费40.3万元，同比增长61%；结题项目中，获中航工业医疗科技进步二等奖1项、四川省科技进步三等奖1项、成都市科技进步三等奖1项。截至年底，共有在研课题22项，待结题项目4项；加强学术交流，举办“朝阳论坛”34期，邀请院外专家授课9期，累计听课4693人次，同比增长9%；鼓励科研产出，全院发表学术论文42篇，同比增长27%，其中核心期刊33篇，SCI收录论文1篇，其影响因子7.36，实现SCI论文零的突破；发放论文奖励9600元。神经外科顺利通过四川省甲级重点专科周期评审；骨科通过四川省甲级重点专科评审，成为医院第二个省级重点甲级专科；肿瘤科经成都市卫生局评审为市级重点专科建设项目。

（三六三医院办公室）

【四川省肿瘤医院】 医院积极推进医疗体制改革，构建国内先进、西部一流的现代文明的肿瘤专科医院，继续以“为民服务创先争优”活动为载体，重点抓“医疗质量万里行”、抗菌药物临床应用，建设第四住院大楼等工作。通过卫生部“医疗质量万里行”督查和“抗菌药物临床应用”专项整治活动检查，平均住院日从2011年的21天下降到19天、药品收入比例由2011年的45.55%下降到45.0%，维持在全国部省级肿瘤医院的最低水平。实现在不增加病人负担的前提下，病人数量和业务收入同步发展，社会效益和经济效益同步增长。推行预约挂号、先诊疗后结算、多学科综合门诊，在门诊大厅安装查询机，挂号室、B超、检验、药房等窗口和放疗技术中心实行“四班倒”。便民举措使等候挂号、缴费、就诊不超过15分钟，基本解决挂号难、排长队等突出问题，有效缓解“放疗难”。医院网站改版的完成使网上预约挂号更加快捷、方便。加强量化管理，抓基础医疗质量，规范操作流程，严格执行手术、治疗项目准入制度，提高抢救成功率。大力推进临床路径和单病种收费制度改革。全年全院门急诊病13.09万人次，住院病人3.33万人次，住院手术6700人次，入院与出院诊断符合率99.8%，手术前后诊断符合率96.4%，临床主要诊断与病理诊断符合率99.9%，肿瘤病房危重病人抢救成功率79.6%，出院病人治愈好转率91.4%，住院病死率1%，处方合格率98.6%，甲级病历率99.3%，确保医疗质量的不断提升和医疗安全。肺部肿瘤综合治疗病区获全国第一批“优质护理示范病房”称号。优质护理服务覆盖全院所有病房。医院建立静脉置管室和管理网络，为院内外患者提供外周中心静脉导管（PICC）、锁骨下静脉和颈内静脉等中心静脉置管（CVC）以及输液港的置入、维护技术；肿瘤药物静脉输注和药物外渗等相关并发症处理等服务和疑难病例会诊；开展癌痛规范治疗护理；成立“聚爱沙龙”“阳光之家”等患者康复组织，开展患者及健康人群的康复与科学防癌活动，并在省内率先开展肿瘤患者临床心灵关怀服务，形成肿瘤手术、化疗、放疗、静脉输液技术、疼痛控制与姑息照护、营养支持、康复与健康咨询等多个专科护理特色，提高肿瘤患者的生活质量和人群的科学防癌水平。放疗科与肿瘤内科完成亚专业管理，使科室对某一个或某几个病种的诊治进行更加系统的研究，不仅有利于对患者进行个体化、规范化治疗，达到术有专攻的要求，而且对医院的学科建设和人才培养必将起到积极的促进作用。根据科室学科建设的情况、科室意见和以往科室收治病种的数量而确定各病区今后主攻病种，并分别将病区名称以主攻病种命名。在持续加强质量控制和保障医疗安全的基础上，院领导定期带队开展医德医风查巡，及时发现和处理各种问题；引入医患纠纷第三方调解机制，化解矛盾；医院建立医患沟通办公室，门诊设药学服务窗口、咨询台及分诊台、志愿者工作站。在放疗科、头颈外科、妇瘤科省级重点学科基础上，全年胸科顺利通过验收评审，获得省甲级重点学科授牌。医院全年获国家自然科学基金立项资助2项，四川省科技厅立项资助6项，四川省卫生厅立项资助27项。获省、市科技进步奖2项。发表SCI论文10篇，中华级期刊论文44篇，核心期刊论文113篇。在获得“国家药物临床研究机构”资质后开展新药临床试验9项。学术交流活跃，先后有12名医师、医技人员分赴德国、美国等进修3～12个月，3名护理人员赴台湾、香港学习，20余人参加国际学术交流会议。承担博士生、硕士生、本科生及省内外进修生的教学任务，目前有2人担任医学院校博士生导师、21人担任硕士导师。全年医院捐赠壤塘县5万元、金秋助学2.2万元。对口支援4家基层肿瘤医院，下派医务人员17人，参与诊疗患者1800余人次，开展新业务、新技术学术交流24项，学术讲座32人次，义诊176人次。免费接受对口支援的基层医院和少数民族地区9名医务人员进修学习，医院增挂“四川省癌症防治中心”牌子。

（四川省肿瘤医院院办）

文化
Culture

【文化产业发展】 制定《关于推动文化大发展大繁荣加快建设文化强区的实施意见》《武侯区文化产业管理专项资金暂行管理办法（试行）》等配套政策，设立武侯区文化发展专项资金。组织开展武侯区文化产业专项资金项目申报及资金支持计划，完成市级文化产业专项资金项目收集工作；组织开展文化产业统计网上直报和文化产业知识专题培训，初步建立武侯区文化产业专家人才库，积极协调推动文化产业招商引资工作。

【文化阵地建设】 进一步完善阵地建设和人员配备，建成以区文化馆、区图书馆为骨干，以各街道综合文化活动中心（面积8000余平方米）为支撑，各社区（村）综合文化活动室（面积8000余平方米）为基础的公共文化阵地网络。通过对全区96个文化活动广场（面积12.75万平方米）现状的调研，针对基层实际情况，为各街道综合文化活动中心统一配置电视、音响、电脑，制作宣传栏，为文化活动广场逐步配备广场音响设施，同时进一步完善综合文化活动中心（室）的长效机制，形成“文化一站式”服务场所。完成区文化馆、区图书馆新馆选址、设计工作。设立市民文化艺术学校武侯分校、市民文化艺术辅导站，构建覆盖全区的公共文化教育辅导网络体系。在华兴街道打造名为“知青艺术团”的特色文化队伍，组建1000人的文化志愿者服务队伍，部分志愿者参与市文化馆举办的声乐、舞蹈业务骨干培训。以“武侯闹春”“武侯百姓故事会”为载体打造“文化惠民”品牌活动，各街道文化中心分别打造1项品牌文化活动。

【文化事业】 以“民俗闹春、音乐消夏、欢歌庆秋、劲舞暖冬”为主题，广泛开展“武侯文化四季风”广场文化活动。完成全国、省级“五个一工程”作品创作和申报等工作，组织开展社会主义核心价值体系歌曲创作、摄影进万家等活动，召开区作家协会成立大会，建立武侯文艺网站，举办新津——武侯金秋笔会。有序推进武侯“百姓故事会”活动，按照“全民参与、突出主流、塑造典型”的总体思路，建立武侯“百姓故事会”工作机制，各社区（村）举行750余场次基层现场故事会，故事员李志获得“成都市十强故事员”称号。

【文化场馆】 四川大学博物馆　位于四川大学望江校区东门的锦江河畔，1914年筹建，1919年正式成立，原为华西大学博物馆，1952年改为四川大学博物馆。建馆90余年，是中国西南地区建立最早的博物馆，也是中国历史最悠久的博物馆之一。馆内积累有十分丰富的藏品，有文物4万余件，分为民族学、民俗学、石刻、书画、陶瓷、青铜器、古钱币、古印、刺绣、外国文物等主要门类，以书画、陶瓷、雕刻艺术及民族学、民俗学等方面的藏品最为突出，收藏有来自世界五大洲几十个国家和地区的近2000件文物。馆内辟有石刻艺术陈列室、民俗学陈列室、书画艺术陈列室、道教历史文物陈列室和革命文物陈列室等展厅，展出文物2000余件，郭沫若、杨振宁等参观后给予高度评价。

西南民族大学博物馆　位于一环路南一段西南民族大学老校区，始建于1952年。馆内藏族文物占较大比例，内容涉及民俗方面的有生产工具、日常生活用具、服饰、装饰及藏传佛教方面的藏文典籍、唐卡、佛龛、镀金佛像、法器等，其中藏、汉合璧的楠木佛龛、德格印经院藏文典籍和珍贵唐卡颇具代表性。20世纪40年代德格印经院印制的500余函（卷）藏文文献，内容涉及宗教、历史、语言文字、医药、天文历算等，具有较高的收藏和研究价值。

武侯区文化馆　2005年7月成立，建筑面积3200平方米，文化活动广场500平方米，园林绿化率60%。馆内设有文艺辅导部、美术摄影部、文学创作部、非物质文化遗产保护中心、艺术培训中心等部门。区文化馆以面向全区广大群众开展公益性文化服务，全面推动群众文化艺术繁荣，促进全区精神文明建设为服务宗旨，是武侯区开展群众文化工作的重要载体。区文化馆成立以后，相继推出“武侯社区文艺展演”“手拉手”等系列公益文化服务品牌活动，2008年6月区文化馆通过国家二级文化馆的测评验收。

武侯区图书馆　位于成都市高升桥东路一号长城金融大厦二楼，2004年8月正式开馆，2010年被文化部评定为“国家一级图书馆”。馆内面积2500平方米，其中书库500平方米，馆内设有报刊杂志阅览区、儿童阅览区、工具书及地方文献查阅区、图书期刊外借区、盲人阅览区、共享工程支中心、电子阅览室、多功能室、三国文化阅览室、国学室、专家室、自修室、休闲书吧等，为读者提供办证、阅览和外借的“一站式”服务。馆内藏

图106　全民阅读活动仪式　（区文体旅游局提供）

书总量16万余册，分为哲学宗教类、艺术类、经济类、军事类、历史地理类、政治法律类、语言文字类、文学类等，征订各类报刊331种。

【公共文化服务】 2012年区图书馆总藏量17.6万册，其中图书期刊16.37万册、电子图书1万册。全年接待到馆读者16.07万人次，外借图书13.6万册次。举办各类讲座、展览以及读书活动共30场次，参与人数2万余人次。图书馆建有业务网络，读者登录图书馆网站（www.whlib.org）可查询馆藏信息、网上办理书刊续借等，还可以搜索阅读电子图书300万册。根据武侯区所处的地域优势和三国文化厚重的历史渊源，建立三国文化数字图书馆，有图书1000册、图片490张、影音资料100部。在全区各街道和社区建成图书室，实现全覆盖，共有图书18.8万余册；在玉林青少年活动中心和驻区部队建立流动图书室，流转图书各1000余册；在5个涉农街道建有农家书屋27个，每个农家书屋图书2000余册。做好区图书馆与玉林街道等8个社区图书室图书数据标准统一和网络集成管理服务，实现图书、期刊通借通还。在区残联建立残疾人综合服务中心分馆，并利用现有的数字图书馆资源以及特色三国文化资源库为残疾人服务，并主动上门免费为残疾人办理数字图书馆用户卡。

【文化活动】 结合“我们的节日”开展春节、清明节等主题活动，举办贴近群众生活的健康、法律、财富人生等系列公益讲座和开展摄影、电脑技能、美术培训班等，利用寒暑假开展形象、生动的特色“电影课”。积极推动基层文化事业的发展，全年开展图书流转4次，使全区图书资源得到最大限度的利用，定期和不定期地对基层图书室和基层服务点进行辅导培训和现场指导15次，提供服务保障。在成都市图书馆学会学术年会中，武侯区选送学术论文27篇。

【电影院线】 辖区内有8家电影院线，分别为四川东方世纪影业有限公司、武侯区花园影视娱乐中心、成都中影太平洋影城有限公司、成都上影电影城有限公司、四川太平洋影业有限公司、成都万达国际电影城有限公司、四川同辉实业有限公司、市电影公司（详见表12）。

【文物普查】 组织武侯区全国第三次文物普查工作，外业调查阶段文物普查共记录191处文物点，文物普查资料录入、审核阶段资料审录191处，现已验收合格，并荣获市优秀先进单位。对区级文物保护单位马骕墓进行维护、修理和打围处理。

【望江楼古建筑群】 崇丽阁 又称望江楼，位于望江楼公园内，崇丽阁为望江楼公园的主要建筑，距锦江西岸10米，为国家级文物保护单位。崇丽阁，始建于清光绪十二年（1886年），建成于清光绪十五年（1889年），其名取自晋代大文学家左思《蜀都赋》“既丽且崇，实号成都”，崇丽阁以雄浑华丽而著称，曾为成都的标志性建筑。该楼为全木穿榫结构，石砌基座，总高27.90米，上下共4层，一二层四方四角，三四层八方八角，占地面积166平方米，楼台长宽各14.60米，楼底层平面长宽各6.10米。斗拱彩绘，鎏金宝顶，底层阁廊宽敞，每方皆有四柱，四周为石栏。阁内有梯，可通顶楼，基座圆柱上刻有清代戏曲，上面两层为八角形，下面两层为四角形，每层屋面均铺设玻璃瓦，光彩华贵，在四角转为八角的交接处，处理得浑然一体，自上而下，层层内收，结构精巧。阁内二楼独悬一上联“望江楼，望江流，望江楼上望江流，江流千古，江楼千古”，底层挂有清末四川江津才子钟云舫撰写的长联。

吟诗楼 位于望江楼公园内，该楼为望江楼公园古建筑群中的主要建筑之一，为国家级文物保护单位。唐代女诗人薛涛晚年居碧鸡坊，建吟诗楼，原址早已无处可寻，清代人为纪念她，始建此楼。该楼始建于清嘉庆十九年（1814年），清光绪二十四年（1898年）重建。吟诗楼在崇丽阁东侧，坐东向西，一边临江，其楼为砖木结构建筑，面阔四间，长11.70米，宽3.80米，占地面积67.30平方米。吟诗楼进深二间，重檐卷棚顶，穿斗式梁架，青瓦屋面，简洁大方，正心间高于两侧次间，东面为两间，西面为一间。精巧玲珑，二层三叠，四面轩敞，与江面平行，翼角16个。

五云仙馆 位于望江楼公园内，该馆为望江楼公园古建筑群之一，为国家级文物保护单位。五云仙馆为砖木结构建筑，建于清光绪二十四年（1898年），由马长卿倡议而建，其名取自薛涛《试新服裁制初成》中“九气分为九色霞，五云仙驭五云车”和元稹诗《寄赠薛涛》中“别后相思隔烟水，菖蒲花发五云高”之句而来。薛涛居住浣花溪时，种菖蒲满门，五色云和菖蒲都是祥瑞之物，以此命名。五云仙馆坐南向北，面阔五间，长16.50米，宽4.80米，占地面积79.20平方米，前有廊，悬山顶，穿斗式梁架。屋面为青瓦铺设，房顶均为两坡，青砖砌脊，简洁明快，半装台墙，碎花木门窗。

濯锦楼　位于望江楼公园内，为望江楼公园古建筑群中的主要建筑之一，为国家级文物保护单位。濯锦楼始建于清嘉庆十九年（1814年），咸丰初毁于兵燹，清光绪二十四年（1898年）重建。自古以来，成都织锦业发达，锦工所织之锦经锦江水洗涤，色彩分外鲜亮，故锦江又名濯锦江，该楼面临锦江，因此得名。濯锦楼作为成都地区著名的古建筑之一，对研究中国古代建筑史具有重要的价值。该楼坐东向西，为全木穿榫结构，建在石砌台阶上，面阔五间，长21.80米，宽7.30米，占地面积160平方米。楼四方有回廊，重檐卷棚顶，青瓦屋面，简洁大方，穿斗式梁架，四角飞檐起翘，深远轻盈，正面及左右两侧设垂带式踏道。该楼为三楹两层，四周雕花格门窗，二楼有观景平台，楼内各柱雕有五彩点金的“二十八星宿”，柱上撑弓为云龙透雕，整楼形似画舫，布局与江岸平行，整座建筑玲珑空透。

流杯池　位于望江楼公园内，西临锦江50米，为国家级文物保护单位。流杯池修建于清光绪二十四年（1898年），位于五云仙馆门前，由荷花池及3座小桥组成。每到夏日垂柳掩桥、流水潺潺、荷花送香、风景如画，“流杯池”3个大字由四川省著名画家、书法家吴一峰所书。流杯池主体构造部分，由一块正方形的巨型平板石质构成，长宽各3米的青石板上刻有曲折形水槽，供酒杯漂水流动用。流杯池呈东西向，东为长方形水池，西为圆形荷塘，直径13米，中有小溪相连东西，流杯池全长57米。

清婉室　位于望江楼公园内，为国家级文物保护单位。清婉室建于清光绪二十九年（1903年），由马长卿倡议而建，其名取自《诗经·齐风·猗嗟》“猗嗟娈兮，清扬婉兮”中的“清婉”二字，以称赞薛涛诗品及人品。室内正中墙壁上装嵌有冯协中所画薛涛道装石刻像，为清光绪二十九年（1903年）罗湘所立。室内还有贵阳陈矩的薛涛像赞和赵熙集唐诗联句等石刻。清婉室为木结构穿榫式建筑，坐西向东，一楹三开间，长11.60米，宽3.50米，占地面积为41平方米。悬山式屋顶，屋面为青瓦，一脊两坡，青砖素脊，花格透光木雕门窗，朱柱。石砌台基，正心间前置垂带式踏道二级，整座建筑小巧玲珑，轻盈淡雅。

泉香榭　位于望江楼公园内，为国家级文物保护单位。泉香榭修建于清光绪二十四年（1898年），位于流杯池旁假山上，在榭的五边柱下方，均置有木座，可沿石阶而上。泉香榭实为仿竹正六边形小亭，6根石柱托起树皮盖尖，造型简洁、明快、大方，别具特色。此亭指取薛涛井煮茶品茗，格外清香。

浣笺亭　位于望江楼公园内，为国家级文物保护单位。浣笺亭于清嘉庆十九年（1814年）由四川布政使方积、成都知府李尧栋为纪念女诗人薛涛制笺而建，咸丰初年，毁于兵燹，清光绪二十四年（1898年）由马长卿等重建。浣笺亭建筑颇有特色，坐南向北，亭、房混合建筑，穿斗式梁架结构，悬山顶，该亭实为半亭，与一楹五开间建筑连为一体，亭为攒尖四坡顶，正面的两檐角翼然飞翘，堪称壮观。与亭相连的五开间长17米，宽8.50米，建筑面积144.50平方米。悬山式建筑，白墙花窗、朱柱青瓦，整座建筑古朴庄重，风格独特。

薛涛井　位于望江楼公园内，为国家级文物保护单位。薛涛井之说，始于明代，井台为石质圆形莲花台座，有石盖，井口呈八角形，直径5米，井口径为0.75米，井后牌坊红墙碧瓦，斗拱彩绘，书刻俱佳。清康熙三年（1664年）成都知府冀应熊为井后牌坊题写苍劲有力的“薛涛井”3个大字，此后便正式称为薛涛井，成为后人纪念、凭吊女诗人的重要遗迹。井旁立有寄蜀中薛涛校书碑1通，红砂石质高1米，宽0.50米。

【武侯祠】 参见【旅游景点】武侯祠

【四川大学文物建筑群】 华西校区办公楼　位于人民南路三段17号的四川大学华西校区内，为省级文物保护单位。华西校区办公楼，又名怀德堂，1915年动工，1919年建成，由美国纽约罗恩莆为纪念白槐民所捐建。该楼砖木结构，坐西向东，外观表现中国古典建筑的特征，楼长55.50米，宽28米，占地面积1554平方米。该楼为歇山顶，主柱用斗拱，屋面为青瓦，墙体用青砖砌成，雕梁画栋，楼基、墙柱、门窗均为西式风格，房顶正脊安装传统神兽，其梁架结构采用四川穿斗式，室外装饰中国古典图案，室内采用西方教堂样式，采光通风好。毕启校长曾称赞它崇密壮丽，为华西校园中最美丽的建筑。该楼建成后即为校行政处办公室、礼堂、文科教室和照相部等，其二楼上的大讲演室还是星期日礼拜、聚会之所。

华西校区第一教学楼　位于人

民南路三段17号的四川大学华西校区内，为省级文物保护单位。第一教学楼又名生物楼，亦称嘉德堂，在以钟楼为中轴线的荷花池东侧，与第二教学楼遥相对应。第一教学楼由英国建筑师弗烈特·荣杜易设计，1924年由美国夏威夷嘉热尔顿兄弟捐建，是采用中西砖木结构造法完成的大型公共建筑。该楼坐东向西，长55.60米、宽18.60米，占地面积1034平方米。楼高三层为歇山屋顶，青瓦屋面，青砖墙体，主柱皆用斗拱。室内雕梁画栋，楼基、墙柱、门窗是西式风格，正脊装饰简洁，青砖墙体朴实大方，其梁架用四川穿斗式，另建有门楼，室内采光通风良好。该楼以一钟楼为中轴，呈现对称美，初期为生物楼，系国内著名的大型解剖室之一。

华西校区第二教学楼　位于人民南路三段17号的四川大学华西校区内，为省级文物保护单位。第二教学楼，又称苏道璞纪念堂，在以钟楼为中轴线近旁，与第一教学楼相对。该楼始建于1939年春，由华西协合大学与来蓉的京陵大学、齐鲁大学、金陵大学女子文理学院合资兴建，为纪念已故来华英国化学家苏道璞博士，命名为苏道璞纪念堂。由外籍建筑师设计，采用中西合璧砖木结构，1941年建成。该楼坐西向东，长56.30米、宽33.70米、占地面积1893平方米，楼高三层，以钟楼为中轴，呈现对称美。教学楼为歇山式屋顶，青砖青瓦，主柱用斗拱，室内雕梁画栋，楼基、墙柱、门窗是西式风格，正脊装饰简洁，青砖墙体朴实大方，梁架结构为四川穿斗式，室内通风、采光良好，另建有砖柱青瓦门楼，可沿石梯上大厅。修建该楼是为纪念国际著名化学家苏道璞博士，当时约定为四校合用，抗战胜利后归华西大学所有，是省内外著名大型的化学实验室之一。

华西校区第四教学楼　位于人民南路三段17号的四川大学华西校区内，为省级文物保护单位。第四教学楼，又称赫斐院，又名合德堂，该楼坐南向北，为歇山式屋顶，主柱用斗拱装饰，青瓦屋面、青砖砌墙，外观简洁美观，室内雕梁画栋，楼基、墙柱、门窗是西式风格，梁架结构为穿斗式。该楼为纪念最早到西南传教的赫斐氏所建，由外籍建筑师设计，采用中西合璧砖木结构造型完成的大型公共建筑，主楼高三层，楼中部另建有三层四方形攒尖顶阁楼，楼底层有石阶直通教学楼门厅，面阔49米，进深18米，占地面积882平方米。

华西校区第五教学楼　位于人民南路三段17号的四川大学华西校区内，为省级文物保护单位。第五教学楼又称教育学院，建于1928年，北邻大学路北校门，与第四教学楼遥相对应。由外籍建筑师设计，是中西合璧砖木结构完成的大型公共建筑，该楼坐北朝南，长53米，宽30.40米，占地面积1611平方米，高三层，该楼为歇山式屋顶，主柱用斗拱装饰，室内雕梁画栋，正脊简洁美观，楼基、墙柱、门窗是西式风格，正中门楼用青砖砌成中式拱形门洞，别具风格，青砖墙体整齐规范，室内采光通风良好，为典型中西合璧式建筑，教学楼东部由美国嘉弟伯氏捐建，西部由刘文辉于1948年捐建。

华西校区第六教学楼（万德堂）

位于人民南路三段17号的四川大学华西校区内，为省级文物保护单位。第六教学楼又称万德门明堂学社，建于1920年，位于钟楼东侧，由外籍建筑师设计，为美国浸礼会万德门夫妇捐建。初建时在华西协合大学西部，为三楼，两边有侧楼，该楼建有一座二层亭楼，1960年万德门被拆除，并搬迁于现在的位置，一砖一瓦均按原貌重建，后成为教学楼。该楼坐南向北，为三楼砖混结构，长53.20米，宽13.10米，占地面积696.90平方米，为歇山顶，主柱上用斗拱，青瓦屋面，墙体用青砖砌成，雕梁画栋，屋顶正脊装饰青狮、白象、孔雀、鲤鱼等图案。楼基、墙柱、门窗均为西式风格，尽显精美华丽，门楼4根墙柱前抱鼓石各刻有麒麟各一，形态生动，楼底建有两层石梯可直通正厅大门，室内采光通风良好。

华西校区老图书馆　位于人民南路三段17号的四川大学华西校区内，为省级文物保护单位。华西老图书馆，又称懋德堂，建于1926年，与华西办公楼（怀德堂）相望。老图书馆由英国建筑师蓉杜易设计，1926年由美国赖孟德为纪念其子捐建。为二层砖木结构，该馆坐东向西，长53.4米，宽28米，占地面积1495平方米，该馆重檐歇山顶，主楼顶部建有突起阁楼，别具一格，主柱上均用斗拱，青砖、青瓦，雕梁画栋，楼基、墙柱和门窗为西式风格，入口正中矗立一中式门楼，造型优美独特，穿斗式梁架，墙体用青砖砌成，朴实大方，室内采光通风良好，为中国韵味突出的建筑物。图书馆建成后为华西协合大学的图书馆及博物馆，现为川大校区陈列室。

华西校区钟楼　位于人民南路三段17号的四川大学华西校区内，为省级文物保护单位。钟楼又名钟塔，原名柯里斯纪念楼，建于1925

年，为成都标志性著名建筑物之一。钟楼为两层砖石塔式建筑，高24米，平面呈正方形，长宽9米，占地面积81平方米。底层为单檐歇山式，二层为四方攒尖顶，上部嵌有西式巨钟，底层用青砖砌成南北走向的拱形通道，楼体为青石青砖、青瓦、红色墙体。

四川大学办公楼 位于一环路南一段24号，为省级文物保护单位。该楼建于1955年，由四川省建筑工程设计公司设计、成都市建筑工程局第一工程公司施工，原为成都工学院第一教学楼，用于教学和实验。建筑面积1.55万平方米，是新中国成立后西南地区第一幢大型教学建筑，大楼中部为6层，坐南向北，重檐歇山式，大楼平面呈飞机形，大楼正面有32级台阶直通二楼大厅，平台四周与阶梯两边为云纹望柱，二楼大厅宽敞明亮，大门外立有4根粗大方柱，高3层，直通大楼顶成擎天之势，采用清代仿古建筑风格，规模宏大。主楼东西两侧楼各为4层，主楼背面为后楼3层，屋脊和檐翼上有走兽饰物，所有门窗均为西式风格，通风采光良好。

【颐庐】 位于公行道2号，西与华西医院宿舍、东与云南驻川办事处为邻，颐庐现为成都华西坝地区特有的中西结合民居建筑，其建筑设计具有欧洲回廊和川西民居特色，为省级文物保护单位。此房修建于1940年，占地700平方米，房屋占地面积132平方米，楼房长12米，宽11米，高两层，房屋结构为砖木结构、歇山式屋顶、小青瓦，墙为青砖对缝，为木门、木花格窗、全木地板。一楼为三开间，二楼为四间，主楼后面一平房，为五开间、小青瓦、砖木结构，墙下半节是泥墙，上半节是白灰墙。该房属私人住宅，房主为张琼仙，是中国第一个口腔医学女博士。

【王光祈墓碑】 王光祈墓碑位于新生路6号，四川音乐学院东侧花园内，为省级文物保护单位。王光祈（1892～1936），四川温江县（现成都市温江区）人，是“五四”时期著名社会活动家、音乐家、音乐史学家，曾与李大钊等人创建著名的“少年中国学会”，一生著述近40部，论文百余篇，是我国东方比较音乐学的开拓人和奠基人，1936年1月12日病逝于德国波恩。王光祈墓碑长1米、宽0.30米、高1.65米，墓碑东南向西北，在花园亭内正中处。碑亭为木质架构，六角攒尖顶，为六柱，有石梯可上，前侧有王光祈半身胸像一尊，墓碑与半身胸像坐落在一长方形平台上。该墓碑对研究中国近现代史和中国音乐史具有重要的价值。

【成汉墓】 成汉墓位于国学巷四川大学华西医院门诊大楼花园内（原桓侯巷），为市级文物保护单位。该墓为圆形土丘，直径约30米，封土高10米，相传为三国蜀汉大将张飞的衣冠冢，1985年对该墓进行考古发掘，认定为东晋成汉墓葬。该墓封土下为长方形券拱顶砖室墓，内高2.50米，内长12.75米，出土近百件陶俑和动物俑，造型、服装、姿态十分生动，别具特色，是研究丧葬习俗、墓葬形制、社会生活的重要文物，具有很高的文物价值。墓中还出土有纪年砖，上自西晋太康、下迄成汉汉兴时期。近年在冢山正面新建仿汉代墓厥一座，为四坡顶，有斗拱方柱4根，墓厥长宽约4米。

【李家钰墓】 李家钰墓位于广福桥横街6号，为市级文物保护单位，李家钰（1892～1944），号其相，蒲江县人，川军将领。1944年春日军在河南发动“中原会战”，同年5月21日李家钰在掩护各部转移时，在陕县秦家坡遭日军伏击牺牲。1944年葬于此地，其墓在60年代曾被捣毁，80年代予以整修。墓平面呈长方形拱，长4.40米，宽3.30米，面积为15平方米，墓园占地面积约100平方米，封土高2米，呈拱形。墓北还有圆雕石刻李家钰半身胸像1尊，像高1米，立在长1米、高宽0.80米的立方体石基上，墓前立大理石碑1通，上书“抗日阵亡将领、陆军上将、第三十六集团军总司令李家钰烈士之墓”。

【刘湘墓】 刘湘墓位于武侯祠大街231号，为市级文物保护单位。刘湘（1888～1938），字甫澄，四川大邑人，曾任国民革命军21军军长、四川省政府主席、第七战区司令长官等职，1938年1月武汉离逝。墓园坐北向南，占地面积8.60万平方米，1938年动工兴建，1942年1月落成，主要建筑依次为石桥、牌坊、甬道、旌忠亭、东西配堂、荐馨堂、陵台。旌忠门为三券砖室结构，明楼为歇山顶，面阔21米，进深5米，东西配堂左右对称，面阔五间，通宽24.10米，进深10.80米，高8.20米，荐馨堂面阔五间25.60米，进深14.90米，高16.70米，重檐庑殿顶。墓园高出地面1.50米，面阔45米，有一棺台座，正中前端有重刻墓碑，圆首，高3米，左楷书“抗日战争时期第七战区司令长官陆军一级上将”，正中隶书“刘湘墓”，右楷书“公元1985年立”。

【非物质文化遗产】 完成相书、达摩会等为重点的非遗发掘整理保护工作，已成功申报市级、省级非物质文化遗产保护名录。

四川相书　四川相书是一种独特的民间艺术，它的表演方式很特别，由一名演员在高1.7米、宽0.8米的布帐里，凭着一张口，借助于简单的道具，描绘环境、陈述故事，表现人物的活动。观众看不到演员的动作，而是通过听觉和联想，进入演员所创造的艺术境界里去。四川相书独具一格，成为散发着巴山蜀水乡土气息的特有产物，成为中华民族文化遗产中的一朵奇葩。四川相书最显著的特点之一是幽默、讽刺的喜剧风格，喜剧效果常用谐音、吟诗、作对、打油诗等手法，制造出喜剧效果。四川相书以说人物和故事为主，口技服务于人物和故事，这是其区别于其他地区口技的重要特点。目前四川相书仅存于武侯区，只有年近70岁的艺人鲁国华能表演这种艺术。鲁国华，1943年生于成都市三道街。1963年拜师罗俊林，从事相书表演艺术至今。继承20余个节目。1995年参加成都市“三绝”比赛获绝艺奖，2003年参加“剑南春杯”群众曲艺大赛获得银奖。

达摩会　1909年，为了促进中华国术界的团结，消除门户之见，国术界前辈周腾蛟、吴蔚生等倡导，在成都文庙后街韦驮堂道观举办首届国术达摩会，目的是抗击外来侵略者，弘扬民族气节。并通过飞鸽传书，敬告各门派武林同仁，参加这一武林最高盛会，每年有数千人参加，热闹空前。2005年，由僧门第六代掌门（成都市峨眉僧门武校校长）何伟琪倡导，在望江楼公园恢复了成都国术达摩会。

达摩会会期约10天，在此期间，武林高手们在这里聚会交流、切磋武技，举行拜师收徒仪式，各行各业也都共襄盛事，来此经营小吃、百货、工艺品、书画古玩等，场面异常壮观。达摩会是成都武林历史上的一个范本，是巴蜀文化一朵奇葩，构成成都的一种特色文化，老成都人已有口皆碑。主要活动内容包括：

开幕仪式——传统国术的礼仪礼节，庄严肃穆的祭祖拜师仪式，热火朝天的龙狮共舞，身怀绝技的武林高手都会亮相。

国术绝技表演——包括各门派高手的精湛武功表演，惊险刺激的硬气功、国术较技、养生功、健身强体功表演，如僧门何伟琪独有的兵器猕狮锐、查拳门传人张国梁的神鞭（长3米左右），以及国术变脸、一指断石、单掌劈砖、脚踏钢刀三合一等武功绝技成为重头戏，表演者下至六七岁儿童，上至70余岁武林前辈。充分体现崇德尚武的精神、场面壮观、惊险刺激。

武林人士的交流茶会——包括拜师收徒仪式，以及小吃、小商品、旅游品买卖等项目。

达摩会是包容豁达，参加流派人数最多的武林盛会。达摩会作为具有悠久历史传统的成都民俗，与青羊宫庙会（打金章）、花会等共同形成了成都庙会文化。

剪纸　剪纸的历史悠久，源远流长，距今大约有1900年的历史。杜甫《彭衙行》中有“暖汤濯我足，剪纸招吾魂”之句，足见其对剪纸艺术的喜爱。成都是剪纸艺术的发源地之一，武侯区域内剪纸素以巧整闻名，有“蜀剪生趣”之誉。剪纸题材与内容多与身边的生活和大自然景物息息相关。花卉、禽鸟、动植物、种庄稼的壮汉、回娘家的小媳妇，古装戏剧人物、神话传说故事等，均为剪纸的题材。一些特定场合专用剪纸，几乎成为定例——新婚之夜需饰双喜盘花以告知亲友而祈愿和美；生辰寿诞定饰以松鹤鹿童以庆贺寿星祝福长生；喜庆佳节均剪贴人畜兴旺、五谷丰登之吉祥纹样，以赞美现在而憧憬未来；馈赠礼品亦必以兴隆昌盛之图案以花代意，覆一幅鼓励感怀的作品。锦里古街民间艺人王海滨，她的作品风格既具有南方的纤细秀美、玲珑剔透，也有北方的粗犷大气。她可做五彩缤纷的彩衬叠彩剪纸，也可做分色剪纸和剪影、撕纸。她不但继承了老一辈家族的传统技法，还通过自己的努力能做单纸剪、双面叠衬彩色剪纸十二生肖作品。另一位民间艺术家名叫龙玲（又名阿龙菡洁），她的剪纸艺术题材丰富，形象生动。在题材方面，她的剪纸不拘一格，既有民间喜闻乐见的祈福题材，又有反映民间生活状态的题材，还有大量的文学作品题材。在工艺方面，吸取民间工艺的多种手法。

笺　笺是成都古代的一种著名加工纸。唐代，成都笺纸列入“纸之妙者”。据李肇《周史补》记载有“麻面、屑骨、金花、长麻、鱼子、十色笺”。陆龟蒙的诗称赞鱼子笺：“捣成霜粒细鳞鳞，知作悉吟喜见分，今日乍惊新茧色，临风时辩白萍文。”不过，唐代笺纸中最有名的要算薛涛笺。女诗人薛涛好写小诗，见一般纸张尺幅太大，“乃命匠人狭小为之，蜀中才子既以为便，后裁诸笺亦如是，特名曰‘薛涛笺’”。苏易简《文房四谱》说，薛涛笺是彩笺，颜色有10种之多。其中红色小笺尤为人们推崇，成了薛涛以至蜀笺的代表，历代仿制不绝。元代一支农民起义军攻占成都后，四川首领明玉珍听说成都陆子良能造薛涛笺，工巧过人，便在成都浣花溪畔设笺局，请陆子良总管其事，负责造笺；明代蜀王府每年三月三日也要造笺24幅，从中选16幅送入宫中，贡献给皇帝，不过造纸地点已迁到东门锦江岸边，用的是玉女津（后称薛涛井）水。

木版水印　区域内用木版水印字画、笺谱，在唐代就已经有相当水平。唐代著名女诗人薛涛创制的薛涛笺，即以木版水印加工染色而成，明末出现“拱花”等套色叠印，技术又有更大的进步，它集绘画、雕刻和印刷为一体，根据水墨渗透原理，显示笔触墨韵，既可用以创作，体现艺术品的特点，也可以逼真地复制各类中国字画。木版水印凭借简单的工具和精湛的技巧，对中国书画（包括精品）进行高仿真的还原复制，是任何现代化机器无法代替的，完全可称为艺术再创作。50年代后，木版水印制作工艺在成都曾一度失传。80年代，陈顺端老人通过自己在北京荣宝斋学习和多年制作实践，恢复了木版水印制作工艺。她的木版水印作品制作十分精良，对线条有准确把握，对黑白灰作完美处理，对水墨的韵味能恰到好处地表达，既有丰富的传统文化内涵，又有强烈的现代印刷感受。

（马进朝　包光志）

表12　　2012年武侯区辖区内主要影院

单位名称	单位地址
东方世纪电影城	一环路南二段22号（世纪电脑城四楼）
成都市花园影城	一环路南三段18号
星美学府影城	一环路南一段12号
成都太平洋影城武侯店	一环路高升桥武侯大街266号购书中心四楼
成都上影国际影城	科华中路9号
卢米埃影城	人民南路四段3号来福士广场3层
成都万达国际影城红牌楼店	武侯区佳灵路7号红牌楼广场2栋2楼
双楠电影城	二环路西一段逸都路6号同辉大厦（伊藤六楼）
成都中影太平洋影城	晋阳路269号瑞泰锦城千盛购物广场三楼

表13　　2012年武侯区市级以上文物保护单位名录

名称	文物保护级别	年代	类别	地址
武侯祠	全国	清康熙十一年（1672年）	古建筑	武侯祠大街
崇丽阁	全国	清光绪十二年（1886年）	古建筑	望江楼公园内
吟诗楼	全国	清嘉庆十九年（1814年）	古建筑	望江楼公园内
五云仙馆	全国	清光绪二十四年（1898年）	古建筑	望江楼公园内
濯锦楼	全国	清嘉庆十九年（1814年）	古建筑	望江楼公园内
流杯池	全国	清代	古建筑	锦江楼公园内
清婉室	全国	清光绪二十九年（1903年）	古建筑	望江楼公园内
泉香榭	全国	清光绪二十四年（1898年）	古建筑	望江楼公园内
浣笺亭	全国	清光绪二十四年（1898年）	古建筑	望江楼公园内
薛涛井	全国	明代	古建筑	望江楼公园内
刘湘墓	省级	1942年	近现代重要史迹及代表性建筑	武侯祠西侧
华西协合大学建筑群	省级	20世纪40年代	近现代重要史迹及代表性建筑	大学路南
王光祈墓	省级	1942年	近现代重要史迹及代表性建筑	四川音乐学院内
颐庐	省级	1940年	近现代重要史迹及代表性建筑	公行道街
三义庙	市级	清乾隆五十二年（1787年）	古建筑	武侯祠大街（1997年迁入）

体育
Sports

图107　培训社会体育指导员　（区文体旅游局提供）

【概况】 2012年，全区体育工作不断创新工作思路，添设施、搞活动、出亮点，组织全区机关、学校、街道社区、企事业单位，围绕“运动成都·太极武侯”主题，广泛开展各类群众性体育健身运动，荣获2012科学行走指导活动优秀组织奖、成都市“‘运动成都’全民健身工作先进单位”称号和2012年“太极蓉城”系列健身活动优秀组织奖。

【群众体育】 区文体旅游局主办区级各类活动和体育赛事65次，协办和参加市级比赛43次，国家级比赛1次，参与人数20万人次。为打造特色体育板块，不断丰富和提升武侯区品牌广场体育活动的内涵和品质，开展“运动成都·太极武侯”大型特色体育活动、“策乐2012科学行走指导活动（成都站）”“全民健身日”等特色活动。火车南站、簇锦、红牌楼等街道办事处还分别开展“走进星期五”“走进四季”“幸福红牌楼·欢乐星期六”等贴近群众的体育活动。按照市体育局的要求，在玉林街道办事处对121人进行1次国民体质监测。

【社区体育】 区文体旅游局免费为13个街道办事处培训社会体育指导员125名，对考核合格的101名文体骨干颁发社会体育指导员证书。

【学校体育】 区文体旅游局加强与区教育局及各学校的联系，在全区中小学中开展学校九大学生体育活动，并获得乒乓球活动月、棋类活动、排球活动月、田径班级赛、足球活动月、模型活动、篮球活动、百日游泳活动、网球活动的一等奖。完成成都市体育传统项目学校重新命名和网球进校园工作，全区共有44所体育传统项目学校，其中有3所中小学为网球试点学校，还为3所优秀体育传统学校赠送1批体育器材。

【市运会】 在成都市第十二届运动会上，武侯区代表团1200余名运动员参加青少年组、成年组、老年组42个大项的比赛。获得老年组团体总分第三名（5枚金牌、1枚银牌、7枚铜牌）、成年组团体总分第三名（17枚金牌、19枚银牌、23枚铜牌）、青少年组团体总分第六名（28枚金牌、53枚银牌、38枚铜牌），除去加分因素，全区青少年组在全市排名第四。

【体育协会活动】 加强全区各体育协会的管理力度，成功开展桥牌、钓鱼、门球、太极拳展示等群众喜闻乐见的全民健身活动，召开各体育协会的工作会。

【体育设施】 武侯区体育资源丰富，体育设施较为完善。全年新建全民健身路径15条，同时针对有质量问题和安全隐患的全民健身路径进行彻底的清查，对损坏严重和超过使用年限的健身器材进行拆除、补建。全区有1个大型多功能体育活动场所——成都市武侯区文体活动中心；有59个总面积为10.08万平方米的文体活动广场，其中八益家具广场、十街坊广场、武侯广场、音乐广场为大型文体广场；全区有健身路径179条，青少年活动室11个；有各类体育场馆180余家，其中台球、乒乓球馆30余家，游泳馆110家，网球馆20余家，摔跤、柔道、武术培训机构5家，体育咨询管理机构10余家，簇桥簇锦公园三木游泳场、罗浮恒温游泳馆是成都市较具影响力的休闲健身场所。

武侯区文体活动中心　是集体育培训、训练、健身、休闲娱乐为一体的全民健身多功能大型活动场所，是市政府贯彻国家《全民健身计划纲要》的为民办实事的民心工程。该项目以体彩公益金投入为主，区政府投入为辅。中心位于武侯大道双楠段503号，占地5506.56平方米（不含代征地），建筑面积1.22万平方米，2004年12月投入使用。中心大楼共建7层，不仅能够提供运动健身、健身指导、竞赛活动、体质检测、健身培训等经营服务，而且能够承办市级以上体育比赛活动。活动中心设置篮球、羽毛球、乒乓球、网球、台球、健身健美、艺术体操、拉丁舞、踢踏舞、跆拳道、电子竞技、武术、飞镖、沙弧球、体质监测等15个体育运动项目。负一楼为停车场，面积2100平方米，可停放轿车70台。一楼为综合场馆，设置的淋浴、运动休闲、运动技术指导、运动康复等项目类别和服务功能在成都地区处于较高水平。二楼为健身中心，层高6米，面积2100平方米，设有专业指导员和体质测试中心，为市民健身休闲进行管理、咨询、指导以及身体素质状况测试。三楼为综合体育俱乐部，层高12米，面积2100平方米，以俱乐部形式设有网球、羽毛球、篮球、跆拳道、武术等运动比赛项目。四楼层高5米，既是大众乒乓球运动场馆，也可作为专业乒乓球训练、竞赛场馆，面积800平方米，设有12张标准乒乓球桌。五楼、六楼为区文化馆办公室，七楼为区老干部活动中心。

八益家具广场　建成于2003年，面积1.50万平方米，位于华兴街道南桥村二组。

十街坊广场　建成于2001年，面积8000平方米，位于火车南站街道长寿路7号。

武侯广场　建成于2002年，面积1.33万平方米，位于二环路西一段2号。

音乐广场　建成于1998年，面积近1000平方米，位于丝管路口至安顺桥附近。

簇桥簇锦公园三木游泳场　面积2000平方米，位于簇桥簇锦公园内，最多可容纳800人游泳。

罗浮恒温游泳馆　面积1200平方米，位于一环路罗浮广场四楼，最多可容纳500人游泳。

【体育彩票管理】　继续加强全区各彩点协管工作，协助省、市体育彩票管理中心各项工作，确保体育彩票健康、持续发展。区文化体育旅游局还主办“体彩杯”各类活动8次，并拟定《2012年武侯区体彩公益金年度安排计划》，开发体育市场，逐步推进体育赛事市场化。

（曹　蓉　包光志）

新闻出版·版权

Press and Publication & Copyright

【法制宣传】　利用“春雷”专项行动、打击网络侵权盗版“剑网行动”、集中整治淫秽色情出版物市场专项行动、版权知识进社区等重大活动，开展形式多样的知识产权普法和宣传，进一步整治出版物市场，强化全民新闻出版版权意识。开展全区各街道的文化专干、社事科长等共同参与的武侯区版权知识培训会；开展全区印刷企业培训会，120余家印刷企业法定代表人（负责人）参加培训。

【出版物市场管理】　按照国家《出版管理条例》要求，开展出版物市场管理工作，进一步加强出版物市场的监管执法，全年出动执法人员700余人次，共收缴非法盗版光碟20余万张，淫秽色情光碟1万余张，盗版书籍6.5万册，政治性非法书刊2000余册。打击非法盗版光碟窝点9处，依法取缔从事盗版光碟非法交易的流动摊点50家，区新闻出版局被评为2012年度“四川省扫黄打非工作先进集体”。

【印刷企业监督管理】　全区有省属、

图108　收缴非法出版物　（区新闻中心提供）

市属及相关部门批文的印刷企业128家，有正规的复印、打印店（含个体）24家，从业人员4400余人。按照《印刷业经营资格条件暂行规定》，严把印刷包装装潢企业、印刷品印刷企业、复印打印店初审关，规范印刷企业的从业行为。全年出动执法车辆180余台次，执法人员420余人次，检查印刷企业120余次，开展9次联合执法检查，纠正印刷企业违规经营行为4起，对包装装潢企业、其他印刷品印刷企业、复印打印店经营单位进行年检验证。

【版权保护】 继续加强全区公开出版的报纸、刊物的治理整顿，加强长期及临时性内部资料的编印出版管理。继续开展机关单位软件正版化工作，按照市版权局要求完成机关单位软件正版化推进工作，推进全区卡拉OK点歌系统正版化工作，正版化率98%。加强网络版权的管理，要求全区网吧经营业主不下载、不向上网人员提供未经授权的影视作品。

（曹　蓉　包光志）

电视与报纸
Television and Newspaper

【武侯电视】 区新闻中心全年制作播出《武侯新闻》260期，编发新闻2180条，《关注新武侯》全年共制作播出专题、访谈节目28组135期。在"走基层、转作风、改文风"活动中，《武侯新闻》开辟《记者在一线》栏目，《关注新武侯》制作"走转改"专题。通过记者在基层一线的工作体验，用镜头真实反映一线的

图109　召开记者节庆祝暨表彰大会　（区新闻中心提供）

干部群众的精神面貌。为配合全区深入开展干部作风教育实践活动、深化文明城市建设和城乡环境综合治理工作，《武侯新闻》和《关注新武侯》分别开设《深化城乡环境综合治理》《深化文明城市建设》《深入开展干部作风教育实践活动》等栏目，共计推出报道184条。围绕庆祝中共十八大以及学习贯彻十八大精神，武侯电视台推出《科学发展，奋进四川，成就辉煌——迎接党的十八大特别报道》专栏，开展"我们这五年"典型人物报道，"走街道看变化""走社区看幸福""走企业看发展"等走基层系列宣传，共计播出相关新闻145条。《关注新武侯》推出《喜迎十八大特别报道》15期、《学习贯彻党的十八大精神》30期。新开设《法治大讲堂》电视栏目，用身边的事讲法理，并根据真实案例改编普法短剧，制作播出12期。为方便残疾人朋友更好地收看《武侯电视新闻》，从6月1日起，每周末的武侯新闻节目中推出手语播报系统，全年播出31期手语。进一步加强舆论监督，全年制作暗访片7部，有力推动全区文明城市创建、城乡环境综合治理等工作。推出专栏节目——《小苏打街》，重点对老百姓反映强烈的城乡环境治理和文明城市建设方面存在的问题，以及城乡环境综合治理成效等方面进行连续报道。积极争先创优，在广播电视创优工作中，武侯电视台选送的4件作品获成都市广播电视节目提名奖，6件作品分别获得区委宣传部"武侯好新闻奖"和"武侯宣传策划创新奖"。

【《今日武侯》】 围绕区委、区政府中心工作，《今日武侯》共编辑出版报型《今日武侯》51期，刊型《今日武侯》12期，特刊《武侯现代服务业》12期，总计文章3640余篇，270万字。围绕区党代会、人代会确定的发展目标和主要任务，积极舆论造势，推出会议特刊报道。围绕党代会确定的产业高端化、文化特色化、环境品质化、充分国际化、民生幸福化等目标，集中采访20个街道和部门，推出报道系列报道18篇。结合各街道部门全年工作安排部署，开设《高位快进，领先发展》专栏，以写实的方式，重点反映11个街道和部门的特色亮点工作。继续办好《首席观察》和《武侯论坛》栏目，围绕中

心工作和重大部署，组织开展深度分析观察和组织大讨论活动，共推出报道25期。结合深化文明城市建设工作，推出《以城乡环境综合治理为抓手深化文明城市建设》特刊、《治理“两乱”》专栏，每期以1～2个版面的篇幅，深度报道各级各部门推进文明城市建设的重大举措和重要工作，其中既有工作动态报道，又有监督曝光，既有经验总结，又有回访。深化文明城市建设报道共计推出专版48个，刊发文章276篇。结合作风教育实践活动的安排，深入街道部门，宣传机关干部转变作风、创新工作的思路和举措，共计推出特别报道18期，文章184篇。围绕庆祝中共十八大以及十八大精神的学习贯彻，开设《开创“商务高地·宜居武侯”建设新局面，争当全面建成小康社会区》《走基层看变化，喜迎十八大》《武侯论坛理论版》《法治武侯》等专栏，组织大规模的宣传报道活动，先后推出各类报道200余篇。采写的外宣稿件在《四川日报》《成都日报》《成都商报》等各级媒体刊登新闻290余篇，为提升武侯形象，营造一流的投资环境发挥积极作用。在创优评比工作中，选送的14件作品分别获得“2011年度成都新闻奖专项奖”和“2011年度（第四届）成都市新闻工作者协会新闻奖”。

（张智能　任　玲）

档案
Archives

【档案行政执法】　区档案局根据《四川省档案行政执法检查办法》的要求，对10个单位进行档案行政执法检查。深入开展《中华人民共和国档案法》《中华人民共和国档案法实施办法》等法律法规的宣传教育，组织全区档案人员参加国家档案局举办的“飞狐灵通杯”档案法制知识有奖竞赛活动，发放回收答卷300份，进一步增强干部职工的档案法律意识和法制观念。

【档案馆新馆建设】　完成《武侯高新档案图书文化馆》方案设计、施工图设计以及施工监理招投标工作，完成《国有土地使用证》办理工作。

【档案规范化管理】　按照《四川省档案工作规范化管理办法》的要求，抓好档案规范化管理工作，10个机关、4个社区通过档案工作规范化管理复查，75个区级机关、街道办事处文件材料立卷归档获得合格证，10个单位完成城乡统筹发展专题档案目录数据录入。

【档案信息化建设】　馆藏档案信息化建设进一步加强，完成档案数字化加工工作，加工档案1081卷（盒），约20万页。完成特色资源库的升级改造，入库《今日武侯》《武侯区志》《武侯年鉴》等2343页，抢救、保护区新闻中心影像资料18件。

【档案收集保管】　区档案馆馆藏资源不断丰富，馆藏档案门类13种，全年接收整理武侯教投公司基建档案35盒，区建设局工程项目档案46盒，机投桥、簇桥、华兴街道产改文书档案45盒（2287件），照片1册（38张）。接收整理区级各单位文书永久档案按卷整理14卷，按件整理287盒（8001件）。接收婚姻档案361盒（11509件）。及时收集整理“双重”活动资料，采集“双重”活动14次。整理“双重”档案5盒172件，照片107张。

【档案信息利用服务】　进一步强化公共服务功能，区档案馆政务服务窗口、政府信息公开查阅点共接待查档1453人次，查阅文书、婚姻案卷1779卷（件），复印3051页。其中，查阅文书会计档案74人次、389卷（件），

图110　武侯电视演播大厅　　（区新闻中心提供）

查阅婚姻档案1379人次、1390件，为群众和区级机关部门提供档案信息服务。

（杨庆梁）

地方志
Local Chronicles

【《武侯年鉴（2012）》】 10月，《武侯年鉴（2012）》由新华出版社出版发行。该年鉴精装16开，四色印刷，76万字，288页，印数1000册，单价298元，随书赠送电子版。设有综述、专文、大事记、城乡建设管理、商贸与服务业、居民生活与社会保障、文献、人物、附录等类目32个，分目163个，条目676个，表29个，内文图片143幅，综合图片46页。

【民俗志编纂】 按照市委宣传部的部署和区委区政府的要求，组织编纂《武侯区民俗志》，八易其稿形成送审稿，通过中国文联的审查，已交付出版社。

【大事记编辑】 进一步规范《武侯区大事记》编辑、报送工作，按月组织编辑《武侯区大事记》，并及时在武侯区公众信息网上发布。全年编发12期，共371条信息。

【省市年鉴组稿】 完成《四川年鉴（2012）》和《成都年鉴（2012）》的组稿工作。分别为《四川年鉴（2012）》和《成都年鉴（2012）》提供反映武侯区经济发展、城乡统筹、宜居环境建设、民生改善、人民南路科技商务区建设、特色经济商圈发展等内容的文稿4000余字、图片10幅及2家单位宣传彩页。

【军事工业志组稿】 完成《成都市军事工业志》武侯区部分的资料搜集和编辑，形成文字资料2.7万字，图片20余幅，涉及5701工厂、核工业西南物理研究院、西南技术物理研究所、中蓝晨光化工研究院有限公司等4家军工企业。

【县域经济大典组稿】 完成《四川当代县域经济大典》武侯区部分的资料搜集和编辑，形成文稿6万余字，图片38幅。文稿由领导致辞、大事记、综述、经济和社会、专记、重要文件等组成，从对外开放、工业、农业与城乡一体化、交通运输、建筑与房地产、科技、教育、体育文化、卫生等方面记叙2002～2011年武侯区经济文化发展情况

【部门志和街道志编纂】 认真组织部门志、街道志、社区（村）志的编纂工作。《武侯区检察院志》完成初稿，《武侯区法院志》《武侯区公安志》《武侯区劳动志》《武侯区卫生局志》《武侯区浆洗街街道志》《武侯区金花桥街道志》《簧门街社区志》等正在编纂中。其他相关单位也在积极开展资料搜集工作。

【地情资料编纂】 为进一步挖掘区域内的历史、文化特色及亮点，做好地情资料的编纂、整理和开发利用工作，目前正在收集、编辑华西坝、武侯区地名掌故等相关资料，地情资料编纂工作有序推进。

【志鉴获奖】 12月，在省地方志编纂委员会、省地方志学会举办的四川省第十五次地方志优秀成果评选中，《武侯年鉴（2010）》获优秀成果一等奖，《成都市武侯区志（1990～2005）》获优秀成果二等奖。

【方志数字化和方志馆建设】 区地志办会同区政务中心完成武侯公众信息网《认识武侯》栏目设计方案，开展方志馆建设前期工作。

（王翔谦　杜　珊）

图111　《武侯年鉴（2012）》获第七届全国年鉴编校质量检查评比一等奖　（区地志办提供）

居民生活与社会保障

RESIDENTS LIFE AND SOCIAL SECURITY

人口与计划生育
Population and Family Planning

【优质服务】 全年为6.51万名农村已婚育龄妇女、社区部分已婚育龄妇女、流动人口中的已婚育龄妇女开展免费生殖健康普查。组织孕前培训23期，3843对夫妇参加培训。将艾滋病筛查项目纳入免费孕前优生健康检查项目，开展免费孕前优生健康检查、产前筛查、“一对一”专家咨询、产前诊断四项生育关怀“一条龙”免费服务，1612对夫妇参加免费孕前优生健康检查，参检率65%，442人参加免费产前筛查。组织“一对一”专家优生遗传咨询6次，61名出生缺陷高危人群参加咨询，41人参加免费产前诊断。全区免费计生药具发放点144个，其中自助发放点14个，全年发放避孕套171.08万只，避孕药2000板，其他外用药具4.15万盒（瓶）。

【激励政策兑现】 独生子女父母奖励人数1.85万人，计划生育家庭奖励扶助对象1538人，计划生育家庭特别扶助对象514人，奖励金、奖扶金、特扶金按时足额发放到位。完成“三结合”帮扶454户，其中新增户86户，为37名“三结合”新增户年龄在0～18岁的子女购买少儿互助金。全区三级政务服务网络平台常年开展生育服务办证、再生育审批、独生子女父母光荣证办理、流动人口计生信息采集等工作，简化流程，方便群众。

【流动人口计生服务】 与德阳、绵阳、雅安等地建立起流动人口计划生育协作机制，与重庆璧山市、山东省梁山县等地签订流动人口计划生育双向互动协议。坚持流动人口与常住人口“三同”（同宣传、同管理、同服务）服务原则，组织流动人口计划生育宣传服务活动40次。为2.48万名流动人口已婚育龄妇女进行免费“三查”（查孕、查环、查病），为400名流动人口已婚育龄妇女提供免费健康体检，提交“三查”信息4191条，代办婚育证明620本。开展流动人口“三结合”（计划生育与发展经济、帮助群众勤劳致富、建设文明健康家庭相结合）帮扶，暑期对社区部分流动人口托管子女进行探访。流动人口登记率90%，综合服务率90%。

【依法行政】 实行首问责任制、一次性告知制、限期办结制，执法人员考试合格，持证上岗。社区（村）全面、准确依法公开人口计生执法事项、程序和标准。对全区各街道办事处计生干部进行计生业务知识培训，对1000名社区（村）计生专干、社区前后台工作人员和综合服务员分片进行计生业务知识的培训。开展诚信计生，举办诚信计生法制大讲堂，建立诚信小组86个，辖区内育龄妇女签订《诚信计生协议书》80%以上。

【宣传教育】 在“5·29”计生协会会员活动日、“7·11”世界人口日等重要时机组织主题宣传活动5次。启动武侯区“青少年健康人格工程”，发放《幸福家庭指南亲子手册》4.38万册，在石室锦城外国语学校建立武侯区青春健康教育示范基地，印制、发放各类宣传手册、宣传单30余万份。官方微博“@武侯人口计生”上线运行，组织“预防出生缺陷知识讲座”走进军营，受到官兵的热烈欢迎。

（吴晓玲）

劳动与社会保险
Labor and Social Security

【和谐劳动关系创建】 巩固和谐劳动关系街道创建成果，在全区开展创建劳动关系和谐企业活动面100%，全区企业职工劳动合同签订率98.2%，集体合同签订率92%。推进仲裁办案标准化建设，立案受理606件，结案585件，结案率96.5%。切实强化劳动保障监察及群体性事件的预防预警和处置，监察用人单位1120户，纠正75件违法违规行为，督促用人单位补签劳动合同1200份。共受理各类劳动用工投诉1476件，信访案203件，妥善处置群体性突发事件32起，为劳动者追回被拖欠克扣工资、押金等495万元（包括建筑、装饰行业）。对7家违规企业罚款4.09万元，投诉举报结案率100%，受理工伤案509件，认定（视同）401件。

【城乡就业】 全年城镇新增就业13263人，实现下岗失业人员再就业9861人，动态消除“零就业家庭”，城镇登记失业率2.9%。农村富余劳动力向非农产业转移就业新增2552人，促进高校毕业生实现创业66人；培训农民工11302人，其中在岗培训2922人，品牌培训1681人，农村劳动力技能培训6699人。

【小额贷款】 出台《武侯区进一步推进小额贷款的实施意见》，解决高校毕业生创业资金难题，促进高校毕业生创业。创新推出高校毕业生创业贷款实施无抵押、无担保、无联保互保的信用贷款扶持政策，形成一套政策清晰、操作规范的高校毕业生创业融资机制。全年发放创业小额担保贷款5350万元，为23家企业、76位个体工商户解决资金难题，吸纳2000余人实现就业；收回贷款134笔，1080万元，到期贷款实际回收率95%，小额贷款工作机制措施成效突出。

【社会保险】 全年基本养老保险在职职工新增参保人员4.39万人，征收基本养老基金17.03亿元；城镇职工基本医疗保险新增参保人员4.51万人，征收基本医疗保险基金5.22亿元；失业保险新增参保人员3.45万人，征收失业保险基金1.3亿元；工伤保险新增参保人员3.45万人，征收工伤保险基金3015.1万元；生育保险新增参保人员4.37万人，征收生育保险基金3817.52万元；离退休人员养老金社会化发放率100%，发放养老金4.02亿元。被征地人员农转非新增263人，缴纳养老保险基金4336.56万元、医疗保险基金988.36万元、失业保险基金349.72万元。继续实施《关于进一步解决困难家庭人员住院医疗保障问题的实施意见（试行）》。

【社保基金管理】 成立武侯区社会保障基金管理中心，通过创造性地实施“医疗费用审核”“初复审相分离”“社会保险经办与稽核分离”“基金拨付与具体业务经办相分离”和“定点医疗机构、定点药店协议管理与日常监管相分离”等措施，不断创新基金监督方式，确保社会保险基金安全、有效、平稳运行。全年对380家单位进行稽核，查出少报工资基数4216万元，少报人数9227

图112 现场招聘 （区新闻中心提供）

图113　召开创新社区建设座谈会　（区新闻中心提供）

人次，医疗经费累计审核扣减金额541.47万元。

（张建勇　蔡　敏）

社区建设
Community Construction

【院落自治】　出台《关于建立健全院落居民自治激励机制的意见》，定期对院落自治组织开展考核、评比工作，在此基础上通过“以奖代补”的形式，对院落自治组织及其成员给予适当的奖励，推动院落居民的自我管理、自我教育、自我服务和自我监督。由区民政局组织牵头，在城区8个街道抽调社区工作人员组成5个督查小组，对全区街道院落自治工作进行督察。并及时召开全区院落自治经验交流会，使院落自治工作的新经验、好方法在全区院落自治中推广。

【农民集中居住区自治】　加强对全区农民集中居住区社区自治的指导工作，推动农民集中居住区向城市社区转变。在农民集中居住区内以院落为单元建立院落自治组织体系，进一步实化、强化社区居民自治。对拆迁安置小区管理现状进行摸底调查，及时开展综合整治工作，坚持开展对农民集中居住区自治组织运行情况日常工作督查、专项检查、联合检查活动，共形成5期书面督查通报。

【社区人才队伍建设】　出台《武侯区社区（村）综合服务协管员考试制度（试行）》，建立起“资格与岗位挂钩”的用人制度，全面提高社区（村）工作人员的业务素质和综合能力。出台《提高社区（村）工作人员待遇方案》，将社区（村）工作人员的固定补贴每月提高300～500元，增加岗位补贴，明确社会保险和住房公积金的缴费基数。社区（村）工作人员通过武侯区社区（村）综合服务协管员考试并取得资格合格证后，将享受提高后的新待遇标准。同时，实行“末位淘汰”制度，逐步建立社区（村）工作人员的考核奖惩机制。

（夏晓蓉）

救济与帮扶
Relief and Assistance

【最低生活保障】　有序开展城乡低收入家庭认定工作。全年城乡最低生活保障3.36万人次，发放保障金925.15万元，月人均补助275元。

【城乡医疗救助】　全年累计救助9753人次，发放救助金额246.05万元，年人均医疗救助621元。

【流浪乞讨救助】　坚持流浪乞讨街面劝导和救助督察，在重点区域、交通要道开展流浪乞讨救助专项整治活动，全年劝离职业流浪乞讨人员357人次，对24名自愿求助人员实施救助。

【定点帮扶】　定点帮扶工作坚持“领导挂点，部门包村，干部帮户”制度，

图114　社区图书室　（玉林街道提供）

图115　开展流浪乞讨救助宣传　　（区民政局提供）

全区11个部门，对口帮扶崇州市11个村，共计落实帮扶项目15个。通过基础设施建设、产业帮扶、项目开发、劳务开发、帮困助学等方式，落实帮扶资金126.8万元，提高和改善贫困村生产、生活条件，促进农民增收，增强"造血"机能，贫困村人均纯收入增加1850元，增幅20%。建成（硬化）和拓宽乡村道路12.38公里，帮困助学118人，慰问贫困户854户，劳动力培训775人，输出95人，捐款17.92万元。

【对口支援】 组织区党政代表团到白玉县进行实地考察，双方签订5年对口支援框架协议，包括资金援建、编制规划、人才援藏等方面，涉及基础设施，教育、医疗、公共服务、产业发展、社会管理创新、应急救灾等领域。形成对口支援长效机制。武侯区主动与省委政研室、四川发展（控股）集团公司进行协调沟通，整合各方资源优势，签订三方共援共建框架协议。加强双边干部人才交流培训，武侯区除选派20名援藏队员外，还先后派出10名专业人才，充实白玉教育、卫生人才队伍；白玉县也选派28名干部到武侯区进行挂职锻炼。举办由往届援藏干部授课或主讲的培训班、讲座8期，培训藏区专业技术人才700余人次。截至年底，累计完成项目投资975万元，全面完成《白玉县经济社会发展总体规划》《武侯区对口支援白玉县五年规划》，以及《城乡建设规划》等5个专项规划修编工作，并通过审定；重点实施基础设施和民生工程，提升藏区保障水平，全年投入基础设施项目1项，民生工程项目3项；注重支持藏区特色优势产业发展，全年支持产业发展项目1项，产业组织化基础项目1项。区红十字会为白玉县筹集发放洪灾泥石流灾害救灾资金3万元，为云南省昭通市彝良县捐赠地震救灾资金5000元。

（夏晓蓉）

慈善事业
Philanthropy

【慈善捐款】 组织开展"慈善一日捐"募捐活动，全区机关、企事业单位和社会各界群众踊跃捐赠，接收捐赠82万余元。

【阳光助学】 开展"阳光圆梦""阳光育苗"助学工程，全年共计为43名低保家庭学生发放帮困助学金10.6万元，确保困难家庭学生不因贫困而失学。

【慈善帮困】 对困难群众开展扶贫帮困，共计向困难民警、身患重病等困难群众救助6.5万元。

（夏晓蓉）

图116　为低保家庭学生发放"阳光圆梦"助学金　　（区民政局提供）

图117　召开社会组织评估授牌大会　（区民政局提供）

社会事务
Social Affairs

【婚姻收养登记】 通过规范内部管理、工作程序、服务方式、监督机制等措施，婚姻登记服务水平进一步提高，全年共办理结婚登记6716对、离婚登记2713对，补办结婚登记1637对，补办离婚登记209人，出具婚姻登记状况证明6687份。办理收养登记1个，解除收养登记1个。

【区划地名】 完成《中华人民共和国政区大典武侯分卷》编纂工作。在创建平安边界线活动中，武侯区受到四川省社会管理综合治理委员会办公室、四川省民政厅表彰，被命名为"平安边界线"。新建道路命名21条，进一步完善武侯区地名数据库。

【殡葬管理】 严格执行国家殡葬管理规定，开展殡葬服务行业执法检查，保证殡葬服务的有序经营。春节、清明节期间在全区开展殡葬改革和文明安全祭祀宣传活动，散发宣传资料6500余份。加强殡葬管理，全年遗体火化2725具，火化率100%。殡葬惠民累计补助人数61人，补助金额4.88万元。

【民间组织管理】 制定下发《武侯区民政局关于社会组织登记管理体制改革的通知》，社会组织登记管理体制改革基本完成，公益性社会组织培育发展取得较大突破。全年共办理民办非企业单位、社会团体登记20个，年检社会组织506家，年检率97%。加强社会组织培训和执法监督工作，培训社会组织负责人1200余人次，开展例行执法检查85次，专项查处投诉举报30余次，纠正违规行为680余项。

（夏晓蓉）

老龄事业
Cause for the Aging Population

【离退休干部"创先争优"活动】 以开展"远学杨善洲、近学身边典型"活动为重点，发现和选树一批离退休干部"创先争优"先进典型和闪光事例，在"七一"前夕进行表彰，并通过报刊、电视、互联网等各种媒体广泛宣传，激发广大离退休干部创先争优的内生动力，营造全区关心和爱护老干部、重视和支持老干部工作的良好氛围。

【离退休干部两项待遇】 坚持组织离退休干部参加政治理论学习，邀请省、市委党校老师为老干部作中共十八大精神和市十二次党代会精神宣讲报告。区委书记、区长等区领导向老干部作全区经济社会发展、组织工作和老干部工作等情况通报。组织老干部到区法院、第十二中学等重点建设项目参观考察，集中走访慰问213名老干部。举办"迎春团拜会"、"夕阳红满天"爱心捐赠、"喜迎十八大共同颂辉煌"书画摄影展和采风、钓鱼比赛，区"四大班子"主要领导分别以不同形式参加。集中召开老干部小组长座谈会和离退休干部制度建立30周年暨庆"七一"座谈会，老领导们结合个人经历，回顾老干部工作的发展历程，畅谈认识和体会，并对提高机关干部作风素质、提高老干部生活待遇、为老干部发挥作用搭建平台及全区经济社会发展等提出中肯的意见和建议。区老干局对中共十七大以来老干部政策落实情况进行自查，并组织人员对全区各单位老干部生活待遇、医疗待遇等切身利益的事情进行检查和督查，全区各单位离休干部离休费均按时足额发放。认真按照基本政治待遇不变，生活待遇略为从优的政策，确保离休费保障机制、医药费保障机制和财政支持机制有效运转。建立离休干部及遗属特殊困难专项救助基金，按每年20万元基数纳入财政预算，用于全区离休干部及遗属因患重大疾病或危重抢救在基本医疗保险基金支付后自付费用的补助，或突遇重大灾害、意外等造成生活困难的补助。

【老干部作用发挥】 组织社区建立老干部党员课堂，通过课堂形式，发动老干部党员上台授课、交流思想认识和学习心得。组织社区成立老干部服务队伍，使老干部的关心服务有了落脚点，通过集中服务和上门服务、无偿服务和有偿服务相结合的方式，提高老干部晚年生活幸福指数。以“唱响社区”为引领，组织老干部书法绘画进社区、普法宣传进社区、关心下一代工作进社区等活动，使老干部作用得到发挥，全年老干部在社区中为青少年和居民上传统教育课30余次，帮扶贫困学生30余人，调解邻里纠纷80余起，为区委、区政府提出有价值的意见建议10余条，接待全国各省市区老干部工作系统到社区参观考察11批次300余人。

【敬老服务】 重点开展对空巢老人、失能老人、困难老人等特殊群体的服务活动，全年为居家养老服务对象提供服务9497小时，支付服务费用9.48万元。在网上成功注册24支志愿者服务队，注册志愿者852名，常态化开展为老服务工作。全年共为全区456人次百岁老人发放高龄生活补贴13.68万元，为6485人次低保老人发放困难补助64.85万元，组织196名90岁以上老年人进行免费体检。各街道在春节、重阳节共计慰问90岁以上老年人1396名，发放慰问金55.84万元。（详见表14）

【养老服务机构建设】 积极发展为老服务社会组织，在晋阳街道成立武侯区夕阳红爱心互助协会，并在有条件的社区开设“爱心之家”，拓展低龄老人为高龄老人服务的模式。引进有经验的社会组织开设区内首家社区居民养老服务机构——朗力居家养老服务中心总部，该养老服务机构位于玉林北路社区，开设全托、临托、送餐等9大类居家养老服务项目，可供老人就近养老。

【老年活动】 各街道各部门结合身实际积极开展老年文体教育和文体活动。区老年大学共开设18个专业班，招收学员1678人，编辑出版校刊《武侯老年》。区老龄办组织全区老年文艺团队参加成都市第11届老年艺术节，获得二等奖1个、三等奖1个和优秀奖4个的优异成绩。

（陈胜利　夏晓蓉）

表14　　2012年武侯区辖区内百岁老人名录

所在街道	姓名	性别	出生年月	所在街道	姓名	性别	出生年月
浆洗街街道	杜孝珍	女	1909年8月	玉林街道	侯旭东	男	1911年2月
	陈淑尧	女	1909年9月		张素华	女	1911年6月
	向如彬	女	1910年12月		戴克明	男	1911年10月
	张天伟	男	1912年1月		孙云安	男	1912年1月
	包华治	男	1912年8月		陈子植	男	1912年8月
	王国正	女	1912年9月	双楠街道	袁栋斌	男	1907年7月
望江路街道	张若冰	女	1904年2月		何友明	男	1911年2月
	李少卿	男	1909年3月		何问渠	女	1911年11月
	魏光玉	女	1910年7月		刘景芝	女	1912年10月
	王廷珍	女	1912年10月	红牌楼街道	陈俊华	女	1906年1月
火车南站街道	张刚剑	男	1912年12月		李素珍	女	1912年11月
跳伞塔街道	邱惠君	女	1909年10月	晋阳街道	雷阳臣	男	1910年11月
	赵壁雪	女	1911年10月	机投桥街道	陈茂清	女	1912年7月
	李玉彬	男	1912年8月	簇锦街道	曾素芳	女	1905年3月
	翟云弟	女	1912年11月		白李氏	女	1906年10月
玉林街道	黄玉书	男	1903年1月		陈素荣	女	1911年6月
	王素梅	女	1908年4月		周石槐	男	1912年9月
	蒋永满	男	1909年11月	金花桥街道	白美均	女	1911年2月
	张琼仙	女	1910年11月		杨素华	女	1912年2月

街 道

STREET SCENE

浆洗街街道

Jiangxijie Street

【概况】 浆洗街街道位于武侯区北部，是武侯区委、区政府所在地。辖区北临锦江，与青羊区汪家拐街道隔河相望，东与玉林街道连界，西与双楠街道相邻，南与高新区肖家河街道接壤。辖区面积2.3平方公里，2012年末户籍人口5.60万人。街道辖洗面桥、洗面桥横街、大石东路、蜀汉街、凉水井街等5个社区。辖区是武侯区的文化旅游中心，历史文化底蕴丰厚，有武侯祠博物馆、锦里和民族用品一条街等。西南民族大学、成都体育学院、四川经济贸易学校、成都飞机设计研究所等大中专院校和科研院所坐落其间。驻有西藏自治区人民政府驻成都办事处等民族自治地区的派出机构，常住少数民族人口5300余人，流动少数民族人口每年100万余人次，占全市少数民族人口总数的10%以上，是成都市藏族同胞的主要聚居区。

【经济建设】 街道全年实现财政总收入6.30亿元，地方公共财政收入1.66亿元，地方税收1.58亿元。全年共引进企业（项目）870个，累计注册资金28.4亿元，实际到位资金26.8亿元，其中注册资金500万以上企业138户，实际使用外资6500万美元。

【惠民行动】 街道充分发挥社区和院落自治组织的作用，全面完成“一户一表”改造工程。加大对区域内困难家庭和弱势群体的帮扶力度，通过慈善基金会、社区义工制、“阳光圆梦”工程、“阳光育苗”行动、独居老人“一键通”、“爱心超市”等帮扶活动，共惠及困难家庭300余户。继续实施《特困老人居家养老管理服务实施方案》《“春雨育苗”奖学金制度实施办法》《对特别贫困户实施困难补助的补充办法》等配套制度，惠及更多群众。提供小额贷款800万（其中企业贷款400万），援助就业困难对象112人。进一步完善公共文化设施布局和服务体系，开展“经典传承文明·国学点亮人生”为主题的国学“六个一”工程，打造“书香浆洗”。开展“百姓故事会”活动，发动群众参与讲述自己的故事。各社区共建立宣传队、秧歌队、文明劝导队等12个社会团体，经常在辖区内举行各种文艺活动，打造出“浆洗大舞台·月末喜相逢”文化品牌。

【社会管理创新】 街道继续推行社区网格化管理工作，实行前后台流转工作制度，建立起片区包干、工作替代、条块协同、民生采集、居民议事等5种机制。成立凉水井街社区社会组织居民服务中心，向所有签约的

图118　重新打造后的洗面桥游园　　（区新闻中心提供）

社会组织免费提供统一办公场地。街道与成都飞机设计研究所蓝天老年学校合作，为辖区老龄学员提供学习、娱乐交流的场所；与成都市状元堂培训学校合作，成立凉水井街社区少年儿童托管中心，为辖区双职工子女儿童提供放学后的托管及学习培训；与中维培训学校合作，为辖区下岗失业人员、外来务工人员进行就业培训和指导；与四川天利合国际快递服务站合作，为辖区居民提供国际快递服务。

【环境整治】　街道围绕“环境品质化”战略，按照“大城市，细管理”的理念，以建设高品质生活街区为目标，创新建立“大城管”工作模式。加快背街小巷公共设施更新及修复，完善道路排水排污设施，加大街面的洒水降尘，疏淘瓦子堰河道、南郊公园后门河道，打造蜀汉东街景观长廊及院落，切实改善辖区环境。实行“城市管理按路分段责任到人”的管理运行机制，将街道分片包干、分段到人，实施“点、线、院、段、面”统一管理。建立起环卫作业市场化、区域监管责任化、考核评比常态化管理机制。在辖区内全面实行主干道、背街小巷、居民院落“一家扫”作业模式，确保作业标准达到“三个一样”（检查与不检查一个样，白天与晚上一个样，平时与节假日一个样），不断完善24小时清扫保洁督查。充分发挥“浆洗100”数字信息网的平台作用，实施量化考核，采取动静结合、轮回执勤、跟踪督察等办法，形成市容环境秩序网格化管理机制。强化执法队伍建设，全年分批组织执法人员进行封闭式培训和法律法规知识讲座。制定《综合执法大队绩效考核管理办法》，进一步加强居民院落自治，建立和完善居民院落常态长效机制，制定“二组一会”（院落党组织、院落自治管理小组、院落民情代表议事会）、“四机制”（联系院落机制、培训交流机制、民主监督机制、表彰激励机制）、“五运行”（院落党组织运行机制、院落民情代表议事会运行机制、院落自治管理小组运行机制、院落民主监督运行机制、营造和谐氛围运行机制）等制度，使院落常态管理不松懈。

【维护稳定】　街道与辖区综治成员单位、社区、派出所签订综治、维稳等目标责任书。全年共出动警力1200余人，对辖区重点、敏感地段进行清查。成立专项整治小组，组织综合执法队员定时定点对辖区校园周边环境进行整治。投入30余万元为辖区居民院落安装防盗伞及其他监控设备。强化信访逐级负责制，及时办理群众来信来访，初信初访办结率100%，对群众反映突出和上级的督办件办结率100%，网上信访件回复

图119　开展民族团结联欢活动　　（区新闻中心提供）

率100%。每月定期排查矛盾纠纷，及时调处49件排查出的矛盾纠纷，化解成功率100%。成功化解康桥医院白内障手术和三六三医院胆结石手术两起涉藏医患纠纷。推动民族团结进步，与甘孜州等少数民族地区建立友好合作关系，设立藏汉双语警务室及少数民族企业家联席会。2012年，浆洗街洗面桥社区获得由中宣部、中央统战部、国家民委授予的“全国民族团结进步创建活动示范社区”称号。

（马忠健　陈小丽　胡　霆）

望江路街道

Wangjianglu Street

【概况】 望江路街道位于武侯区东部，东面和北面与锦江区隔江相望，西与跳伞塔街道相邻，南接火车南站街道，面积3.2平方公里，2012年末户籍人口为8.96万人。辖郭家桥、棕东、老马路、共和路、新生路、临江东路等6个社区。辖区有望江楼公园、四川大学（望江校区）、四川音乐学院、四川职业艺术学院、成都大学学前教育学院等高等院校，音乐广场、培根路太平巷酒吧休闲一条街、科华北路餐饮娱乐一条街坐落其间，22条公交线路穿境而过。辖区内文化氛围浓厚、居住环境舒适、公共交通便捷，是居家生活、商务活动和发展经济的理想之地。

【经济发展】 街道全年实现全口径财政收入6.75亿元，同比增长7.8%；地方公共财政收入完成1.75亿元，同比增长4.5%；地方税收收入完成1.62亿元，同比增长2.9%。全年完成固定资产总额17.39亿元，引进企业408家，其中注册资金50万元以上393家，500万以上的29家，1000万元以上的29家，引进到位外资3200万美元，引进省外资金20亿元，引进一般重大项目3个（奥磊集团矿业总部、川威集团四川投资总部和中航国际煤炭物流四川总部），在第十三届西博会上与世界500强企业韩国斗山工程机械有限公司签约成都分公司项目。全年重点项目建设投资完成9.51亿元，竣工项目2个（和信派都、邻里中央），促进开工项目7个，加快建设项目1个（尚房国际公馆）。街道分期、分批开展企业走访活动，了解企业的生产、行业发展和项目建设等情况，及时解决企业面临的难题，并联合工商、税务等部门对专业市场、建筑工地、装修工地及楼宇企业进行深入摸底调查和清理清查，进一步加强对辖区企业纳税情况的监督检查。

图120　举行城乡环境综合治理文明劝导启动仪式　（区新闻中心提供）

【环境治理】 街道修订、完善《武侯区望江路辖区环境卫生作业考核办法》《武侯区望江路辖区城市综合管理协管考核办法》《武侯区望江路辖区治理非法乱张贴书写广告工作考核办法》等工作细则。实行街道党工委班子成员轮流带队巡回巡查制度，梳理难点问题、研究解决对策、优化工作方案。继续做好农贸市场监管、违建拆除、“五十百千”示范街道创建和亮点街道的后续管理等各项城市管理工作。增加环卫作业人员和环卫机具投入，新投入资金90余万元，添置垃圾压缩收集车、四轮机动垃圾收运车、三轮机动垃圾收运车、快速保洁三轮车等，确保清扫保洁和垃圾收运24小时3班全区域覆盖作业的高效运转。充分发挥社区文明劝导志愿者、辖区大小宣传栏和墙体广告的宣传引导作用，在辖区开展城乡环境治理和深化文明城市宣传。全年共开展大型文明劝导、宣传活动10余次，开设宣传专栏100余处。深化院落自治管理，充分调动院落民情代表在院落自治管理中的积极性和主动性，发挥民情代表议事会的作用，抓好楼道卫生秩序，有效破解院落环境治理工作中楼道卫生

图121　开展消防应急演练　　（区新闻中心提供）

保洁不到位的难题。街道按每 84 户配备 1 名保洁人员的标准，安排专人负责院落清洁卫生，确保院落环境的整洁。全年完成 15 个老旧居民院落整治改造工程，惠及辖区居民 1117 户 4000 余人。

【居民自治】 街道实施民情代表单元负责制，进一步深化院落自治管理。充分调动和发挥院落民情代表在院落自治管理中的积极性和主动性，进一步拓展和明确单元民情代表的服务内容和服务标准。落实院落楼道和单元门口卫生秩序管理、单元民情民意收集、居民纠纷排查调处、单元出租房和流动人口信息报送等工作。

【民生工作】 做好“全国阳光家园示范区”创建工作，开展阳光家园“爱与希望”公益活动。街道办事处联系新世界地产公司、市七医院、市肿瘤医院等单位，开展志愿者助残“橙丝带行动”。打造阳光家园品牌建设，为残疾人、轻度精神病患者提供日间照料服务，基本满足残疾人庇护性就业需求。4 月，中残联组联部副主任张超英考察时，对街道开展为残疾人实施量体裁衣式的个性化服务工作给予高度肯定。以望江楼公园及望江路为载体，开展“诗竹文化”课程教育的开发、设计和实施，打造“诗竹文化”街区。开展“欢乐望江·社区居民及家庭趣味运动会”、“欢乐望江·粽叶飘香”包粽子比赛、“欢乐望江·魅力太极”全民健身活动、百姓故事会等特色主题文化体育活动。对辖区内文化娱乐场所无证无照企业和淫秽色情出版物和音像制品店铺进行全面清理整顿，进一步净化辖区文化市场环境。2012 年，街道投入资金 40 余万元对贫困人群、部队及中小学进行慰问。为低保户发放低保金 120 余万元，全面完成对低保户住房公积金、房屋、养老金、车辆和工商等信息的比对和清理工作，为 98 户困难家庭申领政府住房保障。

【维护稳定】 进一步深化治安犯罪预防和打击，完善社区治安防控体系，加大重点地区排查和各类专项整治工作力度，不断完善群防群治工作机制，辖区刑事案件、治安案件发案率较上年明显下降。强化首问责任制，妥善办理群众来信来访，全年受理 21 件，办结率 100%。狠抓预防稳控工作，及时妥善处置川大竹林村煤气中毒事件、府河竹苑二次供水污染等突发事件。

（董晓玲　方　鹏　李　琼）

火车南站街道
Huochenanzhan Street

【概况】 火车南站街道位于南二环路与成昆铁路之间，东沿锦江与东湖水上公园隔岸相望，西接高新区新光路，是进出成都港的第一门户和连接成都市城区与城南副中心的重要枢纽。辖区面积 4.2 平方公里，辖长寿苑、锦官新城、桐梓林、高攀桥、得胜、南站等 6 个社区，2012 年末辖区户籍人口 4.17 万人，常住人口 9.18 万人。辖区有凯宾斯基、富豪首座等五星级酒店以及欧洲风情街、老成都民俗公园等知名旅游景点，丰德国际广场、国航世纪中心、王府井购物中心坐落其中，是成都市商务核心区与高档餐饮、休闲娱乐最为集中的区域。

【基层组织建设】 加强党工委领导联系社区、重点企业、信访包案、带班值班制度。首创“挂帮包”基层“六联六抓”（联系 1 个居民院落，抓好环境卫生及秩序管理，促居民自治工作上台阶；联系 1 个单位院落，抓环境整治除卫生死角，促长效机制建

图122　中残联组联部副主任张超英（右一）一行到火南街道长寿苑社区调研残疾人工作

（火车南站街道提供）

立；联系1个物管小区，抓基层组织和小区自治建设，促进管理规范化；联系1个党支部，抓党的基层组织建设上水平，促晋位升级；联系1个“两新”组织，抓基层基础工作，促“两新”组织规范化建设；联系群众，抓民生问需工作，扩大帮扶覆盖面，采取“一帮一”“几帮几”的形式，实现机关干部每人联系社区（村）帮扶1户以上群众）工作法，健全问需于民、问计于民、问政于民、问效于民的工作机制，落实首位责任制、限时办结制、外出告知制、值班制度等。深化政务公开，严格执行政务信息公开的相关规定。开展各种教育活动，通过“3个1”（周检查、月通报、年评比）检查通报制度，进一步强化干部学习和培养。以党建带团建、妇建、工建，充分发挥工青妇的作用。中央办公厅相关领导对辖区基层组织维权工作进行调研，给予充分肯定和高度评价。2012年，街道党工委被评为“四川省创先争优先进基层党组织”。

【经济建设】　街道全年财政总收入完成22.6亿元，实现同比增长11.4%，地方公共财政收入完成5.8亿元，地方税收收入完成5.5亿元，总量位居全区街道前列。全年完成固定资产投资23亿元，社会消费品零售总额39亿元。引进企业435户，其中500万元以上77户。实际到位内资28亿元，新签约引进重大项目5个，引进外资企业18家，引进2家企业到西部智谷，完成新引进工业总部企业5家，实现主营业务收入约7亿元，实际到位外资完成6541万美元。新增电子信息企业11家，电子信息企业实现税收约3500万元，实现主营业务收入约14亿元。

【环境整治】　创新“垃圾不落地”生活垃圾清运模式，实现定时、定点投放清运垃圾；实行“街面卫生市场化、小区卫生物管化、院落卫生自治化”的“三化”模式，实现环卫24小时作业和无缝清扫2个“满覆盖”。该项工作受到市委书记黄新初的充分肯定。投入经费240余万元，完成辖区9个老旧院落的文明院落整治工作，对12个居民院落楼顶破损、隔层建渣进行彻底清理。完成长寿苑社区7号院污水管道疏通、17号院自来水主管漏水“两漏一疏”试点工程。与辖区1400余家经营户签订“门前三包”责任书，覆盖率100%。制定和下发《街道非机动车管理办法》，启动市民监督员协助执法。打击非法张贴书写小广告，完成垃圾无害化处置、污水处理、改善大气环境、市政设施建设与维护等各项工作。

图123　火车南站街道城乡环境卫生监督员上岗

（区新闻中心提供）

【社会事务】 强化政务服务，对街道窗口、社区两委、综管站人员开展日常英语培训，街道社事中心全年共接待办事群众9万余人次，办理各种业务3.2万项。开通“火南政务”微博，搭建起与群众之间的网上交流平台。强化服务方式创新，建立起得胜社区晚霞居家养老服务机构，试点推进长寿苑“爱心食堂”模式，依托居民院落小组、门卫、物业管理公司及业委会等，将计生政策、优生优育宣传、药具发放和医生上门技术指导到院落、到家庭，确保计生服务落到实处。全年新增就业835人，完成农民工培训750人，处理劳动纠纷案件65件。为困难家庭学生、进城务工人员子女发放读书卡、购书卡、教育券等300余人次。为辖区内残疾人申请办理免费服药、免费器具，为特困残疾人申请特困专项补助，为残疾人提供量体裁衣式个性化服务工作受到中残联的充分肯定。着力推动“1116”（1个文化产业项目、1个文化品牌、1支原创队伍、打造6个原创文化节目）品牌建设，建立“我是社区大明星”“魅力锦官”等社区文化活动品牌，建立“情系琴”街道原创队伍，创作《红楼梦·音诗画》等特色文化原创节目，举行大型文化体育活动10余场。

【维护稳定】 启动夏季“严打”行动，设置临检点，加大对重点地区的整治力度和“两抢两盗”打击力度。投入经费40余万元，完成长寿苑社区、得胜社区等院落电视监控系统的安装，督导辖区物管小区安装防盗铁丝网5000余米，实现技防全覆盖。对辖区户外法治宣传栏内容进行更新，编辑“六五”普法宣传册，并开展专题业务培训、法制讲座。全年共计进行人民调解256件，共受理群众来信来访来电70件（350余人次），初信初访息诉息访率100%，区长公开电话转办件办结率100%，网上信访件办结率100%。十八大、全国“两会”及省（市）区党代会期间，加强对重点人员的排查和稳控，确保辖区和谐稳定。突发事件信息报送做到及时准确、无迟报、漏报、瞒报和谎报情况。不断加强流动人口服务管理工作，完成房屋信息维护9.06万户、流动人口信息维护11.36万人、用工单位信息维护数1424条，签订用工单位消防责任书和出租房屋消防责任书1.25万份，开展流动人口工作会议及专项培训25次。狠抓各项安全防范措施的落实，全年辖区未发生一起重、特大生产安全事故或火灾事故，死亡人数为零。

（李利林　李泽科　易　文）

跳伞塔街道
Tiaoshanta Street

【概况】 跳伞塔街道位于锦江之南，为成都市人民南路高科技商务区的核心腹地。北以锦江为界，南以二环路南二段为界，东以新南路、科华北路为界，西以人民南路（含人民南路立交桥）为界，面积2.6平方公里。辖棕南、棕北、科分院、成科路、新南路、南虹村、旅游村等7个社区，2012年末户籍人口6.10万人。辖区高等学府众多，基础教育资源丰富。有四川大学（华西校区）、成都中医药大学（人南校区）、西华大学（人南校区）、成都七中、棕北中学、龙江路小学等知名大专院校及中小学坐落其中。中科院成都分院、中国民航总局第二研究所、西南物理研究所等雄厚的科研设计力量为辖区经济提供智力及技术支撑，成为辖区经济发展壮大的强劲动力。中国人民银行成都分行及汇聚的韩国友利银行成都分行、重庆银行成都分行等数十家国内商业银行分支机构，为辖区企业提供快捷、优质、便利的金融服务，是成都主要的金融企业聚集地。美国领事馆、德国领事馆、中日友好会馆等外事机构聚集于此，汇集大量的跨国企业，是成都市著名的国际化商务区。

【经济发展】 街道全年共实现全口径财政收入10.21亿元，完成地方税收收入2.66亿元。商贸企业实现社会消费品零售总额83.21亿元。新增限上企业9家。全年完成固定资产投资22.86亿元，其中重点项目投资13.56亿元。重点项目莱蒙置地广场、大陆国际项目已竣工并交付使用。全面深入推进对外开放工作，全年共引进内资21.19亿元，完成实际到位外资8682万美元。共引进500万元以上企业46家，其中成都天虹百货有限公司被列为市级特别重大项目，建发成都有限公司和四川石化电气有限公司被评为市级一般重大项目，韩国友利银行（成都）分行、上海罗氏制药成都分公司、北京乐金系统集成有限公司成都分公司被确认为新增世界500强企业。

【市场管理】 探索农贸市场管理的新路子。一是强化经费保障，确保辖区3个农贸市场正常维护；二是变被动管理为主动管理，对2012年新建、改建的胜利村、盛隆街两个农贸市场，街道办事处第一时间与市场开办方联系，商谈相应的建设要求和标准。市场建设完工后，街道办事处与市场开办方、管理方签订《农贸市场三方管理协议》，强化对市场的管理考核，做到有奖有罚。要求大学路农贸市场管理方更新硬件，改变观念，严格落实网格化管理，达到省、市、区相应的要求和标准。强化日常监管，对发现的问题以书面形式向市场管理方发出整改通知书，并对整改结果进行检查，使大学路农贸市场秩序和周边环境皆有很大改观。

图124 举行创建全国安全社区启动仪式 （跳伞塔街道提供）

【共驻共建】 结合辖区科研院所、大专院校众多，IT行业聚集，商务楼宇林立等情况，街道提出“整合资源、借力发展、共驻共建”的创新思路，成立辖区共驻共建联席会，并在7个社区设立分会。通过街道党工委成员上门约谈，发放《致跳伞塔街道驻区单位的一封信》，制定《跳伞塔街道共驻共建联席会制度》，建立共驻共建工作办公室，开展相关项目认领等工作，使驻区单位在党建、为民服务、社会和谐、城市管理、经济建设等5个方面，成为街道工作的坚强后盾。

【维护稳定】 狠抓社会治安综合治理，加强军警民共建活动。积极开展“六五”普法等法制宣传教育，加强特殊人群的管理教育。做好人民调解工作，及时疏导、化解发生的群体性事件，排解长期遗留的不稳定因素。化解林荫街9号东博物业纠纷等多起群体性事件，未发生一起因调处不力导致矛盾纠纷激化的事件；全年共调解矛盾纠纷133起，调解成功率93%，排查不稳定因素9个；及时办理网上信访件35件，群众来访31次。加强流动人口服务管理，探索大型卖场流动人口专管的新模式。继续深化“四级网格化管理”，完善街道安全工作信息平台。2012年，街道被市委、市政府评为“二星级平安街道”。

图125 开展“相约伞塔·畅享美好”2012银杏文化系列活动 （跳伞塔街道提供）

【民生工作】 街道深入开展社会保障、劳动就业等民生工作。进一步建立、健全居民议事会、社区居委会等居民自治组织，完善院落居民自治小组，定期对自治组织成员开展规范化服务培训，每季度定期召开居民院落议事会，及时公开议事会决议和自治小组会议决策，按照“有效、科学、均衡”原则及社区公共服务和社会管理专项资金使用范围的要求使用专项资金。完成街道就业和社会保障服务中心，科分院社区、南虹村社区就业和社会保障服务站的标准化建设工作；对城乡低保对象实施人均医疗救助水平不低于220元的标准，完成残疾人家庭无障碍改造。协助学校开展对符合条件的学前教育、义务教育阶段及两类高中教育阶段城乡低保家庭和低保边缘困难家庭学生的审核工作，开展对普高及中职学生的审核工作，扎实开展“阳光圆梦工程”，为19名学生完成“阳光育苗”的审核，确保辖区考上高校的低保家庭子女不因贫困失学。

【文化建设】 以“相约伞塔”为品牌，全面开展丰富多彩、贴近群众的文化活动，特别是落实中共十八大提出的“建设美丽中国”思路，街道在银杏最美的季节，开展以“四美”（美人、美文、美食、美景）为主题的“相约伞塔·畅想美好”2012银杏文化系列活动，激发群众发现生活中的“真善美”，建立拥有生态文明的自然之美、科学发展的和谐之美、温暖感人的人文之美的新街区。

（叶峻岭　刘红雨）

玉林街道
Yulin Street

【概况】 玉林街道北起锦江南岸，南止二环路南三段，东起人民南路三段、四段，西止玉林南路、玉林中路、玉林北路、洗面桥街、浆洗街沿线，面积2.7平方公里。辖黉门街、电信路、浆洗街、九如村、玉林北路、玉林东路、青春岛和倪家桥等8个社区，2012年末户籍人口6.93万人，常住人口12.9万人。省建设厅、省人口计生委、省运动技术学院、四川大学华西医院、四川大学华西第二医院、中蓝晨光化工研究院、世纪电脑城、省体育馆、玉林生活广场等汇集于此，有企业4000余家。辖区内交通便捷，有20余条城市公交线路穿境而过，环境优美，城市配套设施完善，是宜居宜商之地。

【基层组织建设】 街道以“创先争优”为抓手，不断强化党的建设，促进区域发展。开展政务窗口为民服务“三亮三比三评”活动，组织社区、单位争创全国、省市先进党组织，提升党建工作水平。加强基层组织建设，拓展区域化党建。认真做好“三分类三升级”工作，完善“两会一化”工作机制，落实党员干部“双报到”和党建项目认领制度。加强社区、单位和“两新”党组织“双服务”联动，采取单建、联建、挂靠组建等形式加快非公企业的党建步伐。深入开展“幸福玉林·百姓生活”等党建创新活动，广泛开展“玉林好人”“美好院落”等评选活动，打造特色党建。实行“蓝、黄、红”（对违反行政效能建设、机关作风及软环境建设等相关要求和规定，视情节由轻至重，分别向责任人亮蓝牌、黄牌、红牌警告，并给予责任人不同程度的处分）干部管理机制，打造“团结奋进、勤政廉政”的班子。扎实开展以党的先进性、纯洁性为主题的干部作风教育实践活动，促进干部作风的转变。中组部及西南5省基层党建片区会议代表到玉林东路社区实地调研，对街道基层组织建设工作给予充分肯定和高度评价。

【经济发展】 街道全年财政总收入实现10.75亿元，地方公共财政收入2.99亿元，地方税收收入2.87亿元。全年完成固定资产投资21.1亿，完成外资6720万美元，完成内资24.6亿。加快重大项目推进，保利中心、华宇·蓉国府项目全面竣工，保利花园、华宇静苑项目正加快建设，汇日央扩国际广场、人南国际广场、成达商务中心项目进入开工准备阶段。深化招商模式转变，强化载体招商，利用汇日央扩国际广场、锦江国际等楼宇，引进总部型企业、金融服务、电子商务等优质企业落

图126　举办“百姓故事会”活动　（区新闻中心提供）

户，全年引进企业1400余家，不断调整产业比重。

【环境整治】 街道以文明城市复查为契机，不断深化城乡环境综合治理，提升人居环境。扎实做好文明城市测评组入驻地周边的保障工作。2012年全国城市文明程度指数测评组入驻天使宾馆，街道及时成立保障应急小组，下移工作重心，对驻地周边市容环境、志愿服务、氛围营造等工作进行安排部署，实行24小时保障，确保驻地周边及各迎检点位全面达标。这一系列举措得到市、区创建办的充分肯定。深化城乡环境综合治理，投入资金近400万元，对文明城市复查所有迎检点位、九如村33号院落周边、天使宾馆周边等及高攀河玉林段河道实施环境综合治理。投入资金100万元对和苑等9个院落实施文明院落环境打造，全年共拆除违法建设1350平方米。继续深化城市管理网格化执法、建立健全长效管理机制。加强环卫设施提档升级，更新果屑箱305个，新增垃圾收集车、压缩车共14台。创新实施定时、上门、预约垃圾收运模式。继续在和苑等10个院落推广地埋式分类垃圾处理，确保生活垃圾无害化处置。加强城乡环境综合治理等各类服务热线、信访、媒体曝光、领导交办事件的查处，查处举报率100%，群众满意率100%。

图127 武侯区建立的第一个社区微型养老院——朗力养老服务中心 （玉林街道提供）

【维护稳定】 街道健全“大调解”工作体系，继续开展“法制大讲堂”、法律进社区“四个一”等宣传活动，促进辖区和谐稳定。进一步创新社区管理模式，按照“集中管理、条块结合、扩展网络、延伸服务”的工作思路，继续深化“网中有格、按格定岗、人在格中、事在网中”的社会管理创新模式。按照构建“大调解”工作体系要求，积极推进“大调解五进”工作，不断完善街道“三级”调解组织网络建设，将人民调解、行政调解、司法调解有机结合，全年完成各类调解150件，调解成功率100%，信访办结率100%、群众满意率98%。创新流动人口管理模式，建立辖区网格化流动人口管理模型，规范工作流程、明确网格化分标准。以黉门街社区、玉林东路社区为先导，在全辖区开展外来人员大融合系列活动，提升辖区流动人口服务管理水平。整合专业队伍、综合执法人员、单位内保队伍和社会群防力量，深入开展“平安社区”“平安院落”“平安家庭”等创建活动，不断加强天竺苑、华西医院周边等重点区域、治安热点的综合整治，构建起群防群治的联动防范体系。

【民生工作】 街道继续深化社区院落民主自治机制，开展“美好院落”评比，强化院落自治考评机制，深化玉林特色院落自治模式。着力推动公共服务社会化，建成武侯区第一个社区微型养老院——朗力养老服务中心，为老年人提供生活护理、休闲娱乐、送餐等服务，提升居家养老服务质量。拓宽社会组织参与渠道，成立“美好明天”社区儿童关爱中心、“爱心食堂”、“暖心房”等服务项目，促进公益服务的发展。深入开展“百姓故事会”“玉林的一天”摄影展等文化惠民活动，制作《幸福的剪影——玉林百姓故事精选》和摄影作品集，丰富居民群众精神文化生活。落实民生工程，为低保人员发放低保补贴70余万元，为各类优抚对象发放优抚金620万余元，为贫困精神病残疾人提供“阳光救助”金3.3万元，完成小额贷款470万元，新增就业1021人、再就业920人、“4050”困难人员再就业118人，城乡居民基本医疗实现“应保尽保”。

（周　平）

双楠街道

Shuangnan Street

【概况】 双楠街道北以大石西路南侧路沿为界与青羊区草堂街道为邻，南以高升桥东路北侧路沿为界与高新区肖家河街道相邻，东以一环路西一段、南四段东侧路沿为界，与浆洗街道相邻，西以二环路西一段、南四段东侧路沿为界，与红牌楼街道相邻，面积3.1平方公里。辖碧云路、楠欣、百花、少陵、七道堰、广福桥等6个社区，2012年末户籍人口7.13万人，常住人口11万人。驻有省统计局、省交警总队、市检察院等机关单位，有成都电视台（第二频道）、中国移动成都分公司、市公交集团公司、市燃气公司等公用事业单位，有省骨科医院、区人民医院、省康骨医院、市红十字肿瘤医院等10余家医疗卫生机构，有成都经贸学校、无线电技术学校等3所中专学校及武侯实验小学、成都石室双楠实验学校、西川中学等10余所中小学和幼儿园。御炉香、香港福兴酒楼、美鱼馆、金龙渔港、巴国布衣等众多知名餐饮企业和88酒吧、王子俱乐部、重庆富侨等知名休闲娱乐场所，人人乐购物商场、统一优玛特、罗马假日广场等大型商场坐落其间。辖区集居家、商住、餐饮、休闲、娱乐为一体，交通方便，20余条公交线路穿境而过。

【组织建设】 街道采取多种形式深入开展基层党组织现状大调查和群众工作薄弱环节大排查，完成33个基层党组织分类定级工作，后进转化率100%，中间层次提升率80%。妥善处理各界人士提出的72条意见、建议，制定《双楠街道会议管理制度》，修订完善《党工委（扩大）会议开放制度》《社区“两委一站”考核办法》等，固化作风教育实践活动成果。在党员中广泛开展公开承诺活动，深入开展“双报到”活动。全面实施认领共建项目制，全年区域化党建单位共开展志愿服务活动20场次，22家区域化党建单位、“双报到”单位、“两新”党组织认领公益休息椅65张，安装在辖区学校、广场、游园、商场周边，方便群众生活；康骨医院、省红十字肿瘤医院、省骨科医院、双楠卫生服务中心对低保人员进行免费体检并免收门诊挂号费，特别是安装便民休息椅及为低保人员免费体检并免收门诊挂号费，深受群众欢迎。建立亚王能源集团、时代专修学院两个远程教育示范点，新成立10个“两新”党组织。

图128 为新成立的“两新”党组织授牌 （双楠街道提供）

【经济发展】 街道全年实现财政收入6.79亿元，同比增幅6.1%；完成地方公共财政收入1.92亿元，同比增长11.6%；实现地方税收收入1.82亿元，同比增幅9.7%。完成固定资产投资16亿元，辖区内重点项目（富临成都A区和成都市检察院办公用房）均按进度顺利进行。其他各项工业总部、电子信息及服务业目标均按进度或超进度完成。全年完成省外内资17.5亿元，引进外资7659万美元，引进重大项目3个，分别是成都泰山物流有限公司，四川国安融鑫实业有限公司，成都铭贵电子技术有限公司。

【环境治理】 实行24小时全覆盖、无缝隙环卫作业和环卫作业路段责任制、定时收运制，将定时收运、预约收运和巡回收运3种方式有机结合，全力做到生活垃圾不落地、果屑箱不爆桶。深入开展“环境系着你我他，齐抓共管靠大家”的环卫宣传，印制发放《十不改掉坏毛病》《门前三包温馨提示》等宣传单共计1.5万余份，深入单位、商铺逐户签订《城乡环境综合治理责任书》《门前三包及垃圾清运责任书》。对辖区农贸市场全面进行整改，要求管理方切实负起主体责任；在市场内实施“一摊一桶”制，街道会同有关

图129　慰问建设工人　　（双楠街道提供）

部门开展为期1个月的农贸市场专项治理，市场环境卫生秩序得到改善。加强对环卫公司环卫作业的监督，通过巡查员登记、上级反馈信息等，按规定落实处罚，增强管理有效性。投入300余万元对12个文明示范院落实施“一院一景”打造，突出院落特色。加强对户外广告、商招店招及城市霓虹灯的管理，及时下发整改通知书，并督促商家对缺笔少画的霓虹灯进行修补；严格完善商招店招备案工作，商店招备案登记共计193件；完成高升桥东路、二环路侧商招店招的改造。开展“禁煤”工作，发放宣传资料1400余份，对经营场所、餐饮店铺、农贸市场使用燃煤情况进行清理整治，收缴非法炉具、灶台和成型燃煤。加大对餐饮企业油烟的整治力度，油烟净化器安装率98%。组织力量对肖家河双楠段河堤、河道及周边卫生死角进行清扫和疏淘。

【社会事务】 向辖区低保户、困难残疾家庭发放低保金、救济金、补助金近100万元，为登记在册的残疾人制定个性化服务和帮扶方案。完善就业援助，开展免费职业技能培训，促进和谐劳动关系建设，城镇登记失业人员、外来登记失业人员就业率99%。先后举办“双楠闹春”、清明祭奠革命烈士李家钰、“印象双楠·真善美”百姓故事会、“迎接十八大——幸福新双楠风采书画展”等大型文体活动。制定《社区工作者培训考核激励办法》，完善社区综合服务管理站绩效考核制度，建立院落居民民主管理联席会议制度，强化综合服务管理站和自治组织作用；指导社区制定年度公共服务和社会管理专项资金使用计划，保证严格按程序使用资金。

【综治维稳】 深化街面防控专业化、自管院落自治化、物业小区自管化、单位院落规范化。投入近20万元完成17个自治院落的物防、技防设施升级和改造，辖区接警量较上年下降16.4%。成功化解2名重点人员的信访诉求和2家幼儿园的矛盾纠纷，信访件回复率和办结率100%。全面加强流动人口管理，推行辖区流动人口信息采集点标牌和辖区餐饮娱乐行业流动人口信息采集工作簿等“一牌一簿”制度，采集、录入餐饮娱乐等行业信息1057条，流动人口信息10867条。辖区餐饮娱乐等行业的流动人口社会化管理工作受到全省综治工作现场会充分肯定，双楠街道被列为观摩点。

（李　贤　李　婷　王　伟）

红牌楼街道

Hongpailou Street

【概况】 红牌楼街道东界高新区，西滨清水河，北邻双楠街道，南邻簇锦、华兴、晋阳街道。辖区面积6.2平方公里，2012年末户籍人口6.29万人，常住人口11万人，辖长城、双丰、竹园、龙爪、太平、龙腾、丽都花园等7个社区。辖区内，清水河支渠肖家河、楠杆堰、石灰堰贯流全境，二环路、川藏路、九兴大道、武侯大道、龙腾路纵横穿梭。市政建设与城市管网完善配套，医疗机构、学校合理布局，凸现良好的区位优势。

【基层组织建设】 建立基层党建工作责任制，各基层党（总）支部书记作为党建工作第一责任人，履行“一岗双责”；街道党工委与社区签订党建目标责任书，并把党建工作内容具体细分；制定区域化党建计划和《红牌楼街道党工委在创先争优活动中开展基层组织建设年的实施方案》，开展“三分类三升级”大调查活动；

建立起问题台账并形成专题调研报告；各分管领导按照分片联系社区原则对社区党组织的非公有制党组织进行指导；建立起龙爪社区党委和长城社区党委2个基层党建示范点并建立后备干部信息库；配备社区党务副书记1名；保障社区办公用房和活动场地面积均为200平方米以上。干部结对帮扶困难群众31户，组织慰问38人次，为群众提供法律咨询服务16次，化解矛盾纠纷11次。开展“党员双两进两任”（区域党员进社区，担任不同的岗位职责，做好1名信息员，做好1个表率，参加1支服务队，帮好1家困难户，提出1条好建议，办好1件实事；社区党员进区域党组织，发动社区党员深入企业党组织中任党建服务员、理论辅导员）活动。进一步加强基层党组织建设和企业党建工作，2012年，辖区内的博润白癜风医院非公有制党建工作得到市委组织部的充分肯定。

【经济发展】 街道全年实现财政总收入15.09亿元，同比增长18.6%。实际到位内资17.50亿元，引进注册资金50万元以上的企业1290家，引进资金总量38.73亿元，其中到位省外资金引进项目196个，资金总量24.46亿元，引进外资企业到位资金6600万元，完成社会固定资产投资27.24亿元。14个重点项目推进顺利，其中竣工项目3个（置信武侯花园一期和二期、紫金城、优客联邦三期），加快建设项目5个（交大弘里归谷、汇创新贵公馆、红牌楼广场三期、紫金城、蓝海OFFICE项目），促进新开工项目3个（丽都世家、森世阳光、下一站都市项目），前期准备项目4个（香榭春天、同辉商业广场、富强太平地块、丽府三期）。

【环境治理】 街道深化“七乱”治理，进一步提高清扫保洁标准，加强环卫作业监管，消除“脏乱差”盲点死角，全面清理棚子乱搭、牌子乱挂、私拉乱接、噪音扰民等突出问题，做到及时发现及时查处，确保市容秩序全时段满覆盖管理。投入130余万元对龙腾社区龙华北路9号院、龙安街2号院等9个居民自治无物管小区进行文明院落打造，加大宣传力度，投入资金6万余元，在丽都花园A区开展垃圾分类收集工作。加大对燃煤污染、露天违章占道烧烤、城郊结合部垃圾、枯叶焚烧的巡查治理力度，遏制空气污染源的形成。全年新增绿地面积10.3万平方米，在辖区各大工地实施道路硬化、裸土覆盖、绿化带提档降土“三大工程”，落实道路冲洗降尘及绿化带冲洗除尘制度；签订《扬尘治理责任书》，严管渣土车和混凝土罐车各类违法、违规行为，强化施工工地进出场大门、路面、施工围墙整治和管理工作。全年共检查工地89处，下发《调查通知书》，查处违规运渣车55台，处罚5家无证夜间施工扰民单位。

【安全工作】 街道成立安全生产工作领导小组，配置专职安全员。每季度召开1次安全生产联席会议，每月召开1次安全生产工作例会。街道与辖区内相关企业签订目标责任书，做到安全生产监管全覆盖。举办交通安全、生产安全、消防安全培训班等宣传教育活动，不断增强全民安全防范意识。每月对辖区内的在建工地进行安全生产大检查，社区每天有分管负责人带领专职安全员进行日常安全监管及巡查，全年共排查隐患127处，现场责令整改23处，社区跟踪督促整改72处，下发安全隐患整改通知书27份。组织辖区重点单位特种作业人员安全知识教育培训，组织企事业单位进行消防专业培训，受教育率100%。所辖社区均建立起24小时小区消防工作站及配备灭火器材投放点，成立小区义务消防队、义务守楼护院队。

图130 召开深化法治城市创建和法治大讲堂工作推进会暨红牌楼《院坝说法》现场交流观摩会

（区新闻中心提供）

图131 举行迎“党的十八大”文艺演出 （区新闻中心提供）

【维护稳定】 建立“红牌楼辖区治安防范和预防处置医院纠纷联席会议”制度，由街道党工委分管综治维稳的副书记担任召集人，街道促和办、派出所以及8家医院的负责人作为成员，每月召开1次工作例会，提出医院治安防范措施、分析研判医患纠纷苗头、培训谈判处置医患纠纷技能，辖区内医患纠纷大幅减少。进一步深化法治城市创建和“法制大讲堂”工作，开展“红牌楼院坝说法”等一系列品牌活动，进一步提升法制宣传的成效。

【社会事业】 街道社事中心窗口运用街道“政务QQ咨询群”，及时、准确地为群众及相关单位在线答疑，形成覆盖街道、社区、单位和群众的服务信息沟通网络。社事中心全年共完成办件9.4万件次。继续开展“幸福红牌楼·欢乐星期六”“幸福红牌楼百姓故事会”等群众喜闻乐见的文艺活动和羽毛球比赛、游泳比赛等大型体育活动。全年共开展110余场文化活动、8场体育活动，新安装健身路径1条，培训特色文体队伍和文化艺术骨干。新增城镇就业人员906人，安置579人。审验农民工子女入学换签劳动合同及劳动关系430人次，对121家企业进行劳动用工和社会保险年度审查。为低保户发放低保金40余万元、优抚金50余万元、城乡医疗救助金3万余元，向困难群众发放价格补贴160余万元。在“助残日”慰问残疾人，为残疾人进行助听器佩带取样、申请购买“团体人身意外伤害保险”，发放自强助学金，并为残疾人家庭购买少儿互助金及城镇医疗保险。

（冉炳光）

晋阳街道
Jinyang Street

【概况】 晋阳街道东邻外双楠，西邻武侯新城（以铁路西环线为界），南毗武侯大道，北靠清水河，面积3.4平方公里。辖晋阳社区、吉福社区、晋吉社区、金雁社区、沙堰社区等5个社区，2012年末户籍人口3.85万人，常住人口近9万人。辖区通信网络、水电气管网等基础设施完善、交通便捷，西郡香林、互盛佳苑等品质大宅与大商集团千盛百货购物广场坐落其间，教育医疗配套完善。

【经济发展】 街道全年实现财政总收入3.83亿元，同比增长20.5%；实现地方公共财政收入完成1.17亿元，同比增长19.7%；地方税收1.13亿元，同比增长20.0%。完成实际到位内资18.5亿元，完成固定资产投资11.5亿元，引进外商投资实际到位6735万美元。全年共引进新企业305家，其中注册资金到位500万以上的81家，1000万以上的55家，5000万以上的6家。全年共有重点项目14个，促进开工项目5个，竣工项目3个，加快建设项目4个，前期准备项目2个（龙湖·金楠天街、华明商务楼），龙湖·金楠天街已完成项目规划设计，商圈建设已拉开帷幕。

【环境治理】 街道进一步加强城乡环境综合治理，执行24小时全时段、全覆盖的环卫作业和城管执法制度，以文明监督员、城管志愿者为载体，以社区、居民院落自治小组为依托，进一步完善长效机制。实行生活垃圾不落地收运，对临街商铺的生活垃圾实施定时巡回收集及预约收集，确保道路两侧无积存垃圾和乱堆放的垃圾袋。投入16万元新增快速保洁车、电动垃圾清运车；与升阳升公司续签环卫作业合同，增加夜间保洁人员并提高环卫工人工资标准；扩大生活垃圾分类试点。将金雁社区、沙堰社区等10个老旧院落作为文明示范院落打造点位，让居民全程参与到文明院落建设工程实施中来。对违章搭建、破墙开店等行为进行立案调查、拆除，加强对物业公司的监督，着力改善安置小区内的环境。实施沙堰社区公共游园、晋康路游园等近万平方米的绿地建设工作。狠抓金雁路烧烤扰民、污染路面的历史遗留问题。通过引导摊点入市的方式妥善处理4起新疆籍维族人占道经营哈密瓜、皮鞋事件。引导吉福南路、吉福北路的商家统一对店招进行升级改造，拆除13家违法设置的店招、户外广告。完成拆违1.75万平方米，完成率109%。严格管控霓虹灯，确保夜间光彩效果。加大夜间扬尘执法力度，严厉查处违规运渣车辆，对2000余平方米的待建工地进行裸土覆盖。

图132　武侯区社区社会组织居民服务中心暨孵化中心授牌仪式　　（晋阳街道提供）

【民生工程】 街道储备就业岗位，深化“十五分钟就业圈”建设，促进城镇失业人员、下岗失业人员再就业安置，动态消除“零就业”家庭。深化居家养老模式，成立“夕阳红”爱心互助协会，采用低龄老人为高龄老人服务的方式为独居老人提供日间照料、休闲娱乐和健康咨询等居家养老系列服务，并设立“爱心之家”站点。成立的社区社会组织孵化中心，共有9家社会组织入驻，为社区居民搭建集公益和便民服务于一体的社区公共服务平台。为困难群体分类建档，提供量体裁衣式动态帮扶。全年对符合政策的低保户、低收入人群共计10人次实施医疗救助1.73万元；户籍在武侯区的城乡低保户已全部纳入免费医疗救治价体系，为辖区所有低保户办理养老保险；为贫困残疾人申办城镇基本医疗保险和居家安养金；为残疾儿童或残疾家庭子女申办少儿互助金。为21户符合条件的独生子女伤残或死亡家庭发放特别扶助金3万余元，为11户城镇低保人员发放独生子女父母奖励金7260元，为白内障患者申请免费复明手术，对符合条件的低保户家庭学生实施“阳光圆梦”工程，对符合“阳光育苗”工程审核条件的低保户家庭12人资助6000元。解决外来农民工子女入学527人。为残疾人家庭进行无障碍设施改造，为肢体残疾人免费发放捐赠轮椅。全面推行免费孕前优生健康检查，为贫困精神病患者实行免费供药。着力开展百姓安居工程，通过认定平台，为16户申请到经适房，为13户申请到租赁补贴。全年共安置3415人，并对7个安置小区进行彻底整治。各小区均成立民情议事小组和居民自治小组，引导居民对小区进行管理。大力开展文体活动，各社区举行百姓故事会12场，维护健身路径5条，培训社会体育指导员15名，培训社会文化指导员4名。

图133　开展群众文艺表演　　（区新闻中心提供）

【维护稳定】 街道逐步健全基层治保会、流动人口和矛盾纠纷调解等工作网络，新增治安巡逻卡点和各种红外线监控设施。开展各类专项整治行动，与上年相比刑事发案率同比下降3.2%。坚持定期排查矛盾，及时发现并处理小区业委会换届、水电改造和安置小区商铺等问题。加强法制宣教工作，抓好流动人口管理不放松。认真落实信访逐级负责制和领导接访、包案制度，做到群众来访随到随接。全年街道共受理案件200余件，所有案件均已办结，初信初访办结率100%，息诉息访率95%，成功调处并化解2起重大疑难信访和涉法积案。

（李蓉蓉）

机投桥街道
Jitouqiao Street

【概况】 机投桥辖区东邻晋阳街道，南接武侯新城，西邻金花桥街道，北接青羊区苏坡桥街道。辖区面积6.6平方公里，辖万寿桥、半边街、潮音、果堰、机投、白佛等6个村及机投桥、半边街新居2个社区，2012年末户籍人口2.77万人，常住人口10万余人，是典型的城郊结合部流动人口聚居辖区。辖区基础设施完善，形成以三环路、武青路、潮音路、永康路等“三纵一横”为骨架，公共交通便捷，8路、53路、83路等公交路线贯通境内。辖区内水电气、通信、光纤等配套设施齐全，学校、幼儿园、医院、超市和公园等城市综合服务功能完善。

【经济建设】 街道加快税源结构调整，夯实经济发展基础。2012年完成全口径财政收入3.83亿元，同比增长20.2%；完成地方公共财政收入1.04亿元，同比增长12%；完成地方税收收入9523万元，同比增长18.9%。加快重点项目建设，以项目带动辖区经济发展；全面完成固定资产投资工作目标，完成香楠阳光、寅生国际酒店、金辉枫尚、世豪嘉柏等重点项目的建设。加快招商引资，为辖区经济发展培植新的增长点，实现招商引资新突破。加快产业结构调整，大力发展民营经济。

【信访维稳】 街道坚持对各类不稳定因素进行排查，全年集中排查各类不稳定因素8起。制定并完善网上信访代理流程，办理人民网留言4件、区信访局转办件8件、区信访局督办件2件，办结率100%，网上信访代理得到推广。加大对突发事件预防处置力度，成功控制武青嘉苑开发商出租房物管纠纷、果堰村三组人员因社保问题阻挡修路等群体性事件的发生。搭建四大平台（基层工作信息管理平台、社区矫正帮教安置管理平台、大调解信息管理平台、刑释解教工作管理平台），促进司法调解，共调解纠纷39件，涉及金额9.13万。继续深化流动人口网格化责任体系建设，每月定期开展流动人口基础信息分析研判工作，常态化更新维护基础信息，做到基础信息准确。加大对校园周边环境的整治力度，全年共集中开展整治8次，出动人员200余人次，使校园周边的交通秩序、治安环境明显改善，无证无照经营得到有效遏制。

图134 全国农村集体财务管理规范化示范单位“回头看”检查汇报会 （机投桥街道提供）

【综合管理】 街道针对“七乱”回潮反弹问题，召开专题会议，从明确责任到固化内容再到强化监督，确保城乡环境综合治理工作落到实处。针对小区违章搭建，建立违法建设巡查发现网络，完善违法建设监管机制，通过摄影资料、建（构）筑物确认书、电话联系、每月预约对照巡查等手段强化巡查机制，实现新增违法建设为零的目标。继续深化“五位一体”的城市服务管理“双五包”责任制，在成都市“门前三包”工作会上作经验交流发言。完成对各村3年来重大事项的清理工作，农业部办公厅在全国农村集体财务管理规范化示范单位开展“回头看”检查中，对机投桥街道的示范和带头作用予以肯定。对2011年的产改工作进行查漏补缺，完善相关档案。完成机投村三组电大运动场用地的拆迁和果堰村上市地块等相关工作。向对口

图135 召开2012年人口和计划生育工作会 （机投桥街道提供）

帮扶地崇州梓潼镇三寿村拨付10万元，用于该镇花木产业交易服务中心的建设。

【社会事业】 创建全市“科普示范街道”，被国家人口计生委授予“第一批全国人口和计划生育依法行政示范乡镇（街道）”称号。定期开展“十五分钟就业”招聘活动。街道公共图书室、社区图书室、农家书屋人均占有藏书0.6册，人均到馆（站）0.5次。街道综合文化活动中心面积1200平方米，各社区（村）均建有面积不低于100平方米的综合文化活动室，每月流转图书800册次。组建文化志愿者队伍，以“和谐机投·精彩秀”为主题，广泛开展群众文化体育活动，每月免费放映公益电影1场，开展百姓故事会70余场。完成7个院落自治组织建设，居民议事会、社区居委会等居民自治组织建立率100%，议决事项完成率100%；按要求匹配专项资金18.75万元，专项资金使用满意度均在60%以上；培育社区公益性社会组织3个。全面落实“应保尽保”政策，共清退低保户8户13人，全年累计发放低保金4.04万元。为辖区内享受低保的残疾人和贫困残疾人家庭申请专项补贴，并走访慰问残疾人家庭。为辖区53名90岁以上老人免费体检，并协助办理相关手续领取政府发放的高龄补贴2.12万元；为1名百岁老人申领高龄补贴3600元。

（唐 静）

簇锦街道

Cujin Street

【概况】 簇锦街道位于武侯新城核心区域，与红牌楼街道、晋阳街道、簇桥街道、华兴街道相邻，面积8.0平方公里，辖高碑、铁佛、顺江3个村及五七〇一厂、团结、顺和、永兴4个社区，2012年末户籍人口3.12万，常住人口9.12万人。三环路、武侯大道、川藏路等干线道路贯穿辖区，交通便捷。武顺街小学、百草园小学、成都市第57实验学校等中小学坐落其中。辖区环境优美、居家便利，有置信丽都花园城、蓝光诺丁山、武海中华名园、中铁瑞城·新界、保利花园、中粮·祥云国际、华宇楠苑等精品住宅小区和西南食品城、八益家具城、太平园家私广场、摩尔国际汽车文化商贸城等专业市场。

【经济建设】 街道经济建设再上新台阶，实现全口径财政收入5.56亿元，同比增幅15.2%。其中，地方公共财政收入2.14亿元，地方税收收入1.87亿元。完成固定资产投资27亿元，重点建设项目投资21亿元。引进企业756个，其中注册资金500万元以上的56个。实际到位内资24.76亿元，外资3575万美元。辖区重点项目11个，其中市级重点项目2个。

【环境治理】 街道深入推进城乡环境综合治理工作，开展中华名园片区环境集中整治，关停在簇锦、机投桥交界处违规设置的运渣车停车场和两个废品收购点，清理场地内的建筑垃圾，并对场地进行平整。继续做好保利花园、首信·首御、骑士公馆、华宇楠苑、华宇静苑、地铁三号线等工地集中区的扬尘治理，每天集中对开挖、回填工地进行监控，督促建设工地规范打围、裸土覆盖，要求进出施工场地车辆必须冲洗、工地周边道路每天至少冲洗3次。加强校园周边环境卫生秩序综合整治，每日对校园周边进行清扫，早、中、晚重点时段加强保洁力度；组织人员对校园周边“牛皮癣”进行清理，并加强对校园周边不文明行为进行劝导。清理院落卫生死角和积存垃圾，督促小区物管加强小区内环境卫生秩序的管理。加强环卫公司的监管，督促环卫公司认真按照环

图136　群众文艺汇演　　　　（簇锦街道提供）

境卫生“四三一一”（机动车每日清扫4次；早、中、晚清扫非机动车道各1次；立交桥、果屑箱每日擦洗1次；机动车道每日冲洗除尘1次，人行道每周清洗除尘1次）作业法，开展清扫保洁工作及白天和夜间的垃圾收运工作。街道协调市建设局重大办、交投公司开展对武侯立交桥改造后的绿化带恢复和路面设施的修复工作。对西南食品城、兴达摩托车市场商招店招进行集中整治规范。及时处理群众在城乡环境综合治理中的举报投诉问题38件。

【平安街道建设】　加大对辖区街面的巡逻和设点守护工作，针对辖区内案件多发时间和地段，实施领导带班错时管理、严密布控，有效打击飞车抢夺等街面犯罪；加大对治安复杂地区治安排查和“两抢两盗”犯罪活动的打击力度，街道促和办、综合执法大队与辖区派出所密切配合，开展经常性整治与专项整治；在城市管理的复杂区域，由街道综合执法大队联合街道交通管理秩序大队每天不定时进行巡查整治，辖区社会治安秩序明显好转，居民群众对辖区治安状况的满意度提高。加强禁毒工作，于“6·26”禁毒日开展禁毒宣传活动，加强辖区居民、干部、门卫的禁毒意识。结合辖区房屋、单位、企业的分布情况，联合簇锦派出所采取日常排查和专项整治相结合的方式，有效遏制涉毒案件的发生，全年打击处理20人，强制戒毒12人。

【文化建设】　街道以簇锦艺术团建设为核心，打造社区文化品牌，努力丰富群众文化生活。充分发挥各社区（村）的艺术队伍骨干作用，组织辖区群众开展丰富多彩的文化体育活动。已有门球队、篮球队、民族舞蹈队、秧歌队共15支文体队伍。全年共组织各类文体活动80余次，参加人数2万余人次。落实社区（村）“科技电影”放映活动24场；全年开展“百姓故事会”活动56场，成功承办“走进四季·太极武侯”活动和全区百姓故事会PK赛；为弘扬传统文化，街道联合区教育局、团区委，在铁佛养老院建立武侯区青少年德育教育实践基地，并组织开展一系列的爱老敬老活动。

【民生工作】　实现村每季度、社区每月定期举办1次用工招聘会，全年各社区（村）共召开现场招聘会25场，为失业人员提供岗位1200余个，全年共实现就业安置1959人，再就业率93.3%，动态消除“零就业家庭”；利用现有的8个居家就业指导站，开设创业培训班，解决辖区就业困难人员的就业问题，并实现再就业人员月收入达到900～1200元；全年共办理《就业失业登记证》242人，发放失业金400余万元，惠及5628人次。为辖区27户贫困残疾人办理最低生活保障，为107户贫

图137　市长葛红林（左四）到簇锦阳光家园工疗站慰问　　　　（簇锦街道提供）

困残疾人家庭申请到每月 50 ~ 100 元的贫困残疾人专项补助金，为 22 户重度残疾人申请每月 100 元居家安养护理补贴，为 26 名残疾学生及残疾人家庭子女发放自强助学金 2.5 万元，为 47 名肢体残疾人办理免费医疗救助券，为残疾人家庭进行居家无障碍改造，为盲人发放盲人语音提示器，为听力残疾人发放闪光门铃、闹钟及申请辅助器具。为辖区 12 名精神病患者免费发放药物，开展脑瘫儿童康复训练，安排 1 名智障儿童到区综合服务中心进行康复，免费做白内障复明手术 2 例。关爱辖区老人，做好“一键通”平台日常管理及回访工作。发放低保老人补助和百岁老人补助共计 3 万元，在元旦、春节、端午和重阳节等传统节假日，对辖区老年人和敬老院老人以及老龄干部开展慰问活动。出资 40 万元对铁佛养老院环境进行打造，依托优质社区卫生服务资源，深化“养护一体，双轨并行”的铁佛养老院管理模式，使老人在获得生活照顾的同时，享受到具有较高专业水平的医疗、护理服务。深入开展拥军优属工作，稳步开展优抚工作。全年发放伤残军人优抚金 20 余万元，补贴优抚对象 40 余万元。

（罗　静　张婉丽）

华兴街道
Huaxing Street

【概况】 华兴街道东邻新高区，西接簇桥、簇锦街道，北邻红牌楼街道，南接金花桥街道。辖区面积 9.3 平方公里，辖南桥、沈家桥、三河等 3 个村，2012 年末户籍人口 1.49 万人，常住人口 8 万人。拥有八益家具城、太平园精品家私广场及 16 家较大规模的家具生产型企业。辖区区位及口岸优势得天独厚，成都双流国际机场快速通道、川藏路、三环路、绕城高速公路、武侯大道等主要交通要道穿境而过，交通便利，人居环境优美，城市基础设施完备，是投资、兴业的一方热土。

【基层组织建设】 街道深入开展基层组织建设年活动，积极推进“三分类三升级”和“创先争优”活动的开展。加强“两新”组织党建工作力度，扩大辖区非公企业党组织建设覆盖面，全年共完成新建“两新”组织党组织 5 家。以保持先进性纯洁性作风教育实践活动为契机，选派 13 名街道干部到“两新”组织挂职帮扶、锻炼，了解企业需求，量身提供服务。贴近党员群众实际需求，成立成都市首个村委党校（南桥村党校），强化党员学习教育管理。

【经济建设】 街道全年实现财政收入 2.22 亿元，实现一般预算收入 6208 万元，其中地方税收收入实现 5549 万元，全面完成固定投资、出口创汇等其他各项经济指标。全年共引进项目 620 个，注册资金 21.51 亿元，其中国内省外资金 17.8 亿元；引进 500 万元以上企业 72 家，引进重大项目 2 个。

图138　成都市首个村党校在华兴街道沈家桥村成立　（新闻中心提供）

【环境治理】 街道对照标准重点抓好实地迎检，顺利完成全国文明城市复查迎检工作。严格落实“网格化管理”制度和“2332”（双报道、三落实、三督查、双负责）工作法，实行 24 小时工作制度，扎实推进日常

图139　区政协副主席白兴玉（右二）督查城乡环境综合治理工作　（华兴街道提供）

工作，实现治理工作常态化，全面完成城乡环境综合治理主要目标。全年拆除违法建筑2.4万平方米，整改涉及卫片执法的4宗地块，完成“回头看”有关点位的回顾、复查及整改工作。加强大气和水环境综合的整治，做好裸土覆盖工作，按时、按要求对道路冲洗除尘，加强对运渣车的卡点检查，每月开展1次燃煤污染整治专项执法检查。取缔黑诊所6家，规范餐饮行业店铺26家，辖区内全年未发生一起食品、药品中毒事件。

【社会服务管理队伍组建】 深入探索社会管理创新，不断强化完善涉农区域社会管理，组建成立街道就业增收促进队、教育培训促进队、医疗救助服务队、村组自愿帮扶队、问需于民落实队、司法援助帮扶队等6支社会服务管理队伍，按各自工作职责、职能和内容，具体落实辖区低保人群、落后村社、困难群众、帮扶对象的救助促进工作。

【社会事务】 全面落实低保政策，做到“应保尽保、应退尽退”，按时足额发放各类优抚金、救济金。以“全国助残日”为契机，做好街道残疾人量体裁衣式个性化服务工作，开展一系列助残活动。收集和发布用工信息200条，推荐90名就业困难人员上岗就业；开展就业技能培训及创业培训工作；为失地农民申请小额贷款240万元；调处劳动纠纷7件，追回工资30余万元。开展文化体育活动33场，街道获成都市第十二届“利通·佳年华”杯第四套健身秧歌（老年组）第一名、“走进四季·太极武侯”腰鼓大赛二等奖。

【维护稳定】 加强不稳定因素的排查和矛盾纠纷的调处，严格执行重大矛盾隐患排查制度，对各村、各单位影响社会稳定的因素定期进行排查并及时上报，全年排查不稳定因素30余起，调处矛盾纠纷50余件。接待信访60件，受理60件次，初信初访办结率100%，初信初访息诉息访率96%，信访积案息诉息访率90%，网上信访回复率100%。

【安全监管】 街道强化重点区域、重点企业等场所的消防安全隐患整治。对辖区企业进行消防安全检查走访，检查企业580余家次，排查小作坊小企业260余家次，停电停产整改40余家，督促搬迁15家，排除安全隐患130余处。集中进行培训教育9场次、生产安全和消防安全宣传6场次，培训安全管理人员182人、企业职工1500余人次。完成5家企业安全生产标准化建设和“安全文化示范企业”创建工作。

（张　杰　袁文军　黄　旭）

簇桥街道
Cuqiao Street

【概况】 簇桥街道东邻华兴街道、北邻簇锦街道、西与金花桥街道接壤、南与双流县隔河相望，区域面积8.0平方公里，下辖龙井、七里、双凤、瓦房等4个村及簇锦、新城2个社区。2012年末户籍人口2万人，常住人口6.2万人。境内交通发达，川藏路和武侯大道是成都市主要的交通大动脉，十几条公交线路穿境而过，自来水、天然气、邮政等城市配套设施完善，光纤电视实现全覆盖；有中国农业银行、中国建设银行、中国工商银行等金融机构；肯德基、乡村基等知名企业落户辖区；有千盛生活广场、红旗连锁、互惠等数家国内知名购物中心和超市；配有2所中学、4所小学、多家幼儿园和一座区级医院；邓小平广场、簇锦公园等休闲娱乐场所坐落其中。辖区被成都市列为全市40个统筹城乡综合配套改革示范项目建设街道之一。

【经济发展】 全年实现全口径财政收入3.95亿元，实现地方税收收入1.05亿元，完成地方公共财政公共收入1.32亿元。引进实际到位内资14.06亿元，完成实际到位外资4082万美元。完成重大招商引资项目2个，稳步推进“金花新天地”“双楠美郡”“前卫置业”等项目建设。

【环境治理】 针对辖区机动车乱停乱放突出的现象，街道与交警一分局协调，通过发放温馨告知单和执法处罚，机动车违章率较上年下降86%，交通秩序整治工作成效凸显，是全市首个实现三环路以外非现场执法的涉农街道。实行“户集村收、街运区处”的工作机制，全面实现环卫24小时全覆盖，确保全辖区无卫生盲点。针对辖区老旧院落的实际情况，投入120万元对6个居民院落实施重点整治，投入21万余元用于补贴无物业管理院落的日常监管，环境得到显著改善；实施“二类三片五网格”管理模式，发挥村级自我管理、自我宣传、自我教育的作用，辖区市容秩序、环境卫生得到改善。在重点区域监控、重点人群宣传、重点时段检查上下工夫，对违法建设做到“零容忍”，全年拆除违法建设面积3万余平方米。

图140 启动交通秩序整治工作 （区新闻中心提供）

【土地整理与拆迁安置】 街道围绕“产业规模化、民生幸福化、文化品牌化、管理精细化、党建与自身建设规范化”的工作思路，加大4宗地块（龙井村“城中村”改造范围C3地块、七里村工业园项目建设用地、七里村工业园项目建设用地、双凤村城投公司江安河新居工程建设用地）的拆迁力度。完成“城中村”B1、B4地块，C4地块，七里村三组地块共3.6万平方米的上市工作。解决瓦房村工业园日机密封项目建设用地遗留问题和双凤村待拆迁户因供水多次上访的问题。梳理龙井村住房安置中可能出现的问题并制定相应的措施，将现有的房源与待安置人员所需要安置的房源套型进行对接，确保龙井村住房安置工作顺利开展。

【民生工作】 强化职业技能培训和就业工作，城镇新增就业人数907人，完成下岗失业人员再就业544人，就业困难人员再就业136人，城镇登记失业率控制在4%以内。将代征地农民的就业状况纳入街道总体就业指导机制，保障有就业愿望的未征地农民培训工作提前跟进，全年组织辖区农民培训再就业800人次。为新增失业保险人员办理失业金的领取，完成城乡居民基本医疗保险参保人数4817人。为贫困重度残疾人发放居家安养护理补贴，为贫困白内障患者实施复明手术，为特困残疾人家庭和农村贫困残疾人家庭发放慰问品和慰问金共计9700元。开展“百姓故事会”“道德讲堂”和“法制大讲堂”等系列主题活动40场次。举办群众文体系列活动专场10余次，打造“魅力簇桥”文化品牌。启动“太极武侯”全民健身练体活动，不断营造“街道有舞台、社区有活动”的文化环境氛围。街道太极拳队伍参加成都市举办的比赛获二等奖。

【维护稳定】 继续深化“三在基层三靠前”（排查隐患在基层、处理问题在基层、人员稳控在基层；做到宣传教育靠前、信息收集靠前、领导指挥靠前）矛盾化解工作机制和风险评估机制，进一步完善领导接访和包案制度，扎实推进信访调处无缝对接工作模式。2012年以来，街道共调处以人力三轮车上访、城乡环境综合整治的作业打围、拆迁户信访疏导等信访调处工作88起。落实领导包案，重要信访办结率100%。加强重点治安复杂部位的查处力度，辖区刑事案件与上年同比下降22%，治安案件同比下降29%。

（曹 笑 欧文彬 李 华）

图141 开展包粽子比赛 （区新闻中心提供）

金花桥街道
Jinhuaqiao Street

【概况】 金花桥街道南接双流航空港，北与青羊区光华新区毗邻，西与双流县现代商贸区接壤，东与机投桥、簇桥、华兴街道相邻，下辖金花、江安河、陆坝、永康、川西营、花龙门、九架车、马家河、新苗、凉水井、文昌等11个村及金花桥社区，辖区总面积15.8平方公里，2012年末户籍人口2.9万人，常住人口10万人。江安河绕辖区约13公里，境内道路纵横，成双大道从北到南，草金公路由西至东贯穿全境，有武侯大道、簇马路、金江路、金兴北路等40余条等级公路，20余条公交线路穿越辖区，形成四通八达的交通、通信网络。辖区文教卫生及市政设施齐备，有2所公办中学（金花中学、武侯实验中学）、4所公办小学（金花小学、金兴北路小学、马家河小学、武侯实验中学附属小学）及9所民办学校、23所幼儿园，1所按二级规模设置的医院及1个卫生服务中心。辖区水电气、地下排污管网、环卫设施、市政绿化等城市配套完善。有以鞋业、建材、家具、物流等为主的各类企业1500余家，其中重点企业73家。

【经济建设】 全年街道实现财政总收入4.98亿元，实现地方公共财政收入1.31亿元，实现地方税收收入1.23亿元。实现规模以上工业总产值16.82亿元，固定资产投资20.16亿元。到位国内省外内资21亿元，实际利用外资8306万美元。在项目促建工作方面，街道加强与企业的沟通合作，加强数据的统计工作，全年完成竣工项目1个，2个项目促建工作如期进行。

【城乡建设】 完成环城生态功能区控规调整工作，调整后的《武侯环城生态功能区控制规划》通过市规划局审批，并完成总规公示。完成锦城湖水供给河道的规划工作，该河道是从江安河向高新区锦城湖注入活水水源的主要通道，在辖区范围内长5.6公里，蓝线宽度15米。完成土地综合治理项目中的立项审查并已入库。扎实推进集体土地流转工作，完成武侯环城生态功能区集体土地流转292.33万平方米，按照流转协议及时拨付各村土地租金及管护费1260余万元。在农民集中安置区建设方面，完成陆坝新型社区房屋主体验收和室外总平施工，完成新苗新居30%配套资产的招拍租工作。

【环境治理】 拆除环城生态区域内违建97宗7.11万平方米，拆除城区违建5宗3.03万平方米，完成18宗卫片点位违法建设拆除及复耕工作，完成绕城生态带两侧的拆迁工作。将辖区分为8个片区，落实垃圾车、清运三轮车进行垃圾车全天候清运，主要道路均实行定点定人值守；加强交通秩序管理，完成浓园艺术村路交通秩序综合整治及金凤街、金兴北路及万寿路的交通标牌设置及停车线划定；完善5公里健康绿道体系，与绿大地公司签订植绿项目养护协议，定期对已竣工植绿项目进行维护；强化扬尘治理，共处置扬尘污染问题13起、工地打围2000余米，裸土、建渣覆盖8.67万平方米；深入推进水环境治理，投入资金120余万元，清淤面积2万平方米，土方5000方。做好文明城市复查应急保障工作，顺利完成各项迎检任务。

【社会管理】 深入推进陆坝村的社会管理创新试点，通过劳动保障监察网格与村综合服务管理站网格“两

图142　市委书记黄新初（左二）到陆坝村调研　（金花桥街道提供）

图143 陆坝新型社区一期 （金花桥街道提供）

网融合”，探索出一条创新公共服务、提升社会管理水平、保障民生的新路子。陆坝村社会管理创新工作平台，按照“一岗多责，一人多专”的原则，通过现代通信和网络技术，以“平台大整合、数据大集中、信息大共享”为工作模式，通过整合社会服务管理资源，精简机构，提高为辖区群众、企业的服务效能。

【民生建设】 对陆坝村农村新型社区进行院落打造，完善各类公共设施。实施自来水安装工程，惠及2900余户群众和200余家企业。实施教育帮扶和奖励扶持工程，对辖区内考入本科院校的考生（包括对口帮扶地崇州的4名考生）发放奖学金12万元、特别扶助金3万余元；发放农村计划生育奖励扶助金60余万元，发放独生子女父母奖励金30余万元。为常住育龄妇女及流动育龄妇女进行妇科检查；实施失地农民就业帮扶工程，对失地农民进行培训，提供就业岗位1500余个；实施文化惠民工程，组织大型文化活动10次，全民健身运动比赛8次，举办百姓故事会96场；对各社区（村）的文化体育设施进行完善，为社区（村）图书室新增部分图书。实施困难群众安生工程，街道出资3万余元对川西营村困难群众危房进行改造；实施特殊群体帮扶工程，对辖区内困难群众做到“应保尽保”，全年发放各类低保救济金180万余元，医疗救助503人，重点优抚对象96人。

【信访维稳】 全年妥善处理突发事件20件，处理5人以上集体上访和群体性事件16起，来信、来访处理20件，办理网上信访105件，回复率、办结率100%。建立、完善维稳工作应急值班制度，切实落实信访维稳工作责任追究制和社会风险评估制度，每月定期排查并上报不稳定因素，有针对性地排查群众反映较多的影响面较宽的信访热点和难点问题，并进行调处和稳控。

（刘 鸿）

创新实干　领先发展
为争当全面建成小康社会示范区而奋斗

——在中国共产党成都市武侯区第六届代表大会第三次会议上的报告

（2013 年 1 月 22 日）

中共成都市武侯区委书记　刘守成

各位代表、同志们：

现在，我代表中共成都市武侯区委向大会作报告。

这次大会的主题是：深入贯彻落实党的十八大和中央、省委、市委经济工作会议精神，总结 2012 年工作，明确 2013 年目标任务，紧紧围绕奋力打造“西部经济核心增长极”的发展定位，创新实干，领先发展，为开创“商务高地·宜居武侯”建设新局面，争当全面建成小康社会示范区而努力奋斗。

一、2012 年工作回顾

2012 年是我区经济发展十分困难的一年。一年来，面对复杂严峻的经济形势和前所未有的发展压力，在市委、市政府的坚强领导下，区委团结带领全区广大干部群众，认真落实领先发展、科学发展、又好又快发展的工作取向，紧紧围绕现代化、国际化着力方位，深入实施“五大兴市战略”，坚定信心稳增长，满怀责任惠民生，改革创新强党建，各方面工作都取得了新的成绩。

（一）应对挑战成效显著，经济运行平稳向好

紧紧围绕“稳中快进、领先发展”的工作基调，强化投资拉动，突出产业支撑，着力夯实“稳增长”的现实基础，积极创造“快进”的有利条件，不断扩大“领先发展”的竞争优势，全力推动经济平稳向好发展。2012 年，全区预计实现地区生产总值 624.3 亿元，同比增长 10.5%。实现财政总收入 135.07 亿元，同比增长 13.73%；实现地方公共财政收

入48.13亿元，同比增长17.25%；实现地方税收收入31亿元，同比增长9.56%；预计实现社会消费品零售总额477.7亿元，同比增长17.7%。

对外开放力度加大。坚持把招商引资作为扩大开放的第一要务，充分依托区域环境优势、资源优势和产业优势，紧盯重点企业、重点产业、重点区域，积极开展投资促进活动，着力推动产业领域和市域空间的全面开放。积极开展小分队招商，先后组团赴北京、上海、深圳等地开展投资促进活动；着力开展会展招商，充分利用"西博会""中国女鞋之都博览会"等平台加大区域营销力度；切实开展链条招商，积极为联想、仁宝等总部企业引进关联配套企业。2012年，共引进安邦保险等31个市级重大项目和韩国友利金融控股公司等3家世界500强企业。全年引进到位国内省外资金223.9亿元，实际利用外资8.64亿美元。

项目建设成效明显。坚持把抓项目、促投资作为"稳增长"的重要抓手，紧紧围绕"立城优城""产业倍增"，加大项目引进和建设力度。举行重大项目集中启动仪式，提振社会投资信心；完善重大项目"一对一"跟踪服务机制，推动项目加快建设；强化合同约束，督促项目按时开工建设。全年完成固定资产投资344.18亿元，同比增长11.2%；199个区级重点项目全年实现投资197.56亿元，完成年度投资计划的151.95%；其中，16个省、市重点项目全年实现投资45.22亿元，完成年度投资计划的142.9%。

产业优化步伐加快。把优化产业结构作为"稳增长"的重要举措，积极构建以服务业为主导的现代产业体系。现代服务业快速发展。制定《关于促进产业倍增若干政策的意见（试行）》，强化服务业加快发展的政策支撑；推动保利中心等项目竣工投入使用，加快莱蒙置业广场等在建项目建设进度，提升对高端服务业的承载能力；引进中信国安武侯投资总部等重大服务业项目，开工建设西部智谷电子信息产业园，增强服务业加快发展的活力。工业经济加快转型。深入实施鞋业产业高端化、国际化发展战略，"中国女鞋出口基地"正式投入使用，成功举办中国女鞋之都博览会、城市巡展等系列活动。加大对企业上市的服务力度，利君实业成功上市，环能德美、日机密封的上市申请已被证监会受理。加大对民营企业的帮扶力度，制定《关于支持企业稳增长促发展的政策措施》，积极协调解决企业在融资、市场拓展等方面的困难。民营经济综合实力连续9年位居全省第一。

产业功能区建设扎实推进。进一步完善产业功能区发展规划，加大功能配套建设力度，提升对产业、项目的承载功能，着力优化产业形态和城市形态。人民南路科技商务区：新增保利中心等6个竣工项目，建筑面积达68.9万平方米；魏玛等6个项目加快建设，建筑面积达85.9万平方米；顺利完成航校二期旧城改造搬迁和高攀片区整体城市设计。红牌楼商圈：新增莱蒙置地广场等13个竣工项目，建筑面积达99.5万平方米；红牌楼广场二期等21个项目加紧建设，建筑面积达234万平方米。武侯新城：新增外贸鞋城等29个竣工项目，建筑面积达126万平方米，一品天成等50个项目加快建设，建筑面积达369万平方米。环城生态区：初步完成区域控规调整，积极推进陆坝新型社区建设。

（二）共创共享不断深化，发展成果更加惠民

把"群众得真切实惠"作为工作目标，积极深化共创共享实践，大力发展民生经济，深入实施民生工程，切实解决群众最关切、最直接的民生问题，进一步提升了居民的幸福指数。

城乡就业成效明显。加大职业技能培训力度，完善创业扶持政策体系，推动和谐劳动关系建设，城乡充分就业水平进一步提升。全年城镇新增就业1.32万人，城镇登记失业率控制在2.39%以内，低于全市平均水平。高校毕业生、集中居住区居民、就业困难人员等重点群体的就业愿望得到充分尊重；首届藏区"9+3"学生就业率达96.3%。

社会事业加快发展。坚持把加快发展社会事业作为推动民生改善的重点，着力解决群众身边的民生问题。大力提升教育现代化、国际化水平。在中西部地区率先确立了建设"教育国际化先导区"的发展目标，举办首届"大型教育国际交流月"活动；实施公、民办学校结对发展、一体管理，启动"复兴名西北"建设工程，教育均衡化水平进一步提升；新增11所公益性幼儿园；荣获"四川省教育'两基'工作先进区"称号。着力提升社区卫生服务水平。深化与华西医院协作，进一步完善"分级医疗"工作机制，在社区卫生服务中心设立华西医院挂号系统；试点建立家庭医生社区工作站，积极推动全民健康体检，强化疾病防控工作，"全国慢性病综合防控示范区"建设成果进一步巩固；"创建全国社区中

医药工作先进单位”通过国家级验收。科技文体事业加快发展。大力推进科技创新，扎实开展科普宣传活动；加强公共文化基础设施标准化建设，积极开展群众性文化活动。新闻宣传工作成效明显。

社会保障着力加强。以“提标”和“扩面”为重点，加大社会保障力度。社会保险覆盖面继续扩大，全年新增各类保险20.17万人（次），征收保险基金24亿元；社会保障水平进一步提升，最低生活保障人均补差标准和医疗救助水平均高于市级民生目标；积极实施“阳光圆梦”工程，我区没有一个孩子因贫困而失学；建成全国首个政府主导、社会参与的善工家园助残中心，为残疾人提供量体裁衣式个性化服务；在城区街道和流浪乞讨人员相对集中的社区建立救助管理工作站；在13个街道建立社区居家养老服务机构，积极探索社区低龄老年志愿者为高龄老人服务的居家养老模式。

社会管理创新推进。积极探索加强社会管理的机制、办法，最大限度地激发社会活力，切实维护和谐稳定的社会局面。社区管理创新不断深化。进一步深化推广黉门街社区、长寿苑社区、白佛村治理机制，积极探索院落居民自治激励办法，着力培育社区社会组织；建立社区工作人员薪酬待遇常态增长机制，实施社区（村）综合服务管理站工作人员资格认定、持证上岗制度。信访维稳工作进一步强化。不断深化、完善群众和信访工作逐级负责制，认真落实领导包案和定期接访制度，加大信访积案化解力度。开展争创“最平安城区”活动，加大对社会治安重点地区的整治力度，依法严厉打击各类违法犯罪；认真做好党的十八大、西博会召开期间的社会稳定工作。区法院获得“全国模范法院”荣誉称号、浆洗街洗面桥社区被命名为“全国民族团结进步创建活动示范社区”。深入开展安全生产、食品药品和特种设备安全监督工作。加大对网络舆情的监督、引导，积极回应和解决社会关注的热点、难点问题。

（三）城乡环境更加优化，宜居品质不断提升

以建设现代化的城市形态、优美化的城市生态为重点，深入实施城乡环境综合治理，积极打造生态、宜人的“生活品质之城”。

城市建设加快推进。光华8线（武侯段）、武侯大道电力隧道等重点工程顺利推进，武侯祠大街、二环路两侧立面整治和特色街道整治工程加快实施。洗面桥街等9个地下停车场竣工投入使用。积极做好成蒲铁路、成绵乐客运专线拆迁及建设相关工作。旧城改造、城中村改造加快推进。

城乡环境综合治理强力推进。治理机制进一步完善，在全市率先编制并推行《城乡环境综合治理工作手册（试行）》，创新垃圾不落地收运办法，建立“四级巡查”机制，扩大社会有序参与，加大追究问责力度，整体联动、全域覆盖的城乡环境综合治理工作格局初步形成。专项治理深入开展，率先在全市开展机动车“两乱”专项整治，对府南河下河排污口、楠杆堰水环境进行了重点整治，认真开展扬尘治理，切实规范户外广告设置，城市形象进一步提升。全国文明城市迎检测评工作获中心城区第一。

（四）城乡统筹深入推进，区域合作不断加强

深化落实“两化”互动、统筹城乡发展战略，进一步完善城乡统筹制度体系，大力推动区域联动发展，切实增强区域发展活力。

区域合作深入推进。大力实施“三圈一体”战略，立足原有合作基础，与新津、崇州签订“圈层融合战略合作协议”，全力加强双方在产业发展、人才队伍建设、社会事业等方面的深度合作，相互传输经济动能，相互提供发展支持。2012年，共选派8名党政干部相互挂职锻炼，选派280余名医务工作人员、教师相互学习交流。加强与白玉县的对口合作，制定《武侯区对口支援白玉县五年规划（2012～2016）》，严格按要求落实援助资金。我区荣获“全省对口定点扶贫先进单位”称号。

城乡统筹不断深化。农民集中居住稳步推进。建成南桥A区新居，完成新苗新居安置入住，加快推动吉福新苑等项目建设。农村产权制度改革不断深化。加强农村集体“三资”管理，获得“全国农村集体‘三资’管理示范区”称号。提高村级公共服务和社会管理专项资金标准，专项资金管理使用进一步规范。

（五）民主法制不断健全，依法行政深入推进

坚持科学执政、民主执政、依法执政，大力推进民主法制建设，为全区经济社会发展提供了强有力的制度保障。

民主政治建设有序推进。积极支持区人大及其常委会依法行使职权，支持区政协履行政治协商、民主监督、参政议政职能。爱国统一战线不断巩固壮大，党的民族、宗教和侨台政策得到认真落实。加强对工会、

共青团、妇联、科协、工商联、残联、社科联等人民团体的领导。积极开展“创建全国法治城市”活动，广泛开展“法治大讲堂”系列活动，大力推进“六五”普法教育。

“规服”建设成效显著。全面实行行政审批“两集中两到位”，创新政务服务方式，推出3D实景政务大厅，打造全天候政务服务新模式，荣获“全国2012年电子政务创新应用奖”。政务服务标准化国家级试点通过验收。申报“相对集中行政许可权”国家级试点取得实质性进展。

同时，党管武装、老干部、机要、保密、群团等工作也取得了突出成绩。

（六）党的建设切实加强，执政能力进一步提升

认真贯彻党要管党、从严治党的工作方针，以保持党的先进性和纯洁性为重点，不断加强和改进干部作风，着力强化领先发展的组织保障。

干部作风教育实践活动深入开展。按照市委的统一部署，集中两个月时间，在全区党员干部中开展了以保持党的先进性和纯洁性为主题的干部作风教育实践活动，全区13个街道、79个部门、138个企事业单位共2.3万名党员干部参加了活动。在教育实践活动中，我们重点针对干部队伍中存在的不思进取、不在状态，不敢担当、执行不力等五个方面的突出问题，加大整改力度，建立长效机制，收到了促发展、正风纪、惠民生、强基础的作用。

基层组织建设不断巩固。以基层党组织“三分类三升级”活动为重要抓手，扎实推进基层组织建设年工作。探索建立“三化一制”城市基层党建工作新机制，着力构建区域化党建新格局。积极开展机关党组织和机关党员“挂包帮”“双报到”活动。“创先争优”取得阶段性成果，27个基层党组织、27名优秀共产党员受到中央和省委、市委表彰，1人当选为党的十八大代表。

干部队伍建设进一步加强。坚持凭实绩用干部，调整优化全区局级领导班子。严格干部管理，制定《关于进一步加强干部队伍建设的八点意见》。强化干部培训，加大干部外训和网络在线学习力度，积极选派优秀年轻干部挂职锻炼。进一步健全高层次人才引进机制。

党风廉政建设深入推进。认真落实党风廉政建设责任制，积极开展反腐倡廉宣传教育。扎实推进惩防体系建设，进一步强化对“三重一大”决策事项的监督。加大对区委重大决策执行、重点工作推进、重大项目建设的监督力度。开展农村集体土地征用、城镇房屋拆迁等专项治理。强化违纪违规案件查处。在街道恢复成立纪工委，在社区（村）设纪委或纪检员，在全区32个非公有制经济组织和社会组织中试点建立纪检组织。

在充分肯定成绩的同时，我们还必须清醒地看到存在的困难和问题。一是受宏观经济形势的影响，高位快进、领先发展的压力增大；二是对外开放的力度还不够，区域的现代化、国际化水平还不高；三是解决民生难题的任务繁重，维护社会稳定的任务仍然艰巨；四是少数党员干部自我感觉良好、执行力不强，其能力、作风与新形势新任务的要求还不相适应。对此，我们必须高度重视，认真加以解决。

各位代表、同志们，回首2012年，我们在应对挑战中奋勇前行，在攻坚克难中积极进取，奋斗充满艰辛，成绩来之不易。我们能取得这样的成绩，靠的是坚定信心、锲而不舍；靠的是昂扬斗志、勇争一流；靠的是凝心聚力、团结奋斗。展望2013年，形势严峻、压力更大，但希望与困难同在，机遇和挑战并存，只要我们敢于直面挑战，善于危中寻机，就一定能够实现新的突破。

二、2013年奋斗目标和工作任务

2013年是全面贯彻落实党的十八大精神的开局之年，是实施“十二五”规划承前启后的关键之年，做好经济社会发展各项工作，具有十分重要的意义。

2013年工作的指导思想：认真贯彻落实党的十八大，中央、省委和市委经济工作会议精神，全面推进“五位一体”建设，深入实施“五大兴市战略”，坚定“宜人新城区、创业新天地、幸福新家园”总体目标，坚持领先发展，奋力创新实干，为开创“商务高地·宜居武侯”建设新局面，争当全面建成小康社会示范区而努力奋斗。

2013年主要目标：地区生产总值确保增长11%，力争增长11.5%；地方公共财政收入确保增长12%，力争增长15%；社会消费品零售总额确保增长17%；城镇居民人均可支配收入增长12%；人口出生率控制在7.5‰以内；城镇登记失业率控制在3.5%以内。

（一）深入学习贯彻十八大精神，争当全面建成小康社会示范区

党的十八大是在我国进入全面建成小康社会决定性阶段召开的一

次十分重要的会议，对于我们党团结带领全国各族人民继续全面建设小康社会、加快推进社会主义现代化、开创中国特色社会主义事业新局面具有重大而深远的意义。

全区各级党组织和全体党员干部要把学习宣传贯彻党的十八大精神，作为当前和今后一个时期首要的政治任务和头等大事来抓。要在真学真懂上下工夫，深刻领会大会精神实质，准确把握重大部署要求；要在营造氛围上下工夫，坚持报刊、电视、网络立体联动，形成学习宣传十八大精神的强大声势；要在创新形式上下工夫，通过组织集中宣讲、抓好学习培训、开展文艺表演等多种形式，推动党的十八大精神进机关、进社区（村）、进企业、进学校。要在联系实际、推动工作上下工夫，切实把党的十八大精神落实到推动领先发展上来、落实到促进社会和谐和保障改善民生上来，落实到全面推进党的建设新的伟大工程上来，确保学以致用、用以促学。

全面建成小康社会是党的十八大确立的奋斗目标。争当全面建成小康社会示范区，是我区贯彻落实党的十八大精神的重要实践。这个目标，顺应了全区干部群众的殷切期许，是我区落实市委“领先发展”总体取向和“头雁高飞”重大要求的具体体现，是对“商务高地·宜居武侯”建设内涵的丰富和拓展。全区广大党员干部一定要坚定信心、奋力进取，勇于担当、不负重托，努力担负起历史责任。要按照高于全国、领跑全市的目标要求，全力推动“五位一体”建设，努力在全面建成小康社会的历史进程中走在最前列。

（二）全力保持经济稳步增长态势，着力提升经济发展质量和效益

紧紧围绕“稳中快进、领先发展”的工作基调，坚持以项目为抓手，以投资为重点，以产业为支撑，全力稳增长，奋力求突破，进一步提升经济发展的质量和效益。

大力推动服务业加快发展。要按照“转二优三”的要求，完善政策体系，加大工作力度，积极推动服务业倍增发展。优先发展商务服务、信息服务、现代物流等生产性服务业，推动担保公司、信托公司等专业金融机构聚集发展。改造提升商贸服务等传统优势服务业，鼓励大型卖场自建网上交易平台，推动区内重点商贸企业与京东商城等知名品牌电子商务企业合作，实现实体商业与电子商务融合发展。加快发展服务外包、文化创意等新兴业态，拓展动漫游戏设计、行业应用软件开发等外包业务，支持川大智胜等优势企业培育自主品牌。

加快推进产业功能区建设。进一步完善产业功能区发展规划，加快载体建设，加速产业聚集，促进功能提升。人民南路科技商务区：确保魏玛等项目竣工投入使用，推动人南国际等项目加快建设，促进华丰融都等项目启动建设，力争新增商业面积40万平方米。红牌楼商圈：确保红牌楼广场等项目竣工投入使用，推动龙湖晋阳商圈城市综合体、中粮·大悦城等项目加快建设，力争新增商业面积43.3万平方米。武侯新城：确保国药西南研发中心等项目竣工投入使用，推动首信城市综合体、百丽研发中心等项目加快建设，促进力方国际、京东研究院等项目启动建设，力争新增建筑面积26.2万平方米。环城生态区：完成功能区控规编制，加大外环路生态带两侧拆迁力度，启动环城生态河道和九花新型社区建设。

强力推动项目工作。要进一步强化项目的支撑作用，切实把经济发展的增长点落实到具体项目上。抢抓机遇引项目。紧紧抓住《财富》全球论坛、华商大会在蓉召开的重大契机，充分挖掘“大事件”效应的高附加值，借力借势开展国际化城市营销，认真梳理参会目标企业，提前做好项目包装和招商对接工作，力争在大企业、大项目引进上取得更大突破。健全机制促项目。完善项目服务机制，落实责任、形成合力，切实解决好项目推进中的具体问题。全面清理长期处于“休眠”状态和未取得实质进展的项目，综合运用行政、法律等手段促进项目开工建设。强化保障建项目。加大地块的拆迁、包装、上市力度，特别是要做好已拆迁地块的“扫尾”工作，为项目顺利推进扫清障碍。

积极发展民营经济。认真落实中央、省市和我区促进民营经济发展的政策措施，充分发挥好政策的带动效应。着力营造民营企业公平发展和竞争的环境，扩大投资领域，放宽经营条件，进一步激发民间投资热情。着力培育民营大企业、大集团，积极打造品牌企业和名牌产品。继续保持我区民营经济在全省的领先地位。

同时，要以“五大兴市战略”为重要抓手，着力抓好城乡制度统筹、规划统筹、产业统筹和主体统筹，进一步深化统筹城乡综合配套改革。全面推进与新津、崇州和白玉等地的区域合作。

（三）大力推动社会建设，切实

增进民生幸福

要把民生幸福作为执政追求，坚持“大民生、细服务”理念，多谋民生之利，多解民生之忧，使发展成果更多、更公平地惠及人民群众。

强化就业和社会保障工作。要以提升就业质量为重点，加大职业技能培训力度，突出按需培训，进一步增强就业稳定性；强化对小微企业的信贷支持和高校毕业生的创业扶持，积极推动创业带动就业。进一步扩大社会保险覆盖面。完善残疾人社会保障和困难群体社会救助体系，加大对特殊困难群众的医疗救助力度。积极推动社区居家养老服务，加快社会化养老服务体系建设。

领先发展社会事业。加快教育事业发展。要把“巩固一体化成果、提升现代化水平、加快国际化进程”作为教育发展的重点，大力推动学前教育普惠公平、义务教育高位均衡、高中教育特色多元、职业教育持续加快、民办教育规范协调、社区教育广泛深入，努力办人民满意的教育。提升社区卫生服务水平。突出社区卫生服务机构的公益性，明确功能定位，实施标准化、规范化提升工程。加大全科医生培养力度，积极推进居民健康管理，进一步强化社区卫生服务中心在疾病预防、健康促进等方面的作用，努力实现疾病预防在社区、小病解决在社区、病后康复在社区和终身健康在社区。积极发展科技文体事业。不断深化科技创新，着力提升信息化建设水平，积极开展科普宣传；深入实施文化惠民工程，广泛开展群众性体育活动，积极做好新闻宣传工作。

（四）着力强化宜居环境建设，全面提升城市形象和品质

要按照“大城市、细管理”的要求，强联动、常坚持、重落实，以更高的标准、更大的力度深入推进城乡环境综合治理，以更加优美的城市形象迎接《财富》全球论坛、世界华商大会在蓉召开。

切实抓好专项整治。高质高效完成武侯祠大街、机场路（武侯段）等重要道路及二环路（武侯段）两侧建筑的整治工作，加大违法建筑拆除力度，完成清水河等排污口的治理工作，抓好商招、店招专项整治，全力确保《财富》论坛、华商大会的环境整治工作走在全市前列。

扎实推动常态治理。加大《城乡环境综合治理工作手册（试行）》要求的执行和落实力度，进一步巩固、提升城乡环境综合治理成效。抓好背街小巷、农贸市场、涉农区域等薄弱环节的综合整治，切实消除盲点死角。加大宣传引导力度，积极扩大社会参与面。进一步落实工作责任，加大追究问责的力度。加强市政设施的管理维护，完善使用功能。切实提升文明城市建设水平。

（五）不断加快民主法制进程，切实提升依法行政水平

大力加强社会主义民主法制建设，为开创“商务高地·宜居武侯”建设新局面，争当全面建成小康社会示范区提供坚实的制度保障。

不断加强民主法制建设。进一步加强对人大、政协工作的领导，支持区人大及其常委会依法履行职责，支持区政协履行政治协商、民主监督、参政议政职能。广泛团结各民主党派、工商联、无党派、民族、宗教、侨台及新社会阶层人士，不断壮大爱国统一战线。充分发挥工会、共青团、妇联、科协、残联、社科联等人民团体的桥梁和纽带作用。全面推进依法治区，积极开展“六五”普法，不断深化法治城市创建工作。

切实提高社会管理水平。认真落实群众和信访工作逐级负责制，切实处理好初信初访，积极抓好信访积案化解。进一步完善大调解工作体系，积极预防和妥善处置群体性事件和突发事件。加强流动人口的服务管理。强化重点区域的综合治理。积极推动“幸福社区”建设，完善社区自治机制，发展社区社会组织，强化居民素质提升，加强社工人才队伍建设，进一步提升社区自我服务、民主管理水平。加强网络舆情引导，积极疏导社会情绪。强化应急管理工作。强化安全生产监督管理。进一步做好食品药品和特种设备安全监督工作。

深入推进规范化服务型政府建设。深化行政审批制度改革，积极争取“相对集中行政许可权”国家级试点，探索开展全程网上审批服务，大力推进行政权力网上公开透明运行，加大政务服务“下沉”力度，不断提升行政效能。

加强党管武装工作，进一步做好老干部、机要、保密等工作。

（六）全面提高党的建设科学化水平，不断增强党的执政能力

要以加强党的执政能力建设、先进性和纯洁性建设为主线，深入开展党的群众路线教育，切实把党的政治优势和组织优势转化为推动领先发展的坚强保证。

强化基层组织和基层民主政治建设。要认真落实党建工作责任制，全面加强基层组织建设。大力开展学习型、服务型、创新型党组织创建活动。常态推动“创先争优”工作，

推进“创先争优”岗位化、具体化、社会化。扎实开展党的群众路线专题教育实践活动。积极推行“三化一制”社区党建工作法，深化“三全”区域化党建工作。扎实做好社区（村）党组织换届工作，认真落实公推直选配套制度，加强基层党组织带头人队伍建设。大力加强非公有制经济组织、社会组织党建工作。进一步深化党代会常任制和党代表任期制。

切实加强干部队伍建设。鲜明崇尚实干的用人导向，注重在实践中考察识别和选拔任用干部。进一步完善干部考核评价机制，坚持群众公认和注重实绩的原则，特别是要把贯彻区委重大决策部署的态度、推动重点工作的力度、解决热难点问题的深度等作为干部考核评价的重要内容。要以拓展视野、提升能力为目标，组织开展好实效性强的干部教育培训工作。大力弘扬真抓实干的工作作风，不空谈、重实干，强落实、重执行；积极倡导改革创新的进取精神，敢破陈规、敢走新路，只要没有禁止的就试，只要有利于发展的就干；切实改进会风、文风，精文简会，提升实效。

积极推动党风廉政建设。要以规范、公开权力运行为重点，进一步健全惩防体系，加强廉政风险防控机制建设。严格执行党风廉政建设责任制。加强对中央和省、市、区委重大决策部署落实情况的监督检查，加大对城乡环境综合治理、重大项目建设、重大民生工程实施的督查力度。坚决纠正损害群众利益的不正之风，严肃查办违纪违法案件，着力解决群众身边的腐败问题。

各位代表、同志们，做好2013年各项工作，对于加快实现领先发展目标具有重要意义。让我们在市委的坚强领导下，以党的十八大精神为指引，开拓创新，苦干实干，为开创“商务高地·宜居武侯”建设新局面，争当全面建成小康社会示范区而努力奋斗。

成都市武侯区人大常委会工作报告

——2013年1月29日在成都市武侯区第六届人民代表大会第二次会议上

成都市武侯区人大常委会主任　王力平

各位代表：

我受区人大常委会的委托，向大会报告工作，请予审议。

2012年工作回顾

2012年，区人大常委会在区委的坚强领导下，高举中国特色社会主义伟大旗帜，以邓小平理论、“三个代表”重要思想和科学发展观为指导，切实加强法律监督和工作监督，在推进科学发展、推进基层民主政治建设、推进文明和谐新武侯建设进程中充分发挥了职能作用。

一、紧贴中心，胸怀全局，监督工作取得新成效

2012年换届以来，区人大常委会紧密联系全区工作实际，围绕建设“商务高地·宜居武侯”这个中心，在全区大局中谋划人大工作，与区委中心工作主基调同频共振，依法开展监督工作。共召开主任会议12次，区人大常委会会议5次，开展专项执法检查1次，全国、省、市、区人大代表联合视察1次，各种调研40余次，审议“一府两院”各种议题26个，作出决议决定13个，全面完成了区六届人大一次会议确定的各项任务。

（一）大力推动经济增长

区人大常委会高度重视计划、预算等事关经济发展的大事。先后听取审议了区政府关于计划和预算执行、财政收支审计等工作情况的汇报，促进区政府增强预算执行的严肃性、依法审计的实效性，加强了对经济运行的监督。从我区发展的实际需要出发，作出了同意区政府向金融机构融资的决定，要求区政府科学规划，合理使用，强化监督，严格管理，并要狠抓发展不松劲，不断增强经济活力。听取和审议了区政府关于人南科技商务区建设推进情况的

汇报，促进区政府围绕发展中心，突出自身特点，不断强化措施，不断深化对外开放，加快产业优化步伐，深入推进产业功能区建设，有力地推动了全区经济协调健康发展。

（二）努力促进民生改善

区人大常委会高度关注民生，先后听取和审议了区政府关于社区治安防范、征地拆迁安置、慢性病防治、城市管理、院落整治等工作情况的报告。针对社区治安防范工作面临的复杂因素，要求区政府要明晰思路、严密措施、有力防范，既要发挥高科技优势，更要重视群防群治功能建设，切实增强人民群众安全感。针对征地拆迁安置工作凸显的新问题，建议区政府进一步理清思路，用好政策，紧密结合实际，把政策要求与群众需要、时代要求与现实生活、加快统筹步伐与财力状况有机结合，进一步完善城乡统筹制度体系，深化落实“两化”互动，切实增强区域发展活力，努力促进全区城乡同发展共繁荣。结合慢性病防治工作，支持区政府坚持政府主导、多方并举，广泛开展健康教育，加大资金投入，切实加快公共卫生服务体系建设。针对城市管理和社区院落整治，支持区政府科学规划，统筹安排，积极探索，加强长效管理，为广大人民群众营造更加良好的居住环境。

区人大常委会多次组织针对民生问题的专题调研，针对发现的问题及时提出了建议和要求。充分肯定了区政府在转变职能、改进作风、便民利民中采取措施取得的成效。同时，希望区政府清醒地看到现实条件与群众需求之间的差距，及时增添措施，积极深化共创共享实践，切实解决群众最关切、最直接的民生问题，进一步提升人民群众的幸福指数。

（三）着力加强环保监督

听取审议了区政府关于水环境综合治理和主要污染物总量减排工作情况的汇报，配合上级人大开展了《中华人民共和国环境保护法》《中华人民共和国水污染防治法》《四川省排水管理条例》等法律法规的执法检查，实地视察了区内空气质量检测站、污水处理站及企业排污建设情况，就加强环境保护及资源开发和利用、增强可持续发展能力提出了建议和要求。区政府认真落实审议意见，增添措施，强化防治，为建设生态、宜人的“生活品质之城”作出了积极的努力。区人大常委会积极参与城乡环境综合治理，不仅通过审议专项报告和视察推动工作，还健全巡查机制，构建整体联动工作格局，扎实开展城乡环境综合治理专项督查。针对督查中发现的问题组织跟踪监督，积极促进区政府加大工作力度，增添工作措施，解决实际问题。通过一系列行之有效的措施，广大人民群众环境卫生意识逐步增强，城乡环境综合治理的各项体制机制逐步健全，城乡环境明显改观，为推进“两个加快”营造了良好环境。

在依法监督中，区人大常委会既坚持原则、敢于较真，又给予更多的理解，体现更多的支持。在对重大事项的审议决定中，坚持实事求是，既肯定成绩，又指出问题，既分析原因，又提出建议。把改革、发展、稳定的理念贯穿于每一次审议，把法律、民生、和谐的精神融入到每一次决策。着力支持“一府两院”在深化改革中寻求突破，在应对挑战中加快发展，在改善民生中促进和谐。

二、突出重点，注重实效，民主法治迈出新步伐

区人大常委会认真贯彻依法治国基本方略，采取积极措施，在依法监督中，极力维护社会的公平与正义、维护法律的尊严、维护人民群众的根本利益。

（一）推动普法教育深入开展

区人大常委会把开展民主法制宣传教育作为一项重要工作，围绕实施全民普法教育，不断拓宽渠道，强化措施，形成合力，为依法治区营造良好的环境。适时听取和审议了区政府关于普法工作情况的汇报，作出了《关于开展法制宣传教育第六个五年规划的决定》。督促“一府两院”以人民群众喜闻乐见的形式广泛普及以宪法为核心内容的法律知识，开展社会主义法治教育，提高全社会的民主意识和法治观念。区人大常委会和各工作机构坚持把民主法制宣传教育贯穿于视察、执法检查和调研活动之中，在依法履行职责中，深入开展法制宣传活动，全面推进普法和依法治理工作。

（二）精心组织执法检查

开展了《中华人民共和国食品安全法》执法检查。在检查前，认真组织学习相关法律，搞好检查前的培训并深入开展检查调研；在检查中，将实地检查和集中审议相结合、法律检查与普法宣传相结合，认真听取了基层单位、部门及群众的意见和建议，对食品生产、流通、产品预包装、餐饮废油的处理情况进行了实地检查。开展了环境监察执法检查，积极与市人大常委会联动，3次就水环境综合治理和主要污染物总量减排进行监督检查，促进区政府全面完成专项目标任务，进一步提高了全区

的环境质量。区人大常委会还结合对专项工作的审议、检查，加强了对《刑法》《民法》《刑事诉讼法》《未成年人保护法》等法律实施情况的调研。法律监督中坚持以增强实效为核心，既保证了法律法规的有效实施，维护了法律尊严，又营造了浓厚的法治氛围。

（三）有效加强法律监督

听取和审议了区法院《关于刑事审判工作的情况汇报》。要求区法院牢固树立“三个至上”指导思想，坚持为大局服务，为人民司法，不断探索新思路，依法维护社会公平正义，为全区经济发展和社会进步保驾护航。听取和审议了区检察院《关于预防未成年人犯罪工作的情况汇报》。要求区检察院进一步完善工作机制，协同相关部门，动员社会力量，科学分析，主动跟踪薄弱环节，有效指导和开展预防未成年人犯罪工作。区人大常委会积极推进规范性文件备案审查工作，对公安工作进行了调研，参与了有关执法部门的办案听证会。通过法律监督，进一步维护了社会的公平和正义。

（四）不断强化信访督办

对群众来信来访热情接待，积极受理，及时协调，认真交办、转办和督办。重要的信息及时向区委报告，向上级人大提出建议。共受理人民群众来信34件（次），接待来访46批（次）72人（次），办理上级人大交办转办件23件。督促有关部门综合运用政策、法律、行政手段和教育、协调、调解等办法，解决了部分群众的合理诉求，化解了一些矛盾，为维护和谐与稳定，做出了积极的努力。

三、依法决定，规范任免，人事工作稳步推进

依法任免地方国家机关工作人员，是地方人大及常委会的一项重要权力。区人大常委会坚持党管干部与人大依法任免的有机统一，按照《中华人民共和国地方各级人民代表大会和地方各级人民政府组织法》及区人大常委会任免工作相关规定，依法任命区人大常委会机关、人大街道工委和“一府两院”干部共92人次，免职17人次。任命中，认真把握任职提请、任前法律知识考试、主任会议初审和区人大常委会议见面、表决、颁发任命书等环节。向被任职人员提出希望和要求，增强了被任命人员情系人民、依法行政的责任感和接受监督的公仆意识。确保党组织推荐的人选经过法定程序成为国家政权机关的领导人员，为我区经济社会发展提供了组织保障。

四、构筑平台，强化服务，代表工作展现新气象

区人大常委会认真贯彻《中华人民共和国全国人民代表大会和地方各级人民代表大会代表法》，积极探索和完善代表工作的新机制、新途径，着力为代表执行职务搭建平台，创造条件。

（一）代表培训体现实效

换届后，区人大常委会针对新当选代表增多的特点，采取集中培训的方式，就《中华人民共和国全国人民代表大会和地方各级人民代表大会选举法》《中华人民共和国地方各级人民政府组织法》和《武侯区人大常委会议事规则》等法律法规以及人大代表就如何依法履职、如何提出高质量的建议进行了培训。通过培训，增强了代表在实际工作和生活中掌握和应用法律的能力，为人大代表积极参政议政，依法履职发挥了很好的作用。

（二）履职平台不断拓展

区人大常委会注重加强与代表的联系，自觉为代表履职提供服务。制定了《武侯区人大常委会驻会成员与人大代表联系办法》，建立了代表联系制度。完善了人大代表网上沟通平台，在武侯公众网建立了“人大代表献计献策”网络系统，并与中国电信运营商合作建立了短信群发平台。深化了“人大代表之家”的试点工作，并结合试点情况在全区各街道推广开展，进一步畅通了代表反映民意的渠道。坚持邀请人大代表列席区人大常委会会议。坚持为代表订阅报刊，及时寄送有关资料，适时向代表通报全市、全区有关情况，为代表知情参政创造条件。

（三）建议办理继续强化

区人大常委会高度重视代表建议、批评和意见的办理工作。采取区人大常委会交办、工作机构督办、常委会会议审议落实情况等措施，督促区政府认真办理了70件代表建议，转高新区办理21件代表建议。办结率达100%，代表对办理结果的书面满意率达100%。“一府两院”认真对待和办理人大代表建议，并在办理中自觉接受监督，不断改进工作。

（四）代表作用有效发挥

区人大常委会密切关注教育国际化先导区建设，组织驻区市、区人大代表开展了专题视察和一系列调研，支持和推动区政府创新方式，完善机制，增强实效，我区教育国际化取得初步成效，成为全国首个“基础教育国际化研究实验区”。就文化街区打造进行了专题调研，形成了调研文章。组织驻区省、市人大代表开展“我为成都发展献一策活动”，积极倡导人大代表参与“我为武侯发展献一策活动”。代表们集思广益，积极为成都和武侯的发展建言献策。在推进城乡环境综合治理的监督实践中，充分调动驻区各级人大代表的履职热情，向人大代表发放了《城乡环境综合治理倡议书》，开展了专项视察调研，引导驻区各级人大代表积极行动，主动参与，当好环境治理的监督员、劝导员，有力地推动了城乡环境综合治理深入开展。与此同时，代表与群众的良性互动进一步深入，人大代表的履职能力也得到群众的充分认可。

五、加强学习，改进作风，自身建设有了新提高

区人大常委会把加强自身建设、提高履职能力始终摆在突出位置来抓，切实增强为民执政、依法履职的能力。

强化政策理论和业务知识的学习培训。针对换届后新进区人大常委会班子成员多、新进人大机关工作人员多的特点，把理论学习和业务培训放在突出位置，以集中学习、会议研讨、以会代训等形式，深入推进学习型机关建设。学习中国特色社会主义理论，用科学理论武装头脑、指导实践；学习党的路线方针政策，认清形势、把握大局；学习宪法、法律法规和人大业务知识，提高依法履职能力；学习经济、科技、文化、历史等方面知识，拓宽视野，提升境界，丰富内涵。

深入开展了干部作风教育实践活动。按照区委的统一部署，精心准备，深入发动，广泛征求意见，切实开展自查自纠，扎实整改落实，集中解决突出问题。机关全体干部对保持党的先进性纯洁性、强化作风教育、加强和改进人大工作形成了新的共识。积极巩固和发展作风教育成果，坚持把调查研究贯穿于审议、决定、监督等各项工作之中，审议“一府两院”的工作汇报，坚持结合实际；讨论决定重大事项注意征求代表和群众的意见。坚持群众路线，从群众最关心、最迫切需要解决的实际问题入手，努力使区人大常委会的工作符合法律规定，符合客观实际，符合最广大人民群众的愿望和要求。

加强了机关全面建设。区人大常委会始终注意和谐机关的建设，充分发挥机关党组织和工会的作用，以教育提升境界，以制度提高效能，以管理激发活力，进一步完善工作制度，优化整体结构，规范运作程序，提高工作效能。积极倡导“讲大局、讲团结、讲纪律”，注重人文关怀，加强思想沟通，努力增强机关的凝聚力和战斗力，营造了齐心协力促发展的和谐共事氛围，圆满完成了全年的各项任务。

回顾一年的工作，我们深切感到，党的领导是做好人大工作的根本保证，清晰的工作思路是事半功倍的重要前提，良好的精神状态是积极进取的关键因素，依法办事是人大工作的深刻内涵，以人为本是凝聚民心民智民力的重要法宝。对此，我们要认真总结而不断升华，积极借鉴而有所发展。

过去的一年，区人大常委会的各项工作都有所发展，有所进步。这是区委正确领导、“一府两院”积极配合、全区人民共同关心的结果，也凝聚着全体人大代表、区人大常委会组成人员及机关全体同志的智慧和心血。在此，我谨代表区人大常委会，向关心支持人大工作的各级领导、各条战线上的同志们、社会各界的朋友们表示衷心的感谢并致以崇高的敬意！

成绩来之不易。同时，我们也清醒地看到，对照《宪法》和法律赋予的职权，对照全体代表和广大人民群众的期望，区人大常委会的工作还存在一些差距，主要是：会议审议的质量还有待进一步提高，执法检查的组织还要更精更细，提升全民法制意识的工作还要不断加强。这些问题，我们将在今后的工作中，积极探索，认真改进，逐步寻求解决之道。

2013年工作思路

2013年，区人大常委会要高举中国特色社会主义伟大旗帜，深入学习贯彻党的十八大精神，坚持党的领导、人民当家作主和依法治国的有机统一。紧紧围绕“五位一体”科学发展总体战略和实施“五大兴市战略”、打造“西部经济核心增长极”的宏伟目标，解放思想，求真务实，扎实工作，在推进“宜人新城区、创业新天地、幸福新家园”进程中，充分发挥地方国家权力机关的作用。

一、高举旗帜、深入学习和贯彻十八大精神

要认真学习党的十八大精神，深刻理解十八大的精神实质，牢牢把握科学发展的内涵，把十八大精神贯彻落实到人大依法履行职责、发挥职能作用的工作实践中去，坚定信念，解放思想，求真务实，积极探索适应科学发展的人大工作的新路子，全面把握发展的新要求和人民的新期盼，在推进民主与法制建设、促进人与社会的全面发展、谋求广大人民群众的根本利益中，依法履行各项职权。

二、紧扣科学发展主题，积极履行法定职责

要紧紧围绕区委的中心工作来谋划思路，开展工作。要全面贯彻

《中华人民共和国各级人民代表大会常务委员会监督法》，切实加强法律监督和工作监督。要依法履行好重大事项决定权，推动全面深化改革开放各项任务的落实；要更加突出科学发展的主题，大力推进生态文明建设；要更加突出民生保障，积极推动区政府在改善民生和创新管理中加强社会建设；要依法行使好人事任免权，加强地方国家政权建设；要坚持监督与支持相结合，突出重点，注重实效，把监督行政机关依法行政和司法机关公正司法作为重点，扎实推进依法治区；要针对关系改革发展稳定的重点、热点、难点问题，加强调查研究，积极推动社会和谐与稳定发展。

三、依靠代表和群众，努力增强工作实效

要积极开拓思路、创新方式，进一步加强和改进代表工作，充分发挥代表作用。要努力使代表培训更加富有成效，不断提高代表整体素质；要进一步拓宽代表知情知政渠道，保障代表依法执行职务；要进一步规范和完善代表议案、建议督办工作，提高办理质量；要继续深入开展代表建言献策活动，全面推开和不断深化“人大代表之家”工作；要大力宣传代表中的先进事迹，弘扬正气，鼓励先进；要进一步密切与代表和群众的联系，理性倾听群众呼声，科学分析群众意愿，统筹兼顾各方面群众的利益；要做好人民来信来访工作，促进社会矛盾化解；要依法推动“一府两院”转变职能，提升效能，不断巩固和完善城乡群众共创共享改革发展成果的机制，以更多的成就昭示社会，以更多的成果奉献百姓，以更多的实惠凝聚民心。

四、加强自身建设，不断提高依法履职水平

区人大常委会要不断提高依法履职的能力和水平，努力适应新形势，应对新挑战，开创新局面。要坚持党的领导，牢牢把握人大工作的正确方向，自觉服从和服务于全区工作大局；要着力提高依法办事的能力，坚持学法、守法、用法、护法，用科学的理论武装头脑，指导实践；要不断完善工作制度，规范工作程序，提高工作效率；要切实加强干部作风建设，要带着问题认真开展调查研究，带着感情问政于民，带着责任发挥职能；要严格内部管理，遵章守纪，廉洁从政；要讲大局，重规范，注重道德修养，弘扬高尚人格，树立人大干部守法、务实、为民、清廉的良好形象。

各位代表：党的十八大提出了全面建成小康社会的新要求。区委提出了“全面开创‘商务高地·宜居武侯’建设新局面，争当全面建成小康社会示范区”的新号召。我们使命神圣，责任重大。让我们在区委的坚强领导下，坚定信念，开拓奋进，扎实工作，为建设更具实力、更显活力、更加和谐的新武侯而努力奋斗！

政府工作报告

——2013 年 1 月 28 日在成都市武侯区第六届人民代表大会第二次会议上

成都市武侯区人民政府区长　林　丽

各位代表：

现在，我代表武侯区人民政府，向大会作工作报告，请予审议，并请各位列席人员提出意见。

2012 年政府工作回顾

2012 年是我区经济发展十分困难的一年。一年来，面对复杂严峻的经济形势和前所未有的发展压力，区政府在市委、市政府和区委的坚强领导下，在区人大、区政协的监督和支持下，认真落实领先发展、科学发展、又好又快发展的工作取向，紧紧围绕现代化、国际化着力方位，深入实施“五大兴市战略”，坚定信心稳增长，满怀责任惠民生，创新管理促和谐，各项工作取得了新的成绩。全年实现地区生产总值 641.23 亿元，同比增长 10.1%；实现财政总收入 135.07 亿元，同比增长 13.73%；实现地方公共财政收入 48.13 亿元，同比增长 17.25%；实现地方税收收入 31 亿元，同比增长 9.56%；实现规模以上工业增加值46.6亿元；实现社会消费品零售总额477.5亿元，同比增长17.7%；城镇居民人均可支配收入达30575.5元，同比增长13%，全面完成了区六届人大一次会议确定的年度经济社会发展目标任务。

一、经济运行平稳向好

紧紧围绕“稳中快进、领先发展”的工作基调，强化投资拉动，突出产业支撑，着力夯实“稳增长”的现实基础，积极创造“快进”的有利条件，不断扩大“领先发展”的竞争优势，全力保持经济平稳向好发展态势。

对外开放不断深化。坚持把招商引资作为扩大开放的第一要务，充分依托区域环境优势、资源优势和产业优势，紧盯重点企业、重点产业、重点区域，积极开展投资促进活动，着力推动产业领域和市域空间的全面开放。积极开展小分队招商，先后组团赴北京、上海、深圳等地开展投资促进活动；着力开展会展招商，充分利用“西博会”“中国女鞋之都博览会”等平台加大区域营销力度；切实开展链条招商，积极为联想、仁宝等总部企业引进关联配套企业。2012年，共引进安邦保险等31个市级重大项目和韩国友利金融控股公司等3家世界500强企业。全年引进到位国内省外资金223.9亿元，实际利用外资8.64亿美元。

项目建设力度加大。坚持把抓项目、促投资作为“稳增长”的重要抓手，紧紧围绕“立城优城”“产业倍增”，加大项目引进和建设力度。举行重大项目集中启动仪式，提振社会投资信心；完善重大项目“一对一”跟踪服务机制，推动项目加快建设；强化合同约束，督促项目按时开工建设。全年完成固定资产投资344.18亿元，同比增长11.2%；199个区级重点项目全年实现投资197.56亿元，完成年度投资计划的151.95%；其中，16个省、市重点项目全年实现投资45.22亿元，完成年度投资计划的142.9%。强化项目建设要素保障，全年上市土地20宗、面积37.69万平方米，进一步增强了发展后劲。

产业优化步伐加快。把优化产业结构作为“稳增长”的重要举措，积极构建以服务业为主导的现代产业体系。现代服务业快速发展。制定《关于促进产业倍增若干政策的意见（试行）》，强化服务业加快发展的政策支撑；推动保利中心等项目竣工投入使用，加快莱蒙置业广场等在建项目建设进度，提升对高端服务业的承载能力；引进中信国安武侯投资总部等重大服务业项目，开工建设西部智谷电子信息产业园，增强服务业加快发展的活力。工业经济加快转型。深入实施鞋业产业高端化、国际化发展战略，成功举办中国女鞋之都博览会、城市巡展等系列活动，我区女鞋基地被商务部认定为“国家外贸转型升级专业型示范基地”。加大对企业上市服务力度，利君实业成功上市，环能德美、日机密封的上市申请已被证监会受理。加大对民营企业的帮扶力度，制定《关于支持企业稳增长促发展的政策措施》，积极协调解决企业在融资、市场拓展等方面的困难。民营经济综合实力连续9年位居全省第一。

产业功能区建设深入推进。进一步完善产业功能区发展规划，加大功能区配套建设力度，提升对产业、项目的承载功能，着力优化产业形态和城市形态。人民南路科技商务区：新增保利中心等6个竣工项目，建筑面积达68.9万平方米；魏玛等6个项目加快建设，建筑面积达85.9万平方米；顺利完成高攀片区整体城市设计。红牌楼商圈：新增莱蒙置地广场等13个竣工项目，建筑面积达99.5万平方米；红牌楼广场二期等21个项目加快建设，建筑面积达234万平方米。武侯新城：新增外贸鞋城等29个竣工项目，建筑面积达125.95万平方米，一品天成等50个项目加快建设，建筑面积达369.06万平方米。环城生态区：初步完成区域控规调整，积极推进陆坝新型社区建设。

二、民生状况不断改善

把“群众得真切实惠”作为工作目标，积极深化共创共享实践，大力发展民生经济，深入实施民生工程，全年共安排涉及民生的资金32.7亿元，占地方公共财政支出的67.8%，比上年净增2.39亿元，切实解决了一批群众最关切、最直接的民生问题。

城乡就业全面加强。加大职业技能培训力度，全年培训11302人（次）。完善创业扶持政策体系，加大对高校毕业生、小微企业的创业支持力度，累计发放创业小额贷款5350万元，发放量、覆盖面均为全市第一。川大创业园和西部智谷创业园被评为“全省首批省级创业示范园区”。全年城镇新增就业1.32万人，城镇登记失业率控制在2.39%以内，低于全市平均水平。首届藏区“9+3”学生就业率达96.3%。区人社局获“全国人力资源社会保障系统先进集体”称号。

社会事业提升发展。坚持把加快发展社会事业作为推动民生改善的重点，着力解决群众身边的民生问题。大力提升教育现代化、国际化水平。在中西部地区率先确立了建设“教育国际化先导区”的发展目标，举办首届“大型教育国际交流月”活动；实施公、民办学校结对发展、一体管理，启动“复兴名西北”建设工程，教育均衡化水平进一步提升；新增11所公益性幼儿园；累计向城区家庭经济困难学生、进城务工农村劳动者子女发放各类助学金、专项补贴472.5万元，免除义务教育阶段杂费、课本费等费用2121.3万元。荣获“四川省教育‘两基’工作先进区”称号。着力提升社区卫生服务水平。深化与华西医院协作，进一步完善“分级医疗”工作机制，在社区卫生服务中心设立华西医院挂号系统，全年139.65万人（次）享受到社区卫生服务机构药品“零差率”优惠1595.21万元；试点建立家庭医生社区工作站，积极推动全民健康体检，免费体检覆盖率达98.25%；强化疾病防控工作，“全国慢性病综合防控示范区”建设成果进一步巩固；“创建全国社区中医药工作先进单位”通过国家级验收。科技文体事业加快发展。大力推进科技创新，扎实开展科普宣传活动，加强公共文化基础设施标准化建设，积极开展“走进四季·太极武侯”“百姓故事会”等群众性文体活动。

社会保障力度加大。以“提标”和“扩面”为重点，加大社会保障力度。社会保险覆盖面继续扩大，全年新增各类保险20.17万人（次），征收保险基金24亿元。社会保障水平进一步提升，全年共发放最低生活保障金925.17万元、累计保障33642人（次），发放医疗救助246.05万元，最低生活保障人均补差标准和医疗救助水平均高于市级民生目标。积极实施“阳光圆梦”工程，我区没有一个孩子因贫困而失学。建成全国首个政府主导、社会参与的善工家园助残中心，为残疾人提供量体裁衣式个性化服务；在城区街道和流浪乞讨人员相对集中的社区建立救助管理工作站；在13个街道建立社区居家养老服务机构，积极探索社区低龄老年志愿者为高龄老人服务的居家养老模式。

社会管理切实加强。积极探索加强社会管理的机制、办法，最大限度地激发社会活力，切实维护和谐稳定的社会局面。社区管理创新不断深化。进一步深化推广黉门街社区、长寿苑社区、白佛村治理机制，积极探索院落居民自治激励办法，着力培育社区社会组织。建立社区工作人员薪酬待遇常态增长机制，实施社区（村）综合服务管理站工作人员资格认定、持证上岗制度。信访维稳工作进一步强化。不断深化完善群众和信访工作逐级负责制，认真落实领导包案和定期接访制度，加大信访积案化解力度。开展争创“最平安城区”活动，加大对社会治安重点地区的整治力度，依法严厉打击各类违法犯罪，全区刑事治安案件总警情同比下降14.4%；认真做好党的十八大、西博会召开期间的社会稳定工作。浆洗街洗面桥社区被命名为“全国民族团结进步创建活动示范社区”。深入开展安全生产、食品药品和特种设备安全监督工作。加大对网络舆情的监督、引导，积极回应和解决社会关注的热点、难点问题。

三、宜居品质全面提升

以建设现代化的城市形态、优美化的城市生态为重点，深入实施城乡环境综合治理，积极打造生态、宜人的“生活品质之城”。

城市功能更加完善。光华8线（武侯段）、武侯大道电力隧道等重点工程顺利推进，武侯祠大街、二环路两侧立面整治和特色街道整治工程加快实施。洗面桥街等9个地下停车场竣工投入使用。积极做好成蒲铁路、成绵乐客运专线拆迁及建设相关工作。加大旧城改造力度，完成危旧房改造301户、1.5万平方米，永盛南街9号棚户区改造搬迁工作顺利完成。“城中村”改造稳步推进，新增协议拆迁面积1.92万平方米；机投桥农贸市场建设项目正式启动，簇桥农贸市场建设用地顺利移交。

城乡环境综合治理强力推进。治理机制进一步完善，在全市率先编制并推行《城乡环境综合治理工作手册（试行）》，创新垃圾不落地收运办法，建立“四级巡查”机制，扩大社会有序参与，加大追究问责力度，整体联动、全域覆盖的城乡环境综合治理工作格局初步形成。专项治理深入开展，率先在全市开展机动车“两乱”专项整治，对府南河（锦江武侯段）下河排污口、楠杆堰水环境进行了重点整治，认真开展扬尘治理，切实规范户外广告设置，城市形象进一步提升。全国文明城市迎检测评工作获中心城区第一。

四、区域统筹不断深入

深化落实“两化”互动、统筹城乡发展战略，进一步完善城乡统筹制度体系，大力推动区域联动发展，切实增强区域发展活力。

圈层融合力度加大。大力实施“三圈一体”战略，立足原有合作基础，与新津、崇州签订“圈层融合战略合作协议”，全力加强双方在产业发展、人才队伍建设、社会事业等方面的深度合作，相互传输经济动能，相互提供发展支持。2012年，共选派280余名医务工作人员、教师相互学习交流；积极推动得益绿色食品等新津特色农产品进入伊藤洋华堂，促进京东商城等电子商务企业加大对新津、崇州农产品的直采力度。加强与白玉县的对口合作，制定《武侯区对口支援白玉县五年规划（2012～2016）》，严格按要求落实援助资金。我区荣获“全省对口定点扶贫先进单位”。

城乡统筹深化推进。农民集中居住稳步推进。建成南桥A区新居，完成新苗新居安置入住，加快推进吉福新苑等项目建设。农村产权制度改革不断深化。加强农村集体“三资”管理，获得“全国农村集体‘三资’管理示范区”称号。提高村级公共服务和社会管理专项资金标准，议定专项资金项目269个。

民族、宗教、侨务、对台工作进一步加强，审计、档案、地方志、老龄、物价、统计、人防、双拥、征兵、计生、妇女儿童、残疾人以及关心下一代等工作取得新成绩。

五、政府自身建设全面加强

进一步深化政府自身建设，加快推动政府职能转变，不断改进工作作风，切实提升行政效能。

依法行政全面推进。自觉接受区人大及其常委会的法律监督、工作监督和区政协的民主监督，认真做好建议、提案办理工作，全年共办结人大代表建议、政协委员提案227件，办结率为100%。广泛听取民主党派、工商联、无党派人士和工会、共青团、妇联等人民团体的意见。高度重视司法监督、舆论监督和社会监督。积极开展“创建全国法治城市”工作，广泛开展“法治大讲堂”系列活动，“六五”普法教育全面启动，法律援助体系进一步健全。

“规服”建设不断深化。全面实行行政审批“两集中两到位”，创新政务服务方式，推出3D实景政务大厅，打造全天候政务服务新模式，荣获“全国2012年电子政务创新应用奖”。政务服务标准化国家级试点通过验收。申报“相对集中行政许可权”国家级试点取得实质性进展。武侯区门户网站在全国绩效评估中名列西部区（县）级政府网站第一。政府信息公开深入推进，政务“下沉”力度加大，行政效能不断提升。

廉政勤政建设切实加强。深入开展以保持党的先进性和纯洁性为主题的干部教育实践活动，切实推进政府系统作风建设。积极倡导真抓实干的工作作风，大力推动各项工作落实。认真执行党风廉政建设责任制，严格落实《廉政准则》要求，强化对重大项目建设、工程招投标的监督，注重从源头预防和治理腐败问题，切实纠正损害群众利益的不正之风。

各位代表，2012年，我区经济社会发展取得了新的成绩，这是上级党委、政府和区委正确领导的结果，是区人大、区政协大力支持的结果，是全区上下团结拼搏、攻坚克难的结果。在此，我代表区政府，向全区人民，向各位人大代表、政协委员、各民主党派、工商联、无党派人士，向驻区部队和武警官兵，向所有关心支持武侯发展的各界朋友，表示衷心的感谢和崇高的敬意！

在充分肯定成绩的同时，我们还必须清醒地看到存在的困难和问题。一是以服务业为主导的现代产业体系还未充分形成，转变经济发展方式还需付出长期努力；二是招大引强的力度还不够大，区域的外向度还需进一步提升；三是政府系统少数干部的工作作风与新的形势还不相适应，政府自身建设还需进一步加强。对此，我们将高度重视，认真加以解决。

2013年工作目标和任务

2013年政府工作的总体要求是：认真贯彻落实党的十八大，中央、省委和市委经济工作会议精神，全面推进“五位一体”建设，深入实施“五大兴市战略”，坚定“宜人新城区、创业新天地、幸福新家园”总体目标，坚持领先发展、科学发展、又好又快发展，为开创“商务高地·宜居武侯”建设新局面，争当全面建成小康社会示范区而努力奋斗。

2013年政府工作的主要目标和任务是：

1.地区生产总值确保增长11%，力争增长11.5%；

2.地方公共财政收入确保增长12%，力争增长15%；

3.社会消费品零售总额确保增长17%；

4.城镇居民人均可支配收入确保增长12%；

5.城镇登记失业率控制在3.5%以内；

6.人口出生率控制在9.5‰以内。

各位代表，做好2013年政府工

作，对于进一步巩固经济平稳发展势头，实现领先发展目标意义重大。我们必须进一步坚定发展信心，狠抓工作落实，切实完成好各项目标任务。

一、深入学习贯彻十八大精神，争当全面建成小康社会示范区

党的十八大是在我国进入全面建成小康社会决定性阶段召开的一次十分重要的会议，对于我们党团结带领全国各族人民继续全面建设小康社会、加快推进社会主义现代化、开创中国特色社会主义事业新局面具有重大而深远的意义。

全面建成小康社会是党的十八大确立的奋斗目标。争当全面建成小康社会示范区，是我区贯彻落实党的十八大精神的重要实践。这个目标，顺应了全区干部群众的殷切期许，是我区落实市委、市政府“领先发展”总体取向和“头雁高飞”重大要求的具体体现，是对“商务高地·宜居武侯”建设内涵的丰富和拓展。我们一定要坚定信心、奋力进取，勇于担当、不负重托，努力担负起历史责任。要按照高于全国、领跑全市的要求，系统设计指标体系，科学量化目标任务，全力推动“五位一体”建设，努力在全面建成小康社会的历史进程中走在最前列。

二、全力保持经济稳步增长态势，着力提升经济发展质量和效益

紧紧围绕“稳中快进、领先发展”的工作基调，坚持以项目为抓手，以投资为重点，以产业为支撑，全力稳增长，奋力求突破，进一步提升经济发展的质量和效益。

大力推动服务业倍增发展。要按照“转二优三”的要求，完善政策体系，加大工作力度，积极推动服务业倍增发展。优先发展商务服务、信息服务、现代物流等生产性服务业，推动担保公司、信托公司等专业金融机构集聚发展，打造全国知名IT企业区域总部聚集区。改造提升商贸服务等传统优势服务业，鼓励大型卖场自建网上交易平台，推动区内重点商贸企业与京东商城等知名品牌电子商务企业合作，实现实体商业与电子商务融合发展。加快发展服务外包、文化创意等新兴业态，拓展动漫游戏设计、行业应用软件开发等外包业务，支持川大智胜等优势企业培育自主品牌。

扎实推进产业功能区建设。进一步完善产业功能区发展规划，加快载体建设，加速产业聚集，促进功能提升。人民南路科技商务区：确保魏玛等项目竣工投入使用，推动人南国际等项目加快建设，促进华丰融都等项目启动建设，力争新增商业面积40万平方米。红牌楼商圈：确保红牌楼广场等项目竣工投入使用，推动龙湖晋阳商圈城市综合体、中粮·大悦城等项目加快建设，力争新增商业面积43.3万平方米。武侯新城：确保国药西南研发中心等项目竣工投入使用，推动首信城市综合体、百丽研发中心等项目加快建设，促进力方国际、京东研究院等项目启动建设，力争新增建筑面积26.2万平方米。环城生态区：完成功能区控规编制，加大外环路生态带两侧拆迁力度，启动环城生态河道建设和九花新型社区建设。

强力推动项目工作。要进一步强化项目的支撑作用，切实把经济发展的增长点落实到具体项目上。抢抓机遇引项目。紧紧抓住《财富》全球论坛、华商大会在蓉召开的重大契机，充分挖掘“大事件”效应的高附加值，借力借势开展国际化城市营销，认真梳理参会目标企业，提前做好项目包装和招商对接工作，力争在大企业、大项目引进上取得更大突破，在引进企业总部、利用外资方面取得更加明显的成效。健全机制促项目。完善项目服务机制，落实责任、形成合力，切实解决好项目推进中的具体问题。全面清理长期处于“休眠”状态和未取得实质进展的项目，综合运用行政、法律等手段促进项目开工建设。强化保障建项目。加大地块的拆迁、包装、上市力度，确保上市40万平方米，力争实现67万平方米。切实做好拟上市地块的拆迁“扫尾”工作，加大违法用地的治理力度，为项目顺利推进扫清障碍。

积极发展民营经济。认真落实中央、省市促进民营经济发展的政策措施，充分发挥好政策的带动效应，特别是要全面落实好我区帮扶企业的具体措施办法，积极帮助企业加快发展。着力营造民营企业公平发展和竞争的环境，扩大投资领域，放宽经营条件，进一步激发民间投资热情。着力培育民营大企业、大集团，积极打造品牌企业和名牌产品。继续保持我区民营经济在全省的领先地位。

同时，要以“五大兴市战略”为重要抓手，着力抓好城乡制度统筹、规划统筹、产业统筹和主体统筹，进一步深化统筹城乡综合配套改革。切实做好拆迁居民的安置入住工作。全面推进与新津、崇州和白玉等地的区域合作。

三、大力推动社会建设，切实增进民生幸福

要把民生幸福作为执政追求，

坚持“大民生、细服务”理念，多谋民生之利，多解民生之忧，使发展成果更多、更公平地惠及人民群众。

强化就业和社会保障工作。要以提升就业质量为重点，加大职业技能培训力度，突出按需培训，进一步增强就业稳定性；强化对小微企业的信贷支持和高校毕业生的创业扶持，积极推动创业带动就业。进一步扩大社会保险覆盖面。完善残疾人社会保障和困难群体社会救助体系，加大对特殊困难群体的医疗救助力度。积极推动社区居家养老服务，加快推进社会化养老服务体系建设。

领先发展社会事业。加快教育事业发展。要把“巩固一体化成果、提升现代化水平、加快国际化进程”作为教育发展的重点，大力推动学前教育普惠公平、义务教育高位均衡、高中教育特色多元、职业教育持续加快、民办教育规范协调，社区教育广泛深入，努力办人民满意的教育。加强学校硬件建设，加快推进礼仪职中月亮湾校区建设等项目，力争完成中粮祥云龙江路小学分校建设等项目。提升社区卫生服务水平。完善社区卫生服务机构的管理体制和运行机制，进一步突出社区卫生服务机构的公益性，明确功能定位，实施标准化、规范化提升工程，加大社区全科医生培养力度，切实做好居民健康管理，不断强化社区卫生服务中心在疾病预防、康复保健等方面的作用。认真实施好国家基本药物制度。加快卫生信息化建设，不断深化社区卫生服务中心与华西医院等医疗机构的全方位协作。加快区疾病预防控制中心标准化建设，进一步做好疾病预防和控制工作。积极发展科技文体事业。不断深化科技创新工作，着力提升信息化建设水平，积极开展科普宣传；深入实施文化惠民工程，加快“三馆”建设，广泛开展群众性文体活动。

切实提高社会管理水平。认真落实群众和信访工作逐级负责制，切实处理好初信初访，积极抓好信访积案化解。进一步完善大调解工作体系，积极预防和妥善处置群体性事件和突发事件。加强流动人口服务管理。进一步深化“平安武侯”建设，强化重点区域的综合治理，积极构建高效集约的社会治安打防管控体系。积极推动“幸福社区”建设，完善社区自治机制，发展社区社会组织，强化居民素质提升，加强社工人才队伍建设，进一步提升社区自我服务、自我管理水平。加强网络舆情引导，积极疏导社会情绪。加强应急管理工作。强化安全生产监督管理。进一步做好食品药品和特种设备安全监督工作。

四、深入推进城乡环境综合治理，全面提升宜居品质

要按照“大城市、细管理”的要求，强联动、常坚持、重落实，以更高的标准、更大的力度深入推进城乡环境综合治理，以更加优美的城市形象迎接《财富》全球论坛、世界华商大会在蓉召开。

切实抓好专项整治。高质高效完成武侯祠大街、机场路（武侯段）等重要道路及二环路（武侯段）两侧建筑的整治工作，加大违法建筑拆除力度，完成清水河等排污口的治理工作，抓好商招、店招专项整治，确保《财富》论坛、华商大会的环境整治工作全面完成。

深入推动长效治理。加大《城乡环境综合治理工作手册（试行）》的执行和落实力度，进一步巩固、提升城乡环境综合治理成效。抓好背街小巷、农贸市场、涉农区域等薄弱环节的综合整治，切实消除盲点死角。强化宣传引导，提升群众文明素养，积极扩大社会参与面。进一步落实工作责任，加大追究问责力度。加强市政设施的管理维护，完善使用功能。切实提升文明城市建设水平。

积极推进生态文明建设。认真抓好环城生态带建设，切实做好小广场、重点道路的绿化工作；积极推动绿道建设，抓紧建设联网连片的绿道网络体系；探索开展屋顶和墙体绿化工作，全年计划新增公共绿地面积2万平方米。认真开展污染物总量减排、大气和水环境综合整治，加大对肖家河、楠杆堰等河道的综合治理力度，持续抓好排污企业污染防治工作，强化环境督查执法，努力建设天蓝地绿水清的美好家园。

在做好上述工作的同时，要继续做好审计、档案、地方志、老龄、环保、物价、统计、双拥、人防、计生、征兵、妇女儿童、残疾人以及关心下一代等工作。

五、着力加强政府自身建设，进一步提升行政执行力

以提高政府执行力为重点，进一步加强政府自身建设，推进政府管理创新，着力提高行政效能，为实现领先发展提供坚强保障。

深入推进依法行政。严格依照法定权限和程序行使权力、履行职责。自觉接受区人大及其常委会的法律监督、工作监督和区政协的民主监督，强化监察、审计监督，重视司法监督，主动接受群众和舆论监督。广

泛听取民主党派、工商联、无党派人士和工会、共青团、妇联等人民团体的意见。积极推进"全国法治城市"创建工作，深入开展"六五"普法活动，进一步提升依法行政水平。

深化规范化服务型政府建设。深化行政审批制度改革，积极争取"相对集中行政许可权"国家级试点。加强电子政务建设，探索开展全程网上审批服务。加强政府信息公开，大力推进行政权力网上公开透明运行。加大政务服务下沉力度，提升服务群众的水平。积极推动市民中心建设。

着力加强政府作风建设。大力倡导真抓实干、求真务实的工作作风，敢于攻坚克难，奋力开拓进取，全力推动各项工作"创先争优"，努力建设责任政府。积极推动效能建设，健全工作机制，优化服务流程，强化效能问责，努力建设效能政府。不断深化廉政建设，认真落实"一岗双责"，积极加强源头防治，着力纠正损害群众利益的不正之风，努力建设廉洁政府。

各位代表，做好2013年各项工作，推进武侯领先发展，责任重大、任务艰巨。我们要在市委、市政府和区委的坚强领导下，加力加劲抓落实，开拓奋进求突破，为开创"商务高地·宜居武侯"建设新局面，争当全面建成小康社会示范区而努力奋斗。

中国人民政治协商会议
成都市武侯区第六届委员会常务委员会工作报告

（2013年1月24日在政协成都市武侯区第六届委员会第二次会议上）

成都市武侯区政协党组书记　伍　勇

各位委员，各位同志：

我代表政协成都市武侯区第六届委员会常务委员会，向大会报告工作，请各位委员予以审议，请同志们提出意见。

2012年工作回顾

过去一年，是我区经济发展十分困难的一年，也是本届区政协的开局之年。在区委的坚强领导和市政协精心指导下，在区政府和区人大的大力支持下，区政协常委会坚持以科学发展观为指导，认真学习贯彻党的十八大和省、市、区党代会精神，团结和带领广大政协委员，坚定信心、乘势而上，务实创新、扎实工作，不断提升政协工作科学化水平，为加快"商务高地·宜居武侯"建设做出了积极贡献。

一、坚持抓好学习，增强履职共识

把学习摆在突出位置，推动各个层面加强学习，努力在学习中统一认识、增强共识。

一是抓好领导班子学习。通过参加全国政协和省、市、区学习培训会，召开内部学习会等形式，推动领导班子认真学习、准确把握中央和省、市、区委在新一轮发展中的重大战略决策，提高领导班子协商议政水平。二是抓好委员学习引导。以委员颁证和培训会为契机，以《武侯政协》为载体，专门把省、市、区党代会精神和领导重要讲话印发给每位委员学习领会，增强委员履职尽责、推动发展的责任感和使命感。三是抓好政协机关学习。召开机关干部职工大会，传达有关会议和领导讲话精神，并开展集中讨论、交流发言，增强做好政协工作的自觉性和主动性。

特别是党的十八大召开后，庚即把学习贯彻十八大精神作为当前和今后一个时期的首要政治任务，掀起学习贯彻热潮，通过组织收看直播、召开传达大会、开展学习讨论、聆听专题报告、印发学习资料等形式，让领导班子、全体委员和机关干部深刻领会十八大的基本精神，自觉把思想和行动统一到十八大确定的目标任务上来，把智慧和力量凝聚到十八大确定的部署要求上来，进一步增强服务科学发展、跨越发展的责任感和使命感。

二、认真履职尽责，助推加快发展

把助推科学发展作为政协履职的第一要务，主动作为、突出重点，积极为“商务高地·宜居武侯”建设献计出力。

积极提高协商议政质量。坚持围绕全区总体工作大局，先后召开全体会议1次，常委会议3次，主席会议10次，对口会议12次，协商议政水平进一步提高。一是推进整体协商。六届一次会议期间，积极邀请党政领导参加委员小组讨论，与委员面对面协商互动；认真组织委员对区政协两个报告和“一府两院”工作报告及其他报告进行协商讨论，将“解决微小企业融资难”“大力发展地铁节点经济”等56条委员意见建议报送给区委、区政府作为决策参考，很多意见建议被采纳。二是推进专题协商。常委会议专门听取了区政府经济运行和城乡环境综合治理情况通报以及区纪委工作通报，提出的一些较好建议被转化为工作措施，提升了有关工作实效。三是推进重点协商。主席会议协商了区委重要人事安排，听取了有关部门专题汇报。四是推进对口协商。各专委会积极加强与区级有关部门的沟通联系，强化工作指导，提出意见建议，推动有关工作顺利开展。

深入开展专题调研活动。着力把专题调研打造政协工作的第一“品牌”，紧扣全区发展大局和党政中心工作，以委员为主体，开展专题调研活动26次，形成调研报告9篇。由于这些报告调研深入、数据翔实、建议具体，具有很强的针对性和操作性，其中8篇被区委区政府政策研究室刊发在《领导参阅》《工作研究》上，区委主要领导作出肯定性批示3次，《着力加强委员培训切实提高履职能力》还在全国副省级城市城区政协研讨会第十四次会议上交流。针对中小企业担保融资难问题，区政协课题调研组深入走访武侯新城内中小企业，多次召开企业负责人、法律专家、担保公司、相关部门参加的座谈会，深入探讨当前融资担保存在问题和抵御风险措施，提出的“做大担保规模，提升担保能力”“加大激励力度，聚集专业人才”“建立风险补偿机制，增强抗风险能力”等建议被采纳，区委主要领导批示区政府领导牵头研究办理。围绕“产业倍增”战略，组织委员多次深入人南商务区、红牌楼商圈、晋阳商圈和相关街道，听取汇报、走访企业、召开座谈会，详细了解楼宇经济发展的现状、存在问题，提出“健全组织机构，加强对楼宇经济的统筹协调管理”“尽快建立区域内楼宇资源库和楼宇电子商务平台”“着力解决个案，最大限度引进税源和促进专业楼宇发展”等建议，为政府调整城市业态、推进功能区建设提供了决策参考。此外，还积极配合市政协开展少数民族流动人口管理与服务等3项专题调研，全面反映我区经济社会发展过程中取得成绩和存在问题，力争通过上级层面加以推广和解决。

稳步提高提案工作水平。六届一次会议以来，共收到委员提案189件。经过严格审查，立案157件，对不予立案的32件提案作为委员意见建议转省、市、区有关部门研究、参阅，保证了提案质量，维护了提案的严肃性。编写提案目录，明确办理单位，会同区政府将136件提案交给区级相关部门和有关街道办理，21件交给高新区办理，同时明确办理标准、要求、时限。坚持区政府和区政协领导督办重点提案制度，采取视察督办、汇报进展情况、“回头看”等方式加强督办，提案办理水平明显提高。通过区政协和承办单位的共同努力以及政协委员的大力配合，所有提案全部办结，办结率100%，委员满意率98.73%，提案工作作用得到充分发挥。

三、积极关注民生，维护和谐稳定

始终把以人为本、履职为民作为政协工作的出发点和落脚点，积极体察民情，反映民意，助解民困，促进民生持续改善，协力维护社会和谐稳定。

搞好视察促进民生改善。把专项视察作为改进工作、改善民生的重要形式，选取教育均衡发展、社区卫生服务、人口与计生、政务服务、城乡环境改善等群众关心、社会关注的问题，组织专项视察15次，对促进有关工作起到积极作用。新一届领导班子把城乡教育高位均衡发展作为第一次视察课题，积极深入中小学了解校园建设和教学质量，认真听取区政府及有关部门的工作通报，提出的“发展特色教育”“扩大国际交流合作”“推行教育捆绑模式”等建议为缩小城乡教育差距、建设“教育国际化先导区”起到积极作用。

开展督查促进民生改善。按照区委的要求，启动城乡环境综合治理和全国文明城市复查迎检监督检查工作。区政协领导坚持每周3次带领相关人员，深入主街干道、背街小巷、各类市场，查看问题、交换意见、督促整改，并形成专报，报送区委、区政府领导和有关部门参阅、研究，有力提升了城乡环境综合治理和全国文明城市复查迎检工作实效。区政协介入区委区政府重点工作督查活动的做法，受到市委主要领导的肯定，多个区（市）县到我区交流学习。同时，还根据把握适度的原则，确定政协委员担任司法机关监督员实施方案，稳妥推进民主监督。

反映民意促进民生改善。坚持把社情民意作为促进民生改善的重要手段，通过摘录委员提案、开展委员进社区活动、接待群众来访、接收委员或群众来信、接受电话咨询等形式，收集社情民意信息65条。收到关于整治红牌楼片区社会治安的委员建议后，及时协调区政府有关部门，采取有力措施，促进该片区社会治安明显好转，受到群众好评。

办好实事促进民生改善。结合开展“挂帮包”“双报到”等活动，深入对口联系街道、社区（村）走访慰问，听取群众诉求，帮助解决实际困难。特别是区政协领导深入武侯国土分局调研，帮助对口联系的长寿苑社区协调处置原桐梓林村八组危旧楼房，形成专题报告，区委主要领导批示区政府协同区政协研究，力争全面解决。开展“慈善一日捐”活动，发动机关干部职工捐款，扶贫济困。倡导社会各界积极参与社会公益事业，力所能及帮助弱势群体。

四、弘扬两大主题，汇聚发展合力

牢牢把握团结和民主两大主题，引导不同党派、团体和各界人士共同致力于推动我区经济社会发展。

促进党派合作。始终坚持“长期共存、互相监督、肝胆相照、荣辱与共”的方针，在区委领导下选举3名民主党派和无党派人士进入本届区政协领导班子，安排1名民主党派人士担任专委会负责人，并全部驻会。积极搭建参政议政平台，邀请民主党派、工商联、人民团体和各界人士参加教师节联谊会、中秋茶话会及其他恳谈会，与党政领导共叙友谊、共话发展。

汇聚各界力量。重视发挥专委会的基础作用。配齐配强各专委会负责人，根据委员特长确定专委会组成人员，邀请委员参加专委会调研视察活动，为委员履职创造有利条件。重视发挥界别的纽带作用。协同区委有关部门将上一届17个界别调整为13个，并变更个别界别名称；注重发挥界别委员在联系群众、化解矛盾、疏导情绪、维护稳定的作用，加强探索界别活动的形式和方法。重视发挥街道委员小组的组织作用。要求街道委员小组根据辖区实际情况，通过组织集中学习、听取街道党政主要领导通报工作情况、参观视察、走访群众等形式，为委员了解情况、建言献策搭好平台。

加强交往联谊。主动争取和接受省、市政协的工作指导，热情接待外地政协学习考察，积极参加全国性政协工作研讨会、成都市区（市）县政协主席座谈会和中心城区助推国际化发展经验交流会，着力加强与各区（市）县政协的横向联动，特别是围绕促进圈层融合战略，加强与对口的新津县政协的协同互动，达到了交流经验、开阔视野、增进交流、促进发展的目的。

五、加强自身建设，提升工作水平

把加强自身建设作为政协工作的重点，注重规范有序、探索创新，不断提高政协工作科学化水平。

认真抓好班子建设。在区委的坚强领导下，成功召开区政协六届一次会议，选举产生六届区政协领导班子，政协换届顺利完成。完善领导班子议事决策程序，建立领导分工AB角机制，促进了领导之间相互补台、团结协作。班子成员以身作则，勇当勤学善思、履职尽责、亲民为民、民主共事的表率，起到引导示范作用，促进了委员和干部队伍建设。

充分发挥委员作用。一是加快建设武侯区公众信息网政协子站“委员之家”网络平台，制定委员履职考核办法，提高委员履职的主动性和积极性。二是坚持安排和邀请委员列席区政府常务会和区政协常委会，鼓励委员撰写提案、参加调研视察、提出意见建议。三是鼓励委员发挥来自各阶层、联系面广泛的优势，做好做强自身事业，促进招商引资引税，投身社会公益事业，为推动武侯发展尽绵薄之力。

着力改进新闻宣传。邀请新闻媒体全程参与政协各类重要会议和调研视察活动形成制度性规定。充分发挥《武侯政协》的自身宣传载体作用，及时反映政协工作。借助《四川政协报》《成都政协》《每日要情》等外部载体及内外网络，征集民意信息、公布委员提案、反映工作动态。全年报送工作信息、新闻稿件115条（篇），有效宣传了区政协的履职经验和工作成效，提高了区政协的社会关注度和影响力。

积极强化机关建设。制定联

系基层和委员制度，修订完善岗位职责、会议制度和内部管理制度，推动政协工作更加规范有序。深入开展干部作风教育实践活动和“创先争优”活动，严格落实首问责任制、限时办结制、责任追究制，着力杜绝“庸、懒、散”等不良现象，促进机关作风进一步转变，服务水平进一步提高。

各位委员、各位同志：过去一年，区政协工作实效进一步提升，社会效应进一步增强。这是区委加强和改善领导的结果，是区人大、区政府及有关部门和社会各界大力支持的结果，是各位委员和政协工作者辛勤工作、共同努力的结果，还与老领导的热情关怀密不可分。在此，我代表第六届区政协常委会，向大家表示衷心的感谢，并致以崇高的敬意！

总结我们的工作，还存在不足与差距，主要有：一是个别委员履职的水平和能力有待提高；二是政协履职成果转化有待加强；三是专委会工作开展不够平衡。这些不足和差距，需要我们在今后的工作中切实加以改进。

2013年工作思路

十八大报告首次提出并系统论述了健全社会主义协商民主制度，彰显了党中央坚持不懈推进政治体制改革的决心和信心。这对加强人民政协工作提供了难得的机遇，也对提升政协工作水平提出了更高的要求。2013年，区政协工作的指导思想是：高举中国特色社会主义伟大旗帜，认真贯彻落实十八大精神和省、市、区委重要会议精神，团结和带领全区广大政协委员，主动作为、认真履职，为我区推进“五位一体”建设和实现“开创‘商务高地·宜居武侯’建设新局面，力争全面建成小康社会示范区”的目标定位做出新的贡献。

一、加强学习，履职思想认识要有新提高

要采取多种形式深入学习贯彻十八大精神，把委员的思想和行动统一到中央和省、市、区委贯彻落实十八大精神的重大要求上来。要有计划开展学习培训，深化对中国特色社会主义理论和人民政协理论以及统战知识的学习认识、理解掌握，尤其要深化对协商民主制度的认识，强化理论研究，确保班子领导水平、委员履职水平和机关服务水平有新提高。要认真贯彻落实区六届三次党代会精神，厘清工作思路，谋划全年工作，确保政协工作与区委保持思想、目标、行动一致。

二、认真履职，助推科学发展要有新作为

要加强协商民主制度研究，拓展协商的内容和形式，就全区政治、经济、文化、社会和生态文明建设中的重大问题开展协商。要组织委员深入开展专题调研视察，就推进产业功能区建设、经济增长和发展方式转变、促进开放合作、创新体制机制等党政中心工作献计出力。要高度关注民生，就劳动就业、均衡教育、收入分配、卫生服务、环境改善等攸关群众切身利益问题开展调研视察和专项督查，积极建言献策，促进民生改善。

三、突出主题，促进社会和谐要有新贡献

要搭建好平台，加强与民主党派、工商联和无党派人士的合作，营造团结合作、和谐共事的氛围。要畅通民意表达渠道，增进社会各阶层和不同利益群体的团结和谐。要认真宣传、贯彻民族宗教政策，促进民族团结、宗教和谐。

四、务实创新，加强自身建设要有新成效

要在总结成功经验、完善运行机制上下工夫，探索开展界别活动的新途径、新方法，增强工作活力。要加强委员管理与服务，特别是要尽快制定操作规程，推进“委员之家”平台建设，进一步强化委员管理、推进委员互动、提升服务水平。要巩固作风教育实践活动成果，加强机关建设，为政协工作顺利开展提供优质高效服务。

各位委员、各位同志：新征程承载新使命，新目标赋予新任务。让我们始终高举中国特色社会主义伟大旗帜，紧密团结在以习近平同志为总书记的新一届党中央周围，在中共武侯区委的坚强领导下，同心协力共谋发展，肝胆相照共克时艰，风雨同舟共创辉煌，努力推动政协工作再上新台阶，为我区推进“五位一体”建设和实现开创“商务高地·宜居武侯”建设新局面，争当全面建成小康社会示范区的目标定位做出新贡献！

2012年中共成都市武侯区委文件目录选登

字　号	文　件　标　题
武委发〔2012〕1号	中共成都市武侯区委关于印发《刘守成同志在中共成都市武侯区第六次代表大会上的讲话》
武委发〔2012〕2号	中共成都市武侯区委关于推动文化大发展大繁荣加快建设文化强区的实施意见
武委发〔2012〕3号	中共成都市武侯区委关于转发《中共成都市武侯区人大常委会党组关于做好区人民代表大会换届选举工作的意见》的通知
武委发〔2012〕4号	中共成都市武侯区委关于转发《中共成都市武侯区委统战部关于做好武侯区政协换届工作的意见》的通知
武委发〔2012〕5号	中共成都市武侯区委关于推选武侯区出席中国共产党成都市第十二次代表大会代表的通知
武委发〔2012〕7号	中共成都市武侯区委成都市武侯区人民政府关于表彰2011年度企业纳税大户的决定
武委发〔2012〕8号	中共成都市武侯区委成都市武侯区人民政府关于表彰2011年度房地产、工业、服务业纳税十强及五家成长型企业的决定
武委发〔2012〕10号	中共成都市武侯区委成都市武侯区人民政府关于对2011年成功上市的成都利君实业股份有限公司和成都路桥工程股份有限公司给予表彰的决定
武委发〔2012〕11号	中共成都市武侯区委成都市武侯区人民政府关于表彰2011年度获省市认定企业技术中心和省工程技术研究中心企业的决定
武委发〔2012〕12号	中共成都市武侯区委成都市武侯区人民政府关于表彰财政总收入过二十亿单位的决定
武委发〔2012〕13号	中共成都市武侯区委成都市武侯区人民政府关于表彰2011年度街道投促中心经济工作先进单位的决定
武委发〔2012〕14号	中共成都市武侯区委成都市武侯区人民政府关于对2011年度武装工作先进单位及个人进行表彰的通报
武委发〔2012〕15号	中共成都市武侯区委成都市武侯区人民政府关于印发《武侯区社会管理创新发展规划（2012～2016年）》的通知
武委发〔2012〕17号	中共成都市武侯区委成都市武侯区人民政府关于印发《武侯区2012年人口和计划生育工作要点》的通知
武委发〔2012〕18号	中共成都市武侯区委成都市武侯区人民政府关于印发《成都市武侯区教育国际化五年行动计划（2012～2016年）》的通知
武委发〔2012〕19号	中共成都市武侯区委关于认真学习宣传贯彻市第十二次党代会精神的通知
武委发〔2012〕20号	中共成都市武侯区委成都市武侯区人民政府关于印发《武侯区推进"两新"组织防治腐败试点工作实施意见》的通知
武委发〔2012〕21号	中共成都市武侯区委成都市武侯区人民政府关于印发《武侯区2012年经济发展软环境建设暨行政效能监察工作实施意见》的通知
武委发〔2012〕22号	中共成都市武侯区委关于武侯区宣传文化系统干部管理体制有关问题的通知
武委发〔2012〕23号	中共成都市武侯区委关于进一步加强区委政法委建设的实施意见
武委发〔2012〕24号	中共成都市武侯区委成都市武侯区人民政府关于表彰完成2011年度目标任务先进单位、优秀单位的决定
武委发〔2012〕25号	中共成都市武侯区委关于转发《中共四川省委关于认真学习宣传贯彻省第十次党代会精神的通知》的通知
武委发〔2012〕26号	中共成都市武侯区委关于印发《中共成都市武侯区委工作规则》的通知
武委发〔2012〕27号	中共成都市武侯区委成都市武侯区人民政府关于印发《进一步规范和加强区级财政专项资金、基本建设支出预算、政府投资工程建设项目审批以及干部人事管理的暂行办法》的通知

续表

字 号	文 件 标 题
武委发〔2012〕28号	中共成都市武侯区委成都市武侯区人民政府关于印发《进一步完善投资促进工作机制的意见（试行）》的通知
武委发〔2012〕29号	中共成都市武侯区委关于区委领导分工的通知
武委发〔2012〕30号	中共成都市武侯区委关于表彰区法院荣获“全国模范法院”荣誉称号的通报
武委发〔2012〕31号	中共成都市武侯区委成都市武侯区人民政府关于印发《成都市武侯区法制宣传教育第六个五年规划（2011 ~ 2015）》的通知
武委发〔2012〕32号	中共成都市武侯区委关于全区基层党组织和共产党员在创先争优活动中荣获上级表彰情况的通报
武委发〔2012〕33号	中共成都市武侯区委关于表彰2010 ~ 2012年全区创先争优先进基层党组织和优秀共产党员的决定
武委发〔2012〕35号	中共成都市武侯区委成都市武侯区人民政府关于表扬2011年度统筹城乡发展工作先进单位和先进个人的通报
武委发〔2012〕37号	中共成都市武侯区委关于学习宣传贯彻党的十八大精神的通知
武委办〔2012〕4号	中共成都市武侯区委办公室成都市武侯区人民政府办公室关于印发《武侯区城市环境卫生专项治理工作实施方案》的通知
武委办〔2012〕5号	中共成都市武侯区委办公室关于成立武侯区政协换届工作领导小组的通知
武委办〔2012〕10号	中共成都市武侯区委办公室关于在全区开展加快国际化进程思想再解决大讨论活动的通知
武委办〔2012〕15号	中共成都市武侯区委办公室成都市武侯区人民政府办公室关于调整区级领导联系街道的通知
武委办〔2012〕19号	中共成都市武侯区委办公室关于调整非常设机构的通知
武委办〔2012〕20号	中共成都市武侯区委办公室成都市武侯区人民政府办公室关于成立武侯区加快推进教育国际化先导区建设领导小组的通知
武委办〔2012〕21号	中共成都市武侯区委办公室成都市武侯区人民政府办公室关于区级领导带队开展城乡环境综合治理巡查督办工作的通知
武委办〔2012〕22号	中共成都市武侯区委办公室成都市武侯区人民政府办公室关于进一步做好初信初访办理工作的通知
武委办〔2012〕23号	中共成都市武侯区委办公室成都市武侯区人民政府办公室关于成立武侯区对口支援藏区工作领导小组的通知
武委办〔2012〕24号	中共成都市武侯区委办公室成都市武侯区人民政府办公室关于转发《中共中央办公厅、国务院办公厅关于印发〈党政机关公文处理工作条例〉的通知》的通知
武委办〔2012〕25号	中共成都市武侯区委办公室成都市武侯区人民政府办公室关于区人大常委会、区政协开展城乡环境综合治理监督检查的通知
武委办〔2012〕27号	中共成都市武侯区委办公室关于转发《区委宣传部关于区委中心组2012年度理论学习安排意见》的通知
武委办〔2012〕29号	中共成都市武侯区委办公室关于转发《区委组织部关于在创先争优活动中开展基层组织建设年的实施方案》的通知
武委办〔2012〕30号	中共成都市武侯区委办公室成都市武侯区人民政府办公室关于调整武侯区人事调配领导小组成员的通知
武委办〔2012〕32号	中共成都市武侯区委办公室成都市武侯区人民政府办公室关于印发《区领导联系投资促进重在项目制度》和《武侯区关于进一步规范投资促进商务活动实施细则》的通知
武委办〔2012〕33号	中共成都市武侯区委办公室成都市武侯区人民政府办公室关于印发《2012年区领导联系投资促进重大项目》的通知
武委办〔2012〕34号	中共成都市武侯区委办公室关于区委办公室领导班子成员分工的通知
武委办〔2012〕35号	中共成都市武侯区委办公室关于印发《武侯区关于开展保持党的先进性纯洁性主题的干部作风教育实践活动的实施方案》的通知
武委办〔2012〕36号	中共成都市武侯区委办公室成都市武侯区人民政府办公室关于对“领导挂点、部门包村、干部帮户”活动有关工作进行调整的通知

续表

字　号	文　件　标　题
武委办〔2012〕37号	中共成都市武侯区委办公室成都市武侯区人民政府办公室关于进一步加强城乡环境综合治理督查督办工作的实施意见
武委办〔2012〕38号	中共成都市武侯区委办公室关于印发《2012年度区领导重点调研课题》的通知
武委办〔2012〕42号	中共成都市武侯区委办公室成都市武侯区人民政府办公室关于实施“千名领导挂点、万名干部帮户”活动深入开展机关干部直接联系服务群众工作的实施意见
武委办〔2012〕43号	中共成都市武侯区委办公室关于印发《关于进一步加强干部队伍建设八点意见》的通知
武委办〔2012〕44号	中共成都市武侯区委办公室成都市武侯区人民政府办公室关于印发《关于党风廉政建设责任制检查考核的实施办法》的通知
武委办〔2012〕48号	中共成都市武侯区委办公室关于转发《中共成都市武侯区委组织部关于深入开展谈心谈话活动的实施意见》的通知
武委办〔2012〕49号	中共成都市武侯区委办公室成都市武侯区人民政府办公室关于进一步做好党政机关执行人民法院生效判决和裁定工作的实施意见
武委办〔2012〕50号	中共成都市武侯区委办公室成都市武侯区人民政府办公室关于印发《武侯区“三重一大”决策事项监督管理办法》的通知
武委办〔2012〕51号	中共成都市武侯区委办公室成都市武侯区人民政府办公室关于印发《武侯区2012年党风廉政建设和反腐败工作任务分工》的通知
武委办〔2012〕52号	中共成都市武侯区委办公室关于评选表彰全区创先争优先进基层党组织和优秀共产党员的通知
武委办〔2012〕55号	中共成都市武侯区委办公室成都市武侯区人民政府办公室关于加强街道纪检监察组织建设的实施意见
武委办〔2012〕56号	中共成都市武侯区委办公室成都市武侯区人民政府办公室关于印发《武侯区提高社区（村）工作人员待遇方案》的通知
武委办〔2012〕57号	中共成都市武侯区委办公室成都市武侯区人民政府办公室关于做好2012年中秋、国庆节期间有关工作的通知
武委办〔2012〕58号	中共成都市武侯区委办公室成都市武侯区人民政府办公室关于成立武侯区圈层融合发展领导小组的通知
武委办〔2012〕59号	中共成都市武侯区委办公室成都市武侯区人民政府办公室关于印发《武侯区临时聘用人员管理办法》的通知
武委办〔2012〕64号	中共成都市武侯区委办公室成都市武侯区人民政府办公室关于深化街道综合管理体制改革的实施意见
武委办〔2012〕65号	中共成都市武侯区委办公室成都市武侯区人民政府办公室关于成立武侯区文化市场管理工作领导小组的通知
武委办〔2012〕67号	中共成都市武侯区委办公室关于深入贯彻落实党的十八大精神开展全面建成小康社会示范区专题研究的通知
武委办〔2012〕68号	中共成都市武侯区委办公室成都市武侯区人民政府办公室关于成立2013成都《财富》全球论坛和第十二届世界华商大会武侯区筹备工作领导小组的通知
武委办〔2012〕69号	中共成都市武侯区委办公室成都市武侯区人民政府办公室关于印发《成都市武侯区引进高层次创新创业人才实施办法（试行）》的通知
武委办〔2012〕70号	中共成都市武侯区委办公室成都市武侯区人民政府办公室关于印发《关于健全和完善领导干部直接联系高层次领军人才制度意见》的通知
武委办〔2012〕73号	中共成都市武侯区委办公室成都市武侯区人民政府办公室关于成立武侯区“我为全面建成小康社会示范区献一策”活动领导小组的通知
武委办〔2012〕74号	中共成都市武侯区委办公室成都市武侯区人民政府办公室关于对武侯区政务服务系统2012年度优质服务窗口优秀政务工作者进行表扬的通报
武委办〔2012〕75号	中共成都市武侯区委办公室成都市武侯区人民政府办公室关于做好2013年元旦、春节期间有关工作的通知

2012年成都市武侯区人民政府文件目录选登

字 号	文件标题
成武府发〔2012〕5号	成都市武侯区人民政府关于开展学校及周边食品安全专项整治工作的通知
成武府发〔2012〕7号	成都市武侯区人民政府关于确定2012年度重点优势企业的通知
成武府发〔2012〕9号	成都市武侯区人民政府关于表彰2011年度征兵工作先进单位及个人的通知
成武府发〔2012〕10号	成都市武侯区人民政府关于区政府领导同志工作分工的通知
成武府发〔2012〕11号	成都市武侯区人民政府关于表彰2011年度统计工作先进单位的通知
成武府发〔2012〕13号	成都市武侯区人民政府关于2011年度安全生产暨消防工作先进单位和先进个人的通报
成武府发〔2012〕14号	成都市武侯区人民政府关于深化法治城市创建工作实施意见
成武府发〔2012〕17号	成都市武侯区人民政府关于印发《武侯区政府工作规则》的通知
成武府发〔2012〕18号	成都市武侯区人民政府关于成立武侯区2011年度卫片土地执法检查工作领导小组的通知
成武府发〔2012〕19号	成都市武侯区人民政府关于印发《2012年区属消防安全重点单位名单》的通知
成武府发〔2012〕20号	成都市武侯区人民政府关于转发《省政府关于印发〈四川省人民政府绩效管理过错问责及结果运用办法〉通知》的通知
成武府发〔2012〕21号	成都市武侯区人民政府关于表彰2011年国家卫生城市复查工作先进集体和先进个人的通知
成武府发〔2012〕22号	成都市武侯区人民政府关于印发《武侯区2012年审计工作安排意见》的通知
成武府发〔2012〕27号	成都市武侯区人民政府关于确定2012年推进“商务高地·宜居武侯”建设重点项目的通知
成武府发〔2012〕28号	成都市武侯区人民政府关于印发《武侯区进一步推进小额贷款的实施意见》的通知
成武府发〔2012〕32号	成都市武侯区人民政府关于调整区与街道办事处财政管理体制的通知
成武府发〔2012〕33号	成都市武侯区人民政府关于下达2012年财政收入目标任务的通知
成武府发〔2012〕47号	成都市武侯区人民政府关于印发《成都市武侯区应用技术研究与开发资金管理办法》的通知
成武府发〔2012〕48号	成都市武侯区人民政府关于印发《国家技术创新工程四川省示范活动成都市武侯区创建方案》的通知
成武府发〔2012〕53号	成都市武侯区人民政府关于成立武侯区基本单位名录建设系统领导小组的通知
成武府发〔2012〕63号	成都市武侯区人民政府关于印发《武侯区主要污染物总量削减工作的实施意见》的通知
成武府发〔2012〕64号	成都市武侯区人民政府关于调整武侯区旧城改造领导小组成员及相关事项的通知
成武府发〔2012〕66号	成都市武侯区人民政府关于印发《武侯区支持企业稳增长促发展的政策措施》的通知
成武府发〔2012〕67号	成都市武侯区人民政府关于印发《武侯妇女纲要（2011～2020年）和武侯儿童发展纲要（2011～2020年）》的通知
成武府发〔2012〕70号	成都市武侯区人民政府关于2011年度动物防疫工作先进单位和先进个人的通报
成武府发〔2012〕71号	成都市武侯区人民政府关于2011年度河道长效管理工作先进单位和先进个人的通报
成武府发〔2012〕72号	成都市武侯区人民政府关于2011年度农村扶贫工作先进单位和先进个人的通报
成武府发〔2012〕85号	成都市武侯区人民政府关于印发《关于促进产业倍增若干政策的意见（试行）》的通知

续表

字　号	文件标题
成武府发〔2012〕86号	成都市武侯区人民政府关于印发《武侯区进一步落实行政审批两集中两到位的工作方案》的通知
成武府发〔2012〕87号	成都市武侯区人民政府关于区政府区长助理工作分工的通知
成武府办发〔2012〕1号	成都市武侯区人民政府办公室关于编制武侯区商务地图的通知
成武府办发〔2012〕2号	成都市武侯区人民政府办公室关于转发《成都市人民政府办公厅关于切实做好2012年元旦春节期间安全生产工作的通知》的通知
成武府办发〔2012〕3号	成都市武侯区人民政府办公室关于做好2012年春节期间市场供应和食品安全监管工作的通知
成武府办发〔2012〕4号	成都市武侯区人民政府办公室关于开展《武侯年鉴（2012）》编纂工作的通知
成武府办发〔2012〕6号	成都市武侯区人民政府办公室关于印发《武侯区2012～2013年政府集中采购目录及采购限额标准》的通知
成武府办发〔2012〕9号	成都市武侯区人民政府办公室关于编辑《武侯市场指南》的通知
成武府办发〔2012〕11号	成都市武侯区人民政府办公室关于下达2012年一季度工业及服务业目标任务的通知
成武府办发〔2012〕14号	成都市武侯区人民政府办公室关于印发《武侯区殡葬行业专项整治工作实施方案》的通知
成武府办发〔2012〕16号	成都市武侯区人民政府办公室关于对“武侯区安全生产暨消防工作会议”参会情况的通报
成武府办发〔2012〕17号	成都市武侯区人民政府办公室关于印发《2012年全区爱卫工作要点》的通知
成武府办发〔2012〕24号	成都市武侯区人民政府办公室关于印发《成都市武侯区河道长效管理实施意见》的通知
成武府办发〔2012〕25号	成都市武侯区人民政府办公室关于印发《2012年清理调整及新增区政府非常设机构》的通知
成武府办发〔2012〕42号	成都市武侯区人民政府办公室关于印发《成都市武侯区全民健身实施计划》的通知
成武府办发〔2012〕43号	成都市武侯区人民政府办公室关于成都市武侯区人民政府办公室主任、副主任分工的通知
成武府办发〔2012〕45号	成都市武侯区人民政府办公室关于建立健全武侯区城乡困难群众临助制度的意见
成武府办发〔2012〕50号	成都市武侯区人民政府办公室关于调整武侯区人民政府消防安全委员会领导小组及成员单位的通知
成武府办发〔2012〕51号	成都市武侯区人民政府办公室关于印发《武侯区加强涉农区域静态交通管理工作方案》的通知
成武府办发〔2012〕52号	成都市武侯区人民政府办公室关于印发《武侯区2012年突发事件预防和处置基础保障目标考核细则》的通知
成武府办发〔2012〕54号	成都市武侯区人民政府办公室关于加强防汛和汛期灾害防治工作的紧急通知
成武府办发〔2012〕55号	成都市武侯区人民政府办公室关于印发《武侯区社区（村）设立法律服务工作室实施方案》的通知
成武府办发〔2012〕56号	成都市武侯区人民政府办公室关于印发《武侯区投资促进重大项目准入机制实施细则》的通知
成武府办发〔2012〕57号	成都市武侯区人民政府办公室关于成立武侯区学生军训工作协调小组的通知
成武府办发〔2012〕58号	成都市武侯区人民政府办公室关于开展单位清查工作的通知
成武府办发〔2012〕59号	成都市武侯区人民政府办公室关于转发《市纠正行业不正之风办公室关于2012年纠风工作实施意见》的通知
成武府办发〔2012〕61号	成都市武侯区人民政府办公室关于做好突发公共事件应急预案修订工作的通知
成武府办发〔2012〕63号	成都市武侯区人民政府办公室关于成立武侯区创新社会管理社区纵横比信息服务管理平台建设工作推进领导小组的通知
成武府办发〔2012〕64号	成都市武侯区人民政府办公室关于对重大火灾隐患进行挂牌督促整改的通知
成武府办发〔2012〕68号	成都市武侯区人民政府办公室关于印发《武侯区社区（村）综合服务协管员考试制度（试行）》的通知

续表

字 号	文件标题
成武府办发〔2012〕69 号	成都市武侯区人民政府办公室关于印发《关于建立健全院落居民自治激励机制的意见（试行）》的通知
成武府办发〔2012〕70 号	成都市武侯区人民政府办公室关于印发《武侯区全民科学素质行动计划纲要实施方案》的通知
成武府办发〔2012〕72 号	成都市武侯区人民政府办公室关于印发《策乐 2012 科学行走指导（成都）活动实施方案》的通知
成武府办发〔2012〕73 号	成都市武侯区人民政府办公室关于开展特种设备安全专项检查的通知
成武府办发〔2012〕78 号	成都市武侯区人民政府办公室关于印发《武侯区政府办理人大代表建议和政协提案工作考评办法》的通知
成武府办发〔2012〕79 号	成都市武侯区人民政府办公室关于印发《2012 年武侯区“运动成都・活力武侯”体彩杯羽毛球比赛竞赛规程》的通知
成武府办发〔2012〕80 号	成都市武侯区人民政府办公室关于修订印发《武侯区突发公共事件医疗卫生救援应急预案》的通知
成武府办发〔2012〕82 号	成都市武侯区人民政府办公室关于进一步加强突发事件信息报送的通知
成武府办发〔2012〕83 号	成都市武侯区人民政府办公室关于开展武侯区投资项目监督检查的通知
成武府办发〔2012〕84 号	成都市武侯区人民政府办公室关于建立武侯区推进广告战略实施联席会议制度的通知
成武府办发〔2012〕85 号	成都市武侯区人民政府办公室关于对重大火灾隐患进行挂牌督促整改的通知
成武府办发〔2012〕86 号	成都市武侯区人民政府办公室关于实施创建安全社区的工作意见
成武府办发〔2012〕87 号	成都市武侯区人民政府办公室关于落实 2012 年邮政便民服务站建设任务的通知
成武府办发〔2012〕88 号	成都市武侯区人民政府办公室关于成立武侯区 2013 年成都《财富》全球论坛综合整治工作领导小组的通知
成武府办发〔2012〕89 号	成都市武侯区人民政府办公室关于转发《关于做好 2012 年中秋国庆期间安全生产工作的通知》的通知
成武府办发〔2012〕90 号	成都市武侯区人民政府办公室关于武侯区突发重大动物疫情应急预案的通知
成武府办发〔2012〕94 号	成都市武侯区人民政府办公室关于印发《2012 年武侯区“运动成都・活力武侯”体彩杯机关乒乓球比赛竞赛规程》的通知
成武府办发〔2012〕95 号	成都市武侯区人民政府办公室关于转发《成都市人民政府安全生产委员会关于转发〈省政府办公厅关于进一步强化安全生产责任制追究确保安全生产形势好转〉的通知》的通知
成武府办发〔2012〕103 号	成都市武侯区人民政府办公室关于进一步明确河道排水口管理和治理职责的通知
成武府办发〔2012〕104 号	成都市武侯区人民政府办公室关于征集成都市人民政府 2013 年度立法工作建议项目的通知
成武府办发〔2012〕106 号	成都市武侯区人民政府办公室关于成立成都市武侯区农民负担监督管理领导小组的通知
成武府办发〔2012〕107 号	成都市武侯区人民政府办公室关于印发《成都市武侯区门户网站管理办法》的通知
成武府办发〔2012〕110 号	成都市武侯区人民政府办公室关于印发《武侯区食品安全举报奖励办法》的通知
成武府办发〔2012〕111 号	成都市武侯区人民政府办公室关于印发《成都市武侯区关于进一步加强食品安全基层监管网络体系建设的实施意见》的通知
成武府办发〔2012〕112 号	成都市武侯区人民政府办公室关于印发《武侯区加强住房保障工作的实施意见》的通知
成武府办发〔2012〕113 号	成都市武侯区人民政府办公室关于开展校园周边交通安全专项检查的通知
成武府办发〔2012〕115 号	成都市武侯区人民政府办公室关于政府购买公共服务的实施意见

人　物

PEOPLE IN THE NEWS

先进人物

（按姓氏笔画为序）

【王兴华】 男，汉族，1955年3月出生，四川仁寿人，中共党员，武侯区医患纠纷人民调解委员会调解员，先后被评为“全国模范人民调解员”“成都市十大人民调解能手”。王兴华在基层从事调解工作20余年，他非常注重调解技巧和理论研究，总结的调解经验被《成都日报》誉为“王兴华调解十二法”，撰写的《浅谈建立地方人民调解员协会的必要性》，被建党九十周年大型文献《辉煌的九十年》收录，该书已被国家博物馆收藏。他先后成功调解医患、伤害赔偿、婚姻家庭等各类矛盾纠纷127件，其中疑难、复杂纠纷120件，涉及当事人1073人、金额7800余万元，防止群体性上访168人次、群体性事件18件。在四川有线二台《胖姐帮忙》栏目做司法专家点评近80期，还培训人民调解员约5000人次。2012年，他被司法部评为“全国人民调解能手”。

【王　红】 女，1959年12月出生，江苏南京人，四川大学中文系教授，曾获“教育部优秀教材奖”“四川省优秀教学成果奖”等奖项。1989年，她调至四川大学中文系，先后任讲师、副教授、教授，后担任四川大学中文系副系主任。她从事中国古代文学教学与研究20余年，讲授中国文学、中国诗歌艺术、中华文化等课程。主讲的《中国诗歌艺术》被教育部确定为中国大学首批“精品视频公开课”。多年来，在繁忙的教学之余，她利用电子邮件、博客等多种形式就学业、人生等问题与学生进行交流，只要有利于学生成长的事，她都看作分内的事并投入大量的时间和精力，关心学生的成长。2012年，她被省委授予“四川省创先争优优秀共产党员”称号。

【王红宁】 女，1963年8月出生，四川西昌人，四川大学教授，任四川大学生命科学学院副院长、中国畜牧兽医学会禽病学分会副理事长、农业部兽药评审委员会委员、中共十六大代表等职，为中国农业部现代农业产业技术体系（蛋鸡）岗位科学家，

四川省学术技术带头人，享受国务院政府特殊津贴。曾获“教育部霍英东教育基金会全国高等院校优秀青年教师奖”“四川省十大杰出青年”“全国优秀科技工作者”等荣誉。2008 年，她作为引进人才调入四川大学工作，长期在现代农业领域（养殖业）从事动物疫病预防控制与动物产品安全的基础和应用研究，主持国家“863”计划、“973”计划、国家支撑计划、国家自然科学基金等课题。主编专著 3 部，在国内外正式刊物上发表研究论文 159 篇，SCI 47 篇。培养硕士 70 人、博士 22 人。曾获省级科技进步一等奖 5 项，以第一发明人申请国家发明专利 25 项，授权 5 项。2012 年，她主持完成的“猪鸡病原细菌耐药性研究及其在安全高效新兽药研制中的应用”项目获国家科技进步二等奖。

【邓学江】 男，1964 年 1 月出生，四川金堂人，区地税局干部。他先后多次被省委宣传部和市委、市政府授予“成都市文明市民”称号。1998 ~ 2001 年，邓学江无记名捐助金堂县 3 名辍学学生读书。2006 年起，他又资助金堂县多名家庭贫困辍学儿童读书。在其资助的一对姐弟俩唯一的监护人去世后，他不仅花钱将姐弟俩的监护人安葬，而且一如既往地资助其完成学业。“5·12”汶川特大地震发生后，他坚持照顾在省医院接受治疗的伤员两个多月，并多次驾车护送伤愈人员回家。在平时的工作与生活中，他只要知道有贫困人群因病无钱治疗或因家庭困难无法读书等情况，都尽可能地去帮助。2012 年，在中央文明办主办、中国文明网承办的“我推荐、我评议身边好人”活动中，邓学江当选 11 月助人为乐类“中国好人”。

【冯小明】 男，1964 年 2 月出生，四川武胜人，四川大学化学学院教授，国家杰出青年科学基金获得者，“长江学者奖励计划”特聘教授，国家创新研究群体学术带头人，曾获“全国优秀教师”“四川省模范教师”等荣誉。2000 年，他任四川大学化学学院教授、博士生导师。主要从事催化不对称有机合成化学的研究，并取得具有国际影响的研究成果。他开发的新型手性配体和一系列手性催化剂，能高效和高选择性催化许多以往难以实现的不对称反应，实现中国人姓氏冠名的有机反应（Roskamp-Feng 反应），所设计发展的方法被成功用于多个重要生理活性化合物的不对称全合成，获中国化学会有机合成创造奖、国家自然科学奖一等奖。他发表 SCI 论文 196 篇，被引用 3400 余次，在国际化学顶级刊物《Acc. Chem. Res》和杂志《Chem. Rev》等撰写综述 8 篇，参与编写专著 6 部，在国内外学术会议上作大会报告 30 余次，担任多个国内外学术刊物的编委。2012 年，他完成的“含氮手性催化剂的设计合成及其不对称催化有机反应研究”获国家自然科学奖二等奖。

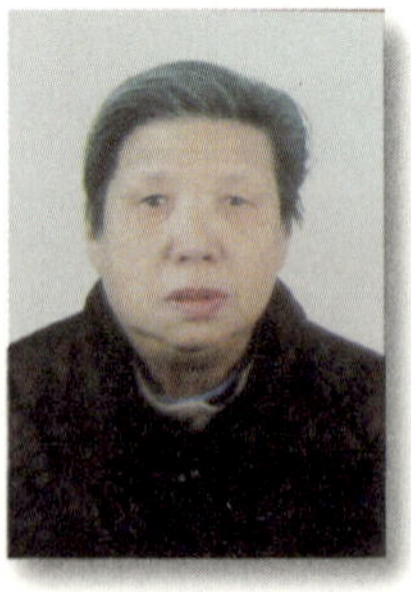

【刘秀芳】 女，汉族，1933 年出生，住玉林街道浆洗街社区。刘秀芳的儿子 12 岁时受伤导致全身瘫痪，后其丈夫又因病去世。她一人承担起生活的重担，每天起早贪黑照顾生活不能自理的儿子。因为儿子，她近 30 年未离开过居住的小区；因为儿子，她甚至独自空守数十载……随着年龄的增加，身子骨大不如从前的她，已早到了需要别人来照顾的年纪，但儿子却永远需要她的照顾。也有邻居劝她把儿子送进疗养院由专人照顾，都被她拒绝了。常人难以想象的艰难，就这样被一位母亲扛了过来。在 2012 年由中央文明办主办、中国文明网承办的“我推荐、我评议身边好人”活动中，年近八旬的刘秀芳老人当选 7 月孝老爱亲类“中国好人”。

【刘荣富】 男，1949 年 10 月出生，四川成都人，中共党员，高级经济师，任成都彩虹电器（集团）股份有限公司董事长兼总经理，中共十八大代表，四川省第八届、九届、十届、十一届人大代表等职。先后被评为“全国劳动模范”“全国轻工业优秀企业家”，获得“全国五一劳动奖章”等荣誉。他 6 岁时因病导致脊椎变形呈 S 型，在人生的道路上，他身残志坚，始终保持乐观的精神。1983 年，他任濒临破产的成都市电热器厂厂长，研制成功电热

毯推向市场，当年就销售5万床。1985年，又在全国首推“彩虹”牌电蚊香片（器），引发抢购热潮。1993年，以成都市电热器厂为主体成立成都彩虹电器（集团）股份有限公司，刘荣富任董事长兼总经理。经过近30年的奋斗，他将一个濒临破产的企业扭亏为盈，一手缔造了“彩虹”品牌并使公司成为年销售收入逾7亿元的电热毯行业和卫生杀虫产品行业的全国龙头骨干企业，正如时任国务院总理温家宝视察彩虹集团所称赞的“小产品，大市场，小企业，大作为”。刘荣富一直将党建工作放在企业发展的重要位置，积极推行“把员工中的先进分子培养成党员，把党员培养成技术骨干，把党员骨干培养成企业管理人员”的“三向”制度，并主动提出党委成员与行政领导交叉任职。他处处为员工着想，先后出资4000余万元为贡献大、资历老的员工修建、购买住房。“5·12”汶川特大地震后，他组织党员职工迅速生产灾区急需的御寒取暖用品，带领企业党员为灾区捐款捐物，并多次深入灾区参与救灾和慰问受灾群众。2012年，他以成都市唯一一名民营企业家的身份出席中共十八大。

【许唯临】 男，1963年10月出生，山东即墨人，四川大学教授，任国务院学位委员会水利学科评议组成员、教育部科技委委员、中国水力发电工程学会常务理事、中国水利学会理事、“长江学者奖励计划”特聘教授，国家杰出青年科学基金获得者，享受国务院政府特殊津贴。他主要从事高坝水力学科研和教学工作。先后主持各类科研项目数十项，包括国家“973”计划、国家科技支撑计划、国家自然科学基金重点项目等课题及国家重大工程科研项目。成果先后获国家科技进步二等奖2项、省部级一等奖5项。在国内外学术刊物发表论文100余篇，其中SCI收录30余篇，出版专著3部。2012年，他主持完成的“高水头大流量泄水建筑物分级防冲防蚀成套技术”获国家技术发明奖二等奖。

【李龙江】 男，1963年1月出生，陕西西安人，四川大学华西口腔医院头颈肿瘤外科主任，任全国头颈肿瘤专委会常委、中华口腔医学会口腔颌面外科专委会委员、四川省头颈肿瘤专委会主任委员，为四川省卫生系统学术带头人，四川省有突出贡献优秀专家，获“四川省杰出青年”称号。他1994年在华西医科大学获博士学位后留校工作。长期从事头颈肿瘤防治、涎腺疾病防治和修复重建的研究及临床工作，对口腔颌面肿瘤的发生、发展及转移的分子生物学机制、基因治疗以及肿瘤放射基因治疗方面进行了深入的研究，尤其在涎腺恶性肿瘤的近距离高剂量放射治疗领域研究颇深。他先后获省部级科技进步奖7项，市级科技进步奖4项。发表论文200余篇，参编论著10余部，培养硕士生30人、博士生38人。2012年，他参与完成的“涎腺肿瘤治疗新技术的研究及应用”获国家科学技术进步奖二等奖。

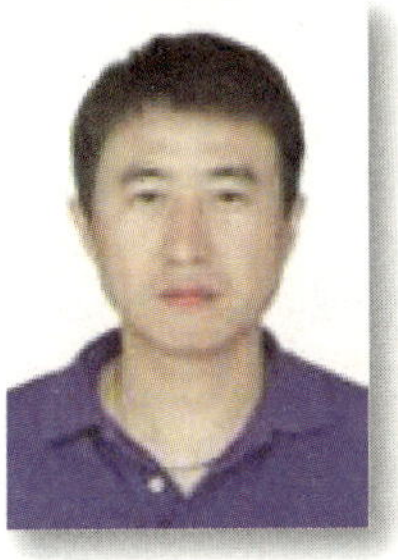

【李　胜】 男，1978年10月出生，湖北武汉人，成都足球协会培训中心教练，家住火车南站辖区。2011年5月15日23时左右，在桐梓林南街7号欧城小区门口，李胜和两位朋友从出租车上下来，见1名歹徒正在抢劫一辆轿车车主，李胜立即冲向正在抢包的歹徒，一把将歹徒抱住。这时，路边停放的一辆黑色别克车上跳下来3名男子，手持50厘米长的西瓜刀将李胜砍伤，几名歹徒趁乱开车向机场路方向逃走，李胜则被送往华西医院。经抢救后，他脱离了危险，但左脸部被砍伤，左颧骨、鼻梁骨骨折，右后腰部被砍伤。他见义勇为的行为受到社会各界群众的广泛关注与赞誉。2012年7月19日，中宣部、中央综治办、公安部等在北京联合召开第十一届全国见义勇为英雄模范表彰大会，李胜应邀参加大会并荣获“全国见义勇为模范”称号。

【周学东】 女，1957年4月出生，四川南充人。任四川大学党委副书记、华西口腔医学院（华西口腔医院）院长、口腔疾病研究国家重点实验室主

任、国务院学科评议组成员、中国口腔医学博物馆馆长等职。1982年，她师从全国著名的龋病学专家岳松龄教授，1987年获医学博士学位，为我国口腔医学龋病学专业第一位博士，后公派赴丹麦奥尔胡斯皇家牙学院进修学习。回国后，她历任华西医科大学助教、讲师、副教授、教授、硕士研究生导师、口腔医学院副院长、附属口腔医院副院长。作为院领导，她始终坚持按照中央和教育部党组的部署要求，积极指导和投身于“创先争优”活动，紧密结合自身工作实际和工作特点，让“创先争优”活动在思想意识上统一、在医疗服务中体现、在人才培养中贯彻、在科研创新中发扬、在重大任务中检验、在文化建设中升华，为学科建设服务、为患者服务，为学生服务、为教职工服务。2012年8月，她被卫生部党组授予“全国医药卫生系统创先争优活动指导工作先进个人”称号。

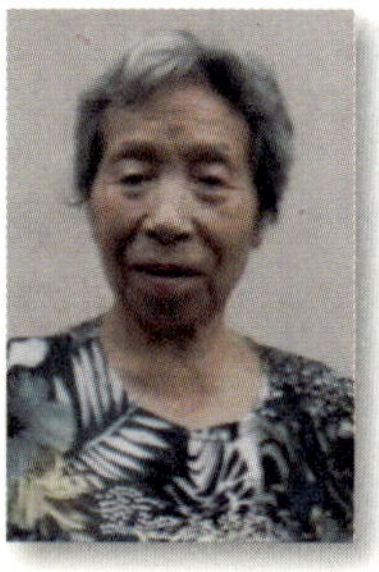

【钟素兰】 女，1933年12月出生，四川成都人，家住玉林街道浆洗街社区。20世纪70年代，一场突如其来的灾难让钟素兰失去了丈夫，后来她的婆婆也去世了，一个家庭的重担全部落在她一个人身上。饱受打击的钟素兰把公公接到自己家里，每天精心照顾年迈的公公，毫无怨言。虽然条件艰难，但她总能做出一桌可口的饭菜，让孤独的公公露出一丝笑容。忙碌一天的她还经常陪公公聊天、出门散心、锻炼身体。钟素兰虽已有80岁高龄，但仍悉心照顾公公，不管公公有什么要求，她都尽自己最大的努力去满足，视公公如同生父，用自己真挚的孝心诠释中华民族的传统美德。在2012年由中央文明办主办、中国文明网承办的“我推荐、我评议身边好人”活动中，以羸弱之躯，几十年如一日精心照顾公公的钟素兰当选9月孝老爱亲类“中国好人”。

【郭学彬】 男，1964年1月出生，四川仁寿人，区公安分局浆洗街街道洗面桥横街社区民警。他用一言一行诠释着人民警察为人民的理念，在点滴小事中践行为人民服务的誓言，曾被评为“成都市抗震救灾先进个人”“四川省优秀人民警察”。他自2006年从部队转业参加公安工作以来，一直以高度的责任心维护社区稳定、帮扶群众。一居民小区居住的几个外地人，经常半夜就骑着不同的摩托车、电瓶车回来，吵着门卫开门。他得知情况后，便带着综治巡逻队员进行摸排调查，最终将那几名涉嫌盗窃车辆的外地人捕获。“5·12”汶川特大地震发生后，他第一时间给灾区群众和抗震救灾中的战士送去帮助，从深圳采购价值10万余元的发电机、帐篷、药品、被子等紧缺物品送往灾区，他还发动社区群众以实际行动参与抗震救灾。2012年5月，他被公安部评为“全国优秀人民警察”。

【谢仁贵】 男，1952年9月出生，成都人，中共党员，家住武侯祠横街。他曾荣获“感动浆洗十大人物”、武侯区“道德模范十佳人物”等称号。谢仁贵是一名下岗工人。他的妻子袁世茹因糖尿病、肾病，导致双目失明，而他自己同样患有多种疾病。每天，他总是将妻子的生活照顾得无微不至。2003～2010年，袁世茹曾两次病情危重，但在医生的全力救治及谢仁贵的悉心照顾下，她一次次从死亡线活了过来。后来，他的女儿又患上严重的自闭症，家庭的重担压在他一个人的肩上。在如此艰辛的情况下，他并没有忘记自己党员的身份，经常参加社区的公益活动，并主动照顾体弱多病的邻居唐大爷老两口。谢仁贵对妻子数十年如一日不离不弃、悉心照料的事迹及平日里助人为乐之举，感动了大家。在2012年由中央文明办主办、中国文明网承办的“我推荐、我评议身边好人”活动中，用大爱唤回死亡线上妻子的谢仁贵当选6月孝老爱亲类“中国好人”。

【谢　辉】 男，1964年1月出生，四川新都人，成都武侯祠博物馆馆长、研究员，第十届四川省政协委员，先后荣获“2007～2011年度成都市文化建设突出贡献奖”“四川省宣传文化系统首批‘四个一批’人才人选”“2009年成都市经济与社会事业突出贡献奖”等称号，入选《中国当代文博专家志》。他1986年从四川大学考古专业毕业后，一直从事文化遗产保护

工作。先后主持武侯祠、永陵等文物保护规划、方案的编制，组织实施全国重点文物保护单位武侯祠孔明殿院落、三义庙、刘湘陵园等文物维修系列工程。“5·12”汶川特大地震后，他带领武侯祠全体人员承担起国家文物局和四川省文物局灾后重建“前线指挥部”的工作。在地震发生不足一周内就完成馆内文物初步抢险维护，并于当年“5·18”国际博物馆日向社会免费开放。他牵头实施的南郊公园开敞景观提升项目被市委市政府列为民生工程。他完成锦里古街的升级改造，成功打造成都大庙会、夜游武侯祠等一系列文化品牌，先后发表《巴蜀青铜器》《诸葛亮与蜀汉廉政建设》《三国蜀后主刘禅新论》等著作。2012年7月在北京举行的全国文物工作会议上，他被授予四川省唯一的“全国文物系统先进工作者”称号。

2012年获市委市政府以上表彰的人员

（按获奖时间排序）

获奖人	工作单位／居住地	获奖称号	获奖时间	颁奖单位	备注
于嘉川	区法院	个人二等功	2012年1月	省高级人民法院	川高法〔2012〕18号
苏　靓	区法院	四川省法院系统先进个人	2012年4月	省人社厅、省高级人民法院	川人社发〔2012〕9号
郭学彬	区公安分局	全国公安系统优秀人民警察	2012年5月	公安部	公奖字〔2012〕66号
林　娜 李林琪 陈　兵	区法院 区统计局 火车南站街道	全市妇女儿童工作先进个人	2012年5月	市政府	成府函〔2012〕48号
谢仁贵	浆洗街街道蜀汉社区	6月孝老爱亲类“中国好人”	2012年6月	中央文明办	
何俊明	科创控股集团有限公司	2012年四川省“五一”劳动奖章	2012年6月	省总工会	川工经字〔2012〕14号
谢　辉	武侯祠博物馆	全国文物系统先进工作者	2012年7月	人社部、国家文物局	人社部发〔2012〕42号
刘秀芳	玉林街道浆洗街社区	7月孝老爱亲类“中国好人”	2012年7月	中央文明办	
李佳梅	区法院	审理知识产权案件先进个人	2012年7月	省高级人民法院	川高法〔2012〕471号
李　胜	武侯区火车南站街道	全国见义勇为模范	2012年8月	中宣部、中央综治办、公安部、解放军总政治部、全国总工会、共青团中央、全国妇联、中华见义勇为基金会	荣誉证书
王兴华	区医患纠纷调委会	全国人民调解能手	2012年8月	司法部	
周学东	四川大学	全国医药卫生系统创先争优活动指导工作先进个人	2012年8月	卫生部党组	奖状
史玉川 刁祖德 杨成兰	成都七中 成都棕北中学棕北联中 成都龙江路小学	四川省优秀教师	2012年8月	省人社厅、省教育厅	川人社发〔2012〕46号
周晨燕	华西第二医院	8月助人为乐类“四川好人”	2012年8月	省文明办	

续表

获奖人	工作单位 / 居住地	获奖称号	获奖时间	颁奖单位	备注
钟素兰	浆洗街街道居民	9 月孝老爱亲类“中国好人”	2012 年 9 月	中央文明办	
张永锐	成都石室双楠实验学校	四川省“两基”工作先进个人	2012 年 9 月	省委、省政府	川委〔2012〕250 号
王 红 刘荣富	四川大学 成都彩虹电器（集团）股份有限公司	四川省“创先争优”优秀共产党员	2012 年 9 月	省委	
张家培 柳永建 沈海英 申民辉 卢洪鉴 吴运生 胡 敏	区建设局 区交通局 区卫生局 玉林街道 火车南站街道 华兴街道 三六三医院	成都市“创先争优”优秀共产党员	2012 年 9 月	市委	成委〔2012〕185 号
李镇西	成都武侯实验中学	四川省优秀教育科研成果奖一等奖	2012 年 9 月	省教育厅	证书
程 燕 刘晓燕	成都磨子桥小学 成都行知实验小学	四川省优秀教育科研成果奖二等奖	2012 年 9 月	省教育厅	证书
何 勇 王茂毅	区政协	2012 年度全省政协新闻宣传工作先进个人	2012 年 10 月	省政协办公厅	
钱薇伽	区法院	政法干警核心价值观征文二等奖	2012 年 10 月	省委政法委	荣誉证书
邓学江	区地税局	11 月助人为乐类“中国好人”	2012 年 11 月	中央文明办	
郭 静	区法院	全省法院优秀裁判文书	2012 年 11 月	省高级人民法院	荣誉证书
李玉强	区检察院	监所检察业务标兵	2012 年 11 月	省检察院	荣誉证书
冯小明 许唯临	四川大学	2012 年度国家自然科学奖二等奖 2012 年度国家技术发明奖二等奖	2012 年 12 月	国务院	证书
王红宁 李龙江	四川大学华西口腔医院	2012 年度国家技术进步奖二等奖	2012 年 12 月	国务院	证书
张 玲	区计生局	全省计划生育协会先进个人	2012 年 12 月	省人社厅、省人口计生委、省计划生育协会	川人社发〔2012〕60 号
赵 琼	区统计局	四川省统计系统先进个人	2012 年 12 月	省人社厅、省统计局	川人社发〔2012〕62 号
陈 兵	火车南站街道	四川省妇女“创先争优”先进个人	2012 年 12 月	省妇联	川妇字〔2012〕45 号
刘德清	龙腾社区	12 月孝老爱亲类“四川好人”	2012 年 12 月	省文明办	
王兴华	区司法局	12 月敬业奉献类“四川好人”	2012 年 12 月	省文明办	
王鹏飞 刘舒兮 降巴扎西	龙江路小学 四川音乐学院 西南民族大学	2012 年度四川省优秀共青团员	2013 年 1 月	团省委	川青发〔2013〕3 号
黄 进	四川大学华西医院	2012 年度四川省优秀共青团干部	2013 年 1 月	团省委	川青发〔2013〕3 号
王 坚	武侯国土分局	党的十八大期间信访维稳先进个人	2013 年 1 月	省国土资源厅	证书

2012 年获区委区政府表彰的人员（截止 2013 年 3 月）

2010～2012 年全区创先争优优秀共产党员

武委发〔2012〕33 号

温朝晖　邱　春　罗　健
李　平　李太忠　涂晓红
李开国　陈开琼　卓　勇
李利林　晏启珍　张家蓉
王　华　权振波　刘　立
刘家根　覃　丹　谭宁川
朱建东　杨金惠　陈　英
丁　齐　叶　滔　李　贤
周　非　彭永健　刘　亚
严　春　牛金泉　刘世蓉
程正芬　赵新英　费南宇
官　民　何　娅　李含荣
顾长风　黄治俊　何秋平
胡凤琼　罗　静　刘　秀
王学茂　袁文军　李玉兰
冯开全　兰　荣　王娟娟
杨利芳　周长玖　张华川
刘　波　张远成　彭德兴
卓　锋　唐恭学　雷　鸣
邓　远　赵利欧　马　骏
王茂毅　张　竹　鲁明华
王桂冬　宋海燕　邓　旭
罗　飞　张天劲　黄仕全
伯　钧　孙兆霞　曾　惠
周雪蓉　高天曲　何彩萍
刘　春　李辰明　邹小兵
黄　燕　赵秋红　张　华
刘　纯　崔　旭　徐　航
李　强　胡茂宽　张利亚
曾宪红　曾　杰　张　红
张燕萍　王德满　周　娟
何亚民　刘　毅　刘　成
刘建全　王广志　王健宁
钟明勇

2011 年度武侯区统筹城乡发展工作先进个人

武委发〔2012〕35 号

梁雪竹　胡勤华　龚　农
柯　伟　吴　瑶　邓　维
罗　虹　唐　兵　廖　瑛
罗　强　林　整　潘晓莉
胡茂宽　张晓蕾　何　为
刘　红　郑　勇　李秀芳
高　艳　张　玲　王　兵
黄　宇　樊　斌　李　充
罗　成　罗绍彦　周　华
周殿琪　彭　丽　吕佑铭
唐　迎　李淼君

2011 年国家卫生城市复审工作先进个人

成武府发〔2012〕21 号

汤洪著　宋玉峰　张　睿
上官平　汪学阳　何亚兵
孟兴荣　吴　炼　刘　东
龙　梅　许　冰　黄宾佩
颜　强　廖智方　董　勇
蒲晓东　刘素琼　董秀英
方开翼　樊　彤　侯丽华
温朝晖　张　坚　袁　燕
董玉川　张茂莉　谢龙祥
李玉宝　应志丽　梅　红
陈　健　张伟玲　陈平虎
何代明　杨　琴　田永章
古丽秀　万光福　古丽萍
李世敏　朱建东　黎小明
吕　勇　钟　涛　华明军
龙晓川　张永明　吴发秀
闫晓燕　周建忠　李朝松
李太忠　赵世明　李开国
甄　珩　罗清源　吕　锐
陈　洁　王久彬　杨秀芬
李先成　廖长久　吴建富
曹　兵　刘吉喜　骆忠贵
张光明　徐　跃　谭　勇
李　勇　王　芬　张亨贵
唐　艳　罗江涛　张艳华
熊　雄　曹晓明　林晓勤
王娟娟　魏玉龙　马璐明
沈　伟　唐　琪　张　健
郝朝海　尹　巍　任　宏
朱晓明　冯晓燕　卿　奎
刘　艳

2011 年度动物防疫工作先进个人

成武府发〔2012〕70 号

王红玉　廖　瑛　徐　惠
周　园　黄永莉　龙　静
李　俊　徐　锋　侯丽华
罗清源　龙晓川　周　娟
黎小明　古丽秀　罗绍彦
任国强　骆光炯　张　杰
赵贵芳　王继承　徐兆春
杨成伟

2011 年度武侯区河道长效管理工作先进个人

成武府发〔2012〕71 号

张远跃　程树林　赵　超
张　兵　樊　斌　邓治安
兰祖金　贺　勇　罗　勇
邓　珂　张艳华　罗清源
继红军　罗安康　王继承
周殿琪　胡小林　李方明

2011 年度武侯区农村扶贫工作先进个人

成武府发〔2012〕72 号

苏吉英　袁科政　龚　农
钟国跃　姜　林　周殿琪
兰　瑛　邓　蓉　贾永寿
王　劲　杜　川　陈　勇
刘仁富

武侯区政务服务系统 2012 年度优秀政务服务工作者名单

武委办〔2012〕74 号

吴燕双　李霞芳　冯　义
张濛濛　包科心　刘星池
何海军　杨　鹃　阴燕蓉
袁　佳　王敏锋　唐敏杰
刘燕萍　杨　军　卢　涛
杨　广　吴　昊　张　利
张燕萍　吴秀芳　李　伟
熊红兵　胡丽华　何　平
伍　婷　郑　钦　张余华
袁　静　杨　眉　邓桂兴
王鸿雁　周熙媛　代　强
周海茵　何伦明　蒋建林
唐雪梅　戴昌伟　曾　茂
杨　红　彭德金　王　琴
张　棋　周　勤　杨丽贞
陈　平　谢东梅　张　绮
曹春玲　赵学明　廖莹婷
王　英　杜　静　梅　珂
刘　杨　焦志敏　毛友强
梁川蓉

2012 年度武侯区征兵工作先进个人

成武府发〔2013〕6 号

何代明　郭　超　黎方轩
张世岸　李荣兴　岳　超
余光荣　杨月玲　李　娅
陈　思　牛唯益　肖元华
陶玉勇　胡安余　林翠霞
尹　露

图144　创先争优总结表彰大会　（区新闻中心提供）

统计资料

STATISTIC DATA

2012年武侯区国民经济和社会发展统计公报

武侯区统计局

2012年，面对复杂严峻的经济形势和前所未有的发展压力，区委、区政府团结带领全区人民按照“稳中快进、领先发展”的工作基调，深入实施“五大兴市战略”，全力稳增长，着力惠民生，区域经济社会发展在应对挑战中实现新的突破。全区呈现经济运行平稳向好、民生改善突出、城乡环境优化的良好态势。

一、综合

2012年全区实现地区生产总值641.23亿元，比上年同比增长10.1%。其中：第一产业实现增加值0.06亿元，同比降低51.8%；第二产业实现增加值163.98亿元，同比增长5.7%，对经济增长的贡献率为16.0%，拉动经济增长1.6个百分点；第三产业实现增加值477.20亿元，同比增长11.8%，对经济增长的贡献率为84.1%，拉动经济增长8.5个百分点。在各行业中，第三产业已成为全区经济的主要支撑，三次产业比重为0.01∶25.57∶74.42。

民营经济保持快速发展的良好势头。全年实现民营经济增加值445.52亿元，同比增长12.6%，占地区生产总值的比重69.5%。其中第二产业实现增加值142.06亿元，同比增长9.0%；第三产业实现增加值303.46亿元，同比增长14.5%。民营企业（仅指四川省民营经济综合实力评价中的个体、私营、外商、港澳台投资企业）创造税收收入39.43亿元，同比增长18.4%。

财政收入继续保持稳定增长。全年财政总收入135.07亿元，同比增长13.7%。地方公共财政收入48.13亿元，同比增长17.3%。实现税收收入31.00亿元，同比增长9.6%。公共财政支出中民生支出增长较快。公共财政支出52.86亿元，同比增长11.0%，其中一般公共服务支出6.52亿元，同比增长7.6%；公共安全支出2.81亿元，同比降低0.5%；教育支出11.19亿元，同比增长64.6%；科学技术支出0.83亿元，同比增长49.4%；社会保障和就业支出5.10亿元，同比增长10.8%；医疗卫生支出2.74亿元，同比增长5.5%；城乡社区事务支出11.67亿元，同比降低3.6%。

二、农业生产

2012年全区完成农林牧渔业总产值872万元。其中：农业产值261万元，同比降低80.8%；林业产值56万元，同比降低13.8%；牧业产值447万元，同比降低48.9%；服务业产值108万元，同比降低10%。

三、工业和建筑业

2012年全区实现全口径工业增

加值126.00亿元，同比增长5.3%。113家规模以上工业企业实现增加值52.81亿元，同比增长4.8%，占全口径工业比重41.9%。规模以上工业企业年末资产总额189.00亿元，同比增长4.3%，实现利税总额20.52亿元，同比降低46.7%。

工业集中建设稳步推进。武侯新城实现规模以上工业增加值24.76亿元，同比增长1.2%，园区集中度46.9%。完成主营业务收入75.90亿元，同比下降12.5%。完成工业投资41.00亿元，技改投资24.21亿元。

建筑企业保持增长势头。完成建筑业总产值153.82亿元，同比增长11.6%；施工面积841.88万平方米，同比增长18.3%；竣工产值51.92亿元，同比降低8.9%；实现建筑业增加值37.98亿元，同比增长7.3%。

四、固定资产投资

2012年全区实现全社会固定资产投资344.18亿元，同比增长11.2%。其中：基本建设投资115.79亿元，同比增长13.8%；更新改造投资54.46亿元，同比增长28.2%；房地产开发投资156.35亿元，同比增长7.2%。分产业看，第二产业投入资金46.72亿元，同比增长4.4%；第三产业投入资金297.47亿元，同比增长10.2%，为全区产业结构的优化升级提供了坚实的基础。132个重点项目当年完成投资177.08亿元，同比降低12.3%，占全部投资额的51.4%。

房地产投资缓慢增长。全年共有施工项目77个，完成投资额156.35亿元，同比增长7.2%；开发项目施工面积844.96万平方米，同比降低4.4%，其中新开工面积132.24万平方米，同比降低0.4%；实现商品房销售面积156.88万平方米，同比增长6.5%；实现商品房销售额133.54亿元，同比降低3.2%。

五、商业贸易

2012年全区实现社会消费品零售总额477.51亿元，同比增长17.7%，消费品市场较为活跃。分行业看，批发业40.60亿元，同比增长14.3%；零售业381.22亿元，同比增长18.1%；住宿业4.66亿元，同比增长19.9%；餐饮业51.02亿元，同比增长17.0%。

六、招商引资

2012年全年共引进省外内资项目1139个，到位资金223.90亿元，同比增长24.1%；实际使用外资8.64亿美元，同比增长27.6%；完成外贸出口20.59亿美元，同比增长0.1%。全年新签约引进市级重大项目31个，其中，市级特别重大项目12个；新增世界500强企业6家，其中，新进入世界500强企业3家，分别是韩国友利银行、韩国起亚汽车公司、韩国斗山；已在蓉的世界500强企业在我区设立分支机构或新增投资3家，分别是瑞士罗氏制药、韩国LG电子、香港华润燃气。第十三届“西博会”签约项目14个，签约总金额114.40亿元。招商引资成效明显。

七、科学技术和教育

鼓励企业自主创新，扶持高新技术产业发展壮大。2012年全年新增高新技术企业20家，高新技术企业总数104家，位居中心城区之首。全年组织申报各类科技计划项目158项，立项56项，其中国家级立项11项，获得资助资金992万元；省、市级立项45项，获得资助资金1820万元。全年共安排区级应用技术研究与开发资金3687万元。组织企业申报上级科技进步奖，共获得省市科技奖励19项，其中四川电力设计咨询有限责任公司（第三项目承担单位）的智能变电站研究及工程应用项目获四川省科技进步一等奖，成都利君实业股份有限公司的磁铁矿用大型系列辊压机项目、四川环能德美科技股份有限公司的超磁分离水体净化技术项目和成都民航空管科技发展有限公司（第二项目承担单位）的新型管制自动化系统核心技术项目获成都市科技进步一等奖，成都康弘制药有限公司的一种治疗高血压和高血脂的中药及其制备方法项目获成都市专利奖银奖。协助企业加快科技成果转化，全年申请各类专利8160件，其中发明专利2065件。

教育投入和建设力度加大，教育现代化全面加强，城乡一体化推进义务教育均衡发展，两基工作获得省委、省政府表彰，顺利通过国家义务教育基本均衡县检查验收，被授予“全国教育改革创新示范区”称号。2012年全年教育总投入11.26亿元，同比增长62.5%；生均教育事业费12760.4元，同比增长51.4%；生均公用经费3033.4元，同比增长39.0%。投入5000余万元完成对全区学校运动场、基建维修及部分校园文化建设，投入700余万完成1600余间教室的光环境改造。投入4486.2万元，建设校园电视台12个，采购计算机2848台，装配电子白板多媒体614套，网络教室20间，装备图书22万册。区域教育国际化全面加强，国际教育与合作不断深入。确立30项核心指标推动实现教育全域国际化，确保教育国际化经费投入按每年10%递增。举办首届大型教育国际交流月活动，30余所学校、6个国家百余位教师、学者、千余名市民和4万师生参加活动。在全国率先系统设计汇编国际理解教育系列教材15本，在全区学校全面推广使用，全区80%中小学开展国际理解教育。组织170余名教师赴境外出访交流，选派31名教师赴海外任教，数量位居全国前列。实施武侯教师全球招募计划，建立起由国内外32名教育专家组成的“武侯教育全球智库”，70%的中小学引入外籍教师或助教。截至2012年，全区学校参与的国际合作、交流活动300余次，1700余名师生参与国际交流与互访。31所学校分别与英、美、法、德等国家的学校结为友好学校。高中出国留学人数位居全市第一。教育资助“不重不漏全覆盖”。惠民政策进一步推向深入，全年落实各类教育惠民补贴和政策资金6750万余元，成为全市接收农民工子女规模最大的区县。免除义务教育段公办、民办学校4.7万余学生学杂费、课本、作业本费3063万元。全年资助中职农村学生和城区经济困难学生国家助学金发放、价格补助、免学费等93993人次共计2962万元。对普通高中家庭经济困难学生2100余人按平均1500元的标准给予国家助学金共计331.6万元。对全市符合条件的学前教育、义务教育阶段及两类高中教育阶段城乡低保家庭学生和低保边缘困难家庭学生实施教育资助，共资助学生743人次，资助金额为24万元。全年共下拨公益性幼儿园、城乡低保家庭幼儿补助369.94万元。截至年底，全区共有普通中、小学69所，在校学生9.8万人，在编在职教职工4245人。其中公办学校47所，在校学生6.7万人；民办中小学22所，在校学生3.1万人；共接纳农民工子女5.3万余人就读，占到学生总数的54.3%。全区共有幼儿园142所，其中公办幼儿园24所，民办幼儿园118所，确定了24所公益性幼儿园。在园幼儿3万人。中职学校7所，在校学生1.3万人。

八、卫生、文化和体育

积极深化医药卫生体制改革，全力推动卫生事业跨越式发展。医改重点任务有效落实，认真实施国家基本药物制度，基本药物“零差率”惠民139.65万人次，惠民金额1595.21万元；扎实推进公共卫生服务均等化，基本公共卫生服务量186.6万人次；全民健康体检应检人数覆盖率89.7%；医疗美容等特色民营医疗机构蓬勃发展；基于健康档案的区级卫生信息平台建成并试运行。社区卫生服务水平大幅提升，全年社区卫生基本医疗门诊量160.3万人次，同比增长3.1%，簇锦社区卫生服务中心创建成为全国示范中心；全面推行家庭医生式服务，签约57633户；与四川大学华西医院全面深化区域卫生合作；积极开展门诊特殊疾病医保业务“下沉”、特殊医疗救助、门诊统筹、一般诊疗费等惠民工作。基层中医药工作跨入先进行列，创建成为“全国社区中医药工作先进单位”。全年无甲类传染病发生，乙类传染病发病率150.78/10万；常规免疫接种率99.9%，扩大免疫规划接种率99.8%，连续19年实现狂犬病零发病，重性精神疾病患者社区管理率97.8%。慢性病防控成效显著，被卫生部评为“中西部地区儿童口腔疾病综合干预项目管理先进县（区）”、省卫生厅授予“四川省全民健康生活方式行动优秀项目县”称号。无偿献血工作成绩突出，被省人社厅、卫生厅等部门评为成都市唯一一家的“省级献血工作先进单位”。妇幼保健得到加强，全区产科医疗机构住院分娩剖宫产率56.3%，孕产妇和婴儿死亡率控制在市级目标值内。依法开展公共场所、医疗市场日常监管和专项整治，全年共计监督检查各类场所20653户次。已实施公立医院改革的3家区级医院门诊量、住院量分别为114.68万人次和3.88万人次。

不断完善文化基础设施建设，丰富群众文化活动，强化文化出版物市场的监管。建成以区文化馆、区图书馆为骨干，13个街道综合文化活动中心为支撑，86个社区（村）综合文化活动室为基础的公共文化阵地网络。举办了第二十二届“武侯闹春”“喜迎十八大·颂歌献给党”“武侯百姓故事会”等10余场大型文化活动，直接参与群众40余万人次；开展送图书、送文化、送服务的“书香飘武侯，文化三下乡”活动，分别组织了24场次的讲座和39场次的读者活动；落实电影放映“2131工程”，全年放映公益电影642场次，覆盖率100%。文化领域开展“扫黄打非”集中行动12次，端掉窝点9个，收缴涉嫌盗版光碟20万余张、盗版书刊6.5万余册。全区共有市级区级45个社区开展了“扫黄打非”进社区工作，占全区社区总数的59%，取得了较好的社会效果。在玉林东路等5个社区开展了“版权进社区”示范工作，卡拉OK点歌系统正版化率98%。

加强体育基础设施建设，大力推进全民健身活动。打造“运动成都·太极武侯”全民健身品牌，共开展全民健身活动107次，其中协办市级比赛1次，参加市级比赛42次，主办区级体育比赛65次。学校体育发展顺利，圆满完成了学校体育九大传统项目的比赛，组织学校体育赛事9次，在各级赛事中均取得了好成绩。新建全民健身路径15条。

九、城市建设、管理和环境整治

大力推进城乡环境综合治理，不断完善配套设施，提升城市品位，改善宜居环境。投入2100万元，完成长6100米的凉水井变电站配套电力通道工程。投入1.6亿元，完成长4040米的武侯大道电力隧道工程。投入2700万元，完成长约970米的3条断头路道路建设。投入200万元完成文昌南路、金履路、少陵横街等9条无路灯街道路灯安装工程。投入1500万元，完成洗面桥小游园地下停车场建设。投入600万元，完成跳伞塔派出所改造工程。投资900万，完成2万平方米公共绿地建设工程。投入500万元，完成长1592米的机场路（武侯段）绿化整治工程。完成489条道路人行道维护，面积8.45万平方米。完成398条道路车行道维护，面积8.88万平方米。完成348条道路的排水设施维护，更换破损丢失的井圈井盖雨篦子4906套；清淘管道11.07万米；清淘检查井4631座；清淘进水井10115座，清运淤泥1.97万立方米。完成全区二环路以内涉及137条道路的病害井盖整治620套。施划标线4.77万平方米，安装标志标牌48套，维修信号灯18套。完成对50座桥梁实施结构检测。投入专项经费1.59亿元清扫道路1326.22万平方米，完成对100个无专业物管院落打造。城区生活垃圾收集实现袋装化，处置清运生活垃圾39.62万余吨，无公害处理率100%。2012年末，全区园林绿地覆盖面积2389.17公顷、园林绿地面积2110.76公顷，绿地率37.23%，绿化覆盖率42.14%，人均公共绿地11.39平方米、人均绿地面积36.11平方米。

大力开展大气和水环境治理，工业废气、粉尘整治合格率100%，全年新增削减COD227.24吨、氨氮21.09吨，二氧化硫51.73吨、氮氧化物10.53吨，辖区内污水处理厂处理污水4978.54万吨。

十、人民生活、劳动就业与社会保障

人民生活水平稳步提高，生活质量进一步改善。2012年全区城镇在岗职工年平均工资60084元，同比增长18.8%；城镇居民人均可支配收入30671元，同比增长13.4%；农民人均纯收入17584元，同比增长11.2%。城镇居民恩格尔系数为0.34。

全年城镇新增就业13263人，下岗失业人员再就业9861人。农村富余劳动力向非农产业转移就业新增2552人，城镇登记失业率为2.89%，动态消除“零就业”家庭，农民集中居住区实现比较充分就业。培训城镇失业人员494人。培训进城农民工11302人，其中农村劳动力技能培训6699人。创业培训350人，发放小额贷款5350万元。劳动部门主动监察用人单位1120户，年检用人单位3600户，受理处置投诉案件1476件；处理群体突发事件32件，涉及劳动者1620余人，追回被拖欠克扣工资等989.35万余元，结案率98%以上；受理各类劳动争议案件658件，审结585件，办结率96.5%；受理工伤案件509件，认定410件。

社会保险覆盖范围继续扩大，城乡居民生活保障完善。2012年城镇职工五项社会保险基金征收额24.32亿元。2012年被征地农转非人员实现“应保尽保”，共计325人。全年新增在职职工基本养老保险4.39万人，新增基本医疗保险4.51万人，新增工伤保险3.45万人，新增生育保险4.37万人，新增失业保险3.45万人。离退休人员养老金社会化发放率100%。全年养老金、城镇职工基本医疗、大病医疗互助补充保险等社会保险待遇支付9.73亿元。

为35位特困老人提供政府购买服务，支出居家养老服务金10.11万元，向38位百岁老人发放高龄补贴13.77万元。截至2012年末全区有敬老院、养老院8所，床位数970张，入住老人595人。

十一、人口

2012年末全区户籍人口613648人。全年出生人口7350人，出生率11.98‰；死亡人口2711人，死亡率4.42‰；人口自然增长率7.56‰；人口机械增长率3.6‰。全区符合政策生育率99.11%。

注：1、本公报部分数据为初步统计数据，正式数据以《2012年武侯统计年鉴》为准。

2、地区生产总值、各行业总产值、增加值的绝对数按当年价格计算，增长速度按可比价格计算。

附录

APPENDIX

2012年武侯区机构简称、全称对照表

简　称	全　称
区委	中共成都市武侯区委员会
区人大常委会	成都市武侯区人民代表大会常务委员会
区政府	成都市武侯区人民政府
区政协	政协成都市武侯区委员会
区纪委	中共成都市武侯区纪律检查委员会
区委办公室	中共成都市武侯区委办公室
区委保密办（区保密局）	中共成都市武侯区保密委员会办公室（成都市武侯区国家保密局）
区委机要局	中共成都市武侯区委机要局
区密码管理局	中共成都市武侯区密码管理局
区政研室	中共成都市武侯区委成都市武侯区人民政府政策研究室
区目督办	中共成都市武侯区委成都市武侯区人民政府目标管理督查办公室
区接待办	中共成都市武侯区委成都市武侯区人民政府接待办公室
区人大常委会办公室	成都市武侯区人民代表大会常务委员会办公室
区政府办公室	成都市武侯区人民政府办公室
区法制办	成都市武侯区政府法制办公室
区规服办	成都市武侯区规范化服务型政府（机关）建设办公室
区应急办	成都市武侯区政府应急管理办公室
区地志办	成都市武侯区地方志编纂委员会办公室

续表

简　称	全　称
区政协办公室	政协成都市武侯区委员会办公室
区监察局	成都市武侯区监察局
区委组织部	中共成都市武侯区委组织部
区委党史研究室	中共成都市武侯区委党史研究室
区委老干局	中共成都市武侯区委老干部局
区委宣传部	中共成都市武侯区委宣传部
区新闻中心	成都市武侯区新闻中心
区文明办	成都市武侯区精神文明建设委员会办公室
区委外宣办	中共成都市武侯区委对外宣传办公室
区社建办	成都市武侯区社会建设工作领导小组办公室
区网管办	成都市武侯区互联网管理办公室
区委统战部	中共成都市武侯区委统一战线工作部
区委台办	中共成都市武侯区委台湾工作办公室
区政府台办	成都市武侯区人民政府台湾事务办公室
区政府侨办	成都市武侯区人民政府侨务工作办公室
区民宗局	成都市武侯区民族宗教事务管理局
区委政法委	中共成都市武侯区委政法工作委员会
区综治办	中共成都市武侯区社会治安综合治理委员会办公室
区维稳办	成都市武侯区维护社会稳定办公室
区矛盾调解中心	成都市武侯区矛盾纠纷大调解协调中心
区直机关工委	中共成都市武侯区直属机关工作委员会
区委编办	中共成都市武侯区委编制委员会办公室
区登记管理局	成都市武侯区事业单位登记管理局
区信访局	中共成都市武侯区委成都市武侯区人民政府信访和群众工作局
区群众工作中心	成都市武侯区群众工作中心
区委党校	成都市武侯区委党校
区行政干部学校	成都市武侯区行政干部学校
区法院	成都市武侯区人民法院
区检察院	成都市武侯区人民检察院
区发改局	成都市武侯区发展和改革局
区物价局	成都市武侯区物价局
区评审中心	成都市武侯区政府投资项目评审管理中心
区教育局	成都市武侯区教育局
区招生办（区自考办）	成都市武侯区大学、中专招生委员会办公室（成都市武侯区高等教育自学考试委员会办公室）
区经科局	成都市武侯区经济与科技信息化局

续表

简　称	全　称
区知识产权局	成都市武侯区知识产权局
区民政局	成都市武侯区民政局
区军休中心	成都市武侯区军队离休退干部管理服务中心
区老龄办	成都市武侯区老龄工作委员会办公室
区司法局	成都市武侯区司法局
区财政局	成都市武侯区财政局
区国资办	成都市武侯区国有资产管理委员会办公室
区金融办	成都市武侯区金融工作办公室
区人社局	成都市武侯区人力资源和社会保障局
区公务员局	成都市武侯区公务员局
区就业局	成都市武侯区就业服务管理局
区社保局	成都市武侯区社会保险事业管理局
区环保局	成都市武侯区环境保护局
区建设局	成都市武侯区建设局
区人防办	成都市武侯区人民防空办公室
区府河办	成都市武侯区府南河综合整治办公室
区房管局	成都市武侯区房产管理局
区城管局	成都市武侯区城市管理局
区城管执法局	成都市武侯区城市管理行政执法局
区交通局	成都市武侯区交通与市政设施管理局
区统筹局	成都市武侯区统筹城乡工作局
区防汛办（区水务局）	成都市武侯区防汛指挥办公室（成都市武侯区水务局）
区商务局	成都市武侯区商务局
区投促局	成都市武侯区投资促进局
区文体旅游局	成都市武侯区文化体育旅游局
区广新局	成都市武侯区广播电视和新闻出版局
区卫生局	成都市武侯区卫生局
区爱卫委	成都市武侯区爱国卫生运动委员会办公室
区人口计生局	成都市武侯区人口和计划生育局
区审计局	成都市武侯区审计局
区安监局	成都市武侯区安全生产监督管理局
区统计局	成都市武侯区统计局
区行政审批局	成都市武侯区行政审批局
区政务中心	成都市武侯区人民政府政务服务中心
区机关事务局	成都市武侯区机关事务管理局
区供销联社	成都市武侯区供销合作社联合社
区档案局	成都市武侯区档案局
区档案馆	成都市武侯区档案馆

续表

简 称	全 称
区总工会	成都市武侯区总工会
团区委	共青团成都市武侯区委员会
区妇联	成都市武侯区妇女联合会
区文联	成都市武侯区文学艺术界联合会
区科协	成都市武侯区科学技术协会
区社科联	成都市武侯区社会科学界联合会
区工商联	成都市武侯区工商业联合会
区残联	成都市武侯区残疾人联合会
区红十字会	成都市武侯区红十字会
区公安分局	成都市公安局武侯区分局
武侯国土分局	成都市国土资源局武侯分局
武侯规划分局	成都市规划管理局武侯分局
武侯工商局	成都市武侯工商行政管理局
武侯质监局	成都市武侯质量技术监督局
武侯食药监局	成都市武侯食品药品监督管理局
武侯粮食分局	成都市粮食局武侯分局
区国税局	成都市武侯区国家税务局
区地税局	成都市武侯区地方税务局
区武装部	成都市武侯区人民武装部
武侯新城管委会	武侯新城建设管理委员会
区城中村推进办	成都市武侯区城中村改造推进办公室
区红牌楼商圈推进办	成都市武侯区红牌楼商圈规划建设推进办公室
区征后实施推进办	成都市武侯区土地征后实施及存量土地清理推进办公室
区人南商务区推进办	成都市人民南路科技商务区建设推进办公室
西南物流中心推进办	西南成都物流中心建设推进办公室
区五花办	成都市武侯区“五大花园”综合整治办公室
区环城生态区管委会（区“198”管委会）	成都市武侯区环城生态区建设管理委员会（成都市武侯区“198”区域建设管理委员会）
区工投公司	成都市武侯区工业园投资开发有限公司
区城投公司	成都市武侯区城市发展投资有限公司
区城建集团	成都市武侯城建投资集团有限公司
区农投公司	成都武侯农业投资有限公司
区教投公司	成都市武侯区教育投资有限公司
区城乡统筹公司	成都武侯城乡统筹建设开发有限公司
区五花公司	成都市五大花园地区基础设施建设投资有限公司
区新城公司	成都武侯新城建设投资有限公司
区西部智谷公司	成都西部智谷建设开发有限公司
区中小企业担保公司	成都武侯中小企业融资担保有限公司

2012年组织机构及主要领导

区委办公室

主　任:费从德（2月离任）

　　　　卓　锋（2月任职）

区政研室

主　任:杨海平（2月离任）

　　　　陈志楼（5月任职）

区目督办

主　任:周　琳（2月离任）

　　　　周　丹（2月任职）

区委机要局

局　长:郭绪超（2月离任）

　　　　符小林（5月任职）

区委保密办（区保密局）

主　任(局长):阳荣喜(2月离任)

　　　　　　冯　湘(5月任职)

区人大常委会办公室

主　任:杨成根（2月离任）

　　　　潘　洁（2月任职）

区人大常委会法制办公室

主　任:聂良岗

区人大常委会社会事业办公室

主　任:杨明金（2月离任）

　　　　陈增林（2月任职）

区人大常委会财经办公室

主　任:晏　平（2月离任）

　　　　赵联忠（2月任职）

区人大常委会人事代表办公室

主　任:王建明（2月离任）

　　　　周　琳（2月任职）

区政府办公室

主　任:苟绍全（2月离任）

　　　　唐恭学（2月任职）

区应急办

主　任:苟绍全（2月离任）

　　　　晏　彪（4月任职）

　　　　　　　（6月离任）

　　　　钟　灿（6月任职）

区规服办:

主　任:陈志楼（5月离任）

　　　　邓召平（5月任职）

区法制办

主　任:蒋晓梅（4月任职）

　　　　　　　（6月离任）

　　　　杨月玲（6月任职）

区地志办

主　任:杨青林

区政协

秘书长:秦其立（2月离任）

　　　　何　勇（2月任职）

区政协办公室

主　任:黄龙先（2月离任）

　　　　叶文凤（2月任职）

区政协提案委员会

主　任:白兴玉（2月离任）

　　　　喻　君（2月任职）

区政协学习文史与联络委员会

主　任:黄正国（2月离任）

　　　　刘忠志（2月任职）

区政协经济委员会

主　任:陈昌国（2月离任）

　　　　阳荣喜（2月任职）

区政协法制群团委员会

主　任:王建华（2月离任）

　　　　徐　明（2月任职）

区政协建设与环境委员会

主　任:臧学斌

区政协教科文卫委员会

主　任:何诗统

区纪委

书　记:刘印勇

第一纪工委（监察分局）

书　记(局长):刘忠志(2月离任)

　　　　　　万秀成(5月任职)

第二纪工委（监察分局）

书　记（局长）:吴定海

第三纪工委（监察分局）

书　记（局长）:刘　军

第四纪工委（监察分局）

书　记(局长):符小林(5月离任)

　　　　　　陈威力(5月任职)

第五纪工委（监察分局）

书　记(局长):武　琳(2月离任)

　　　　　　周继平(5月任职)

第六纪工委（监察分局）

书　记(局长):张新发(2月离任)

　　　　　　石舸航(5月任职)

第七纪工委（监察分局）

书　记（局长）:张　明

第八纪工委（监察分局）

书　记（局长）:戴萌英

区委组织部

部　长:艾志秋

区新经济社会组织

党工委书记:艾志秋

区委党史研究室

主　任:雷　鸣（2月离任）

　　　　龚　婧（2月任职）

区委老干部局

局　长:李　怡

区委宣传部

部　长:罗文川

区社建办

主　任:郑万明（2月离任）

　　　　罗毅青（2月任职）

区委统战部

部　长:李长文

区委台办(区政府台办、区政府侨办)

主　任:万德金（2月离任）

　　　　吴瑜聪（2月任职）

区委政法委

书　记:王高德

区综治办

主　任:高建堂

区防邪办

主　任:王进瑞

区维稳办

主　任:蒲天柱

区矛盾调解中心

主　任:高建堂

区直机关工委

书　记:徐　涛(2月离任)

　　　宋俊红(5月任职)

区委编办

主　任:徐　明(2月离任)

　　　蒋晓梅(5月任职)

区信访局

局　长:潘　洁(2月离任)

　　　谭　军(5月任职)

区委党校

校　长:艾志秋

常务副校长:刘　锋

区新闻中心

主　任:张瑞琴

区法院

院　长:唐　卫(3月任职)

区检察院

检察长:邓贵杰(5月任职)

区发改局(区物价局)

局　长:刘　毅(2月离任)

　　　邓　旭(2月任职)

区评审中心

主　任:刘　毅(2月离任)

　　　罗　红(4月任职)

区教育局

局　长:雷福民(2月离任)

　　　张天劲(2月任职)

区经科局

局　长:邓　旭(2月离任)

　　　游先伟(2月任职)

区监察局

局　长:刘　平

区民政局

局　长:黄保义(2月离任)

　　　杨海平(2月任职)

区军休中心

主　任:陈建设(2月离任)

　　　黄保义(2月任职)

区司法局

局　长:郭执东

区法制学校

校　长:王兴华(2月离任)

　　　郭执东(5月任职)

区财政局

局　长:邓　远

区金融办(区国资办)

主　任:叶文凤(2月离任)

　　　刘　朴(2月任职)

区人社局

局　长:刘　纯

区环保局

局　长:陈新泰(2月离任)

　　　何　权(2月任职)

区建设局

局　长:潘永革(2月离任)

　　　刘　疆(2月任职)

区府河办:

主　任:潘永革(2月离任)

　　　刘　疆(2月任职)

区人防办:

主　任:潘永革(2月离任)

　　　刘　疆(2月任职)

区房管局

局　长:王　柳(2月离任)

　　　银　杰(2月任职)

区城管局(区城管执法局)

局　长:熊述明

区交通局

党工委书记:高　乔

局　长:高　乔(5月离任)

　　　赵卫平(5月任职)

区统筹局

局　长:曾　茜(2月离任)

　　　徐　涛(2月任职)

区商务局

局　长:卓　锋(2月离任)

　　　蒋　洪(2月任职)

区投促局

局　长:唐恭学(2月离任)

　　　潘　虹(2月任职)

区文体旅游局(区广新局)

局　长:唐　凯

区卫生局

局　长:杨小明(2月离任)

　　　田　军(2月任职)

区人口计生局

局　长:万　兵(2月离任)

　　　郑万明(2月任职)

区审计局

局　长:李友义

区安监局

局　长:寇智强

区统计局

局　长:赵联忠(5月离任)

　　　叶志豪(5月任职)

区行政审批局

局　长:谢存亮

区民宗局

局　长:万德金(2月离任)

　　　贺光春(5月任职)

区机关事务管理局

局　长:文敬良

区供销联社

主　任:蒋　洪(2月离任)

　　　颜仕成(5月任职)

区档案局(区档案馆)

局　长(馆长):喻　君(2月离任)

　　　　　　雷　禹(2月任职)

区五花办

书　记:潘永革

主　任:邬千里

武侯新城管委会

书　记:曾锦戈(2月离任)

　　　文德明(2月任职)

主　任:文德明(2月离任)

　　　范　鸿(2月任职)

区行政干部学校

校　长:李　旭

常务副校长:刘　锋

区“198”管委会

书　记:李　旭

主　任:周长玖

红牌楼商圈推进办

书　记:余　麟

主　任:孙　奇

区征后实施推进办

书　记:武聿宝

主　任:武聿宝（5月离任）

　　　　吴　强（5月任职）

城中村推进办

主　任:胡文敏

人南商务区推进办

书　记:李长文

主　任:冯　胜（6月离任）

　　　　熊　刚（6月任职）

西南物流中心推进办

主　任:高　乔

区总工会

主　席:吴德华（2月离任）

　　　　李长文（2月任职）

常务副主席:何　权（2月离任）

　　　　　　刘　卫（2月任职）

团区委

书　记:龚　婧（2月离任）

　　　　黄晓颖（2月任职）

区妇联

主　席:陈　瑛

区科协

主　席:邓　旭（2月离任）

　　　　游先伟（2月任职）

区工商联

主　席:蔡振雄（2月离任）

　　　　郭进军（2月任职）

书　记:伏仕尧（2月离任）

　　　　万德金（2月任职）

区残联

理事长:张　滨

区社科联

常务副主席:郑万明（2月离任）

　　　　　　罗毅青（2月任职）

区文联

主　席:郑万明（8月离任）

　　　　罗毅青（8月任职）

区红十字会

常务副会长:田　军（2月离任）

　　　　　　王　曦（5月任职）

区公安分局

局　长:郭　波

政　委:孙　辉

武侯工商局

局　长:赵　强

区国税局

局　长:凌朝金

区地税局

局　长:林　刚

武侯质监局

局　长:朱　艳

武侯食药监局

局　长:陈家云

武侯粮食分局

局　长:李　媛

武侯国土分局

局　长:高　斗

武侯规划分局

局　长:李　铭（1月离任）

　　　　伍　灵（1月任职）

区武装部

部　长:林明全

政　委:文怡才

浆洗街街道

书　记:张天劲（2月离任）

　　　　张西康（2月任职）

主　任:欧奎军

望江路街道

书　记:李代果

主　任:罗新蓉（2月离任）

　　　　何国智（2月任职）

火车南站街道

书　记:谢直昆（2月离任）

　　　　卓　勇（2月任职）

主　任:卓　勇（2月离任）

　　　　刘明军（2月任职）

跳伞塔街道

书　记:潘　虹（2月离任）

　　　　罗新蓉（2月任职）

主　任:秦　瑜

玉林街道

书　记:覃　丹

主　任:杨　萍（2月离任）

　　　　刘军远（2月任职）

双楠街道

书　记:曾咏梅

主　任:王　睿

红牌楼街道

书　记:杨　苹

主　任:马世杰

晋阳街道

书　记:李　令

主　任:曹晓明（9月免职）

　　　　马建英（9月任职）

机投桥街道

书　记:徐洪其

主　任:王建忠

簇锦街道

书　记:任　铭

主　任:李　林

华兴街道

书　记:李春绪

主　任:赵　强

簇桥街道

书　记:王　凯

主　任:张西康（2月离任）

　　　　祝　檠（2月任职）

金花桥街道

书　记:周长玖

主 任:刘 卫(2月离任)
沈 瑜(2月任职)

区工投公司

成都西部智谷建设开发有限公司

董事长:罗洪凯(2月离任)
刘立新(2月任职)

总经理:何国智(2月离任)
辛 焰(2月任职)

区农投公司

董事长、总经理:彭 勇

区城投公司

执行董事、总经理:黄一平

区城建集团

董事长、总经理:游先伟(2月离任)
陶拥军(5月任职)

区教投公司

董事长、总经理:游先伟(2月离任)
陶拥军(5月任职)

区城乡统筹公司

董事长:彭 勇

区中小企业担保公司

董事长、总经理:何长见

党代会代表名单
（2012年）

中国共产党第十八次全国代表大会代表

刘荣富

中国共产党四川省第十次代表大会代表

刘守成 申民辉 李俊霞

中国共产党成都市第十二次代表大会代表

邓修明 敖锡贵 艾志秋 刘印勇
刘守成 刘荣富 李俊霞 杨金惠
吴海宁 余 麟 林 丽 周长玖
曾咏梅 廖吉明

中国共产党成都市武侯区第六次代表大会代表

第一代表团

刘守成 蔡 健 曾锦戈 罗洪凯
王 凯 张西康 王四欣 祝 檠
杨基盛 高德芬 廖吉明 杨 静
文 丽 张 英 何 勇 黄 英
周 琳 杨海平 蒋湘钰 徐文源
卓 锋 唐恭学 文德明 张细华
范 鸿 何国智 王建荣 张艳侠
唐晓丽 胡文敏

第二代表团

林 丽 文怡才 张吉广 林明全
李 令 曹晓明 何 勇 江 宁
刘 丽 唐永兰 李含荣 刘晓庆
汪小玲 王成侠 李春绪 赵 强
罗毅青 胡勤华 董晓琛 吴运生
李玉兰 彭云清 邓海燕 冯开明
苟绍全 银 杰 桂许彬 陈明毅
邓 远 叶文凤 黄一平 游先伟

第三代表团

彭光辉 王力平 李 旭 周长玖
刘 卫 沈 瑜 马建英 刘益贵
周海澜 范泽渊 冯春贵 梁光贞
帅学树 宋宏丽 童乐蓉 高成安
苏凤霞 张雪松 聂良岗 黄保义
唐 华 黄 静 段莉宁 张晓凤
于成义 尹保林 谢存亮 喻 君
朱 艳 陈家云

第四代表团

王正文 伍 勇 罗文川 陈昌华
张天劲 欧奎军 彭贤春 钟 灿
张 祥 任怀湘 郭 群 陈 勇
杨 怡 武晓蓉 谢直昆 卓 勇
徐 蓉 刘明军 李利林 晏启珍
卢洪鉴 张家蓉 任 晓 车 勇
刘 平 胡永清 车 伟 张玛莉
刘 军 戴萌英 高 乔 赵卫平
邓 玲 唐 凯 万 兵

第五代表团

余 麟 谢惠祥 杨 苹 马世杰
穆文元 苏 波 夏 明 陈 亮
杨小勤 童 莉 骆 鸿 王 莹
余华文 陈 勇 张伟玲 郭执东
刘 纯 王 柳 刘承贵 曾利霞
熊述明 丁 莉 张炳喜 王 曦
申泰华 吴海宁 曾 玲 李友义
李玉平 田 军

第六代表团

王高德 荣 刚 郭 波 唐 卫
邓贵杰 任 铭 李 林 王 军
赵思源 刘 秀 权小蓉 周近忠
侯跃晏 徐永强 岳大国 蒲天柱
王进瑞 古 剑 苏 靓 胡立新
孙 辉 刘 勇 曾永明 郭学彬
杨如虎 胡爱萍 旦 丽 李 敏
田 宇 王 莉 李莲佳 谢忠标
谭岳华

第七代表团

刘印勇 陶小平 覃 丹 刘军远
王 希 方 方 邓 旭 朱建东
杨金惠 向万军 陈 英 吕 勇
刘成贵 殷 江 颜其国 王 雪
陶拥军 周继平 刘仁富 黄兴强
王小刚 胡晓东 吴 军 伯 钧
蔡晓莉 周文良 刘 英 李 灵
陈泽芳 余 强 李 海 段 红
廖 瑛 何蓓蕾 李俊霞

第八代表团

张 斌 于嘉川 刘雄川 曾咏梅
王 睿 杨月玲 汪 毅 张 军

承奉雪　李富川　陈福生　谢文莉
马玉昌　宿岷瑶　严　春　李　萍
徐德海　潘　洁　刘　疆　刘安萍
康晓烽　赵联忠　邬千里　何　权
龚　婧　刘　悦　陈　瑛　岑　琴
张　滨　赵　强　韩可怡　林　刚
高　斗

第九代表团

艾志秋　潘永革　白兴玉　徐洪其
王建忠　谭　军　文秀敏　邱　麟
李　勤　周　华　胡金成　黄治俊
万永全　钟　鸣　雷　鸣　普明初
李　怡　郑万明　张瑞琴　李佳佳
徐　涛　李海梅　徐　明　刘　锋
曾　茜　张晓蕾　寇智强　文敬良
蒋　洪　冯　胜　曾　勇

第十代表团

吴德华　李长文　高红兵　黄正国
李代果　罗新蓉　吴瑜聪　苏　勇
路　宇　林晓俊　张先波　罗红兵
张　兰　杨江玲　潘　虹　秦　瑜
万秀成　龚光辉　梁　方　韦　毅
黄家聪　刘　平　晏冬梅　沈海英
马伟刚　万德金　丁　诚　邓　旭
苏咏梅

人大代表名单
（2012年）

第十一届全国人大代表

王诗文　石　碧　刘　进

四川省第十一届人大代表

王　扬　丘小庆　成　甦　刘荣富
杨　岐　张学果　张新申　罗懋康
单晨光　侯一平　姚汉民　敖锡贵
曹世如　黄自力　曾朝荣　穆仁懋
释如意

成都市第十五届人大代表

王小康　王建平　王建军　王　意
车　勇　邓　川　邓　玲　尹海林
叶　宏　安冰冰　刘长明　刘文英
刘守成　刘余林　刘琼英　刘维辉
池　红　齐建国　向克坚　花　欣
李　海　李文正　李伯刚　李志强
李映发　李岷雪　苏显渝　杨　毫
杨　铿　杨继瑞　余练康　汪良吉
岑　瑛　张　萍　张　献　张利亚
罗天文　孟春红　周维德　荣　刚
赵英豪　姚顺先　敖锡贵　郭来宝
崔予红　黄国忠　黄明良　黄婉霞
康辅民　敬　刚　彭光辉　董德寿
程　芳　蔡小于

武侯区第六届人大代表（含高新区）

第一代表团：簇桥街道、金花桥街道

王　凯　邬方颖　周东海　祝　檠
徐振杰　黄泽沛　魏　勇　冯永刚
冯春贵　刘守成　刘宗平　刘琼英
李维英　沈　瑜　张远成　周长玖
郭成云

第二代表团：玉林街道

毛　杰　邓　壮　申民辉　庄继红
刘军远　杨尚薇　吴　强　邹艳红
张绍良　陈增林　林　丽　赵其春
胡泽松　段旭如　唐　卫　黄晓颖
敬枫蓉　覃　丹　蒲天柱　颜其国
潘　洁

第三代表团：望江路街道

王　杭　王力平　史　江　兰永乔
刘兴年　李代果　李华强　李向成
李晓东　肖　阳　何国智　宋　瑛
张伟年　张晓远　金　怡　赵世明
聂良岗　曾锦戈　雷　鸣

第四代表团：晋阳街道、火车南站街道

吕家碧　李　令　肖　冰　余　麟
汪　琪　赵洪琴　胡志建　黄　芳
曹晓明　喻永志　赖喜隆　卢洪鉴
刘明军　刘辉芬　向志信　张　虹
张　晔　卓　勇　赵联忠　涂佺虹
梁耀文

第五代表团：跳伞塔街道

于嘉川　王东翔　邓　旭　艾志秋
刘　卫　刘　军　刘　梅　李　焱
杨志萍　汪学阳　陈泽芳　罗新蓉
胡永清　胡宗理　秦　瑜　黄荣顺
梁　志　谢　华　蓝　鹰　廖诚周

第六代表团：双楠街道

王　睿　文兴长　古丽萍　帅祥军
付　华　孙　涛　李　睿　李富川
张　兰　张瑞琴　陈　平　陈秀云
陶小平　彭显宏　蒋宗跃　曾　彦
曾世华　曾咏梅　魏学炳

第七代表团：浆洗街街道、区级机关

马婉燕　王　燕　邓　远　邓贵杰
伍秀英　刘东升　刘战培　江书立
李友义　李晓林　李晓萍　吴向明
张　友　张西康　陈天培　陈雩桢
林明全　欧奎军　钟　鸣　黄云峰
鲁　琼

第八代表团：红牌楼街道、政法系统

马世杰　刘万彬　李佳梅　杨　苹
何　北　何永明　张馨佳　陈　亮
陈　勇　周　琳　骆　鸿　涂　卫
董　毅　蒋　卫　傅本伟　童云富
廖永丽

第九代表团：机投桥街道、簇锦街道、华兴街道

王建忠 文秀敏 杜小平 徐洪其
谢令尹 王学茂 任 铭 刘方水
李 林 杨 庆 张成蓉 徐树明
童治勇 李春绪 杨 丽 陈海燕
赵 强

第十代表团：高新区

王 平 王 军 王正东 王若洋
王尚军 王明新 田 勇 付万洪
成 建 吕 勇 吕 毅 刘 侠
闫玉松 汤继强 孙 波 杜利民
李国涛 李桂华 杨 东 杨中亚
杨振宁 邱仁忠 何玉兰 张学文
张朝忠 张融西 林 海 易仕礼
罗 娟 胡华英 桂海波 徐传峰
徐应良 郭 斌 郭家英 席盘林
唐方剑 曾大蓉 解登高 熊 伟
樊晓峰

政协委员名单
（2012 年）

全国十一届政协委员

陈 放 周同甫

四川省第十届政协委员

马德功 王益谦 石 碧 冯小明
刘文英 闫世强 李志强 杨正文
里 赞 岑 瑛 何一民 张 平
张 苏 张 彬 张丽君 张尚福
陈 宇 周学东 郑尚维 唐应辉
揭筱纹

成都市第十三届政协委员

王 英 王 燕 王正文 王东杰
王向东 王启涛 仁青措 方定志
邓 贤 甘华田 石应康 白燕川
兰 春 刘 敏 刘用明 刘钟海
刘钟海 许晓舟 苏 丁 杜 江
李 绚 李在辉 李建国 李星炜
杨 果 吴大伟 吴永康 吴德华
何 平 宋 伟 张 娟 张力强
张立辉 张进陶 张建新 张雁群
易加义 金艺风 周庆新 周继国
周继明 郑 艾 胡松青 柳长翥
侯一平 姜文清 姜晓萍 洪 诤
费德君 敖昌群 高永华 蒋晓莲
蓝 亭 解慧琪 雍敦全 魏万珍

武侯区第六届政协委员（含高新区）

主席、副主席、秘书长

伍 勇 白兴玉 许 强 安雪松
蔡振雄 蔡 健 苟绍全 何 勇

浆洗街街道委员小组

仁青措 邓 炜 邓裕川 刘 钊
刘力凡 刘忠志 孙 辉 李如平
杨海涛 姜 云 高红英 彭贤春
蒋 智 辜甲红 曾 征 谢良辉
群 决 魏 琦

望江路街道委员小组

王 炼 文飞翔 刘福华 刘德华
吴 飞 吴瑜聪 余伟萍 张远敏
郑 强 姚宗国 骆建平 唐 毅
曾志伟 鄢淑萍 廖政地 熊维军
黎 昕

玉林街道委员小组

丁江于 王 希 王 文 左明俊
刘 平 刘余林 刘清贵 江 涛
李 超 陈 兵 宫冠英 高喜莲
葛巨龙

跳伞塔街道委员小组

叶峻岭 朱 朗 许 维 孙 景
吴中元 何 军 郑艳平 赵天峻
耿莉萍 徐 明 郭进军 唐立新
唐超伦 蒋 堃 蔡 诗

火车南站街道委员小组

王 超 邓学玲 邓祖康 杨 玥
张 旭 陈 涛 陈定龙 秦先进
徐 蓉 郭 线 蒋 婷 曾新鲁
瞿隽彦

双楠街道委员小组

王红玉 王进瑞 王君臣 孙 蓓
阳荣喜 李 博 杨 华 张艳群
陈英中 武秀峰 罗 林 郭孝清
蒋杨斌 蒋宗跃 曾 杰

晋阳街道委员小组

王 平 卢红建 付红萍 刘伟平
江 宁 孙歌一 严永明 邹 琴
陈 果 陈浩宇 袁 福 黄治国
窦 健 魏 宁

红牌楼街道委员小组

任德才 李大福 李小平 何尧远
何琼英 陈 雄 郑贞福 赵庆权
郝 苗 陶 勇 龚 婧 符跃武
谢 平 蓝 亭 雷 溢 穆文元

簇桥街道委员小组

邬万颖 刘立新 闫建强 孙 伟
杜洪林 沈治权 张 泽 张 健
张嘉伟 高洪伟 黄 英 曾崇荣
臧学斌

簇锦街道委员小组

马莉嘉 马群英 王 军 叶文凤
玄跃军 刘秋宏 何亚民 宋遵友
范 雄 赵元贵 钟建国 徐从军
释如松

华兴街道委员小组

毛伟忠　卢　惠　何代强　范秉公

罗毅青　胡勤华　耿璐璐　唐容安

桑文华　黄明清　喻　君　谢华明

机投桥街道委员小组

于海波　王　雷　王佳舟　文秀敏

许　林　李　璇　吴江涛　何　为

何诗统　余旭东　邹　娟　陈红霞

桂许彬　唐　华　阙　英

金花桥街道委员小组

王　恒　吕志友　刘益贵　李　云

李镇西　吴德伟　何兴华　余开红

陈　蓉　周晓律　郝劲刚　贺韶鸽

徐雪松　董　勇

高新区委员小组

王　越　王天祥　孔　艺　卢哲平

付玉忠　孙党莉　杜国林　巫全根

李　伟　李群英　肖　军　吴复瑶

张　玮　张海涛　陆　军　陈冠夫

陈晓进　林　山　罗旭斌　姜　斌

袁　旭　彭　涌　释果芳

各单位便民电话

单位名称	电话	单位名称	电话
区政府区长公开电话	85557414	区档案局（区档案馆）	85067492
区新闻中心	85565239	区信访局	85067847
区发改局	85002801	区安监局	87052213
区教育局	85062572	区五花办	87438862
区经科局	85092432	武侯新城管委会	85031460
区监察局	85557856	区政务中心（政务大厅）	85058111
区民政局	85068361	区城中村推进办	85027086
区司法局	85062846	区红牌楼商圈推进办	85554926
区财政局	85556703	区征后实施推进办	85130162
区人社局	85057950	区人南商务区推进办	85239103
区建设局（区人防办）	85060619	区中小企业担保公司	85566345
区交通局	85067260	区“198”管委会	85362778
区统筹局	85093390	区总工会	85557409
区商务局	85002776	团区委	85557422
区投促局	85575018	区妇联	85557493
区文体旅游局（区广新局）	85066744	区科协	85091823
区卫生局	85063700	区工商联	85556702
区人口计生局	85061637	区残联	87420077
区审计局	85580970	区红十字会	85433953
区环保局	85002862	浆洗街街道办事处	85554181
区统计局	85002833	望江路街道办事处	85255139
区城管局（区执法局）	85077453	火车南站街道办事处	85225187
区房管局	85448038	跳伞塔街道办事处	85222561
区行政审批局	85058003	玉林街道办事处	85553994
区民宗局	85557470	双楠街道办事处	85088225
区机关事务局	85557402	红牌楼街道办事处	85084766
区供销社	85189695	晋阳街道办事处	87442555

续表

单位名称	电话	单位名称	电话
机投桥街道办事处	87481216	区国税局	85371812
簇锦街道办事处	85030658	区地税局	85092045
华兴街道办事处	68812855	武侯质监局	85068827
簇桥街道办事处	85010270	武侯食药监局	85061337
金花桥街道办事处	85370991	武侯粮食分局	85318773
区公安分局	85070486	武侯国土分局	85195954
武侯工商局	85588955	武侯规划分局	85092260

2012年武侯区纳税额300万元以上企业

序号	企 业 名 称	纳税额（万元）
1	成都农村商业银行股份有限公司	112370.37
2	保利（成都）实业有限公司	28707.63
3	成都城市燃气有限责任公司	20805.08
4	成都置信实业（集团）有限公司	13453.81
5	成都伊藤洋华堂有限公司	13303.60
6	成都利君实业股份有限公司	9705.97
7	成都八益家具股份有限公司	8688.61
8	成都宏川酒业有限公司	8452.06
9	成都市路桥工程股份有限公司	7029.80
10	成都王府井购物中心有限责任公司	6386.81
11	成都长城实业集团有限公司	6349.13
12	成都中海鼎盛房地产开发有限公司	6324.78
13	四川申蓉汽车股份有限公司	6252.28
14	百丽鞋业（成都）有限公司	5925.84
15	新希望集团有限公司	5380.91
16	成都市新川藏路建设开发有限责任公司	5122.20
17	绿地集团成都武侯房地产开发有限公司	5064.35
18	成都彩虹电器（集团）股份有限公司	4780.35
19	中国石油天然气股份有限公司四川成都销售分公司	4550.88
20	四川日机密封件股份有限公司	4492.47
21	四川蓝光和骏实业股份有限公司	4304.25
22	四川汇通武侯小额贷款有限公司	4174.54
23	成都武海置业有限公司	4148.46
24	成都信德实业有限公司	4045.06
25	成都鸿润投资咨询有限公司	3856.53
26	浙商银行股份有限公司成都分行	3763.37
27	成都向阳凯宾斯基饭店有限公司	3676.97
28	四川鑫澜房地产开发有限责任公司	3620.31
29	联想（成都）有限公司	3608.86

续表

序号	企　业　名　称	纳税额（万元）
30	成都悦城实业有限公司	3600.40
31	成都华日通讯技术有限公司	3590.44
32	中国成达工程有限公司	3544.20
33	莱蒙置业（成都）有限公司	3493.44
34	费希尔久安输配设备（成都）有限公司	3417.03
35	成都建国汽车贸易有限公司	3377.87
36	成都永发印务有限公司	3352.28
37	成都三和汽车服务有限公司	3289.25
38	成都华宇业瑞房地产开发有限公司	3268.36
39	成都武侯区仁和春天百货有限公司	3193.49
40	成都滕王阁房地产开发有限公司	3192.32
41	重庆银行股份有限公司成都分行	3179.50
42	成都太平园家私广场管理有限公司	3063.64
43	四川瑞升实业集团有限公司	3010.76
44	四川电力设计咨询有限责任公司	2993.78
45	中国石油化工股份有限公司四川成都石油分公司	2906.65
46	四川科创制药集团有限公司	2897.20
47	成都京东世纪贸易有限公司	2895.30
48	四川驿鑫房地产开发有限公司	2554.26
49	四川首信实业有限公司	2505.66
50	成都佳发安泰科技股份有限公司	2464.33
51	成都电力机械厂	2462.28
52	成都长益红星美凯龙家居市场经营管理有限公司	2442.30
53	成都九蓉房地产开发有限公司	2398.01
54	四川石化建设投资有限公司	2385.90
55	百脑汇电子信息（成都）有限公司	2344.72
56	成都多联建材有限责任公司	2326.86
57	成都昊特新能源技术有限公司	2321.37
58	四川省创世亚中医疗仪器有限责任公司	2282.36
59	成都立方房地产开发有限公司	2262.53
60	四川环能德美科技股份有限公司	2231.81
61	四川富临实业集团有限公司	2227.19
62	成都红旗连锁批发有限公司	2144.69
63	成都东方凯特瑞环保催化剂有限责任公司	2127.93
64	成都建工物资有限责任公司	2098.11
65	中石化四川销售有限公司	2085.38
66	四川川大华西药业股份有限公司	1940.17
67	成都佳州房地产开发有限公司	1884.51

续表

序号	企 业 名 称	纳税额（万元）
68	成都市武侯区红旗连锁有限公司	1860.57
69	沈阳远大铝业工程有限公司西南分公司	1829.58
70	四川顺丰速运有限公司	1823.69
71	熠晖集团有限公司	1816.51
72	四川省永合实业有限公司	1792.45
73	四川联发天然气有限责任公司	1791.00
74	四川省长福煤炭有限公司	1765.70
75	上海银行股份有限公司成都分行	1753.59
76	成都一航万科滨江房地产开发有限公司	1740.88
77	成都市开元房地产开发有限责任公司	1735.70
78	四川中房鸿都汇友置业有限公司	1711.81
79	四川和中信息科技有限公司	1665.41
80	成都武城实业（集团）股份有限公司	1642.75
81	成都市现代农业发展投资有限公司	1634.54
82	成都城投集团兴西华建设有限公司	1613.91
83	成都博高科技有限责任公司	1567.94
84	成都大商投资有限公司千盛百货购物广场分公司	1546.87
85	成都 TCL 电器销售有限公司	1544.23
86	中粮地产成都有限公司	1530.34
87	成都中新西南物流有限公司	1473.34
88	成都东泰商城有限公司	1453.74
89	成都红牛维他命饮料销售有限公司	1421.10
90	成都市金瑞泰置业有限公司	1399.95
91	成都泰格时代数码通讯有限公司	1397.33
92	四川真维斯服饰有限公司	1394.35
93	成都神州数码有限公司	1381.32
94	成都天合房屋开发有限责任公司	1363.92
95	成都飞机设计研究所	1341.68
96	浙江贝因美科工贸股份有限公司成都分公司	1312.12
97	四川灵通青山汽车销售服务有限公司	1269.02
98	中国电信股份有限公司成都武侯区分公司	1257.55
99	成都市正成投资开发有限公司	1230.33
100	四川舒巢房地产有限公司	1192.41
101	成都大禹伟业广告有限公司	1187.88
102	成都倍特期货经纪有限公司	1186.87
103	四川同辉实业有限公司	1185.89
104	成都市瑞泰华实业有限公司	1176.44
105	成都新普瑞实业发展有限公司	1165.45
106	成都凯凯凯电站风机有限公司	1164.64

续表

序号	企　业　名　称	纳税额（万元）
107	四川合信药业有限责任公司	1140.92
108	成都武侯工业园投资开发有限公司	1113.89
109	成都市武侯区桂溪房地产开发公司	1113.22
110	成都铁路通信设备有限责任公司	1100.58
111	四川省亚中医疗仪器有限责任公司	1093.60
112	四川天齐矿业有限责任公司	1089.93
113	百威英博（中国）销售有限公司成都分公司	1089.14
114	成都中铁瑞城新界置业有限公司	1082.61
115	成都前锋电子股份有限公司	1059.90
116	成都金富兴置业有限公司	1057.34
117	成都市盛博置业投资有限公司	1035.03
118	四川九峰投资有限公司	1033.79
119	成都英德工业设备安装有限公司	1018.85
120	四川淳科实业有限公司	1011.41
121	成都地铁有限责任公司	1005.35
122	成都市上普置地有限责任公司	1000.00
123	四川冶金环能工程有限责任公司	984.10
124	成都岷江新希望花园房地产开发有限责任公司	982.86
125	钜星（成都）商务服务有限公司	977.18
126	四川大陆房地产开发有限公司	949.20
127	成都盈驰贸易有限公司	932.56
128	成都建筑工程集团总公司	924.87
129	中建商品混凝土成都有限公司武侯分公司	920.10
130	四川泰来餐饮管理有限责任公司	918.14
131	四川上建混凝土有限公司	912.45
132	成都国福龙凤食品有限公司	905.92
133	四川路桥通锦房地产开发有限公司	900.00
134	成都天际置业有限责任公司	896.23
135	成都瑞安汇源房地产有限公司	891.93
136	四川省汇发机械设备有限公司	891.08
137	成都百都科技有限公司	886.61
138	成都思源房地产经纪有限公司	885.75
139	四川中成混凝土有限公司	877.29
140	成都满庭芳百货商业发展有限公司	850.46
141	成都府天新材料科技有限公司	849.10
142	四川富豪首座酒店管理有限公司	846.84
143	成都博瑞银杏旅游文化发展有限公司	831.15
144	成都公交集团星辰巴士有限公司	819.75
145	中国平安财产保险股份有限公司	813.82

续表

序号	企　业　名　称	纳税额（万元）
146	四川省海汇天贸易有限公司	812.66
147	四川中国酒城股份有限公司	792.10
148	成都弘里置业有限责任公司	783.64
149	中国人民财产保险股份有限公司成都市武侯支公司	782.33
150	成都三勒浆药业集团四川华美制药有限公司	782.21
151	天伦食品（成都）有限公司	765.18
152	成都城北出口高速公路有限公司	761.66
153	成都新希望实业投资有限公司	760.04
154	成都宇盛天机电设备有限公司	719.22
155	四川华都置业有限公司	717.33
156	四川省晟茂建设有限公司	717.07
157	成都利康实业有限责任公司	710.13
158	成都市通用工程技术有限责任公司	705.49
159	成都市府南河房地产开发有限公司	705.48
160	四川省高斯投资有限公司	690.41
161	成都新东方学校	681.91
162	成都市武侯区泰基地产有限责任公司	681.67
163	成都西南食品城	678.39
164	成都三电电缆厂	676.15
165	四川省西禾谷贸易有限公司	671.37
166	成都市大长江豪爵摩托车销售有限公司	670.42
167	四川尚房置业有限公司	665.55
168	新井物产贸易有限公司	640.33
169	成都市好来屋量贩家居百货有限公司	640.06
170	成都尚雅饭店有限公司	630.52
171	百胜餐饮（成都）有限公司华达店	627.93
172	成都家乐福超市有限公司红牌楼店	622.97
173	成都市恒固贸易有限公司	622.30
174	成都摩尔物流发展有限公司	606.13
175	中国石油天然气股份有限公司四川销售成品油零售武侯分公司	605.03
176	四川省佳宇建筑安装工程有限公司	604.77
177	胜利沃特飞机技术服务（成都）有限公司	590.10
178	四川旅侨商贸有限公司	590.79
179	四川峨嵋互盛实业有限公司	590.01
180	成都数码广场有限公司	581.78
181	成都汇联住房经营管理股份有限公司	580.21
182	中国移动通信集团设计院有限公司四川分公司	579.60
183	成都好又多百货商业广场有限公司好又多亚太店	574.64
184	中国重型机械研究院股份公司成都分院	574.50

续表

序号	企　业　名　称	纳税额（万元）
185	成都交投资产经营管理有限公司	573.46
186	四川省华安堂药业零售连锁有限公司	572.45
187	四川金源大鹏贸易有限公司	571.45
188	成都市武侯鑫南粮油购销有限责任公司	570.38
189	四川川力智能阀业有限公司	568.59
190	成都来福士实业有限公司	554.72
191	亨特建筑产品（成都）有限公司	547.15
192	成都裕康医疗设备有限公司	543.80
193	四川高泽房地产实业有限公司	542.12
194	四川鹏夏房地产开发有限责任公司	535.31
195	成都市农村产权流转融资担保股份有限公司	526.72
196	成都远牧实业有限公司	526.44
197	成都凯宴美湖酒店餐饮有限公司	524.03
198	成都康特电子高新科技有限责任公司	517.28
199	成都世家机构实业有限公司	517.23
200	四川省宏远房地产开发有限公司	516.95
201	中铁十四局集团有限公司	515.74
202	盛捷江畔（成都）置业有限公司	508.88
203	成都恒基装饰工程有限公司	506.51
204	成都钦善斋餐饮发展有限公司	504.47
205	成都武侯祠锦里旅游文化经营管理有限公司	500.81
206	成都统一量贩超市有限公司	500.12
207	四川开元工程项目管理咨询有限公司	499.66
208	成都正基置业有限公司	497.14
209	成都民航西南凯亚有限责任公司	493.54
210	成都市元亨一品置业有限公司	488.88
211	成都晋源房地产开发有限责任公司	487.68
212	四川省环保科技工程有限责任公司	484.25
213	成都安琪儿妇产医院有限公司	482.45
214	成都晨源气体有限公司	477.32
215	四川省中普建设有限公司	475.77
216	中国航空集团建设开发有限公司西南分公司	473.01
217	百安居成都购物中心有限公司科华商场	467.45
218	四川吉峰三立工程机械有限公司	467.29
219	成都蜀汉园林有限公司	464.27
220	四川信都科技有限责任公司	462.94
221	成都弘坊置业有限责任公司	461.85
222	四川楚北混凝土有限公司	460.83
223	成都北方化学工业有限责任公司	460.82

续表

序号	企 业 名 称	纳税额（万元）
224	成都市浩林实业发展公司	457.70
225	成都市蓝天通讯工程有限公司	457.64
226	成都锦官新城物业管理有限责任公司	457.56
227	成都新尚网络科技股份有限公司	452.12
228	四川和维医药管理咨询有限公司	449.54
229	圣皮尔精品酒业（上海）有限公司成都分公司	445.58
230	成都华远电器设备有限公司	443.72
231	四川华法美实业有限责任公司	441.15
232	成都万友经济技术开发总公司	439.25
233	成都云门锦翠餐饮有限公司	436.53
234	四川省佳成建设有限公司	432.59
235	四川飞红工程管理咨询有限公司	427.84
236	四川鸿宝装饰工程有限公司	425.92
237	四川隆基实业集团有限责任公司	425.66
238	成都市现代农业融资担保有限公司	423.66
239	成都海宏建筑工程有限公司	415.51
240	成都合力达拓展房地产有限公司	415.07
241	成都市第二建筑工程公司	410.20
242	成都鑫惠丰实业有限公司	409.46
243	成都纵横六合科技有限公司	403.94
244	成都嘉祥房地产开发有限公司	400.00
245	成都嘉诚汽车销售服务有限公司	399.51
246	成都仲乾商务有限公司	399.38
247	中国石油天然气股份有限公司四川成都销售成品油零售分公司	399.13
248	成都恒高混凝土有限公司	395.98
249	海信科龙电器股份有限公司四川分公司	394.05
250	成都成电医星数字健康软件有限公司	393.11
251	四川佳诚油气管道质量检测有限公司	391.58
252	四川银华房地产开发有限公司	389.42
253	四川省老邻居商贸连锁有限责任公司	389.36
254	成都金城冶金实业有限公司	386.29
255	四川大学工程设计研究院	384.33
256	四川忠信建设工程有限公司	375.80
257	成商集团股份有限公司武侯超市分公司	374.60
258	成都拜欧药业有限公司	373.57
259	成都红星美凯龙世博家居生活广场有限责任公司	371.01
260	汉嘉设计集团股份有限公司西南分公司	367.74
261	四川正信重点公路工程试验检测有限责任公司	366.11
262	广州富利建筑安装工程有限公司成都分公司	363.82

续表

序号	企　业　名　称	纳税额（万元）
263	四川大正德茂建设有限公司	363.48
264	四川晨光工程设计院	358.36
265	成都中铁信计算机工程有限公司	355.85
266	成都桑莱特科技股份有限公司	353.99
267	四川方向药业有限责任公司	351.82
268	成都鑫怡置地有限公司	346.50
269	四川华西普济物业发展有限公司	345.73
270	成都润鹏商贸有限公司	344.54
271	嘉康利（中国）日用品有限公司四川分公司	344.45
272	四川省秭源建设工程有限公司	341.77
273	成都明嘉实业有限公司	340.67
274	成都市红高粱荟锦绣河山海鲜酒楼有限公司	335.92
275	四川海王星辰健康药房有限公司	332.74
276	四川省基茵医疗科技有限公司	330.47
277	华贯建设有限公司	330.04
278	成都裕鑫房地产开发建设有限公司	324.58
279	四川新辰实业有限公司	321.21
280	柒一拾壹（成都）有限公司	320.97
281	四川永志融资担保有限公司	320.73
282	成都银行股份有限公司武侯支行	320.71
283	西子奥的斯电梯有限公司成都分公司	319.99
284	成都万瑞置业有限公司	319.11
285	成都艾民儿皮制品有限责任公司	317.69
286	成都易弘科技实业有限公司	317.14
287	四川润扬房地产开发有限公司	316.29
288	四川省通力建设工程有限公司	316.15
289	成都市武侯区德福小额贷款有限公司	314.53
290	四川金土地实业有限公司	312.69
291	成都大商投资有限公司簇桥千盛生活广场分公司	311.04
292	中信建投证券股份有限公司成都南一环路证券营业部	310.82
293	成都经纬机械制造有限公司	310.76
294	成都市武骏实业有限公司	310.64
295	成都双楠大蓉和餐饮有限公司	307.60
296	凤凰都市传媒（四川）有限公司	307.05
297	保利物业管理有限公司成都分公司	305.45
298	成都卓锦餐饮管理有限公司	303.27
299	成都金同辉物业管理有限公司	301.62
300	四川德音医药有限公司	300.70
301	成都市川藏公路武侯段建设开发有限公司	300.00

2012 年武侯区获市委市政府以上表彰的奖项

（按获奖时间排序）

获奖称号	获奖时间	颁奖单位	备注
四川省 2011 年度平安边界线	2012 年 1 月	省综治委、省民政厅	川综治发〔2012〕2 号
2011 年度全省维护社会稳定工作目标先进县（市、区）、平安建设先进县（市、区）	2012 年 3 月	省委办公厅、省政府办公厅	川委厅〔2012〕9 号
全市“十一五”节能减排工作成绩突出单位	2012 年 3 月	市政府	成府发〔2012〕17 号
第一批“千名干部人才援助藏区行动”先进集体	2012 年 6 月	省委组织部、省人社厅	川组发〔2012〕112 号
全国口腔卫生“项目管理先进县（区）”	2012 年 7 月	卫生部	奖牌
四川省全民健康生活方式行动优秀项目区	2012 年 8 月	省卫生厅	奖牌
全国农村集体“三资”管理示范县	2012 年 10 月	农业部	农经发〔2012〕7 号
全国行政服务标准化示范单位	2012 年 10 月	国家标准化管理委员会	奖牌
2011 年度四川省残疾人状况监测工作先进单位	2012 年 10 月	省政府残疾人工作委员会	川残工委〔2012〕7 号
全国社区中医药工作先进单位	2012 年 12 月	国家中医药管理局	国中医药医政发〔2012〕51 号
全国县委权力公开透明运行试点工作先进单位	2012 年 12 月	中央党务公开工作领导小组	《党务公开工作简报》第 28 期
四川省第二批人口和计划生育综合改革示范区	2012 年 12 月	省人口和计划生育委员会	川人口发〔2012〕29 号

2012 年获市委市政府以上表彰的单位

（按获奖时间排序）

获奖单位	获奖称号	获奖时间	颁奖单位	备注
机投桥街道	第一批全国人口和计划生育依法行政示范乡镇（街道）	2012 年 1 月	国家人口和计划生育委员会	人口政法〔2012〕12 号
区职教中心	全国社区教育发展成果展示活动一等奖	2012 年 1 月	教育部职业教育与成人教育司	教职成司函〔2012〕2 号
浆洗街街道	四川省第六次全国人口普查先进集体	2012 年 1 月	省政府	光荣册
区法院	全省法院新闻宣传工作考评先进单位	2012 年 1 月	省高级人民法院	川高法〔2012〕18 号
区行政审批局	四川省政务服务示范窗口	2012 年 1 月	省政务服务中心	川政中心〔2012〕1 号
红牌楼小学 磨子桥小学	四川省语言文字规范化示范学校	2012 年 1 月	省语委、省教育厅	奖牌
锦官新城小学	四川省艺术教育特色学校	2012 年 1 月	省教育厅	奖牌
区法院	全国模范法院	2012 年 2 月	最高人民法院	
区计生局 望江路街道 跳伞塔街道 机投桥街道	全省流动人口计划生育工作先进单位	2012 年 2 月	省流动人口计划生育管理中心	川流管〔2012〕2 号

续表

获奖单位	获奖称号	获奖时间	颁奖单位	备注
区教育局 区妇联	全省未成年人思想道德建设工作先进单位	2012年3月	省精神文明建设委员会	川文明委〔2012〕1号
簇桥工商所	人民满意工商所	2012年3月	省人社厅、省工商局	川人社发〔2012〕50号
华西口腔医院	四川省“五一”劳动奖状	2012年3月	省总工会	川工办发〔2012〕14号
火车南站街道长寿苑社区	四川省科普示范社区	2013年3月	四川省科协	川科协〔2012〕10号
区教育局	第二十七届四川省青少年科技创新大赛基层优秀组织奖	2012年4月	省科协、省教育厅、省科技厅、省环保厅、省体育局、共青团省委、省妇联、省知识产权局	证书
区统计局 区卫生局 区计生局 区妇联	2001～2010年成都市妇女儿童工作先进集体	2012年5月	市政府	成府函〔2012〕48号
四川大学水利水电学院党委 四川科创药业集团 成都八益家具股份有限公司党委	全国“创先争优先”进基层党组织	2012年6月	中组部	
浆洗街洗面桥社区	全国民族团结进步创建活动示范社区	2012年6月	中宣部、中央统战部、国家民委	民委发〔2012〕59号
区公安分局	全国公安机关经侦部门“清网行动”成绩突出集体	2012年6月	公安部经济犯罪侦查局	
火车南站街道长寿苑社区	2012年基层科普行动计划先进单位、全国科普示范社区	2012年6月	中国科协、财政部	科协发普字〔2012〕19号
区卫生局	四川省无偿献血先进集体	2012年6月	省人社厅、省卫生厅、省红十字会、成都军区联勤部卫生部、武警四川总队后勤部	川人社发〔2012〕36号
区法院	对口支援藏区工作成绩突出的集体	2012年7月	省高级人民法院	川高法〔2012〕455号
区人社局	军队转业干部安置工作先进集体	2012年7月	省军队转业干部安置工作小组、省人社厅	川人社发〔2012〕42号
区统筹局	2012年度全省农村集体资产暨财务管理先进单位	2012年7月	省农业厅	川农业函〔2012〕675号
四川音乐学院	第十届“桃李杯”舞蹈大赛原创教学剧目一等奖	2012年8月	文化部	

续表

获奖单位	获奖称号	获奖时间	颁奖单位	备注
晋阳街道晋阳社区	全国家庭教育工作示范社区	2012年8月	全国妇联	妇字〔2012〕19号
区公安分局	全省优秀公安局	2012年8月	省公安厅	
玉林街道 机投桥街道	“十一五”期间成都市人民防空工作先进集体	2012年8月	市政府、解放军四川省成都警备区	成府函〔2012〕86号
区教育局 成都七中	四川省第七届中小学生艺术节优秀组织奖	2012年8月	省教育厅	证书
区行政审批局 玉林街道黉门街社区党总支 火车南站街道	全省“创先争优”先进基层党组织	2012年9月	省委	川委〔2012〕273号
区教育局	四川省“两基”工作先进单位	2012年9月	省委、省政府	川委〔2012〕2250号
区招办	2012空军招飞工作先进单位	2012年9月	空军政治部、省招生考试委员会	政干〔2012〕410号
跳伞塔街道南虹村社区党委 玉林街道玉林东路社区党委 双楠街道党工委 簇桥街道党工委 机投桥街道白佛村党支部 金花桥街道陆坝村党总支 武侯新城建设党工委 区公安分局党委 区园林绿化工程队党支部 成都市礼仪职业中学党总支 四川盛唐建设工程有限公司党支部	全市“创先争优”先进基层党组织	2012年9月	市委	成委〔2012〕185号
武侯工业园	四川省中小企业创业示范基地	2012年9月	省经信委、省财政厅	
成都行知实验小学	四川省消防安全教育示范校	2012年9月	省公安厅、省教育厅	奖牌
武侯祠博物馆	四川省文物系统先进单位	2012年9月	省文化厅、省文物管理局	川文办发〔2012〕172号
区卫生局	四川省艾滋病防治工作先进集体	2012年9月	省重大传染病防治工作委员会	川重传委发〔2012〕1号
跳伞塔街道	四川省流动人口计划生育工作先进单位	2012年9月	省人口与计划生育委员会	川人口函〔2012〕102号
成都彩虹电器（集团）股份有限公司	四川省2011年省级“守合同重信用”企业	2012年9月	省工商局	通报
科技一条街管委会	中国IT市场指数建设与运行工作突出贡献奖	2012年10月	工信部	荣誉证书
区政协	2012年度全省政协新闻宣传工作先进单位	2012年10月	省政协办公厅	
棕北小学	四川省少先队优秀集体	2012年10月	团省委	奖牌

续表

获奖单位	获奖称号	获奖时间	颁奖单位	备注
区环保局	全国“十一五”减排工作先进集体	2012年11月	人社部、国家发改委、环保部、财政部	人社部发〔2012〕72号
区公安分局消防大队 区公安分局消防大队棕树南路中队	党的十八大消防保卫战消防部队突出集体	2012年11月	公安部	公消〔2012〕347号
簇锦社区卫生服务中心	全国示范社区卫生服务中心	2012年11月	卫生部	卫办妇社函〔2012〕1059号
区民政局	全省社会组织“创先争优”活动优秀指导单位	2012年11月	省社会组织创先争优活动指导小组	川社创先办〔2012〕6号
浆洗街街道 望江路街道 跳伞塔街道 簇桥街道社区卫生服务中心	四川省示范社区卫生服务中心	2012年11月	省卫生厅	川卫办发〔2012〕771号
玉林街道	全省人防工作2012新闻宣传先进单位	2012年11月	省人防办	川人防办〔2012〕287号
区人社局	全国人力资源社会保障系统先进集体	2012年12月	人社部	人社部发〔2012〕79号
武侯食药监局	全国食品药品监督管理系统先进集体	2012年12月	人社部、国家食品药品监督管理局	人社部发〔2012〕89号
中国女鞋之都	第二批国家外贸转型升级专业型示范基地	2012年12月	商务部	
区纪委（区监察局） 区行政审批局 火车南站街道	机关行政效能建设先进集体	2012年12月	市委、市政府	成委发〔2012〕217号
区纪委（区监察局）	成都市哲学社会科学第十次“优秀成果奖”	2012年12月	市政府	证书
区法院	“服务质量年”活动先进集体	2012年12月	省高级人民法院	川高法〔2012〕809号
区法院	在党的十八次代表大会期间信访维稳及安保工作表现突出的集体	2012年12月	省高级人民法院	川高法〔2012〕824号
区发改局	四川省价格认证工作先进集体	2012年12月	省发改委	川发改价检〔2012〕1391号
区发改局	四川省价格监测工作先进单位	2012年12月	省发改委	川发改价检〔2012〕1446号
玉林街道	四川省计划生育协会先进集体	2012年12月	省人社厅、省计生委、省计生协会	川人社发〔2012〕60号

续表

获奖单位	获奖称号	获奖时间	颁奖单位	备注
红牌楼街道	四川省第六次人口普查先进集体	2012年12月	省人社厅	川人社发〔2012〕575号
机投桥街道	全国农村集体财务管理规范化示范单位	2012年12月	省农业厅	
区妇联	四川省"平安家庭"创建活动先进集体	2012年12月	省妇联	川平领〔2012〕41号
区文联	2012年四川省文联系统先进单位	2012年12月	省文联	川文联〔2012〕159号
火车南站街道	四川省"平安家庭"创建工作先进乡镇（街道）	2012年12月	省"平安家庭"创建领导小组	光荣册
武侯食药监局	四川省小餐饮食品安全整规先进单位	2013年1月	省食品药品监督管理局	川食药监发〔2013〕4号

2012年获区委区政府表彰的部分单位（截至2013年3月）

2011年度目标任务先进单位、优秀单位

武委发〔2012〕24号

2011年度目标任务先进单位

火车南站街道
跳伞塔街道
簇锦街道
红牌楼街道
武侯新城管委会
区法院
区残联
区卫生局
区教育局
区经科局
区财政局
区公安分局
区司法局
区统筹局
武侯国土分局
区五花办

2011年度目标任务优秀单位

双楠街道
玉林街道
机投桥街道
簇桥街道
团区委
区检察院
区人社局
区文体旅游局
区发改局
区统计局
武侯质监局
区审计局
区建设局
区城管局
区"198"管委会

2010～2012年全区创先争优先进基层党组织

武委发〔2012〕33号

浆洗街道党工委
浆洗街道洗面桥社区党总支
浆洗街道大石东路社区党总支
浆洗街道凉水井街社区党总支
成都美年体检医院有限公司党支部
成都大妙餐饮有限公司党支部
望江路街道共和路社区党委
望江路街道老马路社区党委
四川西婵整形美容医院党支部
火车南站街道机关党支部
火车南站街道长寿苑社区党委
火车南站街道锦官新城社区党委
四川卞氏菜根香泡菜餐饮有限公司党支部
跳伞塔街道党工委
跳伞塔街道成科路社区党委
跳伞塔街道新南路社区党委
成都新得利电子有限公司党支部
玉林街道党工委
玉林街道浆洗街社区党委
玉林街道玉林北路社区党委
玉林街道青春岛社区党委
玉林街道倪家桥社区党委
成都鼎新实业有限责任公司党总支
双楠街道少陵社区党委
双楠街道七道堰社区党委
双楠街道广福桥社区党委
双楠街道百花社区第一党支部
四川奥斯迪康骨医院党支部

红牌楼街道党工委
红牌楼街道综合执法大队党支部
红牌楼街道长城社区党总支
红牌楼街道丽都花园社区党总支
成都博润白癜风医院党支部
成都市波尔菲特酒店有限公司党支部
晋阳街道晋阳社区党委
晋阳街道金雁社区党委
四川省晟茂建设有限公司党支部
机投桥街道潮音村党支部
机投桥街道果堰村党支部
机投桥街道机投村党支部
机投桥街道机投桥社区党支部
簇锦街道机关党总支
簇锦街道铁佛村党委
簇锦街道永兴社区党支部
华兴街道机关党支部
华兴街道南桥村党委
华兴街道三河村党委
成都市再生资源行业协会党总支
簇桥街道龙井村党委
簇桥街道七里村党总支
簇桥街道簇锦社区党总支
金花桥街道党工委
金花桥街道凉水井村党委
金花桥街道永康村党总支
金花桥街道花龙门村党总支
金花桥街道金花桥社区党总支
成都市簇桥福利纸箱厂众和分厂党支部
区直机关工委
区委办公室党支部
区政府办公室党支部
区纪委（监察局）党总支
区委组织部党支部
区委老干局党总支
区委宣传部党支部
区法院党总支
区检察院党总支
区发改局党工委
区教育局党工委
成都市第十二中学党总支
成都市第四十三中学党支部
成都市龙江路小学党支部
成都市科华中路小学党支部
成都市桐梓林小学党支部
成都市武顺街小学党支部
四川大学附属实验小学江安河分校党支部
成都市晋阳小学党支部
区经科局机关党支部
区民政局机关党支部
区人社局党工委
区人社局社保局党支部
区拆迁安置管理服务中心党支部
区城管局党工委
区市容卫生管理所党支部
区市政设施养护处党支部
区卫生执法监督大队党支部
区第三人民医院党支部
双楠社区卫生服务中心党支部
区行政审批局机关党支部
区供销社机关党支部
成都彩虹电器（集团）股份有限公司党委
成都东方凯特瑞环保催化剂有限责任公司党总支
四川日机密封件股份有限公司党总支
成都康特电子高新科技有限责任公司党支部
四川川大智胜软件股份有限公司党支部
区公安分局国内安全保卫大队党支部
区公安分局治安科党支部
区公安分局治安防范人口管理科（大队）党支部
区公安分局治安大队党支部
区公安分局簇锦派出所党支部
新希望集团有限公司机关党支部

2011年度武侯区统筹城乡发展工作先进单位

武委发〔2012〕35号

区发改局
区教育局
区民政局
区司法局
区财政局
区人社局
区房管局
区城管局
区统筹局
区文体旅游局
区卫生局
区审计局
区行政审批局
武侯新城管委会
区公安分局
武侯国土分局
红牌楼街道
机投桥街道
华兴街道
簇桥街道
金花桥街道

2011年国家卫生城市复审工作先进集体

成武府发〔2012〕21号

区目督办
区教育局
区民政局
区财政局
区建设局
区城管局
区交通局
区商务局

区文体旅游局
区卫生局
区机关事务管理局
武侯工商局
武侯食药监局
望江路街道办事处
火车南站街道办事处
跳伞塔街道办事处
玉林街道办事处
双楠街道办事处
华兴街道办事处
四川省交通厅招待所
西南民族大学
成都武侯祠博物馆
四川省交通厅公路规划勘察设计研究院
望江路街道郭家桥社区居委会
望江路街道新生路社区居委会
望江路街道共和路社区居委会
望江路街道老马路社区居委会
火车南站街道高攀桥社区居委会
成都市锦官新城小学
火车南站街道得胜社区居委会
四川省肿瘤医院
跳伞塔街道旅游村社区居委会
跳伞塔街道棕楠社区居委会
中国民航局第二研究所
西南技术物理研究所
玉林街道玉林东路社区居委会
玉林街道倪家桥社区居委会
玉林街道黉门街社区居委会
总装后勤部西北办事处成都供应站
双楠街道碧云路社区居委会
双楠街道楠欣社区居委会
成都市人民检察院
四川省水土保持局
成都市滕王阁物业鹭岛国际社区
四川省川威物业服务有限公司
成都市天洁清洁服务有限公司
晋阳社区卫生服务中心
机投桥社区卫生服务中心
成都市机投小学校
簇锦街道永兴社区居委会
簇锦社区卫生服务中心
成都市太平园家私广场管理有限公司
簇桥街道双凤村村民委员会
簇桥街道龙锦社区居委会
金花桥街道金花桥社区居委会
金花桥社区卫生服务中心

2012 年度武侯区征兵工作先进单位

成武府发〔2013〕6 号

火南街道办事处
晋阳街道办事处
簇桥街道办事处
华兴街道办事处
跳伞塔街道办事处
望江路街道办事处
区教育局
区监察局
区民政局
区新闻中心
四川大学
四川音乐学院
区公安分局
成都体育学院

武侯区政务服务机构

机构类别	服务机构名称	地址	联系电话
区级政务服务机构	武侯区人民政府政务服务中心	置信北街 3 号	85058111
街道政务服务机构	浆洗街街道社会事务服务中心	洗面桥巷 25 号	85597749
	望江路街道社会事务服务中心	郭家桥南街 5 号	85258121
	火车南站街道社会事务服务中心	长寿西路 2 号	85227152
	跳伞塔街道社会事务服务中心	锦绣路 8 号	85259710
	玉林街道社会事务服务中心	玉林中路 11 号	85566207
	双楠街道社会事务服务中心	置信南街 133 号	82950007
	红牌楼街道社会事务服务中心	佳灵路 4 号	85097786
	晋阳街道社会事务服务中心	晋阳路 366 号	87449963
	机投桥街道社会事务服务中心	草金东路 48 号	87483596
	簇锦街道社会事务服务中心	簇桥中街 123 号	85038918
	华兴街道社会事务服务中心	南桥二路 97 号	68812878
	簇桥街道社会事务服务中心	福锦路二段 237 号	85012303
	金花桥街道社会事务服务中心	金花街 24 号	85365578

续表

机构类别	服务机构名称	地址	联系电话
部门政务服务机构	区国税局申报大厅	武科东路 17 号 1 楼	85371825
	区地税局服务大厅	二环路南四段 39 号	85082696
	区法院立案厅	高升桥东路区法院立案大厅	85118120
	区婚姻登记处	武侯大道双楠段 20 号	85093537
	区司法局公证处	高升桥东路 16 号 1 楼	85070148
	区林业服务中心	八益装饰材料城 D 区	85089428
	区疾控中心	广福桥街 6 号	85061208
	区档案馆	高升桥东路 16 号 12 楼	85094773
	武侯国土分局办证大厅	一环路南三段祥和巷 6 号	85143570
	区公安分局办证中心	高升桥东路 8 号附 8 号	86406622
	区人才交流中心	高升桥东路 16 号 13 楼	85535642
	区社保就业大厅	置信北街 3 号	85062494
	武侯新城政务服务分中心	武兴五路 28 号 4 号楼 1 楼大厅	

武侯区辖区内学校

部分幼儿园

幼儿园名称	学校地址	占地面积（平方米）	在校教师数	班数	在校学生数	幼儿园特色
成都军区空军直属机关幼儿园	新南路 87 号	4575	61	12	400	省示范幼儿园
成都市第十幼儿园	广厦街 115 号	3660	50	12	396	省示范幼儿园
四川省机关直属实验婴儿园	胜利新村 11 号	11629	108	21	747	省示范幼儿园
四川大学第一幼儿园	望江路 29 号	8030	86	17	745	市示范幼儿园
四川大学第二幼儿园	一环路南一段 24 号	6416	92	17	597	市示范幼儿园
四川省军区机关幼儿园	一环路南二段 11 号	4336	64	11	370	市示范幼儿园
成都市武侯区科分院实验幼儿园	人民南路四段 9 号	6194	50	10	360	市一级一等园
金苹果锦官新城全程幼儿园	新希望路 12 号	2255	78	8	250	市一级一等园
四川大学华西幼儿园	大学路 12 号	6330	66	14	513	市一级一等园
成都军区空军机关第二幼儿园	武侯祠大街 87 号	3230	29	7	254	市一级二等园
成都市第十一幼儿园	新光路 5 号附 1 号	2338	41	7	232	市一级二等园
成都市武侯区罗浮世家科技实验幼儿园	高升桥南街 4 号	4500	30	7	240	市一级二等园
成都市玉林实验幼儿园	玉林西街 14 号	3700	54	12	442	市一级二等园
成都幼师实验幼儿园	致民东路 16 号	1066	64	10	284	市一级二等园
西南民族大学幼儿园	一环路南四段 16 号	2562	41	10	346	市一级二等园
成都市武侯区金苹果龙湾半岛幼稚园	龙腾中路 8 号	6660	115	14	418	市二级园
成都爱萌幼稚园	玉林东路北巷 10 号	2743	39	9	298	市二级园
成都飞机设计研究所幼儿园	武侯祠大街 89 号	2900	31	7	170	市二级园
成都海蓉特种纺织品有限公司幼儿园	郭家桥南街 4 号院	3136	35	10	369	市二级园

续表

幼儿园名称	学校地址	占地面积（平方米）	在校教师数	班数	在校学生数	幼儿园特色
成都市武侯芳草地幼儿园	蓓蕾路 47 号	2448	41	6	167	市二级园
成都市武侯区簇桥中心幼儿园	簇锦南路 96 号	1715	42	12	447	市二级园
成都市武侯区金童幼儿园	双安西巷 2 号	4100	44	11	370	市二级园
成都市武侯区英艺东区幼儿园	玉林二巷 4 号	1240	26	6	205	市二级园
成都市武侯区中央花园幼儿园	沙堰西二街 20 号	3400	39	9	310	市二级园
民革成都市联谊幼儿园	红牌楼北街 10 号	1731	35	8	280	市二级园
中国人民解放军五七〇一工厂幼儿园	外南太平园西路 276 号	3675	31	7	255	市二级园
成都市武侯区爱尔坊鹭岛国际社区幼儿园	龙华南路 129 号	2650	51	9	237	市二级园
成都市武侯区辛迪家幼儿园	龙安街 6 号	3351	58	11	302	市二级园
四川省农业厅机关幼儿园	武侯祠大街 4 号	1489	13	4	114	市二级园
四川音乐学院幼儿园	新生路 6 号	3900	70	10	302	市二级园
成都市武侯区小陶子幼儿园	机投桥半边街社区九金路	5229	19	6	179	市二级园
成都市第二十幼儿园	沙堰西二街 288 号附 1 号	3592	14	3	82	市二级园
成都市联谊幼儿园广厦园	晋吉南路 287 号	980	20	4	130	市三级园
成都市武侯区彩虹幼稚园	人民南路四段长寿路 11 号	1800	31	7	192	市三级园
成都市武侯区簇桥金太阳幼儿园	龙井路四段西街 64 号	6660	58	14	400	市三级园
成都市武侯区英艺幼儿园	玉林南路 13 号	600	33	6	180	市三级园
成都铁路通信设备工厂幼儿园	草金东路 1 号	1200	17	5	165	市二级园
四川东华机械厂幼儿园	九如村 1 号	1354	24	5	223	市二级园

小学

学校性质	学校全称	占地面积（平方米）	学校地址	教职工数	班数	在校生数	备 注
公办	成都市红专西路小学	4355	黉门街 25 号	46	17	689	
	成都市武侯计算机实验小学	9663	金陵横街 80 ~ 81 号	63	25	1103	
	成都市玉林小学	10581	玉林中横巷 1 号	71	25	1089	
	成都市龙江路小学	9963	临江中路 8 号	118	33	1404	
	成都市华西小学	5550	胜利村 111 号	47	16	698	
	成都市新生路小学	6817	新生路 50 号	44	22	843	
	四川大学附属实验小学校	17110	望江路 29 号	136	49	2180	
	四川大学附属实验小学分校	9619.61	大华街 4 号	61	26	1148	
	成都市棕北小学	10749	棕竹街 4 号	66	24	981	
	成都市龙江路小学分校	5885	武侯祠大街 250 号	73	24	1057	
	成都市锦里小学	6474	武侯祠大街 9 号	58	24	1009	
	成都市磨子桥小学	4801	一环路南二段 14 号	64	25	1016	
	成都市磨子桥小学分校	11733	吉福南路 88 号	84	38	1923	
	成都市科华中路小学	10000	长寿路 2 号	65	24	1045	

续表

学校性质	学校全称	占地面积（平方米）	学校地址	教职工数	班数	在校生数	备 注
公办	成都市桐梓林小学	7150	桐梓林中路 2 号	48	17	678	
	成都市武侯实验小学	8325	少陵路 16 号	69	30	1290	
	成都石室双楠实验学校	21480	双楠街 78 号	70	32	1515	九年一贯制
	成都市晋阳小学	11426.72	晋阳路 383 号	90	39	2014	
	成都市红牌楼小学校	13066	高升桥东路 15 号	60	24	1016	
	成都市太平小学校	6531	盛世路 66 号	60	24	1196	
	成都市太平寺西区小学	12587	沈家桥村七组	55	27	1260	
	四川大学附属实验小学清水河分校	8371	龙腾中路 16 号	52	23	1042	
	成都市棕北中学西区实验学校	21847	逸都路 3 号	44	21	972	九年一贯制
	成都市簇桥小学校	20918	簇锦南路 94 号	96	36	1708	
	成都市武侯实验中学附属小学	15984	新苗村	58	26	1316	九年一贯制
	成都市马家河小学校	13350	李家祠金航路南段	72	33	1635	
	成都市三河小学校	4200	华兴三河村七组	26	12	583	
	成都市华兴小学	13349.02	华兴南桥村六组	46	22	1044	
	成都市百草园小学校	11860	簇锦高碑村二组	38	15	726	
	成都市科技园小学	18327	武青东五路	58	27	1317	
	成都市武顺街小学	13285	簇锦铁佛村四组	54	25	1229	
	四川大学附属实验小学江安河分校	23998	金花桥街 90 号	116	50	2554	
	成都市金兴北路小学	13766	金兴北路	58	28	1323	
	成都市机投小学	17316	万寿路 24 号	63	26	1184	
	成都市行知实验学校	15057	机投桥半边街村	73	33	1677	
	成都市龙祥路小学	13211	龙祥路	33	16	720	
	龙小新城分校	10100	智达二路 687 号	25	2	47	
	武侯区特殊教育学校	2318	金雁路 175 号	22	5	56	九年一贯制
	四川省运动技术学院附属学校		外南太平寺路 8 号				九年一贯制

中学

学校性质	学校全称	占地面积（平方米）	学校地址	教职工数	班数	在校学生总数
公办	四川省成都市武侯高级中学	106672	文盛路 1 号	167	69	2484
	四川省成都市第十二中学（望江校区）	42193	太平南新街 68 号	195	58	3186
	四川省成都市第十二中学（科华校区）	27348	航空路 16 号	110	42	1892
	四川省成都市西北中学（南区）	31088.2	建国巷 1 号	110	27	1570
	成都市礼仪职业中学	72229	黉门后街 1 号	241	74	3681
	成都市棕北中学西区实验学校	21847	逸霞街	76	25	1137
	武侯实验中学	54000	新苗东街 5 号	215	62	3402
	棕北中学（科院校区）	13853	科院街 10 号	102	33	1673

续表

学校性质	学校全称	占地面积（平方米）	学校地址	教职工数	班数	在校学生总数
公办	成都市石室锦城外国语学校	18185	小天竺街 103 号	115	30	1202
	四川省成都市西北中学（北区）	11998.8	人民中路 107 号	87	24	901
	成都市石室双楠实验学校	19980	双楠路 3 号	115	24	1160
	成都市第四十三中学校	15318	董家湾北街 10 号	80	7	1212
	棕北中学（桐梓林校区）	11332	桐梓林南路 10 号	81	9	383
	成都市金花中学	14300	金航路 1 号	82	27	1285
	成都市机投中学	17369	机投正街 86 号	87	28	1236
	成都市武侯区特殊教育学校	2318	金雁路 175 号	20	3	18
民办	成都市华艺外国语学校	11000	太平寺三河村十一组	51	6	186
	成都春晖学校	18676	草金东路 22 号	123	15	656
	成都机投实验学校	26500	机九路	142	23	1029
	成都市石室佳兴外国语学校	27413	金星南路 16 号	105	14	568
	成都市武侯外国语学校	80040	金川路 112 号	210	21	650
	成都市凉水井实验学校	9857	金花桥凉水井村九组	65	6	281
	成都市 57 实验学校	12060	外南太平园路 156 号	122	38	1505
	成都市金花金兴南路学校	7000	金兴南路 98 号	142	13	534
	成都金花实验学校	18000	鞋都南二路三段	59	6	238
	成都市武侯区启明学校	19980	金花桥马家河村三组	72	9	435
	成都市武侯区星光学校	13400	龙井东街	54	9	275
	成都市明成学校	23000	金花桥陆坝村七组	60	13	573
	成都市武侯区金辉实验学校	7200	金花桥凉水井村二组	32	6	138
	成都市七中实验学校	21120	光华大道三段 281 号	176	54	2285
	成都市金花光明学校	16708	七里大道 232 号	133	21	882

大中专院校

学校名称	学校地址	电话
四川大学华西校区	人民南路三段 17 号	85401720
四川大学望江校区	一环路南一段 24 号	85401100
四川音乐学院	新生路 6 号	85430743
西南民族大学（本部）	一环路南四段 16 号	85522012
西南民族大学（太平园校区）	外南太平园路 1 号	86380999
成都体育学院	一环路西一段 19 号	85093656
四川省运动技术学院	一环路南三段 16 号	85184744
四川省运动技术学院（太平寺校区）	太平寺路 9 号	85110666
四川教育学院	人民南路三段 24 号	85577280
西华大学人民南路校区	人民南路三段 37 号	85492000

续表

学校名称	学校地址	电话
成都航空职业技术学院武侯校区	二环路一段 20 号	88439363
四川省财政学院	人民南路四段 12 号	85569171
成都大学学前教育学院（原成都幼儿师范学校）	致民东路 16 号	89852210
成都市无线电工业学校	一环路西一段 34 号	85069104
四川省生殖卫生学院	人民南路四段 15 号	85224762
四川省经济贸易学校	武侯祠横街 16 号	85587284
四川省公路职业技术学校	佳灵路 8 号	85098466
四川省交通运输学校	太平园	85014223
四川艺术职业学院艺术学校校区	新生路 5 号	85433738
四川艺术职业学院（中专部）	太平园路 1 号	66875622
四川音乐学院附属中等艺术学校	新生路 6 号	85430302
四川省体育运动学校	太平寺路 5 号	85184977
成都体院附属中等体育运动学校	一环路西一段 61 号	85090713
成都体院附属竞技体育学校	体育路 2 号	85547255
四川省交通管理学校	佳灵路 22 号	85073831
四川农业广播电视学校	武侯祠大街 4 号	85505350
四川省旅游学校	火车南站西路 20 号	85185541
四川省农行培训学校	簇桥铁佛村五组	85011309

武侯区辖区内医疗机构

医疗机构	地址	医院等级	实有床位（张）	经济类型	电话
四川大学华西医院	国学巷 37 号	三甲	4255	国有	85422114
四川省肿瘤医院（四川省第二人民医院）	人民南路四段 55 号	三甲	1185	国有	85420305
四川大学华西第二医院	人民南路三段 20 号	三甲	601	国有	85568677
四川省骨科医院	一环路西一段 132 号	三甲	600	国有	87015226
四川大学华西口腔医院	人民南路三段 14 号	三甲	204	国有	85501437
三六三医院	倒桑树街 108 号	三乙	675	国有	85546363
成都市第七人民医院	致民路十二中街 1 号	三乙	502	国有	85431030
四川省中西医结合医院	人民南路四段 51 号	三乙	380	国有	85229011
西藏自治区人民政府驻成都办事处医院	洗面桥横街 20 号	二甲	472	国有	85558071
四川省红十字肿瘤医院	燃灯寺 8 号	二甲	420	私有	85238598
成都市武侯区人民医院 / 成都市武侯区妇幼保健院	广福桥街 16 号	二甲	343	国有	85070922
武警成都医院	浆洗街 5 号附 2 号	二甲	300	武警	86308531
四川大学华西第四医院	人民南路四段 18 号	二甲	283	国有	85501110
四川奥斯迪康骨医院	二环路西一段 106 号	二甲	161	股份制	87056988

续表

医疗机构	地　址	医院等级	实有床位（张）	经济类型	电话
成都现代医院	长益路 4 号	二甲	130	股份制	85074038
成都市武侯区第三人民医院	簇桥龙井中路 109 号	二乙	200	股份制	85026819
成都市武侯区第五人民医院 / 成都市武侯区精神病医院	金花桥	二乙	190	股份制	85361895
四川何氏骨科医院	人民南路四段 32 号	二乙	150	私有	85581887
成都中医药大学第二附属医院	人民南路四段 17 号		30	国有	85229280
成都棕南妇科医院	二环路南二段 19 号		39	股份制	82909120
四川省交通厅公路局成都医院	洗面桥横街 30 号		60	股份制	85530356
成都市武侯第二人民医院	武侯大道双楠段 20 号		49	国有	85054738
科学园医院	人民南路四段 9 号		50	股份制	85228820
四川大学望江医院	一环路南一段 24 号		64	国有	85463302
四川大学华西保健医院	人民南路三段 17 号		65	国有	85501180
西南民族大学校医院	一环路南四段 16 号		37	国有	85522302
成都铁路通信设备厂职工医院	草金东路 1 号		43	股份制	87438876
成都体育学院附属体育医院	武侯祠大街 251 号		120	国有	85096304
成都金桥医院	浆洗街 27 号附 15 号		30	股份制	85035162—8042
四川西婵整形美容医院	新南路新 83 号		28	股份制	85482277
四川华美紫馨整形美容医院	二环路南三段 7 号		30	私有	87015522
成都维多利亚女子医院	一环路南一段 27 号		50	私有	68666666
成都天大不孕不育医院	一环路南三段 57 号		50	私有	85570018
成都康桥眼科医院	洗面桥街 5 号		80	股份制	85540246
成都东大肛肠医院	科华北路 1 号		85	私有	68626038
阳光妇科医院	双楠永顺路 36 号		50	股份制	85585238
成都武侯新纪元医院	簇锦聚龙路 166 号		22	私有	13541204915
成都民生医院	新南路 40 号		20	私有	86310909
成都李顺强泌尿外科医院	红瓦寺街 9 号		20	私有	85227222
成都润禾皮肤病专科医院	科华北路 32 号		100	私有	85230798
成都博大泌尿外科医院	逸都路 1 号附 16 号		20	股份制	82838888
成都康华医院	晋阳沙堰西一街 23 号		50	股份制	87433881
成都惠之民医院	科华南路 1 号附 30 号		30	股份制	68187255
四川省成都戒毒康复中心附属医院	西南航空港开发区学府路二段 1 号		30	国有	85968855
成都白癜风医院	簧门街 79 号		30	私有	81999996
成都康福医院	二环路西一段 15 号		60	股份制	85063722
成都 5701 厂医院	簇桥		100	非营利性	85200386
成都爱尔眼科医院	大石西路口		80	私有	87010707
成都安琪尔妇产医院	高攀路 3 号		48	私有	13982282517

续表

医疗机构	地　址	医院等级	实有床位（张）	经济类型	电话
成都博润白癜风医院	红牌楼佳灵路6号		80	其他内资	88199999
成都九星医院	武侯大道双楠段209号B座		100	其他内资	13880217122
成都凯尔健康体检医院	二环路南四段6号川航佳园1号楼		20	私有	85065959
成都美容整形医院	武侯大道双楠段94号		20	其他内资	13981922160
成都武侯西南医院	机投桥永康路365号		28	私有	85083070
成都中华园整形美容医院	新光路3号		18	私有	85157459
四川汉密尔顿美容医院	桐梓林北路6号		20	股份合作	86060885
武侯福兴医院	金花桥凉水井村四组凉港二路		5	股份合作	15608051792
四川德森肾脏病医院	武阳大道一段299号		95	私有	13880516409
成都双楠医院	红牌楼路399号		339	私有	15982421185
武侯慈爱风湿病医院	洗面桥街17号		60	私有	18980620937
成都华西牙种植医院	小天竺街75号			国有	85569628
利康医院	簧门后街1号			股份制	85539820
成都爱康国宾体检医院	二环路西一段置信路1号附2号			私有	87036996
成都美年体检医院	浆洗街27号天亿大厦			私有	85551212
成都市武侯区疾病预防控制中心	广福桥街6号			国有	85072206
成都市武侯区卫生执法监督大队	广福桥街6号附8号			国有	8008862353
成都市血液中心	人民南路玉洁街3号			国有	86670028
成都市疾病预防控制中心	龙祥路4号			国有	85580303
四川省疾病预防控制中心	中学路6号			国有	85586035
四川省卫生执法监督总队	大学路10号			国有	68005811

武侯区社区卫生服务机构

	机构名称	地址	联系电话
社区卫生服务中心	浆洗街社区卫生服务中心	武侯祠大街181号	85509487
	望江路社区卫生服务中心	致民东路8号	85434379
	火车南站社区卫生服务中心	长寿西路2号	85255884
	跳伞塔社区卫生服务中心	林荫街19号	85445316
	玉林社区卫生服务中心	电信南街1号附2号	85586182
	双楠社区卫生服务中心	双元街107号附5号	85074099
	红牌楼社区卫生服务中心	董家湾北街7号	65556201
	晋阳社区卫生服务中心	吉福北路33号	87439722
	机投桥社区卫生服务中心	机投东街9号	87487776
	簇锦社区卫生服务中心	福锦路一段165号	85010167
	簇桥华兴社区卫生服务中心	簇锦南路40号	85019571
	金花桥社区卫生服务中心	金凤街2号	85364381
社区卫生服务站	望江路郭家桥社区卫生服务站	郭家桥正街10号	85214805
	跳伞塔棕北社区卫生服务站	锦绣街8号	85260195
	玉林北路社区卫生服务站	玉林中路7号	85554767
	红牌楼龙爪社区卫生服务站	双安北巷3号	87037076

续表

	机构名称	地址	联系电话
社区卫生服务站	机投桥潮音社区卫生服务站	武科东四路 16 号	87487758
	机投桥果堰社区卫生服务站	机投果堰村十组	87492977
	机投桥半边街社区卫生服务站	九金街 58 号	87480078
	簇锦团结社区卫生服务站	武兴街 44~48 号	85362275
	簇桥武新社区卫生服务站	武青西四路 110 号附 6 号	85216771
	簇桥三河社区卫生服务站	武侯大道三河段 43 号	85030755
	簇桥双凤社区卫生服务站	双凤村三组	85367926
	簇桥七里社区卫生服务站	金兴南路 223 号	85362248
	金花桥陆坝社区卫生服务站	金花桥陆坝村一组草金路旁	85372184
	金花桥江安河社区卫生服务站	金江路 13 号（映月花园）对面	85372343
	金花桥新苗社区卫生服务站	金花桥新苗街 6 号附 40 号	85030355
	金花桥马家河社区卫生服务站	金花桥簇马路二段 9 号	85035955
	金花桥凉水井社区卫生服务站	凉港路三段凉水井村四组	85040764
	金花桥花龙门社区卫生服务站	金花桥花龙门村二组	87480895

武侯区辖区内主要科研单位

科研单位	地址	联系电话
中国科学院成都分院	一环路南二段 16 号	85223696
成都飞机设计研究所	武侯祠大街 89 号	85509211
中国成达工程有限公司	人民南路四段 28 号	85582133
核工业西南物理研究研	二环路南三段 3 号	82850209
西南技术物理研究所	人民南路四段 7 号	85220167
四川省公路设计院	武侯祠大街 180 号	85572315
四川省机械研究设计院	人民南路三段 30 号	85569061
四川冶金设计研究院	人民南路四段 20 号	85589376
四川省化学工业设计研究院	武侯祠大街 30 号	85542863
农业部成都沼气研究所	人民南路四段 13 号	85553756
四川省电子计算机应用研究中心	人民南路四段 11 号附 1 号	85220666
中蓝晨光化工研究院	人民南路四段 30 号	85581710
中国核动力研究设计院	一环路南三段 28 号	85319907
地质科学院成都矿产综合利用研究所	二环路南三段 5 号	85592163
四川省环境保护科学研究院	人民南路四段 18 号	85552447
四川省中医药研究院	人民南路四段 51 号	85224425
四川省自然资源研究所	一环路南二段 24 号	68107809
四川省轻工情报研究所	林荫街 21 号	85434661

武侯区辖区内主要餐饮企业

（按拼音排序）

名 称	地 址	电 话
阿汤厨房	科华北路 60 号附 30 号	85255059
巴国布衣	广福桥北街 8 号	85059888

续表

名　称	地　址	电　话
巴蜀老家	林荫中街6号	85450867
宝笙莲华	太平园横街572号、574号	85096281
卞氏菜根香	航空路7号华尔兹广场2楼	85226767
半山餐吧（锦绣店）	桐梓林东路8号	82935588
柴门河鲜馆航空店	航空路6号	85231222
陈连锅	科华北路24号	85236577
成都柴门公馆	桐梓林东路10号锦绣花园	85159911
成都陈麻婆豆腐科华店	科华北路81号	88179857
成都红烧鹅酒楼	临江中路6号	85443322
成都两路口火锅	玉林中路29号	85561337
成都梅龙世家	锦绣路34号	85574411
成都樵斗火锅	科院街5号	85210521
翅味鲜	锦绣路44号 科华北路143号蓝色加勒比广场129号 大学路18号 一环路南一段12号附1号	85257936 65651518 65651529 85121765
川倒拐耗儿鱼	置信北街8号附1号	65921832
春天印象烤鸭店	少陵东街27号	66578855
柴炉火锅	少陵路54号	87703666
翠园酒楼	航空路3号	85353222
大海湾酒楼	人民南路三段29号附1号	85454336
大妙火锅赤壁店	武侯祠大街235号锦里二期乌衣巷13号	85591111
大妙火锅概念店	小天东街5号	65695888
德克士	双楠路279号	85088258
大统宾馆家宴馆	新南路40号	85443568
戴鸭子	成双大道543号	85012025
邓毛肚火锅	双楠街208号	82950562
杜鹃庄园	金花川西营村	87485838
非常泰泰国风味餐	临江中路6号	85454530
丰涛黄喉火锅	广福桥街4号附1号	85061555
府河人家	双楠路5号附1号	82913589
芙蓉风情酒楼	高攀路20号附1号	85238988
芙蓉馔	桐梓林东路1号	85138666
福乐永和豆浆总店	科华北路46号	85218712
福润德餐厅	棕南东街4号	85238529
港九茶餐厅	科华北路62号	66853731
高丽轩	科华北路60号2楼	85258992
公馆菜明月楼	科华北路121号	85231391
呱呱火锅	广福桥街5号	85062555
官府家常菜	置信路2号附10号	66035669
锅锅香	科华北路60号附24～26号	85232085

续表

名 称	地 址	电 话
海景鲜	置信路 2 号附 16 号	87039505
豪客莱	高升桥东路 2 ~ 6 号	85109369
禾风料理	人民南路 20 号附 6 号	85570202
红鼎坊火锅大酒楼	新南路 75 号附 7 号	85445588
红高粱海鲜酒楼	人民南路四段 58 号	85160031
欢天寨	双元街 6 号	87027111
黄桷树渔庄	云影路 1 号附 19 号	87050686
汇川鱼馆	科华巷 3 号	85229912
吉品堂	人民南路四段 22 号	85596868
江尚渔夫	高升桥东路 30 号附 14 号	85065722
金汉斯	二环路西一段 90	85262726
京港肥牛	二环路西一段 84 号	66110003
金龙渔港	双楠路 9 号	85088509
金燕川菜馆	双楠街 205 号	82913067
锦翠花园酒楼	新希望路 12 号	85246888
锦记爬爬虾	科华北路 8 号附 10 号	89965979
锦上酒楼	十二北街 18 号附 3 号	85440101
锦水芙蓉家宴馆	科华北路 64 号附 1 号	85222188
锦水苑川菜馆	新希望路 1 号	85251777
锦文酒楼	龙江路 19 号附 27 号	66572288
锦宴酒家	武科东一路 16 号附 14 号	61510389
九品风山珍酒楼	科华中路 11 号	85212323
九转鱼头火锅	龙腾中路 1 号附 14 号	66085588
聚缘家味馆	科华北路 36 号附 1 号	85355829
聚竹园河鲜	金花永康森林公园内	85360237
江安府邸	马家河村五组	85015511
净和酒楼	晋阳路 269 号	87446269
卡萨米亚意大利餐厅	盛隆街 5 号附 3 ~ 4 号	85214100
凯宴美湖	火车南站西路 19 号	66508888
科华廊桥	磨子桥街 7 号	85214999
肯德基	高升桥东路 2 ~ 6 号	85108569
老厨子酒楼	致民路 54 号	85435999
老容客	菊乐路 18 号	87038848
老书虫咖啡	人民南路四段 28 号	85520177
老土鸭	双安北巷 1 号附 5 号	13558615019
李庄白肉	高升桥东路 30 号附 6 号	65876363
老码头火锅店	双楠路 9 号附 1 号	87442156
良木缘咖啡	科华北路 16 号	85133890
	桐梓林北路 16 号附 2 号 16	85121131
	科华北路 43 号蓝色加勒比广场	86384700

续表

名称	地址	电话
廖老四鲜鹅肠	高升桥东路30号附16号	85064298
骊宴会馆	高攀东路6号	85024508
米兰咖啡	航空路10号	85249889
麦当劳科华餐厅	科华北路58号附8号	85221718
猫头鹰餐厅	科华北路62号	62818877
名轩楼	人民南路四段51号新1号	85579526
美力国际	人民南路路四段58号	85130888
美鱼馆	高升桥东路2号	85108231-806
迷尚澳门豆捞	锦绣路34号	65663799
明湖春	科华北路56号	85243818
明湖春酒楼	科华北路56号	85243818
楠轩阁	少陵路62号	87036767
牛稼庄	科华北路50号	85211279
聂三耳鹅肠火锅店	凉水井村二组	13688084909
欧洲房子	科华北路60号2楼	85356672
朋辈餐	红牌楼北街30号附8号	85071089
品味烤鹅	二环路南四段42号附1号	85090683
鳍合轩	桐梓林北路6号	85185070
千禧苑	少陵东街28号	87015107
琴妹火锅	广福桥街8号附1号	66562925
青三椒	高升桥东路30号附3号	85051877
钦善斋	武侯祠大街245号	85098875
群益亚中餐馆	一环路南二段9号附2号	85439987
仁宇品菜馆	人民南路四段30号	85571717
如轩海鲜粥城	科华北路30号	85239798
榕树林休闲庄	马家河村七组	85036824
少坤食府	黉门街6号铜锣湾广场A座主楼2层	66185990
圣露鲍鱼	云影路1号附17～18号	87059666
适味轩家宴馆	新南路40号	86310818
首席内阁	太平园东三区77号	61812222
上道西城首座酒楼	武青北路76号	87087666
蜀辣居火锅	潮音大道63号 簇锦横街龙井综合大楼1楼	68105768 85020238
蜀豪火锅	锦绣路34号	85354949
蜀九香	双楠少陵路431号 玉林倪家桥路11号附2号 玉林南街12号附3号	85082969 85562588-607 85570362
蜀蓉桥头火锅	武侯大道顺江段27号	66923888
蜀香门第酒楼	电信南街10号	85422991
蜀一蜀二	林荫中街8号	85451018
顺风肥牛火锅	二环路西一段106号	87032181

续表

名 称	地 址	电 话
顺路轩	大石南路 188 号	87035933
松露会所	桐梓林路 4 号	85149100
台湾 101 牛排馆	少陵路 459 号附 23 号	82839281
泰国鱼翅馆	盛隆街 10 号	85220393
泰和苑	簇桥上街 22 号	85012378
铁在烧	航空路 6 号	85241686
谭鱼头火锅	人民南路四段 49 号	85222266
天香仁和酒楼	桐梓林东路 16 号	85189000
天艺村	武侯大道三河段 20 号	85012279
田园小炒	高升桥东路 28 号附 7 号	85082476
土巴碗	双元街 199 号 双楠街 127 号	87039868 82913288
万里号大饭店	浆洗街 29 号	85555866
王鸡婆秘制山药鸡	武科东一路 16 号附 2 号	85003371
味漫江湖	科华南路 1-1 号	85213718
味美轩	双楠路 223 号	85077777
吴铭火锅	人民南路四段 17 号附 35 号 新南路 4 号	85223082 85432616
五桂饭店	成双大道 458 号	85032966
五通桥黄辣丁	高升桥东路 28 号附 2 号	85073318
武侯首席	武侯祠大街 235 号锦里二期乌衣巷 11 号	85536666
武陵山珍	置信北街 1 号附 39 号 广福桥北街 8 号附 39 ～ 40 号	87026503 85087669
喜宴会所	长寿路 12 号附 5 号	86662555
虾佬鲍鱼圣汤火锅人民南路店	人民南路四段 48 号首座大道	62938908
新濠威斯汀自助餐	桐梓林东路 9 号	85163535
暹罗鱼翅馆	盛隆街 10 号	85220393
乡村基	一环路南三段 22 号 2F-C 座 一环路南一段 9 号附 19 号 一环路南四段 34 号	85583920 85453780 85533585
乡村家常菜	高升桥东路 30 号附 9 号	85050448
小尖椒	广福桥北街 6 号附 11 ～ 13 号	4006-177-177
雅风阁	人民南路三段 24 号	85532388
夜宴	航空路 7 号	85151010
银沙滩	桐梓林东路 14 号	85183189
一点味餐厅	盛隆街 5 号 科华北路 68 号附 6 号 龙江路 75 号附 19 号 一环路南一段 12 号	85229486 85237672 85433156 85260500
银滩鲍鱼火锅	新希望路 2 号	85218821

续表

名 称	地 址	电 话
银杏川菜	临江中路 12 号	85441695
银杏南亭	人民南路四段 19 号	86116888
印度菜菜	科华北路 60 号附 9 ~ 12 号	85210318
雨花西餐厅	科华北路 62 号	62818633
玉林串串香	玉林街 26 号附 23 号 科华街 2 号 菊乐路 21 号 红瓦寺街 9 号附 2-3 号	85554035 85460385 85087368 66250290
御翠草堂	金花永康森林公园内	85361613
御炉香	少陵路 54 号	87703666
袁记串串香	科华北路 8 号附 9 号 南台路 8 号	80692868 85441768
杨记吴铭火锅	武青北路 76 号	87087666
灶王酒楼	人民南路四段 11 号	85251188
赵老四火锅	二环路南四段 42 号附 22 号	80308088
中国会所	火车南站西路 8 号	85141638
梓楠餐厅	桐梓林南路 8 号	85929077
重庆巴爷鸡煲	高升桥东路 30 号附 18 号	85061255
重庆老鬼火锅	科华北路 54 号	66717558
重庆老知青火锅	红牌楼北街 30 号附 1 号	85088108
重庆武陵山珍	少陵路 56 号	18623418138
滋滋烤鱼	广福路 5 号附 71 号	85085950
周泥鳅	双元街 6 号附 1 号	87012282
转转磨	科院街 1 号附 7 号	61512236
祖母炖品	广福桥北街 8 号附 20 ~ 21 号	88004778
醉芙蓉	林荫中街 8 号	85431568

武侯区辖区内主要金融保险机构

机构名称	地 址	电 话
中国人民银行成都分行	二环路南二段 15 号	85214509
中国人民银行成都分行营业部	人民南路四段 23 号	85218187
中国工商银行百锦支行	百锦路 268 号	85028506
中国工商银行大学路分理处	大学路 2 号	85449484
中国工商银行广福桥北街分理处	广福桥北街 6 号	85069757
中国工商银行华西医院分理处	黉门后街 1 号	85422085
中国工商银行红牌楼支行	佳灵路 53 号附 1 号	85067701
中国工商银行浆洗街支行	浆洗街 1 号	85565761
中国工商银行金兴支行	金兴南路 268 号	85361013
中国工商银行晋康街分理处	晋阳路 215 号附 9 ~ 12 号	87438053
中国工商银行晋阳路支行	晋阳路 128 号	87433471
中国工商银行科华南路支行	科华南路 3 号附 20 ~ 23 号	85226863
中国工商银行龙江路支行	龙江路 28 号附 3 ~ 5 号	85480322

续表

机构名称	地 址	电 话
中国工商银行龙腾西路支行	龙腾西路3号附37～38号	87062973
中国工商银行鹭岛支行	鹭岛路15、17、19号	87060355
中国工商银行倪家桥分理处	倪家桥路11号附5号	85554992
中国工商银行栖霞路分理处	栖霞路1号	87061428
中国工商银行双楠支行	双楠路9号	85077067
中国工商银行跳伞塔支行	人民南路四段22号	85551806
中国工商银行同辉分理处	逸都路5号	87020961
中国工商银行武侯祠支行	武侯祠大街232号	85563157
中国工商银行武侯大道分理处	武侯大道36号	85094008
中国工商银行武侯科技园支行	武侯科技园武科东二路11号附4号	85372363
中国工商银行武青北路分理处	武青北路8号	87480562
中国工商银行西部鞋都支行	川藏公路中国西部鞋都A区1层1009～1011号	85005029
中国工商银行一环路南三段分理处	一环路南三段28号	85903885
中国工商银行永盛南路分理处	永盛南路2号	85075348
中国工商银行置信路分理处	置信路8号附25～27号	87024558
中国工商银行航空路分理处	航空路6号附7号	65266783
中国工商银行高升桥分理处	高升桥街1号四川移动1楼营业厅内	85081092
中国工商银行簇桥支行	簇桥中街56～62号	85021175
中国工商银行培根路支行	望江路1号	85292242
中国工商银行东大支行	一环路南一段57号	85431092
中国工商银行华达支行	武侯祠大街266号	85547674
中国工商银行桐梓林北街支行	桐梓林北街10号附1号	85142113
中国工商银行桐梓林南街支行	桐梓林南路12号	85178809
中国工商银行棕北支行	科华北路58号附2号	85213037
中国工商银行长寿路分理处	长寿路4号附2～3号	85251179
中国工商银行九眼桥支行	科华路1号附7号川大花园南区底楼	85460498
中国工商银行四川大学支行	一环路南一段24号	85400673
中国工商银行洗面桥支行	小天二路18号	85565999
中国建设银行一支行倪家桥路储蓄所	倪家桥路6号	85578681
中国建设银行一支行新南路储蓄所	新南路82号四凯大厦底楼	85444267
中国建设银行一支行白云储蓄所	国学巷2号	85542770
中国建设银行高新支行簇桥储蓄所	簇锦北路57号	85012839
中国建设银行高新支行鹭岛国际社区分理处	鹭岛路1～3号	87060132
中国建设银行新华支行云影路储蓄所	云影路1号附21号	87039540
中国建设银行岷江支行致民路储蓄所	致民路50号	85433246
中国建设银行新华支行大华街储蓄所	大华街10号	87062513
中国建设银行七支行领事馆分理处	人民南路四段17号	85213589
中国建设银行七支行棕南小区储蓄所	盛隆街18号	85233425
中国建设银行七支行金象花园储蓄所	晨辉路1号	85951831
中国建设银行五支行广福路储蓄所	广福路5号	85065627
中国建设银行五支行高升东路储蓄所	高升桥东路22号	85083781
中国建设银行四支行玉林小区储蓄所	玉林东路6号	85546216

续表

机构名称	地　址	电　话
中国建设银行三支行双楠小区燃灯寺储蓄所	双楠小区燃灯寺路北街顺苑 C 座	85093931
中国建设银行三支行蓝天小区储蓄所	科华南路 1 号	85260129
中国建设银行二支行棕北小区储蓄所	锦绣路 42 号	85210149
中国建设银行一支行少陵路分理处	少陵路 19 号	85057130
中国建设银行锦城支行锦官新城分理处	新希望路 7 号附 7 ~ 8 号	85352316
中国建设银行七支行文化路分理处	四川大学体育馆	85412137
中国建设银行新华支行南郊公园分理处	武侯祠横街 1 号	85562446
中国建设银行新华支行罗浮世家分理处	高升桥北街 9 号	85090513
中国建设银行岷江支行桐梓林分理处专柜	桐梓林北街 12 号	85175982
中国建设银行成都市九支行	人民南路三段 17 号	85442271
中国建设银行九支行华西医大分理处专柜	国学巷 37 号	85423440
中国建设银行七支行磨子桥分理处	科华北路 2 号	85210619
中国建设银行南虹分理处专柜	人民南路三段 37 号	85445403
中国建设银行新华支行双楠路分理处	二环路西一段 90 号	
中国建设银行岷江支行西部鞋都分理处	川藏公路西部鞋都工业园第 F2 区 2 栋	85005392
中国建设银行高新支行储蓄专柜	一环路南四段 8 号附 2 号	85555604
中国建设银行三支行玉林储蓄所	一环路南三段 66 号	85170433
中国建设银行七支行人防储蓄所	永胜南街 5 号	85086282
中国建设银行八支行小天西街储蓄所	小天西街 152 号嘉豪公寓营业房 13 ~ 14 号	82277013
中国农业银行簇锦南路支行	簇锦南路 13 ~ 23 号	85013723
中国农业银行锦南支行	武侯祠大街 87 号	85590430
中国农业银行武侯支行营业部	武侯祠大街 265 号	85099144
中国农业银行新光路支行	桐梓林新光路 8 号新加坡花园	85139995
中国农业银行金地花园支行	少陵东路 1 号	87055259
中国农业银行置信路分理处	置信路 57 号附 50 号	87025106
中国农业银行太平寺支行	华兴太平寺南桥村	85011347
中国农业银行川大花园分理处	郭家桥西街川大花园 13 幢 A3 ~ A5	85408788
中国农业银行簇桥支行	百锦路易初小区 1 幢 1 楼 6 ~ 10 号	85011648
中国农业银行金花支行	金花村金花街 1 号	
中国农业银行桂溪支行	二环路南一段 11 号	85213494
中国农业银行科技园支行	武科东二路 11 号	85362356
中国农业银行新南支行	新南路 1 号	85437048
中国农业银行商鼎国际支行	人民南路四段 27 号	86029733
中国农业银行武侯祠东街分理处	武侯祠东街 2 号	85572265
中国农业银行玉林支行	一环路南三段 15 号	85569383
中国农业银行双楠支行	双楠路 289 号	85067621
中国农业银行长寿路分理处	长寿路 10 号	68021189
中国农业银行桐梓林支行	桐梓林路中华园 A 区 21 号	85133497
中国农业银行双丰西路支行	武侯大道双楠段 335 号	87437005
中国农业银行火车南站支行	火车南站西路 8 号	85185541
中国农业银行熊猫城支行	佳灵路 53 号	85091739
中国农业银行武城支行	一环路南二段 3 号附 9 号	85442076

续表

机构名称	地 址	电 话
中国农业银行碧云天支行	碧云路 1 号	85094240
中国农业银行小天竺支行	人民南路三段 6 号	85561870
中国农业银行大华路分理处	大华路 6 号附 1 ~ 2 号	87053756
中国银行小天北街分理处	小天北街 18 号小天丽苑 1 楼	86720847
中国银行新希望路分理处	新希望路 1 号附 4 号风格雅园 1 楼	85256031
中国银行棕南支行	科华北路 58 号	
中国银行风华苑分理处	新光路 7 号附 12 ~ 15 号风华苑二期 9 楼 3 号门	85159126
中国银行中科分理处	人民南路四段 9 号中国科学院成都分院院内 43 栋	
中国银行武侯支行	一环路南三段 45 号	
中国银行华西支行	一环路南三段 13 号华西宾馆 1 楼	
中国银行丽都支行	丽都路 3 号附 2 号	86403768
中国银行簇锦支行	百锦路 215 号、217 号	
中国银行碧云路分理处	碧云路 1 号附 52 号	
中国银行龙腾路分理处	龙腾中路 3 号附 1 ~ 2 号	
中国银行嘉瑞苑分理处	置信路嘉瑞苑二期 10 栋底楼	
中国银行罗浮分理处	高升桥南街 8 号附 32 ~ 34 号	85089487
中国银行逸都分理处	置信路 27 号	
中国银行晋阳分理处	晋阳路 269 号	
中国银行高升桥支行	一环路南四段武侯花园底楼	
中国银行双楠支行	双楠路 310 号	
中国银行大石东路支行	大石东路 58 号	
中国银行科华街分理处	科华街 2 号附 5 号	
中国银行火车南站支行	人民南路四段 51 号	
中国银行高新技术产业开发区支行	航空路 6 号附 4 ~ 5 号	
中国银行林荫街分理处	林荫街 17 号	85448052
中国银行南桥分理处	浆洗街 30 号附 1 号	
中国银行磨子桥支行	一环路南二段 1 号附 1 号	
交通银行小天支行	浆洗街 20 号附 8 号	85594530
交通银行华西支行	小天东街 5 号后街丽景 4 号楼底楼	85548877
交通银行簇桥支行	簇桥百锦路 270 号	85046542
交通银行广福支行	高升桥南街 8 号附 45 ~ 47 号	85075103
交通银行科分院支行	成都市一环路南二段 14 号	85219424
交通银行领事馆路支行	领事馆路 8 号附 2 号	85214366
交通银行曼哈顿支行	棕树南街新希望路 4 号	85351133
交通银行磨子桥支行	科华街 5 号	85461296
交通银行南二环路支行	二环路南三段 3 号	85544464
交通银行双楠支行	武侯大道双楠段 44 号乐居福园 1 楼	85053543
交通银行武侯大道支行	金兴南路 268 号	85366939
交通银行武侯支行	一环路西一段 8 号附 1 号	85056265
交通银行逸都支行	二环路西一段置信路 1 号	87023837
招商银行成都分行	人民南路三段 1 号	61816135
招商银行高升桥支行	武侯祠大街 266 号	85581607-555

续表

机构名称	地　址	电　话
招商银行火车南站东路支行	科华南路 5 ～ 27 号	85251530
招商银行锦官城支行	航空路 8 号	85215035
招商银行青羊大道支行	龙腾西路 3 号	87062603
招商银行科华路支行	科华北路 91 ～ 95 号	85400814
招商银行鹭岛支行	龙华南路 147 号	87060769
招商银行双楠支行	双楠路 288 号	85078787
招商银行望江路支行	望江路 1 号	85291055
招商银行小天支行	一环路南三段 47 号	85566597-8018
成都银行武侯支行	一环路南四段 30 号	85555107
成都银行跳伞塔支行	人民南路三段 37 号	85451574
成都银行佳灵支行	佳灵路 39 号“优地 A 区”1 楼	85074788
成都银行永丰支行	二环路南四段武侯区地税大厦 1 层	85074788
成都银行川大支行	四川大学西校区医院侧	85406419
成都银行双楠支行	大石西路 3 号	87047310
成都银行红牌楼支行	二环路西一段 1 号鸿达汽配广场 7 楼 A-8	85062975
成都银行磨子桥支行	一环路南二段 8 号	85235875
成都银行科华北路支行	科华北路 22 号	85212770
成都银行锦官新城支行	航空路 7 号锦官新城华尔兹广场 1 楼	85251727
成都银行实验支行	洗面桥横街 33 号	85597249
成都银行棕北支行	科院街 8 号附 6 号	85210891
成都银行高升桥支行	高升桥东路 15 号	85193701
成都银行洗面桥支行	洗面桥街 30 号	85533063
成都银行蜀能支行	大石西路 8 号	87044019
成都银行菊乐路支行	一环路西一段 38 号	85071457
成都银行玉林南路支行	玉林南路 3 号附 6 ～ 7 号	85557283
成都银行龙祥路支行	龙祥路 1 号外双楠美丽星小区	85451574
成都银行广福桥支行	广福桥正街 2 号	85098461
中信银行成都分行	人民南路四段 47 号（华能大厦附楼）	85258868
中信银行高升路支行	高升桥东路 1 号	85157670
中信银行浆洗街支行	浆洗街 39 号	85560027
中信银行人民南路支行	人民南路三段 29 号	85450406
中信银行新南路支行	新南路 8 号	85458376
中信银行双楠支行	大石西路 259 号	87031805
兴业银行磨子桥支行	一环路南一段 47 号川音大厦	82825078
兴业银行武侯祠支行	武侯祠大街 243 号	82862116
兴业银行人民南路支行	人民南路四段 11 号附 15 号、18 号	85216637
民生银行锦江支行	人民南路三段 2 号	85516617-605
民生银行科华支行	科华北路 145 号	85258203
上海浦东发展银行成都分行	一环路南一段 6 号	85294067
上海浦东发展银行科华支行	科华北路 153 号	85212830
上海浦东发展银行双楠支行	大石西路 111 号	87023503
光大银行武侯支行	一环路南四段 24 号	85558661

续表

机构名称	地　址	电　话
光大银行天府支行	洗面桥街 30 号成都高速大厦	85558070
光大银行小天竺支行	人民南路三段小天竺街 7 号	85457484
成都农商银行机投北街分理处	草金南路 13 号	87481356
成都农商银行长鹰分理处	潮音路 1 号	87488351
成都农商银行机投桥分理处	草金东路 82 号	87483606
成都农商银行马家寺分理处	草金路 100 号	85367994
成都农商银行龙顺分理处	簇桥顺江村段西南食品城内	85014109
成都农商银行铁佛分理处	武青南路 51 号	85366216
成都农商银行七里分理处	金履路 148 号	85371064
成都农商银行金花支行	新川藏路 168 号金花鞋材广场 B 区商务楼	85360230
成都农商银行金花支行马家寺分理处	陆坝新型社区	61510900
成都农商银行吉福分理处	晋南路 28 号	87433808
成都农商银行机投分理处	晋阳路 43 号	87431987
成都农商银行太平园分理处	簇桥高碑村	85010214
成都农商银行西部鞋都分理处	簇桥马家河村四组	85016914
成都农商银行望锦分理处	川藏公路西部鞋都 A 区华康工业园综合楼 1 楼	85005398
成都农商银行双凤分理处	金凤街 129 号	85365410
成都农商银行商业街分理处	龙井南路二段 150 ~ 152 号	85010113
成都农商银行簇桥支行	簇桥上街 1 号	85012988
成都农商银行九眼桥分理处	一环路一段 1 号鸿禧花园底楼	85480663
成都农商银行科兴分理处	长益路 18 号附 33 号	85089233
成都农商银行兴达分理处	簇锦南路 3 号	85010443
成都农商银行双楠分理处	逸都路 6 号 3 栋 1 楼 4 号	87054032
成都农商银行红牌楼分理处	红牌楼二街 61 ~ 63 号	61811273
成都农商银行商业城分理处	武侯大道双楠段 22 号	85080494
成都农商银行磨子桥分理处	磨子桥科华北路 18 号	85222948
成都农商银行林荫街分理处	林荫街 5 号华西大厦 1 楼	85436166
成都农商银行永丰支行	高升桥路 23 号附 2 号	85073750
成都农商银行武侯支行	二环路南一段 16 号附 2 号	85230711
成都农商银行桂溪支行	二环路南一段 11 号	85436166
华夏银行成都分行营业部	航空路 1 号 1 栋	86029525
华夏银行玉林支行	玉林北路 3 号	85550778-238
华夏银行武侯支行	洗面桥街 22 号	85538612-214
深圳发展银行武侯支行	一环路南四段 18 号	85553239
深圳发展银行科华北路支行	科华北路 40 号 1 层	85352672
深圳发展银行双楠支行	置信路 23、25 号	87023225
浙商银行成都分行	洗面桥街 39 号银谷基业 1 ~ 3 楼	85579955
浙商银行双楠支行	龙腾西路 1 号	87038370
重庆银行成都分行	科华北路 62 号力宝大厦南座 4 楼	85283561
哈尔滨银行武侯支行	长益路 92 号	61515828
上海银行成都分行	航空路 1 号国航世纪中心大厦 2 幢	86029100
上海银行武侯支行	一环路西一段 88 号	61331668

续表

机构名称	地　址	电　话
国家开发行四川省分行	人民南路四段 27 号商鼎国际 1-2-22	86029600
中国人寿保险公司武侯祠大街客户服务中心	武侯祠大街 245 号	85299269
中国人寿保险公司高新区客户服务中心	浆洗街 9 号	85563665
长安保险经纪四川分公司	航空路 6 号丰德国际广场 A2-602 号	85265409
中国大地财产保险股份有限公司武侯支公司	人民南路四段 27 号商鼎 1208 号	86027005
中国人民财产保险公司成都分公司	一环路南一段老马路 14 号	85432832
中国人民财产保险公司成都电子商务营销服务部	一环路南一段老马路 14 号	85457155
中国人民财产保险公司锦江支公司九眼桥营销服务部	一环路南一段老马路 14 号	85443830
中国人民财产保险公司武侯支公司	武侯祠大街 245 号	85091056
中国人民财产保险公司高新支公司南站营销服务部	洗面桥横街 8 号	85586359
泰康人寿保险公司	洗面桥街 8 号	85259127
中国平安保险四川分公司成都客户服务中心	一环路南四段 10 号附 3 号	86165016
中国平安保险四川分公司	航空路 7 号丰德国际广场 C 座 1F 客服大厅	85265403
中华联合财产保险股份有限公司四川分公司	科华南路 2 号	
华西证券高升桥路营业部	高升桥路 9 号 3 楼 307 号	85080179
华西证券南一环路营业部	一环路南一段 20 号普利大厦	4008-888-818
平安证券成都临江西路营业部	临江西路 1 号锦江国际写字楼 5 楼	85093778
申银万国证券西一环路营业部	菊乐路 1 号	85061626
国金证券双元街证券营业部	双元街 99 号水保大厦	85050022
国金证券科华中路营业部	科华中路 9 号天府汇城 5 楼	82000628
川财证券武侯营业部	武侯祠大街 3 号附 1 号	85559999
中国银河证券科华北路营业部	科华北路 139 号三强大厦	85226226
南方证券有限公司成都分公司成都营业部	一环路南三段	85592820/85537075
中信证券成都营业部	玉林北街 3 号	85568181-817
上海远东证券成都营业部	一环路南三段 78 号	85141452
华夏证券成都营业部	一环路南三段 25 号	85568888
新时代证券一环路证券营业部	一环路南三段 78 号	85185941

武侯区辖区内主要商场超市

名称	地址	电话
仁和春天百货棕南店	友谊路 2 号威斯顿联邦大厦	85238822
伊藤洋华堂双楠店	二环路西一段逸都路 6 号	87020731
王府井百货	科华中路 9 号	85063636-8033
人民商场（武侯店）	一环路南四段 34 号	85568760
千盛百货	簇锦北路 138 号	87433748
人人乐超市	双楠路 236 号	66001058
好又多超市	高升桥东路 2 ～ 6 号科华北路 58 号亚太广场	85109668 66106315
家乐福（红牌楼店）	佳灵路红牌楼广场	85086666
美好家园超市	浆洗街 16 号	85551154
统一量贩超市罗浮店	高升桥路 9 号罗浮广场负 1 楼	66877177

续表

名称	地址	电话
成都购书中心	武侯祠大街 266 号	85532230
欧玲珑购物中心	机投桥潮音村一组	
好百年家居	航空路 10 号	65224218
苏宁电器科华店	航空路 10 号	82848939
百安居科华店	航空路 10 号	85242999
永乐电器红牌楼店	二环路西四段 5 号	85052769
成都红星美凯龙世博家居生活广场	佳灵路 9 号二环路南四段 9 号	66807171
东方家园成都武侯建材家居有限公司	二环路西四段 5 号	80772909
爱乐音像超市	郭家桥西街	85235801
	玉林南路 3 号附 3 号	85132552
红旗连锁超市	武侯祠横街 1 号	85551411
	科华北路 28 附 1 号	85211372
	玉林东街 16 号附 30 号 1 栋	85536720
	中华园 A 区 18 号楼	85193035
	中央花园金雁大厦	87420598
	红牌楼	85097132
	浆洗街 36 号附 1 ~ 2 号	85582411
	少陵路 1 号	87042472
	玉林东路 6 号附 4 号	85546144
	龙江路 225 号	85455910
	万寿路 14 号	87483150
	磨子桥旅游村 11 号综合楼 1 楼	85436901
	金履路 183 号	85366689
	小天西路 130 号	85534779
	龙井北街 2 号	85029786
	置信路 8 号附 13 号	87028536
	新南路 87 号附 23 号	85482387
	武侯大道顺江段 27 号	85378161
	高升桥南街 8 号附 21 号	85052862
	大石东路 142 号	85509993
	金航路	85040350
	科院街 12 号附 4 号	85353360
	双安南巷 1 号附 7 ~ 8 号	87057693
	小天竺街 7 号 1 幢 1 楼 4 号	85449880
	火车南站东路 5 号	85213965
	龙井家园 C 幢 2 ~ 4 号	85035575
	洗面桥横街 21 号附 1 号	85589605
	聚萃街 377 号附 28 ~ 29 号	85009517
	金兴南路 268 号	85367871
	红牌楼二街 103 号	61811513
	果盛路 6 号附 1 ~ 5 号	85379281
	草金东路 23 号	

续表

名称	地址	电话
红旗连锁超市	永盛南街 57 号	85107279
	福锦路 167 号北 1 期附 2 号	85006301
	龙安街 5 号附 28 ～ 32 号	87019056
	龙门巷 6 号附 1 号 1 层	61515630
	高翔东路 9 号	65315312
	燃灯寺路顺苑	85098653
	一环路南一段 1 号附 4 ～ 5 号 1 层	85455123
	文昌路段簇锦家园 B 区 21 幢 8 ～ 9 号	
	福锦路一段 169 号附 3 号	85000281
	红运花园综合楼 1 楼	
	人民南路四段 9 号科分院	85256844
	倒桑树街“一江城花”	85562783
	体育学院内	85092516
	簇马路二段 13 号	85028383-8034
	致民路 32 号	85448423
	新希望路 1 号风格雅园	85212921
	金兴中路 287 号	85367497
	金江路 8 号附 1 ～ 2 号	85367086
	小天西街 5 号	85581215
	七道堰街 38 号附 14 ～ 15 号	85078217
	双楠府邸 8 号	85097369
	大石西路新空间花园 1 幢	87026028
	百锦路铁佛名苑 16 栋 5 ～ 8 号	85023570
	簇马路 68 号	85013843
	肖家村十一组（南华苑）	85070578
	林荫街华西大厦 1 楼	85433306
	高升桥路 9 号（罗浮世家）C 区	68020810
	大华街 8 号	87015078
	浆洗街 18 号	85561532
	置信路 57 号附 52 号	87023928
	高升桥路 24 号附 16 号	85060155
	一环路南一段 22 号红瓦大厦	85210436
	桐梓林新光路 8 号	85162676
	双楠段 36 号双楠回归线	85098408
	南延线（蓝天小区 2 栋 1 号、2 号、4 号）	85210687
	5701 工厂职工宿舍区	85201163
	晋吉南路 28 号	87423276
	一环路西一段 123 号	87019026
	黉门街 79 号	85581390
	果堰街 8 号附 11 ～ 13 号	87431569
	双丰路 53 号	87054712
	武兴一路 10 号附 1 ～ 2 号	85370825

续表

名称	地址	电话
红旗连锁超市	武兴一路2号12栋1单元	85000103
	长寿路3号	85250660
	长寿南路2号	85353421
	一环路南四段8号附1号	85576623
	龙江路28号附12～14号	85451063
	南台路8号附7～8号	85431075
	武侯大道313号附5～6号	87055085
	长寿路13号附19号	85214406
	洗面桥街22号附3号	85563023
	致民东路19号附2号	85435157
	碧云路1号7幢D9号	85056797
	龙安街2号2幢附30号	87050273
	云影路1号	87030337
	广福路3号附7～10号	85073702
	二环路南四段6号附1号	85071673
	胜利村106号附3～4号	85450759
	航空路19号附5～6号	85356291
	玉洁东街1号附4号	85520280
	大石南路39号	87050129
	武侯祠大街258号附4～5号	85555861
	武科东四路10号	85001253
	新苗西街6～10号	85021023
	武阳大道一段256号	66409940
	武侯祠横街18号附10号	85581632
	金雁路404号9幢9号	87438825
	武青东二路43号	87488821
	科华南路3号附12号	85353671
	武侯大道双楠段283号	87050378
	簇桥中街166号附1号	85035319
	武青南路7号	87480317
	云影路1号	87021359
	草金路19号1幢1层71号	87487069
	武科东一路16号附22号	85363269
	大石东路134号	85500316
	燃灯寺北路188号、190号	85083160
	金履路300号附45～48号	85362573
	百吉街54～58号	87031279
	草金东路11号	61335205
	丽都路2号附16号	85072153
	长益街3号1层附11号	85066593
	广福桥正街28、30号	
	金凤街129号附3～4号	85003137

续表

名称	地址	电话
红旗连锁超市	电信路 28 号 1 幢 1 单元 1 层附 10 ～ 11 号	85425788
	金兴北路 319 ～ 325 号	85003108
	棕树东街 1 号附 4 号	85260271
	武青北路 76 号 9 幢 1 层 19 号	87087786
	九金街 86 号附 35 号	61336115
	火车南站东路 34 号附 11 号 1 栋 1 层 108 号	85219651
	中苑巷 6 号 2 栋 1 层附 1 ～ 2 号	85232287
	地铁 1 号线省体育馆站 4 ～ 1 物业	
	地铁 1 号线桐梓林站 4 ～ 2 物业	
	晋阳街道中央花园三期 1 幢 I、J 号	81402335
	华泰四路 173 号、175 号、177 号	85007382
	晋阳巷 2 号一区 3 栋 1 层 8 号	87449121
	晋吉南路 55 号 1 栋 1 楼 1 号	87421683
	一环路南四段 22 号附 4 号 1 层	85425173
	铁佛路 86 号	85006766
	武侯大道双楠段 56 号附 22 号 1 层	85086751
	龙腾西街 56 号	85590806
	草金南路 37 号附 4 ～ 6 号	61691081
	晋阳沙堰街 236 号	87428180
	洗面桥下街 25 号	85561007
	红牌楼北街	85080201
	高攀路 26 号附 13 号	
	九三路竹林村 2-1-3 号	85252952
	玉洁巷（火烧堰）18 号附 11 号	85511216
	二环路西一段置信逸都花园天乐苑	87051276
互惠超市	太平寺路 9 号	85110106
	致民路 51 ～ 63 号	87518832
	金江路 8 号（映月家园）	85366795
	簇桥凉水井村三组	85040026
	簇桥凉水井村七组	85023296
	金凤街 129 号附 1 号	15928990173
	武侯大道 389 号	
	沙堰街 236 号	
	晋沙街 23 号	
	金雁路 378 号	
	沙堰街 238 号	
	晋阳路 145 号	87429599
	晋阳路 215 号附 3 号	87431370
	晋阳巷 1 号	87420282
	聚萃街 377 号附 16 号	85009757
	太平园西路 5701 工厂 8 号院	85200509
	簇锦南路 48 号	85029642

续表

名称	地址	电话
互惠超市	永康路 2 号	87480036
	潮音路 61 号	87485006
	武青南路 6 号附 10 号	87492357
	高升桥东路 24 号附 1 号	85077692
	双元街 6 号附 6 号	87050408
	百花正街 48 号	87031075
	七道堰街 38 号附 5 号	85080491
	菊乐路 115 号附 1 号	85086870
	燃灯寺东街 2 号	15928990348
	高升桥路 24 号附 20 号	85097646
	置信北街 8 号附 10 号	85091485
	紫藤路 8 号附 20 号	85074385
	少陵路 237 号	85074498
	碧云路 1 号附 80 号	85061093
	长寿路 7 号附 43 号	85260318
	火车南站东路 34 号附 23 号	89360523
	人民南路四段 58 号	89360523
	新光路 9 号附 11 号	89360523
	高攀路 26 号附 13 号	89360523
	人民南路四段 58 号	89360523
	科院街 12 号附 9 号	15928990434
	棕竹街 10 号	85213035
	科华北路 36 号附 4 号	85234457
	新南路 82 号附 3 号	85457703
	新南路 90 号	85450081
	林荫中街 8 号附 2 号	85441226
	大学路 2 号	85454605
WOWO 连锁超市	电信路 1 号	85548511
	董家湾北街 2 号附 211 ～ 212 号	85064011
	高攀路 16 号附 2 号	85276211
	共和村 17 号商务楼 2 ～ 3 号	80660370
	广福路 5 号附 15 号	85053821
	郭家桥北街 5 号附 24 号	80660390
	晋吉南路 101 号	
	科华北路 60 号附 18 号	85351991
	科华南路 1 ～ 20 号	85248711
	领事馆路 12 号附 16 号	85241711
	龙腾东路 7 号附 5 号	87013277
	人民南路三段 15 号附 8 号	85449711
	人民南路四段 10 号附 8 号	85550311
	人民南路四段 48 号附 12 号	80660391
	人民南路四段 27 号商鼎国际 2 号楼 1 楼	85293012

续表

名称	地址	电话
WOWO 连锁超市	少陵路 417 号、419 号	85050711
	丝竹路 89 号附 6 号	85429136
	新南路 4 号附 7 ~ 8 号	85450067
	新南路 93 号附 3 号	85435189
	一环路西一段 88 号 1 幢 1 层 90 号	61333607
	云影路 2 号附 2 号	87032511
	科华街 6 号附 5 号	85404811
	长益路 145、147 号	85238511
	电信路 28 号 1-1-14 号	85425611
	高攀西路 4 号附 51 号	85245011
	高升桥路 9 号附 1 号	85022704
	高升桥南街 2-1-21 号	85098517
	红牌楼北街 8 号 6 栋 F-1 层	85091211
	簧门街 1 号附 32 号	85545811
	浆洗街 16 号附 3 号	85513112
	浆洗街 24 号	85425160
	科华北路 58 号 1F-34 号	85350751
	科华南路 3 号 1-1-30 号	85233511
	七道堰 3 号	85095611
	群众路 69 号 1 ~ 30 号	85484611
	少陵横街 142 附 27 号	87010511
	双丰路 27 ~ 33 号	87041611
	双楠街 102 号	85052711
	顺和横街 9 ~ 10 号（中华名园 3 期）	85078711
	丝管路 8 号附 1 号	85456312
	桐梓林中路 8 号	85921411
	桐梓林七组上锦雅筑 7 栋 1 单元 1 楼 3 号	86032311
	桐梓林北路 6 号附 19 号	85929242
	桐梓林南路 9 号附 21 号	85163511
	桐梓林新光路 9 号	85146211
	武侯祠大街 236 号	85579035
	武侯祠大街 238 号附 3 号	85560911
	武侯祠大街 180 号附 2 号	85527811
	武侯祠大街 19 号春江花月项目 1 ~ 142 号	85598511
	洗面桥 28 号	85539211
	洗面桥下街 20 号 2 栋 1 层 03 号 05 号	85574511
	小天北街 39 号	85594911
	小天西街 1 号附 1 号	85592165
	新希望路 2 号附 2 号	85245811
	一环路南二段 2 号 37 ~ 38 号	85249011
	一环路南一段 1 号	85459211
	一环路南一段 9 号 1 栋 7 号	85441311

续表

名称	地址	电话
WOWO 连锁超市	龙腾西路 3 号附 31 号	87062815
	永盛南街 10 号附 78 号	85067506
	玉林南街 1 号都市金岸附 17 号	85578511
	玉林南路 15–1–9 号	89550671
	致民东路 19 号 1 幢 19–1 号	85452811
	置信路 2 号 1 栋 17 号	87028311
	大石西路 239 号附 14 号	87029711
	南台路 8 号 1 层 5 号	85448311
	少陵东街 28 号	87039511
舞东风超市	武科东一路 16 号附 20 号	85372183
	武兴一路 2 号附 8 号	85000540
	顺和街 2 号附 31 号	85379050
	中华名园二期 3 幢 1 楼 17 ～ 19 号	85003434
	聚萃街 366 号附 22 号	85009506
	武青南路 8 号 1 栋 1 单元 104 号	
	高攀路 16 号附 1 号	
	浆洗街 16 号附 19 号	
	二环路南一段 3 号附 4 号	
	武青北路 76 号	
	胜利村 106 号	
	大华街 10 号附 43 号	
	广福桥路 5 号	
	玉林南街 1 号附 27 号	
	望锦横街 151 号	
	晋吉南路 55 号 1 栋 1 楼 1 号	
	武兴一路 10 号武青嘉苑 2 幢 1 号	
	晋阳路 171 号晋阳大厦 1 楼	
	棕树东街 1 号附 8 号	
	科华南路 3 号附 16 号	
	双丰西路 18 号附 6 号	
	簇锦横街 196 号	
	果堰街 12 号 1 楼	
	沙堰西一街 25 号附 1 ～ 40 号	
	武阳大道三段 252 号附 1 号	
	武科东一路布鲁汀 3 栋 1 楼 6 号	
	武青南路 9 号花好月圆 4 栋 1 单元 1 层 15 号	
屈臣氏	科华北路 60 号	85246806
	晋阳路千盛百货	
	一环路南三段 22 号世纪电脑城 1 楼	
	佳灵路 7 号红牌楼广场内	85086666
	高升桥新华文轩旁	

索引

INDEX

说　明

一、本索引为2013年卷《武侯年鉴》的内容分析索引。通过本索引所选词条，可以对具有独立检索意义的完整资料进行检索。

二、本索引按汉语拼音字母（同音字按声调）顺序排列。数字表示该词条内容所在页码，后面的英文字母（a、b、c）表示栏别（从左到右）。

三、内文中的“专文”“专记”“大事记”“文献”“文件”“人物”“统计资料”“附录”类目未作索引。

D

E

F

G

H

J

K

L

M

N

P

Q

R

S

T

W

X

成都武侯祠博物馆

《全图三国》成都三国文化旅游系列国际营销活动启动仪式暨新闻通气会在成都武侯祠博物馆举行

锦里一隅

成都武侯祠博物馆（以下简称武侯祠）肇始于公元223年建惠陵时，是全国唯一的君臣合祀祠庙和最负盛名的诸葛亮、刘备及蜀汉英雄纪念地，也是全世界影响最大的三国遗迹博物馆，有“三国圣地”之美誉。1961年国务院公布为全国第一批重点文物保护单位，2008年成为首批国家一级博物馆，2012年荣获“四川省文物系统先进单位”称号。

2012年，武侯祠先后启动汉昭烈庙文物建筑、壁画及彩塑保护修缮项目，实施地下停车库、水系改造、厕所升级改造等配套设施建设项目，并举办2012成都大庙会、夜游武侯祠、《全图三国》国际巡展等一系列文化活动。其中，大庙会游客人数再创新高，活动期间迎来游客130万人次；2012夜游武侯祠活动通过“武侯夜话”“武侯夜韵”“武侯夜赏”“武侯夜奇”四大板块的丰富内容，共吸引游客近10万人；借助叶毓中教授创作国画《全图三国》的契机，武侯祠参与策划、实施《全图三国》成都三国文化旅游系列国际营销活动，召开该项活动的启动仪式暨新闻通气会，后分别在中国台湾、韩国首尔等地开展《全图三国》国际巡展活动，向当地民众大力推介成都旅游和三国文化。

2012年成都大庙会

《武侯夜话》活动之专家讲座

四川音乐学院

四川音乐学院（以下简称川音）创建于1939年，是中国西南地区唯一一所集音乐、美术、舞蹈、戏剧、传媒、工业设计及艺术管理为一体的多学科、多层次的综合性高等艺术院校。学院有本部和新都两个校区，共占地77.07万平方米。

川音设25个教学院系及一所独立的绵阳艺术学院。有28个学科专业，125个专业方向。有专任教师930人，副高以上职称的教师413人，其中教授125人、副教授288人，享受国务院特殊津贴专家12人，省学术和技术带头人10人。川音拥有现代化的图书馆、校史馆、陈列馆和声像馆。有系统的研究机构“五所一室三中心”（高教研究所、音乐研究所、乐器研究所、美术研究所、流行乐研究所、计算机音乐实验室、作曲技术研究中心、音疗实验中心、音教研究中心）及两个研究院（中国非遗研究院、藏羌文化研究院）。

2012年，川音师生参加中央一套“五月的鲜花——心中的歌儿唱给党”大型文艺会演，获得CCTV《毕业歌》大赛总冠军；舞蹈《万物生》获文化部主办的第十届“桃李杯”舞蹈大赛原创教学剧目一等奖；在文化部主办的第四届文化艺术院校奖比赛中，川音夺得四项大奖。

举办向十八大献礼学生专场晚会

举办纪念王光祈诞辰一百周年暨学术研讨会活动.

川音学子摘得CCTV《毕业歌》大赛总冠军

舞蹈《万物生》获文化部第十届桃李杯舞蹈大赛原创教学剧目一等奖

成都市龙江路小学分校

成都市龙江路小学分校是一所政府公办义务教育学校，于1998年建校，位于三国文化胜地武侯祠旁，钟灵毓秀的人文环境潜移默化地陶冶着师生的性情和品格。

“让每个孩子成为有用的、快乐的、幸福的人；让每位教师真情融入教育、倾心教育、享受教育”是学校的办学理念，“快乐教育”是学校的发展模式和追求。一体两翼”（快乐教育为主体，科技教育和艺体教育为两翼）是学校创品牌的发展策略。2012年，有教学班24个，学生1000余名，教师65名。教师队伍由特级教师、全国优秀教师、中学高级教师以及硕士研究生等组成，是一支德才兼备、乐教敬业的“快乐教师”队伍。

学校重视学生综合素质的培养，先后组建智能机器人队、创意队、数棋队、足球队、舞蹈队、管乐队、美术队等，并在各级大赛中获奖，可谓硕果累累。学校先后荣获“全国青少年优秀科学教育实验基地”“四川省青少年智能机器人活动实验学校”“四川省小学智能机器人活动十佳学校”“北师大外语教学实验基地”等称号。

举办国际学术交流

学生表演话剧

独特的英式教室

成都市武侯实验小学

区领导参观躬耕园

成都市武侯实验小学成立于2004年，是双楠社区配套的实验小学。学校占地8000余平方米，校园环境优雅，设施设备完善，实现信息网络全覆盖。学校秉承“动静生智慧，俯仰皆教育”的核心理念，以“国际视野、健康体魄、君子言行、艺术特长、聪慧头脑、灵巧双手”为育人目标，致力于“让智慧提升教育品位，让智慧增添课堂魅力”的课改实践与研究，不懈塑造智慧教育的特色品牌。

2012年，学校有教学班30个、学生1290人。学校师资机构合理，优秀教师辈出：在编教师69人，本科以上学历占90%，其中硕士研究生2人；获各级优秀教师荣誉称号42人（武侯区特级校长1人、享受武侯区政府津贴专家1人）。

学校文化建设处处彰显鲜明的艺术亮点和浓厚的艺术氛围，以“心灵手巧，智慧美好”为主题，以“三园（创意园、国球园、躬耕园）、三墙（宣言墙、理念墙、游戏墙）、三楼（艺术特质主题等三层楼道文化）、七室（合唱室、智慧书吧等特色专用教室”）为亮点，成为市、区校园文化建设的窗口学校，多次接待全国各地同行参观交流。学校为培养智慧型学生构建的特色课程体系如躬耕实践、社团超市等进入课堂，“七色花”艺术团不断孵化艺术人才，国际交流、校园文化艺术节、诸葛创意节、体育节等6个主题活动月充分展示学生特长，陶冶学生情操。学校被评为成都市艺术教育特色学校，连续多年获武侯区办学水平综合督导评估一等奖、教学质量一等奖。

学校创建为成都市艺术教育特色学校

德国国家青少年乒乓球队到学校参观

成都市太平寺西区小学

开展“关心他人”特色教育活动

与香港学校开展语文阅读交流会

成都市太平寺西区小学是武侯区城乡教育高位均衡背景下新建的居住小区配套小学，是全国现代养成教育实验学校、成都市心理健康教育实验学校、成都市新市民培训先进集体。

学校以“为每一位师生铺建成功的阶梯”为办学理念，以“润泽心灵，奠基人生”为校训和文化主题，将学校建设成为浸润滋养心灵，历练智慧的精神乐园，养成学生良好的习惯。近年来，学校全面实施现代养成教育，开展“孝敬父母·友爱他人”的养成教育德育特色建设，在学生道德智能的养成方面取得显著成绩。学校深入开展以“亲子共读共赏阅读课程”“阳光体育锻炼课程”为抓手，突出以“关心的养成”为特色的教育建设，在尊重学生个体发展差异、注重个性发展、挖掘个体潜力、搭建个性成长平台的“关心”教育环境中提升学校办学质量。

2012年，学校获得“成都市语言文字规范化示范学校”称号，成都市第十三届乒乓球传统校比赛男子团体一等奖、女子团体一等奖等荣誉。

举办读书活动

成都市华兴小学

成都市华兴小学位于华兴街道华泰五路193号，始创于1950年，现已建成为一所布局合理、设施齐备、绿树成荫、特色鲜明的现代化窗口学校。

2012年，有教学班22个，学生1044人，在职教师46人。本科及以上学历教师占全校教师的92％，其中中学高级教师2人、小学高级教师25人。拥有省、市、区各级优秀青年教师、学科带头人、教育功臣等共计28人。近年来，学校以“含英咀华，修己达仁”为核心理念，通过探索“三长”（年级组长、教研组长、项目组长）体制改革，建成凝心聚力、责任担当的管理文化；在探索“双七步教研模式”和“学教研培四融合培训”中，生成“能关爱每一个孩子、能上好每一节课、能研究教育问题、能传播实践经验”的“四能教师团队文化”；深入开展“培养现代家长，共育杰出人才”系列活动，形成“懂孩子、爱孩子、教孩子”的三会家长文化；在环境熏陶、课堂渗透、课程建构、活动开展实践中，深化强健身心和能力生根的军体文化内涵。

办学实践中，一批批“知事理、明自我、建体魄、强精神的现代小公民”已成为社区的名片、家长的骄傲。学校的国防教育特色得到省内外教育同行和各级领导的充分肯定，近几年共接待3000余人次的参观访问活动，中央电视台、《中国教育报》、《中国青年报》等媒体对学校的办学实践进行报道。学校先后获得“国防教育先进单位”“全国家庭教育先进单位”“四川省少年军校示范校”等称号。

国家国防教育执法检查组领导到校视察

小小军人爱祖国

学生学习军史

学校操场

邀请英国韦克菲尔德地区校长访问团参加教育学术研讨会

省政府教育督导团评估组一行到学校调研义务教育均衡发展工作

成都市行知实验小学位于南三环路外九金街48号，学校以传承和弘扬中国传统文化为己任，借鉴著名教育家陶行知先生的教育理念，全面实施以“真·爱”为特色的素质教育，以“建四川现代行知小学，创中华品牌行知学校”为目标，让学校成为学生成长的摇篮、教师发展的中心、家长提升的基地，学校塑造的“真·爱”文化品牌在省内外产生广泛影响。2012年，学校有学生1677人，全校在岗教职员工148人。

2012年，学校被区教育局确定为中英校际连线项目学校；学校承办武侯区首届“小诸葛”青少年科技创意设计大赛、第四届小学科学赛课等一系列研修活动；学校群舞社团在区中小学生艺术节上荣获一等奖，并被推荐参加成都市群众舞蹈演出比赛。学校先后荣获“全国校园文化系列活动优秀单位”“中国学校心理健康教育专业化发展研究先进实验校”“全国四先两优先进实验校”等荣誉称号。

承办武侯区首届“小诸葛”青少年科技创意设计大赛

四川省骨科医院

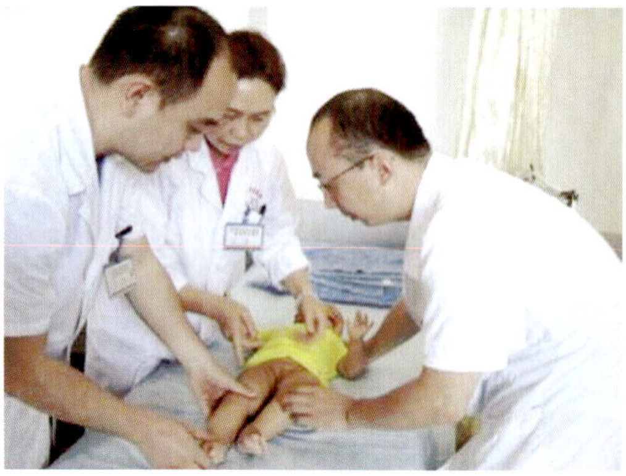

郑氏正骨手法治疗小儿骨折

黄雷医师（左）在伦敦奥运村为运动员做治疗

四川省骨科医院前身是成都体育学院附属体育医院，始建于1958年。是在贺龙元帅的关怀下，由一代武医宗师、郑氏中医骨科创始人郑怀贤教授所创建，是我国第一所体育医院、四川省非物质文化遗产“郑氏中医骨科”保护单位。1984年经国家科委批准改名为国家体委成都运动创伤研究所，又名成都体育医院。医院于2000年在西部率先通过三级甲等中医骨科医院评审，2003年划转到四川省，更名为四川省骨科医院。医院位于一环路西一段132号，占地1.7万平方米，建筑面积5万平方米，编制床位600张，有15个临床科室和4个医技科室。

2012年，医院门诊27.56万人次，急诊4.6万人次，全年平均开放病床653张，入院1.17万人次，手术6406台次，病床使用率99.5%，全年病人满意度98.7%。医院制剂产值2600万元，有膏、丹、丸、散、口服液、搽剂等12个剂型37个品种。以“生命在于运动、运动在于科学”为理念的治未病中心于2012年投入运行。医院作为全国唯一一家参加伦敦奥运会的中医医疗机构，圆满完成伦敦奥运会的医疗任务。医院顺利通过国家级重点学科中期评估，科研项目立项18项，其中国家科技部立项1项；发表文章149篇，其中期刊以上发表论文87篇，各类学术会议上发表论文62篇。2012年，医院创新性地开展入党公开答辩制度，获得全国医药卫生系统“创先争优活动党建工作品牌创意奖”，院党委被省委授予全省“创先争优先进基层党组织”称号。

HUBER核心肌力训练仪

名医馆“怀贤堂”大厅

武侯区第五人民医院

2012年3月，区领导到医院调研

2012年4月，农工党武侯支委到医院调研

武侯区第五人民医院（以下简称医院）座落于金花桥辖区，是2001年12月经区卫生局批准组建的一所集医疗、教学、康复、急救为一体的国家二级乙等综合医院，市“120”急救指挥中心指定医院，市、区城镇职工、城乡居民定点医疗机构。

医院占地面积2万余平方米，开设病床160张，全院职工260余人，其中高级医务人员24人、中级医务人员36人。医院设有内科、外科、儿科、妇科、产科、口腔科、眼耳鼻喉科、皮肤科、中医科、麻醉科等20余个执业科目，重点专科为普外科、骨外科、呼吸内科、妇产科。

医院环境优美，医疗设备精良。拥有东芝螺旋CT机、DR、菲利普彩超、全自动生化仪、体外冲击波碎石机、电视腹腔镜系统、电子胃肠镜等各类大型诊断及治疗的医疗设备。医院除开展外科、妇产科等各种常规手术外，还开展胃癌根治术、肺癌根治术、直肠癌根治术、胆总管探查、肝胆管空肠Roux-y吻合术等，尤其是前列腺等离子电切术、膀胱肿瘤电切术、经皮肾穿刺微造瘘治疗梗阻性肾衰等技术已达到省内先进水平。医院对内科、儿科的各种疾病具有较高的综合诊治水平，尤其具备重症感染性疾病的抢救能力。对脑卒中、肝硬化、糖尿病、各型肾病、甲亢等慢性危重疾病的治疗具有独到之处，对高血压病，肺心病，冠心病，风湿性心脏病等心血管疾病的治疗有较高的水平。

医院外观

武侯区跳伞塔社区卫生服务中心

与华西医院深化区域协作

武侯区跳伞塔社区卫生服务中心（以下简称中心）位于林荫街19号，为政府举办的公益性社区卫生服务机构，省、市、区社保定点医疗单位。下设棕北社区卫生服务站，与中心实行一体化管理，建筑面积1400平方米。

作为政府惠民的平台，中心开展基本医疗、预防、保健、康复、健康教育和计划生育“六位一体”的服务，已开通成都市特殊疾病门诊。设有家庭医生诊室、中医、康复理疗、妇幼保健、计划免疫、心电B超等相关科室；配备全自动生化仪、血球仪、尿液分析仪、电解质仪、动态血压检测仪等基本医疗设备。中心采取一系列如免受挂号费、免费为居民建立健康档案等惠民措施，为辖区内的居民提供预防、医疗、保健、康复、健康教育及计划生育技术指导等综合性的基本医疗服务。

优质服务获患者好评

大力开展健康教育活动

成功创建省级示范社区卫生服务中心

武侯区簇锦社区卫生服务中心

2012年2月，市长葛红林（正面左三）到中心调研

武侯区簇锦社区卫生服务中心（以下简称中心）成立于2007年3月，下设团结社区卫生服务站，是政府成立的公益性医疗机构，市、区社保定点医疗机构。

中心位于福锦路一段165号，建筑面积2200平方米。开设全科诊疗、儿童保健、计划免疫、计划生育服务、中医科、康复理疗科、输液观察室。中心还承担辖区域内慢性病、精神病、传染病、孕产妇的管理，定期对慢性病、精神病患者以及对孕产妇进行随访。中心配备先进的检验、检查设备，为辖区居民提供集基本医疗和公共卫生为一体、综合的社区卫生服务。

中心与铁佛养老院实行一体化运行管理：中心主任兼任养老院院长，中心部分医护人员兼职养老院的管理、医护工作，实行“两块牌子，一套班子”；经营独立，收支平衡；资源共享，体现公益的管理模式。2012年，中心被评为“全国示范社区卫生服务中心”。

被评为“全国示范社区卫生服务中心”

中心外观

成都彩虹电器（集团）股份有限公司

公司董事长刘荣富出席中共十八大

生产车间

成都彩虹电器（集团）股份有限公司（以下简称彩虹集团）是以成都彩虹实业有限责任公司为控股主体，成都人民商场集团、重庆百货大楼集团等共同参与发起创立的股份制企业集团。主要产品为“彩虹”系列电热蚊香、杀虫剂等家庭驱蚊灭蚊卫生用品、“彩虹”系列电热毯等柔性电热取暖器具。“彩虹”注册商标被认定为“中国驰名商标”，主导产品“彩虹”系列电热毯、电蚊香被授予“中国名牌产品”称号，彩虹集团现为中国轻工业联合会常务理事单位、中国家用电器协会副理事长单位和中国日用品工业协会副理事长单位，列为成都市重点优势企业。2012年7月，国务院总理温家宝视察彩虹集团时，对其改革发展取得的成绩予以充分肯定。

彩虹集团不断加强跨地区、跨行业的交流、努力拓展国际国内市场，以西南和长江流域市场为重点，在全国创立起广泛、稳定的市场营销网络体系和售后服务体系。2012年，彩虹集团销售额为8.2亿元，获得由中国轻工业联合会授予的“全国轻工业卓越绩效先进企业”“2011年度中国轻工业日用杂品行业十强企业”及省政府颁发的“四川名牌”等一系列荣誉称号。

公司夏季产品

成都八益家具股份有限公司

成都八益家具股份有限公司（以下简称公司）始建于1985年，是国内家具行业具有较大规模和影响力的股份制民营企业。自成立以来，在创始人王学茂的带领下，公司由小到大健康发展，已发展成为集团型规模经济。公司下属的家具市场，由家具、沙发、办公家具等九大专业商场组成，总规模32万平方米，经销厂商1800余户，产品1万余种，行销10余个省、市、自治区，是西部最大的家居专业市场。2005年7月，八益家具城被中国轻工业联合会、中国家具协会授予其“中国西部家具商贸之都”特色区域称号。公司下属的八益床垫厂拥有美国顶尖的WELLS生产线和国内最先进的配套生产设备。“八益”牌系列床垫行销国内20余个省、市、自治区；“安妮”牌出口型床垫销往世界20余个国家。2008年，“八益”商标被认定为中国驰名商标。

公司先后被授予“四川家具制造工业企业最大规模和最佳效益首强”“全国乡镇企业先进企业”“全国精神文明建设工作先进单位”等诸多荣誉。2012年，八益家具城荣获“全国诚信示范单位”“四川省服务名牌”“四川省优质服务示范单位”等荣誉称号。八益家具、床垫、沙发一次性通过国家CQC中心碳足迹认证，也是全国家具行业第一家通过认证的企业。

精品家居广场外景

成都八益家具城

上：八益软床　　下：八益家具

成都伊藤洋华堂有限公司

成都伊藤洋华堂有限公司（以下简称伊藤）成立于1996年12月，注册资金2300万美元，是以柒和伊控股股份有限公司下属的日本株式会社伊藤洋华堂为主要股东，经原对外经济贸易合作部（现商务部）批准成立的中外合资公司。合作伙伴包括中国华孚贸易发展集团公司、日本伊藤忠商事株式会社、伊藤忠（中国）集团有限公司以及中国台湾邱永集团所属的永利都（成都）房地产开发有限公司。

2012年，伊藤已成为拥有5家店铺、包含多种业态的本土知名零售企业。2012年伊藤的销售业绩为49亿。伊藤长期坚守“顾客第一”的经营理念，致力于打造高品质的GMS（综合超市），带给顾客更加安全、安心、丰富便捷的购物体验。

顾客休息区

熟食区

服装区

双楠店举行中日文化交流周活动

其中位于二环路西一段的双楠店被誉为“中国社区第一店”，营业面积为 3.3万平方米，由新鲜食品馆、流行服饰馆、温馨家居馆、时尚生活馆及美食生活馆等组成。2012年双楠店进行全面改装，餐饮区、生活家电区、童装区等也一一亮相，新增3000平方米的营业面积，成为伊藤在中国最大面积的店铺。2012年，还新引进抹茶馆、日式涮涮锅、数码体验店、生活创意品等，为顾客打造时尚的生活方式。

成都王府井购物中心有限责任公司

成都王府井购物中心（科华店）

优质服务

配套超市

成都王府井购物中心有限责任公司(以下简称王府井购物中心)是北京王府井百货(集团)股份有限公司旗下集购物、餐饮、美食、娱乐、时尚为一体的大型综合购物中心。地处科华中路2号，经营面积5.5万平方米，拥有商品品牌560余个、供应商670余家、功能项目40个、精品35个、车位700余个。

王府井购物中心作为成都的第二家门店于2011年12月开始试营业。在经营战略方面，王府井购物中心提出商品、营销、安全、营运服务“四轮驱动”、“四位一体”的创新性经营管理思想，在抓商品和营销工作的同时，扎实做好企业物安及营运服务工作。在孵化创业方面，为品牌供应商发展助力、提供沃土，王府井购物中心在与品牌供应商的合作过程中本着互利共赢的原则提供各项服务支持，提供品牌入驻全程服务及相关信息反馈服务，在业界得到高度认可，着力打造甲乙双方良性发展平台。

王府井购物中心致力于打造一个充满愉悦感的都市购物中心，特别是辐射城南消费者一个全新的除生活居所和工作居所以外的第三生活空间，为顾客提供更加人性化的服务。

宽敞、明亮的购物环境

成都置信实业（集团）有限公司

开发的楼盘

温情的物业服务

成都置信实业（集团）有限公司（以下简称置信）是1997年创建的以地产业为主的跨地区、跨行业的投资控股型集团公司，通过全资、参股、控股形式，分别涉足住宅房产、商业地产、工业园区、旅游文化、主题园区、城市基础设施以及汽车经营与服务。在成都、上海、银川以及成都周边温江、彭州、崇州等地区开展产业运营和项目拓展。秉承“为您想得更多，为您做得更好”的经营理念，形成产业园区建设、商住地产开发、汽车贸易、综合经营服务四大核心产业板块。兴办培训学校，构建起系统性的企业文化。立足于“城市运营商”和“系统生活服务商”的定位，推出全国首倡的“置信生活方式”，先导城市居住文化潮流。

投资建设的青羊总部基地、国色天乡乐园、西部鞋都等项目解决就业人数近2万人。10余年来，置信捐建城市大桥，设立栋梁基金，支持教育发展，帮助地震灾区等，捐资捐物共2亿元。置信先后多次荣膺四川地产前列企业、中国值得尊敬的地产品牌企业，其企业品牌、产品品牌和服务品牌历年来高居本土地产企业前列。2012年，置信在第三届C21四川城市发展（2012）峰会上摘得“2012四川城市杰出运营商”荣誉称号，在首届“四川之最”评选中，精典汽车贸易有限公司荣获“汽车销售业最大规模二强”的殊荣。

置信精典汽车快修美容连锁丽都店

投资建设的武侯直销鞋城